U0755175

世界通史

李楠／主编

一部文明与蒙昧相交织，苦难与幸福并存的发展史

辽海出版社

叁

滑铁卢战役

拿破仑是历史上最负盛名的资产阶级军事家，一位身经百战的军事统帅。虽然他后来在圣赫勒拿岛流放时回忆说："我真正的光荣并非打了 40 次胜仗，滑铁卢之战抹去了关于这一胜利的回忆"，但是事实上，他的胜利记录和军事成就，盖过了以往历史上所有著名的军事统帅，并给以后的军事统帅们以深刻的影响。

滑铁卢战役是拿破仑一世同英、俄、普、奥等组成的第七次反法联盟之间的一次大规模会战，战争发生于 1815 年，战场在今天比利时境内的布鲁塞尔南边小村滑铁卢。这是拿破仑指挥的最后一次大会战，这一战，法军失败，终结了拿破仑的政治生命。

这次战争是这样打起来的：1815 年初，被放逐于厄尔巴岛的拿破仑，得悉在维地纳开会的反法联盟各国之间由于分赃不均而闹得剑拔弩张，几乎决裂，而法国国内人民对波旁王朝的封建复辟和反攻倒算十分不满，便决定乘机再起。2 月 26 日，拿破仑率旧部 1050 名官兵，分乘 6 艘小船，逃离厄尔巴岛，顺风飘然北去。3 月 1 日抵达法国南岸，在儒昂湾登陆，开始向巴黎进军。沿途所到，守军和派来阻击的军队，大多是拿破仑的旧部，他们不是倒戈相向，就是欢呼归附。从枫丹白露到巴黎的大路上，成群结队的农民夹道欢迎，都想看一看这个穿灰大衣的人，3 月 20 日，拿破仑未放一枪，进入巴黎。路易十八及其朝廷仓皇离京，向比利时方向遁逃。

拿破仑东山再起的消息使维也纳宫中的与会者惊得目瞪口呆，争吵停止下来。反法联盟各国的全权代表拟打了共同宣言，把拿破仑称为世界和平的扰乱者和敌人，"不受法律保护"。他们千方百计要在拿破仑集中全部力量之前就把他打倒。3 月 25 日，英、俄、普、奥、荷、比等国结成第七次反法联盟，拒绝拿破仑和谈的要求，开始用兵。

拿破仑指挥法军大胜土耳其军队

反法联盟迅速集结 70 万重兵，准备分头进攻巴黎。集结在莱茵河方面的 17 万俄军和 25 万奥军，在巴克雷指挥下，向洛林和亚尔萨斯推进；在意大利方面，奥—撒丁联军 6 万，由弗里蒙特指挥，在法意边境集结；普鲁士布吕歇尔元帅率 12 万普军、大炮 300 门集结于沙勒罗瓦与列日之间；英国的威灵顿将军统率一支由英、德、荷、比人组成的混合部队约 10 万人，炮 200 余门，驻扎在布鲁塞尔与蒙斯之间。此外，联盟军还有预备队 30 万人。英军和普军在 6 月中旬集结完毕。联盟军约定在 6 月 20 日左右开始共同行动。拿破仑方面，军队以惊人的速度进行集结，到 6 月上旬末，约有 18 万训练有素的军队集结在皇帝的鹰旗之下。拿破仑希望 6 月底能有 50 万战士可以上阵。

这次战争，从联盟国方面来说，是不义的、侵略性的战争，但是反法联盟继续打着欧洲各民族反拿破仑压迫的旗号煽动这种民族情绪；从法国方面看，是防御性的卫国战争，但是拿破仑却背着欧洲各民族的压迫者这个历史包袱，无法摔脱。拿破仑想唤起法国人民在大革命初期的爱国热情，但又不敢放手让民众起来。拿破仑只能用不到 20 万的兵力去对付百万联盟军，军事上处于不利地位。在这种情况下，拿破仑决定采取以攻为守的战法，争取主动。拿破仑认为当时威胁最大的是比利时方面的英、普军队，因此，在莱茵河、意大利方面，曾署一部分兵力取守势，实行牵制；在西班牙方面，派少量兵力扼守要塞；主要兵力集中于比利时方面。拿破仑计划在联盟军尚未会齐的时机，先击溃英普军。

6 月 12 日，12.5 万法军（包括近卫军 2.8 万人）；炮 300 余门，向比利时方向进发。拿破仑先用 5 万兵力牵制英军，主力 7 万余人于 6 月 16 日在林尼附近同普军主力 8 万人接战，拿破仑力图把英普联盟军切开，然后各个击破。这一仗从下午 2 时起，一直处在激战状态，当时乌云密布，暴雨倾盆，只有闪闪电光才照亮硝烟弥漫的战场。当雷雨过后，在落日的余晖下布吕歇尔才发现了。普军防线已被突破，普军被切成两段，要想集结已经来不及了。普军全线崩溃，布吕歇尔也被摔伤。拿破仑以为普军已被击溃，命令法军休息一日，才令格鲁希元帅率 3 万余军尾追普军。自率主力转攻英军。正因如此，普军得以收拾溃散之众，向瓦弗方面重新集结。

威灵顿率兵六万余人，大炮一百五十六门，布阵于滑铁卢村南。这个阵地后方有圣让山作依托，阵地前地势低洼，右侧有坚固的乌古蒙堡垒，中央有圣拉埃村。左侧有莫斯安、拉埃、帕佩罗特等小村及沼地和灌木林。山冈背后有一条低陷的横路，预备队和骑兵荫蔽在这里。号称"铁公爵"的威灵顿，长于防守而短于进击，特别是他同拿破仑这样的对手交锋，加倍谨慎，着重防守。他正确估计到，只在挫败拿破仑的进攻，就能争取到胜利。因为拿破仑不再可能有后援。

6 月 18 日，拿破仑率军 7 万，炮 246 门，追击英军，在滑铁卢附近扎营。拿破仑将总预备队位于中央后方。司令部设在李格芬村。对于英方阵地，拿破仑侦宗得不够清楚，但他正确判断，英军阵地的弱点在中段。他决定佯攻英军右翼，重点攻中段。上午 11 时，法军开台攻击英军右翼乌古蒙，形成对峙。午后 1 时，拿破仑正想主力猛攻中段，但飞马来报，布吕歇尔集结的普军一部来援，这位具有"屡败屡战"顽强精神的布吕歇尔，迫使拿破仑从总预备队中抽出两骑兵师迎击这部普军，阻滞其行动。拿破仑火速传令，让追击遇普军的格鲁希元帅立即率部来滑铁卢增援，然后法军以密集队形猛攻英军中部阵地。英军顽强抵抗，双方反复争夺，伤亡都很大。到下午 6 时许，在拿破仑的不惜一切代价的命令下。终于突破英军中部防线，占领了圣拉埃，但是由于法军突击队经过长时间冲锋，伤亡很大，无力扩张战果。

英军开始难以支持，而法军也难以扩展战果，双方对于援军的盼望达到了顶点。英军认为普军必将赶到，法军认为格鲁希部一定会来，这种焦急的盼望，使滑铁卢战役在战争史上独具特色。然而，最终盼来的军队还是普军，格鲁希部音讯杳然。格鲁希为什么不来？据说是拿破仑给他的指令不明确，格鲁希误以为拿破仑要他前往另一个目标瓦弗，而不是向拿破仑靠拢。尽管西边炮声隆隆，格鲁希还是坚持向瓦弗进攻，实在奇怪。格鲁希究竟是存心背弃拿破仑，还是真的误解了命令，也就成为历史上的一个"谜"。布吕歇尔把普军合在一起，共3万余人，投入战斗，狂攻法军右翼。拿破仑不得不孤注一掷，命令近卫军投入战斗，对英军作最后攻击，但也未能奏效。英军在普军的支援下，发起反攻，拿破仑腹背受敌，战局急转直下，最后大败。19日，普军骑兵袭击李格芬村法军司令部，拿破仑乘马逃出战场，法军全线崩溃。1815年6月21日，拿破仑败归巴黎，百万反法联军也源源进入法境。7月7日，联军进入巴黎，拿破仑宣布退位，结束了"百日执政"。拿破仑被放逐到大西洋中的圣赫勒拿岛，直至去世。

严寒袭击的拿破仑军队

恩格斯认为，拿破仑指挥的滑铁卢战役是"要完全防御性的战局中进行进攻战和不断攻击的最出色的例子"，"这位完全为了保卫遭到敌人侵犯的国家而战的统帅，在一切地点有机会就向敌人进行攻击；虽然整个说来兵力始终比入侵的敌人少得多，但是他每次在攻击的地点都能够造成优势，而且通常都获得胜利"。滑铁卢战役之所以失败，并不是计划本身或计划执行上的原因，而是政治方面和战略方面的，"其中主要的原因就是同盟国方面在兵力上占有巨大优势，一个在四分之一的世纪内连年战争因而力量消耗殆尽的国家，已不可能单独抵抗整个武装起来的世界对它的进攻。"

决定胜负的一分钟

命运总是迎着强有力的人物和不可一世者走去。多少年来，命运总是使自己屈从于这样的个人：恺撒、亚历山大、拿破仑，因为命运喜欢这些像自己那样不可捉摸的强权人物。

但是有时候，当然，这在任何时代都是极为罕见的，命运也会出于一种奇怪的心情，把自己抛到一个平庸之辈的手中。有时候——这是世界历史上最令人惊奇的时刻——命运之线在瞬息时间内是掌握在一个窝囊废手中。英雄们的世界游戏像一阵风暴似的也把那些平庸之辈卷了进来。但是当重任突然临到他们身上时，与其说他们感到庆幸，毋宁说他

滑铁卢战斗场景

们更感到骇怕。他们几乎都是把抛过来的命运又哆哆嗦嗦从自己手里失落。一个平庸之辈能抓住机缘使自己平步青云，这是很难得的。因为伟大的事业降临到渺小人物的身上，仅仅是短暂的瞬间。谁错过了这一瞬间，它决不会再恩赐第二遍。

格鲁希

维也纳会议正在举行。在交际舞会、调情嬉笑、玩弄权术和互相争吵之中，象一枚嗖嗖的炮弹飞来这样的消息：拿破仑，这头被困的雄狮自己从厄尔巴岛的牢笼中闯出来了。紧接着，其他的信使也骑着马飞奔而来：拿破仑占领了里昂；他赶走了国王；军队又都狂热地举着旗帜投奔到他那一边；他回到了巴黎；他住进了杜伊勒里王宫。——莱比锡大会战和20年屠杀生灵的战争全都白费了。好像被一只利爪攫住，那些刚刚还在互相抱怨和争吵的大臣们又都聚集在一起。急急忙忙抽调出一支英国军队、一支普鲁士军队、一支奥地利军队、一支俄国军队。他们现在要再次联合起来，彻底击败这个篡权者。欧洲合法的皇帝和国王们从未这样惊恐万状过。威灵顿开始从北边向法国进军，一支由布吕歇尔统率的普鲁士军，作为他的增援部队从另一方向前进。施瓦尔岑贝格在莱茵河畔整装待发；而作为后备军的俄国军团，正带着全部辎重，缓慢地穿过德国。

拿破仑一下子就看清了这种致命的危险。他知道，在这些猎犬集结成群之前绝不能袖手等待。他必须在普鲁士人、英国人、奥地利人联合成为一支欧洲盟军和自己的帝国没落以前就将他们分而攻之，各个击破。他必须行动迅速，不然的话，国内就会怨声四起。他必须在共和分子重整旗鼓并同王党分子联合起来以前就取得胜利。他必须在富歇——这个奸诈多变的两面派与其一丘之貉塔列兰结成同盟并从背后捅他一刀以前就班师凯旋。他必须充分利用自己军队的高涨热情，一鼓作气就把自己的敌人统统解决掉。每一天都是损失，每一小时都是危险。于是，他就匆匆忙忙把赌注押在欧洲流血最多的战场——比利时上面。6月15日凌晨3时，拿破仑大军（现在也是仅有的一支军队）的先头部队越过边界，进入比利时。16日，他们在林尼与普鲁士军遭遇，并将普军击败。这是这头雄狮闯出牢笼之后的第一次猛击，这一击非常厉害，然而却不致命。被击败而并未被消灭的普军向布鲁塞尔撤退。

拿破仑站在一个制高点观看着这场难料胜负的战斗

现在，拿破仑准备第二次猛击，即向威灵顿的部队进攻。他不允许自己喘息。也不允许对方喘息，因为每拖延一天，就意味着给对方增添力量。而胜利的捷报将会像烈性烧酒一样，使自己身后的祖国和流尽了鲜血、不安的法国人民如醉若狂。17日，拿破仑率领全军到达四臂村高地前，威灵顿，这个头脑冷静、意志坚强的对手已在高地上筑好工事，严阵以待。而拿破仑的一切部署也从示有像这一天那样的细致周到。他的军令也从未有象这一天那样的清楚明白。他不仅反复斟酌了进攻的方案，而且也充分估计到自己面临的各种危险，即布吕歇尔的军队仅仅是被击败，而并未被消灭。这支军队随时可能与威灵顿的军队会合。为了防止这种可能性，他抽调出一部分部队去跟踪追击普鲁士军，以阻止他们与英军会合。

他把这支追击部队交给了格鲁希元帅指挥。格鲁希，一个气度中庸的男子，老实可靠，兢兢业业，当他任骑兵队长时，常常被证明是称职的。然而他也仅仅是一位骑兵队长而已。他既没有缪拉那样的胆识魄力，也没有圣西尔和贝尔蒂埃那样的足智多谋，更缺乏内伊那样的英雄气概。关于他，没有神话般的传说，也没有谁把他描绘成威风凛凛的勇士。在拿破仑的英雄传奇中，他没有显著的业绩使他赢得荣誉和地位。使他闻名于世的，仅仅是他的不幸和厄运。他从戎 20 年，参加过从西班牙到俄国、从尼德兰到意大利的各种战役。他是缓慢地、一级一级地升到元帅的军衔。不能说他没有成绩，但却无特殊的贡献。是奥地利人的子弹、埃及的烈日、阿拉伯人的匕首、俄国的严寒，使他的前任相继丧命（德塞在马伦哥，克莱贝尔在列罗，拉纳在瓦格拉姆），从而为他腾出了空位，他不是青云直上登坐最高军衔的职位，而是经过 20 年战争的煎熬，水到渠成。

拿破仑大概也知道，格鲁希既不是气吞山河的英雄，也不进运筹帷幄的谋士，他只不过是一个老实可靠、循规蹈矩的人，但是他自己的元帅，一半已在黄泉之下，而其余几位已对这种没完没了的风餐露宿的戎马生活十厌倦，正快快不乐地呆在自己的庄园里呢。所以，拿破仑是出于无奈才对这个中庸的男子委以重任的。

6 月 7 日，林尼一仗胜利后的第一天，也是滑铁卢战役的前一天，上午 11 时，拿破仑第一次把独立指挥权交给格鲁希元帅。就在这一天，在这短暂的瞬间，唯唯诺诺的格鲁希跳出一味服从的军人习气，自己走进世界历史的行列。这不过是短暂的一瞬间，然而又是怎样的一瞬间呵！拿破仑的命令是清楚的：当他自己向英军进攻时，格鲁希务必率领交给他三分之一兵力去追击普鲁士军。这似乎是一项简单的任务，因为它既不曲折也不复杂。然而即便是一柄剑，也是柔韧可弯，两边双刃嘛！因为在向要格鲁希交代追击任务的同时，还交代清楚：他必须始终和主力部队保持联系。

格鲁希元帅踌躇地接受了这项命令。他不习惯独立行事。只是当他看到皇帝的天才目光，他才感到心里踏实，不假思索地应承下来。此外，他好像从自己手下将军们的背后感觉出他们的不满。当然，也许还有命运的翅膀在暗中拨弄他呢。总之，使他放心的是，大本营就在附近。只需 3 小时的急行军，他的部队便可和皇帝的部队会合。

格鲁希的部队在瓢泼大雨中出发。士兵们在软滑的泥泞地上缓慢地向普军运动。或者至少可以说，他们是朝着布吕歇尔部队所在地的方向前进。

卡右的夜里

北方的暴雨下个不停。拿破仑的师团步履艰难地在黑暗中前进。个个浑身湿透。每个人的靴底上至少有两磅烂泥。没有任何蔽身之处，没有人家，没有房屋。连麦秆稻草也都是水淋淋的，无法在上面躺一下。于是只好让 10 个或 12 个士兵互相背靠背地坐在地上，直着身子在滂沱大雨中睡觉。皇帝自己也没有休息。他心焦如焚，坐卧不安，因为在这什么也看不见的天气中，无法进行侦察。侦察兵的报告很含含糊糊。况且，他还不知道威灵顿是否会迎战；从格鲁希那里又没有任何关于普军的消息传来。半夜 1 点钟，拿破仑不顾簌簌的骤雨一直走到英军炮火射程之内的阵地前沿。在雾蒙蒙中，隐现出英军阵地上的稀薄灯光。拿破仑一边走着一连考虑进攻方案。拂晓，他才回到卡右的小屋子里，这就是他的极其简陋的统帅部。他在这里看到了格鲁希送来的第一批报告。报告中关于普军撤退去向的消息含含糊糊，尽是一些为了使人宽慰的承诺：正在继续追击普军。雨渐渐地停了，皇帝在房间里焦虑地走来走去，不时凝望着黄色的地平线，看看远处的一切是否最终能显现清楚，从而好使自己下决心。

清晨 5 点钟，雨全停了，妨碍下决心的胸中迷雾似乎也消散了，皇帝终于下达了如下的命令：全军务必在 9 点钟作好总攻准备。传令兵向各方出发。不久就响起了集合的鼓声。这时，皇帝才在自己的行军床上躺下，睡两小时。

滑铁卢的上午

时间已是上午 9 点。但部队尚未全部到齐。下了 3 天的雨，地上又湿又软，行路困难，妨碍了炮兵的转移。到这时候，太阳才渐渐地从阴云中露出来，照耀着大地。空中刮着大风。今天的太阳可不像当年奥斯特里茨的太阳那样金光灿烂，预兆着吉祥。今天的太阳只散射出淡黄色的微光，显得阴郁无力。这是北方的阳光。部队终于准备就绪，处于待命状态。战役打响以前，拿破仑又一次骑着自己的白色牝马，沿着前线，从头至尾检阅一番。在呼啸的寒风里，旗手们举起战旗，骑兵们英武地挥动战刀，步兵们用刺刀尖挑起自己的熊皮军帽，向皇帝致意。所有的战鼓狂热地敲响，所有的军号都对着自己的统帅快乐地吹出清亮的号音。但是，盖过一切响彻四方声音的，却是雷鸣般的吹呼声，它从各个师团滚滚而来。这是从 7 万士兵的喉咙里发出来的、低沉而又洪亮的欢呼声："皇帝万岁！"

20 年来，拿破仑进行过无数次检阅，从未有像他这最后一次检阅这样壮观、热烈。欢呼声刚一消失，11 点钟——比预定时间晚了两小时，而这恰恰是致命的两小时！——炮手们接到命令；用榴弹炮轰击山头上的身穿红衣的英国士兵，接着，内伊——这位"雄中之杰"，率领步兵发起冲锋。决定拿破仑命运的时刻开始了。关于这次战役，曾经有过无数的描述。但人们似乎从不厌倦去阅读关于它的各种各样激动人心的记载，一会儿去读司各特写的鸿篇巨制，一会儿去读司汤达写的片断插曲。这次战役，无论是从远看，还是从近看，无论是从统帅的山头上看，还是从盔甲骑兵的马鞍上看，它都是伟大的，具有多方面的意义。它是一部扣人心弦的富于戏剧性的艺术杰作：一会儿陷入畏惧，一会儿又充满希望，两者不停地变换着位置，最后这种变换突然成了一场灭顶之灾。这次战役是真正悲剧的典型，因为欧洲的命运全系在拿破仑这一个人的命运上，拿破仑的存在，犹如节日迷人的焰火。它像爆竹一样，在倏然坠地、永远熄灭之前，又再次冲上云霄。

从上午 11 点至下午 1 点，法军师团向高地进攻，一度占领了村庄和阵地，但又被击退下来，继而又发起进攻。在空旷、泥泞的山坡上已覆盖着 1 万具尸体。可是除了大量的消耗以外，什么也没有达到。双方的军队都疲惫不堪，双方的统帅都焦虑不安。双方都知道，谁先得到增援，谁就是胜利者。威灵顿等待着布吕歇尔；

拿破仑盼望着格鲁希。拿破仑心情焦灼，不时端起望远镜；接二连三地派传令兵到格鲁希那里去；一旦他的这位元帅及时赶到，那么奥斯特里茨的太阳将会重新在法兰西上空照耀。

格鲁希的错误

但是，格鲁希并未意识到拿破仑的命运掌握在他手中，他只是遵照命令于 6 月 17 日晚间出发，按预计方向去追击普鲁士军。雨已经停止。那些昨天才第一次尝到火药味的年轻连队士兵，在无忧无虑地、慢腾腾地行走着，好像是在一个和平的国度里，因为敌人始终没有出现，被击溃的普军撤退的踪迹也始终没有找到。

正当格鲁希元帅在一户农民家时急急忙忙进早餐时，他脚底下的地面突然微微震动起来，所有的人都悉心细听。从远处一再传来沉闷的、渐渐消失的声音：这是大炮的声音，是远处炮兵正在开炮的声音，不过并不太远，至多只有 3 小时的路程。几个军官用印第安人的姿势伏在地上，试图进一步听清方向。从远处传来的沉闷回声依然不停地隆隆滚来。这是圣让山上的炮火声，是滑铁卢战役开始的声音。格鲁希征求意见。副司令热拉尔急切地要求："立即向开炮的方向前进！"第二个发言的军官也赞同说：赶紧向开炮的方向转移，只是要快！所有的人都毫不怀疑：皇帝已经向英军发起攻击了，一次重大的战役已经开始。可是格鲁希却拿不定主意。他习惯于唯命是从，他胆小怕事地死抱着在纸上的条文——皇帝的命令：追击撤退的普军。热拉尔看到他如此犹豫不决，便激动起来，急冲冲地说："赶快向开炮的地方前进！"这位副司令当着 20 名军官和平民的面提出这样的要求，说话的口气简直像是在下命令，而不是在请求。这使格鲁希非常不快。他用更为严厉和生硬的语气说，在皇帝撤回成命以前，他决不偏离自己的责任。军官绝望

凯旋门

了，而隆隆的大炮声却在这时不祥地沉默下来。

热拉尔只能尽最后的努力。他恳切地请求；至少能让他率领自己的一师部队和若干骑兵到那战场上去。他说他能保证及时赶到。格鲁希考虑了一下。他只考虑了一秒钟。

决定世界历史的一瞬间

然而格鲁希考虑的这 1 秒钟却决定了他自己的命运、拿破仑的命运和世界的命运。在瓦尔海姆的一家农舍里逝去的这一秒钟决定了整个 19 世纪。而这 1 秒钟全取决于这个迂腐庸人的一张嘴巴。这 1 秒钟全掌握在这双神经质地揉皱皇帝命令的手中。——这是多么的不幸！倘若格鲁希在这刹那之间有勇气、有魄力、不拘泥于皇帝的命令，而是相信自己、相信显而易见的信号，那么法国也就得救了。可惜这个

毫无主见的家伙只会始终听命于写在纸上的条文，而从不会听从命运的召唤。

格鲁希使劲地摇了摇手。他说，把这样一支小部队再分散兵力是不负责任的，他的任务是追击普军，而不是其他。就这样，他拒绝了这一违背皇帝命令的行动。军官们闷闷不乐地沉默了。在他周围鸦雀无声。而决定性的一秒钟就在这一片静默之中消逝了，它一去不复返，以后，无论用怎样的言辞和行动都无法弥补这一秒钟。——威灵顿胜利了。

格鲁希的部队继续往前走。热拉尔和旺达姆愤怒地紧握着拳头。不久，格鲁希自己也不安起来，随着一小时一小时的过去，他越来越没有把握，因为令人奇怪的是，普军始终没有出现。显然，他们离开了退往布鲁塞尔去的方向。接着，情报人员报告了种种可疑的迹象，说明普军在撤退过程中已分几路转移到了正在激战的战场。如果这时候格鲁希赶紧率领队伍去增援皇帝，还是来得及的。但他只是怀着愈来愈不安的心情，依然等待着消息，等待着皇帝要他返回的命令，可是没有消息来。只有低沉的隆隆炮声颤着大地，炮声却愈来愈远。孤注一掷的滑铁卢搏斗正在进行，炮弹便是投下来的铁骰子，

滑铁卢的下午

时间已经到了下午1点钟。拿破仑的4次进攻虽然被击退下来，但威灵顿主阵地的防线显然也出现了空隙。拿破仑正准备发起一次决定性的攻击。他加强了对英军阵地的炮击。在炮火的硝烟象屏幕似的挡住山头以前，拿破仑向战场最后看了一遍。

这时，他发现东北方向有一股黑魆魆的人群迎面奔来，像是从树林里窜出来的，一支新的部队！所有的望远镜都立刻对准着这个方向。难道是格鲁希大胆地违背命令，奇迹般地及时赶到了？可是不！一个带上来的俘虏报告说，这是布吕歇尔将军的前卫部队，是普鲁士军队。此刻，皇帝第一次预感到，那支被击溃的普军为了抢先与英军会合，已摆脱了追击；而他——拿破仑自己却用了三分之一的兵力在空地上作毫无用处、失去目标的运动。他立即给格鲁希写了一封信，命令他不惜一切代价赶紧与自己靠拢，并阻止普军向威灵顿的战场集结。

与此同时，内伊元帅又接到了进攻的命令。必须在普军到达以前歼灭威灵顿部队。获胜的机会突然之间大大减少了，此时此刻，不管下多大的赌注，都不能算是冒险。整个下午，向威灵顿的高地发起了一次又一次的冲锋。战斗一次比一次残酷，投入的步兵一次比一次多。他们几次冲进被炮弹炸毁的村庄，又几次被击退

拿破仑兵败滑铁卢

出来，随后又擎着飘扬的旗帜向着已被击散的方阵蜂拥而上。但是威灵顿依旧岿然不动，而格鲁希那边却始终没有消息来。当拿破仑看到普军的前卫正在渐渐逼近时，他心神不安地喃喃低语："格鲁希在哪里？他究竟呆在什么地方呢？"他手下的指挥官们也都变得急不可耐。内伊元帅已决定把全部队伍都拉上去，决一死战（他的乘骑已有三匹被击毙）——他是那样的鲁莽勇敢，而格鲁希又是那样的优柔寡断。内伊把全部骑兵投入战斗。于是，一万名殊死一战的盔甲骑兵和步骑兵踩烂了英军的方阵，砍死了英军的炮手，冲破了英军的最初几道防线。虽然他们自己再次被迫撤退，但英军的战斗力已濒于殆尽。山头上像箍桶似的严密防线开始松散了，当受到重大的伤亡的法军骑兵被炮火击退下来时，拿破仑的最后预备队——老近卫军正步履艰难地向山头进攻。欧洲的命运全系在能否攻占这一山头上。

决战

自上午以来，双方的 400 门大炮不停地轰击着。前线响彻骑兵队向开火的方阵冲杀的铁蹄声。从四面八方传来的咚咚战鼓声，震耳欲聋，整个平原都在颤动！但是在双方的山头上，双方的统帅似乎都听不见这嘈杂的人声。他们只是倾听着更为微弱的声音。

两只表在双方的统帅手中，像小鸟的心脏似的在嘀嗒嘀嗒地响。这轻轻的钟表声超过所有震天的吼叫声。拿破仑和威灵顿各自拿着自己的计时器，数着每一小时，每一分钟，计算着还有多少时间，最后的决定性的增援部队就该到达了。威灵顿知道布吕歇尔就在附近。而拿破仑则希望格鲁希也在附近。现在双方都已没有后备部队了。谁的增援部队先到，谁就赢得了这次战役的胜利。两位统帅都在用望远镜观察着树林边缘。现在，普军的先头部队像一阵烟似的开始在那里出现了。难道这仅仅是一些被格鲁希追击的散兵？还是被追击的普军主力？这会儿，英军只能

拿破仑的部下缪拉

作最后的抵抗了，而法国部队也已精疲力竭，就像两个气喘吁吁的摔跤对手，双臂都已瘫软，在进行最后一次较量前，喘着一口气：决定性的最后一个回合已经来到。

普军的侧翼终于响起了枪击声。难道发生了遭遇战？只听见轻火器的声音！拿破仑深深地吸了一口气，"格鲁希终于来了！"他以为自己的侧翼现在已有了保护，于是集中了最后剩下的全部兵力，向威灵顿的主阵地再次发起攻击。这主阵地就是布鲁塞尔的门闩，必须将它摧毁，这主阵地就是欧洲的大门，必须将它冲破。

然而刚才那一阵枪声仅仅是一场误会。由于汉诺威兵团穿着别样的军装，前来的普军向汉诺威士兵开了枪，但这场误会的遭遇战很快就停止了。现在，普军的大批人马毫无阻挡地、浩浩荡荡地从树林里穿出

法军惨败

来。——迎面而来的根本不是格鲁希率领的部队，而是布吕歇尔的普军，厄运就此降临了，这一消息飞快地在拿破仑的部队中传开。部队开始退却，但还有一定的秩序。而威灵顿却抓住这一关键时刻，骑着马，走到坚守住的山头前沿，脱下帽子，在头上向着退却的敌人挥动。他的士兵立刻明白了这一预示着胜利的手势。所有剩下的英军一下子全都跃身而起，向着溃退的敌人冲去。与此同时，普鲁士骑兵也从侧面向仓皇逃窜、疲于奔命的法军冲杀过去，只听得一片惊恐的尖叫声："各自逃命吧！"仅仅几分钟的工夫，这支赫赫军威的部队变成了一股被人驱赶的抱头鼠窜、惊慌失措的人流。它卷走了一切，也卷走了拿破仑本人，策鞭追赶的骑兵对待这股迅速向后奔跑的人流，就像对待毫无抵抗、毫无感觉的流水，猛击猛打。在一片惊恐的混乱叫喊声中，他们轻而易举地捕获了拿破仑的御用马车和全军的贵重财物，俘虏了全部炮兵。只是由于黑夜的降临，才拯救了拿破仑的性命和自由。一直到半夜，满身污垢、头昏目眩的拿破仑才在一家低矮的乡村客店里，疲倦地躺坐在扶手软椅上，这时，他已不再是个皇帝了。他的帝国、他的皇朝、他的命运全完了。一个微不足道的小人物的怯懦毁坏了他这个最有胆识、最有远见的人物在20年里所建立起来的全部英雄业绩。

回到平凡之中

当英军的进攻刚刚击溃拿破仑的部队，就有一个当时几乎名不见经传的人，乘着一辆特快的四轮马车向布鲁塞尔急驶而去，然后又从布鲁塞尔驶到海边。一艘船只正在那里等着他。他扬帆过海，以便赶在政府信使之前先到达伦敦。由于当时大家还不知道拿破仑已经失败的消息，他立刻进行了大宗的证券投机买卖。此人就是罗茨舍尔德。他以这突如其来的机敏之举建立了另一个帝国，另一个新王朝。第二天，英国获悉自己的胜利的消息；同时，巴黎的富歇——这个一贯依靠出卖发迹的家伙也知道了拿破仑的失败。这时，布鲁塞尔和德国都已响起了胜利的钟声。

到了第二天，只有一个还丝毫不知滑铁卢发生的事，尽管他离这个决定命运的地方只有4小时的路程。他，就是造成全部不幸的格鲁希。他还一直死抱着那追击普军的命令。奇怪的是，他始终没有找到普军。这使他忐忑不安。近处传来的炮声越来越响，好像它们在大声呼救似的。大地震颤着。每一炮都像是打进自己的心里。现在人人都已明白这绝不是什么小小的遭遇战，而是一次巨大的战役，一次决定性的战役已经打响。

格鲁希骑着马，在自己的军官们中间惶惶惑惑地行走。军官们都避免同他商谈，因为他们先前的建议完全被他置之不理。

当他们在瓦弗附近遇到一支孤立的普军——布吕歇尔的后卫部队时，全都以为挽救的机会到了，于是发狂似地向普军的防御工事冲去。热拉尔一马当先，好像被一种不祥的预感所驱使，去找死似的。一颗子弹随即把他打倒在地。这个最喜欢提意见的人现在一声不吭了。随着黑夜的降临，格鲁希的部队攻占了村庄，但他们似乎感到，对这支小小的后卫部队所取得的胜利，已不再有任何意义。因为在那边的战场上突然变得一片寂静。这是一种令人不安的寂静，可怕的和平，一种阴森森、死一般的沉默。所有的人都觉得，与其是这种咬啮神经的惘然沉默，倒不如听见隆隆的大炮声更好。格鲁希现在才终于收到那张拿破仑写来的要他到滑铁卢紧急增援的便条（可惜为时太晚了！）。滑铁卢一仗想必是一次决定性的战役，可是谁赢得了这次巨大战役的胜利呢？格鲁希的部队又等了整整一夜，完全是白等！从滑铁卢那边再也没有消息来。好像这支伟大的军队已经将他们遗忘。他们毫无意义地站立在伸手不见五指的黑夜中，周围空空荡荡。清晨，他们拆除营地，继续行军。他们个个累得要死，并且早已意识到，他们的一切行军和运动完全是漫无目的的，上午 10点钟，总参谋部的一个军官终于骑着马奔驰而来。他们把他扶下马，向他提出一大堆问题，可是他却满脸惊慌的神色，两鬓头发湿漉漉的，由于过度紧张，全身颤抖着。至于他结结巴巴说出来的话，尽是他们听不明白的，或者说，是他们无法明白和不愿意明白的。他说，再也没有皇帝了，再也没有皇帝的军队！法兰西失败了……这时，所有的人都把他当成疯子，当成醉汉。然而他们终于渐渐地从他嘴里弄清了全部真相，听完了他的令人沮丧颓唐、甚至使人瘫痪的报告。格鲁希面色苍白，全身颤抖，用军刀支撑着自己的身体。他知道自己殉难成仁的时刻来临了。他决心承担起力不从心的任务，以弥补自己的全部过失。这个唯命是从、畏首畏尾的拿破仑部下，在那关键的一秒中没有看到决定性的战机，而现在，眼看危险迫在眉睫，却又成了一个男子汉，甚至像是一个英雄似的。他立刻召集起所有的军官，发表了一通简短的讲话——眼眶里噙着愤怒和悲伤的泪水。他在讲话中既为自己的优柔寡断辩解，同时又自责自怨，那些昨天还怨恨他的军官们，此刻都默不作声地听他讲。本来，现在谁都可以责怪他，谁都可以自夸自己当时意见的正确。但是没有一个人敢这样做，也不愿意这样做。他们只是沉默，沉默。突如其来的悲哀使他们都成了哑巴。

　　错过了那一秒钟的格鲁希，在现在这一小时内又表现出了军人的全部力量——可惜太晚了！当他重新恢复了自信而不再拘泥于成文的命令之后，他的全部崇高美德——审慎、干练、周密、责任心，都表现得清清楚楚。他虽然被五倍于自己的敌军包围，却能率领自己的部队突围归来，而不损失一兵一卒，不丢失一门大炮——堪称卓绝的指挥。他要去拯救法兰西，去解救拿破仑帝国的最后一支军队。可是当他回到那里时，皇帝已经不在了。没有人向他表示感激，在他面前也不再有任何敌人，他来得太晚了！永远是太晚了！尽管从表面看，格鲁希以后又继续升迁，他被任命为总司令、法国贵族院议员，而且在每个职位上都表现出具有魄力和能干。可是这些都无法替他赎回被他贻误的那一瞬间。那一瞬间原可以使他成为命运的主人，而他却错过了机缘。

　　那关键的一秒钟就是这样进行了可怕的报复。在尘世的生活中，这样的一瞬间是很少降临的，当它无意之中降临到一个人身上时，他却不知如何利用它。在命运降临的伟大瞬间，市民的一切美德——小心、顺从、勤勉、谨慎，都无济于事，它始终只要求天才人物，并且将他造就成不朽的形象，命运鄙视地把畏首畏尾的人拒之门外。命运——这世上的另一位神，只愿意用热烈的双臂把勇敢者高高举起，送上英雄们的天堂。

三次瓜分波兰

　　1764 年 4 月，叶卡捷琳娜二世和弗里德里希二世签订了"友好"同盟条约，其中明文规定要"维护"波兰的现存制度，必要时向波兰进驻俄普军队。同年，当波兰举行国会选举时，俄国立即派出 5 万重兵开抵俄波边境，施加压力。结果，叶卡捷琳娜二世的情夫斯坦尼斯瓦夫·奥古斯特·波尼亚托夫斯基当选为波兰国王。波尼亚托夫斯基登上王位后，站在俄国一边，结成反土耳其的"波俄联盟"，并允许东正教徒出任公职。

　　第一次瓜分前的波兰，如同一个垂危的病人，没有多大力量抵抗外国的侵略。普鲁士国王弗里德里希二世担心，如果让俄国独吞波兰，便不能实现自己对波兰早就怀有的领土野心。因此，普鲁士首先提出与俄奥两国共同瓜分波兰的主张。

　　1768 年，弗里德里希二世打算带着自己草拟的瓜分波兰的计划，首先前往奥地利与奥国皇太子约瑟夫进行密商。奥地利惧怕俄国的扩张威胁自己的安全和利益，有与普结盟共抗俄国的愿望。但是，这次密商由于奥皇玛丽亚，特莱西娅的反对而未能成行。玛·特莱西娅之所以反对普奥接近，因为弗里德里希二世是她的死敌。次年 8 月下旬，约瑟夫背着母亲前往西里西亚与弗里德里希二世会见。这次会见未达成协议，但使普奥两国关系有所改善。1770 年 9 月上旬，约瑟夫和首相考尼兹前往当时属于普鲁士的摩拉维亚再次与弗里德里希二世会晤，双方达成了瓜分波兰的默契。

　　弗里德里希二世懂得，如果没有俄国的参加，瓜分波兰是不能成功的。1770 年末，他派遣自己的弟弟亨利亲王前往彼得堡。在叶卡捷琳娜二世的同意下，亨利亲王开始草拟瓜分波兰的条文。沙皇俄国早有独吞波兰的野心，只是由于它在俄土战争（1768—1774 年）中陷入困境，暂时放弃这个打算，同意俄普奥三国瓜分波兰。在俄普代表彼得堡密商的同时，普鲁士抢占了波兰西部大波兰的一部分，并对格但斯克地区虎视眈眈；奥地利也突然侵入波兰南部克拉科夫附近的山区。

　　1771 年 6 月，俄普就瓜分波兰进行正式谈判。翌年 2 月，俄普两国同意奥地利参加瓜分波兰，1772 年 5 月，俄普奥三国在彼得堡举行谈判，并于 8 月 5 日签署了第一次瓜分波兰的条约。

　　根据条约规定，普鲁士占领除格但斯克（但泽）以外的波莫瑞地区、除托伦市以外的海鸟姆诺省、马耳博克省和瓦尔米亚省等波兰的波罗的海沿岸地区、一部分大波兰地区以及库雅维地区，共计面积 3.6 万平方公里，人口 58 万。俄国占领德维纳河、德鲁齐河和第聂伯河之间的大部分白俄罗斯地区，包括里夫兰省、波沃茨克省的北部、维捷布斯克省、姆什切斯拉夫省和明斯克省的东南部，以及拉脱维亚的一部分地区，面积共达 9.2 万平方公里，人口 130 万。奥地利占领维斯瓦河和桑河之间的地区（包括克拉科夫省、桑多米什省南部），加里西亚的大部分（包括利沃夫、波多利亚和沃伦的一部分），共计面积 8.3 万平方公里，人口 265 万。

　　普鲁士在划定边界时又从波兰夺取了华沙西北的戈普沃地区和库雅维的另一部

分。奥地利除了条约规定外，也夺取了波兰的维也伯热和布格河之间的地区。

1772 年 9 月 18 日，叶卡捷琳娜二世以俄普奥三国瓜分者的名义发表宣言，声称瓜分是为了"恢复波兰的和平与秩序"。俄普奥三国在条约签订后的第二年，即 1773 年 4 月中旬，逼迫波兰国王波尼亚托夫斯基批准这个瓜分条约。

波兰实行的是议会制度，在国王批准条约之前必须先经国会讨论通过。在俄普奥的胁迫下，1773 年 5 月在华沙召开了波兰国会。为了防范波兰人民的反抗，在国会召开之前，俄普奥三国分别派重兵开进波兰。国会开会那天，三国军队层层包围了国会大厦。俄国驻波兰大使率领普奥两国大使傲慢地进入会场，以霸主姿态监视国会进行。开会之前，俄国大使代表三国对会议进行威胁说，如果有人胆敢反对瓜分条约，那么三国政府将进行报复。会议宣布开始后，全场鸦雀无声，没有一个议员上台发言。这时，由俄普奥三国收买的几名议员提议推举臭名昭著的波奸波宁斯基为议长。还没有等到有人附议，波宁斯基就自动走上了议长席。这时一位来自立陶宛的爱国议员雷腾愤怒地高喊："议长必须由大会选举产生，岂能一人提名就登上议长席！"会场里顿时哗然。"驱逐外国恶魔！""应忠于波兰民族！"的呼叫声此伏彼起。波宁斯基一看情况不妙，急忙退出会场，溜之大吉。这一天的国会没有作出任何决定就散会了。

第二天，国会继续开会。警戒更加森严，会场入口处站满了荷枪实弹的俄国士兵。非议员一律不准入内，拒绝所有公众旁听。俄普奥三国代表强令到会的议员们表态支持瓜分条约。不少议员退出会场，以示抗议。以雷腾为首的爱国志士喊出了"头可断，血可流，波兰领土不可丢"的庄严口号。在这种情况下，俄普奥三国把国会撇在一边，直接逼迫波兰国王批准了瓜分条约。波兰爱国志士听到这一不幸消息，无不悲愤欲绝。雷腾不忍目睹祖国的灭亡，拔刀自刎。

波兰第一次被瓜分，总共失去了约 35％的领土和 33％的人口。

祖国被瓜分的严酷现实唤起了仁人志士的爱国热情。为了收复失地，洗雪国耻，维护民族独立，1776 年，一些爱国议员向国会提出了革除弊政、富国强兵的改革建议。波兰国王波尼亚托夫斯基在领土被瓜分、强敌压境、国事日非的严重形势下，不得不接受大多数议员的改革要求，议员们一致拥护并推选爱国志士安德烈·扎莫伊斯基负责起草改革方案。扎莫伊斯基查阅古今法政文献，参照西欧各国宪法，草拟了改革方案。其主要内容是：废除"自由选王制"，改行"世袭国王制"；废除"自由否决权"，改行"多数表决制"；废除"农奴制"，改行"自由农民制"；废除贵族特权制度，允许市民参加政权；发展工商业，奖励国际贸易，等等。就这个改革方案的内容来看，基本上适应了中小贵族和新兴资产阶级的需要，有利于加强中央集权、维护民族独立、削弱大贵族的特权。由于部分波兰大贵族的反对和俄普奥三国的暗中煽动，1780 年，波兰国会否决了扎莫伊斯基的改革方案。

1787 年，俄国与土耳其又发生战争；同时，普、英、荷、瑞等国准备对俄奥开战。俄普奥三国忙于战争，彼此之间又有矛盾，因而给了波兰一个喘息之机。在西欧，特别是法国启蒙运动的影响下，1788 年 9 月，在华沙召开了旨在改革的波兰国会。1789 年法国资产阶级革命的惊雷，震撼了波兰大地。以著名爱国思想家和社会活动家胡果·科翁泰、斯坦尼斯瓦夫，斯塔希茨为首的波兰中小贵族和新兴资产阶级联合起来，建立了"爱国主义党"他们提出要改善农民的地位，变农奴为自由民，使农民的权利得到法律的保护，实行货币地租制，取消劳役制；提高市民阶层和中小贵族的地位。显然，爱国主义党企图通过改革运动来削弱国内封建贵族的权力，争取民族独立和解放，从而为发展资本主义扫清道路。

在"四年国会"期间，广大爱国志士在国会内外，为维护祖国的独立和领土完整，反对俄普奥的侵略和奴役而斗争。法国革命的胜利，不仅鼓舞了波兰人民的斗争精神，也为波兰的改革提供了借鉴。在广大爱国志士的积极活动下，国会终于通过于1776年扎莫伊斯基的宪法改革方案，拒绝了沙皇俄国要波兰出兵土耳其为俄国助战的要求，并把波兰的国防军增加到10万人。波兰政府还照会各国驻华沙大使，要求俄国尽快从波兰撤军。对此，俄国大使蛮横地回答："决无意从波兰撤军！"

1790年3月，普鲁士与波兰订立所谓《波普同盟条约》。普鲁士当局"指责"俄国军队赖在波兰不撤走，却只字不提普军的撤离问题。同年年底，普鲁士以所谓补偿普鲁士的关税损失为借口，向波兰提出了割让托伦和格但斯克的要求。在广大爱国志士和人民的强大压力下，波兰政府拒绝了普鲁士的要求。波兰国会于1791年初通过一项《国土完整议案》，表示"今后波兰领土寸土不割"。

同年5月3日，波兰国会经过激烈的辩论，不顾俄普奥的武力威胁，通过了胡果·科翁泰等起草的著名的《五·三宪法》。《五·三宪法》的主要内容是：给各城市选举议员的权利；宣布农奴为自由农民；以天主教为国教，但其他各教派也有传教自由；废除"自由选王制"，实行"王位世袭制"；废除"自由否决权"，改行"多数表决制"，实行三权分立，即立法权归两院组成的国会，行政权归国王及其任命的内阁，司法权归法院；没有国会的同意，国王不得制定法律或与外国缔结条约，但有权指挥全国军队及任命文武大臣。《五·三宪法》的产生，是爱国主义党力图限制大贵族的特权以加强中央集权的一种尝试，它为以后波兰资本主义的发展创造了条件。

《五·三宪法》的通过得到波兰全国人民的热烈拥护，引起了俄普奥三国政府的强烈不满。1791年，叶卡捷琳娜二世声称："波兰之政制行之百十年而无弊端，今反更张，实属谬举。"沙皇俄国一方面打击改良派，说他们与"法国的雅各宾党人无异"，"其目的无非是夺取政权"；另一方面则用重金收买反对新宪法的波兰大贵族。1792年4月27日，在沙皇政府的策划和庇护下，一小撮大贵族在波俄边境城市塔尔果维采拼凑了一个"塔尔果维采同盟"，发动反对波兰中央政权的叛乱。同年5月，这个同盟认贼作父，引狼入室，以维护国内"秩序"，"保障和平"为名，把俄国的10万大军"请来"，对波兰进行公开的武装干涉。曾与波兰订立同盟的普鲁士，不仅拒绝援助，也乘机出兵侵略波兰。

波兰军民奋起抵抗俄普侵略军。开始，他们取得了一些胜利。由于波兰尚未来得及根据《五·三宪法》的决定组织起强大的武装力量，加之俄普军队两边夹击，波兰的武装力量最后还是遭到了失败。

1792年俄普把波兰人民的改革和反抗镇压下去以后，着手策划对波兰进行新的瓜分。当时奥地利已卷入反法战争，无暇东顾，未参加第二次对波兰的瓜分。

1793 年 1 月 23 日，即第一次瓜分波兰 20 年以后，俄普两国以防止所谓"雅各宾瘟疫"在波兰扩散为名，在彼得堡签订了第二次瓜分波兰的协定。根据这个新的协定，普鲁士攫取了格但斯克、托伦两市，以及琴斯托霍瓦——索哈切夫——佳乌多沃一线以西的大波兰地区的几个省，腊维奇省的一部分和玛佐夫舍的一部分，共计面积 58300 平方公里，人口 110 万。俄国抢占了德鲁亚——平斯克——兹布鲁齐一线以西的乌克兰、白俄罗斯地区（包括明斯克）和立陶宛的一部分，共计面积 25 万多平方公里，人口 300 万。

如同第一次瓜分时一样，在沙皇政府的策划下，1793 年 6 月 17 日在远离改革运动中心华沙的格罗德诺召开波兰国会，以"批准"瓜分条约。俄国大使希维尔斯亲临格罗德诺，一面用金钱收买国会议员，一面派兵包围会场，并威胁道："在议员未投票承认条约之前，军队不放他们离开会场。"沙俄当局的威胁，激起了议员们的极大愤慨，拒绝投票。双方僵持了一个多月。9 月 23 日，俄国大使派兵冲进会场，逮捕了 4 名议员。这一暴行更激起了波兰国会议员的愤怒。他们质问俄国大使，凭什么理由非法冲进会场逮捕议员"这位大使蛮横地回答："逮捕即逮捕，何须理由！"会场鸦雀无声，议员们静坐不语，以示抗议。最后俄国大使竟说，诸位沉默，我政府即认为你们已承认条约。亲俄派议长毕亚林斯基马上随声附和，说什么"沉默即表示同意"。宣布全体一致通过条约，国会散会。就这样，在敌人刺刀下的"哑巴会议"，在法律上承认了第二次瓜分波兰条约。这已是 9 月 24 日拂晓的事。

波兰第二次瓜分后，国家面临着灭亡的命运。在民族危亡之际，一部分进步的小贵族和新兴资产阶级分子开展活动，准备起义。爱国主义的鼓动在城乡劳动人民中得到了广泛而热烈的响应。起义的火焰首先在波兰古都一克拉科夫城点燃了。

领导克拉科夫起义的是波兰民族英雄塔代乌什·科希秋什科（1746—1817 年）。科希秋什科出生于一个乡村小贵族家庭。1776 年他参加了美国独立战争，并以其杰出的军事和组织才能立下赫赫战功，深受美国人民敬佩。1792 年，他以将军的身份参加波兰军队的反俄战争，后流亡国外。1794 年 2 月末，科希秋什科从巴黎秘密回到克拉科夫。3 月 24 日，他率领 4200 多名波兰骑兵和步兵，在克拉科夫广场庄严宣布举行民族起义，进行"不胜则亡"的宣誓。科希秋什科号召波兰军民奋起驱逐外国占领者，严惩卖国贼，恢复 1772 年波兰被瓜分前的疆界，为祖国的独立和民族的解放而斗争。他强调指出，波兰社会各阶层"在祖国面前，不论其职业、出身如何，也不论是贵族、僧侣、市民、农民，还是犹太人，一律平等。人人都要为祖国效劳"。

科希秋什科率领起义军向华沙进击，沿途人民纷纷参加，起义队伍不断壮大，达 4000 多人。4 月 4 日，起义军与优势的俄军在克拉科夫以北的腊茨瓦维采附近初次交锋。参加起义的农民志愿军——"镰刀军"奋勇作战，经过 5 个小时的激战，总计歼敌 3000 人，夺得大炮 12 门，击毙了俄军指挥官，取得了这次战役的胜利。首战告捷，威震敌胆，鼓舞了人民的斗志，打击了俄军的气焰。

起义军胜利的消息很快传遍全国，起义风暴席卷维斯瓦河两岸。同年 4 月 17

日，首都华沙的手工业者和城市平民在鞋匠扬·基林斯基以及梅耶尔的领导下，发动了声势浩大的起义。经过两天激战，打败了占优势的俄军，华沙宣告解放。

1794年夏，科希秋什科领导的起义开始衰落。其时，除俄军外，普军也从西里西亚向起义军进攻。6月6日，起义军一部在西部城市科齐内被俄普联军打败。6月13日，俄普军队采取一致行动，包围华沙。在腹背受敌、敌我力量悬殊的情况下，科希秋什科率领首都军民展开了英勇的保卫战。10月10日，在华沙省的玛契约维采附近的战役中，起义军陷入俄军的重围。浑身血污、多次负伤的科希秋什科率部突围，不幸坠马被俘。11月6日，俄军攻入华沙。8个多月的波兰人民起义失败了。

科希秋什科领导的爱国起义被镇压下去以后，波兰第三次被瓜分临近了。在瓜分前夕，普鲁士抢占了克拉科夫；奥地利抢占了桑多米什、卢布林省和海乌姆诺地区以及沃沦地区；沙皇俄国则把涅漫河和布格河流域的波兰领土划入自己的版图。1795年1月，俄国为拉拢奥地利作为自己反对土耳其的盟国，同时也由于奥地利是俄国的宿敌——资产阶级法国的敌人，俄奥背着普鲁士缔结密约，把克拉科夫划给奥地利。

1795年10月24日，俄普奥三国经过谈判签订了第三次瓜分波兰的协定。根据协定，奥地利获得了直至维斯瓦河和布格河交点以南的领土：包括克拉科夫、卢布林在内的全部小波兰地区，乌克兰的西部和玛佐夫舍的一部分，共计47500平方公里，人口50万。俄国把上次瓜分前处于波兰疆界内的立陶宛、库尔兰、西白俄罗斯、乌克兰、沃伦西部即直到涅曼河和布格河一线为止的领土，共计12万平方公里并入了自己的版图，人口120万。普鲁士夺取了其余的西部领土：波莫瑞西部地区、格但斯克地区、瓦尔米亚、大波兰地区的剩余部分、玛佐夫舍的其余部分和华沙，共计5.5万平方公里，人口100万。

波兰被俄普奥三国瓜分完毕，它作为一个独立国家灭亡了。从此以后，波兰人民分别置于俄普奥三国侵略者的铁蹄之下，长达100多年，直至1918年赢得民族独立。在波兰灭亡之后，亡国之君波尼亚托夫斯基于1795年被押送到彼得堡，依靠俄普奥三国的年金，过着被软禁的生活。1796年11月，叶卡捷琳娜二世死去，波尼亚托夫斯基被遣送回波兰的格罗德诺。不久，他又回到彼得堡，1798年2月12日，他在那里去世，终年六十六岁。

在1772、1793和1795年三次瓜分波兰中，沙皇俄国夺取波兰的土地共46.2万多平方公里，约占原波兰国土的62％；普鲁士夺取14万多平方公里，约占20％；奥地利夺取13万平方公里，约占18％。就夺取的土地面积而言，沙俄最多。在瓜分波兰的过程中，沙皇俄国起了决定性作用，是瓜分波兰的罪魁。有的历史学家说"奥地利和普鲁士是瓜分波兰的倡议者和主要负责者"，这不符合历史事实。

美国独立战争

华盛顿与美国独立

公元1774年8月1日，弗吉尼亚殖民地的地方会议举行紧急会议，商讨动摇波士顿人民的办法。在这次会议上，有一个身穿上校制服，一向沉默寡言的议员走上讲台，激昂慷慨地说道："我要自己出钱招募一千名壮士，并亲自带领这支队伍去救援波士顿！"说这话的，便是后来领导美国独立战争，接着又当选为美国第一任总统的乔治·华盛顿。

华盛顿原为弗吉尼亚的一个大种植园主。他在不到十岁的孩童时候，一次和一群孩子在后园里玩耍，把他父亲最心爱的一棵大树给砍倒了。他父亲发现后，气恨恨地追问那棵大树是谁砍的。在场的家里人，都吓得不敢说话，华盛顿不遮不掩地说是他砍的。对此，他父亲不但没责怪他，还夸他日后很有出息。

后来，华盛顿当过测量员，在西部新开辟的俄亥俄河流域做过土地投机生意。当时在北美洲，英国殖民者与法国殖民者经常发生边境冲突。就在这些边境冲突中，华盛顿初次崭露头角，当上了弗吉尼亚地方武装的指挥官。在"七年战争"（1756—1763 年）期间，华盛顿率领弗吉尼亚地方武装配合英国正规军，在北美大陆上与法军作战，把法军殖民者的势力赶出了北美大陆。他在这次战斗中，积累了一些军事经验，成为北美殖民地著名的人物之一。

尽管如此，像华盛顿这样有钱有势的大庄园主，也和英国殖民当局有矛盾。"七年战争"结束后，北美殖民地人民原以为可以向西扩散来获得土地，但英国政府却把阿巴拉契亚山脉以西的土地当做王室的私产，阻止北美殖民地人民向那边移动。公元 1774 年初，英国政府颁

独立战争

布《魁壮克法案》，把俄亥俄河以北的大片土地划归加拿大的魁壮克省管辖。这一项法案，使华盛顿丧失了几万英亩土地的所有权。所以，当北美殖民地人民反英斗争风起云涌之际，华盛顿站在大种植园主、大资产阶级的立场上，也参加了反英斗争的行列。

公元 1774 年 9 月，北美 13 个殖民地，为了商讨共同对付英国的办法，各自派遣代表到费城开会，这就是历史上所说的第一次"大陆会议"。华盛顿作为弗吉尼亚殖民地的代表之一，出席了这次会议。

这次会议之后，列克星敦战斗的消息，像闪电一样激发了北美殖民地人民的爱国热情。各地人民同仇敌忾，斗志昂扬。他们纷纷自备武器，自带口粮，组成民兵队伍，举着大旗，擂着战鼓，雄赳赳、气昂昂地来支持波士顿人民。几天之内，汇集在波士顿城外的民兵队伍就有两万多人。公元 1775 年 6 月 27 日，有 2000 名民兵

在波士顿港北面的班克山与英军进行了一场血战，他们显示了惊人的战斗力和革命的英雄气概，使英军为之丧胆，打破了关于民兵不能与正规军作战的神话。

这时，华盛顿正代表弗吉尼亚殖民地出席于1775年5月10日在费城开幕的第二届大陆会议。在革命人民的推动下，第二届大陆会议成了北美殖民地人民最高的革命政权机关。它下令募集志愿军，发行纸币，向国外购买军火，并把汇集在波士顿附近的各地民兵整编为"大陆军"。华盛顿被大会一致推选为大陆军总司令。

公元1775年7月3日，华盛顿骑马来到波士顿附近的剑桥，就任大陆军总司令。他把他的坐骑拴在一棵大榆树下，举起剑来接受军官们和兵士们的敬礼。当时大陆军根本没有统一的服装，武器也都参差不齐，用华盛顿自己的话来说："营地上全是武装起来的老百姓，而不像是一支军队。"华盛顿徘徊观望，没有立即向英军发动进攻。只是当民兵游击队在南、北卡罗来纳打退了企图在南方登陆的英军之后，华盛顿才以大军包围波士顿，切断了英军陆上供应线，使之成了一个死港。在这种恐怖下，英将豪乌才被迫于1776年3月17日率军撤离波士顿。从此，英军在北美殖民最重要的一个据点便转到人民的手中了。

华盛顿像

不过直到这时，大陆会议都仍旧是畏首畏尾，不敢与英国公开决裂，不敢宣布独立。华盛顿还把他统率下的大陆军，叫做"英王的部队"，意思是说，他只反对英国殖民当局在北美的暴政，仍拥戴英王。只是人民群众热火朝天的革命斗争，才把美国独立战争推向高潮。

华盛顿当选为美国第一任总统

北美独立战争的序幕

公元1776年7月4日，在人民群众的压力下，第二届大陆会议通过了由托马斯·杰佛逊起草的《独立宣言》。《独立宣言》第一次用纲领的形式表达了资产阶级的政治要求，并向全世界宣告：北美13个"联合起来的殖民地从此成为而且理应成为自由独立的合众国。"接着，纽约城的人民打破英王乔治三世的铜像，用以制造子弹。

《独立宣言》的通过和发表，标志着美国的诞生。原先的英属北美 13 个殖民地，这时成了美利坚合众国最早的 13 个州，而 7 月 4 日这一天，后来就定为美国的国庆日。

当美国宣布独立之际，英将豪乌在英国海军配合下，卷土重来，用 35000 人的兵力攻打纽约城。华盛顿率军 18000 人进行抵御。经过几次激烈的战斗，美军损失惨重，最后不得不撤离纽约。当华盛顿于 1776 年 12 月 8 日渡过特拉华河向西撤退时，身边的部队只剩下 5000 人了。然而，美国人民要求独立的坚强决心，使华盛顿和人民一起连续作战。公元 1776 年圣诞节（12 月 25 日）华盛顿在渔民的帮助下，回兵重渡浮着冰块的特拉华河，以迅雷不及掩耳之势向英军反攻，取得了特伦顿之战的胜利。接着，在 1777 年 1 月 3 日，他又用夜间突袭的战术，在普林斯顿地方，打败了军英。这两次胜利挽回了美军的颓势。

公元 1777 年 9 月，英军占领了当时美国的首都费城，气势汹汹，嚣张一时。华盛顿率兵在费城附近抵抗了几阵，连遭失败，不得不退往伏基谷以度寒冬。在伏基谷，华盛顿和他的军队处境极为困难。然而，就在这时，美国民兵在北部战场上赢得了大捷。1777 年 10 月，民兵把一支从加拿大南下的英军包围在纽约州北部的萨腊托加城。经过激战，迫使这支英军的残余部队 5600 余人缴械投降。萨腊托加大捷，大大提高了美国人民必胜的信心，并且扭转了整个战局。

在独立战争的后一阶段，战事的重心已移到英国的南方，1780 年 5 月，英军倾巢出动，在美国南方发动强大攻势，企图以此来挽回败局。南方各地人民奋起自卫，他们自发地组织起民兵游击队，用机动灵活的游击战术来对付敌人。在 1780 年 10 月的王山战役中，南方的民兵游击队，歼灭了英军一支主力部队。

1789 年在纽约举行的华盛顿总统授权仪式

这一胜利使英军在南方无法立足，最后被迫退往弗吉尼亚州的约克顿。

这时，战争形势已经起了根本性变化，英军由优势变为劣势，美军由劣势变为优势，决战的时刻终于到来了。

在英军退入约克顿后，华盛顿调动一切可以调动的兵力，加上法国派来支援的海陆军，一齐到约克顿来合围。英将康华里在经过一番挣扎之后，势突力竭，于 1781 年 10 月 10 日率部众 8000 人投降。

约克顿战役之后，美国独立战争基本上胜利结束了。公元 1783 年 9 月 3 日，英国与美国签订《巴黎和约》，正式承认美国独立。

美国独立战争是美国人民为了摆脱英国的殖民压迫而进行的民族解放战争，实际上是一次资产阶级革命。华盛顿作为美国独立战争的领导人，在历史上起了一定的进步作用。

美国独立战争后，华盛顿代表大种植园主，大资产阶级的利益，主持制定了1787年的《美国宪法》。1789年4月，华盛顿当选为美国第一任总统。

华盛顿任过两任总统，卸任后回到他在弗吉尼亚州的那座地主庄园——维尔农山庄，乔治·华盛顿于1799年12月14日病逝。

向约克镇进军

杰斐逊和《独立宣言》

1776年7月4日，从大西洋沿岸到阿巴拉契亚山，从波士顿到萨凡纳，整个北美殖民地沉浸在一片欢庆之中。在费城，教堂钟声齐鸣，兵士列队，鸣枪致贺，全城沸腾。人们举行集会，把英国国王乔治三世的画像，焚烧在熊熊烈火之中，他们高兴地说："我们甚至连那个不配治理自由人民的国王的影子也给销毁了……"在其他一些小城镇，人们也是奔走相告，连呼万岁。这一天，北美殖民地的广大人民，正在以高度热情迎接着《独立宣言》的通过和宣读。《独立宣言》为什么会有如此巨大的魔力、牵动着北美的几百万颗心呢？历史的原委，都是跟杰斐逊这个伟大的名字联系在一起的。

杰斐逊出生于1743年，北美殖民地时期南部的革命中心弗吉尼亚的阿尔贝马郡沙得韦尔乡村。他的祖辈是英国威尔士人，后来移居到了北美。据说母亲祖先出身高贵，是苏格兰贵族。父亲是个中等种植园主，经营烟草种植，他早年也作过土地测量员，还是弗吉尼亚的第一任治安法官。

1760年，杰斐逊进入南部著名的高等学府，威廉——玛丽学院，在这里，他广泛地接触哲学、历史、自然科学和文艺作品，深受启蒙思想，特别是洛克的"天赋权利"论的影

《独立宣言》起草者杰斐逊

响。杰斐逊在校期间，一直是一个以勤奋好学、勇于探索、视野开阔而著称的人物。1762年毕业以后，他又专门学了五年法律，当了七年律师，使他更加熟悉了当时的法规和条例。

杰斐逊在政治上初露头角，是1769年。这一年，他当选为弗吉尼亚议会议员。在议会里，他坚决主张释放黑人奴隶，并且积极领导抵制英货的运动。

到七十年代，随着北美殖民地经济的发展，和英国对殖民地压迫政策的加强，两者之间的矛盾日趋激化。在这个革命风暴孕育的日子里，杰斐逊成为当时的左翼领袖和鼓吹美国资产阶级民主革命的号手。1774年，他发表了《英属美洲权利概述》一文，淋漓尽致地揭露了英国殖民者的高压政策，否定了他们的殖民权利，号召广大人民群众起来，制止英国的侵略活动。这篇文章引起极大地反响，一些同情殖民地抗英斗争的英国人士，把它大量翻印，装订成册，在伦敦广为传播。此外，它的词句和论述，还常常被当时的英国议员大量引用，作为他们的理论炸弹，用来抨击本国政府的高压政策，往往弄得英国政府处境尴尬。所以，伦敦当局一直把杰

斐逊看成是个危险人物，把他列入了"黑名单"。

1775年4月，莱克星顿和康科德的广大人民，对英国殖民军，进行了武装反抗，打响了美国独立战争的第一枪。革命烈火锤炼了杰斐逊，使他更加成熟起来。这年5月，33岁的杰斐逊坐着敞蓬四轮马车，带着两名黑人奴仆，经过长途跋涉，来到费城，代表弗吉尼亚出席第二届大陆会议。当时，他下榻的地方，是一幢新建的三层楼住宅，他占用了整个二楼的卧室和客厅，在这里起草了美国《独立宣言》。

激动的纽约市民冲向广场，捣毁乔治三世的塑像

当时，北美殖民地群情鼎沸，纷纷要求摆脱英国而独立。特别是弗吉尼亚，率先作出决定，断绝同英国的联系。为了适应这种形势的新发展，6月11日，大陆会议指定杰斐逊、富兰克林、约翰·亚当姆斯、谢尔曼和李文斯敦等五人，组成一个委员会，准备起草一个北美独立的宣言。经过商定，委员会把这项宣言的起草工作，委托给年富力强的杰斐逊。

《独立宣言》文本

杰斐逊长于写作，他以高度的政治热情，接受了这个起草工作。从6月11日到28日，他独自躲在下榻的二层楼上，写出了《独立宣言》初稿，并提交大会讨论。经过两天半的讨论和修改，1776年7月4日，最后通过。这时候，与会代表互致祝贺，全地一片欢腾。

《独立宣言》以磅礴的气势，流畅的笔调，概括了英法民主主义思想家提出的政治理论和革命原则，它庄严地向世界宣布："人人生而平等，他们都从他们的'造物主'那边赋予了某些不可转让的权利。为了保障这些权利，所以才在人们中间成立政府。而政府的正当权力，则系得自被统治者的同意。如果遇有任何一种形式的政府变成是损害这些目的的，那么，人民就有权利来改变它或废除它，以建立新的政府。这新的政府，必须是建立在这样的原则的基础之上，并且是按照这样的方式来组织它的权力机关，庶几就人民看来那是最能够促进他们的安全和幸福的。"宣言阐发了"天赋人权"和"权利在民"的学说；论述了人民有权废除旧政府，建立新国家，以保护人民权利的思想。从而，给北美独立提供了理论武器。

《独立宣言》控诉了英王的种种暴行，它指出："现今大不列颠国王的历史，就是一部怙恶不悛，倒行逆施的历史。"接着，它列举了1763年以来，英国政府的种种虐政，从而，综述了迫使美国人民争取独立的种种原因。

《独立宣言》最后以美利坚合众国人民的名义庄严宣告："这些联合殖民地从此成为、而且名正言顺地应当成为自由独立的合众国，它们解除对于英王的一切隶属关系，而它们与大不列颠王国之间的一切政治联系亦应从此完全废止。"《独立宣言》

以豪迈的语言，宣告了美利坚合众国的成立。

《独立宣言》是宣告美国建成独立国家的正式文件。它在人类历史上第一次以政治纲领的形式，宣告了人民主权的原则；同时，它也是资产阶级上升时期人民要求民主主权的宣言书。《独立宣言》在历史上曾经起到过积极进步作用，它动员广大人民群众为争取民族独立、人民主权而斗争；成为当时美国人民反抗英国殖民奴役、进行革命的有力武器。所以，马克思在写给美国总统林肯的信里，把它称为"第一个人权宣言"；其历史作用由此可以窥见一斑。

然而，杰斐逊的这篇杰作，虽然热情洋溢，反映了资产阶级在上升时期的精神面貌，但它毕竟跳不出当时的历史漩涡，而带有着那个时代的烙印。它所宣扬的"自由、平等、追求幸福"等等，充其量不过是资产阶级和种植园奴隶主们独立享用的东西，对于政治上无权、经济上遭受剥削的劳苦人民来说，这只能是一句虚幻的空话；温饱尚且难保，又有什么自由、平等、幸福可言呢？

《独立宣言》初稿中，本来写进了一段非常难能可贵的、谴责和痛斥英王乔治三世开创非洲黑奴贸易、煽动黑人与白人之间种族战争的文字，但在讨论修改过程中，被南方奴隶主和北方的大奴隶贩子，认为言词过激，特别是在南卡罗来纳和佐治亚代表的反对下，而最后被删掉了。

杰斐逊虽然是一位重要的启蒙思想家，美国民主传统的奠基人，但他却不具备军事才能。1779年，他当选为战时州长。当时，英军控制海面，随时都有袭击弗吉尼亚领土、掠夺食物和武器的危险。弗吉尼亚不仅财政匮缺，就连兵员也要仰仗别人支援，作为州长的杰斐逊，困难重重。1780年，英军向弗吉尼亚进攻，尽管这位州长恪尽职守，但由于他不懂军事，而使他束手无策。眼看着议会横遭破坏，而无能为力，以致招致各方面的指责、诋毁和埋怨。在他实在维系不下去时候，1781年，辞去州长职务，回到弗吉尼亚，在这里进行了仔细考察，最后将调查手稿，缉录为《弗吉尼亚纪事》一书。《纪事》驳斥了欧洲优势论，充分表达了对自己家乡的热爱和民族自尊感。

美国独立以后，杰斐逊成为当时政治舞台上的活跃人物。1784年5月，他协助富兰克林和约翰·亚当姆斯到法国，同法国签订商约。第二年，他出任美国驻法全权公使；当他驻节巴黎的时候，正是法国资产阶级革命的伟大时代，这时，他不仅冷静地观察各国的动向，而且以极大的兴趣和满腔热情关注着革命的进程。1789年，联邦政府成立以后，他被任命为美国国务卿。1800年当选为美国第三届总统。

杰斐逊的晚年是值得一提的。当他年逾六旬，回到家乡的时候，他把自己的晚年，全部献给了美国的教育事业。他制订了大、中、小三级教育制度，确立了美国国民教育的规范。他主张用教育手段，培养德才兼备的"自然贵族"，用以区别于"人为的贵族"。1818年，他虽然已是七十几岁高龄的老人，但他仍然意气风发，为创建弗吉尼亚大学而贡献着自己最后几年的精力。他骑着马亲自到兰岭勘察校址，从整个校舍设计、施工，到招生开学、聘请学者，他都付出了巨大的劳动；弗吉尼亚大学终于在他辞世的前一年建成。

杰斐逊生活简朴，在他担任总统期间，白宫每天早晨开放，任来访者自由出入。

他认为只有这样，才能不远离群众，保持民主作风。

1826年7月4日，正当《独立宣言》发表五十周年的时候，杰斐逊逝世，享年八十三岁。杰斐逊一生的事业，完全可以用他自己生前写好的墓碑碑文来概括：

> 在这下面埋葬的是
> 托马斯·杰斐逊
> 著有
> 《独立宣言》
> 《弗吉尼亚宗教自由法规》
> 他还是
> 弗吉尼亚大学之父

"列克星敦的枪声"

在第一届大陆会议闭幕后，马萨诸塞人民立即行动起来。当托马斯·盖奇（Thomas Gage）将军及其英军控制波士顿时，马萨诸塞议会改组为地方大会，并任命了以约翰·汉考克为首的安全委员会，在离波士顿32公里的康科德举行会议，制定抵抗计划，不失时机地储藏枪支弹药。1775年4月初，盖奇企图先发制人，派兵前往列克星敦，企图逮捕约翰·汉考克和塞缪尔·亚当斯，摧毁康科德的军械库。4月19日5时左右，英军遭到列克星敦的民兵阻拦，英军突然开火，民兵猝不及防，死伤十多人。英军在返回波士顿的路上，又不断遭到民兵的袭击。"列克星敦的枪声"和康科德的战斗揭开了独立战争的序幕。

1775年5月，即列克星敦和康科德战斗后一个月，第二届大陆会议在费城召开。在这次会议上，激进派人数增多。富兰克林和杰斐逊出席了会议。第二届大陆会议仍希望避免同英国最后决裂。7月5日，会议通过了致英王乔治三世的请愿书——"橄榄枝请愿书"，表示仍忠诚于英王，向他保证"我们无意结束我们之间长期地和幸福地存在的联合。"但同时，谴责了英国议会，要求英王同意殖民地摆脱英国议会不称职的管理。大陆会议一手执着橄榄枝，一手握着利剑。大陆会议发布了《关于拿起武器的原因的公告》，宣称"我们为我们的敌人所迫而拿起武器，我们要不顾一切危险，使用武器来维护我们的自由，一致决定宁可作为自由人而死，不作为奴隶而生。"会议采取了断然行动，成立了大陆军，任命乔治·华盛顿为总司令。W·乔治·华盛顿（1732—1799）生于弗吉尼亚一个大种植园主家庭，1752年继承家业，成为大农场主。曾在英国军队服役。华盛顿之被任命，不仅是由于他在弗吉尼亚议会和大陆会议上表现出的政治

英属北美殖民地人民在邦可尔山打响了独立战争的第一枪

才能和在"对法国人和印第安人战争"中担任中校所具有的军事经验，也是为了争取南部殖民地支持以新英格兰为首的反抗运动。

随着战争的爆发，各殖民地的皇家总督大多逃跑或被驱逐，英国在殖民地的统治权力迅速瓦解。到 1774 年年底，大多数殖民地建立了地方议会。康涅狄格和罗得岛是自治殖民地，政府是民选的，因此未进行改组。佐治亚和纽约两殖民地因保守势力强大，未能建立地方议会。自 1776 年 3 月始，各殖民地陆续宣布独立：3 月 26 日，南卡罗米纳地方议会通过宪法，宣布独立，并通过选举建立了自己的政权。不久，新罕布什尔、新泽西宣布独立。弗吉尼亚宣布独立影响最大。5 月 15 日，弗吉尼亚地方议会通过独立决议，并通过两项决定，其一是责成出席第二届大陆会议的弗吉尼亚代表向大陆会议建议"宣布这些联合的殖民地为自由的和独立的邦，解除同大不列颠国王或议会的一切隶属或依附关系。"其二是起草弗吉尼亚的《权利宣言》。6 月 12 日，弗吉尼亚的《权利法案》公布，规定了公民的言论自由、出版自由、由陪审团参加审判等基本权利。6 月 29 日，又通过了《弗吉尼亚宪法》，建立了弗吉尼亚共和体。特拉华和康涅狄格于 6 月 14 日、新罕布什尔于 6 月 15 日、马里兰于 6 月 23 日相继宣布成立共和体。各殖民地相继宣布独立，推动了《独立宣言》的诞生。

《独立宣言》

随着战争的继续进行和英国的不妥协态度，越来越多的人支持宣布独立。有几个因素推动宣布独立：其一是英王决定镇压起义，派遣二万官兵到北美，并宣布大陆会议的所有成员均为叛国者，若被捕，当被绞死。这迫使出席大陆会议的保守派分子也必须采取新的立场；其二是 1976 年 1 月，卓越的民主主义者托马斯·佩恩的《常识》出版，佩恩摒弃了以往依靠法律辩论方法，以通俗激昂的文字阐述了殖民地独立的主张；他谴责英王乔治三世为"皇族野兽"，号召废除王权，建立共和制政府；他主张取消选民财产资格和建立一院制议会的代议机构，经常进行选举，以便经常在选民和被选者之间进行交流，建立共同的利益；他坚信在摆脱欧洲的控制以后，新建立的国家将会强大起来。佩恩的《常识》发行 10 万多册，广泛传播，在动员殖民地人民同英国实行彻底决裂方面起了巨大作用；其三是华盛顿坚持了对波士顿的包围，于 3 月迫使威廉·豪的英军由海路撤往哈利法克斯。攻克波士顿增强了殖民地人民争取独立的信心。但英军的撤退，只不过为了等待增援，以准备夏季发动新攻势；其四是大陆会议已派赛拉斯·迪恩向法国谋求援助。6 个月后，富兰克林和阿瑟·李也去巴黎协助谈判。宣布独立将有助于取得法国的援助。

1776 年 7 月 4 日，大陆会议通过了杰斐逊起草的《独立宣言》。《独立宣言》第一部分以简明庄重的文字总结了启蒙运动的政治哲学，特别是关于自然权利的理论："我们认为下面这些真理不言而喻，即：人类生而平等，造物者赋予他们若干不能出让的权利，其中如生命、自由和对幸福的追求。为了保障这些权利，人类才在他们之间建立政府，而政府之正当权利是经被统治者的同意而产生的。任何政府破坏这些目的，人民便有权力把它改变或废除，以建立一个新的政府。"在这里，杰斐逊对洛克的自然权利作了修改，没有提财产权，而是提"追求幸福"的权利。他企图以一个更为广泛但又避开社会内容的口号来说明了美国革命的正当性。宣言的第二部分列举了殖民地的怨情。杰斐逊只谴责英王乔治三世，未提及英国议会。这样做不仅是一种策略，以博得欧洲人民的同情，因为欧洲人可能同情反对暴君的起义，而不反对选举产生的议会。而且，不提及英国议会，等于否定了英国议会与殖民地的法律联系。宣言的第三部分是实质性部分，宣布 13 个殖民地独立，"我们这些联合一致的殖民地从此是，并依照公理，也应该是自由的和独立的国家。"取消对英国王室效忠的义务，全部断绝同英国的一切政治关系，以自由独立国家的地位，有权宣战、缔和、结盟、通商和采取独立国家有权采取的一切行动。

独立若要得到英国的承认，就必须将战争进行到赢得胜利为止。《独立宣言》不仅激发了美国人民的自豪感，而且进一步巩固了全民抗战的决心和自信。

杰斐逊起草的《独立宣言》初稿中曾谴责奴隶制是"海盗战争"的结果。但由于南卡罗来纳和佐治亚代表的反对，在最后的定稿中将这一段原文删去了。在美国人抱怨遭到英国的奴役的同时，却在北美保留了奴役别人的制度。

《独立宣言》在庄严宣布人的自然权利的时候，杰斐逊却认为"城市劳动者是恶的体现者和推翻一个国家自由的工具。"宣言漠视印第安人、黑奴的权利。宣言谴责英王煽动奴隶暴动和印第安人袭击白人："他在我们中间煽动国内的叛乱，尽力引诱无情的印第安野蛮人袭击我们边疆的居民。"宣言所宣布的"人生而平等"的原则也不包括妇女。宣言只是把生命、自由和追求幸福的权利限于白人男子。宣言同样漠视了当时社会上存在的财产上的不平等。所以，在《独立宣言》宣布的时候，富人可以出钱由他人代替入伍出征，而穷人必须入伍当兵。《独立宣言》所宣布的自然权利实质上是有产者的权利。

《独立宣言》鼓舞了大陆军队和民兵的战斗意志。7 月 9 日，华盛顿在纽约向部队宣读《独立宣言》时说："这一重要文件将进一步推动每一位军官和士兵以忠贞和勇气来行动，领悟到现在在上帝的统辖下，他的国家的和平和安全只有赖于我们的武器的胜利。"

萨拉托加大捷

独立战争开始时，英国是一个头号的资本主义工业强国，有雄厚的经济基础及富源，并且拥有世界上最强大的海军及武器精良的陆军。此外，它还拥有广大的殖民地，有取之不尽用之不竭的人力物力。相反地，北美殖民地的工商业都比英国落后，在物力财力方面，与英国相比，都是望尘莫及的。北美人民就是在敌我力量相差悬殊的情况下与英国侵略军战斗的。

在华盛顿受命为总司令的时候，斗志昂扬的北美民兵队伍已经把波士顿围得铁桶似的。困守波士顿的英军终于不支，到 1776 年 3 月退出该城，同时遗弃了两百门以上的大炮、数千支枪和大量军事物资。

1775 年秋，美军在围攻波士顿的同时，开始了对加拿大的远征。这次远征的目的是为了防止英军利用魁北克为基地夺取哈得逊河流域；也是为了煽动加拿大的法国人起来举行反英起义。1775年9月，美军分两支北上，一支在蒙哥马利率领下越过张伯伦湖，进入加拿大，11月拿下了蒙特利尔。另一支由阿诺德率领，12月底两军会师，联合进攻魁北克。蒙哥马利战死，阿诺德继续督军攻打。由于英国军舰开到，也由于军中流行疫病，在进攻魁北克的战役中美军遭到惨败，损失五千多人。到1776年6月，美军完全撤出加拿大。这次远征虽然失败了，但在此后两年内英方不得不驻屯重兵于加拿大，这就相应地削弱了英军在其他战场上的兵力。

1776年7月，英军占领了纽约附近的斯他登岛。华盛顿乃把军队从波士顿调到纽约附近，结果与英军发生战斗，美军大败，9月纽约落到英军手中。华盛顿的部队退到德拉瓦河的彼岸——宾夕法尼亚境内。12月25日，华盛顿部队突然转入攻势，又渡过德拉瓦河，出其不意地袭击了驻在特灵顿的英军，俘获敌人上千名。美军乘胜前进，又在1777年1月于普林斯顿一带大破英军，迫使英军退到伯灵顿。

1777年初，英国统帅部制定了一个战略计划：以纽约和加拿大为根据地，夺取哈得逊河流域，以便切断美国北部与中部南部之间的联系。按照这个计划，英国当局决定派出三支纵队最后在欧尔巴尼会师：第一支由柏高英将军率领从加拿大出发经过张伯伦湖；第二支在巴利·圣·列格尔中校率领下也从加拿大出发经过安大略湖和摩瓦克河；第三支由克林顿将军统率，从纽约城启程，溯哈得逊河北上。这个计划从战略上来看，有严重的缺点：第一，英国兵力分成三路，使得美方有可能集中兵力予以各个击破。第二，两支纵队从加拿大出发到目的地，路途遥远，必然要出现运输及供应上的困难，加之长途跋涉，势必造成士兵的疲惫不堪，这就使得美军有可能"以逸待劳"，从容不迫地歼灭敌人。而且，这个计划在执行过程中，彼此配合得很不好。在时间上，柏高英的队伍出发过早，没有等待另外两支纵队同时行动。而且，克林顿将军在离开纽约北上之前，曾要求英军最高统帅豪埃将军派增援部队，但是豪埃将军拒绝了这个要求。

1777年6月，柏高英的部队首先自加拿大出发，7月攻占了提康得洛加，然后继续前进。但是在队伍抵达距哈得逊河32公里的地方时，遭到附近美军的一系列袭击，以致行动受到牵制。结果英军费了三个星期的时日才攻下爱德华要塞。但这时英军在供应上又出了问题，于是柏高英便派出军队到附近大肆掠劫。当地农民在美军军官约翰·斯塔克的号召下，纷纷起来抵抗，弄得英军狼狈不堪。

圣·列格尔的队伍出发较晚，当进军到摩瓦克河附近时，在当地居民的狙击下，无法继续前进，因而这支纵队只好退回加拿大。

当柏高英队伍在爱德华要塞一带因供应不足而无计可施和圣·列格尔在摩瓦克河沿岸不断挨打的时候，克林顿才最后领兵出动。在他的队伍到达距欧尔巴尼96公里的地方之前，柏高英部队就退到萨拉托加了。当英军来到萨拉托加尚未来得及安营扎寨，新英格兰的农民就个个手持武器从四面八方赶到萨拉托加，把英军围得水泄不通。武装农民越聚越多，数量为英军之四倍。弹尽粮绝的英军已经无路可走，于是不得不于1777年10月17日俯首请降。投降的英军为数5000人，在答应以后不再拿起武器之后，被放回本国去了。

美军的萨拉托加大捷，意味着英军夺取哈得逊流域的计划破产，而英军如果不控制这个流域，它是无法征服美国的。同时，这次大捷也促成法国以美国盟友的资格参战。因而，这个大捷实在是独立战争中美军转败为胜的重大转折点。

最后的胜利

战争爆发伊始，美国革命领袖就认识到：要想赢得战争的胜利，就必须争取外国援助。他们深知法国、西班牙和荷兰等国过去在争夺海上霸权及殖民地的斗争中，都败于英国之手，都吃了很大的亏，所以时时刻刻想寻找机会恢复过去被英国夺去的殖民地及海上贸易地位。因此，他们决定利用这些国家与英国之间的矛盾，以促进革命战争的胜利。

早在 1776 年 3 月，大陆会议就派西拉斯·狄安去法国商谈援助事宜。同年 9 月，即宣布独立后，又派赫赫有名的学者富兰克林和杰出思想家杰斐逊为特使，去协助狄安。不过，杰斐逊未能成行，他的任务由当时正在伦敦的阿瑟·李代替。大陆会议训令他们抵法后竭力争取法国正式承认美国独立及与美国订立商约。

1776 年 12 月，富兰克林到达巴黎。他的人格和外交辞令具有很大的魅力。他表示美国人决心战胜英国，这在法国军官中引起了共鸣，因为法国军官都迫不及待地想报七年战争之仇。但是，富兰克林的努力成就不大，美军在战场上的初期失利，使得法国政府不相信美国的实力，不敢正式承认美国独立，也不敢与美国缔结商约。当时，法国执行两面的外交政策：一方面秘密以金钱及武器援助美国，另一方面在英国面前表示严守中立。但是法国对美国的援助还是很可观的。到 1776 年 10 月以前，狄安已经从法国交涉到 2 万人的服装、3 万人的武器及大量弹药。法国还在其他方面支援美国，比如掩护美国的私掠船，在法国船坞里为美国制造军舰等等。

1777 年萨拉托加大捷扭转了法国的态度。1778 年 2 月 6 日法国终于与美国缔结法美同盟条约及通商友好条约，承认美国独立，承担了军事援助的义务，并且约定：一方不得到另一方的同意，不得与英国讲和。

1778 年 6 月 17 日，法国战舰与英国战舰在欧洲沿海发生战斗，于是英法不宣而战。1779 年，西班牙在法国的劝诱下参战，荷兰到 1780 年也参加了战争。

法国参战后，英国便在海上任意搜索中立国的船只，这就引起了普鲁士的抗议，于是普鲁士就怂恿俄国在 1780 年组成武装中立同盟，以抵制英国对于中立国船舶的侵犯。不久，丹麦、瑞典及奥地利也加入了这个武装中立同盟。

这样，到 1780 年美英战争扩大为国际性的战争。对于法、西、荷等国来说，这是争夺商业殖民霸权的战争，对于英国来说，这是反革命的战争，惟有对于美国来说，这是正义的解放战争。在这场战争中，英国完全陷于孤立。

法、西、荷参战后，战争便从北美扩大到西印度、东印度及欧洲去了。法国开始派军队到印度去，企图驱逐英国在印度的势力。西班牙开始攻打直布罗陀。法国又把大批军舰及军队派到北美大陆及西印度去。西班牙军队也在北美登陆。英国海军到处受到法、西、荷诸国海军的攻击，从而丧失了海上优势，这在很大程度上决定了战争的结局。

美国领袖们不但寻求外国官方援助，而且也向欧洲各国进步人士及广大人民呼吁。有时通过私人通信，有时派人去进行宣传，也时常由官方向欧洲各国人民发表呼吁书，如大陆会议就曾向爱尔兰人民发出过这样的呼吁书。结果，同情美国人民争取解放斗争的欧洲先进人士争先恐后地组织志愿军，奔赴北美，参加独立战争。在这些志士中间有法国的拉法耶特侯爵、洛艾利侯爵及未来的空想社会主义者圣西门。还有波兰的普拉斯基伯爵和克修斯古等人。当时，拉法耶特年方19岁，他自己出钱购买一艘船，满载了军事供应品，并且携带十几个军官，不顾政府的反对，远渡重洋来到北美。他参加了华盛顿的部队，担任少将职务，在战场上指挥作战，屡立战功。但是他拒绝领取薪金报酬，因而博得了美国人民的敬佩和感荷。洛艾利侯爵也是一位年轻的、富裕的贵族，他来北美之前，放弃了贵族头衔，并且慷慨变卖自己的财产，用得来的钱装备骑兵。普拉斯基是波兰的一位革命家，美国独立战争爆发时，他正侨居巴黎，在狄安和富兰克林的帮助下，前来北美参加革命军队。但是，他不幸在一次战役中壮烈牺牲。克修斯古是小贵族出身的波兰革命家，在萨拉托加战役中作出了很大的贡献。

还有一些欧洲的职业军官也在美军中服务。比如，普鲁士军官斯徒本男爵就曾帮助华盛顿训练军队，他还在1779年为美军草拟了"纪律章程"。

国际援助使战局愈来愈有利于美国。法国及西班牙之参战，迫使英国把大部分舰队从北美海岸调往地中海、非洲、印度及加勒比海去，这样一来不但削弱了英国对于北美海岸的封锁，而且也使英国在北美沿海一带往来调动军队更加困难了。

1777年以后，英军完全放弃了夺取哈得逊河流域的战略计划，决定把军事行动的重心移向美国南部。在1778年底以前，英军进入佐治亚，并且占领了萨凡纳。在巩固了自己的阵地后，它便北上侵入南卡罗来纳，包围了查理斯顿。1780年5月，英军终于占领了查理斯顿，接着继续北上，同年8月在坎姆登附近大破美军。

当英军在卡罗来纳等地不断挨打之际，另一支英军在康瓦利斯的指挥下，于1781年5月侵入弗吉尼亚。入侵的英军所向披靡，并且在沿海一带地方肆意蹂躏。1781年8月，当康瓦利斯的部队攻下约克镇，准备在这里巩固阵地的时候，华盛顿率军从北方赶到，在约克镇附近，和拉法耶特的部队会合，包围了英军。当时英军本想与英国舰队取得联系，但是被法国派来的两支强大的舰队切断了这个联系。陷入重围并且失去外援的7000英军，在康瓦利斯将军的带领下于1781年10月间，向美军投降。康瓦利斯部队的投降，意味着英军主力在整个北美大陆上的瓦解。

1783年9月3日，美、英两国在巴黎订立和约，英国承认美国独立，并且把阿巴拉契亚山脉以西、密西西比河以东的土地割让给美国。

独立战争初期的军事政治（1775年4月—1777年10月）

当大陆会议对进行武力反抗犹豫不决的时候，美国人民趁英国政府和殖民地当局尚未作好镇压起义的准备工作之前就行动起来了。新英格兰人民纷纷组织民团，并在某些地方贮藏军火武器。马萨诸塞总督托马斯，盖奇闻讯后，即于1775年4月18日派遣800名英军前往康科德和列克星敦搜索。这个消息为技工组织的情报队获悉，银匠保罗·雷维尔和工人威廉·德维斯骑马向当地爱国者报信。翌日黎明，英军路经列克星敦和抵达康科德时，都遭到民兵和农民伏击。英军在返回波士顿途中，万余民兵从四面八方对准英军射击，英军溃退。列克星敦和康科德的战斗，发出了"声闻全世界的枪声"，揭开了美国独立战争的序幕。

反英的枪声既打响，蕴藏在人民中间的反英力量迸发出来，战争的烈火到处燃烧。一支号称"绿山少年"的84人志愿部队由佛蒙特北上，向加拿大进军，夺得了香普冷湖附近提康德罗加英军炮台，控制哈得逊河北段。在志愿部队胜利的基础上，一支陆上远征队北上向加拿大境内出击，虽然最后失利，1776年初被迫撤退，但英军不得不以半数留驻在加拿大，因而加拿大的出击，在一定程度上起了削弱英军战斗力的作用。

列克星敦战斗后，英军退到波士顿城内。为了夺回波士顿，1200名大陆军和民兵在普雷斯科特上校率领下，于1775年6月16日夜偷袭驻在波士顿的查理士顿区内的英兵。美军占领了波士顿附近的般克山高地，在布里德山顶修筑了工事。次日，新英格兰民兵一日之内打退英军三次向布里德山顶冲锋。只是最后在英军炮火猛烈威胁下，美军才撤退，这就是著名的般克山战斗。美方伤亡400余人。英方虽保住了山头，但伤亡达1000余人，极大地消耗了有生力量。般克山战斗后，民兵包围了波士顿。

在人民反英武装斗争的推动下，1775年5月10日，第二届大陆会议召开。它在1781年联邦政府组成以前，一直执行着国家政权的职能。代表共66人，都是富有的上层人物，新当选的代表有本杰明·富兰克林和托马斯·杰斐逊。在独立问题上，保守派和进步派展开了激烈的斗争。为调和两派矛盾，7月6日大陆会议委托杰斐逊（进步派）和迪金逊（保守派）共同起草了一份《关于拿起武器的原因和必要性的公告》，措辞激动人心。与此同时，在保守派的坚持下，大陆会议呈递给英王一份和平请愿书（7月8日）。8月遭英王拒绝，英王并宣布殖民地进行公开的叛乱。保守派的指望落空了。

由于前线军情紧急，1775年6月初，第二届大会议通过决议组织大陆军，任命乔治·华盛顿为大陆军总司令，接管包围波士顿的民兵，改组为大陆军。华盛顿是弗吉尼亚的大种植园主，1754—1758年曾参加对法战争，因而具有军事指挥才能。他在独立战争中作出了重大贡献。6月23日，华盛顿赴前线途中，即得知般克山战绩。7月3日就职后，奉命率新军对波士顿英军要取包围态势。1776年3月，夺取了波士顿南面的道尔切斯特高地，设置大炮以控制波士顿全城。3月17日，英军被迫撤离波士顿。

1776年1月，托马斯·潘恩代表殖民地人民要求独立的呼声，写出《常识》这一小册子，用通俗的语言，指控英王乔治三世对殖民地的种种暴行，揭露英国君主制的腐败。它还深入浅出地阐述天赋人权的哲理，鼓吹独立的迫切性和同英国作彻底分裂的必要性，号召人民起来建立民主共和国。这篇革命檄文，是进行独立战争的响亮号角。

1776年6月，英军在南卡罗来纳建立基地的计划未能得逞。在北部，英舰队司令豪率舰驶回哈利法克斯进行增援。由于美国人民组成游击队，此出彼没地到处打击和牵制英军，迫使驻美英军无力发动新攻势。在这大好革命形势下，7月4日第二届大陆会议通过《独立宣言》。独立宣言第一部分阐述和发展了天赋人权和社会契约说，宣称人人有生存权、自由权和追求幸福权，人民有变更或废除旧政府、建立新政府的权利，这是资产阶级的革命原则和理论的依据。第二部分历数英王27条罪状，痛斥英王对殖民地的暴政，说明殖民地人民被迫行使天赋权利进行反抗的理由，向全世界庄严宣告北美13个殖民地脱离英国独立。马克思认为它是世界上"第一个人权宣言"。独立宣言起草人是资产阶级民主派托马斯·杰斐逊。约翰·亚当斯和富兰克林参加了起草委员会。独立宣言的发表是对英国高压政策的总答复，这显示了美国各阶层人民要求独立自主的决心和信心。

由于英军实力强大，1776、1777年大陆军在军事上面临严峻的态势，但国际环境对美国是有利的。首先，法国是英国的劲敌，七年战争结束后，法国势力全部被逐出北美，两国关系更加恶化。其次，英国夺取了西班牙的佛罗里达和直布罗陀，英西关系也很紧张。英荷商业竞争从17世纪就很激烈。这些国际间对英的矛盾，都是对美潜在的有利因素。但法国仍垂涎北美广大市场，西班牙占有美国西部广大领土与墨西哥，也是虎视眈眈地观察着北美形势的变化。

从军事力量对比来说，当时敌对双方的力量十分悬殊。英国本土有750万人，经历了资产阶级革命，并开始向工业革命迈进，拥有一支训练有素的陆军和海上无敌的强大舰队，装备优良，海陆军配合，可以先发制人。它在亚洲、非洲、美洲都占有殖民地，是当时最强大的殖民帝国。英国在美侵略军约3万余人。而北美13州资本主义经济尚处于萌芽阶段，财政困难，没有正规军，也无舰队，兵力薄弱，武器落后，弹药缺乏，处于劣势。美大陆军在1776年长岛战役前为1.8万人，1776年底曾降到5000人。但英军劳师远征，不谙地理情况，利于速战速决，不能旷日持久。而美国人民在自己本土上作战，熟悉地形，利于开展广泛的游击战，不断袭击英军，消耗其有生力量。只要美军能坚持作战，就可以逐渐变劣势为优势，取得最后胜利。

在反英战争过程中，美国人民不仅要同强大的英军作战，还要同效忠派作斗争。效忠派是指那些在经济上、政治上、思想上与英王室有千丝万缕联系，丧失民族立场，在强敌压境时甘心充当奸细进行反革命活动的人。也有暗藏的效忠派，伪装爱国者，进行反革命阴谋活动。效忠派除在纽约、宾夕法尼亚和南卡罗来纳占多数外，在其他各州人数较少。从1775年马萨诸塞议会成立安全委员会以后，各州、各城镇都设立了安全委员会，没收"效忠派"的财产，限制他们的言论、出版权利。在13州宣布独立后，效忠派活动日益猖獗，自己组织武装，残杀本国人民或协同英军作战。由于资产阶级和奴隶主通过大陆会议掌握着领导权，未能放手发动群众起来制止效忠派的反革命活动，致使安全委员会没有充分发挥对效忠派实行专政的职能。对效忠派的镇压不力，妨碍了殖民地内部革命秩序的稳定，影响着美军作战的顺利进行。这对独立战争走向胜利来说，是一个消极因素。

1776年3、4月，英军自波士顿和纽约撤通，即赴加拿大境内哈利法克斯补充人员、给养，不久又发动强大的海陆军攻势，入侵纽约。1776年7月占领纽约的斯塔坦岛作为英军大本营。华盛顿驻在长岛的布鲁克林高地上。8月27日，英军在长岛登陆。9月15日占领纽约城，直到1782年为止。11月，美军又失去哈得逊流域的两个要塞。华盛顿的军队不得已向新泽西退却。当时英军利用效忠派进行骚扰，美军险象环生。华盛顿率领的大陆军只剩下5000人。华盛顿军向新泽西退却时，士气低落。文化战士潘恩随军前进，为了激励士气，写出了《美国危机》，以鼓舞士兵斗志。华盛顿军成功地躲过英军康华理主力军的攻击，12月，在渔民的帮助下，偷渡特拉华河，袭击特伦顿英国黑森雇佣军1000余人；次年1月3日，向普林斯顿进军，华盛顿先遣部队的默塞尔将军被杀。华盛顿重整旗鼓，以少数士兵钳制附近敌军，突袭击驻扎在普林斯顿的英军三个团5000人。突袭的胜利挽回了一些颓势。1777年9月26日，费城又陷落于英军之手。华盛顿被迫率领大陆军撤退到费城西北的福吉谷过冬。

英国政府被上述胜利冲昏了头脑，从渴望尽快结束战争的意图出发，采取了一个笨拙的冒进计划——三路大军进攻奥尔巴尼。第一路军由柏高英率领驻香普冷湖畔及哈得逊河畔的英军南下；第二路军由巴里·圣莱杰率领的杂牌军向安大略湖南下；第三路军由豪将军自纽约北上支援。但豪将军未配合行动，圣莱杰中途遭民兵击溃，退回加拿大，致使英国政府企图以钳形攻势切断新英格兰与其他各州的联系的计划落空。三路大军中只有柏高英率部孤军深入。他派驻佛蒙特的一支1000人的分遣队，在本宁顿被民兵英雄约翰·斯塔克率领的佛蒙特绿山少年义勇军全部歼灭。新英格兰民兵四起，柏高英军队陷入重重包围之中。1777年10月7日，他在萨拉托加率6000名英军向美国投降，萨拉托加大捷是美国独立战争的转折点，大大增加了北美13州人民抗英必胜的信念，也促进了国际形势向有利于美国的面转化。

美法同盟和美国独立战争的胜利

萨拉托加大捷，促成美法于1778年2月订立美法国盟条约，这是独立战争中的一件大事。早在独立宣言发表前，1775年底第二届大陆会议秘密通讯委员会，曾通过法国著名剧作家博马舍取得了法国政府的一些援助。大陆会议1776年3月曾派遣锡拉斯·狄安，9月又派遣特使本杰明·富兰克林出使法国，争取与法国签订同盟条约。富兰克林是美国著名的政治家、科学家和外交家，他卓有成效地利用当时英法之间的矛盾进行外交活动。法国舆论主张援助美国，但法国专制王朝顾虑援助美国人民反英战争，将刺激本国人民的革命运动，举棋不定，仅暗地里供给美国一些军火。萨拉托加大捷顿使美国战事全局改观，胜利在望，这时法国政府才下决心和美国缔结同盟条约。

根据美法同盟条约，法国参加反英战争，其舰队开往西印度群岛和美国海岸，支援美国人民作战。1779年法西缔结联盟，西班牙以法国同盟者身份在海上参加

华盛顿带领美军开进纽约城

反英战争。荷兰于 1780 年也参加反英战争。北欧的丹麦、瑞典在俄国和普鲁士倡导下发起"武装中立"。欧洲一些国家陆续参加，抗拒英国拦截中立国船只的行为，进一步孤立了英国，并且大大分散了英国的兵力。同时，美国还从法、西、荷诸国取得了大量的经济援助。自 1777 年到 1783 年，美国获得法国贷款 635 万美元，向西班牙借款 17 万美元，向荷兰贷款 130 万美元。美国革命的领导者善于利用国际矛盾，推行正确的外交政策，取得了大量的国际援助，也是美国对英作战终能取得胜利的原因之一。

由于美国人民进行的是反侵略的民族解放战争，是进步的正义战争，美国得到了欧洲进步人士的支持。他们共筹集了 200 万镑来支援美国人民的斗争。欧洲有 7000 余名志愿军参加了美国独立战争。法国的空想社会主义者圣西门，法国革命者拉法耶特，波兰志士科希秋什科和普拉斯基都同情美国革命，到美国参加了独立战争。普拉斯基于 1779 年 10 月 9 日光荣地牺牲在保卫查尔斯顿（在南卡罗来纳）的战斗中。当时来美参战的还有法国罗尚博伯爵和德国军官斯徒本等人。罗尚博曾率领 5500 名志士到美国参战，斯徒本为美国训练了大陆军，使之正规化。国际友人的援助，在美国独立战争中起了一定作用。

1778—1781 年是美军由挫败转向胜利的岁月。1778 年豪将军奉召回国，由柯宁顿继任，驻扎在弗列得费亚城。1778 年 6 月，第一批法国军舰驶抵美国的特拉华河口，打破了英国的海上封锁，形成对英军的威胁。英军担心法国舰队封锁特拉华河，

英军在约克镇投降

切断英军退路，于是撤出费城，退守纽约。华盛顿军队乘机截击英军于马默思，未获胜利，驻扎在白平原，与英军形成对峙局势。1778 年 7 月，英舰击败法舰于新港（在罗德岛西南）；11 月法舰撤到西印度群岛。

这一年，英国海军大部分转移到地中海、加勒比海、非洲和印度沿岸对法、西舰队作战，英军用以封锁美国海岸和在北美作战的兵力锐减。美国私掠船频繁出动，击沉英舰。英军在北方战场已无力发动新攻势，即采取骚扰政策，洗劫马萨诸塞、罗德岛、康涅狄格沿岸城市，将主攻方向转向南方战场。1778 年 12 月 29 日，英军占领佐治亚重要沿海城市萨凡纳，蹂躏佐治亚大部地区，并建立了亲英政权。萨凡纳易帜时，美军 5 千人被杀，这是美军最严重的损失。这时美大陆军处于困难时期，只有游击队在南方战场英勇苦战，袭击英军。

1780 年 5 月，英军海陆联合远征，攻陷南卡罗来纳沿海重要城市查尔斯顿（占领到 1782 年 12 月 14 日为止）。英军总司令柯宁顿错误地认为南方战场胜利局势已定，令部下康华理防守查尔斯顿，自己率部队返回纽约。大陆会议先派霍雷肖·盖

茨指挥南方大陆军。盖茨大败于坎登。大陆军副总司令纳撒内尔·格林将军接替盖茨。格林系铁匠出生，亲自指挥南方战线，他重新组织、调配南部军队。在他的正确领导下，游击队十分活跃，灵活机智地打击敌军。美军在南方从劣势变为优势。

1780 年 8 月，托马斯·萨木特在南卡罗来纳北部石山及悬岩，以游击战术击溃英军与效忠派的联军，截获英军的供应，并切断了康华理的交通线。10 月 7 日，游击队在绰号"沼泽狐"马润的领导下，在王山（位于石山及悬岩的西北部）地区重创英侵略军和效忠派。1781 年 1 月 17 日，劳动人民出身的丹尼尔·摩根将军在王山附近考彭斯苦战英军，诱敌深入，取得辉煌胜利。摩根急行军，与

华盛顿接受英军的投降

格林将军汇合于北卡罗来纳西北部吉尔福特法院，同英军恶战，美军伤亡很重。但康华理远离英军补给线，未敢恋战，撤退到最近的港口威明顿（在南卡罗来纳境内）。经过吉尔福特战斗，北卡罗来纳境内英军全部撤出。

游击战的辉煌胜利，使美军转入优势，利于进行战略反攻。英军至此已失去锐气，士气不振。而康华理主观盲目，于 1781 年 4 月贸然北上，8 月占领弗吉尼亚的约克敦，自以为得计，实际上已龟缩一地，陷于被动。果然，最后决战的时刻到来。格林将军回师南卡罗来纳，与南方各游击兵团配合，收复广大腹地，利用熟悉地理和群众拥护的有利条件，从南方对康华理军进行战略包围。华盛顿率领大陆军，与罗尚博和圣西门率领的法军组成美法联军挥师南下，直捣弗吉尼亚，包围约克敦。拉特耶特也参加包围约克敦的战役。法国海军司令格拉斯伯爵率领 28 艘法国战舰，由西印度群岛驶来接应，进入切萨皮克湾，切断康华理由海上逃跑的退路。战斗于 10 月 17 日开始，康华理突围失败，走投无路，于 10 月 19 日投降，8000 人放下武器。1782 年，在美国本土上，只有西部还有战争。弗吉尼亚人克拉克早在 1778 年向西部进军，进入英军占领地俄亥俄地区，肃清了当地的英军，占领了文森斯。他在与英国作战中，肆意焚烧印第安人村庄，屠杀印第安人，使这次正义战争蒙上了灰尘。

1782 年 10 月，美国、英国、法国、西班牙代表在巴黎谈判议和。由于法国和西班牙索酬太奢，美国单独与英国议和，签订巴黎和约草案。次年换文，英国正式承认美国的独立，划定美国国界，同意美国占有密西西比河以东的土地等。持续 8 年之久的独立战争至此胜利结束。

大陆会议是独立战争的领导机构。大陆会议于 1777 年 11 月 15 日通过了《邦联和永久联合条例》，简称《邦联条例》。1781 年大陆会议根据《邦联条例》，组成了邦联政府。它集中行使的权力极为有限，实际是一个松散的州际联盟。1786 年，马萨诸塞州发生了由独立战争退伍老兵丹尼尔·谢司领导的农民起义，起义虽然被镇

压下去，但资产阶级和奴隶主对此心有余悸，决心强化中央政权。

1787 年，以修改邦联条款为名，召开了费城制宪会议，自 1787 年 5 月 25 日到 9 月 17 日，秘密地进行讨论。资产阶级和奴隶主在蓄奴制问题上作了妥协，使奴隶制延续下来；大小州的矛盾也得到调和。会议制定了联邦宪法。根据新宪法，1789 年美国建立了实行三权分立的联邦制共和国，正式接管了邦联政府。广大人民群众对宪法不附载保障人民权利的任何条款表示不满，掀起抗议运动。结果，宪法正文后面增加了 10 项修正案，在美国政治史上，以"人权法案"著称。补充了人权法案之后的美国宪法，在当时是一个进步的政治文献。从此美国进入了资本主义的发展阶段。

美英战争

美国在独立战争中打败英国赢得了独立，但仅仅过了 30 年左右的时间，两国又大动干戈，1812 年爆发了"美英战争"（又叫"第二次独立战争"或"经济独立战争"）。这场战争对美国的经济发展及美英两国的关系均具有特殊的意义。

这场战争具有深刻的历史背景，它是独立战争后美英两国关系发展的必然产物。

独立战争以后，英国一直耿耿于怀，不甘心失败，时刻想使美国重新沦为英国的殖民地。因此，从 1783 年以来，英国一直采取敌视美国的政策，8 年不派驻美大使，并对美施加政治、经济和军事压力。在军事上，英国仍占据着同美国接壤的西北边境地区的 7 个据点，迟迟不按《巴黎和约》的规定撤出。1793 年英国首相声称：英国打算永远占领西北地区。英国之所以保留几个据点，其目的是想控制皮毛贸易及西北地区的印第安人，并且染指路易斯安那。英国还在加拿大集中军队威胁美国的安全。战后美国政府曾多次要求英军撤军均遭拒绝。直到 1796 年两国签署了《杰伊条约》，英军才全部撤走。但是英国仍在挑拨策动印第安人不断地袭扰美国的西部边境。

在经济上，英国通过不平等的贸易关系使美国在经济上依赖英国，成了英国的"经济殖民地"。美国出口商品的 3/4 输往英国，主要是原料。英国商品则控制了美国市场。1790 年美国共输入 1500 万元的货物，其中有 1200 万元是英国产品，1789 年英国自称对美出口已达到独立战争前的规模，出口比 1772 年还高。

在欧洲，美国的中立国地位受到英法两国的蔑视和破坏。两国任意搜查、扣留美国商船，征用美国水手，没收船上的货物，使美国蒙受了巨大损失。19 世纪初以前，美国主要同法国的关系紧张，对英国则试图通过外交途径解决问题。华盛顿说过："我的目标是防止一场战争。"后来英国造成的损失越来越严重。在整个拿破仑战争期间，英国共捕获美国船只 1700 余艘。1807 年 6 月 22 日，英国军舰无端攻击美国"切萨皮克"号军舰，使美方伤亡 21 人，引起美国朝野的震惊，向英国提出了强烈的抗议，两国关系日趋紧张。但英国视美国的克制为软弱可欺，继续变本加厉地打击美国的航运业，强逼美方船只向英国纳税，强征美国水手在英船服务。"切萨皮克事件"以后的 3 年中，英国征用美国海员的事件达 6057 起。英国的海盗行径沉重打击了美国的经济。

战争的另一个重要原因，是美国资产阶级和奴隶主集团早就对富饶广袤的加拿大和西部地区垂涎三尺。他们想通过战争把英国人赶走，把这两个地区并入美国，同时顺手牵羊夺取佛罗里达。美国国会中的好战派"战鹰"集团为扩张领土而鼓噪。众议员哈尔柏声称："造物主已经确定了我们的疆界：南边是墨西哥湾，北边是永世冰盖的地方，"宣战前，参议院还提出一项法案，要求授权总统占领佛罗里达、加拿大等地，但未获通过。1812 年 6 月 18 日，国会批准麦迪逊的咨文，正式对英宣战，"第二次独立战争"爆发了。

战争爆发时，美英双方的力量对比仍然是悬殊的。美国第 4 位总统麦迪逊（1809—1813 年）上台时，美国的军事力量远远不能满足国防的需要：1809 年仅有正规军 3000 人。这时正值美英关系日趋紧张，麦迪逊便加紧进行军事准备。1810 年他要求国会再征召 2 万名志愿兵，国会没有批准，后经他再三努力，国会才同意扩军。到 1812 年 6 月，美国已有陆军 1.1744 万人（内有 5000 人是当年招募的补充部队）。陆军指挥系统进行了改组。原来陆军后勤供应归国会掌管，由财政部的公共供应承办局负责与厂商签订合同订购，由陆军部的军事仓库管理局负责储存和分配。这种制度效率不高，花费也大。为此，1812 年 3 月设立军需部取代了上述机构。陆军部中还设立了采购军粮局，受陆军部长领导。经过改组，后勤供应从文官领导转归军队直接控制之下。国会则成立了军械部，负责军事装备的研制和生产。扩建了工兵、炮兵等技术兵种，新设立了坑道工兵和地雷工兵，扩充了西点军校，并囤集了大批军火。海防建设这时也初具规模。经 20 多年建设，沿大西洋岸已修建要塞 24 个，计划配置 750 门大炮，但战前仅配置了不到一半。在海军方面，有了新型快速战舰 6 艘，还有十几艘较小的军舰和 150 艘快艇，以及 318 艘私掠船。

宣战后，美国国会授权把陆军增至 13 个团 2.5 万人，再征 5 万民兵服现役；还拨款建造 4 艘战列舰，6 艘重型快速战舰。但是这些战舰还未等建成投入战斗，战争便结束了。

在战争中美国动员的部队为：1812 年年底，正规军 1.5 万人，志愿兵近 5 万，总数 6.5 万人。1814 年，正规军 3.8 万人（国会批准了 6.2 万人）。这是美国迄今为止动员的最大规模的军力。

这次战争同独立战争不同的是："经过几十年的和平时期，美国经济实力已今非昔比：全国人口 770 万，土地面积扩大 4 倍，工业革命正拉开序幕。因此，能够动员更多的人力物力从事战争。

在英国方面，有人口 1800 万，工业革命正在深入展开，经济实力世界第一。陆军总兵力近 10 万人，海军有 15 万水兵，800 艘军舰，其中有 230 艘超过了美国最大的军舰，英国军舰总数甚至比美国军舰的大炮总数还要多。但是，英国当时正同法国在欧洲打得难分难解，能够投入这场战争的兵力并不多。战争期间，加拿大人口才 50 万，驻加英军仅有 7000 人，民兵 1 万人。战争开始时海军在北美海域也仅有 1 艘战列舰和 7 舰快速战舰。战争期间，英军最高兵力 1.65 万人，另得到 800 名加拿大民兵和 2500 名印第安人支持。所以，以双方力量对比来看，英国兵力处于劣势，美国在人力方面占绝对优势，并拥有天时地利人和等有利因素。

英国的有利条件是：海军占有绝对优势。战争开始不久，英国便调来大批海军掌握了制海权，全面封锁了美国海岸。在海军提供的掩护和运输支援下，英军可以随心所欲地调动部队，选择美军防线上的薄弱环节进行袭击，取得了战略主动权。此外，英军的训练和装备均高出美军一筹，指挥人员富有经验，部队战斗力强。而美国民兵虽多，但是装备差，素质低。如纽约州 7.6 万民兵总共只有 3.9 万支枪；弗吉尼亚州 6 万民兵，共有枪 1.4 万支。美军指挥人员腐败无能，没有战斗经验。陆军少将迪尔博恩 60 多岁了，从未指挥过团以上的部队。陆军部长尤斯蒂斯是文官，毫无军事知识。因此在战争中，美军遭到许多不应有的挫折。

第二次美英战争从 1812 年 6 月起到 1815 年 1 月止，共打了二年半。战争从 4 个方向展开：美加边境、大西洋沿岸、墨西哥湾沿岸和海上。以美加边境为重点。战争过程可分为三个阶段：

美国进攻阶段（1812 年 6 月—1813 年）

在此阶段，北美的英军兵力空虚，仅在加拿大驻军 4500 人，形势十分有利。早在 1812 年年初，美国陆军部便拟定了战略计划。美国的战略目标只有一个：夺取加拿大，但具体作战计划却十分混乱。陆军部计划：攻占加拿大，要动员四、五万兵员。分 3 路进攻：东路沿传统的老路进攻加拿大首府蒙特利尔；中路从安大略湖两侧北进；西路从伊利湖以西的底特律向加拿大进攻。但开战后，边境各州不愿参战，消极对抗，使征兵数额一直未到达到额定的 4 万人，计划被迫改变。麦迪逊总统决定沿传统路线进攻蒙特利尔，新英格兰各州怕把战火引到自己身边，坚决反对开战。西部地区则力主从大湖区进攻。最后，美放弃了三路同时进攻的计划，选择先向西部地区进攻的计划。这样，美国战略计划一开始就埋下隐患：它不是抓住"树干"——圣劳伦斯河——进攻蒙特利尔，把加拿大一分为二，最后截断"树根"——通向大西洋的海路，迫加拿大英军投降。而是舍本逐末，进攻"树枝"——圣劳伦斯河支流及五大湖区，从而酿成败局。而英军一开始毫无准备，采取被动防御战略，偶尔反击。

这一阶段的战略集中在美加边境的西北部。美军从西路发动攻势，企图入侵加拿大。英将布罗克指挥军队在民兵和印第安人支援下，于 7、8 两月击退了美军进攻，并攻占了美国西部几个重要的堡垒。8 月 15 日，迪尔本堡美国守军 35 人在撤退途中遭印第安人伏击，被全歼。8 月 16 日，密执安准州州长威廉、赫尔在防守底特律时，一枪未发，竟率领 2500 名守军向 700 名英军缴械投降。接着，英军转移到中路。10 月 12 日晚，在尼亚加拉河以 1000 人击退了 3000 名美军的进攻。在这次战斗中，美正规军还未同敌人交火便四散溃逃，而纽约民兵则按兵不动。东路，美军 11 月份向蒙特利尔进发，但因民兵拒绝进入加拿大，美军只前进了 20 公里便班师回营。美军三路攻势均告失败，西北地区的印第安人开始纷纷参加英军对美军作战。美军在战略上处于劣势。

在海战方面，美海军全面出击，战舰和私掠船神出鬼没，遍及大西洋。美舰在同英舰的交锋中屡占上风，仅在战争的头几个月，美海军便击沉英舰 3 艘，俘获英舰船 500 艘以上，使海上霸王英国大为震惊。当英舰"战斗"号被击沉之后，英国《泰晤士报》称："阴郁的气氛笼罩了全城，要对此作出评价都是一件痛苦的事"。由于海军的胜利抵消了陆地上的惨败，以致许多美国人都认为战争已经打赢了。

纵观这一阶段战事，美军陆败海胜。陆败原因是：陆军指挥人员无能。麦迪逊总统缺乏军事才能，陆军部长尤斯蒂斯指挥也不得力，如宣战的当天让赫尔赶到底特律却不告他战争已经开始，结果使他措手不及而失败。当迪尔博恩任西北战区司令时，却认为底特律不在他的辖区，对赫尔不管不问。尤斯蒂斯对此几周内不去纠正。更令人难以置信的是这位迪尔博恩年已六十岁还从未指挥过 1 个团以上的军队。此外，美军还缺乏训练，部队纪律涣散。民兵本位思想严重，只想守家卫土，不愿支援正规军作战。同时，1812 年改建的后勤供应系统效率低下，部队时常得不到及时的供应，大大影响了战斗力。哈利逊率军在西北地区作战时，就主要靠老百姓制造子弹和衣服来支援战斗。结果，美军丧失了赢得胜利的大好时机。

英军转守为攻，夺取主动权（1813 年—1814 年）

进入 1813 年，英军抽调大批海军赶到北美，掌握了制海权，从而夺取了战略上的主动权。只是陆军还难以从欧洲抽出更多的兵力，无法扩大战果。

美国吸取了前一阶段的经验教训，迅速改组了指挥机构。由约翰·阿姆斯特朗取代了尤斯蒂斯任陆军部长。国会设立了总参谋部，协助陆军部长指挥部队。总参谋部下设：军械部、军需部、采购部、军法署、军医署、副官、监察长、测绘部队、军需部队、牧师、西点军校和九大军区。这一改组，大大提高了部队的指挥能力和作战效率。

这一阶段美国的作战计划是：收复底特律，加强五大湖区的水上力量，越过安大略湖进攻加拿大。作战范围扩大到东海岸和墨西哥湾沿岸，主战场是五大湖区。

在底特律方向，1813 年初，美军在哈利逊指挥下，兵分 3 路进攻底特律。布罗克指挥英军，不等三路美军会师，便将其中二路击溃。美军有 900 人被俘，受到印第安人的屠杀。尔后战事便转到五大湖区。

五大湖区是通往加拿大的门户，五个大湖彼此贯通，以安大略湖最为重要。1813 年 4 月美军在安大略湖海军的支援下，攻占了上加拿大首府约克（今多伦多），焚毁此城后撤出。为争夺对五大湖的控制，双方开展了造舰竞赛。9 月 10 日，美军司令佩利率领由 9 艘舰艇组成的小舰队，同英舰队在伊利湖的普特因湾激战，迫使拥有 6 艘军舰的英国舰队扯起白旗，这是英国海军史上唯一的一次整个舰队投降的事件。美军控制了伊利湖，打开了通往安大略湖的门户，切断了英军的后勤供应线，迫使英军撤出底特律。美军哈利逊部 3500 人乘机追击，10 月 5 日在泰晤士河畔的莫拉维安镇追上了英国与印第安人联军约 1600 人，将其击败。英军被歼 500 多人，被俘 600 余人，印第安人著名领袖特库姆塞被杀。美军残酷地将特库姆塞的尸体肢解，将皮剥下制成了剃刀皮带。这一仗是 1813 年在陆战中美军取得的唯一一次胜利。此役具有重大意义：它使英印联盟瓦解，加强了美国对西北地区的控制。10

月，美军兵分两路，共1.3万人向蒙特利尔发起钳形攻势，但在离蒙特利尔70英里处被2000名英印联军击退。到了年底，英军举行反攻，把美军赶出乔治堡。在"比伏坦之战"中，印第安人歼灭了一支美军小部队。不久，英军又攻占了尼亚加拉，确立了对美加边境的控制。

在其他战场上，英军占尽上风。在东海岸，1813年春天，英国海军对从缅因到弗吉尼亚的整个东海岸炮击、骚扰，烧毁了一些工厂和村庄。沿岸军民进行了顽强抵抗。如6月22日诺福克保卫战，美军以寡敌众，击退了敌军2000人的海陆攻击，使英军伤亡81人，美军毫无伤亡。在墨西哥湾沿岸地区，美军主要是在佛罗里达同受英国煽动的克里克印第安人激战。在米克斯堡之战中，克里克人击败美军，美军400多人被击毙，500人被俘。

在海战方面，英国增派大量舰艇封锁了美国海岸，迫使美国舰船于港内，其中一部分舰只在以后的战争中再没敢露面。英国还加强了对商船的护航，有效地防止了美国私掠船的攻击。仅在1813年，英海军便捕获美国船只200艘，使新英格兰地区的美国船只几近绝迹。仅有个别美国军舰敢于突破英国封锁到外海作战，如"厄塞克斯"号战舰曾绕过南美洲合恩角进入太平洋，6个月捕获了价值2500万元的大批英船。"大黄蜂"号也曾俘获英国"孔雀"号战舰，而美国的"切萨皮克"号战舰则为英军俘获。

这一阶段的战局同上一阶段正好相反。美国在陆战中占优，海战中处于劣势。陆战的改观是领导机构改组的结果，海战失利则是敌我力量发生逆转所致。总的来讲：英国掌握了战略主动权。

美军打破英军进攻（1814年—1815年1月）

美军鉴于上一阶段的战况，进一步实行军事改组，大胆启用年轻军官以取代老朽无能的将领。如提升立有军功的雅各布·布朗为少将，指挥尼亚加拉前线的部队；提升三十九岁的乔治·伊泽比为尚普兰湖前线的司令，还提升了斯科特、安德鲁·杰克逊等6名立有战功的指挥官为准将军衔。经过改组，高级指挥人员的年龄平均从六十岁降至三十六岁，进一步提高了指挥效率和活力。此外，美军还加紧对部队进行军事训练，以提高部队战斗力。其中以北部战区副司令斯科特的做法最有代表性。斯科特认为：战胜英国，唯一有效的补救方法就是军训。军区司令布朗授权他组建1个训练营，他便从1814年3月至6月培训了3000名官兵。他以斯图本为榜样，用教范严格进行训练。他还亲自给军官讲课，教授步枪、刺刀的战术应用，再由军官回去教士兵。他每天要求进行10小时的操练。为严明军纪，还处决了4个逃兵。经过短期紧张的军训，美军的战术能力有了很大提高。

这期间，英国脱身于欧洲战火。开始大举增兵北美和封锁美国的东海岸。英国掌握了战略优势，一方面在东部沿海地区选择美军防线的空隙，发起了一系列攻击；一方面计划从尼亚加拉、尚普兰湖和新奥尔良三个方向南北夹击，并进袭切萨皮克湾。美国一度处于困境：由于英国的海上封锁，出口大幅度下降，从1807年的1.083亿美元降到1814年的1000万美元，沿海的航运和渔业几乎全部中断。当时的报纸曾哀叹："我们的海港被人封锁，我们的船只腐烂生锈，只有青草欣欣向荣，蔓生在公用码头。"美国海军龟缩于港口内，很少出海作战。英国的海上封锁一直持续到战争结束。

美军登上英舰与英军展开肉搏战

在陆战方面，双方展开了更为激烈的拉锯战。在大湖区，双方竞相建造更大的战舰，以夺取主动权。在尼亚加拉方向，7月3日，美军攻占重镇伊利堡。7月5日，双方在奇普瓦一线展开激战。4000名美军经斯科特训练后，战术素质有了很大的提高，第一次与2400名英军面对面交锋，展开白刃格斗，击退了英军。英军为美军战斗力的提高十分震惊，大叫："啊，这是正规军！"此次交战美军伤亡335人，英军伤亡604人。7月25日，美军在隆迪斯兰与英军激战后撤出，2000名美军中伤亡了853人，英军也伤亡了878人。奇普瓦之战和隆迪斯兰之战显示美军的战斗力有了很大提高。1814年8月中旬，普雷沃斯特率英军准备沿传统的尚普兰湖——哈得逊河一线入侵美国。9月11日，麦克多诺指挥美14艘军舰与2倍于己的英国舰队英勇奋战，击退了英军的进攻，击毙英舰四队司令，并俘获英舰4艘，迫英军退回加拿大。"麦克多诺大捷"（又叫"普拉茨堡战役"）解除了英军从加拿大入侵纽约和佛蒙特的威胁，并对双方正在比利时的根特举行的会谈起了重大影响，迫使英国放弃了强硬立场。

在东海岸，8月19日罗斯率领4000英军在切萨皮克湾沿岸登陆，其中2000人直驱华盛顿。美军集中正规军和民兵共7000人阻击，但在300名英军面前却溃不成军。麦迪逊总统及政府成员仓皇逃往弗吉尼亚山区。8月24—25日英军占领华盛顿，为报复美军年前对约克镇和纽瓦克的破坏，放火焚毁了白宫、国会大厦以及除专利局以外的所有政府建筑物。由于华盛顿的失守，阿姆斯特朗引咎辞职，由门罗接任。9月12日至14日，英军从海陆两方面进攻巴尔的摩。美正规军和民兵奋力抗击，击毙了英军司令罗斯将军。在麦克亨利堡要塞，美军冒着枪林弹雨英勇战斗，律师弗朗西斯·斯科特·基在英军集中营中，看到堡垒上空迎风招展的星条旗，激动万分，谱写传世之曲《星条旗永不落》，这首歌后来成了美国国歌。在华盛顿地区的战斗中，英军伤亡294人，美军伤亡200余人。

在墨西哥湾沿线，杰克逊率2500人及印第安军从1813年11月至1814年4月向克里克人发动6次攻势。经过6次战斗，最后在亚拉巴马州的马蹄湾打败了克里克人，屠杀了557名克里克印第安人，迫使克里克人割地求和。杰克逊军损失不到50人。1814年8月，英军又唆使克里克人挑起战端。杰克逊又率军于11月7日攻陷了彭萨科拉，打败了克里克人，粉碎了英军的牵制企图，并使英国失去了克里克人这个强有力的同盟者，美国控制了亚拉巴马的绝大部分。1814年12月，英国50多艘战舰和7500名士兵企图攻占美国南方的战略重镇新奥尔良，进而夺取墨西哥湾沿岸地区，以便作为和谈中讨价还价的筹码，同时英国还企图使路易斯安那与美国分离。当时防守新奥尔良的美军只有6000人，其中3/4是民兵，海军仅有2艘小军舰及几只炮艇。美军城防司令杰克逊下令构筑坚固工事，精心严密地组织防御。1815 年 1 月 8 日，帕克南爵士指挥 5300 名英军向新奥尔良发起进攻。早已森严壁垒的美军以坚决猛烈的炮火打退了英军。英军伤亡被俘达 2000 人左右，帕克南也在此役毙命，美军仅伤亡 71 人。这是这场战争中的最后一仗，美军取得了辉煌胜利。此战对战争结局并无多大影响，因为《根特和约》早在半个月之前就已签字了，由于通讯设备落后，这一消息姗姗来迟。但"新奥尔良大捷"仍作为美国赢得第二次美英之战的重要标志而载入史册。

西进运动

美国最初 13 州位于大西洋沿岸，1776 年宣布脱离英国独立，建立新兴的"美利坚合众国"。通过革命战争（1775—1783 年），美国从英国手中夺取了阿巴拉契亚山脉和密西西比河之间的土地，美国领土由此扩大一倍。接着，它在 1803 年以 1500 万美元的代价，从法国手中购买了"路易斯安那"，这使美国的领土再次增加一倍。19 世纪四、五十年代，美国先后以武力和外交等手段兼并得克萨斯和新墨西哥，夺取俄勒冈和加利福尼亚。如果加上 1867 年购入的阿拉斯加，美国的领土便是第三次增加一倍。据统计，到 1872 年，美国的面积达 350 多万平方英里。这样，美国就把它的边界线推进到太平洋，成为一个地跨两大洋的大国。

阿巴拉契亚山以西，原来也是印第安人世代生息的地方。如同整个美洲一样，自 16 世纪以来，这里也成了欧洲殖民者角逐的舞台，参加争夺的主要有西班牙和法国。这两个殖民帝国的占领，多半停留于"政治的占领"，并未大规模地进行移民和开发。直到美国独立时，阿巴拉契亚山以西绝大部分地方仍是沉睡的处女地。甚至直到 1840 年以前，密西西比河以西地区也只有几千美国人。散布于"大沙漠"和太平洋沿岸的人口，只占美国人口总数的 1％。美国人向西部推进的过程，是一个逐步开拓处女地的过程。这片富饶和辽阔土地的开拓，对美国历史的发展产生了巨大影响。

英属北美殖民地人越过阿巴拉契亚山向西部渗透的活动，早在殖民时代就已开始。1673 年春，亚伯拉罕·伍德上尉曾派遣两个"边疆人"，即詹姆斯·尼达姆和加布里埃尔·亚瑟，考察彼德蒙特南部地区，以寻找新的贸易机会。这两位冒险者到达过今天田纳西东部的法兰西布罗德河。这是历史上美国人到西部去的最早记载之一。然而，在整个 17 世纪内，英属北美殖民地人向西部的推进并未取得多大进展。

18 世纪初，英国商人开始

西部铁路干线开通

通过易洛魁人同西部进行皮货贸易。不久，皮货商就深入到俄亥俄河流域，以及阿利根尼山以西的许多地方。与此同时，土地投机活动在殖民地发展起来，并在18世纪中叶采取了大规模的形式，其突出的表现，就是以"俄亥俄公司"为代表的一批土地投机公司的形成。这些公司专门从事土地投机买卖，并以此作为资本积累的主要来源。土地投机者们把目光盯着俄亥俄河流域的大片土地。此外，在殖民地出现了封建义务复活并加强的过程。土地贵族利用特权力图获取最大的利益，对拖欠地租的土地持有者实行最严厉的惩罚，肆意扩大地租的范围，致使一些地区的地租成倍增加。有的地方地租收入在几十年内，甚至增加100倍。土地兼并和集中不断扩大，大土地所有制在新的非封建的基础上形成。许多小农不是丧失土地，就是承受过重的租税，因而纷纷要求到西部去。这样，在18世纪中叶，向西部的推进更出现了扩大的趋势。

这股向西部扩展的潮流，很快为英法七年战争（1756—1763年）所打断。战争中，英国从法国手中夺得了阿巴拉契亚山和密西西比河之间的土地，本应为殖民地人向西部的推进开创一个好条件，但随着英、法矛盾的解决，殖民地与宗主国的矛盾突出起来。为了加强对北美殖民地人民的控制，英王于1763年颁布了所谓"宣告令"，禁止其臣民到西部去"定居和购地"，殖民地人到西部去成为"非法"的活动。结果，到1775年独立战争爆发时，西部只建立了三块较大的定居地：田纳西的瓦陶加，1768年为弗吉尼亚一批"占地者"所建；俄亥俄河的福克斯，1769年由宾夕法尼亚人所建立；绿蔷薇河和新河一带，1769年—1770年由弗吉尼亚另一批移民建立。据统计，独立战争结束时，阿利根尼高地大约有2.5万到3万定居者。尽管受到限制，"西进"的序幕毕竟是揭开了。

美国独立后，面临的形势是十分严峻的，它虽然在政治上取得了独立，在经济上"仍然是欧洲的殖民地"。如果不建立强大的民族经济，政治上的独立就不会巩固，发展资本主义和民族经济，成了这个独立国家的主要任务。它必须把"向深度"的发展即开展工业革命，同"向广度"的发展即向西部扩张结合起来。美国革命为此创造了一切必要的条件：西部大片既肥沃又便宜的土地，对美国人及潮水般涌入美国的欧洲移民具有极大的吸引力；推翻了英国在北美的殖民统治，拆除了英王给美国人设置的屏障，打开了通向西部的道路；在交通方面，除了过去修建的一些军事路线而外，1775年由丹尼尔·布恩开辟的"荒野之路"，在1796年成为通往内地的正式公路，以后又修建了更多的公路和运河。所有这一切，把各种各样的人，土地投机者、农场主、工人、职员都引向西部，造成了近代历史上一个大规模的群众性的移民运动。

阿巴拉契亚山和密西西比河之间的土地，自1763年以来一直是英属北美殖民地的一部分。独立战争结束后，它被正式划归美国所有，成了联邦政府的公共土地储备。不过，这大片土地当时并未完全掌握在美国手中。西班牙人控制着河口重镇新奥尔良。英国继续占领着西北奥斯威戈、尼亚加拉、底特律和麦基诺等要塞。为了有效占领这些地区，解决国家的财政困难，1784、1785和1787年国会先后提出了三个有关西部土地的法令和条例，决定在西部设立"领地"制度，并向移民出售公共土地。这些法令，尤其是 1785 年土地法和 1787 年"西北条例"，为西部的开拓翻开了新的一页。

1787 和 1790 年，"西北领地"、"西南领地"相继建立。来自新英格兰、中部各州和南部的一些人首先涌入西南领地，在那里建立起田纳西州（1796 年）。到 1800 年，大约有 30 万人在西南领地内定居。他们主要从事玉米栽培和烟草种植。与此同时，更多的新英格兰和中部各州的拓荒者，源源不断地移往俄亥俄河以北。1787 至 1788 年，俄亥俄公司派遣的移民在马里塔建立了西北领地上的第一个定居点。另一些人则在土地投机者约翰·赛密斯带领下，沿俄亥俄河而下在辛辛那提落户。在伊利湖岸，康涅狄格土地公司建立了克利夫兰村，向拓荒者开放了该公司所有的土地。五年后，整个西北领地已有 1300 名定居者，他们大部分住在伊利湖南岸的村庄里。1803 年，在西北领地上建立了第一个州，这就是俄亥俄州。

由于移民不断增加，西北领地几次重组。1800 年，在该领地内建立了印第安纳领地。1805 年，又从印第安纳领地的北部分裂出密歇根领地。它的西部 1809 年又建立了伊利诺斯领地。到 1812 年，印第安纳领地的人口达到 2.5 万，伊利诺斯领地的人口达到 1.3 万。总之，在 1812—1814 年第二次美英战争结束时，美国的移民区就像一个巨大的三角形，它的底边在东部的大西洋沿岸，而顶部刚好在俄亥俄河和密西西比河的交汇处。这个三角形的北部为太湖平原，南部为海湾平原，二者都是在 1812 年战争以后约 30 年内，在"大迁徙"中被移民占领完毕的。

对于农场主来说，大湖平原是一个很有吸引力的地方。第二次美英战争结束后，美国政府设立了"保密地"制度，有计划地把印第安人移入某些禁区之内。1830 年，政府颁布了交换土地的法令，把东部各州印第安人的土地与从密西西比河西岸各印第安部落那里弄来的土地交换。结果，住在密西西比河以东的印第安人几乎全部被赶出家园。他们在军队的押解下进入"印第安纳购买地"克洛契人拒绝放弃他们居住的阿利根尼山地，进行了长达 10 年之久的斗争。最后在 1838—1839 年冬，整个部落被迫迁居保留地，路上死了 1/4 人口。仅"黑鹰战争"后五年，印第安人割让的土地就达 200 万英亩。

在西部拓荒者的压力下，国会通过了 1800 年、1804 年和 1820 年土地法。根据 1800 年土地法，拓荒者可以 2 美元—英亩的价格购买土地，但一次购买的最低数额为 320 英亩，在 40 天内先支付买价的 1/4，四年内全部付清。根据 1804 年土地法，地价为每英亩 1.64 美元，一次购买数额为 160 英亩。到 1820 年土地法通过时，联邦的公地政策进一步放席和改进，地价降低为每亩 1.25 美元，一次购买的最小数额为 80 英亩。1815—1830 年间，来自肯塔基或田纳西的受种植园扩张威胁的移民，大量涌入五大湖的南部。到 1830 年，移民区已伸展到印第安纳波利斯，并占了伊利诺斯 1/3 的南部地区。1820 年后的八年间，还有近一万名矿工进入伊利诺斯西北部和威斯康星西南部，成为该地铅矿的最早开采人。

1825 年联结哈得逊河、大西洋与五大湖的伊利运河通航，东北部开始显出"农业衰退"现象。加上其他方面的原因，成千上万新英格兰的农场主，以及中部各州的拓荒者放弃或出卖他们的土地，移居西部。其中，大多数到了印第安纳和伊利诺斯的北部，密歇根和威斯康星的南部。少数人穿过密西西比河，开始了征服衣阿华大草原的历程，密歇根是这股移民潮流的主要接受者。1831年，大批新来者涌入底特律。之后，一些拓荒者沿该领地的道路到芝加哥去寻求好地。另一些人向北转到了萨克诺河和格兰德河流域。当1837年密歇根建州时，移民已穿过了这两条河流到了它的北部。

19世纪40年代初，印第安纳州成千上万英亩土地为股票经纪人取得。他们以每英亩5至10美元的高价转卖，移民拒绝付这样高的地价，该州的拓殖运动发展缓慢。不过，伊利诺斯和威斯康星却很快被占领。1823年，芝加哥还是一个小村，两年后已大大扩张。许多拓荒者为了寻找更好的土地，向北移居威斯康星。在那里，他们与从米尔沃基上岸的另一个东部来的移民潮流汇合。不久，许多德国人和斯堪的纳维亚人加入了新英格兰移民的队伍。当1848年威斯康星建州时，30.5万居民中，几乎1/3是外国出生的。

1832年，在威斯康星和伊利诺斯，以黑鹰为首的印第安人，受到了美国民团的无情进攻，大批妇女和儿童惨遭屠杀。对"黑鹰战争"的胜利，夺取了大湖平原印第安人的最后一部分土地。1833年衣阿华对移民开放，进入该地区的移民潮流随即开始。在这里，"占地者"和土地投机家进行了激烈的斗争。为了获得"自由土地"，占地者们组织了许多"新垦地权益保护协会"。1846年，当衣阿华建州时，该州有近百个这样的组织。大湖平原的最后一块处女地即明尼苏达，是1837年开始向移民开放的，到1858年该领地已具备了建州的条件。至此，大湖平原的开拓已走过了决定性的阶段。整个大湖平原，成为美国最重要的农业基地，即玉米和小麦产地。这里有"小麦王国"之称。

1793年惠特尼轧棉机发明后，对棉花种植地的要求迅速增长。约翰·昆西，亚当斯总统决定进一步夺取印第安人的土地，以解决种植园扩张带来的土地问题。于是，总统的代理人同佐治亚以西的克瑞克人签订条约，迫使该部落放弃他们的打猎地，而以他们获得俄克拉何马部分地区作为交换。契洛克是一个文明程度较高的印第安部落，他们有自己的文字和宪章，在1829年杰克逊当选总统后被赶到了西部。佛罗里达的西密诺尔人一直战斗到1842年，才迁到俄克拉何马的印第安领地。印第安人的被迫西迁，为海湾平原的开拓扫清了道路。所以，在1815年后，当新英格兰人、南方人和德国人占领密西西比河上游时，这些地区的另一支移民大军也开始源源不断地涌入墨西哥湾平原，迅速地占领了今天的亚拉巴马和密西西比一带。

走在大种植园主前头的是小农。尽管有"亚拉巴马热病"流行，他们还是蜂拥而至。1819年，这里已出售土地2278045英亩，价格高达每英亩30美元。当时海湾平原已有20万定居者，他们生产的棉花等于全国的1/2。1817年和1819年，亚拉巴马和密西西比先后成了联邦的成员。由于1819年开始的经济危机，二十年代移民运动的进程减慢。但30年代的繁荣又使这一运动迅速发展，到1840年，"棉花王国"的边疆已推进到密西西比河。阿肯色由于大量移民到来，于1819年获得了领地的地位。到1835年，该领地人口已过7万。

海湾平原的社会制度，是建立在奴隶劳动基础上的。大种植园主从来不到白人人口的 3%，却决定着南部的社会和政治生活。20% 的人口是小种植园主，他们一般只有几个奴隶。还有一些人是自由的农场主、没有奴隶的自由农民和贫穷白人，包括奴隶在内，占当地人口总数的 77%。

旧西南部同旧西北部的社会制度上的区别和对立，在拓荒过程中已显露出来，最终导致了南北战争（1861—1865 年）的爆发。俄亥俄河以北的移民，以东北部来的自由居民为主，实行自由劳动制度。而俄亥俄河以南的移民队伍中有许多来自南方，他们是带着奴隶进入这个地区的。那里的气候适宜棉花的种植，这促进了种植园制度的发展。

当 19 世纪 20 和 30 年代，密西西比河以东被农场主和种植园主占领完毕时，越来越多的不安定的边疆人开始越过"大草原"进入远西部，即落基山脉及其以西的地区。这里有丰富的皮货和矿产资源。所以每一批到这里来的移民，并不是从农业区来的寻求土地的小农，而是充满了浪漫色彩的冒险者、皮毛商、捕兽者的探矿人。1803 年，美国购买了路易斯安那，第二年，杰斐逊便派克拉克和刘易斯等人到西部去考察。他们从圣路易城出发，沿密苏里河及哥伦比亚河前进，最后到达太平洋。由杰斐逊派往西部的另一批考察者以朗为首，则从另一个方面到了红河。他们是美国人大规模开发远西部的先驱者。

在开发远西部的过程中，密苏里州起了特殊的作用。该州是在 1764 年建立的圣路易斯城的基础上发展起来的。1803 年杰斐逊购买路易斯安那时，密苏里地区已有 1 万人，其中包括 1500 名黑人。此后这里的居民逐渐增加，到 1840 年已有白人 5.6 万、奴隶 1 万和自由黑人 375 人。第二年，它被联邦正式接纳为州，成为密西西比河以西除路易斯安那州以外最早加入联邦的州，因此圣路易斯很自然地成了"通往远西部的门户"。也就是在 1820 年左右，美国便有了"旧西部"和"新西部"的说法。

"圣菲贸易之父"是密苏里州的富商威廉·贝克里尔。1822 年 5 月 25 日，他率领一支由 81 人和 25 辆大车组成的商队，带着价值约 3 万美元的货物启程，于 7 月 28 日抵达圣菲。当他在 10 月 24 日返回密苏里时，带回了 18 万美元的金银及价值 1 万美元的皮货，此后每年夏天，都有一、两个商队从密苏里到圣菲去。1830 年，到圣菲的美国商队增加到 120 人。1831 年增加到 200 人。由此，开拓了通向远西部的贸易联系。墨西哥的金银也源源不断地经圣菲流入美国商人的腰包。据估计，1857 年运往新墨西哥的货物的价值（包括运费）达 100 万美元，其纯利由 10% 到 40% 不等。

对于未来的定居者来说，比打开圣菲贸易更重要的还是捕兽者的活动。早在刘易斯和克拉克从远西部返回的消息传开后，捕兽者就开始侵入落基山脉北部，最初主要是在密苏里河的上游。1823 年，在中密斯指挥下，由阿什利雇佣的一些捕兽者，穿过落基山脉的南山口，到了格棱河。之后，一批又一批捕兽者便沿着他们走过的道路进入落基山脉，形成了用捕机捕捉河狸的狂潮，其足迹遍及那里的大小山脉和沙漠地区。这些捕兽者，每年七月在各个指定地点即"集合地"汇合，在那里补充从圣路易斯运来的咖啡、白糖和枪支等。呆一、两个星期后，他们便离开集合地再次进入森林。久而久之，昔日的商人和捕兽者便成了后来的"山区人"，而他们的集合地便成了山区人和美国文明的交接处。然而，山区人的时代是短暂的，由于各皮货公司的竞争，引起对河狸的狂捕滥捉，到四十年代，这种皮货来源几乎绝迹。那些自称为山区人的美国商人便完成了他们的历史使命：为成千上万拓荒者的到来开辟道路。

在商人进入落基山的同时，少数美国移民开始进入得克萨斯。1821年，密苏里人奥斯丁获得墨西哥政府允许带领300名移民到那个地区。然而他还未履行自己的计划就死去了，他的儿子斯蒂芬带着150个随从于当年年底到来，并在科罗拉多和布腊索斯河之间的肥沃的土地上定居。1823年，墨西哥官方批准授予每个新来者9平方英里土地，每英亩只收价12.5分。于是一个移民浪潮便开始了。据说一年之内就有2000名美国移民到达奥斯丁的殖民地。这一成功，促使墨西哥进一步开放得克萨斯的处女地。1824年和1825年的法律规定将整个地区向土地代理人开放，由这些人介绍和帮助移居该地区的每个家庭获得9平方英里农地和牧地；而土地代理人每移入100—800户还将获得2.5万英亩土地的奖赏。这样，几个月之内，得克萨斯的经济和人口地图就发生了变化，到1830年，那里的美国人已增加到1万。这些人后来成为美国分裂墨西哥领土，兼并得克萨斯的先锋。

美国在得克萨斯所干的事情，很快在加利福尼亚和俄勒冈重演。当1837年经济危机袭击整个密西西比流域时，占领落基山以西的想法就流行起来。在19世纪40年代，整个中西部掀起了"俄勒冈热"和"加利福尼亚热"。人们出卖了他们的所有物和生活资料，转移到"太阳落土"的地方去。1841年春，69名男人、女人和儿童集合于密苏里的独立城准备到西部去。但他们所有的资金，加在一起还不到100美元。其领导者先是约翰·巴特利逊，后是约翰·比德威尔。这批人越过南山口，穿过格棱河，沿着普拉特河向西前进，然后向北转到了贝尔河流域。在这里，他们分成两部分：一部分到了哈得逊湾公司的霍尔要塞，并继续向西；另一部分在比德威尔率领下穿过内华达北部，经亨博尔特河和内华达山脉，到了圣华金河的下游。这就开拓了有名的"加利福尼亚和俄勒冈小道"。通向远西部的道路为新一代美国移民进一步打开了。

向西移民的潮流在以后五年逐渐扩大。1842年，在传教士伊莱贾·怀特等人领导下，一批人来到了俄勒冈。1843年春，有不少于1000人的移民队伍带着1.8万只家畜，从独立城出发到达俄勒冈。据记载：1844年有五批不大的移民队伍走上去加利福尼亚和俄勒冈的小道；1845年有五批移民到了加利福尼亚，三批移民到了俄勒冈；1846年有300人到了加利福尼亚，1350人到了俄勒冈。横贯大陆的迁徙是很艰苦的。据说有一支由唐纳兄弟组织的89名伊利诺斯移民，行径南山口和大盐湖南的80英里沙漠，最后到达加利福尼亚时，只剩下了45人。到19世纪40年代中叶，约有5000名美国人定居于俄勒冈，近1千名美国人定居于加利福尼亚。英、美两国为了控制俄勒冈，曾在1818年签订了一个共同占领俄勒冈的条约，同意该地区向两国商人和移民开放。但后来的实际情况是，英国皮货商人统治了哥伦比亚河以北的地区，加利福尼亚谷地却成了美国移民的天下。这就为以后争夺加利福尼亚的战争埋下了伏笔。

1846 年 1865 年是美国征服远西部的时期。波尔克以完成美国人的"天定命运"作为自己的竞选纲领，所以当美国人在 1844 年把他推上总统宝座的时候，只不过是为美国的扩张投了一票。1845 年兼并得克萨斯成为整个扩张的第一个突破口。1846年初，泰勒将军奉波尔克总统之命占领格兰德河左岸。5 月，美国军队正式发动了对墨西哥的战争。9 月，美国军队进入墨西哥城。与此同时，在加利福尼亚的美国移民发动了"白熊旗起义"（1864 年 6 月 14 日），宣布脱离墨西哥而独立。到 1846年底，加利福尼亚落入美国之手，美国夺得了密西西比河以西的全部大陆。墨西哥战争刚结束，1848 年便在萨克拉门托的萨特锯木厂发现金矿。一个淘金热随之而起，七年之内该地区人口由 1.5 猛增至 30 万。它的吸引力是如此之大，以致世界各国的寻金者均闻讯而至。也正是在这时，华工开始进入美国的远西部。据记载，1848 年有 3 名中国劳工到达加利福尼亚，1849 年有 54 人，1850 年有 4000 人，1851 年有 2.5 人到达该地区。这些华工或者在矿区做工，或者当佣人，后来许多人转为拓荒者或筑路工人，为该地区的开发做出了不可磨灭的贡献。当淘金热渐渐平息下来之后，一部分淘金者转而从事农业，从而为加利福尼亚农业区的建立奠定了基础；另一部分淘金者则"倒流"回来，成为最后征服落基山脉和大草原的动力。

内战后的 30 年，是美国最后占领整个大草原，并大规模开发这些处女的时期。到内战结束时，整个大西部只有堪萨斯城和落基山之间的广大地区尚未被占领。这是一片辽阔无垠的大草原，年降雨量大约只有 20 英寸，远远不能满足正常农业的需要。因此，在过去几代人的时间里，移民们不得不越过这片大草原，向草原以西的地方迁徙。然而，内战后大陆移民运动来的如此之猛，以致大草原也最终被移民的潮流所占领。引起这一变化的根本原因在于，边疆人为大草原的开拓提供了两大技术：一是找到了适用于该自然环境的经营方式——旱地农业耕作法，二是发明和改进了能克服该地区自然障碍的各种农机具。

早在 19 世纪 50 年代，美国政府已认识到改善横贯大陆的交通的必要。但直到南北战争爆发之前，一条铁路也未修成。1862 年，国会决定成立联合太平洋铁路公司和中太平洋铁路公司负责修筑横贯大陆的铁路。前者从奥马哈向西，后者从萨克拉门托向东，于 1869 年 5 月 10 日在犹他州的仆罗特利城接轨。与此同时，还修筑了从堪萨斯到丹佛城的铁路。这条铁路在夏延与联合太平洋铁路相接。托皮卡至圣菲的铁路于 1879 年建成，一年后又被批准把路线延伸到加利福尼亚。北太平洋铁路于 1864 年得到批准建筑，到 1883 年才全面竣工。它把苏必尔湖畔的德卢思和波特兰连接了起来。1890 年，阿巴拉契亚山脉以西，铁路总长度达到 122534 英里。

由打开横贯大陆的小道开始，而以各铁路的建筑达到顶峰的交通运输革命，促使联邦政府进一步加强了掠夺印第安人土地的政策。在 1851 年，大草原上的游牧部落被召集到拉腊米，并被迫签订了一系列的所谓条约，答应迁居到政府指定的牧场上去。此后那些年中，一些部落离开了他们在堪萨斯和内布拉斯加的土地，转移到北部或南部其他地方。但他们决不甘心失去自己的家园，到处都爆发了他们与白人之间的战斗和冲突。印第安人的失败为边疆人打开了大草原。

首先利用这一机会的是牧牛人。这些人很快认识到，这块广阔的土地非常适合他们特殊的经济形式。在这里，土地可以自由获取，牧草丰美无垠，没有树木和栅栏和障碍，牛群可在牧区之间随意转移。

所以在接近东部市场的地方，畜牧业很快兴旺起来，数年之内就变成了当时世界上最大的"牧牛王国"。最初饲养的牛是从东部带来的"土牛"，被人们戏称为"移民牛"。有时牧人们也捕捉草原上的野牛来饲养。后来饲养的牛，主要是"移民牛"和长角牛杂交后的新品种，即所谓"牧区牛"，这种牛较为适合于开阔平原上的生活。

牧牛王国的中心在得克萨斯。这里的长角牛是早年由西班牙人引进的，后来数量成倍增长。到 1865 年，该地区约有牛 500 万头。最初由于缺乏市场，人们并未发现这些牛有什么价值。然而，当第一条铁路穿过密苏里河和堪萨斯河时，这些长角牛就逐渐显示了它的重要性。精明的得克萨斯人知道，这种牛在芝加哥和堪萨斯城每头可卖 30 或 40 美元。那么，为何不捕捉它几群赶往北部，或用船只把它们运往其他市场获利？于是便有了"长途驱赶"这一形式的出现，并在这个牧牛王国的历史上写下了最富色彩的篇章。第一批赶往北部的牛于 1866 年 3 月启程，每群牛大约 1000 头，目标是密苏里太平洋铁路线上的锡达利亚。当农业边疆由东向西推移时，牧牛业的边疆也逐步西移。于是，长途驱赶的终点站，便先后由锡达利亚移到阿比林、埃尔斯沃思、道奇。据统计，通过这些小道赶往北部的牛在 400 万头以上。长途驱赶虽然是浪漫的，在经济上却是不可靠的，这种商业活动不久便开始衰落了。

与此同时，大牧场代替以往的敞放制在大草原迅速扩大。得克萨斯西部和帕汉都地区首先分成了许多牧场，然后在堪萨斯、内布拉斯加和科罗拉多也兴起了牧场。在 19 世纪 60 年代末，牧牛边疆已进入怀俄明和蒙大拿，几年之后又侵入了达科他。到 1880 年，牧牛场已遍及从格兰德河到加拿大边界的整个草原，从密西西比河流域的农场到落基山的斜坡。牛的卖价迅速上涨，一头得克萨斯牛在 1879 年卖 8 美元，三年后卖价提高到 35 美元，如果到怀俄明还可转卖 60 美元。结果，1880—1885 年大草原上边缘和半边缘的土地都变成了牧场，这是牧牛王国的极盛时期。此后随着农业地域的扩大和自然灾害等原因，这个王国就再也不像以前那样发达了。

自内战结束以来，边疆农机具的改进和发明不断取得进展。风车的改进对提取家畜和灌溉用水带来好处，到 1879 年西部市场上每架风车售价达 100 美元。多铧犁、中耕机、各类条播机，在 19 世纪 70 年代中均投入使用。1878 年发明的打捆机，又加速了农作物的收获。90 年代，一个农场主就能下种、管理和收获 135 英亩小麦，而在这些发明之前，最多只能耕种 7 英亩。除此之外，《宅地法》所作出的给每个定居者免费提供 160 英亩土地的决定，以及 70 和 80 年代对远西部的大事宣传，给许多无地或少地的人带来希望和幻想。所有这些造成了边疆历史上最大规模的移民运动。1870—1890 年，大草原上移民区已扩展到落基山脉。

拓荒者们由于发明了旱地农业耕作法，每年使一半的土地休耕以积蓄水分，就能把两年的水用在一年的庄稼上，从而使大草原的开拓形势发生根本变化。在这 20 年中，有 4.3 亿英亩土地被拨用，其中 2.25 亿英亩被用于农耕。到 1880 年，堪萨斯和内布拉斯加已被移民住满，堪萨斯有 99 万名拓荒者，内布拉斯加有 45 万名拓荒者。同时，移民浪潮也进入达科他领地，这里在 1868—1873 年；1878—1885 年形成两次移民高潮。到 1885 年，整个达科他领地由 55 万人占领。同年，怀俄明的人口为 6.2 万，蒙大拿的人口为 13.2 万。达科他、蒙大拿、华盛顿、怀俄明和爱达荷，都是在 1889 至 1890 年间正式加入联邦的。

占领西部领土的最后的戏剧性的一幕，是在"印第安领地"即今天的俄克拉何马州拉开的。俄克拉何马是当时仅存的印第安人的永久领地，那里住着 22 个印第安部落，都是过去从密西西比河以东被迫迁来的。一些不法的边疆人决定夺取印第安领地，因为该领地的中部有 200 万英亩的三角地带未归任何部落所有。早在 80 年代初，以俩恩为首的一批"抢先者"开始袭击这个地区，从各方面向该地区移动。在这些人的夺力下，国会按照《宅地法》决定开放这一地区，并于 1889 年 3 月 23 日得到总统批准。一个月后，即 1889 年 4 月 22 日，发生了边疆历史上最野蛮的移民运动。这一天，大约有 10 万人拥挤在该地区的边界上，几个小时内就将它占领完毕。其后不久（1890 年），美国人口调查局宣布："现在未开发的土地大我已被各个独自为政的定居者所占领，所以不能说有边境地带了。"美国历史学家特纳认为："这一简略的官方说明，表示历史上一个伟大的运动已告结束。"

自西进运动兴起的 100 多年来，西部发生了翻天覆地的变化。由于千千万万人移往西部，美国的人口中心逐渐西移。昔日的荒地被大片大片地开垦出来，到 1900 年，西部已建立起 409 万个农场。为了满足工业生产的需要，大量的煤、铁、铜、锡、金、银等矿藏得到开采。在交通运输业不断改进和发展的情况下，19 世纪中叶西部的农业逐渐商品化。一个个新的工商业中心，如克利夫兰、辛辛那提、芝加哥、圣路易斯等城市拔地而起，象征着新西部的诞生。在这个过程中，美国完成了由商业资本主义向工为资本主义的过渡，并迅速地向现代美国迈进。总之，随着西部的开拓，美国挤进了世界强国之林。

美西战争

1898 年 2 月 15 日，停泊在古巴哈瓦那海面的美国军舰"缅因号"突然爆炸沉没，死伤 300 余人，酿成震惊世界的惨案。由此引发了一场美国与西班牙争夺殖民地的战争，史称"美西战争"。战争本身仅只三个多月。然而，它作为世界上第一次帝国主义性质的战争，被列宁称之为"世界历史新时代的主要历史标志"之一，意义非同寻常。

美国以武力与西班牙争夺古巴和菲律宾的行为，是其对外经济侵略的扩张主义理论发展的结果。

美国在内战之后，经济迅速发展，到 19 世纪 80、90 年代已进入垄断阶段。1899 年，占美国制造品总值 2/3 的产品是由托拉斯企业制造的。此时，国内市场已不能满足资本的膨胀和生产力的高速发展，垄断资本家开始向海外寻找投资场所和掠夺对象。

古巴首当其冲成为美国侵略的目标。它是西班牙的殖民地，但地理上与美国近在咫尺，其丰富资源和优良港湾，对美国颇具诱惑力。1896年，美国在古巴制糖业的投资为3000万美元，使其产品全部供应美国。古巴烟草出口的60％也被美国控制。此外，采矿业、畜牧业和果品业同样是美国渗透的领域。美国在古巴的投资额相当于它在中南美洲各国（墨西哥除外）投资的总和。早在80年代，两国已有6条固定贸易路线，美国对古巴贸易额已占美国对外贸易吨位的1/4。此后与日俱增。1896年，美国从古巴进口货物的价值为1亿美元，向古巴的出口贸易为2600万美元。美国国务卿谢尔曼曾在1897年直率地说，美国对古巴的兴趣，大大超过对整个南美洲的兴趣。

"缅因"号军舰长萨格斯比

随着垄断资本的形成，帝国主义的扩张理论应运而生，成为美国发动美西战争的依据。

扩张主义最有代表性的口号是："美元到哪里，美国国旗就跟到哪里。"积极鼓吹者有费斯克、伯吉斯、洛奇、马汉等人。他们根据反动的种族优越论，宣扬美国人的祖先盎格鲁撒克逊种族是"被上帝挑选来开化世界，创造文明的发达民族"，"优等民族"有责任强制"落后民族"服从他们，有义务在别国建立"秩序"，只有它才有能力，也才应该统治世界。他们宣称，美国国富民强，应该把它的联邦制度从地球的一极传播到另一极。其他国家则必须向这个年轻的帝国献祭，如同它们在耶稣诞辰去朝圣一样。为达此目的，他们力主建立强大的海军，取得制海权。这种理论集中体现在美国海战学院首任院长艾尔弗雷德·马汉（1840—1914年）的3部著作中。他提出，"谁控制了海洋，

西班牙在埃卡纳投降

被击毁的西班牙舰队巡洋舰

谁就控制了世界贸易，而谁控制了世界贸易，谁就控制了地球的财富和地球本身。"他特别强调加勒比海的重要地位，说它是美国的"主要海疆大西洋和太平洋两大洋的战略枢纽"。

根据这些理论，美国扩张主义者设计出一套侵略计划。首先，将加勒比海变为"美国海"，接着在中美洲开凿一条沟通两大洋的运河，第三步，把势力扩大到太平洋地区，特别是菲律宾。第四步，以菲律宾为"踏板"，进入中国。

古巴是整套计划的第一步。美国统治者历来认为，这块地方必须属于美国，否则后患无穷。早在 19 世纪 20 年代，美国宣布"门罗宣言"之时，已经抛出了关于古巴的"熟果政策"。它提出，西班牙早晚走向衰落，一旦它无力控制西半球时，古巴这块弹丸之地定会因失去宗主国而无法生存，只有投入美国怀抱，这种结果就如树上的果子成熟后自然落地一样，无可怀疑。门罗总统时期的国务卿约翰·昆西·亚当斯在 1823 年直言不讳地说，"当人们展望未来 50 年内事态可能发展的进程时，……为确保联邦之完整，将古巴并入我联邦共和国势在必行"。这种反动理论也被叫做"政治上的万有引力定律"。不难看出美国对古巴的野心由来已久。

白宫的作战室

美国等待已久的"熟果"时机终于到来了。1895 年 2 月，古巴岛上发生了反对西班牙统治的武装起义，起义军声势浩大，仅半年多就宣布成立古巴共和国，通过了宪法。西班牙殖民军队比起义军人数多近 5 倍，但失道寡助，节节败退。到 1896 年，其统治已摇摇欲坠。

被西班牙统治了 300 年的亚洲殖民地菲律宾，经过 4 年多准备，也于 1896 年 8 月掀起了武装斗争。在 1 年多时间里，起义军采用游击战术，使西班牙军队闻风丧胆。

美国始终密切关注西班牙大帝国的瓦解。1896 年正值美国总统大选年，为争取选民，执政的民主党宣布对古巴局势保持中立。参加竞选总统的共和党也佯称希望古巴获得独立。可是，扩张主义分子跃跃欲试，敦促政府切莫坐失良机，不能让古巴从西班牙手中转到其他欧洲列强手中。参议员亨利·洛奇说，干涉古巴是美国"无法逃避的责任"。

1896 年，执政的民主党政府开始采取强硬措施。4 月初，美国国务卿理查德·奥尔尼照会西班牙驻美公使德洛梅，称美国在古巴目前局势中的利益仅次于西班牙，因此"进行干涉以终止这场斗争乃是美国政府刻不容缓的和绝对必要的任务"。提出，为了让古巴获得"地方自治"权，美国愿意进行"斡旋"，同时，说美国对古巴并无任何图谋。两个月后，西班牙政府复照拒绝了美国进行斡旋的建议，并毫不示弱地宣称，"古巴岛自它被发现之日起，一直为西班牙所专有"，该岛资源作为一个整体，"都应属于母国"。

总统大选结果，共和党候选人威廉·麦金莱获胜。1897 年 3 月初，他入主白宫，成为美国第 25 任总统。麦金莱在就职演说中继续耍弄"和平外交"的缓兵之计，称"不介入外国纠纷"，"不想进行征服他国的战争"。同时，含沙射影地说，美国"永远坚持在任何地方都能行使美国公民的合法权利"，为今后干涉古巴制造舆论。

垄断资本家积极配合政府，也呼吁对古巴进行干涉。1897 年 5 月，各大城市的 300 个大银行家、大商人、大工业家、大船主和商业代理人联名上书国务卿，要求政府毫不迟疑地对古巴进行干涉，拯救他们在那里面临毁灭的经济。

9月，麦金莱政府通过新任驻西班牙公使进一步对西班牙施加压力，要求它在10月份必须做到：要么接受美国提出的进行斡旋的建议；要么在古巴实现和平。照会威胁西班牙说，美国在"提出它所拥有的权利并对这种权利采取行动前，只需要等待'适当的时间'了"。

第二天早晨拍到的"缅因"号军舰残骸

西班牙殖民统治面对古巴人民强大的反抗斗争，已山穷水尽。1897年10月，原政府倒台。新政府采取措施以求缓和局势，撤回了驻古巴总督魏勒将军，改派布兰科将军；复照美国，答应建立一个新的执行机构，和岛上权力机构共同进行管理，于11月1日前让古巴实行自治。与此同时，这个老牌帝国主义国家，对于乳臭未干的美国并不甘示弱。复照称，在古巴的"军事行动一天也不间断"，而且以

圣胡安山战斗中被俘的西班牙伤兵

攻为守地说，"自从古巴叛乱开始以来就一直利用美国作为一个取之不竭的军火库"，要求美国政府必须"采取多种办法制止联邦领土成为策划支持古巴叛乱阴谋的中心"。不仅如此，西班牙政府还口气强硬地反击说，美国没有说明在古巴问题上将要采取什么手段，而只有"首先确切地说明所提供的援助的性质和将要采取行动的领域"，西美"双方才可能达成完满的协议"。

美国政府在玩弄"和平外交"的同时，早就开始进行军事准备。还在民主党掌权的1896年夏，国会已通过决议，批准建造3艘战列舰。1897年共和党执政后，主战派重要人物西奥多·罗斯福被任命为海军部副部长，备战工作更加紧锣密鼓。他呼吁国会增加海军拨款，立即着手建造6艘大型巡洋舰和6艘战列舰。1897年9月，罗斯福还当面向麦金莱总统提出了对西班牙作战必须"先发制人"的建议，并陈述了他设计的具体行动方案，主要内容包括：主力放在古巴；战前把全部舰队集中在基韦斯特港；宣战后48小时内主力舰队到达古巴海岸；派出一支远征军插入古巴；派4艘配备重型武器的巨型快速巡洋舰骚扰西班牙海岸；亚洲舰队则封锁乃至夺取菲律宾的马尼拉。他认为如果主动权落入西班牙手中，他们势必派出舰只到美国领海活动，在古巴水域布雷，而且会得到德国和英国的支持，使美国陷入被动局面。罗斯福的见解颇得麦金莱赏识。

西班牙迫于压力，于1897年11月25日宣布允许古巴自治。可是，起义者不接受在西班牙控制下的自治。此时，麦金莱政府认为，"果子成熟"的时机已经来临。

12月，麦金莱在国情咨文中指出，由于西班牙已无力控制古巴，"可能导致古巴岛转归某一大陆强国"，所以有必要重申美国在1823—1860年间多次宣布的政策，"不许其他国家干涉古巴和西班牙的关系，除非为了使它独立，或由我们通过购买获得它"。最后，强词夺理地宣布，美国政府"将继续警惕地维护美国公民的权利和财产"，"今后，如果武力干涉"，"将不是出于我方的过失"，而是"我们对自己、对文明和对人类的义务加之于我们的一种任务"。他要求拨发专款，为太平洋沿岸建造一艘战列舰；建造几艘鱼雷艇；在大西洋沿岸提供3—4个能够停泊最大舰只的船坞，在太平洋沿岸则至少提供一个这样的船坞，在墨西哥湾则设立一个浮动船坞应充分供应弹药和其他军需品；增加官兵数量。这篇咨文不仅是一份干涉古巴的宣言书，而且是向全国发布的动员令。美国已经正式进入了战备状态。

美西战争的进程可以分为序幕和开战两个阶段。第一阶段从1898年1月至4月25日美国正式宣战。第二阶段从宣战到8月份战争结束。

序幕

麦金莱发表国情咨文后，一场要求向西班牙开战的运动愈演愈烈。1898年新年伊始，纽约的商人联名上书麦金莱，称古巴战争3年来，美国进出口贸易已损失3亿美元。强烈要求美国政府以商业蒙受的损失为"正当理由"，迅速采取有效措施，对古巴进行干涉。

1898年2月份，发生了两件诱发战争的事件。第一件，是西驻美公使攻击麦金莱的信件被公开。第二件，美国1艘军舰在哈瓦那爆炸。

《纽约日报》2月9日刊登了一份西驻美公使德洛梅去年12月写给马德里《先驱报》一位编辑的私人信件。信中谈及麦金莱的国情咨文时，说麦金莱是一个哗众取宠的人，一个自命不凡的政客。信中还有说他两面三刀的意思，一面与党内好战分子搞好关系，一面试图留一个后门。信件公布后，美国舆论哗然，纷纷谴责这是西班牙官员对美国国家元首的侮辱。在压力下，德洛梅宣布辞职，西政府正式向美赔礼道歉。但是，美国仍不罢休，继续对西班牙进行攻击。

一波未平，一波又起。在古巴起义军日益壮大的形势下，1897年底，美国驻哈瓦那总领事菲茨休·李要求政府派军舰到古巴"保护"美国侨民。12月15日，战列舰"缅因号"奉命开到美国最南端的基韦斯特港。1898年1月25日，美国以"友好访问"为名，将"缅因号"驶入哈瓦那港。2月15日晚9时40分左右，一声巨响划破夜空，"缅因号"突然发生爆炸，火光冲天，照亮了整个港湾。美国官兵死亡266人，受伤100余人。配有24门大炮的这艘乙级战列舰被炸得面目全非，下沉海底。

《纽约太阳报》在第二天发表的报导说，爆炸发生时，人们看见一大团东西直上云霄。但是，在那突然发生的令人目眩的闪光中，似乎无人能够辨认出这团东西是什么或它到底是从船外还是船内升起来的。报社记者采访了幸免于难的舰长萨格斯比。他说，当时他正在舰长室，头部被碰伤，只穿了一件衬衣便奔上甲板，命令首先抢救战舰，向船上的大量火棉灌水。但当他了解到破坏的程度和已造成的伤亡时，下令竭尽全力确保人员安全。然而大部分水兵因正在宿舍里无法逃出，而随船丧身海底。5 名水兵为抢救弹药跑进储藏室，无一生还。

2 月 16 日，美国笼罩在一片痛苦与惊恐之中，华盛顿停止了公务，全国举行了空前规模的哀悼活动。人们议论最多的是爆炸原因。尽管报纸提到，许多士兵是被西班牙军舰派出的小艇救起来的。人们还是怀疑此事为西班牙蓄谋制造。

3 月份又发生两件激发战争的事件：美方公布"缅因号"调查结果；一位从古巴回来的参议员发表了煽动性演说。

爆炸发生后，西班牙建议与美国联合调查事故原因，遭美拒绝，2 月 20 日，西班牙海军的调查结果排除了爆炸的外部原因。美国自然不能接受。美国在组织单方调查的同时，放出空气说，如果证明爆炸是外因所致，不管能否确认是不是西班牙所为，也要西赔偿 1000 万至 2000 万美元，一旦它敢于拒付，美国立即出兵哈瓦那。西班牙已在劫难逃。

3 月 28 日，麦金莱向国会递交关于调查结果的报告，认定舰上"任何部分都不存在引起任何内部爆炸的迹象"，"该舰系由一枚水雷爆炸而被毁，水雷引起该舰前部两处或多处弹药库的局部爆炸"，而且排除了个人作案的可能性。言外之意，肇事者只能是西班牙政府。

调查结果对于已经群情激愤的国内气氛犹如火上浇油。"让西班牙见鬼去吧"、"记住缅因号"、"讨还血债"的复仇怒吼在美国各地此起彼伏。

还在调查结果公布之前，已有人开始煽风点火。佛蒙特州参议员普洛克特在参议院发表演说，以不久前访问古巴的所见所闻，揭露西班牙在岛上实行集中营的罪行。据当时的《华尔街日报》说，这次演说使"华尔街许多人转变了思想"，倒向主战派。

西班牙为避免与美交战，作出和谈姿态。3 月底，西按美要求在古巴废止了集中营制度，正式建议将爆炸案提交国际仲裁。麦金莱置之不理。他授意国会通过法案，拨款 5000 万美元作为紧急国防费用，又拒绝了 4 月初欧洲 6 国的联合调停。4 月 19 日，美国参、众两院分别通过授权总统对古巴进行武装干涉的决议。22 日，麦金莱发出命令：封锁古巴港口；招募 12.5 万志愿兵入伍。同日，他还向各县县长下达布雷命令，在美国的大西洋和太平洋沿海共布放 1535 枚水雷。通讯兵在 10 大兵营间架设了 300 英里电线，开通了野战电报、海底电缆，还设立了一座海底电报站。这些现代化的通讯设备，在美国都是首次在战争中使用。

面对美国的挑战，西班牙使用的各种外交手段已无济于事，只得背水一战。4 月 24 日，西班牙对美国宣战。麦金莱旋即于 25 日向西班牙宣战。

两个战场——菲律宾和古巴

战争首先在菲律宾打响第一场重大战役是马尼拉湾海战。早在 1898 年 2 月 25 日，罗斯福以代理海军部长身份，向亚洲舰队司令乔治·杜威下达将舰队开往香港的命令，要求他一旦西班牙宣战，立即将西舰队牵制在亚洲，"然后对菲律宾发动进攻"。

美国正式宣战后，4月27日，杜威舰队离开香港附近的大鹏湾，于4月30日下午驶抵马尼拉湾入口处。在确认附近的苏比克港尚未设防后，美舰队于5月1日拂晓5时许进入海湾，开至马尼拉港外。马尼拉市的3个炮台、甲米地的两个炮台和西舰队同时向美舰队开炮。美舰随即还击。杜威指挥的旗舰奥林匹亚号率5艘军舰排成与西舰队平行的队列，与其逆向行进。西炮火猛烈，但命中率很低。他们的鱼雷小艇没有奏效就被击毁。美国舰队的炮火集中猛攻西旗舰雷娜·克里斯蒂娜号。7时许，它终于带着熊熊火焰下沉海底。时至中午，西班牙的所有舰只都被浓焰烈火所吞没，已无抵抗能力。海战过程中，马尼拉的3个炮台射击不止。杜威起初不予理睬，直到大局已定，他才威胁西班牙总督说，将炮轰马尼拉市。炮台被迫停止了炮击。

近7个小时的战斗，美军大获全胜，舰队无损，仅伤7人。西班牙全军覆没，损失10艘战舰和1艘运输舰，死伤300人左右。由此，西班牙丧失了在太平洋地区的海军力量。

5月3日，美军占领了甲米地兵工厂，并接受科雷吉多岛炮台投降，拆毁大炮。为进一步占领马尼拉城，美国派出1.56万人的陆军远征军，6月30日抵达马尼拉城外。

在古巴的战斗主要集中于圣地亚哥港，分为陆战和海战两部分　陆战以埃尔卡纳和圣胡安山两场战役最为重要。

西班牙向美宣战后，派塞维拉将军统率舰队，于4月29日离开西非佛得角群岛，横穿大西洋，5月19日悄悄驶入古巴东南部的圣地亚哥港。美国误以为西舰队在加勒比海的马提尼克岛一带，派海军中将桑普森率领舰队搜索未果，直到5月29日才发现西舰队的确切位置。

圣地亚哥港呈瓶状，出入口狭窄。西班牙用5艘军舰和两艘鱼雷艇在港内构筑了严密的防线。美国的13艘舰艇和鱼雷艇开到港外，将出口团团围住，由桑普森任舰队总司令。阵势对西军有利，因为布满水雷的入口处使美国人寸步难行，周围山上的炮台居高临下，而美国舰只的大炮由于射程太近失去作用。如果对峙下去，西军有广大陆地作后方，美军却在海上难于坚持。

美军决定先登陆，再进行海战。6月10日，海军陆战队600余人在亨廷顿中校指挥下，冒着枪林弹雨经一天一夜战斗，付出重大伤亡，终于在圣地亚哥港以东不远的关塔那摩湾强行登陆。接着，由35艘运输舰运载的1.6万名官兵，在谢夫特少将指挥下，由美国南部佛罗里达州的坦帕专程赶来增援。6月22日，他们在圣地亚哥湾和关塔那摩之间的代基里登陆。美国舰只排成绵延几英里的长队同时鸣笛，庆祝初战告捷。

美军登陆后，开始从东北部和东部向圣地亚哥进发，在其东北部的埃尔卡纳和圣胡安发生两场激战。进发中，最使美国人生畏的还不是西班牙军队的炮火，而是水土不服。山路崎岖，行走艰难，热带雨林气候闷热、潮湿、蚊蝇猖獗，加之士兵穿的还是冬季的厚呢军服，军中疾病流行，不少人不战而亡。西班牙军队长期驻守古巴，不但已适应气候，而且熟悉环境，把火力点安置得十分隐蔽。谢夫特决定速战速决。他派劳顿将军率师攻打埃尔卡纳，7月1日晨对其形成半圆形包围圈。西班牙火力很强。战斗进行了1天，双方均有伤亡。下午3时许，美军发出全线总攻令，士兵们吼叫着跃出战壕，向山上冲去，其中最为突出的是第24黑人团。美军占领制高点后，西军败下阵来。接着，埃尔卡纳城内没有发生激战，就被美军占领了。

美军乘胜前进，由肯特将军和惠勒将军率领直插圣胡安。西班牙军队在周围山上密布了防御工事。美军首先展开炮击，但使用的老式火药每发射一次要间隔1分钟，而且炮弹发射时引起的浓烟反而暴露了目标，使美军伤亡惨重。后来，美军改用大兵团包抄，向圣胡安山发起进攻。士兵们冒着西班牙碉堡发出的火舌，边攀登边射击。由西奥多·罗斯福指挥的"义勇骑兵团"勇敢善战，表现突出。他是辞去海军部副部长职位，专程参战的。1901年他成为美国第26任总统后，这段故事广为流传。战斗打到7月1日夜里，西班牙司令利纳雷斯负伤，70％的士兵战死。美国取得了胜利。这两场战役中，美军死亡230余人，1280余人负伤，许多人下落不明。

美军在两场陆战取胜后，形成了对圣地亚哥的包围。7月3日，开始了决定性的海战。上午9时许，被围困在圣地亚哥港内的西舰队试图逃走。旗舰玛丽亚·特雷莎号首先冲出港口，3艘巡洋舰和两艘鱼雷驱逐舰尾随其后，边行驶边向集中在该港入口以东的美舰开炮，港口两岸的西军炮台也同时开火。桑普森和施莱将军指挥的美国舰队立即以大炮还击，展开一场追击战。美国的大军舰配有口径13英寸、射程5英里的大炮，每发炮弹0.5吨重，发射一次要用500多磅火药。富有戏剧性的事件是，海军少校温赖特指挥的小战船格洛斯特号，把上级发给他的旗语命令"脱离危险区"误认为"接近敌舰"，迎着敌舰而上，在最近距离猛烈开炮。此举不只使西班牙人为之一惊，连大舰上的美国人也吓呆了。后来，这位少校因"违反军令"而荣立战功。不到3小时的战斗，西舰队全军覆没，死亡600余人，被俘官兵1300余名。美舰未受重创，只有个别人员伤亡。

捷报传到美国国内，7月4日独立日那天出现了建国以来前所未有的欢腾景象。

经过半个月谈判，圣地亚哥城的西班牙守军2.2万人投降。7月17日，谢夫特军队占领了该城。

7月21日，迈尔斯将军率领美军3400余人，分乘9只运输船在军舰护航下离开关塔那摩，于7月25日在波多黎各登陆。后又有增援部队到达，共计1.69万美军。27日进攻该岛最大港口蓬塞成功。以后又在4处与敌人交锋，至8月12日，美军已基本占领该岛。

美西战争的最后战役在马尼拉结束　5月初美军在马尼拉海战取胜后，杜威打着把菲律宾"从西班牙枷锁下解放出来"的旗号，以提供军火为诱饵，以菲律宾起义军频繁来往，鼓动他们与西开战。5月31日，起义军在各地发起总攻，占领了大片地区，并为最后夺取马尼拉市作了大量准备工作。6月12日，他们宣布菲律宾独立。美军在古巴站住脚后，即向亚洲调兵遣将。8月13日，由安德逊将军指挥的舰队和陆军向马尼拉市发动总攻。美军按照麦金莱总统的独占菲律宾的旨意，要求起义军不得进入马尼拉。不堪一击的西军很快投降，马尼拉市被攻陷。

全部战事到此结束。西班牙在菲律宾和古巴的军事力量全部被歼。据美国官方统计，美军阵亡 297 人，负伤 1644 人，军舰无损，大获全胜。

还在马尼拉战火未熄时，美国已起草了媾和议定书，强迫西班牙接受。8 月 12 日，两国代表签字。10 月 1 日至 12 日，美西两国在巴黎举行缔结和约谈判。美方在议定书基础上得寸进尺，坚持要全部占领菲律宾。12 月 10 日，巴黎和约签订。它规定：西班牙放弃古巴，由美国占领；西班牙将菲律宾群岛、波多黎各、关岛让与美国；美国将付给西班牙 2000 万美元，作为割让菲律宾的代价。

美西战争期间，马尼拉海战告捷后，美国国会两院于 7 月 7 日通过了关于归并夏威夷群岛的联合决议，称美国接受夏威夷共和国关于其群岛和主权的"转让"。8 月 12 日，美国正式占领该岛，从此将其划为美国领土。

拉丁美洲的独立运动

拉丁美洲是指北格兰德河以南的美洲地区，包括北美洲的南端、中美洲、南美洲以及西印度群岛、面积大约 2100 万平方公里。1492 年，哥伦布发现新大陆后，当时的海上霸王西班牙人和葡萄牙人相继侵入拉丁美洲。

由于当时的西班牙和葡萄牙还都处于封建统治时期，因此它们对拉丁美洲同样采取了封建统治。西、葡把拉丁美洲作为殖民地之后，控制着大量的土地，封建大地主制成为殖民统治的基础。他们在那里主要采取"监护制"，支持当地的贵族、官吏和天主教霸占了大量的土地，并有奴役当地印第安人的特权。

印第安人在此种制度下，大量沦为农奴。加上拉丁美洲拥有丰富的矿藏资源，西班牙人就强迫印第安人到金矿、银矿中充当苦工，为他们挖掘金银。由于采矿条件的恶劣，加上殖

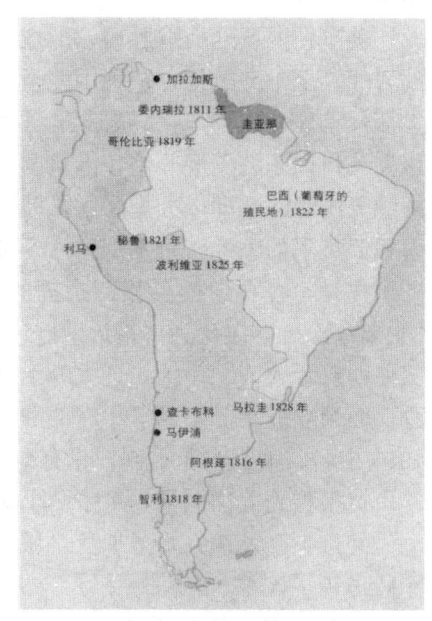

南美的西班牙控制区

民统治者疯狂的虐待，导致拉丁美洲的印第安人大量灭绝。就这样，在西属殖民地就有 1000 多万印第安人遭到虐杀，西印度群岛上原有的印第安人几乎全部灭绝。与此同时，西班牙、葡萄牙从拉丁美洲掠走了大约 250 万公斤黄金和 1 亿公斤白银。光是西班牙，就从巴西运走了价值 6 亿美元的黄金和 3 亿美元的金刚石。

虽然殖民主义者对拉丁美洲实行经济专制的垄断政策，尽力阻止当地经济的发展，但是到 18 世纪后半叶，当地某些地区的手工业还是逐步发展起来。墨西哥的呢绒业、巴拿马和布宜诺斯艾利斯等地的造船业等都有了一定程度的发展。美洲出生的欧洲人和新兴资产阶级开始公开反抗西班牙和葡萄牙的殖民统治，并日益成为其中的支配力量。

18 世纪末到 19 世纪初，法国等西欧国家和美国的资产阶级革命，以及发生在法国的启蒙运动，大大促进了拉丁美洲人民民族意识的增长。美国的《独立宣言》、卢梭和伏尔泰等启蒙思想家的著作等相继传入拉丁美洲。在很多大城市，知识青年组织了各种秘密社团，进行争取独立的舆论准备和秘密活动。

拉丁美洲的独立解放战争，首先在海地爆发。1789 年法国资产阶级革命的成功促使海地革命的爆发。1791 年，法国大革命成功的消息传到海地后，圣多明各岛海地人举行武装起义，大批黑人奴隶和当地白人加入斗争。领导起义的人是奴隶出身的杜桑·卢维杜尔。起义者的口号迅速吸引了大量的奴隶加入起义军，队伍很快从最初的 400 人扩大到 4000 人。

从 1791 年开始，海地人民以不超过两万人的武装力量，先后打败了法国、西班牙和英国的四次军事进攻。1803 年 10 月，海地黑人完全击溃了法国侵略军，法国先后派遣来的 6 万远征军全部被打败。1804 年 1 月 1 日，海地宣布独立，成为拉丁美洲第

巴西人民饱受西方殖民者的奴役

一个黑人独立的共和国。应该说，海地革命的成功为拉丁美洲的独立斗争树立了榜样，动摇了长达 300 年的殖民统治，揭开了拉丁美洲独立战争的序幕。

海地革命推动了整个拉丁美洲的独立解放运动。1810 年，西班牙的美洲殖民地绝大部分都掀起了革命。整个拉丁美洲独立运动的中心在委内瑞拉。

委内瑞拉首府加拉加斯人民在听到法国拿破仑的军队占领了西班牙之后，就开始暴动起义。1810 年 4 月，首都市民赶走了西班牙官吏。接着委内瑞拉其他地区，例如新格拉纳达等地都爆发了革命。次年，在召开了革命大会后，革命者宣布成立革命政府，并宣布委内瑞拉为一个独立的共和国。

当时领导革命的是米兰达。但是由于一场地震袭击了革命者所控制的省份，导致两万人死亡。加上法国军队的打击，革命军队受到了很大挫折，米兰达也被捕入狱。此后，委内瑞拉革命斗争就留给了米兰达的朋友西蒙·玻利瓦尔来完成。

西蒙·玻利瓦尔于 1783 年 7 月出生于委内瑞拉加拉加斯一个当地贵族家庭，从小受过良好教育。玻利瓦尔在十四岁就进入皇家士官兵团学习军事，并在十六岁升为陆军少尉，从此开始了军旅生涯。

1803 年开始，玻利瓦尔游学欧洲，阅读了伏尔泰、卢梭等人的著作，受到启蒙思想家们的巨大影响。此后，玻利瓦尔开始对政治非常感兴趣，并且抛弃了他原先的奢华生活。1804 年，他在法国巴黎圣母院观看了拿破仑加冕时的情形，认识到：结束国家遭受奴役统治是可以做到的。

玻利瓦尔

在米兰达发动革命之后，玻利瓦尔马上动身从汉堡返回到委内瑞拉，并且加入

了米兰达领导的独立斗争，很快成为领导者之一。在米兰达被捕并被杀害之后，玻利瓦尔前往新格拉纳达，并在那里成立了一支爱国队伍，攻克殖民军队占据的很多城镇，解放了哥伦比亚大部分地区。1813年，玻利瓦尔打回委内瑞拉，迅速解放了西部地区，并且很快解放了加拉加斯，建立了委内瑞拉第二共和国。

次年，拿破仑帝国垮台后，西班牙国王复辟，并迅速派遣军队疯狂镇压各地起义。他们在新格拉纳达、委内瑞拉等地到处残酷镇压独立运动。由于玻利瓦尔没有很好动员和团结全国的爱国力量，在敌我力量悬殊的情况下，第二共和国再次被摧毁。此后，玻利瓦尔流亡海外，先后到牙买加和海地避难。

玻利瓦尔在国外总结了拉美革命暂时失败的原因，呼吁应该将委内瑞拉、新格拉纳达、厄瓜多尔等合并成一个"大哥伦比亚"，建立南美大联邦。海地革命的经验给了玻利瓦尔很大的启示，并接受了海地总统的建议，在斗争中废除奴隶制来发动群众的参与。

1817年，玻利瓦尔带着海地总统佩蒂翁送给他的7艘船舰、大批武器弹药和一支在海地组织的爱国志士远征军。次年，玻利瓦尔率军在委内瑞拉登陆，远征军首先在奥里诺克河畔建立了军事基地，并且想方设法扩充队伍。然后，远征军与当地游击队会合，宣布解放奴隶和独立后向他们分发土地。

玻利瓦尔受到群众的热烈欢迎

1818年，玻利瓦尔决定翻过安第斯山脉，直捣殖民军的心脏地区——新格拉纳达，然后回师委内瑞拉。次年5月，玻利瓦尔越过安第斯山脉，并给予殖民军队以毁灭性打击。玻利瓦尔避开西班牙侵略军主力驻扎的加拉加斯，首先攻打圭亚那省，然后占领了安格斯图拉。

此后，玻利瓦尔的军队同西班牙殖民军在波也加展开了激烈战斗，并最终取得了胜利，然后挥师直捣波哥大。波哥大解放后，殖民统治在新格拉纳达全区的统治土崩瓦解。12月17日，他解散了委内瑞拉共和国议会，成立了包括委内瑞拉和新格拉纳达在内的哥伦比亚共和国，即第三共和国。玻利瓦尔被推选为共和国的总统和最高军事统帅。

1821年初，玻利瓦尔利用西班牙国内政局动荡的有利形势，再次越过安第斯山脉，进军委内瑞拉北部，在卡拉沃波和效忠于西班牙的保皇军大战。这场战斗，最终以革命军取得决定性胜利而结束，并重新解放了加拉加斯。之后，玻利瓦尔的部下在皮钦查战役中获得了胜利，最终使得厄瓜多尔全部解放。不久，玻利瓦尔说服厄瓜多尔的革命者，与委内瑞拉、哥伦比亚一起合并，成立一个大哥伦比亚共和国。

1822年以后，玻利瓦尔和拉美独立运动的另一名著名将领苏克雷一起转战秘鲁各地。在8月和12月的两次大规模战争中，玻利瓦尔使西班牙的精锐部队惨遭失败。在此后的阿亚库巧高地的战斗中，玻利瓦尔的军队俘虏了秘鲁总督、4个元帅和10个将军，并且俘虏了几千名士兵。此战役最终结束了西班牙在南美洲长达300多年的统治，南美洲独立战争取得了最后胜利。马克思和恩格斯高度评价了这场战斗，说这场战斗是"一次最终保证了西属南美洲独立的会战"。

1825 年 5 月，上秘鲁宣布独立，为了纪念玻利瓦尔对南美洲的伟大功绩，上秘鲁取名为玻利维亚。

除了玻利瓦尔领导的委内瑞拉独立战争外，南美洲还有两个独立战争中心，一个是以墨西哥为中心的北美和中美，另一个为拉普拉塔为中心的南美南部。

1810 年 9 月，另一个革命领导者伊达尔哥在墨西哥中部的多洛雷斯村领导数千名印第安人，掀开了反对西班牙统治者的斗争。

伊达尔哥原是一名下层牧师，从小受到法国启蒙思想的影响。由于他领导群众在教区进行行政和教育改革，而受到殖民统治者的迫害和驱逐。16 日，伊达尔哥领导了著名的"多洛雷斯呼声"。伊达尔哥宣布："对于我们，国王也好，捐税也好，再也不存在了。这些可恶的赋税，是残暴和奴役的象征，压迫了我们 3 个世纪。你们愿意自由吗？300 年前，可恨的西班牙人夺去了我们祖先的土地，你们愿意全力以赴夺回吗？"群众的情绪高涨，回答道："绞死这些殖民强盗！独立万岁！"

起初伊达尔哥的起义军势如破竹，攻占了墨西哥中部的一些城市，但由于起义军缺乏军事经验，错失掉了很多战机。1811 年初，起义军遭受了很多失败，同时由于没有发动群众而得不到更多的支持。此后，伊达尔哥被叛徒出卖并英勇牺牲。伊达尔哥的学生莫雷洛斯吸取了他的失败经验，加强和群众的接触并得到了他们的支持。但是 1815 年，莫雷洛斯也被捕入狱，最后壮烈牺牲。墨西哥的独立战争，暂时处于低潮。

1820 年，墨西哥上层分子、握有军权的野心家伊托彼得借着"独立"口号而赶走了西班牙总督，宣布墨西哥独立。但是他在上台后执行一套独裁统治，维护大庄园主的利益，实行恐怖统治，并宣布自己为皇帝。1823 年，墨西哥人民推翻了伊托彼得的统治，1824 年建立了墨西哥共和国。

在以拉普拉塔为中心的南美南部地区，1811 年，巴拉圭白人独立派发动起义，逮捕了西班牙人省长，成立了临时政府。5 年后，拉普拉塔联合省大会正式宣布脱离西班牙而独立。但由于各省区之间在经济、政治利益上矛盾重重，联合各省建立统一国家的努力并没有成功。

此后，拉普拉塔独立斗争的任务交给了圣马丁。圣马丁出生于克列奥一个富裕的船主家庭。1814 年，他被布宜诺斯艾利斯革命政府任命为北方军总指挥。1820 年，圣马丁在智利组建了秘鲁解放军，并建立了舰队。9 月，解放军在秘鲁登陆，并于次年攻下秘鲁首都利马。7 月 28 日，秘鲁宣布独立，圣马丁被选为"护国主"。

在墨西哥、委内瑞拉等地的革命影响下，包括危地马拉、尼加拉瓜、洪都拉斯、哥斯达黎加和萨尔瓦多在内的中美五省于 1821 年在危地马拉召开会议，宣布独立。1822 年，巴西脱离葡萄牙获得了独立。1823 年，中美联盟正式宣布独立。1826 年 1 月，西班牙在卡亚俄港的最后一批守军向玻利瓦尔投降。至此，西班牙在拉丁美洲的殖民统治彻底崩溃，南美洲各个地区大部分都得到了解放。

从 1804 年海地革命开始，到 1826 年西班牙殖民军彻底投降，拉丁美洲独立运动持续了 22 年，并且席卷了整个拉丁美洲大陆。拉美各国争取独立之后，资本主义开始在当地萌芽，并迅速得到了发展。应该说，拉丁美洲这次独立战争的胜利，彻底结束了西班牙、葡萄牙等国对南美大陆长达300多年的殖民统治，并为现在南美洲的政治格局奠定了基础。

西属南美洲殖民地的独立战争

　　西班牙南美洲殖民地包括秘鲁、新格拉纳达和拉普拉塔三个总督区以及委内瑞拉和智利两个都督区。1810年，殖民地人民爆发了反抗西班牙统治的独立战争。殖民地人民浴血奋战15年，于1826年初赢得最后胜利。

　　18世纪70年代，美国人民推翻英国殖民统治，赢得了独立。80年代末，法国爆发了资产阶级革命。90年代，海地人民起义，赶走法国、英国和西班牙的殖民势力，建立了独立国家。这些国家人民的胜利斗争，为西班牙南美洲殖民地人民树立了榜样，指明了前进的方向。18世纪末，一些出身于土生白人地主和商业资产阶级家庭的知识分子，在欧美资产阶级革命和民族独立运动的影响下，在本地区积极传播欧洲启蒙运动思想和资产阶级革命思想，批判西班牙殖民制度。1794年，新格拉纳达的安东尼奥·纳里尼奥在波哥大翻译、出版了法国的《人权宣言》。1810年，拉普拉塔地区出版了西班牙文版的法国启蒙思想家卢梭的名著《社会契约论》。这本书和美国启蒙思想家托马斯，潘恩的《常识》

欧洲殖民者对拉丁美洲的掠夺
（15—16世纪）

在委内瑞拉广为流传。马里亚诺·莫雷诺1802年撰写《论普遍实行的印第安人私人徭役制》一文，批判了强迫印第安人服劳役的制度，要求"正义和自由"。委内瑞拉的米格尔·何塞·桑斯撰文强烈批判了西班牙在殖民地推行的以经院哲学为主要教学内容的教育制度，强调实践和实验的重要性。

　　与此同时，反抗殖民统治、争取独立的武装斗争此伏彼起。影响比较大的是：1780—1781年秘鲁的图帕克·阿马鲁发动的印第安人大起义，反对西班牙殖民奴役，要求恢复印加政权；1781年新格拉纳达索科罗地区的"平民派"起义，反对殖民当局的横征暴敛；1806年委内瑞拉人弗朗西斯科·米兰达率领数百名武装人员，从美国出发征战委内瑞拉；1809年拉普拉塔总督区的丘基萨卡和拉巴斯两市人民起义以及基多市的土生白人起义。这些武装斗争虽然被殖民当局一一镇压了，但它们却唤起了殖民地人民的觉醒。

　　1808年3月23日，法军侵占西班牙首都马德里。拿破仑废黜西班牙国王费尔南多七世，将其软禁在法国，并派自己的哥哥约瑟夫·波拿巴到西班牙当国王。西班牙人民纷纷拿起武器，开展抗法斗争。各地区相继成立"执政委员会"，即洪达，行使地方权力。9月25日，在阿朗胡埃斯组成"中央执政委员会"，以费尔南多七世的名义执政，统一领导全国抗战。1810 年初，法军差不多侵占了西班牙全部国土。"中央执政委员会"宣布解散，将权力移交给一"摄政委员会"。

西班牙国内事态的发展，直接触发了南美洲殖民地的独立战争。战争分别在两大战区进行：北部战区，包括委内瑞拉都督区和新格拉纳达总督区；南部战区，包括拉普拉塔总督区、智利都督区和秘鲁总督区。

在北部战区，西班牙"中央执政委员会"解散的消息，首先传到委内瑞拉都督区首府加拉加斯。1810 年 4 月 19 日，以土生白人地主和商人为主体的加拉加斯市政会召开公开会议，声明不承认"摄政委员会"，决定自行成立"最高执政委员会"，以西班牙国王费尔南多七世的名方执政。各省爱国力量纷纷夺取地方政权、宣布支持"最高执政委员会"。只有科罗、马拉开波和瓜亚纳地区在殖民势力控制下，声明只承认西班牙"摄政委员会"。

19 世纪上半叶，刚刚获得独立的智利

1811 年 3 月 2 日，委内瑞拉首届国民代表会议在加拉加斯开幕。在以米兰达和西蒙·玻利瓦尔等为首的爱国力量敦促下，代表会议于 7 月 5 日通过《独立宣言》，宣告委内瑞拉共和国诞生，史称第一共和国。

贝纳尔多·奥希格斯将军

1812 年初，西班牙海军军官多明戈·蒙特维尔德奉西班牙摄政委员会之命，率领 200 余人乘船从波多黎各出发，到委内瑞拉的科罗登陆。他纠集科罗、马拉开波和瓜亚纳地区的殖民势力，向加拉加斯进犯。4 月 23 日，共和国政府授权米兰达统掌军政大权。米兰达调集 4000 人马，到巴伦西亚地区迎战敌军，在作战中连遭失败。迫于形势，他决定同敌人议和。7 月 25 日，双方签署"协议书"，米兰达同意放下武器；蒙特维尔德保证不伤害爱国者，并允许他们自由离境。30 日，米兰达同一批爱国军军官撤离加拉加斯。第一共和国被扼杀。

就在米兰达一行离开加拉加斯的当天，蒙特维尔德即撕毁协议，下令逮捕爱国者。31 日，米兰达在拉瓜伊拉落入敌手，被解往西班牙监禁，1816 年 7 月 14 日死于加的斯狱中。

1812 年 8 月初，玻利瓦尔同一批战友逃离委内瑞拉。于 10 月间辗转在新格拉纳达的卡塔赫纳，同当地的爱国力量联合起来，打击殖民势力。这时新格拉纳达的爱国力量早于 1810 年 7 月下旬推翻了当地西班牙殖民政权，并正在抗击来自波多黎各和秘鲁的殖民势力的反扑。

12 月 15 日，玻利瓦尔发表致新格拉纳达公民的公开信，即历史上著名的"卡塔赫纳宣言"。他在信中分析了委内瑞拉第一共和国失败的原因，首先是由于"采取了联邦形式"，"各省我行我素"全国陷入无政府状态；其次是未能建设一支正规军；第三是新政权"挥霍公共收入"，滥发纸币，引起人民群众的强烈不满。他呼吁新格拉纳达爱国力量支持他收复加拉加斯。新格拉纳达国民代表会议立即声明，支持他进军委内瑞拉，并宣布他为新格拉纳达公民，授予准将军衔。

1813 年 3 月初，玻利瓦尔率领 1000 余人，从库库塔打进委内瑞拉。在委内瑞拉爱国力量的配合下，8 月 7 日收复加拉加斯。玻利瓦尔召开市政会，宣布成立委内瑞拉第二共和国。市政会任命玻利瓦尔为爱国武装总司令，掌管军政大权，并授予他"解放者"称号。1813 年底，爱国军解放了东部地区。

一批逃至奥里诺科河沿岸草原地区的西班牙殖民军，纠合在军官何塞·托马斯·博维斯周围，利用草原牧民与土生白人地主之间的矛盾，以给牧民分配土地作诱饵，组织了 8 千余人的"保王军"。1814 年 6 月 15 日，保王军在拉普埃尔塔击败波利瓦尔指挥的爱国军。7 月 6 日，玻利瓦尔撤出加拉斯，转战东部地区。9 月 3 日，他离境前往新格拉纳达。委内瑞拉第二共和国失败。

1814 年 3 月，西班牙国王费尔南多七世回国复位。他力图使用武力恢复西班牙在殖民地的统治。1815 年 2 月 18 日，他指令巴勃罗·莫里略率领 1.6 万人的"远征军"，前往南美洲。4 月初，远征军抵委内瑞拉。7 月 12 日，莫里略指挥 8 千余人开赴新格拉纳达，向那里的爱国力量反扑。

当时正在牙买加从事救国活动的玻利瓦尔，在 9 月 6 日给当地友人写的信，即著名的"牙买加之信"中指出了当时的形势，他写道："帷幕已经拉开，我们已见到光明；但还有人想使我们回到黑暗中去。镣铐已经砸碎，我们已经自由；但我们的敌人企图重新奴役我们。因此，美洲在作殊死的战斗。而殊死的战斗没有不赢得胜利的。"12 月下旬，玻利瓦尔获悉西班牙远征军已攻占卡塔赫纳城，立即前往海地。海地总统阿莱杭德罗·佩蒂翁热情支持委内瑞拉的独立事业，向玻利瓦尔提供了 7 条船和可以装备 5000 人的武器弹药。1816 年 3 月 30 日，玻利瓦尔率领 250 人回委内瑞拉。6 月中旬被殖民军打败。玻利瓦尔返回海地，重新组织力量。12 月 21 日，再次打回委内瑞拉。他总结了以往战斗的经验教训，决定改变战略，让开加拉加斯等大城市，深入奥里诺科河流域农村地区，与在那儿坚持战斗的爱国力量会合。他宣告废除奴隶制，声明胜利后给参加独立战争的人分配土地。大批黑人和混血种人积极参加爱国军。1817 年 7 月 16 日，爱国军解放重镇安戈斯图拉（今玻利瓦尔城）。

玻利瓦尔将总部设在安戈斯图拉，筹备召开国民代表会议。1819 年 2 月 15 日，国民代表会议召开，成立委内瑞拉第三共和国。玻利瓦尔当选为共和国总统和爱国武装最高统帅。3 月中旬，他率军前往阿普雷草原地区，与安东尼奥，帕埃斯指挥的"草原牧民军"共同作战。4 月 2 日，爱国军在拉斯格塞拉斯击溃殖民军，歼敌400 余，迫使莫里略率残部撤出中部地区。

中部地区解放后，玻利瓦尔决定进军新格拉纳达。1819 年 6 月初，他率领一支2000 余人的"解放军"出征。解放军冒雨穿过新格拉纳达东部地区沼泽地带，翻越险峻难行的安第斯山脉，7月6日到达通哈省的索查村。

8月7日，解放军与西班牙殖民军3000人在波亚卡河一线交战，全歼敌军，俘虏敌军正副司令、全部校、尉级军官和1600名士兵。玻利瓦尔乘胜挥师南下，8月10日收复波哥大。新格拉纳达的爱国力量配合解放军，战斗65天，解放了大部领土。

12月11日，玻利瓦尔在安戈斯图拉国民代表会议上提议委内瑞拉与新格拉纳达合并，成立哥伦比亚共和国。17日，代表会议一致通过他的提议，并选举他为共和国总统，选举费朗西斯科，德·帕乌拉·桑坦德尔为负责新格拉纳达军政事务的副总统。

1820年1月1日，集结在加的斯港准备开赴南美洲的一支西班牙远征军起义，反对费尔南多七世的暴政，拒绝到南美洲作战，要求实行1812年"自由宪法"。费尔南多七世被迫指示莫里略同玻利瓦尔和谈。11月25日，双方代表在特鲁希略城达成停战半年的协议。

停战协议给了爱国军一个休整的机会。玻利瓦尔派人到美国、安的列斯群岛等地购买武器弹药，准备决战。1821年6月24日，玻利瓦尔指挥6500多人马，在卡拉博博与殖民军司令米格尔，拉托雷率领的5500名殖民军会战。不及一个小时，殖民军败阵溃散。29日，加拉加斯光复。8月1日，玻利瓦尔离开加拉加斯，前往新格拉纳达，指挥爱国军攻打盘踞在基多地区的殖民军。

1822年5月24日，玻利瓦尔部将安东尼奥·何塞·德·苏克雷指挥2千爱国军，在基多市北皮钦查山重创敌军。敌军司令阿伊梅奇宣布无条件投降，基多解放。6月16日，玻利瓦尔抵基多市。至此，哥伦比亚共和国的国土全部解放。

在南部战区，1810年5月18日，西班牙中央执政委员会解散的消息传到拉普拉塔总督区首府布宜诺斯艾利斯。当天，以莫雷诺、马努埃尔·贝尔格拉诺为首的爱国者集会，要求西班牙殖民总督巴尔塔萨尔，西斯内罗斯立即召开市政会公开会议，讨论总督区组成新政府的问题。他们的要求得到以科尔内利奥·萨维德拉为代表的爱国军官的支持。5月24日，市政会在殖民官员、大商人、大地主和反动主教的把持下，决定成立以西斯内罗斯为首的执政委员会。这引起了爱国者的强烈不满。25日，他们带领市民涌向市政会，要求罢免西斯内罗斯，成立由爱国者组成的新政府。市政会在人民群众的压力下，改组执政委员会，成立"拉普拉塔临时执政委员会"，由萨维德拉任主席，贝尔格拉诺等6人为委员，莫雷诺和帕索任秘书。

拉普拉塔临时执政委员会仍以费尔南多七世的名义执政，各省纷纷宣布支持新政权。只有巴拉圭、东岸地区（今乌拉圭）、上秘鲁和科尔多瓦控制在殖民势力手中，与新政权为敌。

7月中旬，拉普拉塔临时执政委员会派出150人的"解放军"，以弗朗西斯科·奥尔蒂斯·德·奥坎波和安东尼奥·贡萨莱斯·巴尔卡塞为正副司令，征讨科尔多瓦和上秘鲁。前殖民总督利尼埃尔和一批殖民官吏从科尔多瓦向上秘鲁逃跑时，被解放军俘获。8月26日，利尼埃尔等人被处决。

8月末，解放军向上秘鲁进发。上秘鲁各地爱国力量配合解放军打击敌人。11

月7日，解放军在苏伊帕查与殖民军会战，全歼敌军，俘获并处决了敌军司令科尔多瓦、殖民省长尼埃托及其他主要殖民官吏。解放军乘胜推进到拉普拉塔总督区和秘鲁总督区的界河德萨瓜德罗河左岸，与秘鲁总督派来的援军隔河对峙，1811年5月16日，卡斯特利与殖民军司令戈叶内切达成停战40天的协议。

与此同时，巴拉圭的爱国力量在何塞·加斯帕尔，托马斯，罗德里格斯，弗朗西亚的领导下，推翻当地殖民政权，于6月19日宣告独立。以何塞·阿蒂加斯为首的东岸地区爱国力量，于1811年4、5月间解放大部分领土，敌人龟缩于蒙得维的亚城负隅顽抗。

6月20日，戈叶内切撕毁停战协议，在瓦基突然袭击解放军。解放军向南撤退，撤出上称鲁。军事失利引起爱国力量对拉普拉塔临时执政委员会的不满。9月23日，"三人执政府"成立，取代临时执政委员会。

三人执政府委任贝尔格拉诺为"北方军"司令。1812年9月24日，北方军1500在图库曼城外与3000敌人交战，大获全胜，毙敌450人，俘虏700人。图库曼大捷后，三人执政府改组，成立第二届三人执政府。

1813年2月20日，北方军收复被殖民军占领的萨尔塔城。4月，贝尔格拉诺率领5000人进军上秘鲁。10至11月间，在与敌军作战中连遭失败。贝尔格拉诺指挥剩下的1000人撤出上秘鲁，退至图库曼。

1813年底，三人执政府任命圣马丁为北方军司令，接替贝尔格拉诺。圣马丁抵图库曼后，提出新的战略方案，主张训练一支人数不多、纪律严明的部队，从门多萨出征智利，消灭盘踞于那里的殖民军，然后经海路，攻克利马。布宜诺斯艾利斯政府同意他的主张。8月10日，调他任库约省省长。该省与智利接壤，是圣马丁筹备实施其战略方案的理想场所。

1810年9月18日，智利爱国力量赶走殖民总督，成立执政委员会，组成以贝尔纳多·奥希金斯为总司令的爱国军，扫荡境内的殖民势力。1814年10月初，智利爱国军战败，西班牙殖民势力在智利复辟。奥希金斯率领仅剩的500名官兵，翻过安第斯山，进入库约省，与圣马丁会合。

1816年3月24日，拉普拉塔地区国民代表会议在图库曼召开。会议在圣马丁、贝尔格拉诺等人的敦促下，7月9日通过决议，宣告正式独立。会议推选胡安·马丁·德，普埃雷东为最高执政官。

以普埃雷东为首的政府全力支持圣马丁的战略方案的实施，将圣马丁组织起来的部队命名为"安第斯山军"，任命圣马丁为总司令。1816年底，安第斯山军发展到了5500人，其中大多是英勇善战的黑人和混血种人。圣马丁对安第斯山军进行严格的政治和军事训练。

1817年1月中旬，圣马丁指挥安第斯山军分四路先后攀越高达4000多公尺的安第斯山，向智利南部、北部和中部同时进击。圣马丁和奥希金斯率主力直插圣地亚哥城。殖民都督马科·德尔·庞特慌忙抽调2000兵力在查卡布科山布阵。2月21日黎明时分，两军交锋。激战至中午，西班牙殖民军溃散。庞特在潜逃途中被爱国军捕获。14日，圣马丁和奥希金斯率军进入圣地亚哥城。16日，召开市政会公开会议，奥希金斯被推选为智利最高执政官。1818 年 2 月 12 日，奥希金斯在塔尔卡宣布智利正式独立，4 月 5 日，圣马丁和奥希金斯指挥 5000 人，在圣地亚哥城南 17 公里处的迈普平原与 5000 敌军决战。爱国军获胜，俘虏敌军官兵 3000 余人。

迈普战役胜利后，爱国军向南推进，解放了大部分领土。圣马丁在阿根廷政府和智利政府的支持下，花了两年时间，组织、训练了一支 4500 人的"秘鲁解放军"；还建设了一支 1600 人的海军，拥有 8 艘战舰、16 艘运输船。圣马丁自己担任总司令兼陆军司令，雇聘英国海军军官科克兰为海军司令。

1820 年 8 月 20 日，圣马丁挥师经海路北上，征战秘鲁。行前，他晓谕将士："这次出征的目的是将秘鲁从西班牙的奴役下拯救出来，使其成为一个自由的主权国家，从而完成南美大陆独立的伟大事业。"9 月 8 日，圣马丁率领解放军在秘鲁南部海港帕拉卡斯登陆，迅速占领了附近的皮斯科镇。他指令舰队封锁沿海港口，防止敌人从海上得到增援；同时派遣 1000 余人的部队插入内陆山区，发动群众，切断利马与内地的联系。他本人率领主力乘船北上，到秘鲁北部地区作战。1820 年底，北部地区全部解放。殖民总督于 1821 年 7 月 6 日率部撤离利马，退往内地山区。12 日，圣马丁率军进入利马。28 日，他正式宣告秘鲁独立，出任护国公，成立新政府。

然而，殖民总督尚有 2 万余兵力盘踞在秘鲁内陆山区，时刻威胁着新生政权。

1822 年 5 月 24 日，基多解放。圣马丁立即与玻利瓦尔联系，约定在瓜亚基尔会晤，共商解放秘鲁，实现西班牙南美洲殖民地完全独立的大计。7 月 26、27 日，他俩进行单独会谈。讨论了瓜亚基尔的归属、南美洲各国独立后实行何种政体以及联合作战等问题。圣马丁要求将瓜亚基尔划给秘鲁，主张君主制，建议两支部队联合作战，玻利瓦尔任总指挥。玻利瓦尔则认为瓜亚基尔是哥伦比亚共和国的领土，主张共和制，不同意两支部队联合作战，只愿派 1070 人支援圣马丁。会谈没有达成任何协议。27 日晚，圣马丁悄然离开瓜亚基尔。

圣马丁回到利马后，立即筹备召开国民代表会议。9 月 22 日，代表会议开幕。圣马丁在会上发表了辞职演说，向代表会议移交军政大权。当晚，他在安孔港只身登舟离开秘鲁，经智利回阿根廷。不久即前往欧洲，寄居法国。1850 年 8 月 17 日，在法国布洛涅城病逝。

圣马丁辞职后，秘鲁政府敦请玻利瓦尔出兵。玻利瓦尔指令苏克雷率 3000 人先斯进军秘鲁。他本人于 9 月 1 日抵秘鲁沿海重镇卡亚俄。秘鲁国民代表会议授予他全权，处理军政事务。

玻利瓦尔从哥伦比亚共和国调来军队，与圣马丁的旧部汇合，组成约 1 万人的"解放联军"。1824 年 7 月初，他挥师进剿盘踞在内地山区的殖民军。8 月 6 日，在胡宁与殖民军 8000 余人会战，歼敌千余。殖民军败走库斯科，沿途逃散 3000 多人。

10 月底，殖民总督在库斯科调集 9000 余人，扑向解放联军。玻利瓦尔指令苏克雷率领 5000 余名官兵迎战敌军。12 月 9 日，两军在阿亚库乔谷地开战。厮杀半日，殖民军全军覆没，死伤 2000 多，被俘 3000 多人，其中有殖民总督、14 名将军、16 名上校、68 名中校、284 名少校以及大批下级军官。殖民总督被迫签署投降书，命令所有尚在秘鲁和上秘鲁顽抗的殖民军缴械投降。马克思、恩格斯高度评价阿亚库乔战役，称之为一次最终保证了西属南美洲独立的会战。

独立战争爆发后一直在坚持战斗的上秘鲁游击队，在阿亚库乔大捷的鼓舞下，向殖民势力发起最后攻击。1825 年 1 月底—2 月初，接连收复拉巴斯、圣克鲁斯、科恰班巴等重要城市。2 月 7 日，苏克雷奉玻利瓦尔之命，指挥解放联军进军上秘鲁，支援游击队清剿残敌。4 月初，上秘鲁全境解放。

7 月 6 日，上秘鲁国民代表会议在丘基萨卡开幕。8 月 6 日，上秘鲁宣告独立，成立共和国。为了纪念玻利瓦尔的功绩，定国名为"玻利瓦尔共和国"，不久改称玻利维亚共和国。

1826 年 1 月 23 日，秘鲁爱国军攻克西班牙殖民势力盘踞的最后一个据点卡亚俄。西班牙南美洲殖民地全部解放。

巴西独立运动

巴西是 1500 年 4 月 22 日由葡萄牙航海家卡布拉尔发现后沦为葡萄牙殖民地的。葡萄牙人奴役和掠夺巴西 300 多年，巴西人民反奴役、反掠夺的斗争也进行了 300 多年。1822 年 9 月 9 日，巴西宣布与葡萄牙脱离关系，独立成为巴西帝国。

巴西独立运动的完成，经历了整整 100 年的时间和一条曲折的道路，是有其特点的。它可分三个阶段。

第一个阶段是武装斗争阶段。这个阶段从 1789 年米纳斯密谋开始，经过 1798 年的巴伊亚密谋和 1817 年的伯南布哥革命等伟大事件而正式展开。这些事件都具有资产阶级革命的色彩，有较明确的民族独立思想，要求与葡萄牙殖民者决裂，主张建立共和国和废除奴隶制度。

米纳斯密谋是由蒂拉登特斯组织的。米纳斯吉拉斯是巴西黄金热的中心，新兴资产阶级与自由矿工都在成长，一批批奴隶也集中到这里来。到 1785 年，黄金矿源日见枯竭。王室下令全力挖采，同时垄断冶炼过程，毁掉原有私人设立的手工冶炼工场，但仍按原来的税额向居民征收。这激起了新兴资产阶级和居民的强烈不满。1789 年，米纳斯总督巴巴塞纳子爵决定向居民追索过去积欠的全部税款，总计有黄金 596 阿罗瓦，合 8940 公斤。这引起了人们的愤慨。

骑兵中尉若阿金·若泽·达·席尔瓦·沙维尔（即拔牙师"蒂拉登特斯"）和从欧洲回来不久的若泽·阿尔瓦雷斯·马西埃尔，以及一批进步的作家、诗人、医生、律师、神甫和军官等，秘密策划推翻葡萄牙殖民统治的武装起义。他们的纲领是：同葡萄牙决裂，建立共和国；组织新的民团，实行义务兵役制；开办各类工厂，允许自由贸易，废除对黄金、钻石开采的垄断；设立大学，发展教育；奖励生育，救济贫民；选定内地的圣若昂·德雷伊为首都。他们还酝酿提出废除奴隶制的主张，也设计了新生共和国的国旗。他们决定在殖民当局正式追收旧税的当天发难，计划首先击溃总督卫队，活捉巴巴塞纳。蒂拉登特斯主动承担了最危险的角色和最艰巨的任务。

由于密谋的参与者白人军官雷伊斯告密，起义失败了。蒂拉登特斯被捕下狱，后被杀害。这次革命烈火虽在点燃阶段就被扑灭，但它是巴西历史上第一次对全国有影响的、带有资产阶级革命性质的独立斗争，是巴西独立运动的开端。

1798 年的巴伊亚密谋也是一次夭折的起义。它反映了巴西独立运动地深入，说明独立和自由、民主的思想已在巴西中下层人民中传播与生根。密谋的负责人是两名黑白混血种的缝衣工人和两名士兵。参加者一为受了欧洲资产阶级革命思想影响的知识分子，二为裁缝、木工、石工、士兵、奴隶等，也有少数中下级军官。其中不少有色人种，也有妇女。他们的纲领比米纳斯密谋的纲领更激进、鲜明：主张建立独立的民主政府，解放奴隶，发展生产，增加士兵薪饷，与各国开展自由贸易，并对那些反对革命的人处以死刑等。

1798 年 8 月 12 日，他们秘密地在巴伊亚散发传单，张贴标语，准备在第革尔广场举行暴动。由于叛徒告密，就在暴动的当天，殖民当局突然进行大包围大逮捕。起义被镇压下去了，四个领导人被处以绞刑。这次起义进一步鼓舞了巴西人民要求独立的斗志。

1817 年伯南布哥的革命烈火，不仅燃烧起来，而且蔓延开了。伯南布哥是一个富有反殖民统治传统的地区。驻军中葡籍高级军官与巴西籍的中下级军官、士兵的矛盾比较尖锐。一批受欧洲资产阶级革命思想影响的先进人物，早就组织了酝酿独立的秘密团体。1817 年 3 月 6 日，殖民地当局下令在伯南布哥首府累西腓逮捕几个密谋起义的嫌疑分子。有一位下级军官拒捕，并刺死了一个前来逮捕他的少将，就此点燃了起义的导火线。起义者手持长矛利箭，走上街头，高呼"独立万岁！""自由万岁！"攻入炮台，逮捕了躲进炮台的省长。起义者组织了共和国临时政府，由商业、军队、神父、农民和法律等五个方面的代表人物中各推一人担任政府成员；还组织了以知识界为主的"协商委员会"。

临时政府发布了致伯南布哥与全体巴西人民的宣言，号召永远结束王权暴政，建立自由独立的巴西共和国；宣布取消苛捐杂税，废除贸易垄断，禁止葡萄牙船只出港；提高士兵薪饷，建立海军；鼓励世俗教育；废除等级特权制等。对解放奴隶问题，宣言中只是说政府希望"解放奴隶的工作能以正义与合法的方式来逐步实现"。

临时政府派出代表前往美国、英国和阿根廷等国，争取得到支持。

革命的烽火蔓延到帕拉伊巴州、北里约格朗德州、阿拉戈阿州与塞阿腊州。一时在东北地区出现了高涨的革命形势。

若奥六世得知伯南布哥起义的消息，立即派兵镇压。他用海军封锁累西腓港，以陆军进攻伯南布哥。经过激烈的战斗，终因敌我力量悬殊，起义军被迫退出累西腓，停止抵抗。这次起义从 3 月 6 日发动到 5 月 20 日失败，不到 3 个月，起义领袖多遭杀戮，被捕的起义群众达两千多人。

这次起义，无论方式、纲领和规模，都比前几次前进了一大步。它动摇了殖民统治的基础，使若奥六世感到命运岌岌可危而开始认真策划退路。

第二个阶段是巴西宣布独立，与葡萄牙仍然藕断丝连，实际上带有分立性质的阶段。

　　1814 年葡萄牙本土赶走拿破仑后，由于若奥亲王委托摄政的英国贝雷斯福德元帅的专横统治，激起人民对摄政王和在巴西的葡王室的反感。若奥六世不得不思考对策，处心积虑谋求把巴西独立运动扭到自己安排的轨道上来。

　　早在 1813 年，若奥亲王的顾问费雷拉就曾建议：把葡王国摄政的权力交给贝拉王子（即佩德罗一世），由若奥亲王任独立的巴西皇帝，以防止一场民众的革命。若奥亲王不敢贸然从事。1815 年，在英国建议下，将葡萄牙国名改为"葡萄牙—巴西—阿尔加维联合王国"，表示葡萄牙与巴西"平等"，藉此缓和巴西人民的革命情绪。这个骗局很快就被巴西更多的人识破，于是 1817 年爆发了伯南布哥革命。

　　1820 年 8 月 24 日，葡萄牙本土发生资产阶级革命，这对巴西产生了巨大影响。巴伊亚州和巴拉西州的军队建立了新的政权，各个州先后成立洪达，米纳斯吉拉斯州更为动荡，里约热内卢的驻军和人民也在骚动。1821 年 2 月 26 日，里约热内卢的圣安娜广场上聚集了许多葡萄牙军队，要求国王向葡萄牙的资产阶级宪法宣誓。若奥六世派王子佩德罗去现场观察，佩德罗被迫承诺了一些改革，缓和了形势。但葡萄牙国内的局势仍很紧张，新议会要求王室返回晨斯本，皇后逼若奥六世回去，英国也坚持要他回去，若奥六世于 4 月中旬决定将王室带回葡萄牙。

　　4 月 21 日，若奥六世在行前任命佩德罗王子为巴西摄政王。没想列就在他下达任命的三天内，巴西一些州的洪达却宣布与佩德罗政府脱离关系，有些地区还提出了独立的口号。这给若奥六世当头一棒。王室船队将要启碇返葡时，里约热内卢海口的炮台看守所要求留下全部国库多银。若奥六世虽对这些"叛乱"进行了镇压，也意识到巴西独立已是一股不可阻挡的历史潮流。他在 4 月 26 日率王室 3 千人返葡前夕，对佩德罗面授机宜："如果巴西发生了坏得不能再坏的情况，硬要独立，你就自己来宣布独立，把王冠带在自己的头上"。他还说，"如果巴西独立，最好是为你而独立，因为你还尊重我，王冠比落在冒险家的头上好得多"。这是若奥六世为保持布拉甘沙王朝在巴西的统治而留下的一个改牌换记的锦囊妙计，巴西著名史学家卡洛热拉斯说："这样做，巴西就可以在布拉甘沙王朝庇荫下，作为一个更大的葡萄牙投影而和平地继续其君主制的演变。"

　　佩德罗从担任摄政王到宣布"独立"，经过了观望、拖延和激动三个历程，最后演出了独立喜剧。从 1821 年 4 月 21 日担任摄政王到 1822 年 1 月 9 日宣布"我留下"的 8 个多月，佩德罗处于矛盾、犹豫和观望之中。他和他的支持者——巴西的大庄园主、大商人和继续留在巴西的葡萄牙贵族的基本要求是保持与葡萄牙的平等地位，建立葡萄牙与巴西的联合王国。以土生白人、著名的自然科学家若译·博尼法西奥教授为首的支持者，开展要求他留下的运动，成立"抗命俱乐部"。但巴西人民群众，包括一部分庄园主、土生白人中的商人以及新兴手工工场主、手工业者和城乡居民，尤其是有革命传统的米纳斯吉拉斯州和伯南布哥州的人民却希望与葡萄牙决裂而建立独立的共和国。可是葡议会咄咄逼人，认为佩德罗的想法大逆不道，先后通过了两个命令，规定巴西分割为若干省，每个省直接受里斯本管辖，巴西的一切政务均由里斯本指挥；同时撤销摄政王的机构，命令摄政王立即返葡"以便完成政治上的教育"。

若奥六世也不理解他儿子的用心，怀疑他会背叛布拉甘沙王朝。因此，佩德罗给他父亲写了一封信。他说："独立运动只是愿意保护我以及我们的军队"，"我自己的荣誉比整个巴西的荣誉还重要。""我向陛下宣誓：永不违背信义"，"用血写下誓言：我立誓永远忠于陛下，忠于国家及忠于葡萄牙宪章"。他仍迟迟没有公开作出抉择，担心正在高涨的独立与共和的浪潮会将他淹没。他尤其担心米纳斯吉拉斯州以及在国内有巨大政治、经济影响的圣保罗州不支持他而使他陷入绝境。后来，他派人到圣保罗州和米纳斯吉拉斯州去收集要求他留下的"请愿书"。由当时担任圣保罗州洪达副主席的若泽·博尼法西奥教授草拟了一个所谓圣保罗州民众的请愿书，征集了8千多人的签名。1821年12月29日，博尼法西奥等把请愿书呈送到王室参议院，请挽留佩德罗。1822年1月9日，举行了上书仪式，由圣保罗州洪达的主席发表了"劝留"演说。佩德罗在这种"正合孤意"的场面上，表示"暂且留在巴西"，"等他们（指葡议会和若奥六世）对巴西情况完全了解后"，"再作去留"。群众表示不满。他才断然表示："为了大家的利益和民族的幸福……请告诉人民，我留下。"

此后7个月，佩德罗采取了拖延政策，不与葡萄牙彻底决裂。1月16日，佩德罗任命了博尼法西奥教授领导的内阁。内阁在佩德罗同意下制定了一系列抵制葡萄牙的法令，如里斯本来的任何命令若未得到佩德罗的同意都不得在巴西执行；禁止任何葡萄牙军队在巴西登陆；命令驻里约热内卢的葡军返回里斯本等。内阁号召各州都承认亲王政权是全国最高权力机构，组成为建立制宪会议作准备的全国各州代表会议，颁布了召开制宪会议的法令。但是，佩德罗表示忠于对父王的誓言，仍以葡萄牙在巴西的摄政王身份活动。他的目的就是建立一个延续布拉甘沙王朝法统的立宪帝国，与葡萄牙平等联合。

巴西的独立派不满佩德罗的拖延态度，对他施加压力。5月13日若奥六世生日那天，里约热内卢的议会代表团再向佩德罗上书，声明"巴西再也不能附属于一个小小的、遥远的、既保卫不了更征服不了它的国家"。佩德罗接受了代表团敬献的"巴西的永久保护者"的称号。他一方面有限度地放任独立派人士进行各种要求独立的活动，另一方面始终不愿流露出与葡萄牙决裂的意向。

8月28日，巴西收到葡萄牙议会新的命令，指出佩德罗只是巴西行政机构的临时首脑，应立即返回欧洲；巴西内阁的大臣只能由里斯本任命；各州代表委员会和制宪会议都是非法的；博尼法西奥和现任的巴西内阁其他大臣以及拥护独立的人，必须受法律追究，等等。若奥六世在葡议会的压力下也写信给儿子，要他服从葡萄牙的法令，回到葡萄牙来。佩德罗正在圣保罗州的伊皮兰加河畔巡视。面对这个紧急局势，在里约热内卢的临时摄政王、王后娜利奥波尔迪娜主持了内阁会议，会上一致决议迅速派人把情况告知佩德罗。王后和博尼法西奥都写信力劝佩德罗与葡萄牙断然决裂。博尼法西奥的信中还说："王子必须在两条道路中仔细地选择一条，要么立即回到葡萄牙去，从而使自己成为葡萄牙的阶下囚，就像若奥六世目前的处境一样；要么留下来，并宣布独立，成为巴西的皇帝或国王"。王子的另一位亲信也写信告诉他："在葡萄牙，已有一帮人公开讲要剥夺佩德罗的王位继承权，而拥护王叔米格尔作王位继承人。"

9月7日，佩德罗收到信使送来的信后，激动得挥剑跺脚，摔掉葡萄牙发来的指令，并对他的神父说："从今天起，我们同葡萄牙的关系结束了，我不再需要从葡萄牙政府那里来的任何东西。我宣布：巴西永远从葡萄牙分离出来了。"接着，佩德罗向警卫部队高声喊道："巴西人，从今以后，我们的口号是：要么独立要么死亡！"1822年10月12日，佩德罗在博尼法西奥等君主派代表人物拥护下，被尊为立宪皇帝，称佩德罗一世。12月1日，又采用葡萄牙的传统仪式举行了加冕典礼。

在巴西独立过程中也有过战争。当佩德罗宣布"我留下"时，驻在里约热内卢的两千名葡军就曾企图逼他回国，但被当地1万多名人民武装逐出首都，勒令回葡。在巴伊亚的葡军将领马德拉曾率万余军队与巴西人民战斗，后来投降了。西斯普纳蒂纳省（今乌拉圭，当时在巴西统治下）蒙得维的亚的葡军抵抗了17个月，被赶走了。其他一些地方的葡军企图作乱，都没有成功。这些战争在整个独立运动中并没有产生直接的影响。

巴西宣布独立后，1824年，美国承认了它。1825年，英国和葡萄牙也承认了它。这是巴西人民斗争的胜利。然而，巴西的独立带有分离和分立的性质。葡、巴各立门户，彼此之间仍有血缘关系，在政治、经济、文化等方面交织着分割不开的网络：

巴西帝国由葡萄牙布拉甘沙王朝的嫡系继承人、葡萄牙王子统治，巴西帝国宫廷的大权几乎原封不动地由葡萄牙贵族掌握。1823年底，佩德罗一世解散制宪会议，任命自己的葡籍王室亲信组织新政府，大量葡萄牙出生的人担任州长和地方部队司令官。在独立时为佩德罗出过大力的土生白人博尼法西奥，也两度被排挤出内阁。巴西军队中的大多数军官是葡萄牙人。在巴伊亚战斗中被俘的葡籍官兵都被编入巴西军队。这些说明葡萄牙的法统依然在巴西延续。

1825年，葡萄牙王室承认巴西帝国的《葡巴条约》序言中，说此约是"为调整关于两国分离的所有基本问题而接受英王陛下的调停"而订立的。条约规定"巴西皇帝陛下为感谢他的尊敬的父亲和君主唐·若奥六世的关心与慈爱，同意最忠诚的国王陛下亲自承担巴西皇帝的称号"。这就是说，葡萄牙的国王同时也就是巴西的皇帝。在条约其他部分提及两国关系时，有的地方也用"分离"的词语。

1826年，葡萄牙国王若奥六世去世。葡王室作出决定，由佩德罗继任国王。佩德罗接受了继承权，兼任葡萄牙国王，并为葡萄牙制订了一部宪法，宣布大赦等。后因兼顾不及，才逊位给自己的幼女格格丽亚。1828年，他的弟弟米格尔篡夺王位，他又进行干预。这时，巴西人民"认为皇帝对葡萄牙和他女儿的王冠比对巴西更感兴趣"。佩德罗遭到巴西人民的反对，更加"依靠原籍葡萄牙的臣民，而把巴西人排斥在他的密友和顾问圈子之外，甚至巴西人连一个大臣的职位都保不住。"

巴西帝国独立后社会性质未变，奴隶制、大庄园制、君主制都一仍旧贯。英国人的特殊地位也未变。

墨西哥独立战争

墨西哥独立战争的直接原因是法国对西班牙的占领。1808年初，拿破仑的军队越过比利牛斯山侵入西班牙。5月，西班牙国王费尔南多七世被迫退位，由拿破仑的哥哥约瑟夫·波拿巴就任西班牙国王。

西班牙殖民统治下的墨西哥

消息传到墨西哥，人们立刻骚动起来。土生白人兴奋地谈论着宗主国的事变，感到独立的时机已经到来。早就鼓吹脱离西班牙的教士塔拉曼斯特、墨西哥城市议会议员阿斯卡拉特、律师韦尔达德等人积极活动，要求召开国民大会，宣布墨西哥独立。土生白人控制的墨西哥城市议会认为，既然宗主国已处于无政府状态，墨西哥理应"还主权于民"，由市议会接管权力。然而，被半岛人控制的检审法庭却坚决反对任何脱离宗主国的企图。总督伊图里加来在双方的斗争中态度暧昧，他支持召开国民大会，又不赞成独立。9月15日，势力强大的半岛人发动政变，逮捕了总督，塔拉曼斯特等人都被关进监狱。这一行动，使首都爱国者的力量遭到了镇压。独立活动不得不以其他方式开始，这就是以武装斗争的形式在远离首都的乡镇首先发难。

墨西哥城西北瓜那华托州的多洛雷斯教区，有个土生白人神甫叫伊达尔戈。他1753年5月8日生于该州巴利阿多利德（今莫雷利亚）一个大农庄总管的家庭。1767年在该市一所耶稣会学校上学，后转到圣尼古拉斯神学院读书。1773年神学院毕业后，担任过教师、司库和院长。1793年任圣·费利佩教区神甫。伊达尔戈学识渊博，认真研究过古希腊、罗马的历史和法国大革命的历史，阅读了许多"禁书"，深受欧洲启蒙思想的熏陶。他在自己的教区宣传"人生来就是平等的"和"主权在民"的思想，揭露殖民当局的残暴和腐败。他在家里经常召开各阶层的人都可以参加的集会和舞会，使圣费利佩充满了自由的空气，被称为"小法兰西"。1803年，伊达尔戈来到了印第安人集中的多洛雷斯教区。他经常深入群众，了解人们的疾苦，传授农业知识，帮助印第安人种植殖民当局禁止的橄榄、桑树和葡萄，教他们养蜂、酿酒、鞣革、制陶等，深受人民的爱戴。

1808年首都爱国者的独立活动失败后，伊达尔戈和圣米格尔镇的民团上尉阿连德、军官阿尔塔马、郡守多明格斯等爱国者建立了联系。他们常常秘密集会，分析宗主国和墨西哥的形势，还到墨西哥城、韦腊克鲁斯等地了解情况，酝酿独立。1809年，米却肯州首府巴利阿多利德发生了争取独立的密谋，由于计划败露，没有成功。1810年，在阿连德的介绍下，伊达尔戈参加了旨在推翻西班牙人统治的秘密团体"文学和社交会"。他和阿连德等人一起制定了在全国发动起义的计划，准备于当年10月1日起义。

1810年9月中旬，密谋被告发，殖民当局立刻派兵搜捕起义者。15日，郡守多明格斯被捕。阿尔塔马获悉，星夜赶到多洛雷斯告诉伊达尔戈。伊达尔戈当即决定，与其束手就擒，不如提前起事。这时，天已黎明，伊达尔戈下令释放监狱里的囚犯，逮捕镇上的西班牙人。然后，像平常一样敲响教堂的大钟。当远近数千名印第安人到齐，伊达尔戈登上讲坛，把发生的事情告诉人们。他以坚毅的目光看着大家，激动地说："孩子们，你们愿意成为自由人吗？300年前，可恨的西班牙人从我们祖先手里夺走的土地，你们愿意夺回来吗？"顿时，长期蕴藏在人们心中对殖民者的怒火迸发了。人群振臂高呼："绞死卡丘平！""打倒坏政府！""美洲万岁！"这就是墨西哥历史上著名的"多洛雷斯呼声"。这一响亮的呼声宣告了墨西哥独立战争的开始。

在伊达尔戈的号召下，印第安人拿起棍棒、斧头、砍刀、投石器等，很快就形成了一支几千人的队伍。起义军由多洛雷斯出发，一路上捣毁庄园，焚烧契约，严惩殖民者。广大被奴役的印第安人、债役农和矿工纷纷投奔起义军。9月，起义军攻克瓜那华托城。10月下旬，当起义军逼近首都时，人数达到七八万人。

当时，西班牙军队的主力远在北方的圣路易斯波托西，墨西哥城的守军只有3千人，在特鲁希略上校的指挥下，布防在城郊拉斯克鲁斯山口一带。战斗开始后，起义军前赴后继，经过9小时激战，大败殖民军。特鲁希略损兵折将，只剩2千人左右退回城里。通向首都的道路打通了。此时，起义军本可一鼓作气拿下首都。但是，伊达尔戈认为起义军缺乏训练和弹药，不可能占领首都；即使占领了，也无法抵挡西班牙军主力的反攻。于是，不顾阿连德等人的反对，先打算与总督谈判，后决定撤退。这一决定错过了攻占首都的良机，挫伤了起义军的锐气。不少人开始退出革命队伍。

撤退途中，起义军在阿库尔科与卡耶哈统率的殖民军主力突然遭遇。卡耶哈率领7000人，其中5000人是骑兵，装备精良，训练有素。伊达尔戈的队伍大部分是毫无军事知识的印第安人，许多人甚至拉家带口跟着队伍前进，所以很快就被击溃。起义军撤退到塞拉亚，决定分兵两路：主力部队由阿连德率领去西北部的瓜那华托；另一支为数不多的队伍由伊达尔戈率领回到南方的巴利阿多利德。

伊达尔戈起义的同时，革命之火迅速在全国蔓延。圣路易斯波托西、瓜达拉哈拉等地都发生了争取独立的战斗。广大农民、矿工、手工业者、城市贫民和中小资产阶级分子都踊跃参加革命。根据形势的变化，伊达尔戈决定改变原计划，率部前往瓜达拉哈拉，与当地起义者汇合。

11月26日，伊达尔戈的队伍进入瓜达拉哈拉。他采取了一系列壮大革命力量的措施。他在解放了的地区组织行政管理机构和统一的革命政府，出版发行2000多份的革命报纸《美洲觉醒者报》，颁布带有社会改革性质的革命法令。11月29日的法令宣布废除奴隶制，10天内必须解放奴隶，违令者处以死刑；取消人头税及对生产的垄断和烟草、火药、酒的专卖权等。12月5日的法令要求把抢夺印第安人的土地归还原主，立即取消印第安人必须以地租偿还的债务，停止向印第安人公地征税等。伊达尔戈还十分注意团结所有土生白人一起战斗。1810年11月15日，他发表《告全国同胞书》，号召尚在为殖民当局效劳的土生白人转到革命者一边来。他声明，革命者的目的仅仅在于"剥夺欧洲人的权力"。这些措施得到了人民的拥护，革命队伍又开始发展了。

起义军的主力在阿连德的带领下到达瓜那华托不久，就遭到了敌人的进攻。卡耶哈亲率几千名殖民军，分两路向阿连德猛扑。由于起义军的武器奇缺，又得不到支援，抵抗 6 个多小时后退出了该城。12 月中，阿连德率残部来到瓜达拉哈拉，与伊达尔戈重新汇合在一起。

1811 年 1 月中，卡耶哈带着 8 千多殖民军到瓜达拉哈拉镇压起义者。阿连德主张采取游击战术与敌人周旋。伊达尔戈却相信已有七八万人的起义军可以战胜敌人，主张出城迎敌。战斗于 1 月 17 日在瓜达拉哈拉城东南的卡尔德龙桥地区展开。起义军战斗很英勇，两次击败了殖民军的进攻。卡耶哈孤注一掷，调 10 门大炮向起义军阵地猛轰，一发炮弹击中了起义军的弹药库，引起混乱。卡耶哈乘势反扑，起义军失败了，数以千计的战士牺牲了。

卡尔德龙桥失败后，一部分人把失败的责任归咎于伊达尔戈。伊达尔戈被撤去了最高统帅的职务，由阿连德统领全军。阿连德决定向北方撤退，与那里的起义者汇合，同时求助于美国。由于叛徒出卖，起义军在萨尔提略北面的巴杭矿场中敌埋伏，伊达尔戈、阿连德等革命领袖全部被俘并陆续遇难。7 月 30 日，伊达尔戈被害。他的首级被送到瓜那华托，放在铁笼子里示众达 10 年之久。

1811 年 8 月 29 日，伊达尔戈的余部在腊伊昂的组织下，于西塔库阿罗建立了新的革命领导机构"美洲最高民族委员会"。其他地区的革命者也以游击战的形式继续活动。南方的莫雷洛斯力量逐渐壮大，成了继伊达尔戈之后独立运动中最杰出的领袖。

何塞·马利亚·莫雷洛斯是印欧混血种人，1765 年 9 月 30 日生于巴利阿多利德一个穷木匠的家庭。父亲早亡，他从小就在村里务农，当过马伕。1790 年考入伊达尔戈担任院长的圣尼古拉斯神学院。1798 年任乡村神甫。由于出身低微，莫雷洛斯接近下层人民群众，对印第安人的悲惨处境有切身的了解。在法国启蒙思想家的影响下，他很早就确立了反抗殖民统治的志向。

伊达尔戈起义后，莫雷洛斯立即投奔起义军，被伊达尔戈派往南方卡拉库阿罗地区发动革命。莫雷洛斯坚定勇敢，有卓越的组织才能，几个月的功夫就组成了一支两三千人的队伍，在南部山区开展活跃的游击战。伊达尔戈牺牲后，莫雷洛斯决定继承他的遗志，完成独立大业。

莫雷洛斯吸取了伊达尔戈失败的教训，非常重视起义军的军事训练，重视革命队伍的组织性、纪律性。他以灵活多变的战略战术多次打败政府军，先后解放了奇尔潘兴戈、库阿乌特拉、特华坎等地。1811 年底，墨西哥南部除首都和一些大城市外，几乎都被莫雷洛斯领导的起义军所控制。

1812 年 2 月，殖民军攻占了西塔库阿罗，把腊伊昂领导的"最高民族委员会"逐出该城。接着，卡耶哈又率 5000 名殖民军来到库阿乌特拉，企图消灭莫雷洛斯领导的起义军。莫雷洛斯指挥部队沉着迎战，尽管敌人炮火猛烈，攻势很凶，甚至几次攻入城内，都顽强抵抗，将敌人击溃。后来，卡耶哈改为围困。守城军民坚持了72 天，水尽粮绝，5 月 2 日凌晨被迫撤退。拿破仑十分赞赏莫雷洛斯的军事才能。

他得知莫雷洛斯指挥军队胜利突围后，曾惊叹道："我要是有 5 个莫雷洛斯，就可以征服全世界。"

1812 年 8 月，莫雷洛斯的部队经过休整又转入进攻。起义者很快就收复了库阿乌特拉、奥里萨巴，不久攻占特华坎和瓦哈卡，次年 4 月拿下重要海港阿卡普尔科。南方又被起义者控制了。

1813 年 9 月 14 日，在军事斗争节节胜利的形势下，莫雷洛斯在奇尔潘兴戈召开了"美洲最高民族代表大会"（实际上它是个相当于议会的常设机构）。会上通过了莫雷洛斯起草的名为《民族意识》的重要文件。文件宣布："美洲是自由、独立的美洲，她不隶属于西班牙和其他任何民族、政府或王朝"，号召"赶走西班牙强盗"，"摧毁专制政权并代之以自由政府"，"按照人民的意志"建立主权来自人民的、三权分立的国家。文件还要求"永远废除奴隶制和血统差别"，"缩小贫富悬殊"，"废除徭役、贡赋、捐税等无数重课"，对外主张和平外交，尊重民族主权，反对侵略行动。这一文件表明，在莫雷洛斯的心目中，独立战争决不仅是争取国家的独立，而是有着更为深刻的政治内容。

莫雷洛斯同一时期签署的其他文件还宣布：所有的高官显贵都是"民族的敌人"，"暴政的随从"，革命军应没收其土地和财产；消灭大地产，发展小土地所有制，"每个劳动者都应得到一块足以谋生的土地"。这些切中时弊的主张深刻地触及了社会的阶级矛盾。比起伊达尔戈来，莫雷洛斯的思想前进了一步。会上，代表们拥戴莫雷洛斯为革命军的最高统帅，赋予他全权处理行政事务的大权。

奇尔潘兴戈议会作出的另一贡献，是通过了《墨西哥独立宣言》。当时，革命队伍中相当一部分人对宣布独立是不赞成的，他们想继续打着费尔南多七世的旗号活动。由于莫雷洛斯的坚决斗争，1813 年 11 月 6 日，大会通过了《墨西哥独立宣言》，宣布：墨西哥不再受西班牙的控制，已从殖民地变为一个独立的主权国家。

奇尔潘兴戈大会后，莫雷洛斯决定进攻敌人的战略重地巴利阿多利德，把革命向北方推进。但是，莫雷洛斯由于忙于组织会议，忽视了军队的训练。殖民当局乘机加强了反革命力量，组织了专门对付莫雷洛斯的北方军。1813 年 12 月 22 日，莫雷洛斯率 6000 人，带 30 门大炮来到巴利阿多利德城郊。守城敌军只有 1000 多人，本不是起义者的对手。不料，正在激战时，卡耶哈的北方军赶到。起义军腹背受敌，不得不撤出战斗，后又被敌人偷袭，遭到严重损失。莫雷洛斯的亲密战友、著名的游击队领袖马塔莫罗斯等被杀害。军事上的失利使革命队伍内部以腊伊昂为首的反对派抬头。他们撤销了莫雷洛斯的最高行政权，只让他指挥作战。这一决定削弱了革命队伍的战斗力。

1814 年，欧洲和宗主国的形势也发生了不利于墨西哥革命的变化。3 月拿破仑战败，5 月费尔南多七世在"神圣同盟"的支持下复位。顿时，反动势力又猖獗起来。墨西哥的殖民当局得到宗主国的增援，加强了对革命的镇压。他们恢复了旧的司法制度和宗教裁判所，重新强迫印第安人缴纳人头税，宣布对所有参与反政府活动的人处以死刑，还用拉拢收买土生白人的办法分化革命队伍。一时，上层土生白人纷纷投奔殖民当局。

为了重申革命纲领，回击反动势力的反扑，1814 年 10 月 22 日，奇尔潘兴戈议会在米却肯州的阿帕辛坎颁布了墨西哥历史上的第一部宪法——《墨西哥美洲自由制宪法》。宪法宣布：墨西哥将确立共和政体，人民有权随时更换政府、行政、立法、司法三权分立；议会由每两年一次的三级选举产生，最高行政权由议会任命三人掌握，每年更换一人；总统抽签产生，每 4 月一次。它还规定了普选权、言论自由、人人平等、发展教育等民主措施。这部宪法是以 1812 年西班牙的进步宪法为蓝本，并参照美国、法国宪法制定的，远没有象《民族意识》那样表达下层人民群众的意愿，其繁琐的条文也不可能执行。但是，它宣布墨西哥为独立国家和确立共和政体反映了时代的潮流。

1815 年，南方的游击队除瓜达卢佩·维多利亚、腊伊昂、盖雷罗等仍在坚持斗争外，几乎全被镇压了。为了躲开敌人的追击，建立新的根据地，9 月底，奇尔潘兴戈议会决定迁往北方的特华坎。代表们要求莫雷洛斯担任护送任务。中途，由于走漏消息，11 月 5 日，队伍在特斯马拉卡一带遭到数倍于己的敌人的袭击。莫雷洛斯不顾个人安危，毅然留下狙击敌人。他们打败敌人的几次冲锋，最后因叛徒出卖而被俘。关押期间，莫雷洛斯坚贞不屈，1815 年 12 月 22 日壮烈牺牲。

伊达尔戈和莫雷洛斯领导的独立战争是下层民众广泛参加的革命运动。它不仅反映了殖民地被压迫人民的独立愿望，而且反映了广大人民对社会改革的要求，因而带有社会革命的性质。伊达尔戈和莫雷洛斯被害后，下层民众的革命力量遭受了很大损失，独立运动的领导权开始转到上层土生白人手中。这个阶层的代表就是奥古斯丁·伊图尔维德。

奥古斯丁·德·伊图尔维德 1783 年 9 月生于巴利阿多利德一个白人大庄园主之家。15 岁便辍学当了地方民团的军官。伊图尔维德是个虔诚的天主教徒。1808 年首都的半岛人发动政变时，他的一家都站在西班牙人一边。莫雷洛斯起义后，由于伊达尔戈和他曾在圣尼古拉斯神学院相识，便邀他参加革命，并答应任命他为少将。伊图尔维德害怕人民革命危及他的财产和地位，认为群众造反"会把全国夷为平地，破坏财富，激化欧洲人和美洲人的矛盾，牺牲数以千计的生命"，因而拒绝伊达尔戈的邀请，投奔了政府军。以后，他残酷镇压革命运动，野蛮屠杀起义者，甚至连他们的家属也不放过。他因为对起义军作战有功，由上尉擢升为上校。

伊图尔维德代表着上层土生白人的利益。这个阶层从殖民统治中获得了巨大的财富和较多的特权，虽然不满半岛人的歧视和压制，但更惧怕人民群众的反抗。独立战争初期，这个阶层和殖民当局一起极力扑灭革命的烈火。当各地的人民起义被镇压后，他们与宗主国的矛盾又尖锐起来。摆脱西班牙控制的渴望，南美各国纷纷独立的榜样，使他们感到：墨西哥独立的果实已经成熟，是该采摘的时候了。

1820 年 3 月，西班牙发生了革命。费尔南多七世被迫恢复 1812 年带有自由主义色彩的加的斯宪法。消息传来，墨西哥人民也要求颁布和执行这部宪法。这一形势，使上层土生白人开始担心宗主国革命的火焰蔓延到墨西哥，同样会威胁到他们的利益。于是，他们决定出来领导独立运动，使之按照自己的需要发展。这样，伊图尔维德就成了他们的理想人物。

1820 年 11 月，在以墨西哥前宗教裁判所所长蒙特阿古多、宗教裁判所成员提腊多和检审法庭庭长巴塔耶尔为首的上层土生白人的支持下，伊图尔维德被任命为南部梅斯卡拉河地区军队司令，专门对付反抗殖民统治的由盖雷罗领导的游击队。开始，伊图尔维德企图消灭起义者，屡遭败绩，于是改为联合盖雷罗。

　　1821 年 2 月 24 日，伊图尔维德在伊瓜拉城公布了他的独立纲领——"伊瓜拉计划"。其主要内容是：墨西哥摆脱西班牙和其他一切国家而独立；建立以费尔南多七世或波旁王朝其他代表为首的君主立宪政体；管理制度和行政机构维持现状；天主教为国教；保护教会特权，不侵犯教会财产；一切种族必须团结；全体居民都有参政权。这是一个充满对统治阶级妥协、退让，极力保护旧制度的极不彻底的独立纲领。它和伊达尔戈、莫雷洛斯的独立思想是根本不能相比的。但是，在大规模的人民起义遭到镇压的情况下，这一纲领毕竟反映了广大民众要求独立的愿望。它逐渐被广泛接受了。6 月，瓜达拉哈拉公布了伊瓜拉计划，接着其他城市也纷纷仿效，宣布脱离殖民当局、拥护伊瓜拉计划。许多游击队领袖，如盖雷罗、尼科拉斯·布拉沃、瓜达卢佩·维多利亚等，都参加到伊图尔维德的队伍中来。

　　伊图尔维德声称要保证实现以"宗教、团结、独立"三原则为基础的伊瓜拉计划，建立所谓"三保证军"。不到半年，三保证军扩大到 4 万余人，攻占了瓜那华托、巴利阿多利德等城市，7 月初逼近首都，总督阿波达卡被迫辞职。

　　7 月 30 日，新总督奥诺多胡抵达韦腊克鲁斯。当时，西班牙军队不足 6000 人，只控制着首都等几个孤立的大城市。墨西哥殖民制度的废除只是时间问题。奥诺多胡感到，阻挡殖民地的独立已不可能，继续战斗下去只会使宗主国遭到更大的损失。西班牙的革命形势也不允许调集援军到殖民地来。奥诺多胡决定同伊图尔维德谈判。1821 年 8 月 24 日，双方在科尔多瓦城达成协议，承认了伊瓜拉计划。9 月 27 日，三保证军进入墨西哥城。28 日，临时委员会宣布墨西哥脱离西班牙而独立，组成以伊图尔维德为首的摄政会议。

　　墨西哥独立了。代表上层土生白人利益的伊图尔维德窃取了革命的果实。1822年 5 月，曾支持伊图尔维德上台的旧势力又一次策动军队叛乱，公然恢复帝制。7月 25 日，伊图尔维德加冕，称为墨西哥皇帝奥古斯丁一世。但是，这一违背时代潮流的倒行逆施是不得人心的。同年 12 月，韦腊克鲁斯守军军官圣塔安那发动起义。不久便波及全国。1823 年 3 月 19 日，伊图尔维德被迫退位，流亡欧洲。11 月 7 日，制宪大会开幕。1824 年 1 月 31 日正式批准了国家的独立和共和政体。墨西哥人民的斗争终于取得了胜利。

　　墨西哥南部的中美洲，殖民地时期是新西班牙总督区管辖的一个独立单位。墨西哥独立战争开始后，这里也发生了土生白人领导的起义。1821 年 9 月 15 日，中美洲地区宣布独立；1822 年 1 月 25 日，合并于墨西哥。伊图尔维德帝国瓦解后，1823 年 7 月，中美洲脱离墨西哥，组成中美洲共和国联邦，首府设在危地马拉城。1838 年，中美洲共和国联邦解体，危地马拉、洪都拉斯、萨尔瓦多、尼加拉瓜和哥斯达黎加先后成了独立的主权国家。

墨西哥华雷斯总统推行改革运动

贝尼托·华雷斯（又译胡亚雷斯，1806 年—1872 年）是世界上第一位当总统的印第安人，墨西哥国家统一的奠基人之一，也是在拉美国家中有很大影响的改革家。他原是个印第安孤儿，来到瓦哈卡州府时连西班牙语都不会讲。后来，他到一位神父开的书籍装订作坊里当学徒，并认那神父为教父。神父觉得他的性格很适于做传道士，便送他去念书，学习神学。

文化和书籍打开了这沉默寡言的印第安少年的视野，他开始注意这座城市、这个国家以至全世界所发生的一切。华雷斯首先感受到墨西哥教会的腐败及其干预政治的弊端。当时这方面的情况正如墨西哥著名历史学家胡斯托·谢拉所描写的："受俸教士及其代理人用道袍遮盖一切。它的阴影投向哪里，哪里的一切腐败、滥用职权行为甚至罪行，都得到纵容和包庇。……家家香火袅袅，户户都成为挂满圣像的祭坛，多明我会教士到处做弥撒，宗教节日一个接着一个。……在所有的宗教节日（约占全年的一半）以及每个星期一，大家都喝得烂醉，"教会是最大的地主，拥有全国一半左右的不动产，享有征收名目繁多的捐税及司法等特权，还垄断教育，并掌管许多在现代国家是由政府民政部门管理的社会事务。正由于华雷斯看到了这些现象，他毅然地向教父表示没有"侍奉上帝"的志趣，并且在心头萌生了以后从事改革的念头。

独立战争使墨西哥摆脱了西班牙的统治，但并未改变殖民地社会的各种旧体制。不仅如此，战火还使军人势力膨胀起来，大小军阀横行，把持各级政权。他们之间纷争不已，政局长期动荡。墨西哥人民在军阀的铁蹄下过着鸡犬不宁的生活。华雷斯对这种无法无天的混乱局面十分不满，立志安邦定国，于是，转而学法律，考入墨西哥第一所自由主义的高等学府——科学与艺术学院学习。

趁着墨西哥政治混乱、经济衰弱、文化落后，欧洲资本主义列强一个个争先恐后地把魔爪伸进墨西哥。美国则想方设法侵吞墨西哥领土，甚至在 1846 年—1848 年公然发动侵略战争，直到强占了它一半领土。西班牙也不甘心自己的失败，总是伺机卷土重来；1829 年，曾派遣远征军在红角登陆，向墨西哥内地侵犯。

在这种内忧外患的现实面前，华雷斯深深感到国家必须大胆地实行改革，应以法治代替"神治"和"枪治"。

1833 年华雷斯当选瓦哈卡州议会议员；后来又一度担任州政府秘书长；1846 年被选为国会议员；1847 年夏出任瓦哈卡州州长。

在就任州长这年的独立纪念日（9 月 16 日），华雷斯发表演说指出："西班牙奴役墨西哥奉行的是弱肉强食的原则。……他们轻视科学技术，好逸恶劳，游手好闲；他们滥用职权，榨取人民血汗……。所有这些弊病，作为西班牙殖民政府的遗产都还存在。……我们必须把它们从我们的社会制度中清除出去。"

从此，华雷斯走上了改革的道路。

在这条路上，每走一步都可能遇到险阻。华雷斯从一开始就是位坚定的改革者，当然遭到过无数次反对、威胁以至迫害。

华雷斯就任州长时，瓦哈卡州政府债台高筑，濒临破产；而到他离任时，这些债务已基本偿清。他在本州建立了50所新学校，其中不少就设在印第安人村庄里。此外，他还兴修了一条通往海边的公路。华雷斯的成绩得到全国自由派和广大人民的称赞，却惹恼了保守派及反动军阀和教会。

大军阀安东尼奥·洛佩斯·德·圣安纳是墨西哥建国三十几年间最著名的军事独裁者。1833年—1855年，他曾以不同名义先后六次执政。史学家赫罗纳·加西亚评论说：“作为执政者，圣安纳从来不遵循任何政治准则；他施展罕见的两面手法和极不道德的行为，他只服从于自己丑恶的个人利益，……最终成为‘墨西哥历史上最可恨的暴君’。”华雷斯一向反对这个暴君，因而遭到他的疯狂迫害。

1853年5月27日，瓦哈卡州政府秉承圣安纳的指令，逮捕了华雷斯，并把他押解到特华坎村，管制起来。一个多月过去了，华雷斯没有得到任何解释，也没有受到审讯。于是他写信给圣安纳，要求撤销这种不明不白的处分。圣安纳不仅拒绝了他的要求，而且还把他送到维拉克鲁斯的圣胡安德乌卢阿堡监禁起来，后来又决定把他驱逐出境。就这样，华雷斯于当年10月9日乘坐一条英国邮船到达哈瓦那。在那里，他得到当地自由派人士的帮助，转赴新奥尔良。

在新奥尔良，他联络其他被独裁者驱逐出境的墨西哥志士，创立了一个革命委员会。他们起草、印刷小册子、宣言和传单，并出版了一种报纸，而且还把这些东西秘密运回祖国。他们每天夜晚凑在一起，开会、写作，白天又各自去为生计而奔波。华雷斯到处找活儿干，最后总算找到了一个卷雪茄烟的工作。

1854年3月1日，国内以胡安·阿尔瓦雷斯和伊格纳西奥·科蒙福特为首的自由派，宣布阿尤特拉计划，举行起义。流亡者纷纷回到祖国，投入斗争浪潮。华雷斯担任了阿尔瓦雷斯的秘书。1855年8月，圣安纳辞职，逃离首都。同年10月，阿尔瓦雷斯就任总统，华雷斯出任司法部长。11月22日，新政府颁布了它的第一个改革法令，即华雷斯制定的《华雷斯法》，规定对司法制度进行改革，取消军人和教士的司法特权，并提出解散军队。

《华雷斯法》引起教会和保守派军队的极大不满，军队发动叛乱，胁迫阿尔瓦雷斯将政权交给科蒙福特。不久，华雷斯也回到瓦哈卡州，重新做了一年的州长。科蒙福特是所谓温和派，即自由派右翼。在他的支持下，制宪议会于1856年2月开幕，自由派左翼在议会中略占优势。经过整整一年的争吵，新宪法终于1857年2月5日通过。华雷斯被选为最高法院院长。按照新宪法，这一职位相当于副总统，总统出缺应由他接替。

1857年宪法在当时看来很激进，温和派试图对其进行修改。为此，科蒙福特不惜勾结保守派发动政变，逮捕了华雷斯等自由派领袖。然而，政变者内部发生了分歧，保守派的军阀们声言要废黜科蒙福特。后者辞职前，在盛怒之下释放了华雷斯等人。

华雷斯在国家宫最高一层的一间小屋里被关了几个星期。一天凌晨，有人把他带出房间，并命令他赶快逃走。他于是避开热闹去处，夜行晓宿，沿途向牧人讨些吃食，最后到达克雷塔罗城。在这里，他会同其他自由派领袖，建立宪法政府，并宣布根据宪法接任总统。此举震惊了全国，更激怒了正在首都组织非法政权的保守派将军们。于是，一场历时三年的内战（改革战争）爆发了。

战争初期，形势对宪法政府很不利。华雷斯被迫于1858年2月率政府迁往瓜达拉哈拉。3月13日夜，该城守军兰达中校所部哗变。攻打州府大厦，大厦卫队随之倒戈，逮捕了华雷斯和他的部长们。两位自由派上校率部前来营救，包围了州府大厦。正当战斗激烈进行的时候，忽有消息说：自由派将军帕罗蒂率领两千余名战士和14门大炮赶来营救总统了。叛军闻讯大惊；兰达企图胁迫华雷斯下令停火，作为保全华雷斯性命的条件。华雷斯对之根本不屑一顾。后来，还是著名哲学家、国防部长梅尔乔·奥坎波建议停战几小时，以便谈判，华雷斯才同意了。然而，正当谈判进行的时候，自由派军官突然偷袭大厦，试图抢出总统。大厦中一片惊慌。一名叛军军官在忙乱中命令立即枪决华雷斯。一群士兵闯进华雷斯的房间，枪口对准他的胸膛。在这千钧一发之际，财政部长、著名的人民诗人吉列尔莫·普里埃托冲上来，用身体挡住总统，叫道："把枪放下！如果你们是真正的墨西哥人，就该尊重共和国，尊重宪法，尊重这位代表共和国和宪法的人！"总统的泰然和诗人的凛然慑服了狂乱的士兵，使他们惭愧地退了出去。三天以后，华雷斯等人终于脱离险境，转赴维拉克鲁斯城。

华雷斯一行几经周折，直到1858年5月4日才抵达维拉克鲁斯。在这里，他领导宪法政府，一面坚持同保守派反动军队作斗争，一面制定、颁发了一系列改革法令。1860年底，自由派军队打了几个具有决定意义的胜仗，12月25日占领了首都。1861年1月12日，华雷斯政府凯旋墨西哥城。

华雷斯领导的改革有两条要旨。其一是实行政教分离，削弱教会势力，取消教士特权，加强国家政权；其二是建立法制，取消军人特权，裁减军队，结束长期动乱的局面，使国家走上和平发展的道路。华雷斯第一次就任总统时发表声明指出："墨西哥人民的命运今后再也不取决于某个人的专断意志，不取决于随心所欲的叛乱集团……。宪法……所表达的集体意志，是墨西哥公民为在良好的和平环境中谋求自身幸福所应遵循的唯一准则。"

华雷斯改革主要通过立法活动实现，用他自己的话说："法律历来是我的剑与盾"。在这些"改革法"中，除1857年宪法外，较重要的还有1856年6月颁布的、旨在剥夺教会及一切宗教或世俗团体不动产的《莱尔多法》，以及华雷斯政府在1859年—1861年间颁布的一系列法令：7月7日《改革宣言》；7月12日关于政教分离、解散修道院的法令和关于将教会财产收归国有的法令；23日关于实行世俗婚姻的法令；28日关于实行国家户籍登记的法令；31日关于墓地归俗的法令；8月3日关于撤除墨西哥驻罗马教廷公使馆的法令；1860年12月4日关于宗教自由的法令；1861年2月2日关于出版自由的法令；3月15日关于统一币制及使用十进位制的法令；4月15日关于建立公立学堂、实施国民教育，并对私立学校实行监督和资助的法令等。

华雷斯十分注意人才的使用，他说："我特别留意把公认有才干、诚实、积极的人才，安置到政府各部门"，"只有这样，那一群无功受禄、非分地依靠国库为生的讨厌的求职者才会消失"。

华雷斯特别重视教育。他在瓦哈卡州执政不久就开始推行教育改革。此后几十年中他一直没有忽视这个问题，甚至可以认为，他最重视的就是教育。在他看来，"教育是民族繁荣的根本"。他说："我永远不会忘记我是人民的儿子。我要尽力使我的同胞受到教育，使他们因有文化而变得高尚并且相信未来。"他同时也关心妇女的教育，主张提高她们的地位。他写道："教育妇女使之具备其崇高使命所要求的各种条件，就是培育了社会革新和进步的幼芽。因此我们应该特别留意妇女的教育问题。我们永远不应忽略这个原则，因为它在很大程度上关系到妇女的幸福和我国人民的改造。妇女是我们的同伴，决不能被当作奴隶。"

1856年1月，华雷斯回瓦哈卡任临时州长。当时，墨西哥无论哪个州州长上任，都首先要在全体官员的陪同下去教堂作弥撒，这是惯例。然而这一次，教士们却公然向州长挑战，拒绝为华雷斯做弥撒，因为他是《华雷斯法》的制定者。华雷斯说："他们打算拒我于教堂门外，企图迫使我动用警察，去打开教堂大门，拘捕神父，使我以一个暴力事件作为就职的开始，被捕的神父将以殉教者的姿态出现，如果群众起来保护他们，说不定会发生暴乱。"可是，教士们的打算落空了。华雷斯根本没有在就职时举行任何宗教仪式。他认为，"世俗社会的执政者不应以官方身份出席任何宗教仪式，……国民政府不应有宗教信仰，因为其职责是公正地保护人民所享有的信仰宗教的自由。"从此，执政者参加甚至举办各种宗教仪式的陈规被打破了。另外，还有许多被华雷斯称为"不良习俗"的传统做法，如官邸设武装门岗，在公众集会上穿戴特制的服装和帽子等等，都被他革除了。他甚至连军队仪式都不使用。

1859年，华雷斯在维拉克鲁斯城添了一个小女儿，取名赫洛妮玛。当时，恰逢政府颁布法令，实行世俗的户籍登记制度。在此之前，人们在教堂给孩子施洗、命名、注册已成习惯，并认为这关系到死后荣辱。这种旧传统是推行新制度的很大阻力。于是，华雷斯便把自己心爱的小女儿送来，做了墨西哥历史上在世俗户籍登记簿上注册的第一个人。世俗户籍的新制度由此实行了起来。

改革者的道路有时是终身坎坷曲折的。三年改革战争结束后，保守派在各地仍很嚣张。在1861年6月一个月内，他们就杀害了奥坎波等三位著名的自由派领袖。同时，他们又去欧洲四处活动，不择手段地挑拨、诱使法皇拿破仑三世组织新的"神圣同盟"，远征墨西哥。从1862年1月到1867年3月，法国对墨西哥进行了长达五年的武装干涉，扶植了傀儡皇帝。这期间，华雷斯乘坐着他的黑色马车，辗转边陲，坚持领导墨西哥人民进行抗法战争（一称"第二次独立战争"），最后终于取得胜利。

抗法战争胜利后，华雷斯仍然坚持改革方针。他一面领导人民医治战争创伤，恢复国家经济；一面削减军队编制和开支，整顿政府，厉行节约，并推行教育改革；同时还要平靖一些新的地方叛乱。

1872年7月18日，华雷斯因心脏病溘然与世长辞。他一生从政四十年，担任过许多重要职务，从1858年起连选连任共和国总统；他胜利地领导了墨西哥第二次独立战争，比较成功地实行了政教分离等社会改革，在墨西哥初步建立了法制（至少是树立起法制的观念），使墨西哥真正步入了近代民族国家之列。贝尼托·华雷斯是墨西哥和美洲历史上最杰出最受尊敬的人物之一。

里昂工人起义

1831 年起义

"不能劳动而生，毋宁战斗而死！"是 1831 年法国里昂织工起义时的豪言壮语，写在起义旗帜上的战斗口号。法国里昂的织工们为什么起义、其情节怎样？现在让我们先从法国三十年代的社会状况谈起。

我们知道，拿破仑帝国垮台以后，法国经历了一个波旁王朝的复辟时期。1830年七月革命，把奥尔良公爵路易·菲利浦推上了王位，史称"七月王朝"。"七月王朝"是法国大资产阶级的银行家、大矿主、大地产主和铁路大王们的金融贵族的专政。路易·菲利浦作为这个集团的总头目，人送外号"钱袋子"。

"七月王朝"代表了法国金融贵族利益，一切听命于银行老板和交易所大王。它颁布的 1830 年宪法，不仅剥夺了广大工农群众的选举权，就连中小资产阶级，也被排斥在选民之外；它保留了旧的国家机器，继续镇压工人运动；对外侵略阿尔及利亚，并在它的统治期间，完成了对这个非洲国家的全面征服。实质上，"七月王朝"不过是一个剥削法国国民财富的股份公司。

但是，"七月王朝"时期，却也是法国工业革命向前迈进、资本主义生产迅速发展的历史时代。统计资料告诉我们，当时法国工商业的总投资，急速猛增，从 1830 年的300 亿法郎，增加到 1848 年的 450 亿法郎。工业生产中使用的蒸汽机，也在急剧增加，1830 年是 625 台，到 1847 年，已经上升到4853 台。随着工业生产的发展，原料消耗量也在大幅度增加，如：棉花需要量 1831年为 2800 万公斤，1845 年则增加到 6400万公斤；工业用煤从 1830 年的 170 万吨，

人民起来推翻了波旁王朝

猛增到 1847 年的 555 万多吨。这时候，铁路运输业也跟着发展起来，1831 年，法国共有铁路 38 公里，到 1847 年初，已经通车的铁路，就达 1535 公里，短短十几年，铁路长度增加近 40 倍！

法国资本主义生产的急剧增长，给人们的社会生活带来了巨大变化。首先，它空前加强了新兴工业资产阶级的实力，使这些人日益不满足自己在政治上的无权地位，要求扩大民主，以便在政治舞台上同金融贵族分庭抗礼，平分秋色，同时，也加深了工人、农民和小资产阶级的贫困化，其中工人尤其严重。资本家大量雇佣童

工和女工，甚至强迫 8 岁的童工上夜班，而且极力压低工资，对工人进行残酷剥削。加以大批人员失业，工人生活更加困苦不堪。1831 年，一位富有洞察力的工人奥居斯特·柯伦，在报纸上曾经大声疾呼："我们摆脱了世袭贵族的束缚，却沦于金融贵族的压迫之下；我们赶走了有称号的暴君，却遭受着百万之富的暴君的统治。"这表明，工人们已经产生了阶级意识、哪怕是初步的阶级意识、处于萌芽状态的东西。工人们忍无可忍，1831 年和 1834 年，一场反对压迫和剥削的斗争风浪，先后在里昂、巴黎等地翻滚起来。

工人起义的风暴为什么首先在里昂掀起呢？这绝不是偶然的。说起里昂，人们自然会联想到它的古老和在生产上的地位。里昂是法国中南部的重要工业城市，丝织业中心，著名的丝绸之城。早在十六世纪，这里出产的丝织品，已经畅销欧洲，深受各国封建王公和贵族的喜爱和欢迎。到十九世纪，这里简直是两个世界。两重天地。市中心，大街整洁，店铺林立，行人络绎不绝，穿戴十分考究。工业区却完全相反，街道狭窄，遍地垃圾，房屋低矮破旧，工人面色苍白。在这里挣扎着的 3 万织工，每天劳动 15 到 18 小时，而工资所得却只能买到一磅面包，下班后还得要走到郊区住处，生活穷苦，简直无以复加。

1831 年，里昂的织工们，为了反对资本家任意压低工资，派出代表，向资本家提出订立标准工资的要求。在 6 千名织工罢工和示威游行的压力下，资本家实行了缓兵之计，当夜同工人代表达成了标准工资协议。消息传出以后，整个工人区沉浸在一片欢乐之中。

资本家的退兵阴谋得逞之后，凶相毕露。他们首先哭哭啼啼地向内阁总理告状，请求政府给他们掌腰。于是，法国政府根据制造商们的要求，一面否决标准工资协议，一面准备动用武力，进行镇压。罗盖将军更口出狂言，公开叫嚣："如果工人敢于起来，那就叫他们的肚皮开花。"制造商们有了罗盖这把匕首之后，态度立即蛮横起来，马上撕毁协议，背弃诺言；三个星期过去以后，工人们的工资依然照旧！工人们愤怒到极点，他们立即行动起来了。

1831 年 11 月 21 日晨，里昂的织工们离开作坊，开始罢工，一支约有 2000 人的游行队伍，四人一排，手挽着手，踏着坚定的步伐，高唱着"前进，前进，冲向敌人的枪口，冲过枪林弹雨，奔赴胜利"的歌声行进。他们发表《里昂工人宣言书》，提出"里昂应当有我们自己选出的政权代表"。并号召政府军队站到工人一边，参加这场英雄的战斗。他们高举"不能劳动而生，毋宁战斗而死"的旗帜，手持长矛、腰刀、棍棒和步枪，从工人区出发，直奔市中心。这时候，里昂的每一个城门，都设有重兵把守。军队荷枪实弹，杀气腾腾。

当起义者来到城门口，突然遭到枪口的阻拦。一个军官粗声粗气地命令说："回去！你们都给我回到工人区去！"气氛顿时紧张起来。突然，一位年轻人从起义队伍中跑出来，冲向城门，举着拳头高喊："弟兄们！冲啊！跟我一起冲过去！"

守卫的士兵立即开枪射击；他倒在血泊中……工人们愤怒已极，他们毫不迟疑，筑起街垒，同政府军展开拼杀。当枪声传到工人区以后，这里的人们行动起来了，他们闯进军械铺，抢夺枪支弹药和刀剑，一齐赶到城门口，加强了起义者的力量。

起义的人群立即向政府军发动猛攻，突破城门防线，像潮水一样地涌向市中心，一场残酷的巷战在里昂街头展开了。起义们掀起铺路石，刨倒街灯杆，推翻运货车辆，搬来木板，家具，筑成一座座街垒；拆下机器上的铅质零件，熔铸成小铅块，用来顶替子弹，打击敌人。他们就这样同政府军进行着艰苦、激烈的战斗！在巷战中，儿童和妇女表现得相当出色。孩子们运送弹药、送水送饭、侦察敌情，有的甚至直接拿起武器。妇女们烧水做饭，护理伤员，为革命贡献了力量。起义者们在广大群众的支持下，团结战斗，越战越勇，攻占了一条条街道，夺取了一处处街区，从四面八方，向市政厅推进。入夜以后，起义队伍不断扩大，政府军再也招架不住，纷纷向市政厅撤退、龟缩。

第二天，罗盖准备反扑，但他手下可以上阵的兵士已经不多，失败的报告，却一个接一个地向他传来。这天深夜，"牛皮将军"罗盖，实在招架不住了，便带领一批残兵败将，溜出里昂，逃之夭夭。11 月 23 日，起义军逮捕省长，完全占领了里昂城，工人们成了里昂的新主人。

巷战结束以后，武装起义司令部，立即派出哨兵和巡逻队，组织恢复社会秩序。他们建立了工人委员会，宣布废除苛捐杂税，实行标准工资；发布告市民书，宣布自己的政治主张；要求实行民主选举，把自己的代表选进政府机构。

起义者们尽管做了前人没有做过的事情，但可悲的是，他们还没有彻底摧毁资产阶级政权，他们没能把里昂的抗击力量，进一步组织起来，建立自己的统治。那些旧官吏还在发号施令，管理市政，甚至起义者还邀请警察局长参加他们的辩论，对敌人如此丧失警惕，这就不能不给起义的悲剧埋下祸根。

到 12 月初，资产阶级经过一段喘息之后，利用起义者的麻痹大意和过分疏忽，开始组织反攻了。他们从巴黎调来 6 万大军和 50 门大炮，包围里昂城。12 月 3 日，完全处于被动的起义军，遭到残暴的镇压和屠杀，起义失败了。

1831 年的里昂织工起义，没能改变工人们的处境。他们的生活条件毫无改善。但可喜的是，经过这次战斗洗礼，工人们的阶级意识有了进一步提高，他们开始认识到："劳动者只有组织起来，兄弟般地团结在一起，才能改善他们的命运。"

1834 年 4 月，里昂工人再次揭竿而起，发动第二次起义。起义者们不仅要求提高工资，而且号召推翻富人统治，建立民主共和国。这就使起义带有了明显的政治性质。起义者们修筑街垒，高举红旗，同敌人进行了 6 天激战，最后失败。

里昂织工起义的战斗号角，唤醒了苦难的法国工人。从巴黎到马赛，许多城市都纷纷起来响应，罢工和起义，像一团烈火烧遍法国大地。里昂起义，已经不再是旧式的手工业者的斗争，而是在同一社会里有产阶级与无产阶级之间的一场冲突，是近代工人的武装起义。

里昂织工起义向我们表明，在法国，无产阶级已经成为一支独立的政治力量开始登上历史舞台，从这个时候起，无产阶级同资产阶级的斗争，在比较发达的欧洲国家，已经被推到社会斗争的前列。总之，"不能劳动而生，毋宁战斗而死"这个口号，将作为里昂织工的光荣而载入法国史册！

1834 年起义

1831 年 11 月的起义失败了。里昂工人热切盼望的最低工价标准成为泡影，生活丝毫没有改善。但是，工人的血没有白流，战斗锻炼和教育了他们。他们提高了觉悟，增强了团结。自 1832 年起，互助社组织逐步扩大，吸引了更多的工人，领导体系也较过去完善。每小组（20 人以下）选出两名代表，若干组的代表组成中心组，各中心组的组长联席会议是全社的最高领导机关。1834 年初，中心组长联席会议改称执行委员会。在互助社的领导下，为保障就业，提高工资，经常向包买商进行多种形式的斗争。

在此期间，资产阶级和小资产阶级的共和派的活动也日趋活跃。各种团体日益增多，如"人权社"、"进步社"、"独立者社"、"自由人社"等等。其中影响最大的是"人权社"，"互助社"的许多成员同时也是"人权社"的成员。"进步社"的领导人拉格朗热十分同情工人，在工人中享有一定的威望。

七月王朝对工人和共和派的结社活动十分恼火，于 1834 年 2 月向议会提出新的法案，在刑法禁止 20 人以上结社的基础上进一步规定，20 人以下的结社活动也在被禁之列。这项法案虽然尚未通过，但各地均已获悉，人民普遍表示愤慨。里昂的互助社本来是以经济斗争为主要目标的工人团体，而共和派的各个团体则致力于政治斗争，所以往常彼此虽有影响，却并无紧密的联系。现在，反对禁止结社法的斗争把它们团结起来了。

1834 年初，里昂的包买商将每一欧那长毛绒的工价降低了 25 生丁。这个数字并不大，受到直接影响的工人也只有 1200 余人。但工人的觉悟已经提高，他们开始认识到工人的命运是彼此相连的，对包买商的斗争是全体工人的事。在互助社的号召下，里昂的全体丝织工人从 2 月 12 日起实行罢工。17 日，数百名工人在泰罗广场集合，准备向市政厅进发。当局派军队鸣枪示警，集会被冲散。包买商在当局支持下拒不让步。部分工人因罢工期间生活来源断绝而十分困难。互助社的执行委员会遂下令于 2 月 22 日复工，结束了这次为期 10 天的罢工。这次罢工虽未取得积极成果，但对包买商和当局无疑是一次严重的警告。

狡黠的反动当局在罢工高潮中借口不插手劳资纠纷，表面上袖手旁观，实际上支持包买商的强硬态度。罢工结束后，反动当局凶相毕露，悍然逮捕了 6 名工人。工人们被当局的卑劣行径所激怒，一场新的斗争已在酝酿之中。正在此时，3 月 25 日传来消息，扩大禁止结社范围的新法案已在议会通过。根据这项法案，工人不仅不能组织新的团体，原有的团体也将被迫解散。导火线就这样被点燃了。互助社与人权社等共和派团体共同组成一个总委员会，具体领导工人的斗争。当局定于 4 月 5 日开始审讯 6 名被捕工人，总委员会决定在那一天举行大规模的示威。不难看出，1831 年，起义工人争取的主要是经济目标，而 1834 年，工人争取的不再只是经济目标，主要的已是政治目标。这说明，工人运动在向前发展。

4 月 5 日，工人在法庭所在地圣约翰广场示威时，一名工人被枪杀。次日，8 千余名工人举行抬尸游行，在全市引起巨大反响。法庭不得不宣布将审讯推迟到 4 月

9日。4月8日夜间，总委员会举行会议，对情况作了分析，估计反动当局次日可能使用武力，遂决定以"结社、抵抗和勇敢"为口号，坚决给反动当局的暴力镇压以反击，但不主动挑起武装冲突。会议任命拉格朗热等人为总指挥。

形势日趋紧张，一场恶斗即将爆发。法院院长担心酿成流血事件，向当局提议移地审讯，以免触发冲突。当局未予采纳。1831年11月的工人起义把政府打了个措手不及，当局事后在里昂全力加强戒备，修筑了许多碉堡和据点，配置了许多火炮，警卫部队的数量也大大增加。当局凭借这些镇压手段，企图伺机进行暴力镇压，扑灭里昂的工人运动。所以，4月8日夜间当局在部署兵力时，并未采取任何避免发生冲突的预防性措施。恰恰相反，包括步兵、骑兵、炮兵和工兵在内的1万余人控制了全市所有战略要点。当局还派便衣警察混在工人当中进行煽动。很显然，反动当局蓄意要血洗里昂。

4月9日，大批工人拥向法庭，有的进入院内，有的留在广场上。审讯正在进行时，军队突然向工人开枪。工人立即奔向工人居住点和市中心，修筑街垒，进行抵抗。大多数工人没有武器，而且事先虽预计到发生冲突，却缺乏周详的准备，所以不能组织有效的反击。最初的混乱过去后，全市形成了6个起义中心，其中最重要的是市中心的哥德利埃教堂。拉格朗热在这里指挥。他冒着炮火，往返于各个街垒之间，赢得了工人们的信任和赞赏。各行各业的工人纷纷前来支援，有的在街垒中与反动军队作战，有的赶制弹药，用织机上的零件熔制子弹，有的抢救照看伤员，工人们举起写着"不共和毋宁死"的红旗，把斗争的矛头直指反动的七月王朝政府。当局命令军队"街上见人格杀勿论"。军队以火炮轰击起义工人的街垒，放火焚烧工人的住房，并闯入民宅虐杀无辜平民，连病人和妇孺老弱也不放过。战斗是在双方力量对比悬殊条件下进行的，到10日夜间，当局已明显占了上风，但起义工人们仍顽强抵抗。据路易·勃朗后来分析，这时如要结束战斗，对当局来说并不困难，但当局蓄意拖延，为的是在战火中杀害更多的起义工人。4月13日，最后一批街垒被军队攻陷，最后一批起义工人在哥德利埃教堂前英勇献身，为工人的事业流尽最后一滴鲜血。1834年里昂工人起义在火海血泊中失败了。

七年战争

战争的直接原因是普鲁士王国和奥地利帝国之间矛盾的进一步激化和发展。18世纪中叶，分裂混乱的德意志境内形成了普鲁士与奥地利互相对峙，互争雄长的局面。普鲁士在弗里德里然二世统治期间（1740—1786年），军事、政治力量进一步增长。弗里德里希二世是启蒙时代的专制君主，又是18世纪一个突出的军事家。他对内励精图治，对外积极进行扩张。1701—1714年西班牙王位继承战之后，除英、法之间的矛盾进一步加剧之外，普鲁士和奥地利在中欧展开了激烈的竞争。法、普拒绝承认玛丽亚·特莱西娅的奥地利帝位继承权，并要分割广大的哈布斯堡王朝的领地，1740年爆发了奥地利帝位继承战（1740—1748）。战争结果，虽然玛丽亚·特莱西娅的权利得到承认，而获利最大的却是弗里德里希二世。他依靠军事力量和狡诈的外交手段，从奥地利夺走了富饶的西里西亚，获得1万6千平方公里的土地和100万人口。奥地利并不甘心蒙此屈辱。玛丽亚·特莱西娅宣称：不久就会物归原主，"即使为此要我卖掉最后一条裙子都行"。从此，普、奥争夺西里西亚和整个德意志主导地位的斗争更加激烈，双方都在准备新的战争。

"七年战争"中，英法在北美激烈争夺

七年战争更广泛更深刻的原因和背景是英、法之间争夺殖民地和海上霸权的斗争。早在16、17世纪，英、法继葡萄牙和西班牙之后开始了广泛的殖民活动，展开了竞争。英国曾先后战胜西班牙和葡萄牙，逐渐取得海上优势。从17世纪后半期起，它便集中力量对付法国。18世纪是英、法之间争夺殖民地和海上霸权的决斗时期，也是创造巨大的不列颠殖民帝国时期。七年战争正是这场决斗的高潮。

西班牙王位继承战争实际也是英、法之间的第一次大冲突，结果英国开始取得优势。18世纪中叶，法国决心加紧殖民活动，想从英国手中夺走海上霸权。为此，法国加紧赶造战舰，充实军火。到1756年，法国舰队几乎已和英国舰队势均力敌。在北美和印度，双方则一直在进行不宣而战的战争。

1749年，英国北美弗吉尼亚殖民当局向阿巴拉契亚山以西的俄亥俄河流域殖民。法国驻加拿大总督杜肯发表文告，声称阿巴拉契亚山以西为法国所有，并在俄亥俄河上游建一城堡，取名杜肯堡。1754年，弗吉尼亚总督派出一支小部队开往俄亥俄河，对法国人进行骚扰，被击退。1755年，北美英军总司令亲自率军2千进攻杜肯堡，大败。双方武装冲突频频发生，不断升级。

在印度，1748年后，双方即在德干高原的海德拉巴和东南沿海的卡纳蒂克发生激烈冲突。开始，法国占领了卡纳蒂克首府阿尔科特，向英国人发动全面进攻。但1751年春，当时尚为英国"东印度公司"一名职员的罗伯特·克莱武率领一支500人的部队，乘虚突击夺下阿尔科特。法国调集1万人的兵力围攻阿尔科特长达53天，终未攻下。1754年，双方缔结和约，暂时维持均势。但和约尚未获得国内批准，七年战争的枪声便已打响，更大的战争开始了。

七年战争前的逆转联盟

七年战争前夕，由于普鲁士的迅速崛起和英国的收买政策，欧洲各主要国家之间，发生了一次戏剧性的重新组合，出现了一个所谓"逆转联盟"（或称之为"外交革命"，"同盟政策的革命"）。

普鲁士的崛起首先威胁到奥地利，也使俄国和法国深感不安，从而使整个欧洲局势复杂化，迫使各国重新考虑自己的对策，调整各自关系。

英国为了维持其海上优势，建立殖民大帝国，在欧洲大陆采取了假他人之手，孤立和打击法国的策略。奥地利帝位继承战之后，英国便刻意组织一个奥、俄、普为主的反法大联盟。英国首先想要利用奥俄同盟，并着重想要抓住俄国。英王室在欧洲大陆有一块领地——汉诺威。英国如要拉拢某个国家反对自己的敌人，便以保卫汉诺威为名，用提供补助金的办法，"雇佣"该国出兵。1747年，英国即与俄国签订了所谓"补助金协定"，英国付给俄国补助金，俄国提供一个军团来保卫汉诺威。1750年，英国加入了早已存在的俄奥防御同盟。1755年，英国为了孤立和牵制法国，与俄国签订了更广泛的新的"补助金协定"。据此，俄国提供8万军队反对英国在大陆上的敌人，为此而得到一次50万镑和每年10万镑的补助金。俄国不仅想以此防范法国，更想借此对付日益强大的普鲁士。

当弗里德里希二世得知俄国与英国有秘密协定后，担心陷于既与奥地利对抗又与俄国作战的可怕境地，便也积极行动起来。他想加入英、俄一边，以避免来自俄国的攻击，因而也向英国提出保证汉诺威安全的建议。这正符合英国彻底孤立法国的意愿。双方遂于1756年1月16日签订威斯敏斯特协定。该协定规定：双方负责维持德意志境内和平，用武力对付侵犯德意志领土完整的任何国家。至此英国外交似乎已取得巨大胜利，反法大联盟即

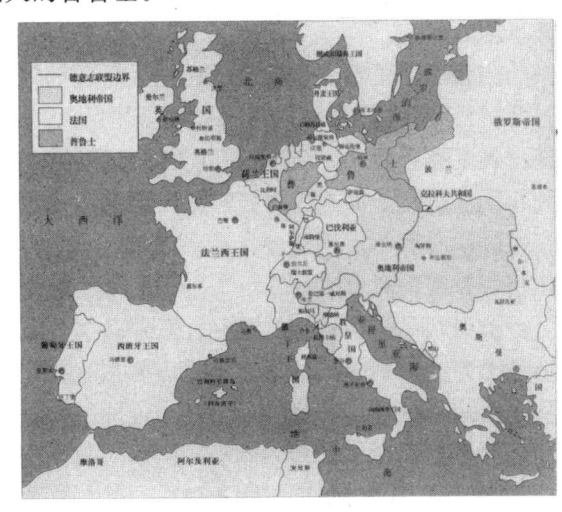

1815年维也纳会议后的欧洲

将告成。哪知英、普协定不仅使法国，也使奥地利和俄国大吃一惊，都为各自昔日盟友的背叛行径所激怒，便立即向过去的敌人靠拢。

首先是奥地利的哈布斯堡王室与法国的波旁王室放弃了长期互相仇视和对抗的政策，两上世仇变成了盟友。奥地利帝位继承战争之后，奥地利即已开始拉拢法国，以此对抗普鲁士。1751年，奥地利卓越的外交家温策尔·考尼茨亲王任奥地利驻巴黎大使，促使奥、法接近。当法国国王路易十五确实搞清弗里德里希二世已经背叛，便下定决心与奥联合。1756年5月1日，奥地利与法国签订相互保证的第一次凡尔赛条约，缔约双方保证各自提供2.4万人的军队，援助另一方反击任何侵略者。在此之前，俄国实际上废弃了英、俄协定，于1756年3月25日与奥地利缔结攻守同盟，规定：俄国应提供8万人的军队援助奥地利进攻弗里德里希二世，一旦战胜弗里德里希二世，奥地利取得西里西亚，俄国取得东普鲁士。一个反对普鲁士的联盟初步形成。

七年战争爆发后，法、奥、俄进一步调整关系。1757年初，俄国也参加了凡尔赛条约，法、俄之间取得谅解。1757年2月2日签订俄、奥条约，除重申上次条约各款外，规定奥地利每年要向俄国提供100万卢布的补助金。1757年5月1日，

法、奥签订第二次凡尔赛条约。条约规定，双方准备调整各自的势力范围，法国在整个德意志境内提供10.5万人部队，增加向奥地利派出的分遣队，并给予奥地利以一定数目的年补助金。法、奥、俄反普联盟最终形成。随后，瑞典、波兰、萨克森及德意志各邦的大部分相继加入反对普鲁士联盟一边。

七年战争的各个参加国各有自己的打算和目的：奥地利想夺回西里西亚；法国想占领汉诺威；俄国力图削弱普鲁士，占领东普鲁士，扩大自己的西部边界；瑞典则要占领普属波美拉尼亚。普鲁士不仅要继续占有西里西亚，还想占领萨克森，扩张自己在波兰的势力。英国主要目的在于削弱和打击法国，扩大殖民地，建立海上霸权。

普鲁士不宣而战：七年战争爆发

当弗里德里希二世获悉俄国已经备战的消息后，便决定先发制人，于1756年8月29日率军7万人，不宣而战入侵萨克森。七年战争正式爆发。弗里德里希二世全部占领萨克森后。于1757年4月进入波希米亚，围攻布拉格；5月击败遭遇的奥地利军队。普军一面围攻布拉格，一面向南进军。6月18日在科林地区，弗里德里希二世轻率向奥军发动进攻，遭到惨败，3.3万人的兵力损失1.3万人，只得放弃布拉格，撤回萨克森。

奥地利军队在科林的胜利使联盟各国受到鼓舞，决定协调行动，筹划39万军队从各个方面围剿弗里德里希二世。随后，法军占领汉诺威，法奥联军从西面，俄军从东面威胁柏林。普鲁士处于相当危险的境地。

弗里德里希二世频频调动军队以应付险恶形势，并于1757年11月5日在波恩以东的罗斯巴赫村附近与法奥联军会战。联军共约6.4万人。法军指挥苏比兹元帅判断失误，把普军迅速机灵的运动误认为是撤退，失掉战机。弗里德里希二世采用他首创的"斜形战斗队形"，以其机动性和突击性，仅1小时便击败了双倍于己的联军，取得辉煌胜利。结果联军死伤3000，被俘5000，其中包括8名将官和300名军官，并损失了67门大炮、7面国旗、15面军旗，而普军仅死165人，伤376人。

这一战役拯救了普鲁士，也标志着一度强大的法国陆军的衰落。此次战役后，法国的国际地位立即下降，而弗里德里希二世和普鲁士的军队却马上身价倍增。英国国会在罗斯巴赫胜利鼓舞下通过决议，把给弗里德里希二世的被助金从1757年的16.4万干镑增加到120万镑。

罗斯巴赫会战后，弗里德里希二世稍事休整，便在15天内行军170英里进入西里西亚的布雷斯劳附近。1757年12月5日，普、奥两军会战于洛伊滕。普军约有3.6万人，其中2.4万为步兵，1.2万为骑兵，共有火炮167门。奥军约为6—8万人，火炮210门。奥军虽然占数量优势，阵地颇为坚固，但战线过长，两个侧翼之间相距5.5英里，兵力分散。弗里德里希二世先用骑兵佯攻奥军右翼，后用"斜形战斗队形"攻敌左翼，席卷其全线，最后骑兵冲锋，再次取得重大胜利。结果，普军死伤6000人，奥军死伤约1万人，被俘2万人。普军再次夺回西里西亚。洛伊滕会战在军事史上占有重要地位，拿破仑曾说：洛伊滕战役是"机动和决心的杰作"，单是这一战役就足以使弗里德里希二世跻身于伟大将领之林。

七年战争第一阶段的主要战场在欧洲大陆。弗里德里希二世充分利用反普鲁士各国政治、军事上的弱点和错误，先发制人，取得巨大胜利。英、法在北美和印度战场上双方互有胜负，尚未决出高低。英国辉格党中有一部分人不愿继续战争，而以皮特为首的另一部分人坚持扩大战争，统治集团内部意见分歧，致使英国在经济方面和海上具有的一定优势无法充分发挥出来，以取得决定性的胜利。

1757 年 3 月，克莱武（此时已为正式军官）攻占了法国在孟加拉的殖民地金德纳格尔。法国受此打击后，与孟加拉的"纳瓦布"（相当于总督，臣属于莫卧儿帝国）结盟，共同对付英国。1757 年 6 月 23 日，在加尔各答以北 30 余公里处的普拉西村附近，发生决战。克莱武因事先收买印军内奸，以极小代价取得胜利。孟加拉落入英国手中。但在北美，英国暂时失利，法国占得上风。1756 年夏，法军攻占英国在安大略湖畔的要塞沃斯威果。1757 年，它又占领英国在乔治湖畔的威廉·亨利要塞。在地中海，英国海军于 1757 年 5 月 20 日遭到一次严重失败，丢掉了地中海西部的战略要地梅诺卡岛。

英国海上成功：七年战争的第二阶段

1759 年，战争进入第二阶段。在欧洲大陆，普鲁士因兵源枯竭，反普鲁士各国军队又在吸取经验教训，从而使普鲁士遭受一连串失败。俄军占领了奥得河畔的法兰克福东部的库勒尔斯多夫，对析林造成很大威胁。弗里德里希二世企图攻击俄军的后方。1759 年 8 月 12 日，俄奥联军与普军在此进行了一次决战。有 4.1 万俄军和 1.8 万奥军投入这次战役，俄军统帅是萨尔季科夫。普军投入的兵力是 4.8 万人。这是弗里德里希二世所遭受的一次最惨重失败，仅在 6 个小时内损失 1.9 万人，其中 48% 是他的老兵。溃退中，又有许多士兵逃跑，最后只剩下 3000 人。俄奥联军损失 1.5 万人。

1760 年 11 月 13 日，在萨克森的托尔高，普、奥发生决战。参战的普军为 4.4 万人，奥军为 6.5 万人。这次可算是弗里德里希二世所取得的最后一次胜利，但代价甚高，双方伤亡比例接近 1：1。普军已成强弩之末。同年，俄军一度占领柏林。至 1761 年，弗里德里希二世穷于应付，疲于奔命。将近 10 万奥、俄军队驻扎在西里西亚，弗里德里希二世被赶出波兰，丧失一半西里西亚。奥、俄军队并不断在萨克森取得进展。

至 1762 年上半年，弗里德里希二世的处境十分险恶。敌军大量入境，内部兵源枯竭。1761 年 10 月皮特去职，接任的彪特首相改行亲法政策，普鲁士又失去英镑支持。弗里德里希二世在给他的兄弟亨利亲王的一封信中写道："如果和我们的愿望相违，谁也不来帮助我们，那么我直截了当地对你讲，我看不出有任何拖延或者防止我们的灭亡的可能性。"

反普鲁士联盟各国的矛盾，特别是俄国的突然变化挽救了弗里德里希二世。1762 年 1 月 5 日，俄国女皇叶丽萨维塔·彼得罗芙娜逝世，彼得·费多罗维奇继位，称彼得三世。彼得三世是弗里德里希二世的热烈崇拜者，因而在 5 月 5 日普、俄即签订和约。彼得还表示愿意援助弗里德里希二世，部分俄军奉命与普军联合，共同对付奥地利。经彼得调停撮合，5 月 22 日瑞典与普鲁士签订和约。1762 年 6 月，彼得三世被废，新继位的女皇叶卡捷琳娜二世虽停止了极端亲普鲁士的作法，也未向弗里德里希二世重新开战。实际上，俄国退出了战争，普鲁士的东方战线安全了。对此，弗里德里希二世高兴地喊道："谢天谢地，我们的后方自由了！"弗里德里希二世利用这种有利形势，把奥军赶出了西里西亚和萨克森。

战争爆发后不久，威廉·皮特任英国陆军大臣，在整个战争期间几乎成为政府的实际领袖。他建立个人权威，集中财权、军权和政权于一身。他在军队中打破惯例，蔑视胆小无能的布雷多克将军、舰队司令宾，大胆重用有才干、勇敢无畏的阿墨斯特和沃尔夫将军，豪和福布斯勋爵，桑德斯和罗德尼等将领。他把英国的强盛和海上霸权看得高于一切，决心与法国进行第一次世界性较量。他充分发挥了英国在经济方面和海上的潜在优势。利用补助金雇佣弗里德里希二世缠住法国，让英国尽量摆脱欧洲大陆上的战争。他充分利用法国主要力量陷于欧洲大陆战场的有利时机，集中力量于海上和殖民地，特别是北美，力争消灭法国海上实力和夺取殖民地。皮特的战略思想和果断措施为英国赢得了胜利。

1759 年，法国曾计划从海上入侵英国。为此，法国地中海舰队奉命去与法国西海岸布勒斯特处的大西洋舰队汇合。在北上途中，于 8 月 19 日在葡萄牙海岸外的拉古什被英海军击溃。11 月 20 日，法国的大西洋舰队从布勒斯特出海，在法国西海岸的奎伯隆湾遭英国舰队毁灭性打击。法国海军主力丧失，对法国在北美和印度的战争产生了极为不利的影响。

从 1758 年起，皮特即开始调兵遣将，集中力量于北美，以夺取法属加拿大和路易斯安那。英军增加到 50000，法军只 1 万人。是年 7 月，英军攻占路易斯堡，不久又攻下了杜肯堡，并以威廉·皮特的名字改名为匹兹堡，打开了从陆上进军加拿大的通路。1759 年 6 月，英国一支陆军和一支强大舰队开始围攻魁北克。英、法军队在此进行了三个月的拉锯战。法国守军在不能获得母国支援的情况下，只好采取防御战略，在正面部署较强炮火。9 月 12 日夜，英军在其主将沃尔夫率领下，在弗仑湾（今已改名为沃尔夫湾）大胆偷袭成功，进入魁北克后方亚伯拉罕平原，迫使法军决战。9 月 13 日，英、法两军决战于亚伯拉罕平原。法军终因军令不统一，战术错误而失败。9 月 17 日，英军占领魁北克。后经一年多的争夺战，加拿大全境皆为英军所占。

在印度，1760 年英、法军队在马德拉斯与本地治里之间的温德瓦西发生激战。结果法军战败，退守本地治里。英军从海、陆两面进行封锁，法军孤立无援，被迫投降。到 1761 年，英军在印度亦处于绝对优势。至此，英国在殖民地和海上的决定性胜利已成定局。

1762 年，西班牙和葡萄牙曾分别站在法国和英国方面参战，但并未对战争的进程和结局产生任何重大影响。

《巴黎和约》

1759 年，英法之间已开始试探和平谈判。因英国条件过于苛刻和双方盟友的强烈反对，谈判归于失败。这次和谈暴露和加深了各国盟国之间的矛盾。到 1762 年下半年，战争双方均发生重大变化。英国已基本达到削弱法国、扩大自己殖民地的目的。皮特辞职后，英国便抛弃了普鲁士。法国已无力挽回败局。俄国事实上已退出战争。俄国的背叛动摇了奥地利的信心。交战各国都已出现从战争转向和平的倾向。英、法于 1762 年下半年重开和谈。10 月 23 日，普鲁士与法国签订初步和约。11 月 11 日，英法促成了普奥之间停战。经过谈判，签订了两个和约，全面结束战争。1763 年 2 月 10 日，以英国、葡萄牙为一方，以法国、西班牙为另一方签订巴黎和约。1763 年 2 月 15 日，以普鲁士为一方，以奥地利、萨克森为另一方签订胡贝尔茨堡和约。

根据胡贝尔茨堡和约，普鲁士重新获得西里西亚。根据巴黎和约，英国从法国手里夺取了加拿大、密西西比河以东的路易斯安那（新奥尔良除外）和俄亥俄河流域的全部土地；法国仅保留大西洋东岸的两上岛屿，即圣皮埃尔岛和密克隆岛，且只准作捕鱼基地，不得设防。法国在西印度群岛中的几个岛屿割给英国。英国则同意把战时夺取的瓜德罗普岛归还法国。英国还把战时夺取的哈瓦那和马尼拉归还西班牙，由西班牙把佛罗里达让给英国。为了补偿西班牙，法国又把密西西比河以西之路易斯安那和包括新奥尔良在内的密西西比河三角洲割给自己盟友，并付给它一笔赔偿金。在非洲，法国把塞内加尔给了英国。在印度，法国几乎丧失了它的全部领地，仅保留本地治里、开利开尔、亚南、昌德纳戈尔及马埃五个城市，并且只准作通商之用，不得设防，要拆除一切城防设施。

七年战争和《巴黎和约》对欧洲历史进程产生了重大影响。

法国在战争中不仅一无所获，而且大伤元气。它失去了大片殖民地和海上优势。英、法之间近百年争夺海上霸权的斗争以法国失败告终。法国在战争中的失败使其国际地位大大下降。从而结束了三十年战争以来法国的欧洲霸主的地位。七年战争及其后果也加剧了国内阶级矛盾和专制制度的危机。

奥地利在战争中被削弱，国际地位亦下降，随后在国内不得不进行改革。

普鲁士虽遭到重大损失，并未被各国打垮，并且保住了西里西亚。普鲁士地位提高了，已跻身于欧洲强国之列。这为普鲁士统一德意志奠定了初步基础，也使整个欧洲形势进一步复杂化。

俄国在战争中并未遭受重大损失。在欧洲大陆主要国家力量减弱的情况下，俄国力量却相对有所增强。这就为今后俄国进一步干涉欧洲事务提供了条件。

在整个欧洲大陆，由于法国霸权的衰落，又出现了新的均势。一方面，在中欧和东欧，俄普奥三国开始取代法国的影响和地位。七年战争结束后不久，1772 年瓜分波兰就是在没有法国参加下发生的。另一方面，则是俄国开始建立中欧和东欧这一地区的霸权。首先是普鲁士为了对抗奥地利，不得不更多地依靠俄国，"它愈多地摆脱德意志帝国的从属关系，则愈牢靠地陷入对俄国的从属地位"。

英国从战争中获得了巨大好处。当巴黎和约刚刚缔结时，当时的英国枢密院长约翰·卡特芮特就说："这是英格兰亘古未有的最光荣的战争和最光荣的和平。"从此，英国夺得了海上霸权和更多的殖民地。"正是那个时候，才奠定了现时的这个东方不列颠帝国的基础。"殖民地的财富，特别是印度的财富源源流向英国。海上霸权和殖民地的财富加速了英国的工业革命，使它成了19世纪最强大的工业国和"世界工场。"

大盐平八郎起义

大盐平八郎起义是日本19世纪30年代最大的一次市民反封建武装起义。这次起义发生在"天下（日本）财政中心"的大阪市，由幕府官吏发动和领导，对统治阶级震动很大。它沉重地打击了德川幕府的封建统治，加深了德川幕府的政治危机，影响深远，在日本历史上占有重要地位。

大盐平八郎1793年（宽政五年）正月22日出生在日本大阪市天满区的一个下级武士家庭。他七岁丧父，八岁丧母，由祖父大盐成余抚养成人。其祖父是大阪市东"町奉行"所的"与力"，大盐平八郎十四岁继承祖父之业，做大阪东"町奉行"所的见习"与力"。开始了他的警官生涯。

大盐平八郎任警职期间，忠于职守，秉公断案。他为维护封建秩序，巩固封建统治，曾不畏风险地处理过三大重要案件，即1827年逮捕天主教徒案；1829年惩办贪赃枉法的衙役案；1830年惩处伤风败俗的僧侣案，建立了被封建统治阶级称颂的所谓"大盐三大功绩"。这样一个忠实维护封建统治的卫道士，之所以发动和领导大阪市民进行反封建武装起义，有其深刻的社会历史背景。

大盐平八郎所处的时代，是日本历史上最后一个封建政权——德川幕府统治的晚期。当时，社会矛盾复杂尖锐，德川幕府政治、经济危机四伏，主要表现在以下三个方面：

1. 商人聚集财富，幕府财政恐慌。

日本进入18世纪后，商品货币经济获得了前所未有的发展。随着商品经济的发展，社会阶级结构逐步发生变化，出现了一个靠经营手工业工场、放高利贷或出租土地发财致富的豪农豪商阶层。到18世纪中叶，全国百万富翁就有70家。国家的主要财富集中在大商人手里。有"大阪富豪一怒，天下诸侯惊惧"的说法。

2. 封建等级制度紊乱，中下级武士对幕府和商人日益不满。

日本封建统治阶级把社会划分为士（武士）、农（农民）、工（手工业者）、商（商人）四个等级，规定占人口不到10％的"士"为"四民之首"。士属于统治阶级，一般说来是包括将军、大名直至士卒的，但通常所说的武士，则仅指将军、大名之下的士。农、工、商是被统治阶级。士这一当权的封建领主阶级内部，又以幕府将军为首，划分

日本京都浴堂洗澡画面

许多等级。将军之下有诸侯。诸侯称为"大名"，割据一方，其领地称"藩国"。幕府末期日本约有 260—270 个大名。大名之下有家臣藩士，家臣之下又有家臣，直到士卒。德川幕府以它规定的土地收获量来计算领地的多寡。在幕府末期，中级武士年平均收入为 100 石，大致相当于一个富农的收入；全体武士的平均收入，则在 35 石以下，与一般农民的生活水平差不多；下级武士的经济收入，往往比一般农民还不如。随着幕府和各藩的财政经济恐慌不断加剧，大名不得不大量削减武士的俸禄。中下级武士的生活，费用不断增加，而其俸禄却有减无增，日子越来越不好过。为了弄到钱，武士们经常向商人

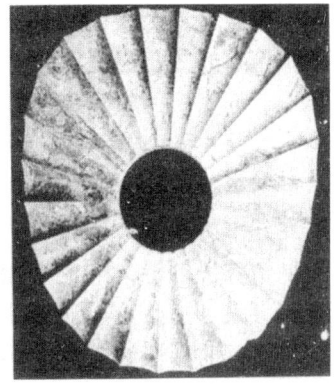

古代日本人制作的辟邪物

借债，甚至典当武器，出卖武士身份，或采取通婚、当养子等方式与商人拉关系、攀亲戚。武士对商人的依赖，如当时人所记载："今世诸侯无论大小皆垂首强求于商人，依靠江户、京都、大阪以及其他各地的富商，以其资济来维持生活。"对农民、手工业者和商人具有"格杀勿论"特权的武士，现在竟沦为依靠商人资济来度日，并且每况愈下，不断破产，这使他们对幕府和商人十分不满，甚至达到"恨主如仇"的程度。

3. 国内阶级矛盾空前尖锐，人民反封建斗争此伏彼起。

德川幕府对农民的统治是十分残酷的。认为"农民和芝麻一样，越榨越出油"，甚至公然说"把农民弄得不死不活，是政治的秘诀"。特别是随着幕府财政困难日益加深，而变本加厉地压榨广大农民，使农民负担越来越重。农民生活的状况正如地主田中邱偶在《民间省要》中所描写的那样："所谓农民，是和牛马一样的，他们受着荷重赋税的压迫……以致丧失财产出卖妻子，或受辱而死者不可胜数。"日本人民的悲惨处境，使他们与封建统治阶级的矛盾日趋激化，反抗斗争此伏彼起，逐年增加，据统计，1830 年日本全国共发生农民起义 23 起，而到了大盐平八郎起义前一年，即 1836 年，农民起义多达 98 起。不仅农民与幕府的矛盾十分尖锐，幕府与商人、武士及各藩的矛盾也越来越大。国内阶级矛盾激化，为大盐平八郎发动人民，进行反封建武装起义提供了有利条件。

导致大盐平八郎起义的直接原因，是发生在天保年间（1830—1844 年）的大饥馑和引起米价飞涨的幕府暴政。

大盐平八郎于 1830 年辞去警官职务，专事教育与著述。从 1816 年起大盐平八郎就在家开设私塾，教同僚子弟文武两道。1825 年他将家塾命名为"洗心洞"，向门生弟子们讲授"阳明理学"。阳明学派，是中国明代王阳明创立的学派，以"致良知"和"知行合一"为主旨。明末清初，阳明理学传到日本，发展成日本的一个重要学派。大盐平八郎发挥了阳明学中的"知行合一"观，他比阳明学的主张更重视实行，不仅要重视自己的道德修养，而且还要把这种道德修养加以推行，使自己和社会上的人们都来执行。他的这些理论和思想，从积极方面说，使他不断追求自身的道德完善，因而富有同情心。有一次新年时节，当他身着新衣，享用佳肴时，不

禁想起挣扎在冻饿死亡线上的穷苦百姓，写下了"着得新衣祝新年，羹饼味浓易下咽。忽思城中多菜色，一身温饱愧于天"的诗句。对穷苦百姓的同情和要用行动改变贫苦百姓的悲惨处境的决心，为此后大盐平八郎发动和领导市民起义奠定了思想基础。而黑暗的政治和残酷的现实，更加速了他的思想转变。

大盐平八郎富有正义感，任警官时又能广泛接触到日本社会各个阶层。统治阶级的穷奢极欲和劳动人民的悲惨处境形成的鲜明对照，使他思想感情逐渐发生变化，对封建统治阶级失去信心，对被压迫人民深表同情。他曾多次走访过农村，写下不少同情农民的诗文。"苹花蒲剑战风开，可知依然租税催。蚕虫鸣草声尤切，似诉农人荒耗哀。"有一次当他看到因暴雨所致，作物腐坏，哀声遍村，而统治阶级对此却不闻不问时，愤然写道："田混池沟稻腐坏，村村拱手只空哀。莲虽君子无情甚，出水红颜一笑开。"

1830 年，开始了天保大饥馑。据统计，在整个德川时代，共发生灾荒 130 次，大饥馑 21 次，其中著名的特大饥馑共有 3 次。天保大饥馑就发生在大盐平八郎辞职后的 1830—1836 年。灾荒年间，粮食收成锐减，1836 年收获量只相当于一般年景的 42%。1836—1837 年的两年间，饿死人达 5 万 6 千之多，甚至出现人吃人的现象。据史料记载：当时如作半日之旅，则见路旁死骸，官吏不加收埋，犬鸟争食，臭气刺鼻。大阪也同全国一样，惨不忍睹："今日在大阪求生者，稍有不顺，沦为乞丐者，一日达 40—400 人之多。特别是隆冬季节，寒气袭人，虽至春日，每遇寒雪袭击，冻饿而亡者，每日达 30—40 人。自去冬至正月，死亡之人约 4—5 千人。"整个饥馑年间饿死人数不计其数，仅津轻藩（现青森县）据说就饿死 4.5 万人以上。人民挣扎在死亡线上。

为帮助处于饥饿之中的穷人度过灾年，大盐平八郎四处奔走，向大阪的官商借钱救济灾民，均遭拒绝。富商们却趁荒年之机，囤积居奇，哄抬米价，牟取暴利。官府不仅不加制止，反而与奸商勾结，从中渔利，人民痛苦不堪。这使大盐平八郎进一步认识到，要解救饥民，就必须用武力推翻恶政，惩治奸商。他在起义檄文中说，"事至于此，忍无可忍，不得已敢以天下为己任，冒灭族之祸患"，遂决定进行武装起义。

大盐平八郎决定起义之后，便积极着手各项准备工作。1836 年 9 月，他开始在洗心洞教授炮术，购买硫磺、铅等军用材料，赶制火药、炮弹、大炮、炮车等武器弹药。除自制一门木制"百目筒"大炮外，还向东町警官由比万之助的父亲彦之进等，借了几门铁制百目筒大炮，并准备了起义时用的旗帜、灯笼和草鞋等用品。

1837 年 1 月 8 日，大盐平八郎在洗心洞举行"义盟血誓"，正式成立了起义领导核心。参加义盟血誓的共有 60 人，其中下级武士 24 人，农民 17 人。起义领导者除大盐平八郎外，也有农村中的上层分子，如摄津国（现大阪府和兵库县一部分）东成郡般若寺村的村长桥本忠兵卫和摄津国守口村的富农兼典当业者白井孝右卫门等。他们参加策划起义，在经费上给予大力资助。

为了救济饥民和扩大起义队伍，1837 年 2 月 1 日，大盐平八郎以雇用工人填平宅内水池为名，将约定参加起义的 40 余人聚集家中。同月，他还将自己珍藏的 5 万册书籍全部变卖，换金 600 余两，并在 6 日至 8 日三天之内，按每户一朱，全部分给 1 万户穷苦百姓。分配范围主要是摄津国东成郡的 19 个村和河内茨田郡的 9 个村镇，总计约 54 个村镇。大盐平八郎此举的目的有二：其一是这些村镇多是大阪市的近郊农村，受大阪市贪官奸商们的欺压和盘剥厉害，生活尤为痛苦，较之偏远地区的农民更加痛恨大阪的贪官奸商；其二是这些地方距大阪市较近，起义一旦爆发，他们能迅速参加。

大盐平八郎的卖书费是由大阪的四家书店帮助散发的。大盐让他们散发时务必向领钱人说，如果你们一旦看见大阪天满区起火，便请速来大盐先生处，参加起义。可见，起义领导者对广泛动员群众参加起义是十分重视的。

为动员更多的人参加起义，大盐平八郎还印制了大量起义檄文。该檄文是大盐平八郎起义的纲领，也是号召人民参加起义的动员书。

起义檄文用汉文体日文写成，木版印刷。为了保密，在制版时，把原稿横行切断为 5 或 6 字一组，印刷时再重新组排，以防木刻匠人得知其内容。檄文印出后，装入中央写有"天降"字样的精制绢袋内，派人分头送往各地。檄文全文约 1800 字，其主要内容有以下几个方面：

1. 反对幕府统治。檄文开头明确指出：当今"四海穷困，天禄永终；小人治国，灾害并至；此盖往圣之深诫于后世人君人臣者也"。"天皇自足利家以来，如同隐居，久失赏罚之柄。"而今"我等兴师问罪，不同于乱民之骚扰；既欲减轻各处年贡诸役，并欲中兴神武天皇之政道"。这里主张恢复天皇政权的目的是为了反对幕府统治。

2. 揭露贪官污吏腐败无能，鱼肉人民。檄文说："达官要人之间，贿赂公行，交相增纳。甚至不顾道德仁义，以内室裙带之缘，奔走钻营，得膺重任；于是，专求一人一家之私肥，课领内百姓以重金。"

3. 揭露贪官奸商相互勾结，趁荒年之机，哄抬米价，牟取暴利，不管人民之死活，过着荒淫无度的糜烂生活："职掌当地政务之府尹暨诸官吏，竟复与之（奸商）相互勾结；朝夕猬聚堂岛，计议米价行情，而置下民于不顾。"在今连年灾荒，"际此民生艰难时节，彼辈依然锦衣玉食，游乐于优伶娼妓之间，一如往昔""或则山珍海味，妻妾围侍，或则……饮宴无度，一掷千金"。

4. 檄文以"奉天命，行天罚"为口号，号召人们不要坐忍此世道，应"起而诛戮此辈殃民官吏，并于骄奢已久之大阪富商，亦将一并加以诛戮"。

5. 要求各村民在起义时，应把村中记录年贡租役之账册全部烧毁。

6. 要求各村穷苦百姓，不问其路途远近，凡闻及大阪城中骚动一起，即火速前来参加起义，共分官商之金银财米。

檄文还要求人们："此文应即传达于各村，为使多数百姓皆能见及，应将此文张贴于热闹大村之神殿"，并告诫说："檄文在向各村传达时，如被往来于大阪间官吏所悉，在他们欲报告大阪奸人之时，应马上予以斩杀。"

大盐平八郎起义檄文是当时日本历次起义、暴动中，最明确、最具体地提出反对幕府暴政，诛杀贪官奸商，救济穷苦百姓的文件，也是目前仅存的研究大盐平八郎起义最有价值的史料。

　　大盐平八郎把起义时间定在 1837 年 2 月 19 日晚举行。他之所以将起义的时间定于该日，是因为他考虑到 2 月 19 日，大阪东町奉行迹部山城守良弼和新任的西町奉行堀伊贺守利坚将共同巡视大阪市，是发动起义的绝好机会。可是，在起义之前，内部出了叛徒。2 月 17 日夜，大盐平八郎的弟子平山助次郎向东町奉行告密，由于大盐平八郎曾为维护封建秩序出过不少力，此经历使町奉行上下均不相信告密者的话，未采取行动。翌日，参加过起义准备工作，详知起义计划的吉见九郎右卫门又叛变，并让其子英太郎和河合八十次郎向西町奉行告密。由于告密者还提供了起义檄文为证据，官府立即着手逮捕起义人员。2 月 19 日凌晨，险些被捕的濑田济之助逃至洗心洞，向大盐平八郎报告了起义计划已被叛徒告密。大盐平八郎深知情况紧急，刻不容缓，决定立即举行起义。

　　19 日上午 8 时左右，大盐平八郎稍做部署之后，便下达了起义命令。起义军首先火烧大盐平八郎住宅，以此向四周发出起义信号，并表示百折不回，血战到底的决心。

　　起义军打着写有"救民"字样的旗帜，兵分三路向前挺进。第一路为中军，由大盐平八郎亲自统率；第二路为前锋，由其养子大盐格之助同大井正一郎统率；第三路为后队，由濑田济之助率领。300 名起义者猛烈进攻，中午时，在大阪市民的积极支持下顺利地渡过难波桥，进入船场。船场是大阪最热闹的经济中心，众多贪官奸商居住于此，是起义军攻击的主要目标。

　　起义军到达船场时，大阪近郊区的般若寺村、守口町、贝胁村、三番村、北寺方村、稗岛村、善源寺村和上江村等地的农民，纷纷前来参加，起义队伍不断壮大。此时，大盐平八郎把起义军改分为两队，一队仍由他指挥，向高丽桥街方向进攻；另一队由大盐格之助指挥，向今桥街进攻。起义者在进军途中，或发炮，或放火，袭击富豪，捣毁米店，将所得财物、米谷分发给贫苦民众。沿途也有农民、市民甚至"贱民"参加。

　　起义军的猛烈攻击，使大阪贪官奸商胆战心惊。他们急忙四处调兵遣将，前来镇压起义队伍。下午两点多，起义军遭到幕府军的袭击，东西两町奉行的兵力亦出动，起义者陷入困境。到下午 4 点左右，起义者虽经浴血奋战，终因寡不敌众而溃败，大盐平八郎被迫隐藏起来。在油挂町美吉屋五郎兵卫家潜伏时，因有人告密，于 3 月 27 日遭到官军包围。他与大盐格之助不甘被捕受辱，引火自焚而死。

　　大盐平八郎起义虽然在当天即被镇压下去了，但它沉重地打击了贪官奸商。加起义者仅从巨商鸿池屋庄兵卫一家就夺取黄金 4 万两。起义军除用枪、炮等武器进攻外，还采取了火攻的方式。火烧范围，在天满区方面，从川崎至土川；在船场、上町方面，从东边的弓町至西边的中桥，从北边的大川至南边的内本町，均成为一片火海。烧毁房屋总计 3389 所，其中库房 230 处。火烧街道总计 112 条，占当时街道总数近 1/5。熊熊大火一直燃烧到 20 日晚才被扑灭。

英缅战争

19 世纪 20 至 80 年代之间，英国殖民统治者在印度站稳了脚跟之后，便把继续侵略扩张的矛头指向缅甸，公然发动了三次侵缅战争，第三次是 1824 年—1826 年，第二次是 1852 年，第三次是 1885 年，把整个缅甸变为自己的殖民地。

缅甸是中南半岛上最大的国家，其领土面积约为 67 万平方公里。缅甸的地势是南低北高，伊洛瓦底江贯通其境内南北，其下游地区则是土质肥沃的冲积平原，盛产粮食。其中游以蒲甘、曼德勒为中心的地区，自蒲甘王朝以来就一直是古代缅甸的政治中心。它的西部，南北纵行的阿拉干山脉，把阿拉干地区与缅甸中部地区相隔开。北部大部分地区绵亘着山岭和高原。东北部是呈三角状的广阔的掸邦高原（因大多居民为掸族而得名）。

缅甸国土上，不仅动植物种类繁多，而且其矿产资源丰富，地下蕴藏着大量的金、银、铜、锡、铅、锌和宝石等。其森林资源中，尤以柚木最为珍贵，英缅第三次战争的导火线就是由英国商人逃税偷运缅甸的柚木而引起的所谓"柚木案"。

英国殖民者入侵之前，缅甸人口约 400 万。其中，缅族是该国家的主体民族，少数民族主要有掸族、若开族、克伦族、克钦族、钦族和孟族等。

1782—1819 年，正值缅甸雍籍牙王朝封建专制统治盛极之时，其对外战争不断升级，曾先后多次出兵侵略暹罗（今泰国）和老挝等国。当时，缅甸西北部和北部边界已扩展到今天印度的曼尼坡，东部及其东北部与中国接壤，东南部与暹罗交界。

从 17 世纪 40 年代起，英国与荷兰殖民者在缅甸沿海地区就已经开始进行激烈的争夺。1756—1763 年间，英、法两国经过七年战争，英国最后战胜法国。根据 1763 年的巴黎和约，英国取得了对北美殖民地和印度的控制权，巩固了自己的海上霸权地位。1773 年，英国在加尔各答任命了印度总督，以加强对印度的殖民统治，并把印度变为它扩大对亚洲国家侵略的基地。

1785 年，缅甸国王孟陨（1782—1819 年）把独立的阿拉干王国并入缅甸版图。这样，缅甸与英属印度之间有了共同的边界。

1794 年以后，许多阿拉干人陆续逃往英属印度领地。英国殖民者抓住这一机会，唆使这些移民以英属印度为基地，不断对阿拉干进行武装袭击。当缅甸军队追击入侵的敌人之时，英国殖民者又应允其退守英属印度领地。使缅甸与英印边境关系恶化。

自 1795—1814 年间，英国通过东印度公司 6 次派遣使者前往缅甸，企图使缅甸统治者签订不平等条约。结果，都未能如愿以偿，但是，这些使者也并非一无所获，空手而归。他们利用出使缅甸之机，深入了解缅甸社会各方面的情况，积极为英国对缅甸的

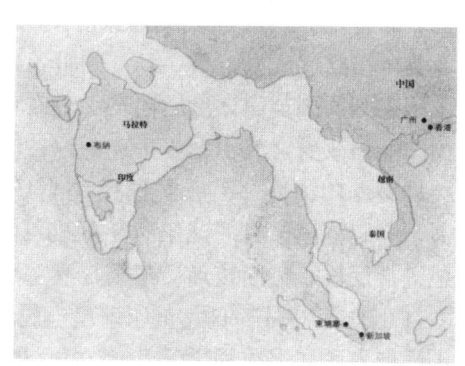

安定的据点

殖民扩张出谋划策，1795年，曾出使过缅甸的使者迈克尔·西姆施向英国殖民当局提出："缅甸帝国内被称为'勃固'的地区（今缅甸的南部）对英属印度的重要性是与三个明确的目标相联系的。"这三个目标就是：一、取得缅甸的柚木供应，用以造船，如果没有柚木，在印度的英国海军只能以很有限的规模存在；二、把英国的产品大量输入缅甸；三、防止英国以外的国家控制缅甸。

英军捣毁仰光的一个主要监狱

1815年，英国在欧洲的地位随着拿破仑战争的结束而得以进一步的加强与巩固。英国可以集中精力扩大并巩固其在亚洲的侵略与统治。1819年，英国殖民者侵占了新加坡。1824年，英、荷两国签订了他们在东南亚划分势力范围的协定。英国占领了马六甲，取得了对马来西亚的控制权。

英国在侵略征服南亚以及东南亚地区的同时，早已经把缅甸作为其向外扩张的目标。其主要的原因在于缅甸的重要战略地位。缅甸位于中印两国之间，又横亘于英属印度和马来半岛的英属殖民地中间。这对英国来说，控制了缅甸，不但对其巩固英属印度有利，而且还可以把英国在东部地区的殖民地联系起来，甚至还可以打开入侵中国的门户。就是在这样的历史背景下，爆发了英缅战争。

第一次英缅战争

英国殖民者在诱使缅甸缔结不平等条约的幻想破灭后，不但没有放弃其对缅甸进行殖民扩张的野心，而是加紧步伐，继续在阿拉干、曼尼坡和阿萨姆等地区制造事端，恶化边境形势，为侵略战争做准备。1814年，阿萨姆发生内乱，阿萨姆一些大臣向缅甸政府求援，缅军应邀于1819年进入阿萨姆，帮助原王公恢复了权力。随后，不少阿萨姆人逃往英属印度领地，英国殖民者便唆使他们进攻阿萨姆。1822年，缅甸政府派班都拉将军率领军队进入阿萨姆地区，抵御来自英属印度的入侵。1813年，缅甸军队乘曼尼坡发生王位之争，应王子马其新之求援，出兵曼尼坡，立马其新为王。1819年，缅甸政府以马其新没出席缅王孟既（1819—1837）的登基典礼为由出兵进入曼尼坡。马其新被迫率数千人逃到邻邦卡恰尔，与缅军作战。卡恰尔国王则逃到英属印度，向英国政府求援，英国乘机公开宣布卡恰尔为自己的保护国。缅甸政府对其声明不予理睬，1824年1月，英、缅军队在卡恰尔附近发生了直接冲突。1823年2月，英国殖民当局派出军队占领了有争议的内夫河口的刷浦黎岛，竖起英国国旗。该年的9月23日午夜，缅甸出动1000余人的兵力，出其不意地进行反攻，夺回该岛。不久，缅军撤回，英军再次占领该岛。

1824年3月5日，英印殖民当局以缅甸威胁英属印度的安全为借口，声称，由于缅甸方面"进攻和杀害我们在刷浦黎的守军"，"实际上使两国已经处于交战状态"，对缅甸发动了第一次侵略战争。

1824 年 3 月 5 日，英军兵分三路，全面入侵缅甸。第一路沿布拉马普得拉河进入北方的阿萨姆地区，第二路进攻西南部的阿拉干地区，第三路从海上进攻缅甸南部。

战争首先在阿萨姆打响。3 月 13 日，英国军队沿着布拉马普得拉河进犯阿萨姆，沿途散发了"致阿萨姆人宣言"，把入侵阿萨姆的行径说成是对阿萨姆人的"援助"，目的是要把"缅甸人驱逐出去，建立一个符合阿萨姆人需要的，促进各阶级幸福的政府"。缅甸军队则以阿萨姆首府朗普尔为基地，顽强地抵抗英军的入侵。1825 年 1 月，经过充分的准备，英军对朗普尔发起了猛烈的攻击。缅军在条件极其不利的形势下，顽强抵抗，浴血奋战，击毙众多英军，并伤英军将领理查兹。英军付出沉重代价后，攻占了朗普尔，控制了阿萨姆，取得了这一战场上的胜利。

在阿拉干战场上，缅甸军队在班都拉将军的指挥下，主动出击入侵的敌人。1824 年 5 月初，班都拉率兵渡过缅印边境的内夫河，一举攻下英印吉大港地区的重镇，港口城市拉特纳帕兰。缅军乘胜出击，又攻占了距拉特纳帕兰以北 20 多公里的重镇拉穆。

缅军攻占拉特纳帕兰和拉穆引起了孟加拉英国殖民当局的震惊，也引起加尔各答的震动，一些商人则携带家属和财产离开该城。于是，英印当局惟恐缅甸军队乘胜进攻吉大港，遂火速调集军队前去增援。但是，由于 5 月间，从海路进攻缅甸的英国军队攻占了仰光。班都拉的军队还未能进军吉大港就于 7 月间奉命赶往伊洛瓦底江流域抗击英军。

这样，阿拉干战场上的军事形势向着有利于英军的方面发展，于是，英军开始由守势转入进攻。1825 年 3 月，英军攻占了阿拉干首府末罗汉，随后占领了阿拉干全境。英军虽然在阿拉干取得了胜利，但是，由于遭到缅甸军民的顽强抵抗，加之水上不服，疾病流行，结果损失惨重，伤亡多达数千人。

第一次英缅战争的主战场在伊洛瓦底江流域。

1824 年 5 月 9 日，英国殖民者组建了一支由 66 艘战舰，运载着 1.1 万多名士兵的庞大海军舰队离开了安达曼群岛驶向缅甸南部沿海。当时，由于缅甸军队的主力集中在西部和西北部边界地区，南部沿海地区兵力空虚。这给英军以可乘之机。5 月 11 日，英军将领坎贝尔指挥从安达曼群岛开来的英军在仰光登陆。但是，英军登陆之后，当即遇到了困难。他们发现仰光当地的居民撤离时已经带走了全部的粮食、牲畜等。留给敌人一座空城。结果正如一位英国史学家所描述的那样，英军这次登陆，"断粮绝饷，失却联络，不久雨季开始，英军自陷泥足，困守仰光，日间不能进攻，入晚又须防御缅军之偷袭，枕戈待旦，苦不堪言"，处境狼狈。由于缅甸军民奋起反抗侵略者，加上疫病流行，又值雨季，英国军队损伤惨重，1 万多人中，能够参战者只有 4000 人，其中 3/4 的人是印度兵，能作战的英军官兵仅有 1000 多人。

英国侵略军占领了仰光、勃固、马都八等海岸城市，可以沿伊洛瓦底江而上，从南面直接威胁着缅甸的中心地区。缅甸政府急忙在调集首都阿瓦的兵力围攻仰光的英军的同时，下令班都拉率主力部队回师南下。班都拉接到命令，立刻率领 6 万大军，冒着大雨与酷热，翻越阿拉干山脉，于 1824 年 11 月赶回到仰光前线。

12月1日，班都拉率领缅军向驻守在仰光瑞大光宝塔附近的英军发起总攻。由于英、缅双方军事装备的差异：英军武器精良，缅军武器装备落后，当时所使用的最好的武器也只不过是18世纪的滑膛枪。英军以逸待劳，缅军则长途跋涉，疲惫不堪。另外，英国增援部队陆续抵达缅甸南部地区。因此，缅军几次发起进攻均为英军所败，伤亡较大，造成军事上的失利。仰光之役，缅军伤亡人数5000多人。而英军只损失了不到400人。激战1周后，班都拉率领7000多名士兵撤往仰光西北方的达柳漂，掘壕固守。

1825年3月，英国主力军队沿着伊洛瓦底江大举北上，准备进攻达柳漂。班都拉将军亲临前线指挥作战，曾在班瓦战役中击退入侵的英军。英军将领科顿写信给班都拉，要他率兵投降。班都拉在回信中义正辞严地说："你会看到，我将坚定地保卫我的祖国。如果你作为朋友而来，我让你参观达柳漂；但是，如果你作为敌人而来，那就来吧！"

科顿劝降失败后，当即率部向缅军驻守的塔骠堡发起进攻，结果被缅军击败，损伤惨重。3月25日，英国将领坎贝尔率增援部队赶到，稍加修整后，于4月1日向缅军驻地发起大规模的进攻，班都拉在战斗中中弹身亡，使缅军受到很大的损失。缅军失去总指挥，犹如群龙无首，陷入混乱之中，英军随即击溃缅军，占领达柳漂，并继续北上，于4月3日攻占卑谬。因雨季来临，才使英军未能继续北上。

班都拉之死以及英国侵略势力继续向缅甸腹地渗透，极大地震撼了缅甸封建王朝。然而，上层统治集团内部并没有形成统一的意见：一些官员主张同英军战斗到底，一些官员则主张同英军议和。缅王接受了议和派的建议，于1825年9月派代表同英方谈判，谈判中，英国提出要缅甸割让阿拉干等地，赔款200万英镑的苛刻条件。缅甸拒绝了英方提出的条件。由于谈判失败，缅甸政府在10月，重新组织了1万多人的部队向集结在卑谬的英军展开猛烈的反攻，开始曾给敌军以有力的打击，但是，随后，英国大批援军赶到，英军力量得以加强，缅军反攻失败。

1826年2月，英军长驱直入，占领了蒲甘，推进到距缅甸首都阿瓦不远的延达波。缅甸封建王朝在英国入侵的紧要关头，丧失了继续抵抗英军的勇气与信心，又一次派出代表前往延达波与英国人进行谈判，无条件地接受了英国提出的所有要求，于1826年2月24日正式签订了《延达波条约》。

《延达波条约》共有11款。其主要内容是：1. 缅甸政府放弃对阿萨姆及其邻国的要求，今后不得干预他们的事务；承认曼尼坡原来统治者的地位。2. 缅甸国王要把阿拉干和丹那沙林割让给英国。3. 缅甸政府向英国赔款1000万卢比，分4次还清。4. 英国政府可以派出使臣驻缅甸首都；使臣可以拥有一支50人的卫队。5. 英国船只可以自由进入缅甸港口，商船免税。

延达波条约的签订，标志着长达2年之久的第一次英缅战争的结束。这次战争是英国殖民当局在缅甸威胁英属印度的安全的借口下发动的侵略战争。他们虽然取得了胜利，但是，在缅甸人民的打击下，伤亡惨重。侵缅的4万余英国官兵中，约有1.5万人葬身于战场，军费开支多达1300万英镑。战争给缅甸各族人民带来了巨大的灾难与不幸，因为战争是以英属印度为基地展开的，也给印度人民增加下沉重的负担。

第一次英缅战争对缅甸的社会历史发展产生了巨大的影响。首先，这场战争中断了缅甸封建专制王朝独立发展的进程。其次，把独立的缅甸变成了半殖民地半封建的社会。再次，缅甸领土的割让不但使得缅甸的领土与主权受到侵害，而且给英国以进一步扩大殖民领地奠定了基础。第四，英国船只可以自由进入缅甸港口，带来了大量西方商品，商品经济的渗透使缅甸自给自足的封建经济直接受到资本主义的冲击。第五，缅甸王朝为了支付巨额赔款，加重了对人民的盘剥，从而使缅甸国内阶级矛盾加深。

第二次英缅战争

第一次英缅战争结束后，英国殖民当局，贪得无厌，得寸进尺，不但没有满足于割地和赔款，而且是企图获得更大的权益。

1826 年 9 月，英印殖民当局派特使约翰·克劳福德前往缅甸首府阿瓦进行有关商约缔结的谈判。谈判期间，双方至少进行了 13 次会谈，共 3 个月，但是，没有得到实质性的进展。英国并没有动摇缅王对外贸易的垄断权。

1830 年，英印总督本迪克（1828—1835 年）派亨利，伯尼出任驻缅使节。他来到缅都阿瓦后，继续就有关商约缔结问题同缅甸政府进行会谈，无果而终，1837 年回到印度。

伯尼在驻缅期间虽然在商约缔结方面无所获，但是，在此期间，他在缅甸上层社会中积极活动，1830 年就取得了与缅甸政府官员一起去宫廷出席缅王早朝的权利。他正是利用这一特殊的身份和有利的条件，暗中了解和掌握了缅甸统治集团上层的大量情况。组织间谍活动。这些为英国殖民主义势力进一步在缅甸扩张提供了各方面的情报。

英国的入侵，激起缅甸各族人民的反抗。1830—1836 年期间，丹那沙林、阿拉干等地都爆发了人民反抗英国侵略的起义。英国殖民者以丹那沙林为基地、不断向勃固地区渗透，也激起缅甸政府中爱国官员的强烈不满。在广大缅甸人民反抗英国人统治的思想情绪的影响下，缅王孟坑（1837—1846 年）继位之后，宣布延达波条约无效，拒绝就缔结新的商约同英印殖民当局进行谈判。

1840 年，英国东印度公司驻缅都代理查德·本逊离开缅甸。他回到加尔各答后，叫嚣只有诉诸武力才能使缅甸政府屈从。但是，英国当时正在进行侵略阿富汗的战争，同沙俄进行争夺，又发动侵略中国的鸦片战争，一时尚无力对缅甸发动新的侵略。

1846 年，缅王蒲甘（1846—1853 年）继位后，任命吴屋为仰光总督。吴屋面对英国商人在仰光港口肆无忌惮，无视缅甸的规章制度，进行各种违法活动，遂采取措施，治理港口混乱不堪的局面。正当英国殖民者对缅甸虎视眈眈时，仰光港口接连发生几起事件，成为英国殖民者发动第二次英缅战争的借口。

1851 年 6 月，英国船只"君主号"船长谢泼德在仰光港把 1 名引水员抛入大海淹死。8 月，英国船只"挑战者号"的船长又在港口杀死 1 名船员。仰光总督吴屋按照缅甸的习惯法逮捕了他们，并处以罚款，他们拒绝交付罚金，被监禁起来，在被迫交纳了 100 英镑后，才获得释放。另一方面，当时的英国已在其本土上完成了产业革命，基本上完成了对印度殖民地的控制。在这种形势下，英国政府借口缅甸"虐待英商"发动了第二次侵缅战争。

1851 年 11 月 17 日，印度总督大贺胥派遣东印度公司代理海军总司令兰伯特准将率 6 艘战舰开赴缅甸，要求缅甸政府撤换仰光总督吴屋，并向受罚的 2 位英国船长赔礼道歉，还要赔款 1000 英镑，并承担兰伯特舰队从印度到仰光所耗费用。屈于英国这种压力，缅甸政府同意撤换总督吴屋的职务，任命吴蒙为新总督。接受了赔款的要求，以平息事端。然而，兰伯特蓄意制造事端，使事态扩大，他公然派出军人和牧师，不顾外交礼仪及缅甸当时的制度，骑马擅自闯入总督吴蒙的私人住宅，并同总督的警卫人员发生争执。在这种情况下，总督吴蒙避而不见英方人员。于是，英国殖民者又借口缅甸人侮辱英方谈判代表。采取蛮横的行动，劫走了停靠在仰光港口的缅甸王船"水吕号"，并炮击仰光，对仰光实行海上封锁。

1852 年 2 月 18 日，大贺胥向缅甸国王发出最后通牒。要求缅甸通过国王的大臣向闯入吴蒙宅邸的英国官员表示歉意；缅甸向英方赔款 100 万卢比，以赔偿英方因备战所耗资财；撤掉仰光总督吴蒙的职务，并限定缅甸政府于 4 月 1 日前做出答复。缅甸政府最后还是拒绝了英国殖民者的无理要求，但是，政府并没有像第一次英缅战争中那样，积极备战以抗击英国侵略者。4 月 1 日，英国将领戈德温率军从丹那沙林向缅甸发起进攻。英军仅用了 8 个月的时间，侵占了下缅甸地区。随后，英国单方面宣布已吞并了下缅甸，宣称"勃固省现在已经成为，将来也永远是大英帝国在东方的领土的一部分。"事实上，侵略者在下缅甸的统治尚未稳固，不堪忍受英国殖民统治的缅甸各族人民，一方面反对缅甸封建王朝对英国侵略者抱有的幻想与妥协，另一方面同英国殖民者展开了顽强的斗争。斗争此起彼伏，英国殖民主义者用了 5 年的时间才控制了这一地区。1862 年，英国殖民者在镇压下缅甸人民抗英斗争后，把阿拉干、丹那沙林、勃固 3 个地区合并起来，组成"英属缅甸"，加强对下缅甸地区的殖民统治。

第二次英缅战争与第一次英缅战争的不同之处在于：1. 英国殖民者在这次战争中毫不掩饰地暴露出他们贪婪，野蛮的本来面目。他们明明杀了缅甸的船员，还要缅甸政府向英国人赔礼道歉，交付罚款；他们不顾外交礼仪擅闯私人住宅，却说缅甸人侮辱其谈判代表……。2. 缅甸封建统治者表现得十分软弱无力，未能组织较大规模的抵抗，而始终对英国殖民主义者抱有幻想并一再妥协。这已表明了缅甸封建王朝已完全丧失能力，领导各族人民反抗外来入侵者的斗争。

第三次英缅战争

第二次英缅战争刚刚结束，马克思就指出，"没有尽头的缅甸战争的第三次爆发，看来有不可避免之势。"

英国殖民者并没有以取得下缅甸为满足。他们企图以下缅甸为基地，逐渐向上缅甸地区渗透，最后将上缅甸也纳入其殖民地范围。其真正的用意还不仅如此。一方面，英国殖民当局要实现对缅甸的全面控制，掠夺缅甸丰富的资源。另一方面，要通过上缅甸逐渐渗入中国的西南地区，打通侵略中国云南的通道。

因此，为了首先打开更加广阔的市场，1855年，英印政府派驻缅甸的总督亚瑟·潘尔曾亲自率领代表团访问上缅甸。代表团的成员各自肩负着特殊的使命。他们在上缅甸逗留长达两个月之久。虽然他们与缅甸政府没达成任何协议，但是，他们收集到了大量有关缅甸政府的政治、经济、交通、物产资源、气候等重要的情报。

缅甸政府自曼同（1853—1878年）登基时起就一直对英印殖民当局抱有幻想，指望通过谈判实现收回勃固等地的目的。缅王之弟加囊亲王在克里木战争期间曾建议趁机收复失地。曼同则拒绝出兵，甚至表示，"我不能在朋友的背后放暗箭。"1857年，因印度爆发了人民大起义，大批驻缅英军赶赴印度去镇压起义。有人再度提出乘机收复失地，曼同仍然拒绝出兵，并且说，"我不能乘人之危伤害朋友。"

1866年8月2日，因争夺王位，曼同的两个儿子在曼德勒发动政变，杀死了王储曼囊亲王，曼同也险些丧命。为了巩固其统治地位，曼同王急欲购进武器。驻下缅甸的英国殖民当局乘机表示，缅王可以通过他们购进武器，条件是必须先签订英缅贸易协定。缅王被迫与英方于1867年签订商约。商约规定，进一步降低过境商品税。税率为货物总值的5％左右。缅甸政府同意英国代表进驻八莫，为英国人通过八莫进入中国云南开展贸易提供方便。同时缅王还放弃了对柚木、石油和红宝石以外的所有商品的贸易垄断权。缅甸同意在缅甸的英国人有治外法权。英国方面答应，在英国驻下缅甸总督事先同意的情况下，缅王可以获得所需的枪支、弹药。此后，英国政府经常插手缅甸内部事务，挑拨离间，制造是非，引起缅甸各族人民之间的隔阂与矛盾，从中渔利。甚至还煽动掸、克伦、克钦等族闹独立。曼同一直采取妥协让步的政策，但是，由于英国殖民者贪得无厌、言而无信，千方百计阻挠曼同王获得武器，因此，1875年后，英缅关系又趋紧张。

当时，正值世界上主要资本主义国家开始从自由资本主义向帝国主义过渡的时期。帝国列强都竭尽全力为扩大商品市场和工业原料产地而争夺殖民地和势力范围。

1883年，缅甸政府为了求得援助，派使者访问西欧诸国。当英国获悉缅甸使者在巴黎同法国代表谈判时，害怕法国势力渗透到缅甸，进行了公开的干涉。英国驻巴黎大使向法国声明："由于缅甸邻近英属印度及其与大英帝国的关系，缅甸同女王陛下政府的关系占有一个特殊的地位。有关缅甸的一切问题，女王陛下的政府都给予特别的关注。"英国驻法国大使还要求法国政府保证缅法协定只具有商业性质，英国殖民主义者把缅甸视为它的势力范围，绝对不允许法国插手缅甸事务。这也是英国殖民者发动第三次英缅战争的主要原因之一。1885年，发生的所谓"柚木案"成为英国发动这次战争的借口。

1885年，英国刚结束对阿富汗战争，镇压了非洲祖鲁人的反抗。法国则正进行着侵略印度支那的战争。英国抓住这一有利的时机。借口缅甸政府对"柚木案"的判决是迫害英国商人，决定再次发动战争。原来，缅甸的柚木出口贸易一直垄断在缅王手中，英国公司要想从上缅甸运走柚木，必须依照有关规定向缅甸政府交纳一定的税款。然而，驻上缅甸专门从事柚木开采、转运业务的英资孟买缅甸贸易公司，为了牟取暴利，肆意进行偷税漏税活动。缅甸政府发现，这个公司在两年之内从上缅甸运出柚木共 8 万根，但是，该公司只申报 3 万根。于是，1885 年 8 月 20 日，缅甸政府作出向这家公司罚款 230 万卢比的决定，孟买缅甸公司不服判决，英属缅甸专员要求把这一案件交付印度总督仲裁。缅甸政府对这一无理要求予以拒绝。于是，英国殖民当局于 10 月 22 日正式向缅甸政府发出最后通牒，限定缅甸政府必须在 11 月 10 日之前作出明确的答复。通牒的主要内容是：1. 缅甸政府接受英印总督派遣特使裁决柚木案；2. 英国特使可以带一支由 1000 名士兵和 1 艘武装汽船组成的卫队进驻曼德勒；3. 缅甸政府必须为英国在缅甸领土上打开同中国的贸易提供方便；4. 缅甸的外交活动必须接受英印总督的监督。

1885 年 11 月 9 日，缅甸政府对英印当局的通牒作出答复：反对英方派遣特使来裁决"柚木案"，拒绝英国控制缅甸的外交。其他条件可以接受。实际上，英国政府并不在乎缅甸政府对最后通牒答复的好坏。他们已经做好了充分的侵略准备。所以，11 月 11 日，英印当局命普伦德加斯特将军率军向曼德勒进军，发动了第三次英缅战争。

缅甸政府既无实际能力抗击英国的入侵，也没有必要的思想与军事上的准备。11 月 14 日，装备精良的英军，共 1 万多人开始进入上缅甸。因英军有备而来。他们入侵之前，已经绘制了伊洛瓦底江沿岸的要塞分布和地形图，侵略军对缅甸的军事部署情况了如指掌。因此侵略者在军事上比第二次英缅战争时占有更大的优势。对比之下，缅甸政府非但对英军入侵没有足够的心理与军事上的准备，而且，统治集团内部更缺乏统一的认识。正值英军大举北上之时，缅王锡袍却像往常一样与王后在宫中寻欢作乐，置国家安危于不顾。他的两个主要大臣金蕴敏纪和泰达敏纪，一个主战，一个主和，主和派金蕴敏纪暗中下令各地缅军不得抵抗英军。而主战的一方，并未采取任何实际行动，依然幻想英国侵略军只是试图以武力相胁，以迫使缅甸政府接受其最后通牒而已，不会大动干戈。

战争共进行了 14 天，英军未曾遇到多大的抵抗。缅甸以失败而告终。1886 年 1 月 1 日，印度总督达弗林宣布，上缅甸为英国的殖民地。

英国殖民者凭借强大的军事力量吞并了缅甸。他们的侵略，激起了缅甸各族人民的强烈反抗。英国殖民者陷入孤立的境地。从 1886 年到 1896 年，缅甸各族人民抗击英国的游击战争此起彼伏，规模浩大，给英国侵略者以有力的打击。缅甸人民的抗英斗争，牵制了大量的英军兵力。英国占领曼德勒后，曾调 4 万多兵力，耗用大量军费，花了 10 年的时间，才把缅甸各族人民的反抗斗争镇压下去。缅甸各族人民规模浩大的反英斗争虽然缺乏统一而坚强的领导而最终失败，但是，它充分地表现了缅甸人民的高度爱国热情和英勇奋战的精神，显示出人民群众的巨大力量。

中国人民曾协助缅甸人民抗击英国侵略者。在第三次英缅战争中，云南地方官员曾派腾越都司、副将李文秀到缅甸了解战况。后来李文秀率部 500 余人去缅甸参加抗英斗争，最后战死疆场。

缅甸人民经过几十年的艰苦斗争，直到 1948 年才最后摆脱英国的殖民统治，宣布独立。

克里木战争

克里木战争发生于1853—1856年，战争的一方的沙皇俄国，另一方是英国、法国、土耳其、撒丁王国组成的同盟。这次战争是由于沙皇俄国在争霸世界的道路上想鲸吞土耳其，同英法资产阶级的利益发生严重冲突而引起的。因其主要战场在克里木，所以又叫克里木战争。

1848—1849年的欧洲革命，最终是被沙皇几十万军队的刺刀镇压下去的。沙俄不仅是国际反动势力的主要堡垒，而且牢固地保持了世界宪兵的"荣誉"。沙皇尼古拉感到自己比以往任何时候都强大，他不仅是欧洲的主人，而且应当是世界的主人。他决定利用当前的地位和时机，实现他建立世界帝国的野心。在争霸世界的斗争中，沙俄一直把南下征服土耳其帝国、夺取近东和巴尔干作为头等战略目标。沙皇梦寐以求，要把土耳其首都君士坦丁堡变为"沙皇格勒"，打通黑海海峡，进而控制地中海。沙皇还力图通过对外战争来转移国内日益增强的不满。正如恩格斯所指出的："为了在国内实行专制统治，沙皇政府在国外应该是绝对不可战胜的；它必须不断地赢得胜利，它应该善于用沙文主义的胜利热狂，用征服愈来愈多的地方来奖赏自己臣民的无条件的忠顺。"（恩格斯：《俄国沙皇政府的对外政策》，《马克思恩格斯全集》第22卷，第44页）

英国和法国在中近东也有着巨大的殖民利益，特别对英国来说，这一地区是不列颠通往东方的枢纽，决不能容忍俄国控制黑海和地中海。还在1844年，沙皇亲去伦敦，企图就瓜分土耳其同英国达成协议，没有得到英国的支持。

50年代初，沙皇决定利用"圣地"问题的争执对土耳其采取行动。长期以来，天主教会和东正教会之间就耶路撒冷的基督圣地的管辖权问题发生争执。由于每个教派后面都掩藏着某种政治力量，这种"神圣的争吵"不过是列强之间争夺近东霸权的"卑鄙的战争"。（马克思：《宣战。——关于东方问题产生的历史》，《马克思恩格斯全集》等10卷，第187页）1852年8月，土耳其政府在法国政府的压力下，保证天主教徒对圣地的管辖权。沙皇以此为口实，指责土耳其政府迫害东正教徒，要土耳其政府把土境内所有信奉东正教的臣民交他"保护"。土耳其苏丹政府拒绝沙皇的要求。1853年7月，俄国军队强渡普鲁特河，侵占了处在土耳其素丹宗主权下的多瑙河两公国：摩尔多瓦和瓦拉几亚。10月4日，土耳其向沙俄宣战，俄土战争爆发。

在多瑙河上开始的俄土战争，俄国是侵略战争，土耳其则是反侵略的保卫战。（参看恩格斯：《神圣的战争》，《马克思恩格斯全集》第9卷，第486页）战争在多瑙河、高加索和黑海沿岸同时进行。土耳其第一仗就把俄军打败。但是英、法、普、奥等国则压土耳其同沙俄"谈判""解决争端"，致使土耳其行动犹豫，贻误战机。沙俄重新集结大量军队。11月18日，沙俄舰队向停泊在西诺普港口的一支土耳其舰队突然袭击，土舰队被歼灭，俄国控制了黑海的制海权。君士坦丁堡岌岌可危了。

沙俄不顾一切地鲸吞土耳其的行动，震动了整个欧洲。沙俄的行动从根本上损害了西方列强的殖民利益。1854 年 3 月，英法对俄正式宣战，撒丁王国加入英法一方；此外，奥地利在巴尔干的利益同俄国的扩张势不相容，它派出了两个军团进入多瑙河阵地，要俄国退出多瑙河两公国。普鲁士也表示"中立"。沙俄孤立了。土耳其军队再度对多瑙河和南高加索展开进攻。

战争扩大并且复杂化了。英、法的统治集团，只想使沙俄退出近东阵地，恢复战前状况，而不想全面削弱作为世界宪兵的沙俄的力量。英法联军联合舰队虽在波罗的海、白海和堪察加半岛东岸对俄军进行攻击，但他们力求把军事行动主要限于黑海沿岸地区，而不进攻沙俄的中心要害地区。直到 1854 年 8 月，英法联军舰队的进攻都是软弱的，只是以远距离炮轰一些港口和据点来夸耀自己的胜利。当时只有土耳其人建立了显赫的战功，他们在多瑙河畔的锡利斯特拉保卫战中消灭俄军五万多人，迫使俄军退回多瑙河北岸。俄军陷入严重的困境。1854 年 9 月，在奥地利的最后通牒下，俄军退出多瑙河两公国：摩尔多瓦和瓦拉几亚。在这种形势下，英法联军才开始真正的进攻，战事集中在黑海北岸的克里木半岛。军事技术落后的俄国帆船舰队无法对抗英国的汽船舰队，制海权被英法所掌握。俄军舰队被封锁在塞瓦斯托波尔。英法联军指挥官犯了战略性的错误，他们不采取强攻，宁愿围攻，于是出现了持续十一个月的著名的塞瓦斯托波尔的围攻战，双方争夺十分激烈。直到 1855 年 9 月 8 日法军攻占南区制高点马拉霍夫冈，联军才最后攻占塞瓦斯托波尔。俄军被迫撤退，残存的黑海舰队凿沉和烧毁在大湾里。

战争已使俄国 52 万人伤亡，耗费五亿卢布，俄国财政已陷入崩溃状态，担负战争全部重担的农奴到处起义，沙俄败局已定。沙皇尼古拉一世在塞瓦斯托波尔陷落前夕服毒自杀。他的后继者亚历山大二世只得停战求和。

1856 年 2 月签订了停战协定。3 月 30 日，由法、英、奥、撒丁和土耳其代表为一方，俄国代表为另一方，签订了巴黎和约。根据和约，俄国让出多瑙河三角洲和比萨拉比亚南部的三个县归还摩尔多瓦，放弃对多瑙河两公国的保护权和对土耳其东正教臣民的保护权；规定黑海中立化，禁止外国军舰通过海峡，俄国和土耳其在黑海不得有海军军械库和舰队——这是巴黎和约的主要条款；此外俄国把卡尔斯归还土耳其，换回联军在克里木所占的城市。

克里木战争是沙俄争夺世界霸权道路上的重大挫折，动摇了它在欧洲大陆上的霸主地位。但是克里木战争并未给沙俄以决定性的打击，巴黎和约也未使沙俄的领土有多大的损失，相反，俄国利用西方列强之间的矛盾，拉拢法国，从中取利。克里木战争后，沙皇俄国和拿破仑三世的法国结成了欧洲的反动轴心。沙俄开始大规模的军事改革。在 1858 年到 1864 年间，沙俄从中国割去了 150 万平方公里的领土。沙俄继续在世界各地扩张领土，镇压波兰起义破坏欧洲各国的民族民主运动。沙俄依然是世界宪兵。

克里木战争的战局演变

克里木战争有三个重要战场：巴尔干半岛、克里木半岛和高加索，其中决定性的为克里木战场，故称克里木战争。此外，在波罗的海、白海和远东也曾发生零星战斗。

法、英、土为一方与俄国为另一方的这场战争可分为前后两个时期。的期主要为俄土在巴尔干半岛作战；后期主要是法、英、土、撒丁与俄国在克里木半岛作战。

战争前期，或称巴尔干时期。1853 年 5 月俄土断交以后，7 月 3 日，米·德·戈恰科夫率领 8 万俄军渡过普鲁特河，侵入摩尔多瓦和瓦拉几亚。此两公国当时仍属奥斯曼帝国版图。俄国入侵表明沙皇政府对奥斯曼帝国不宣而战。战火首先由沙皇俄国点燃，"东方危机"演变成为"东方战争"。此后局势迅速变化。9 月末，英、法舰队应素丹要求，由达达尼尔海峡到达君士坦丁堡。

土耳其政府在英、法支持下，要求俄军于 18 天之内撤出侵占地区。俄国不予理睬。10 月 4 日，土耳其向俄国宣战。11 月 1 日，俄国对土耳其宣战。不久，土军 15 万人到达维丁和沃耳特尼察等地，迎击多瑙河对岸的俄军，其中 1 万人渡过多瑙河与俄军作战。此时，俄土军队之间仅仅发生小规模战斗，双方隔河对峙。俄军侵占两公国的局面未有变化。与此同时，土、俄双方在高加索也开始战斗。

11 月 30 日，继俄军越过普鲁特河之后，纳希莫夫率领的俄国黑海舰队袭击了停泊于锡诺普港湾的土耳其黑海舰队。土耳其舰队仓促应战，交锋数小时，结果几乎全部覆没，舰队司令奥斯曼帕夏受伤被俘。停泊在博斯普鲁斯海峡的英、法舰队受到公开挑战。

锡诺普海战终于促使英国内阁决心反对俄国，也激怒了法国政府。1854 年 1 月 4 日，英、法舰队进入黑海。俄国于 2 月 21 日向英、法宣战，27 日，英、法向俄国发出最后通牒。3 月初，英、法、土 3 国缔结军事防守同盟，"决心保卫奥斯曼帝国在欧洲和亚洲的领土"。3 月 23 日，俄军 5 万人渡过多瑙河，向土军发起攻击。27 日，英、法政府对俄国宣战。至此，主要参战的国家已经卷入战局。

1854 年夏天在克里木战争的前期具有重要意义。5 月，俄军围攻多瑙河右岸的锡利斯特拉，土军顽强防守。俄军被歼 5 万多人。锡利斯特拉之战引起了奥地利的干预与法、英军队登陆瓦尔纳。

奥地利十分关注战局。俄军侵占两公国与控制多瑙河口，合它与该地区的贸易大受损失。奥地利帝国对于巴尔干半岛早已怀有野心。现在，面临俄国威胁，它派遣 8 万大军云集东部边界，准备攻击俄军后方。奥国于 6 月 3 日发出最后通牒，强烈要求俄军撤出两公国。法、英看到巴尔干战局不利于土耳其，便派遣两国联合舰队运送 5 万英、法军队于 6 月 24 日在瓦尔纳登陆，并向多布罗加进兵，企图从侧翼打击俄军。土军的坚持抵抗，英、法军队的侧翼包围和奥军的背后威胁，使俄军陷入困境。6 月末，俄军开始撤退，9 月，撤回普鲁特河左岸，放弃了一度占领的两公国。俄军掠夺了当地金库。奥地利根据与土耳其的协定，出兵占领两公国。

俄国进攻与土耳其防守是当时战事的主要态势。但是，巴尔干初期交锋的结果对俄国颇为不利，锡利斯特拉之战使俄国遭受惨重损失。它未能实现占领两公国的企图，却促成了国际局势于己不利的演变。

战争后期，或称克里木时期。俄军撤走后，法、英两国政府并不满足，它们充分了解俄军实力犹在，企图给俄国以真正打击。法、英在瓦尔纳召开军事会议，决定攻打克里木半岛。它们的作战方案，在于夺取塞瓦斯托波尔，占领克里木半岛等地，以求消灭俄国黑海舰队，切断俄国与黑海的联系，从而阻止它的南下势头。

1854年9月13日早晨，俄国海军上将科尔尼洛夫与中将纳希莫夫在塞瓦斯托波尔最高点——海军图书馆阁楼上用望远镜瞭望。他们大为吃惊地发现海面天际驶来一群敌舰。14日，300多艘舰船运载的6.2万名法、英、土联军在该城北方的耶夫帕托里亚登陆。

法、英军队经过周密考虑，不曾直接进攻塞瓦斯托波尔。塞瓦斯托波尔是俄国在黑海的要塞、舰队的基地。法、英军队在克里木半岛登陆，战火烧到俄国。战争进入关键阶段。

登陆军队未曾遇到抵抗。当时，沙俄宫廷正调集大军密切注视西部边界，等待敌人进攻首都彼得堡。它仅仅派遣缅希科夫率军3万余名防守克里木半岛。缅希科夫昏庸无能而狂妄自大，对敌军来犯毫无估计，半岛设防不严。

在海上，英国舰队是主力。在陆地，法军从人数到战斗力皆超过英军。土军人数较少。法军司令是圣阿尔诺元帅，英军司令为拉格兰勋爵。

法、英联军登陆后，于9月19日发兵南下，指向塞瓦斯托波尔城。20日，法、英联军在阿尔马河遇到俄军，双方发生激烈战斗。法军博斯凯的骑兵师猛攻俄国左翼，英军攻其右翼，俄军败走。缅希科夫被人们称为"伊兹缅希科夫"，即叛徒之意。他率领俄国野战军队通往塞瓦斯托波尔东北的巴赫奇萨拉依。科尔尼洛夫和纳希莫夫奉命负责塞瓦斯托波尔的城防，守军约为2万水兵。法、英联军在此重要关头未曾充分利用俄军城防甚差并在阿尔马战败之机，立即挥戈南下直取塞瓦斯托波尔。此种犹疑迟缓举动令当时国际舆论吃惊，也使后世史学家与军事家费解。俄军得到喘息机会后，加固城防，准备坚守。

塞瓦斯托波尔守军凿穿数艘军舰，沉入港内，封锁了港口。俄国水兵和部分居民在城外修建了由多层工事组成的保护圈。守军自感力量不足，盼望缅希科夫所部野战军队的支援。阿尔马战后，由康罗贝尔将军接替病重的法军司令圣阿尔诺。法、英联军数日后开始南下，包围了塞瓦斯托波尔城。克里木战争的高潮塞瓦斯托波尔争夺战从此开始，并延续了349天。

俄国野战军队得到增援，10月末在巴拉克拉瓦进攻并取胜。11月，法、英军队在英克曼之战中以少击众，俄军损失1/3。远在约2000公里之外的彼得堡宫廷，无视俄军在克里木半岛的困境。沙皇尼古拉一世于1855年2月下令进攻，以求切断法、英联军的供应线。战斗发生于耶夫帕托里亚，俄军再次惨败。沙皇政府认为缅希科夫无能，令其"因病"辞职，改由米·德·戈恰科夫担任克里木半岛俄军司令。司令官的更替也未改变俄军处境。8月，乔尔纳亚列奇卡一战，俄军的进攻又以失败告终。俄国野战军队从此无力解救围城。塞瓦斯托波尔只得任凭法、英军队攻击。

自从1854年9月末开始围攻以来，法、英联军不断加强攻城力量。土耳其也从多瑙河调来援军3.5万人。同时，法、英积极争取盟友。它们于1855年1月与撒丁王国结盟。撒丁王国立即派遣1.5万军队参加战斗。军事力量的增加使法、英处于十分有利地位。盟军达到12万之众，且装备精良、弹药充足、供应良好。守卫在克里木半岛和塞瓦斯托波尔城的俄军共有 5 万多人，后又派来增援军队，共计为十数万人。

1854 年 10 月，法、英联军初次炮轰塞瓦斯托波尔。俄方死伤千余人，海军上将科尔尼洛夫被击毙。1855 年 4、5、6 与 8 月，法、英联军接连炮轰塞瓦斯托波尔，守军大片工事被摧毁，兵员伤亡惨重。8 月炮轰时，俄方每日平均被击毙近3000 人。海军中将纳希莫夫于 6 月巡视工事时遭敌军枪击，重伤而死。数月围攻，几番炮轰，使得俄军损兵折将，伤亡惨重，外壕丢失，抵抗减弱，濒临绝境。

法军司令康罗贝尔将军与英军司令拉格朗不和，只得于 1855 年 5 月辞职，改由别利西埃将军继任。拉格朗于 6 月因病去世，由辛普森继任司令。法、英联军加紧争夺护城工事，不断收缩包围圈。

9 月 5 日，700 门大炮猛轰塞瓦斯托波尔。3 日之内弹雨纷纷，血肉横飞，俄军工事大量被毁。这是法、英第六次，也是最后一次炮轰。8 日，法、英军队发起总攻击，经过激烈厮杀，法军终于夺下马拉霍夫冈高地。这是俯瞰全城的制高点。它的丧失使该城无法继续防守。残留的守军被迫经由事先架设的便桥撤到北岸。塞瓦斯托波尔落入法、英联军手中。克里木战争基本结束。此后，其他地区仍有一些战斗，但已无关大局，不能改变俄国战败的事实。

在此前后，法、英联军在舰队支持下，曾占领刻赤、阿纳帕、金希恩等黑海沿岸城镇，并在亚速海沿岸毁坏俄军粮食储备和焚烧若干小城。法、英军队在克里木获得大胜之后，未曾出师北征，侵入俄罗斯帝国内地。看来，拿破仑一世的惨痛教训，人们仍然记忆犹新。

除了巴尔干和克里木之外，高加索、波罗的海、白海与远东也先后发生过战争。高加索战场尤为重要，波罗的海战场也别具特色。

俄、土之间对高加索地区的争夺由来已久。在克里木战争中，高加索的战斗开始于 1853 年 10 月 27 日土军进攻圣尼古拉哨所，结束于 1855 年 11 月卡尔斯投降。它与巴尔干和克里木战事同时进行。

1853 年 10 月至 11 月，10 万土军发动进攻，目标为第比利斯。俄军此时约为 3万之众，他们于 12 月在巴施卡迪克拉尔重创土军。冬季，大雪封山，道路阻塞，双方停战，1854 年 5 月，12 万土耳其军队重新发动进攻，但 6 月至 7 月俄军又取得胜利。8 月，俄军再次击败土军主力于丘柳克——达拉，它本身也受到重大损失。冬季到来，双方转入休战状态。1855 年春，俄军主动出击，不久开始围攻卡尔斯要塞。此城易守难攻。土军坚守 5 个月之久，终于在 11 月 28 日被迫投降。卡尔斯的胜利只是稍微改善了俄国的处境，不能改变俄国的败局。

1854 年 7 月，由 52 艘军舰组成的英、法舰队在波罗的海对俄国要塞喀朗施塔德进行封锁，并企图在汉科、阿多和埃克涅斯等地登陆。8 月 16 日，英、法舰队攻占阿兰群岛的博马松德俄军要塞。但波罗的海受冰封等自然条件所限，一年之内仅有部分时间可以作战。英、法舰队后来离开波罗的海。1855 年，英、法舰队仍以封锁海岸为主，并曾炮轰塞阿堡等沿岸城市。英、法舰队虽然攻克博马松德要塞，但未能夺取喀朗施塔德这一预定目标。波罗的海战斗就此结束。

1854—1855 年，英、法舰队曾在白海向俄国发动进攻。他们从海上炮轰科拉等地，并试图进攻阿尔汉格尔斯克。1854 年 8—9 月，英、法舰队在堪察加半岛的彼得罗巴甫洛夫斯克登陆。1855 年，它们又企图在鞑靼海峡的德卡斯特里登陆，在这些战斗中，英、法未曾动用强大兵力，因而战果不大。

克里木战争的基本进程表明，俄军山前期的进攻转为后期的防守，法、英、土军队则由被动变成主动并取得最后胜利。从战事本身来看，前期战斗较为缓和，后期，尤其塞瓦斯托波尔之战空前激烈。这是拿破仑一世之后数十年来欧洲未曾见到的一场恶战。仅仅塞瓦斯托波尔的争夺，俄军死伤就达十余万人。

塞瓦斯托波尔围攻战

多瑙河战事结束后，战争主要就集中到黑海北岸的克里木半岛了。这个俄罗斯帝国欧陆南疆的桥头堡，像一只有力的拳头，插入那波涛滚滚的黑海。它东临俄国的内海亚速海，西北濒卡尔基尼特湾，战略地位十分重要。半岛南端的塞瓦斯托波尔，是俄国黑海舰队的主要基地。如今，港内停泊着十四艘战列舰、六艘巡航舰和六艘蒸汽舰，它们受到英法联合舰队的封锁和监视。然而，联军要夺取眼前的这个要塞也非易事。在这里，俄舰既有可靠的隐蔽地点，又有强大的海岸炮台火力作掩护。只有在陆军的支持下，联军舰队才能发动有效的进攻。

1854 年 9 月初，英、法、土 62000 陆军士兵，携火炮 112 门，从瓦尔纳出发，开始了大吹大擂的克里木远征。从这时起，克里木半岛成了主要战场；早就想使战争局限在一定范围内的英、法，开始了比较坚决的进攻。而克里木战争也就以其主要战场所在地而得名。

9 月 14—18 日，这支由 300 艘运输船、89 艘舰艇运送和掩护的远征部队，在克里木半岛耶夫帕托里亚附近顺利登陆，并开始向南推进。俄国处于无所作为的被动状态，没有进行阻击。面对优势敌人的进攻，克里木俄军陆海军总司令，1853 年出使君士坦丁堡时骄横无礼的缅希科夫公爵，惊慌失措，下令退却。9 月 19 日，联军进抵阿尔马河。这是半岛南部的一条重要河流，它自东向西横卧其间，成为从北面进攻塞瓦斯托波尔的一道天然障碍。缅希科夫指挥的 35000 俄军，携 84 门火炮，退据河的南岸。这里地势较高，多悬崖峭壁，俄军企图凭险固守。9 月 20 日，克里木英军总司令腊格伦将军所部居左，克里木法军总司令圣阿尔诺元帅所部居右，对俄军阵地展开进攻。联军与俄军的第一次陆战——阿尔马河会战开始了。这天清晨，法军一个师沿海岸前进，来到河口，在舰只炮火的支援下，抢渡阿尔马河成功。登上南岸的法军，迂回于俄军左翼后方。接着，联军从正面进击。他们缓慢而稳步地通过崎岖难行的地段后，首先攻取俄军在北岸的前哨据点。俄军在退却时烧毁其中一个据点，火光冲天。联军趁势强行渡河，冲向高地。战斗在葡萄园及断崖与鹿砦之间展开。俄军无法抵挡，只好沿山坡向后撤退，退向塞瓦斯托波尔。这次会战，俄军损失 5700 人，连缅希科夫的马车也落入法军之手；联军损失 4300 人，也付出很大代价，加上地形不熟，因而没有发起追击。

随后，联军进逼塞瓦斯托波尔北区。这里可以俯视整个城市，当时俄军防守薄弱，是打开塞瓦斯托波尔要塞的钥匙。但联军不敢乘胜从北部正面强攻，而是在要塞东面作长距离迂回，越过因克尔芒向巴拉克拉瓦进军，从南面展开进攻，实际上是放弃了一次胜利在握的战斗而另觅他途。

从阿尔马河败阵的缅希科夫，退到塞瓦斯托波尔。但他没有在这里停留多久，就把保卫要塞的指挥权交给俄国黑海舰队参谋长科尔尼洛夫，而自己则率部分军队前往巴赫奇萨莱，去防卫联系俄国内地的交通线。

9月25日，联军向塞瓦斯托波尔南区推进。同日，俄军宣布该城戒严。从此，开始了旷日持久的塞瓦斯托波尔围攻战。26日，联军攻占巴拉克拉瓦，以此为作战基地和军需补给站。

塞瓦斯托波尔的城防司令、海军上将科尔尼洛夫和他的主要助手纳希莫夫，不失时机地采取紧急措施，加强防御。在要塞临海一面已有强大的海岸火力（13座炮台，611门火炮）的条件下，仍作出决定：将五艘旧战列舰和两艘巡航舰横向沉没在北湾入口处；其余舰只随时待命，以便有效地阻止联军的蒸汽舰突进港内停泊场。

10月17日，联军开始炮击塞瓦斯托波尔。1460门火炮（其中舰炮1340门）从陆上和海上同时猛轰。要塞的许多碉堡被炸毁，大炮被打坏，俄军死伤15000人，科尔尼洛夫阵亡，纳希莫夫接任其遗职，指挥城防。当时，塞瓦斯托波尔附近联军有67000人，同守城俄军相比占有巨大的优势。腊格伦将军和新任克里木法军总司令康罗贝尔将军，曾指望在炮击摧毁要塞工事之后，以突击的方式一举夺取该城。但是俄军炮火的有力还击，迫使他们推迟进攻。

此后，缅希科夫多次在敌后发动攻势，试图解塞瓦斯托尔之围，但都没有成功。

10月25日，缅希科夫率军进攻巴拉克拉瓦的联军阵地。这个港口的陆上第一道防线由土军防守的四个多面堡组成。其中第一个多面堡构筑非常坚固，俄军先施炮击，然后以三个营的兵力强攻；土军拼死抵抗，死伤170人，堡垒终于失守。接着，俄军几乎未经战斗便占领了其余仓促构筑的三个多面堡。联军的第一道防线完全被击破了。俄军骑兵追歼土军。防守第二道防线的部分英军前往支援。两军相遇，俄国骑兵攻击英军一个步兵团，七八百名英国骑兵冲上去同数量上比自己多一倍的敌骑兵厮杀，英国步兵则在距敌50步的地方举枪齐射，俄国骑兵败走。随后，双方援军开到，战斗又起。英军轻骑兵旅驱马向前，遭到俄军火炮和步枪的射击。骑兵旅发起冲锋，砍倒敌方炮手，击溃敌一支骑兵。但是，当他们开始折回时，另一支俄国骑兵突然从旁边冲出，其势迅猛。人困马乏的英国轻骑兵旅抵挡不住，结果几乎全部被歼灭。这一仗英军骑兵损失惨重，但俄军并未能夺回巴拉克拉瓦，联军失去的只是第一道防线，英军仍在坚守并积极加强第二道防线。

在巴拉克拉瓦会战以后，缅希科夫获得增援，准备同联军决战，并选择塞瓦斯托波尔以东、黑河河口附近的因克尔芒为战场。俄军占领了因克尔芒高地的有利阵地，于11月5日向联军发动进攻。他们排成密集的纵队猛扑英军据守的各个山头。英军的炮兵首先开炮轰击，而散开卧倒的英军步兵接着一阵齐射，俄军死伤累累。当进攻者勉强爬上山顶时，其队形已被破坏。英军步兵又一阵齐射，随即展开白刃战；俄军抵敌不住，被赶下山去。但是，俄军依仗优势兵力，反复冲击。两军一次又一次短兵相接，战斗十分激烈。正当英军苦战之际，法军一个师及时赶到，给了英军以有力的支援。俄军败退。就这样，14000 人的联军，终于战胜了 3 万人的俄军。但双方都为此付出很高代价：联军损失三分之一的兵力；俄军损失更大，达 1 万余人。

因克尔芒会战后，交战双方处于相持状态。1855 年 1 月，撒丁王国与法国缔结同盟条约，参加对俄作战。15000 撒丁军被派赴克里木战场，从事修筑工事和后勤支援等工作。撒丁参战是法国和英国所需要的；塞瓦斯托波尔围攻战拖得愈久，联军就愈是需要新的同盟者。虽然撒丁在这个战争舞台上不过是一个配角，但大批撒丁军的到来多少增强了联军的力量。同时，沙俄在国际上也显得更加孤立了。撒丁国王维克多·艾曼努尔二世（1849—1861 年在位）及其首相加富尔伯爵有自己的打算。当时，意大利仍然四分五裂，北部的伦巴底、威尼斯被奥地利长期占领。撒丁的统治者旨在以参战来取悦英、法（特别是法国），谋求拿破仑三世帮助他们取得奥占意大利领土，支持由撒丁完成意大利国家的统一。

1855 年春，激烈的战斗重新展开。彼得堡宫廷急于要打破联军对塞瓦斯托波尔的包围，要求缅希科夫主动出击。2 月，这位不受广大士兵欢迎的将领，命令俄军 19000 人向耶夫帕托里亚推进。该城南临黑海，东邻萨塞克湖，是联军登陆部队的前进基地。2 月 17 日，俄军自唯一易受攻击的西北面接近耶夫帕托里亚，先是发动全线炮击，接着步兵借助墓碑和树木的掩护展开进攻。奥美尔帕夏统率的土耳其驻军给了俄军以沉重的打击，并迫使其后退。耶夫帕托里亚会战失败后，尼古拉一世不得不借口缅希科夫"有病"，免去其克里木俄军统帅一职，改由多瑙河上的败将哥尔查科夫继任。

形势对沙俄越来越不利了。3 月 2 日，尼古拉一世于绝望中猝然死去。其长子继承皇位，称亚历山大二世（1855—1881 年在位）。

在整个战局中，亚速海是俄军向克里木运送粮食和其他补给品的主要孔道。5 月，接替康罗贝尔出任克里木法军总司令的佩利西埃将军，决定截断俄军在亚速海上的粮道。为此，联军发动了向几亚速海的远征。主要由英法两国舰队的轻型军舰组成的分舰队，运载英、法、土军 15000 人，开往这个俄国内海。5 月下旬，联军占领了控制刻赤海峡的刻赤城。这里贮藏着可供 10 万人食用近四个月之久的军粮，俄国损失惨重。而正是在刻赤附近，联军截获了哥尔查科夫给当地部队长官的信件。信中埋怨对塞瓦斯托波尔的粮食供应不足，坚决要求火速派出新的运粮队。然而，为时已晚。联合舰队正在亚速海上横冲直撞，追歼俄国的运输帆船，摧毁沿岸的重要据点，严重破坏了俄军的供应线。

从 6 月中旬起，联军加强了对塞瓦斯托波尔的攻势，6 月 18 日，英军在左，法军在右，对军港区俄军防线发起强攻，试图夺取大凸角堡和马拉霍夫冈。这一天，正是 40 年前滑铁卢会战的日子。路易·波拿巴（拿破仑一世的侄儿）曾经在巴黎贵族院宣布，为滑铁卢会战雪耻是他的特殊使命。显然，佩利西埃一定接到了来自巴黎的命令：必须隆重纪念滑铁卢会战日。佩利西埃曾同克里木英军统帅腊格伦勋爵协调作战行动。原定 6 月 18 日拂晓恢复炮击，在数小时全力轰击之后，联军七个纵队同时突然展开强攻。后来改变计划，撤销炮击，确定凌晨三时发动强攻，信号当空三发信号弹。可是，在规定的时间前半小时，部分法军忽地开始进攻，打乱了整个作战部署。其原因，据佩利西埃称，是那些人把爆炸弹看成信号弹了。于是，这位克里木法国统帅只好提前发出进攻信号。联军的行动处于一片混乱之中。据守阵地的俄军以猛烈的炮火迎击敌人，联军损失惨重。佩利西埃赶忙下令退却。法军对马拉霍夫冈和英军对大凸角堡的强攻都失败了。据法国官方公布的显然缩小了的数字，联军伤亡约 5000 人。佩利西埃只好自我安慰一番，说是这次退却进行得"颇为体面"。而俄国人于得胜之余，免不了沾沾自喜。6 月 19 日休战时，一位俄国军官得意地问英国军官："昨天你们的将军们在指挥强攻时，该不是喝醉了酒吧？"

然而，6 月 18 日防御战的胜利并不能扭转俄军的颓势。塞瓦斯托波尔要塞的被围者每天都要损失 500 至 700 人。保卫要塞的主要领导者纳希莫夫，7 月 10 日在马拉霍夫冈巡视阵地时身负重伤，两天后去世。

在经历了 7 月的相对沉寂以后，到 8 月战事又趋激烈。8 月 16 日，俄军为吸引围攻塞瓦斯托波尔的敌人，发动了黑河战役。这一天拂晓前，在哥尔查科夫亲自指挥下，从梅肯集高地开来的俄军于黑河边占据了一些山冈。这里，黑河水自东南往西北流去，对岸就是联军的阵地。那里有两群小山冈，分别由法军和撒丁军把守。联军阵地的前沿有两道障碍：第一道是黑河，只有浅水地段才能徒涉；第二道是水渠，几乎均从陡峭的山岩中开出。在山顶上，联军构筑了若干胸墙，有效地加强了防御。俄军趁着清晨大雾迷漫，发动突然袭击。他们首先夺取了联军在东岸的桥头堡，继而在争夺桥梁的战斗中又击败了法国守军。俄军士气高昂，迅速跨过黑河，越过水渠，爬上陡坡，冲向山顶。这时，胸墙后面的法军以逸待劳，迎头齐射，并分兵从俄军侧翼展开猛攻。俄军败下山去，退回河东。接着，俄军发起第二次攻击。他们一部分从桥上过去，另一部分从桥的两侧蹚水过河，猛冲法军阵地。法军炮兵从正面轰击，撒丁军从侧面轰击，炮火十分猛烈。俄军不顾一切，再次冲上高地。坚守阵地的法军立即全力齐射，并从正面和侧翼发起冲锋。俄军抵挡不住，混乱地退回黑河对岸。哥尔查科夫不甘心失败，随即发动第三次攻击。俄军渡过黑河，但还没有登上山顶，就遭到联军炮兵交叉火力的严重杀伤。俄军又一次被赶了回去。这次黑河会战俄军损失了 5000 人；联军损失较少，约为 1500 人。

此后，联军获得大量增援，不仅加强了围攻力量，而且增加了防备力量。它有足够强大的兵力，排除东面来自因克尔芒高地的俄军进攻的威胁，保证南面对塞瓦斯托波尔最后发动总攻的胜利。

到 9 月，塞瓦斯托波尔围攻战进入了决定性的阶段。从 9 月 5 日开始，联军对要塞进行了最后一次、也是最猛烈一次的炮击。700 门大炮持续不断地发出隆隆巨响，向俄军阵地倾泻了数以 10 万计的炮弹。要塞各处工事都遭到破坏，马拉霍夫冈上的工事几乎全被摧毁了，俄军每天伤亡 2000 至 3000 人。9 月 8 日，联国 13 个师和一个旅共约六万人，发起了规模空前的总攻。守军四万人拼死抵抗，战斗呈白热化。在马拉霍夫冈这个关键阵地，法军的进攻纵队同俄军展开了一场恶战。山冈斜坡上遗尸枕藉，血流满地。俄军终于败退了，法军攻占了马拉霍夫冈。在其他地段，联军的进攻则被击退了。

塞瓦斯托波尔南区的马拉霍夫冈是一个制高点。它高耸于城市之上，成为军港区和市区的屏障。法军在冈上架起大炮，使残存的俄军舰船再也找不到一个安全的停泊场了；而通往北区的浮桥，随时都可能被法军的炮火击毁。俄军士气低落，粮食匮乏，坚守已经无望了。哥尔查科夫不得不下令撤退。入夜，军港区和市区守军沿横跨大湾的浮桥转移到北区。在此之前，俄军烧毁了建筑物，炸毁了弹药库，沉没了尚存的舰只。四处浓烟烈火，断垣残壁，用佩利西埃的话说：俄军使整个地区变成了一座烈火熊熊的大火炉。9 月 9 日，法军开进俄军弃守的要塞，发现这里已成了一片废墟，便又返回自己的兵营。转移到北区的俄军，随后即与克里木半岛上的其余俄国部队会合。长达十一个月的塞瓦斯托波尔围攻战，就这样以俄军的最后失败而告结束。在整个围攻战中，联军伤亡约 7.3 万人，俄军伤亡高达 10.2 万人。

克里木战争中的外交斗争

围绕克里木战争所进行的外交斗争，从某种程度看来，甚至比战事本身更为复杂。外交斗争与军事行动相配合。1853 年上半年，缅希科夫出使君士坦丁堡期间，各国外交活动十分活跃，战事之初，即 1858 年下半年，外交活动处于沉寂状态，军事活动暂时压倒外交斗争。不外，外交家重新展开活动，奥地利进行多次调停，法、英与撒丁建立同盟。塞瓦斯托波尔陷落后，寻求出路为当时外交的特征。巴黎和会以外交途径结束了这一场战争。

俄国从 1844 年之后企图与英国结盟，但英国在经济和政治上与俄国争夺中近东，矛盾重重。英国著名政治家帕麦斯顿指出："欧洲沉睡良久，此刻正在苏醒，以便消除沙皇在其辽阔国土四周采取的进攻体制。"消除俄国影响是当时英国政府的明确主张。

与此同时，俄国政府先后与丹麦、瑞典和波斯进行谈判，以求壮大自己力量。丹麦不愿保持中立。瑞典不肯支持俄国。波斯拒绝参加反对土耳其的战争。俄国陷于孤立，独自与欧洲数强较量。

1853 年，法、英正在逐步走向联合。俄国过高估计了法、英之间的矛盾。当时，法国外交部长德鲁安·德·吕伊斯指出："拿破仑三世的目的是为了打破 1815 年之后的欧洲联盟"。法国的矛头必然指向当时欧洲大陆的霸主——俄国。拿破仑三世奉行联英抗俄政策。经济上在中近东排挤俄国与政治上限制俄国对外扩张，成为法英联盟的基础。

1853 年 3 月至 5 日，法英合作外交的初步表现为协同反对缅希科夫使团。法、英驻君士坦丁堡大使德·拉库尔与斯特拉福共同采取灵活策略，支持素丹与缅希科夫周旋。他们公开表示相信缅希科夫的声明，即为协商圣地问题与黑山国事件而来，他们进而证明，素丹准备就圣地问题进行尽可能的让步，而且土耳其军队镇压黑山国反抗的战斗在奥地利压力下已经停止，土军即将撤回。他们造成俄国使团已经"完成了"公开任务的局面，逼迫缅希科夫或启程回国或另提苛刻要求，从而为英法干预提供充分理由。尼古拉一世中了外交圈套，匆忙对素丹发出最后通牒。法、英外交获得初步成果。

锡诺普海战消除了英法的一切疑虑，促使它们决心建立联盟。1854 年 1 月 4 日英、法舰队进入黑海，军事与外交密切配合，回答俄国的挑战。1 月 29 日法国《通报》发表拿破仑三世致尼古拉一世的公开信，宣布俄国应负战争责任，代表法、英两国抗议俄国在锡诺普的罪行，要求俄国从多瑙河两公国撤军。拿破仑三世以法、英代表姿态对俄方施加了巨大的外交压力。

尼古拉一世于 2 月 9 日在《圣彼得堡报》也以公开信形式回复，宣称"1854 年的俄国将和 1812 年一样显示自己的力量"。21 日，俄国向法、英两国宣战，显然决心将战争政策推行到底。

法、英外交在 1854 年 2 月底至 6 月采取了一系列活动。2 月 27 日法、英对俄发出最后通牒。3 月 12 日，英、法、土三国结盟，声明"决心保卫奥斯曼帝国在欧洲和亚洲的领土"。27 日，法、英对俄国宣战。4 月 10 日，法、英签订正式盟约。至此，克里木战争的力量结构基本形成。法、英联军在瓦尔纳登陆，迫使俄军撤回普鲁特河左岸。4 月拿破仑三世访问英国与 9 月维多利亚女王访问法国促进两国的团结。1854 年 8 月 8 日，法、英与奥地利从维也纳向俄国发出"四项条件"的照会：法、英、奥、普、俄共同保护两公国。它们暂由奥军占领；5 国共同保护素丹所属基督臣民；5 国共同监督多瑙河口；重审 1841 年有关达达尼尔与博斯普鲁斯两海峡的条约。四项条件为将来和平之基础。但俄国不作答复，它坚持继续作战。9 月中，法、英军队在克里木半岛登陆，战争进入决胜阶段，外交活动处于低潮。

塞瓦斯托波尔的长期对峙为法、英外交提供了新的机会。两国外交官员寻求新的盟友参战。1855 年 1 月 10 日，法、英与撒丁王国结盟。法、英协同外交为其军队在克里木战场上增添了新的盟军。

1855 年 3 月 2 日，尼古拉一世服毒自杀。长子即位为亚历山大二世。此年春夏，俄军在塞瓦斯托波尔日益面临危机，俄国全国陷入困境。9 月，塞瓦斯托波尔终于失守。外交家们投入了频繁的活动之中。亚历山大二世即位之初曾希望结束战争，通过谈判解救危难。

法、英亦面临是否继续进行战争的问题。法英两国皆曾主张继续战争，摧毁俄国。为此，1855 年秋法国与瑞典进行谈判，希望从陆地进攻俄国主要地区。但瑞典国王奥斯卡一世要求英法派遣 5 万联军协助他占领芬兰，并永久拥有此地。英国不愿出兵，瑞典拒绝合作。法国政府看到与英国的分歧和瑞典的拒绝，因而主张停战，乘有利时机实现和平。英国、撒丁与土耳其希望依靠法国陆军占领克里木，深入俄国腹地，控制波罗的海与高加索等地。法国由于与英国有分歧，且国内局势不安，便与俄国开始秘密谈判。但是，法、俄私下谈判未能终止战争。只是由于奥地利的干预，俄国才决心和平。

克里木战争期间，奥地利帝国的外交作用远远超过了它的军事作用。1853 年 7 月，俄军入侵多瑙河两公国后，奥地利主要运用外交手段反对俄国威胁，不愿直接卷入战事。7 月 24 日，布奥尔在维也纳召集法、英、俄、普四国大使协商，但俄国拒不参加，锡诺普海战之后，奥地利再次出面斡旋。12 月 5 日召开奥、英、法、普四国代表维也纳会议，决议保护奥斯曼帝国的完整，要求素丹保证基督教臣民之命运。俄国再次拒绝出席，调停重遭挫折。

1854 年春天，俄国对英、法宣战，法、英对俄国宣战，局势大为恶化。4 月 9 日，奥、法、英、普从维也纳发出照会，要求俄国从巴尔干撤军，保证奥斯曼帝国完整等等。法英两国力争奥地利出兵参战，奥地利外交活动余地减少。同时，俄军于 5 月围攻锡利斯特拉，威胁猛增。奥地利只得于 6 月 3 日向俄国发出最后通牒。

法、英、土逐渐占据优势，俄国日益变为劣势，促使奥地利不断倾向英、法一方。1854 年 8 月 8 日，它与英、法一起对俄国发出四项条件的照会，支持英法立场。俄国拒不作复。普鲁士对四项条件也持反对态度。9 月，法、英在克里木半岛登陆后，接连打败俄军，促使普鲁士逐渐改变态度。12 月 2 日，奥地利与法、英订立条约：如 1855 年 1 月 1 日前俄国仍不接受四项条件，奥将在法、英一边参战。奥地利此举仅仅是给自己的调停外交增添若干军事色彩，并不准备出兵克里木。

英国宪章运动

1837 年夏天的一个夜晚，点燃着的火炬把英国伦敦的肯星顿广场照得一片通明。在这里举行集会的成千上万的群众，正在聆听着台上的演讲。这时候，讲演者情绪激昂、语调铿锵，他不时的举起拳头或者张开双臂，有力地抨击着人类社会的不平等现象。正当人们目不转睛地倾听着他的讲话的时候，他突然放大了喉咙，提高了嗓音，高声地号召：让我们"武装起来，武装起来，武装起来！拚向那罪恶深重的世界！"他把声音转向平稳以后接着说："争取普选权，已经成为人们关心的问题，说穿了，普选权问题归结起来就是刀子和叉子问题，面包和奶酪问题。"他短短几句话说得大家连连点头；说得人们交头接耳，低声议论道：道理讲得很对，我们应该做些什么呢？

19 世纪 30 年代末期，大规模的群众性的政治运动，正以排山倒海之势，冲击着英国的各个角落。成千上万人的集会，慷慨激昂的演说，以及那鼓舞人心的号召，到处都可以听见，到处都可以看到。英伦三岛，简直要颠簸起来！

英国的这场革命风暴，历史上叫它"宪章运动。"宪章运动是由于英国无产阶级把自己当时的经济和政治要求，用法案形式予以公布，并命名为《人民宪章》而得名。

宪章运动所以发生在这个时候，是因为当时英国资本主义的发展，使无产阶级陷于经济上的贫困和政治上的无权造成的。这时候，英国工业革命已经基本完成，机器生产代替了手工操作，工业产品急剧增长，资产阶级的财富，成倍的增加。工业革命给无产阶级带来的不是什么福音，而是赤贫和灾难。劳动时间每天延长到 16 至 18 小时，而工资极度压低，特别是童工和女工的大量使用，把成年男工排挤出劳动队伍，使他们面临着更加困苦的处境。工人们的生活条件更是不堪言状，以住房为例，肮脏、低矮、潮湿和破烂以及多种传染病的流行，构成当时工人住宅区的显著特点。一个英国政府巡视员，在描写格拉斯哥城工人住宅区时写道："每间小屋里挤住着 15 到 20 个工人，躺在地板上，他们的被子是一束半腐烂的麦秸混着破布条。"这种"房屋肮脏、潮湿破陋到马都不能拴在里边。"

工人生活福利的被破坏，引起广大无产阶级的强烈反抗。从 20 年代以来，英国工人开始组织工会，组织罢工斗争。从 30 年代中期开始，他

19 世纪中期英国的"宪章运动"

们更掀起了以争取普选权为中心的英国宪章运动。1835 年，英国爆发了要求改革选举制度的群众性工人运动。第二年，一部分工人和手工业者，在哈尼和木匠威廉·洛维特的领导下，创建"伦敦工人协会。"1837 年，这个协会为了争取普选权和其他民主改革，他们拟定了一个纲领性文件，准备提交国会，并于 5 月 8 日，以法案形式予以公布，命名为《人民宪章》。《人民宪章》提出了六点要求：凡年满二十一岁的成年男子都有选举权；选举采取秘密投票方式；各选区一律平等；取消议员候选人的财产资格限制，议会每年选举一次；当选议员支给薪金。《人民宪章》的中心是普选权问题，但在实际斗争中，工人们的要求早已超出了这个范围。

宪章运动像雪球一样，越滚越大，从伦敦迅速扩展到全国各地。不管是北部还是西北部的工业城市，群众集会越来越多，参加人数从几万人到十几万人。他们白天抽不出时间开会，往往在夜间举行。

宪章运动一经开始，就在斗争策略上发生了根本性分歧。以威廉·洛维特为首的一派，由于洛维特本人是欧文的忠实信徒，所以他认为宣传教育是伦敦工人协会的重要任务。他主张同资产阶级合作，用合法手段、"道义力量"，像举行集会、请愿游行等方式，去争取政治权利和实现各阶级的平等。这一派被称为"道义派"，实质上是宪章运动中的"右派"。

同上述观点相反，以奥康瑙尔和哈尼为代表的一派，则主张采用革命手段，去实现"人民宪章"，他们被称为"暴力派"，是宪章运动中的左派。实际上，奥康瑙尔和哈尼，不论是他们的阶级立场还是思想主张，也不完全一致，甚至可以说是格格不入。这位身材魁梧、精通拳击的爱尔兰律师兼新闻记者的奥康瑙尔，曾经创办过《北极星报》，组织过"北方大同盟"，在运动中占据着极其显要的位置。然而，他并不是一个社会主义者，充其量也只是一个小资产阶级的激进派、口头上的"暴力派"。他的口号是"工人回到土地上去"。他主张，为了避免工人们的贫困，最理想的途径和办法，就是工人们集资购买土地，把工人变成小土地的所有者，这样就不会愁吃愁喝了。他在报纸上曾经这样鼓吹说："我希望有座小房，每年收入不必超过一百镑；在茵绿的小牧场上，牧人赶着牛羊，在那里放牧。"看，奥康瑙尔不是要把正在壮大着的英国工人队伍，引向倒退到小农经济的时代吗？

朱利安·哈尼，出身于海员家庭，曾经就读于格林威治皇家海军学校，在印刷

厂当过学徒，也当过书店售书员。1838 年，他同洛维特分裂以后，建立"伦敦民主协会"，这个协会有三千多名会员，主要是由穷苦的码头工人和纺织工人组成。他们要求在英国建立一个由工人阶级掌权的民主共和国，主张土地、矿山国有，禁止使用童工，实行八小时工作制，消除社会不平等现象。哈尼热情奔放，口才流畅，擅长演讲。他不仅信奉巴贝夫学说，而且是马拉共和主义的崇拜者。哈尼认为，无产阶级要想得到权力，只有使用武力。所以，他在民主协会的会员证上就曾经印有这样一句发人深省的话："凡是没有剑的人，都应该卖了衣服去买剑。"他在谈到如何实现《人民宪章》的问题时指出："只有一个方法能实现宪章，这便是起义。"1843年，哈尼结识了恩格斯，从此之后受到恩格斯的影响，后来，他参加了历史上的第一个国际无产阶级的政党组织"共产主义者同盟"，这就更使他接近了马克思和恩格斯"。"伦敦民主协会"和哈尼的活动，大大加强了宪章运动的积极性，"促进了宪章运动中的共产主义因素的增长。"

宪章运动在历史上出现过三次高潮。

1839 年 2 月，第一届宪章派代表大会在伦敦举行。会议决定在 5 月 5 日，采取和平请愿方法，向议会呈递请愿书。哈尼等人提出，如果议会拒绝请愿书，就采取武装行动。从而使宪章运动走向第一次高潮。这次运动经历了极其充分的准备，有125 万人在请愿书上签了名，请愿书重达三百公斤，人们把它放在长担架上，装饰着彩旗，一直抬送到议会，向议会提出请愿。7 月 12 日，议会否决了请愿书；人们纷纷举行抗议集会，伦敦当局出动了大批军警进行弹压。这时候，控制着宪章派公会的那些"道义派"的人们，在暴力镇压面前，软了下来。他们擅自取消了总罢工的决定，并在 9 月间自行解散。轰轰烈烈的宪章运动的第一次高潮，终于在各地相继失败，运动开始转入低潮时期。

1842 年，宪章运动进入第二次高潮。

40 年代初，由于经济危机的爆发和农业歉收而引起的英国饥荒日趋严重。从而英国工人运动重新走向高潮，宪章运动的第二个高潮到来了。1840 年，宪章派在曼彻斯特举行新的代表大会，成立"全国宪章派协会"。这个协会是宪章派工人的政党组织，到 1842 年，它的会员人数已经发展到五万多人。这一年 2 月，宪章派提出了新的请愿书。除原有的六点之外，它还陈述了劳动人民的苦难，谴责政府的暴政，支持爱尔兰人民的独立斗争。在这份请愿书上签名的约有三百万人。宪章运动第二次高潮的一个明显特点就在于：它是清一色的工人运动，资产阶级激进派已经从运动当中分离出去了。

这次请愿的结局同上次一样，又一次被否决。为了抗议英国当局的暴政，各地掀起了一系列罢工，形成了八月罢工浪潮。9 月，罢工运动遭到残酷镇压，宪章运动的领导人和活动分子纷纷遭到逮捕，被投入监狱。

宪章运动最后一次高潮发生在 1848 年。

1847 年，资本主义经济新危机和法国革命的兴起，都给宪章运动带来了新的刺激。1848 年 4 月，宪章派再度举行代表大会，决定递交请愿书。在这个请愿书里，进一步提出了建立民主共和国的要求。10 月，广大工人举行集会，准备向议会进发，形势顿时紧张起来。英国政府在极度慌恐之下，开始动用武力来对付广大工人群众们。他们调集了大批军队进入伦敦，宣布伦敦戒严。他们还武装起十五万资产阶级子弟，组成志愿兵，用以对付手无寸铁的无辜工人。在两个阶级对阵的紧急时刻，口头暴力论者奥康瑞尔原形毕露，他不仅不敢发布起义信号，反而痛哭流涕地劝告和央求广大工人解散回家。从而，第三次请愿遭到否决。宪章运动从此一蹶不振，进入低落时期。

震动世界的宪章运动，为什么最后的结局会是失败的呢？这并非偶然。40 年代，英国工人阶级在政治上还不够成熟，它还不可能建立一个用正确理论武装起来的政党，而且在宪章派成员当中，占居统治地位的、广泛流行的观点，还是改良主义的幻想。宪章派的这种不成熟状况，又怎么能把运动引向胜利呢？再就组织而言，薄弱和涣散一直是宪章派最致命的两个弱点，在十几年的历程中，这个弱点始终没有多少改变，而且也是无法改变的。

宪章运动尽管失败了，但它毕竟是"世界上第一次广泛的、真正群众性的、政治性的无产阶级革命运动。"它实际上并没有解决"面包和奶酪问题。"

1848 年欧洲革命

从 18 世纪开始的欧洲工业革命，彻底改变了那些国家的经济发展形势，并且开始形成了资本家和无产阶级的对抗。1848 年欧洲革命，就是工业革命在欧洲胜利发展的情况下产生的。那时候，欧洲各地相继出现了农业歉收和资本主义经济危机，工人和农民的生活状况恶化，导致阶级矛盾激化，社会动荡加剧。此后，从意大利的巴勒莫到法国巴黎、再到德国柏林和匈牙利布达佩斯，都爆发了革命。

1848 年欧洲革命首先是从意大利西西里岛的巴勒莫开始的，并且马上蔓延到整个意大利地区。在此革命发生之前，意大利包括 8 个分裂的封建专制小王国，直接或者间接受到奥地利王国的控制。早在 1848 年以前，意大利有些革命分子就开始了推翻外族压迫、实现民族独立，并且消灭各城邦封建专制统治的努力。1809 年，革命青年成立了"烧炭党"，1831 年，马志尼成立了"青年意大利党"。

巴勒摩革命后，教皇领地、托丝卡纳等地都相继卷入了革命运动，撒丁国王和卡丝卡纳大公还被迫宣布实行宪法统治。但是 1848 年意大利革命最终被封建君主勾结法国和奥地利的军队而被镇压。此后，欧洲发生了著名的二月革命和德国革命，奥地利也获得了独立。

从 1830 年以后，代表资产阶级金融贵族利益的"七月王朝"统治着法国。由于当时法国社会贪污成风，赋税繁重，加上 1845 年和 1846 年连续的马铃薯病虫害导致农业歉收，因此工业资产阶级、小资产阶

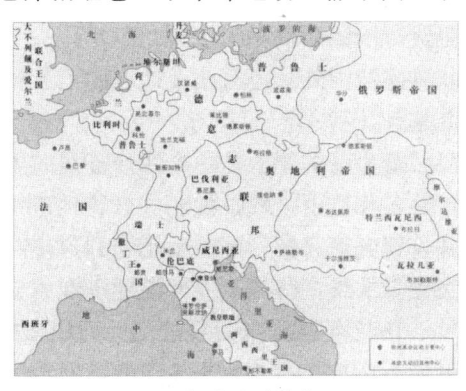

1848 年的欧洲革命

级以及广大工人、农民都非常不满王朝的反动统治，最终导致"二月革命"的爆发。

在广大民众的反抗声中，反动当局为了加强自己在政府中的地位和权力，发起了所谓的"宴会运动"，以宴会为名，组织群众性的政治集会，宣传改革选举制度。但是 1848 年 2 月 22 日的宴会，成为二月革命的导火索。

1848 年，在柏林示威游行的人们与警察发生冲突

该日，国王路易·菲利普命令基佐政府拒绝民众提出的任何改革要求，并且禁止一切政治集会和游行活动。巴黎工人、学生和广大市民见此，马上开始举行游行示威，反对当局统治，并且遭到军警镇压。23 日，示威群众在举行罢工的同时和政府军队开展激烈的巷战，次日发展成声势浩大的武装起义，并且很快占领了巴黎所有的兵营和武器库。

24 日傍晚，资产阶级临时政府宣告成立。国王看到自己大势已去，仓皇逃往英国。起义军占领王宫后，把国王的宝座搬到了巴士底广场的烈士纪念碑前烧毁，法国的奥尔良王朝彻底崩溃。25 日，临时政府宣布实行普选制，并且建立法兰西第二共和国。二月革命获得胜利。

二月革命是一场资产阶级民主革命，无产阶级在这次革命中起到了主要作用，但是资产阶级在此后组建的政府中占据了重要位置。在二月革命刚刚结束的时候，资产阶级考虑到工人手中还保留有武器，因此临时政府被迫答应了保障工人劳动权，设立收容失业工人的"国家正厂"。与此同时，临时政府组织并调动了大量军队，准备解除工人武装。

6 月 23 日，巴黎工人再次举行起义，发表宣言，要求解散制宪会议，把议员交付法庭审判。但是起义遭到当局的残酷镇压，此后，1 万多名起义军被屠杀，25000人被捕，其中大部分被流放到国外。巴黎工人的"六月起义"也以失败而告终。但是六月起义被马克思誉为"现代社会中两大对立阶级间的第一次伟大革命，这是为保存或者消灭资产阶级制度而进行的战斗"。应该说，它是世界历史上第一次真正触犯资产阶级旧秩序的伟大斗争。

除法国外，还有两个地方的工人革命发展比较迅速。第一个是德国柏林，第二个是匈牙利。

革命前的德国是一个四分五裂的国家，它包括 38 个大小不等的邦国和 4 个自由市，各邦自由为政，独霸一方。19 世纪初，德国一些地区开始出现资产阶级萌芽，并且得到了迅速发展。由于受到封建制度的压迫，资产阶级要求成立一个由资产阶级领导的统一德国，以便发展资本主义。

1848 年德国革命是从与法国相邻的南德各邦开始的。受法国革命的影响，德国巴伐利亚等邦在 3 月份先后开始革命。3 月初，柏林各个阶层向国王提出"政治自由、实行大赦、全体公民在法律面前人人平等、实行人民代议制"的要求。4 日，慕尼黑的工人、手工业者和大学生占领了军械库，夺取武器。革命迅速发展到整个德国，普鲁士首都柏林成为革命的中心。

6日，柏林的工人、大学生也举行示威，到13日，游行队伍和军警发生冲突并演变为武装起义。经过一天一夜的战斗，起义军队把国王威廉四世的队伍打得落花流水，政府军队不得不撤出柏林。此后，国王被迫同意召开国民会议以制定宪法，改组政府。柏林的三月革命取得了胜利。

德皇弗里德里希·威廉谋求军方的支持，妄图将扑面而来的民主浪潮拒之门外

29日，威廉四世任命资产阶级自由派康普豪森和汉泽曼组织新政府，并于5月22日召开国民议会。新政府害怕工人斗争会继续发展，调回了原来的军队，并不支持农民的反封建斗争。此时，威廉四世在背地里秘密积蓄力量，在10月初重新指定内阁，并于次月下令解散了国民议会。

5月18日，全德国会在法兰克福开幕。绝大多数议员拥护君主立宪制的资产阶级自由派和贵族的代表。但是他们在统一德国的问题上产生了分歧："大德意志派"认为，应该建立一个包括奥地利并由它领导的统一德国："小德意志派"主张应该将奥地利排除在德国之外，由普鲁士领导德国统一。

经过一年多的讨论，议会终于通过了《德意志帝国宪法》。宪法确定德意志将是一个资产阶级君主立宪国家，普鲁士国王是帝国的皇帝，保留各邦君主的统治地位，中央设立一个议会，帝国中央统一掌握各种对外政策、关税立法等权力。显然，这部宪法向封建势力做了很大妥协。

奥地利皇帝费迪南一世

但是各邦君主拒绝同意这部宪法的通过，并且准备以武力推翻法兰克福议会。当法兰克福议会将准备的皇冠送给推选的普鲁士国王时，国王却嘲笑并拒绝带上这皇冠，并且说："这不是皇冠，而是奴隶所戴的铁项圈，戴上它之后，国王就会变为革命的奴隶。"因此，全德掀起了保护帝国宪法的运动。

1849年5月4日，民众首先占领了萨克森首府德累斯顿，成立了临时政府。马上，莱茵区也爆发了大规模起义，成立临时政府。但是到了7月，全德的护宪运动先后遭到镇压。至此，1848年的德国革命以最终失败而告终。

巴黎二月革命和柏林三月革命的消息很快传到了奥地利。在奥地利的维也纳，资产阶级和广大人民也拿起武器，准备结束封建制度的统治。

19世纪前半期的奥地利，是大地主、金融资本家和官僚统治的帝国。封建王朝哈布斯堡在匈牙利所实行的政策完全践踏了匈牙利的主权，使匈牙利在政治、经济、军事和文化上完全依从于奥地利。

3月12日，匈牙利首都布达佩斯的大学生们以最后通牒的方式要求恢复教学自

由，并取消报刊检查制度。次日，学生、工人和市民举行了大规模的反政府游行示威。15 日，在匈牙利民族博物馆前面，匈牙利民族主义革命者、著名诗人裴多菲冒雨向集中在广场上的 1 万多名起义者高声朗读了他创作的《民族之歌》。由此揭开了1848 年匈牙利民族民主革命的序幕。

在通过了资产阶级改革的政治纲领《十二条》后，武装起义部队控制了整个首都。当政府调集军队实行镇压时，起义者迅速筑起街垒，进行武装反击。在起义军的威胁下，国王费迪南一世被迫罢免了原首相，宣布改组内阁，同意召开国民议会，制定宪法，并且在军事、财政上独立自主，废除农奴制。匈牙利三月革命初步取得了成功。

在国王被迫同意起义者的最先要求时，调集军队准备镇压起义。9 月 11 日，奥地利皇帝派遣的军队向匈牙利大举进犯。此后不久，奥地利首都维也纳为反对奥军武装侵入匈牙利而举行了支持匈牙利革命的武装起义。但是奥军马上采取果断措施镇压了此次起义。

12 月中旬，奥军又出动 10 多万军队从四面八方向匈牙利发起进攻。匈牙利军队在重兵打击之下，暂时失利，并被迫退到布达佩斯，多瑙河西边地区相继沦陷。1849 年 1 月，布达佩斯也陷落。

但是很快，匈牙利军队就开始了大规模的反攻，并且连续攻破了奥地利军队的防线。14 日，匈牙利议会通过了国家独立宣言，宣布推翻哈布斯堡王朝统治，并且选举科苏特为国家元首。此外，匈牙利军队在其领导人的领导下，大举进攻奥地利军队的阵地，并且消灭了奥军主力。5 月下旬，匈牙利军队攻下了布达佩斯。但是由于原先没有彻底消灭奥地利的军队，给了他们重整军队的好时机。

已经无力镇压匈牙利革命的奥皇急忙向沙皇请求援助。1848 年巴黎二月革命的消息传到俄国后，沙皇尼古拉一世为了阻止革命烈火的蔓延，立即在国内实行紧急军事动员，在西部边境陈兵达到 40 万。同年 5 月 27 日，沙皇调动 14 万俄军分两路进攻匈牙利。在此后的两个月中，匈牙利军队在科马罗姆同俄国军队展开了大会战，但是遭到惨败，在吉格尔什瓦尔的战役中，匈牙利军队彻底被打败，裴多菲也在此战役中牺牲。

此后，俄军占领了匈牙利的东部和东北部地区后，开始向首都布达佩斯推进。匈牙利军队总指挥戈尔盖在维拉格什向俄军缴械投降，出卖了匈牙利的革命事业，致使革命被俄军彻底镇压。

在匈牙利遭到俄国残酷镇压的同时，俄国还对罗马尼亚诸公国的革命进行了镇压。1848 年 6 月，俄国为了维护自己在摩尔多瓦的利益，出兵占领了雅西，使得刚刚兴起的摩尔多瓦三月革命遭到了彻底失败。同年 9 月，俄军侵入瓦拉几亚，镇压了瓦拉几亚革命；次年 6 月，俄军和奥地利军队侵入特兰西瓦尼亚，镇压了当地的革命。

1848 年欧洲革命遍及了除俄国外的欧洲大陆大部分国家。虽然这次革命最终被镇压，但是它进一步打击了欧洲的残余封建势力，促使一些国家的民族独立。革命失败后，许多革命志士逃往美国，给美国的社会改革和政治生活增加了强劲活力。

1848 年革命的经验，使马克思、恩格斯进一步完善了《共产党宣言》中提出的无产阶级革命和无产阶级专政的思想。马克思在总结其经验时，第一次提出了无产阶级专政这个概念，为以后俄国、中国等社会主义革命的开展提供了重要思想保证。

应该说，这次革命加快了整个欧洲的资产阶级革命进程，到 19 世纪末，资产阶级的政治和经济秩序最终在欧洲确立，使欧洲进入了资本主义全面发展的时期。

法国二月革命

1848 年法国二月革命是由七月王朝的反动统治严重阻碍了法国资本主义的进一步发展，导致了法国政治、经济的全面危机，并由此引起社会各阶级的强烈不满与反抗的结果，而两个普遍性的重大经济事件：马铃薯病虫害和农业歉收，工商业总危机的发生，加速了革命的爆发。

二月革命是一次由资产阶级领导的，广大人民群众，特别是工人群众参加的资产阶级民主革命。它的任务是推翻金融贵族的统治，建立资产阶级共和国，为资本主义的进一步发展扫清道路。在这次革命中，由于广大人民群众的英勇战斗，特别是无产阶级的积极参加，并在革命中创造了街垒战的武装斗争新形式，从而推翻了七月王朝的统治，取得了革命的胜利，建立了资产阶级共和国。

2 月 23 日早晨，街垒战斗开始了。政府派国民自卫军镇压起义者。国民自卫军是由民兵队，一般亦称"公民——民兵"发展而来。后来它成为一支名副其实的有产者自卫军。路易－菲力浦统治时期，它是七月王朝的自卫军。但是在二月革命中，一部分国民自卫军同情革命，主张改革。所以当政府派国民自卫军镇压起义人民时，他们的情绪十分低落。在巴黎郊区，大部分国民自卫军没有按照命令到达守卫据点，而那些到达据点的也不愿同起义者作战。国民自卫军中有一个军团竟向议会递交要求基佐辞职的请愿书。

国民自卫军同情起义人民的消息传到王宫以后，路易－菲力浦十分惊慌。他决定牺牲基佐，免除他的一切职务，以缓和当时的紧张局势。基佐垮台后，路易－菲力浦授权莫尔组阁，希望自由派中这个享有声望的人物能够帮助他平息资产阶级的不满情绪。基佐垮台和莫尔组阁的消息传出后，资产阶级反对派欢欣鼓舞，张灯结彩，以示庆祝。许多资产阶级的代表人物四出活动，劝说人民停止战斗。一位国民自卫军的军官向圣马丁郊区的居民说："一切都取得了良好的结果！"但是，巴黎无产阶级和人民群众再也不愿意听这些老爷们的说教了。起义者响亮地回答说："无论莫尔或者基佐，这对我们来说都是一样。"起义人民仍手持武器，守卫街垒。

2 月 23 日晚，在卡普茨林阴大道上发生的流血事件对战斗进程有着很大的影响。当部分国民自卫军与起义人民共同向基佐住宅推进时，受到步兵营的阻拦，他们把守着通向基佐住宅的所有入口和街道。示威游行者便派代表与营长谈判。但在谈判时，士兵向群众开了枪，当场 6 人被打死，几十人受伤。这一挑衅性的事件立即传遍全城。手持火炬的人群护送着装载尸体的大车，沿着巴黎工人住宅区缓缓地前进。队伍中发出了响彻云霄的呼喊声："拿起武器！他们杀死了我们的兄弟！"于是成千上万的工人、手工业者、大学生和其他劳动人民满怀仇恨，向七月王朝发动了进攻。由布朗基及共和派左翼秘密协会所领导的 4000 多工人，都积极地参加了这次战斗。工人住宅区的妇女和儿童不停地制造子弹，男人们修筑新的街垒。一夜间他们就筑起了 1500 多个街垒。起义者勇猛地攻下了科学院和工业部的哨所，并将其焚烧。土伊勒里宫附近的兵营也被焚烧了。

当起义形势急剧发展时，国王路易－菲力浦任命 1834 年 4 月血腥屠杀特兰斯诺南街居民而著称的"英雄"比若元帅指挥军队。同时决定对资产阶级反对派作出一些让步，以稳定资产阶级和国民自卫军的情绪。他任命曾两次任内阁首相（1836，1839—1840 年）的梯也尔与王朝反对派的领袖奥迪隆·巴罗共同组织新内阁。2 月 24 日凌晨 2 时，国王将梯也尔召进宫内，向他解释了急于组成新内阁的原因，国王说道："我需要你们的声望。"

资产阶级君主派的领袖们完全同意参与这一反人民的阴谋，并且扮演了国王所希望他们扮演的可耻角色。梯也尔和巴罗到市区宣布了国王作出的新的让步，试图说服起义者停止战斗。但比若却乘机迅速地制定了战斗计划，他命令塞巴斯吉昂和贝多将军指挥的 5 支军队从四面八方向城市的中心据点同时发动进攻，拆除道路上的街垒，消灭其守卫者。比若要求士兵"不要吝惜火药和铅弹。"并且宣称："我终于有机会射击这些恶棍了。"

从 2 月 24 日开始，起义人民对政府的各个主要据点：市政厅、兵营、广场和哨所等，发动了猛烈的进攻。

这时，巴黎的城郊已被起义者占领了。一些郊区的居民占领了哨所，阻拦从外省调来支援政府的军队。在巴黎城内，政府的据点越来越少了。从 2 月 24 日早晨起，市政厅附近兵营周围的大部分地区已被起义者占领。政府军队开始撤出巴士底狱广场和文森城堡。上午 11 时，起义者又占领了格列夫广场。塞巴斯吉昂将军的纵队非常困难地打开了通向市政厅的道路，而贝多将军的纵队则被圣杰尼大街上的街垒所堵截，受到起义者的沉重打击。各军队之间的联系被切断，军队的士气越来越低落，比若的作战计划变成了泡影。

当梯也尔－巴罗新内阁组成的消息传出后，《改革报》的编辑部声明说："公民们，路易－菲力浦像查理十世一样地杀害我们，我们也让他像查理十世那样地被推翻吧！"

在这种情况下，比若的司令部开始动摇了。一些资本家，如大商人法维尔·杰利亚巴尔劝说比若放弃自己的计划，不要再使形势继续恶化。比若看见大势已去，便同意了他的建议，命令贝多将军停止战斗并退却。

在军队已失去作用，七月王朝覆灭在即的时刻，梯也尔慌慌忙忙地跑进王宫，企图说服国王路易－菲力浦再作出一些让步。路易－菲力浦只好根据梯也尔的建议，任命以自由主义而著称的拉莫里埃尔将军指挥国民自卫军。当拉莫里埃尔和巴罗又试图说服起义人民停止战斗时，街垒战士表示坚决反对。革命群众以高昂的"打倒梯也尔！打倒巴罗！打倒路易－菲力浦！"的口号声回答了国王的再次让步。被群众的怒吼声吓破了胆的拉莫里埃尔和巴罗躲进了深宅大院。

革命形势的发展，时时威胁着宫廷的安全。梯也尔又偷偷地溜进王宫，建议国王将军队、政府和议会从巴黎撤到外省，然后，利用外省的军队包围并炮击巴黎。路易－菲力浦拒绝了这一建议。因为路易－菲力浦还指望能鼓起军队的士气，以扭转危险的形势。为此，国王决定在卡卢谢尔广场阅兵。但在检阅队伍时，路易－菲力浦听到在喊"国王万岁"的欢呼声中还夹杂着"改革万岁"的口号声，特别是当他检阅国民自卫军的队伍时，"改革万岁"的口号声更大了。这时，路易－菲力浦吓得面色如土，不知所措，情不自禁地小声说："我已经同意改革，已经同意了！"阅兵式刚结束，惊魂未定的国王便迫不及待地回到了王宫。

起义人民同军队的联合加速了战斗的进程：市政厅被占领，官吏被清洗，并且开始了对王宫——土伊勒里宫的进攻。国民自卫军中的资产阶级分子和巴黎郊区市政机关官员竭力劝阻起义人民进攻土伊勒里宫。但是，秘密的共和社会主义团体"四季社"的领导人巴尔贝斯对起义人民的行动给予了有力的支持。他们在林阴大道上散发传单，告诫起义人民，不要忘记过去革命的经验教训。传单写道："公民们！你们又一次以自己的英雄行为战胜了专制制度。但是，你们在 1789 年 7 月 14 日、1792 年 8 月 10 日、1830 年 7 月 29 日都战胜过它，可是，你们每一次的胜利成果都被窃取了……让这些例子作为你们的教训吧！……迅速地采取果断的决定。立即进攻土伊勒里宫，夺取它……要特别小心，不要相信那些骗子，不要相信那些胆小如鼠、平庸无能的人……拿起武器，进攻土伊勒里宫！"

进攻土伊勒里宫的战斗开始后，路易－菲力浦已完全丧失了自己的意志。资产阶级记者埃米尔·日拉尔德向路易－菲力浦建议，拯救王朝的唯一办法是他自己宣布退位，立其年幼的孙子巴黎伯爵为国王，其母亲奥尔良公爵夫人为摄政王。事情决定后，国王及其家族当天便乘坐马车，在骑兵连的保护下，逃出巴黎，不久流亡到英国。

起义人民占领了土伊勒里宫后，他们把路易－菲力浦的半身铜像抛到窗外，撕毁比若的相片，并把国王的宝座搬到巴士底广场上的烈士纪念柱前焚烧了。国王宝座的被焚烧象征着君主制度的被埋葬。接着，起义人民高呼"共和国万岁"的口号到达议会所在地波旁宫。起义人民立即冲进会议厅。起义者登上讲台，高呼"打倒议会""共和国万岁！"的口号，他们庄严宣布："既不要国王，也不要摄政王。共和国万岁！"然后驱散了立法会议，粉碎了资产阶级保留君主制的阴谋。起义人民取得了二月革命的胜利。

正当巴黎无产阶级和革命群众在焚烧王座、驱散立法会议的时候，资产阶级趁机窃取了革命果实。2 月 24 日晚临时政府在市政厅大厦宣布成立。临时政府由杜邦·德·累尔、拉马丁、阿拉戈、马利、克莱米约、加尔涅·帕热、马拉斯特、赖德律－洛兰、弗洛孔、路易·勃朗和阿尔贝 11 人组成，其中 2 人为王朝反对派，5 人为资产阶级共和派，2 人为小资产阶级民主派，工人代表 2 人，即路易－勃朗和阿尔贝，马克思指出：在二月街垒战中产生出来的临时政府，按其构成成分必然是分享胜利果实的各个不同党派的反映。它只能是各个不同阶级间的妥协，这些阶级曾共同努力推翻了七月王朝，但他们的利益是互相敌对的。临时政府中绝大多数是资产阶级的代表。重要的职位都被资产阶级所窃取。

1848 年 6 月巴黎工人起义

经过两个多月的较量，资产阶级已经占了优势。此后，资产阶级对工人的进攻越来越公开了。

5 月 15 日事件后，国家工场成为攻击的主要目标。执行委员会成立后接替马利任公共工程部长的特雷拉说："现在的问题只是要劳动回复原有的状态。"5 月 17 日，君主派的《国民议会报》写道："危险不断地在威胁我们，当国家用钱赡养 10 万人只是为了教会他们叛乱时，又怎能不担心混乱呢？谁不知道国家工场是无政府主义和掠夺的支柱？"

4 月底，临时政府曾拟定一个法律草案，由国家强行向私人企业赎买铁路。5 月 17 日，财政部长迪克勒尔克向制宪议会提出，由国家赎买铁路，让无工可做的人去铁路劳动以解决国家工场问题。制宪议会中不少人从维护金融寡头和企业主的利益出发，反对铁路国有，反对保存国家工场，铁路国有化问题便和国家工场问题交织在一起了。

5 月 20 日起，制宪议会开始讨论国家工场问题。23 日，特雷拉向托马下达了执行委员会的决定：（1）号召 18—25 岁的未婚男工志愿参军，凡拒绝者立即从国家工场工人名单中除名；（2）巴黎工人立即重新登记，凡不能证明自己 5 月 24 日之前已在巴黎居住 6 个月者，将被除名，不能领取工资和补助金；（3）把工人名单提交给企业主，企业主有权选择他所需要的工人，工人如拒绝接受雇佣，将立即从国家工场的总名单中除名；（4）未被除名者或暂时留在国家工场中者，按计件工资计算；（5）尽早组织工人生产小队开往外省从事巨大的国家工程。国家工场主任托马同情工人，反对这种做法。5 月 26 日晚，执行委员会将他解职。

在执行委员会和制宪议会之间存在着一定的矛盾。制宪议会视执行委员会成员为二月革命的人物，对之怀有一定疑虑。执行委员会则想暂时利用一下二月革命时的同盟者巴黎工人以对抗制宪议会。特雷拉原想立即取消国家工场，现改变主意，采用逐渐取消的办法。制宪议会则对执行委员会施加压力，责令它尽早解散国家工场以挽救铁路方面的私人财产。

5 月 25 日，君主派分子法卢在制宪议会下设的劳动委员会上发言说："假使工人要反抗，难道我们没有国民自卫军，没有正派工人，没有企业家？"5 月 29 日，法卢代表该委员会向制宪议会报告，提出以计件工资代替计日工资，把外地来巴黎的工人遣回原地。法卢对国家工场的评价是："从工业的观点看，国家工场不是别的，而是一种持续性的罢工，是每天花费 17 万法郎，亦即每年花费 4500 万法郎组织的罢工；从政治观点看，它是具有威胁性骚动的积极策源地；从财政观点看，它是一种经常性的、毋庸置疑的浪费；从道德观点看，它是对工人的光荣纯洁的品格的腐蚀。"法卢并建议对工业提供一笔款项。5 月 30 日，制宪议会根据法卢报告通过法令，改组国家工场，以计件工资代替计日工资，在塞纳省居住不满 3 个月的工人遣送外省，向私人和省市企业拨款以恢复生产。

6月3日，该法令公布，巴黎工人深为不满。制宪议会为防止工人示威，于6月7日通过反对街头示威游行的法令，规定只要人群中有一人携带武器，便视为武装游行，参加者受严惩，监禁两周至10年不等。对夜间集会的参加者，惩处更严。政府加紧军事防范，卡芬雅克命令充实别动队人员，频频从外省调军队来巴黎。6月13日，卡芬雅克命令里尔"立即将杜埃和阿腊斯的全部干粮储备运往巴黎"。

6月15日，议会委任了一个专门委员会，研究解散国家工场问题。委员会全部由保王党人和温和共和派组成，主席是古德肖，报告人为法卢。古德肖在议会发言说："应该在巴黎和外省立即消灭国家工场。"

6月18日，工人在巴黎张贴传单，对古德肖的发言作出回答。传单说，工人热切盼望有益的、与他们的职业相适应的劳动。"11万工人每日等待着从国家工场领取一点微薄的工资来维持自己和全家的生活，您想立即消灭国家工场，您这是想干什么？难道您想让工人忍饥挨饿和绝望？……您的使命是建设社会大厦，组织、教育、改善国家工场的道德，而不是去消灭它。"

6月21日，议会决定，凡18—25岁的单身男子立即从军，其余工人开往索伦做工。索伦是一个沼泽地带，常有霍乱流行。22日，报上颁布了此项决定，当天便有一列运载工人的火车开往索伦。巴黎工人闻讯后，十分愤怒。他们表示："宁可战死巴黎，也不远离家人到索伦死于霍乱。"

6月22日上午9时，约有1200—1500名国家工场和一些行业的工人，打着旗子，前往卢森堡宫抗议关于国家工场的法令。执行委员会成员马利接见了以佩若尔中尉为首的国家工场的5名工人代表。他威胁说："假使工人们不去外省，我们要用暴力强迫他们去，你们听见没有？要有暴力！"马利的蛮横态度激怒了工人。22日，巴黎街头工人的游行队伍络绎不绝。"打倒拉马丁！打倒马利！打倒制宪议会！"的呼声四起。晚间6时，有4000—5000工人在先贤祠广场集合。他们渡过塞纳河，来到圣安东郊区，沿途队伍不断扩大。一路上工人们高呼："劳动和面包！"晚10时，他们返回先贤祠广场。佩若尔号召示威者拿起武器，工人们宣誓永不退却，决定翌日晨再次集合。

6月23日晨，集合在先贤祠广场上的3000名工人随身携带了一些步枪和破旧手枪，但无起义的打算。他们由先贤祠向圣安东郊区走去。当队伍行至圣德尼时，一位领头人高喊："拿起武器，筑起街垒！"工人们纷纷响应。10时半，第一个街垒在邦努弗尔林阴大道建成，第二、第三个街垒接踵而起。街垒上竖着国家工场的三色旗、红旗、也有少数黑旗，有的旗子上写着"面包或死亡！"中午11时，由南往北，以圣雅克街、圣德尼街、圣德尼郊区街稍偏西一线为界，整个巴黎一分为二。东部劳动人民居住地区，处于起义者掌握之中。塞纳河南岸的先贤祠广场，塞纳河北岸的市政厅广场和巴士底狱广场是起义的3个中心点。在圣雅克街、圣德尼街、圣德尼郊区街、圣马尔坦街、圣马尔坦郊区街、唐普尔街、唐普尔郊区街、圣安东郊区街、梅尼尔蒙唐街等处都筑起了街垒。关于街垒总数说法不一，有的统计为414个，有的认为有600多个。街垒高大而坚固，圣安东郊区街的一个街垒有5层楼高。在先贤祠广场有 4 个街垒，守卫者达 8000—1 万人。

参加起义的总人数为 4 万至 4.5 万人，主要是国家工场的工人。一些激进的知识分子、铁路工人、部分私人企业中的工人、失业工人也参加了起义。国家工场中的工人是按半军事编制组织的，他们仍按这种编制参加起义，由下士和中尉带领，因而较有组织性。这是这次起义出色的地方。起义前工人中没有一个统一的政治组织，起义带有很大的自发性，各地区的街垒领导人各自领导该地区，相互之间并无联系，因而在起义中未能形成一个领导中心。

5 月 15 日事件后，布朗基等在工人中享有威信、具有丰富斗争经验的领袖身陷囹圄，对起义来说，是一个不小的损失。但在斗争烈火之中，又涌现出不少杰出的领袖人物。例如：机械师、"工人——平等派协会"的成员拉卡里，《组织劳动》报的编辑、圣安东郊区的最大的俱乐部之一"圣安东区人"的主席拉科隆热，金属雕刻匠勒热尼塞尔，光学仪器技工德弗尔等等。

30 年代共和运动中秘密协会的杰出活动家、"人权社"行动委员会主席盖尔索济制定了一个军事行动计划，将起义力量分成 4 个纵队，每个纵队以工人居住区为根据地，向市政厅分进合击，另组织小型游击队在纵队的侧翼和纵队之间独立行动，支持纵队和保持纵队之间的联系。恩格斯十分赞赏这个计划，赞美盖尔索济"以第一个街垒战指挥者而名垂史册"。同时，恩格斯也指出，这个计划的不足之处在于作战初期完全没有注意到巴黎西郊，没有尽快突入巴黎中心区。由于起义缺少统一的领导中心，此计划当然无法实行。

起义者没有公布过统一的共同要求。6 月 24 日，在第 8 区和圣安东郊区各颁布过一份告示，其他地区的起义者也提出过要求，内容大体相同：要求成立民主社会共和国，颁布劳动权法令，在国家支持下实行自由劳动协作，由人民自己制定宪法，逮捕执行委员会成员，把制宪议会议员和部长送交法庭，军队撤离巴黎，释放万森狱中的革命者等等。这些要求主要属民主主义范畴，社会主义性质不十分明显，但其意义不容低估。他们提出的建立民主社会共和国的要求虽然比较含糊，未触及国家的阶级实质，但这种要求的政治性质极为突出，工人们已开始意识到要利用国家政权来谋取自身利益，比以前历次工人起义高出一筹，在争取工人政治解放的道路上向前迈进了一大步。

6 月 23 日起义开始后，执行委员会进行镇压，军事部长卡芬雅克将军指挥全部武装力量。他的战略计划是待起义充分发动后，一举歼灭之。他对待起义不是像警察采取治安行动那样，而是在部署一次战役。卡芬雅克将军把兵力分成 3 路。第一路由拉莫里西埃将军指挥，进攻圣德尼，阻止巴黎东北部的起义者向市政厅进发。第二路由伯多将军指挥，任务是加强市政厅的防卫。第三路由达梅斯姆将军指挥，清除塞纳河左岸的起义者，包围巴黎东南部向市政厅进发的起义群众。

23 日中午，激战开始，工人们奋不顾身，向敌人频频攻击，市政厅广场和先贤祠广场的战斗尤烈。执行委员会成员阿拉戈带领龙骑兵连、两队步兵、两门炮和一队国民自卫军来到先贤祠广场，命令工人们放下武器。起义者反驳他说："您本人在1832 年就和我们一起在街垒战斗过"，"您无权责备我们，您从未挨过饿，您不知道什么叫贫困"。

在圣德尼，一名起义的领头人举着旗子指挥战斗。他受伤后，身旁一位衣着雅致的姑娘高举旗帜，屹立在街垒上。当她中弹倒下后，另一名妇女一手抱着战友的身躯，一手拣起石块向敌人掷去。这位妇女也牺牲了。那个时代的人们认为：首都的整个工人阶级不是用双手，而是用整个心参加战斗。

街垒战士们前仆后继与敌人浴血奋战。拉莫里西埃、伯多、达梅斯姆分别指挥的 3 路军队，都很吃紧，纷纷向卡芬雅克要求增援。伯多受伤，由迪维维埃将军代替。拉莫里西埃向卡芬雅克报告，他指挥的别动队已损失 1/3，大概难以坚持到晚上。卡芬雅克亲自率兵增援，到巴黎东北部圣莫尔指挥反击起义者。他组织了几次进攻，投入自己的全部 7 营兵力，但毫无用处。卡芬雅克原是来增援拉莫里西埃的，现在却又反过来向拉莫里西埃求援。

从 23 日中午起直至 24 日凌晨，优势在起义者一边。

议会中部分议员认为执行委员会软弱无力，主张由一个铁腕人物取而代之，卡芬雅克是他们看中的对象。他们派 3 名代表去试探卡芬雅克。卡芬雅克表示，如果推翻执行委员会，他就接受政权。24 日上午 8 时，议会开会。温和共和派议员帕斯卡尔·迪普拉特向议会建议宣布戒严，把全部政权交给卡芬雅克。议会通过了宣布戒严的提案。茹尔·法弗尔提出对"执行委员会立即停止行使职权"的议案进行表决。大多数议员犹豫不决。10 时半，执行委员会全体成员宣布集体辞职。议会授予卡芬雅克独裁权。

卡芬雅克获得独裁全权后，颁布了 3 份文告：致工人书、致国民自卫军书和致军队书。在致工人书中，卡芬雅克要求工人放下武器，相信政府。在致国民自卫军书中，卡芬雅克要求国民自卫军不顾一切地去残酷镇压起义，还说什么"没有痛苦和牺牲，什么也不会建立和巩固起来。"卡芬雅克打电报给下塞纳省军分区和第二、第三师的指挥官，命令他们立即带领他们所指挥的全部步兵开赴巴黎。他又派总部军官到外省调兵，让阿尔卑斯军向巴黎开拔。24 日晨，卡芬雅克掌握的军队总数超过 10 万人。24 日晚，军队又增了一半；25 日，卡芬雅克再得到二、三万援军而起义者总数最多为 4.5 万人左右，不及卡芬雅克军队的 1/4。

24 日黎明，战斗开始后，起义者占领了第 8 区政府。卡芬雅克对起义者发动强攻。到 24 日晚，卡芬雅克在圣雅克和先贤祠摧毁了起义者的抵抗，铲除了塞纳河南岸的街垒。25 日晚间，城内各区的街垒都已经被攻破。起义者只掌握圣安东郊区、唐普尔郊区的一部分以及其他一些小的地区。

圣安东郊区是最坚固的阵地，在通往这个郊区的许多要冲处都构筑了很巧妙的工事，街垒彼此形成三角形，可以互相掩护。卡芬雅克看到这些街垒难以攻下，提出谈判。起义者提出：解散制宪议会，军队撤出巴黎，释放关闭在万森监狱的革命者，人民自己制定宪法，等等。在谈判过程中，这些要求又改变为保存国家工场，颁布劳动权法令。当要求遭拒绝后，谈判中断。卡芬雅克命佩罗将军从唐普尔近郊，拉莫里西埃从巴士底狱广场同时向圣安东郊区的街垒开火。卡芬雅克又调来 5 门重炮。密集的炮火摧毁了街垒。26 日上午 11 时，一部分起义者投降，另一部分起义者撤离圣安东郊区。

26日下午2时，卡芬雅克以急电通知各省，政府军已经攻下了起义者反抗的最后据点圣安东郊区。实际上，巴黎东郊的斗争仍在继续，起义者的最后阵地梅尼尔蒙唐、贝尔维尔、拉维莱在下午，部分地区在晚上才被军队占领。

28日，卡芬雅克把全权交还给制宪议会。制宪议会又无限期地把政权授予卡芬雅克。制宪议会通过决议，感谢卡芬雅克将军为祖国立下功勋。

资产阶级和无产阶级之间这次交锋，虽然只有短短的4天，只局限于巴黎东部半个城市，但是资产阶级动用了约20万兵力、10多名将军。尽管他们都是沙场老将，但由于起义工人英勇作战，拼死抵抗，致使布尔贡、达芒、勒诺、迪维维埃、内格里埃、布勒阿6名将军战死，伯多、弗朗苏瓦、科尔特、拉丰唐、富谢、库尔蒂吉6名将军受伤，7月3日，卡芬雅克在议会宣布，官方死伤703人。政府军向起义者射出210万发子弹，3000颗炮弹。起义者在战斗中牺牲的人数至今无确切的数字，有的著作认为死数千人，有的认为战死500多人。有一个比例数能说明一定问题：在圣路易医院中，军队和起义者死伤比例为：军队是1：15，起义者是1：6。

卡芬雅克是资产阶级共和主义者，曾反对过复辟王朝，但当工人起来向资产阶级争取自身的权利时，他竟与自己的旧敌联合，镇压工人起义，其残酷程度超过了七月王朝对里昂工人起义的镇压。由此可见，在对待工人方面，共和派和保王派并无本质区别。

镇压起义之后，卡芬雅克又采取残酷的迫害措施。到7月4日止，巴黎查获没收枪支10万支，后来又搜寻到不少长枪、大刀、手枪等，巴黎工人被解除了武装。政府逮捕2.5万人。1500人未经审判被枪决，1.1万人被判监禁或流放。他们大多数是工人或手工业者，其中泥水匠572人，打短工者553人，细木工505人，皮靴匠418人，钳工301人，机械工人248人，旋工185人。

巴黎工人的斗争不是孤立无援的，第戎举行了示威游行，高呼："不能劳动生活，毋宁战斗而死！"亚眠工人宣称，巴黎的斗争是主人和工人之间的战争。他们表示要去巴黎帮助工人反对主人。其他一些城市的工人也公开行动，声援巴黎工人。铁路工人想方设法阻止运载军队的列车开往巴黎。法国历史学家多特里认为，全法国都有阶级战争，而在巴黎，这个战争是用枪炮进行的。

1848年匈牙利佩斯三月革命

1848年的欧洲，资产阶级革命风起云涌。2月23日，首先在法国巴黎爆发了革命，迫使国王路易—菲力浦退位，成立了资产阶级共和派领导的临时政府。这一消息于3月1日传到匈牙利首府波若尼。科苏特预感到革命的到来，他情不自禁地高呼："欧洲的上空出现了我们不能忽视的信号"。他立即抓住这一大好时机，于3月3日向议会提交了一份全面的政治纲领草案，重申反对党历来关于资产阶级改革的主张，呼吁制订一个全哈布斯堡帝国的宪法，成立匈牙利责任内阁，以便独立地处理解放农奴和建立民主制等方面的问题。这些要求后来成了青年匈牙利小组在3月

9 日起草的革命纲领《十二条》的基础。

　　紧接着，奥地利首都维也纳于 3 月 13 日爆发了革命，奥皇被迫免去梅特涅的首相职务，并答应制订宪法。消息在当天晚上传到匈牙利，引起极大的反响。3 月 14 日晚，以裴多菲为首的革命青年聚集在比尔瓦克斯咖啡馆里，积极筹备第二天的群众游行活动。裴多菲热情洋溢地朗读了他那扣人心弦的诗篇《民族之歌》：

　　　　起来，匈牙利人，祖国正在召唤！

　　　　是时候了，现在干，还不算太晚！

　　　　愿意做自由人，还是做奴隶？

　　　　你们选择吧，就是这个问题！

　　　　我们向上帝宣誓，

　　　　我们宣誓：我们不再做奴隶！

　　　　……

　　与会者一致通过了《十二条》。

　　翌日清晨，群情激昂的青年在裴多菲等的带领下向兰德列尔印刷所行进，第一次不经书报检查印刷了《民歌之歌》和《十二条》。这震撼当时欧洲的《十二条》全文如下：

　　　　匈牙利民族希望什么？

　　　　和平、自由和团结。

　　　　1. 要求出版自由，取消书报检查

　　　　2. 在布达——佩斯成立责任内阁

　　　　3. 每年在佩斯召开议会

　　　　4. 法律面前人人平等

　　　　5. 建立民族自卫军

　　　　6. 在平等代表权的基础上共同负担捐税

　　　　7. 废除农奴劳役制

　　　　8. 设立有陪审团的审判制度

　　　　9. 组织国家银行

　　　　10. 军队忠于宪法，不许把匈牙利军队派往国外，撤走外国在匈牙利的驻军

　　　　11. 释放政治犯

　　　　12. 埃尔代伊归并匈牙利，成立联邦。

　　　　平等，自由，博爱！

　　《十二条》在当时成了团结、动员和组织劳动大众共同打击敌人的战斗思想武器，但是它没有明确提到匈牙利应摆脱奥地利而独立，没有提到平分土地等主张。

　　3 月 15 日下午 3 时，上万群众在民族博物馆冒雨举行大会。由裴多菲带领庄严宣誓："我们不再继续做奴隶！"尔后，整队前往市政厅，市长被迫接受了《十二条》。接着，起义者在市政厅大楼组成治安委员会。由城市资产者、农民、工人和知识分子组成的治安委员会是当时最权威的政权机构，由它负责领导这次革命，并立

即通过决议废除书报检查制度和组建地方国民自卫军；同时还决定，第二天派代表团去波若尼，要求召开议会通过批准《十二条》，立即迁都佩斯。然后两万多群众高举大旗涌向总督公署，迫使总督撤销书报检查和释放政治犯。一年前被关进监狱的坦契奇在群众的欢呼声中回到佩斯。

事后，裴多菲在日记中记述了这一激动人心的事件："总督大人吓得面色苍白，直打哆嗦。只经过 5 分钟的协商就达成了协议。"佩斯的革命在外地引起强烈的反响，各地相继成立了治安委员会。革命在全国各地轰轰烈烈地开展起来。

与此同时，在波若尼议会以科苏特为首的反对党也采取了行动。14 日晚，下议院通过了科苏特 3 月 3 日向议会递交的建议书，并决定派出 100 人的大型代表团携带纲领草案前去的维也纳，要求奥皇批准。科苏特一行受到沉浸在革命胜利欢乐中的维也纳人民的热情欢迎。慑于革命压力，朝廷被迫让步，接受了匈牙利议会的要求，同意成立匈牙利责任内阁。

3 月 17 日，奥皇斐迪南一世授权主张与哈布斯堡王朝妥协的温和派鲍詹尼·劳约什组阁。科苏特任财政部长，塞切尼任交通与劳动部长。政府的成员大都是中等贵族和同情革命的出身大贵族的人。由于自身的利益和传统，他们极力保护现存的财产状况，并对少数民族进行镇压，阻止革命继续发展。因此，这个政府不能完全代表劳动人民的意志。

在强大的革命洪流冲击下，以科苏特为代表的一部分自由贵族反映了激进民主派的要求。3 月 18 日深夜，议会排除各种障碍相继通过了 35 条法令，统称为 1848 年法令。这些法令是匈牙利国家独立和资本主义改造的基本保证。

法令从奥地利殖民者手中夺回了立法和行政权。法令规定，成立匈牙利责任内阁，成立代议制的国会，由选举出来的国会取代旧的封建等级议会。具有少量财产的农民和手工业者也可以参加选举。匈牙利责任内阁独立于维也纳政府，它只对匈牙利国会负责。

法令宣布废除农奴制，取消专门镇压农奴的地方自治会，废除劳役制和什一税，把农奴耕种的地块变为农民的私有财产，农奴有人身自由；同特兰西瓦尼亚联合，出版自由和在法律面前人人平等；平等的课税，废除贵族的免税特权和特权继承法；建立国民自卫军，保卫国家安全，等等。

1848 年法令的重要历史意义在于：它宣布几百万农奴的解放，成立匈牙利独立的民族内阁，废除了几个世纪以来的劳役制和什一税。因此，它为消灭封建制度，向资本主义发展开辟了道路。

1848 年法令还有它的局限性。它还保留奥皇的皇位继承法，凡未经奥皇批准的法令，不能生效。废除徭役和什一税，却又付给地主高额的赎金。选举权还受财产的限制。少数民族有关区域自治和民主权利的要求未置一词，等等。

面对匈牙利革命的燎原之势，奥皇斐迪南一世如坐针毡。3 月 28 日，他给匈牙利国会下了一道敕令，竭力阻拦执行解放农奴的法令，拒不批准取消劳役制和什一税的法令，坚持独揽匈牙利的财政和军事大权。消息传来，佩斯人民义愤填膺，同仇敌忾，3 月 28—31 日连续 4 天举行大规模的示威游行，人们高呼："维也纳欺骗了我们！""共和国万岁！"在这些日子里，裴多菲写下了光辉的诗篇《大海在咆哮》，形象地描述了人民是这场波澜壮阔的革命运动的主人翁。

　　　　一个永远的真理。

　　　　用浪花写在天空：

　　　　虽然船在上面，

　　　　水在下面，

　　　　然而水仍是主人翁！

　　当时奥皇正集中力量镇压意大利人民的自由斗争和维也纳人民的起义，捉襟见肘，穷于应付，不得不对匈牙利革命做出某些让步。斐迪南一世于 4 月 11 日假惺惺地在匈牙利 1848 年法令上画了押，宣布解散匈牙利最后一届封建制度的等级议会。他暗地里却撺掇克罗地亚这个少数民族地区的边防军中校叶拉契奇向匈牙利进攻。1848 年 3 月 23 日，奥皇任命叶拉契奇为克罗地亚总督，给他钱和武器，企图利用少数民族来扼杀匈牙利革命。仅 6 月 24 日奥地利政府一次就拨给叶拉契奇价值 15 万福林的军事装备。

　　是保卫 1848 年法令，将革命进行到底，还是妥协倒退，使革命半途夭折，鲍詹尼政府必须做出抉择。

　　这个由奥皇慑于革命威力而匆忙拼凑起来的匈牙利政府，内部一直存在着两种不同的政治主张，一派是以鲍詹尼为首的温和派，一派是以科苏特为首的激进派。广大的工人、农民、小手工业者以及中小贵族为保卫革命成果而进行了英勇的斗争，却遭到鲍詹尼政府的阻拦和镇压，以致使头几个月内革命处于停滞不前的困境。

　　按照 1848 年法令，只把原农奴耕种的地块变为耕者所有。这样，充其量也只有 20％的土地分到占全国人口 72％的贫农手里，其余大部分土地仍为地主占有，广大农民对此是不满的。早在 4 月份，一些地区的农民就自发地平分土地，抢占牧场和森林，自动破除地主的狩猎权、捕鱼权、出售酒类和屠宰牧畜的垄断权，并以低廉的价格出售自己的产品。这是对 1848 年法令中限制平分土地的某种反抗。

　　农民的革命举动遭到鲍詹尼政府的武力镇压。仅 4—6 月间就有 10 多人被指控为"危及国家安全及社会治安"而判处死刑。这说明极为软弱的资产阶级化的贵族同封建势力有着千丝万缕的联系，他们是不可能把解放农奴的斗争进行到底的。

　　在 1848 年革命中，工人阶级初次登上了政治舞台。早在 3 月 15 日，在裴多菲等激进青年的影响下，工人们就上街游行，支持资产阶级的民主要求，如《十二条》。但他们很快就发现，这次革命的领导力量，并不代表工人阶级的利益。于是，他们也要为改善自身的条件而斗争。3 月底 4 月初，部分工人提出缩短工作日和提高工资的要求。4 月 17 日，佩斯 8 千名行会工人举行示威游行，要求把工作日从 13—15 小时缩短到 10.5—12 小时，要求立即取消有害的行会，并当众焚烧行会章程。鲍詹尼政府不得不于 6 月 9 日颁布了《行会章程修改条例》，日工作时间改为 11 小时，童工改为 9 小时，在提高工资及其他民主权利方面也做了某些让步。

　　三月革命中各少数民族大都支持匈牙利革命。但是由于领导这次运动的自由贵族自身的局限性，没有处理好同少数民族的关系。就连科苏特对民族问题的重要性也很不理解，他在三月革命时期曾经对一个塞尔维亚政治家说过："那么让我们用剑来见分晓吧！"不满的少数民族被维也纳宫廷所利用。1848年夏初，发生了塞尔维亚人反政府的流血冲突。有奥皇撑腰的克罗地亚总督叶拉契奇认为有机可乘，更加桀骜不驯。4月25日，他发表声明，宣布脱离匈牙利政府的管辖。5月，抢占了克罗地亚的钱库，擅自任命州长，不经国会同意于6月5日召开克罗地亚州会。

按照1848年法令，6月初在佩斯开始选举第一届国民代表会议的代表。由于选举受到财产的限制，广大的工人和贫农被排除在外。选举结果，在国会450个议员中，大地主贵族的代表占72％，小手工业者和农民的代表只占2％。激进民主派的裴多菲未能进入国会。农民代表中只有坦契奇当选。激进派鼎力拥护科苏特担任首相职务，结果也未能如愿，由鲍詹尼连任首相。

在裴多菲和另一位激进派领袖马达拉斯的倡议下，几个左派小组织于7月初联合成统一的政党——平等社，很快就发展了1000多名成员。后来坦契奇也参加进来。他通过自己创办的《工人报》发表文章，要求取消葡萄什一税，坚决主张不付任何赔偿解放农奴，要求把被地主非法夺去的土地归还农民。他写道："我们租种的土地本来就应该是我们的，因为是我们在耕种，而只有通过劳动才能证明财产的所有权。"他还要求把反革命的财产全部分给农民。在他们的影响下，工人和农民运动又有新的发展。9月15日，众议院通过决议废除葡萄什一税。

科苏特为首的激进派清楚地看到，为了对付反革命的进攻，必须迅速组织国防军，在7月11日第一届国民代表会议上，科苏特呼吁"拯救祖国"，要求招募20万新兵和拨4200万福林军费。全体代表报以热烈的掌声予以通过。科苏特热泪盈眶地说："我要为我们伟大的民族鞠躬尽瘁！"他满怀信心地宣告："即使匈牙利处在地狱的门口也决不会被征服！"

维也纳革命

从三月革命开始，维也纳存在着两种武装力量，一种是集中到首都驻防的政府军，另一种是与之对立的革命军，其中包括资产阶级国民自卫军的各支部队和大学生军团。5月10日，革命军的各支队伍派代表组成了国民自卫军中央政治委员会，成员达到200人，其中有自由派费什戈夫、激进派霍尔特马克、大学生军团成员维尔涅尔等人。中央政治委员会是一个庞杂的集体，其右翼主张保存4月25日宪法，左翼要求宪法民主化。由于左派逐渐占居优势，中央政治委员会成为反对反动宪法和选举法的重要机构。奥地利政府决定先拿它来开刀。

5月14日，政府发布了解散中央政治委员会的通令，引起了广大群众的强烈反对。5月15日清晨，中央政治委员会派出几个代表团，要求政府撤销该通令，并把军队调出维也纳，由国民自卫军维护社会秩序。政府的答复是：动员军队，准备镇压。

维也纳人民准备以武装来捍卫革命。大学生举行集会向工人求援。工人们用各种工具武装起来，迅速赶到维也纳市中心。傍晚，开始了大规模示威游行，人民群众向皇宫霍夫堡宫进发。政府军守卫在连接皇宫广场的各区段。近2000名手执斧头、铁锨、铁棒等工具的工人已经到达市中心。有些地方构筑了街垒。

街垒的构筑使政府意识到形势的危险。起初让中央政治委员会代表团等了7个小时的政府，急忙在晚上10时召开部长会议，发布了撤销解散中央政治委员会的命令。政府还被迫宣布同意群众的下列要求：以一院制代替两院制，取消选举资格限制和实行民主选举。

在5月15日革命事件中，民主派和人民取得了胜利。反动阵营出现惊慌。人民群众准备为推翻君主制度而斗争。但是，中央政治委员会的一些领导人害怕群众运动的发展，通过了自行解散的决议。反革命势力则利用资产阶级自由派的动摇，伺机反扑。5月17日，斐迪南一世及其亲信、随从逃出维也纳，19日到了落后的教区提罗尔的首府因斯布鲁克。那儿很快成了反革命阴谋的中心。

皇帝和宫廷亲信的出逃在维也纳引起了很大的震动：忠于皇室的人感到愤慨和侮辱；陶醉在前几天胜利之中的维也纳人民清醒了，意识到这是反革命势力的宣战；资产阶级感到恐慌，觉得失去了皇帝的"保护"，那些靠宫廷和贵族订货的维也纳工商业者还遭受了经济损失。

5月26日，政府下令解散大学生军团，让它与国民自卫军合并，凡不愿参加国民自卫军的大学生均须在24小时内交出武器。政府调动了军队要用武力执行这一命令。大学生的革命立场比资产阶级自由派坚定。

被激怒的大学生和工人联合在一起，准备进行新的战斗。5月26日，当政府军在霍夫堡宫前，在一些广场上摆开阵势的时候，工人和国民自卫军战士也迅速布满了首都的街道和广场。许多地方出现了街垒，有的街垒上空飘扬着德国、匈牙利、捷克的旗帜，象征着各民族的团结。维也纳大学的周围筑起了10道石头壁垒。在郊区通往市中心的各城门处，都发生了工人与政府军的冲突。有的地方工人把政府军赶走了，约有5000多工人冲进了市中心。政府在维也纳的军队不到1万人。由于各地风潮汹涌，它无法再增调军队进首都。政府又一次被迫退让，取消了解散大学生军团的命令。

五月战斗以后，政府中挑起5月26日事变的肇事者被逮捕，12门大炮交给了国民自卫军和大学生军团。政府被迫把行政权交给资产阶级新建立的、以费什戈夫为首的社会安全委员会，并宣布立法权属于未来的帝国议会。

6月19日至21日，举行了帝国议会的选举。选举是由社会安全委员会建立的选举委员会领导的。选出的议会代表共383名。其中贵族42人，农民97人，资产阶级及知识分子占绝大多数。

帝国议会于7月22日在维也纳开幕。讨论的中心问题是奥地利的国家结构以及与之相关的问题：奥地利成为各民族平等的自由国家，还是成为某些民族（奥地利人、匈牙利人和波兰人）统治其他民族的国家。一接触到这些问题，好像撞在暗礁上一样，一切达成协议的努力都粉碎了。而与民族问题没有直接关系的法律，虽然经过长时间的讨论，总还是能够通过，如关于资产阶级权利和自由的法律被通过了。议会对农民问题争论十分激烈，为讨论此问题议会召开了38次会议。最后决定，废除农民的封建义务，凡由于农民的个人依附和地主的法定权利而应尽的义务，在取消时是无偿的；而所有其余的义务，如租税、徭役等，在取消时是有偿的。关于赎金，法律规定由国家负担 1/3，农民负担 1/3，地主放弃其余的 1/3。议会通过法律后，政府声明农民解放须要由皇帝明令批准，议会表示同意。皇帝在 9 月 7 日批准了废除农民封建义务的法律。农民被告知，他们的解放是皇帝的恩典，至于赎金问题，责任在议会身上，由于皇帝玩弄了这样的手法，使农民在革命的紧要关头，即 10 月间没有奋起捍卫维也纳，但是，农民解放毕竟是奥地利革命的重大成果。

奥地利资产阶级自由派取得政权后，对革命表现出明显的动摇。在 3 月 13 日、5 月 15 日、5 月 26 日宫廷连续遭到 3 次失败之后，他们以为皇党已不再是个可怕的敌人，因此对革命愈来愈冷漠而要求秩序。7 月间帝国议会的召开被当作革命时代的终结而受到热烈欢迎。8 月 12 日斐迪南一世回到维也纳也受到同样的欢迎。

奥皇利用了革命阵营中的分裂，于 8 月 19 日检阅了资产阶级的武装力量国民自卫军，表示"关怀"，以便在未来的反革命活动中利用它为自己服务。

三月革命发生以来，工人和手工业者的状况没有得到改善。奥地利的金融状况不断恶化，纸币一再贬值。工人大量失业，政府不得不雇用他们在土木建筑等公共工程中做工。但是工人的工资很低，经常被苛扣，在 6 月，工人的不满几乎酿成一次公开的斗争。8 月终于发生了流血冲突。8 月 19 日，劳动部长什瓦采尔颁布了降低土建工人工资的通令。8 月 21 日，工人派出代表团，要求撤销这一决定。工人们，其中多半是妇女，拿着旗帜，前往市中心，遭到了国民自卫军骑兵队的马刀砍杀，许多人受伤。8 月 23 日，又有 8000 工人参加了示威游行。这是一次特殊的送葬形式的游行。群众抬着担架，上面躺着一个象征劳动部长什瓦采尔的草人，他因削减工人工资、吞食钱币而噎死了。国民自卫军以齐射的枪声对付赤手空拳的示威者。镇压行动延续了 4 小时，工人伤亡达 300 多人。在八月流血冲突中，由于资产阶级的叛变，小资产阶级的观望，大学生军团的"中立"，工人的斗争很快被镇压下去。反革命势力的进攻终于得势。

8 月 24 日，政府发布命令，国民自卫军听从内政部长的指挥。社会安全委员会在八月流血冲突中无所作为，于 8 月 23 日宣布自动解散。

英国阿富汗战争

第一次战争

阿富汗位于中亚的西南部，是一个面积仅有 65 万平方公里的山地内陆国家。山地和高原占全国面积的 4/5。阿富汗是一个多民族国家，阿富汗人占全国人口的一半以上，另有塔吉克人、乌兹别克人、土库曼人、哈萨克人等 20 多个少数民族。伊斯兰教是其国教。普什图语和达利语为官方语言。

阿富汗因其特殊的战略位置而历来为兵家必争之地。它处于地中海和里海通往印度洋的枢纽地区，是西亚通向印度的门户，为中亚交通要冲。马其顿皇帝、亚历山大大帝和波斯土纳第尔·汗对印度进行军事远征时，都以阿富汗为跳板。自19世纪初开始，英国殖民者为了建立从北非到印度的势力范围带，把侵略矛头指向阿富汗。而野心勃勃的沙皇俄国为南下印度洋；夺取暖洋出海口，也对阿富汗垂涎三尺。南下的沙俄与北进的英国在阿富汗不断发生碰撞，阿富汗由此成为英、俄争夺的主要目标之一。

18世纪40年代，阿富汗杜兰尼部落酋长阿赫马德乘波斯帝国衰败之机，建立了独立的阿富汗国，阿富汗形成了统一的国家。但阿赫马德死后不久，阿富汗陷入了旷日持久的内战之中。直到19世纪30年代，多斯特·穆罕默德先后打败各地封建主，以喀布尔为基地统一全国，阿富汗才结束封建割据的局面。就在这个时候，控制了大半个印度的英国殖民者加快了其侵略步伐。

1. 殖民军入侵与阿富汗人民奋起抗战

早在19世纪20年代，英国就不断向阿富汗派遣军事情报人员从事间谍活动。英国间谍阿尔杜尔·昆诺里、亚历山大·白恩士先后潜入阿富汗收集情报，观察阿富汗的政治形势，试图把阿富汗拉入英国的军事同盟。1835年，英印政府正式任命白恩士为驻阿使节。与此同时，沙俄特使维特凯维奇在喀布尔积极活动，骗取了多斯特·穆罕默德的信任，使其倒向沙俄一方。在这种情况下，白恩士被迫离开喀布尔。

沙俄虽然在争取阿富汗的外交斗争中取得了胜利，但当时它与阿富汗之间还隔着广大地区，直接出兵阿富汗的可能性极小。英国巧妙地打着"俄国威胁"的幌子，决心出兵阿富汗，推翻亲俄的多斯特·穆罕默德政府，扶植傀儡政权。为此，英国殖民者利用20多年前流亡印度的阿富汗前国王舒加·沙，加紧招募和集结军队，准备入侵阿富汗。

入侵阿富汗的英军由1个孟加拉师、1个孟买师以及舒加·沙和华德上校招募的若干雇佣兵组成。孟加拉师在印度河上游的费罗兹普尔集结，计划沿印度河而上，在苏库尔附近渡河。1838年12月，英军司令约翰·基因爵士率领孟买师在印度河口登陆。次年2月得到一支后备队的增援后攻占加尔各答。舒加·沙的雇佣兵包括6个步兵营、2个非正规的骑兵团和1支马驮炮兵队，共6000人，随同英军主力开进。1839年4月，英军经长途行军，先后抵达基达，然后从霍贾克山口突入阿富汗境内。与此同时，华德上校在白沙瓦招募一支军队，企图从开伯尔山口侵入阿富汗，配合英军主力的进攻。

从双方力量对比看，英国占有绝对优势。英国是当时的头号殖民强国，号称"日不落"帝国。侵阿英军共3万余人，训练有素，装备先进，而且可以以大半个印度为依托。而阿富汗政府军仅有1.5万人，装备落后，纪律松弛，指挥混乱，不堪一击。

英军侵入阿富汗，如入无人之境。4月25日，舒加·沙率部进入阿富汗南方重镇坎大哈。7月英军攻占中部大城加兹尼，8月初兵临喀布尔城下。与此同时，华德上校指挥的另一路英军强行穿越开伯尔山口，向阿克·马什吉德要塞发起进攻。由于阿军主力已撤退，英军很快攻占该要塞。

多斯特·穆罕默德被迫向俄国求援，但俄国使节维特凯维奇表示，路途遥远，俄国难能相助。多斯特·穆罕默德手拿古兰经，呼吁驻扎在乌尔冈达的部队进行抵抗。他要求弟兄们记住他们都是穆斯林，要么与侵略者一战，要么就死亡。但整个部队斗志全无，一哄而散。多斯特·穆罕默德的营地也被他的家仆强占了。他被逼无奈，只好携妻挈子，先跑到巴尔赫，后又逃到布哈拉乌兹别克人的宫廷避难。

舒加·沙被英国殖民者扶上王位，在喀布尔建立了傀儡政权。英军对阿富汗实行了军事占领：第十三轻步兵团、第三十五步兵团和第六轻野炮队，共5000人驻防喀布尔，由陆军少将威罗贝·卡通爵士指挥；第四十八步兵团、第四旅和第二骑兵团驻扎在贾拉拉巴德；加兹尼则由第十六步兵团、一个骑兵大队和舒加·沙的一些雇佣兵驻防；第四十二、第四十三步兵团、一个炮兵连、二个骑兵大队和舒加·沙的若干雇佣兵，共5000人扼守坎大哈，由陆军少将诺特指挥。英国公使麦克诺顿成为阿富汗的太上皇。殖民者向各地派出官员，强征重税，大肆掠夺。英国人终于以武力排挤了沙俄的势力，在阿富汗第一次建立了殖民统治。

阿富汗人民素有酷爱自由和反抗外敌压迫的光荣传统。他们对英国殖民者及其扶植的傀儡恨之入骨。侵略者一踏上阿富汗的领土，尤其是对阿富汗实行军事占领后，抗击殖民者侵略的游击战就在全国各地展开了。马卢夫地区的查尔查依部族首先揭竿而起，开始了反英游击战。至1840年4月，起义军发展到2000多人。他们利用有利的地形条件，神出鬼没，切断了英军从坎大哈到喀布尔的交通线，灵活机动地打击敌人，使其陷入顾此失彼的境地。麦克诺顿被迫以每年3000英镑的补助金收买部族领袖，才暂时保证了交通线的畅通。

此外，其他部族的游击队也十分活跃。俾路支游击队打败了英国克列尔中尉指挥的殖民军，收复了卡拉特城，并处决了英国政治专员洛夫台。另外一支游击队收复了交通枢纽维特。

逃到布哈拉的多斯特·穆罕默德积极从事反英活动，组织武装力量，试图东山再起。1840年9月初，他离开布哈拉，在库尔姆地区的乌兹别克人中召集了一支6000人的军队，并向巴米安开进。附近起义军不断加入，加之舒加·沙的军队纷纷倒戈，抗英力量逐步壮大。多斯特·穆罕默德的部队先后在巴吉贾和赛干打败殖民军，歼灭大量印度骑兵。此后，转战于库希斯坦地区，直接威胁喀布尔。11月，又在帕尔汪达腊击败英将谢尔指挥的1个旅，使殖民者大为震动。但是，多斯特·穆罕默德对战胜殖民者缺乏信心，想以几次胜利为资本来换取殖民者的让步，结果在殖民者的诱惑下投降，随后被押往印度，软禁在加尔各答。

1841年上半年，阿富汗抗英斗争的规模更加扩大，在东部和东南部地区尤为激烈。卡拉特附近的抗英游击队重创瓦依迈尔少校指挥的侵略军。杜兰尼部族的游击队在多斯特·穆罕默德之子阿喀杜尔·汗领导下主动出击，给英军以沉重打击后又撤回山区，积极准备进攻坎大哈。英军在起义军民打击下士气低落，惶惶不可终日。驻坎大哈的一位英国军官在一封信中写道："全国的反抗事件与日俱增。海别尔人、吉尔吉依人和杜兰尼人都拿起武器，向我们的军事据点进攻，我们的士兵就在自己的眼皮下被他们杀死。我们真该撤军了。"

同年 10 月，东部吉尔查依部族爆发了全面的抗英起义。起义军攻占了东部重镇贾拉拉巴德，切断了英军从白沙瓦到喀布尔的交通线。英军将领赛奉命率 1 个旅的兵力打通交通线，一路不断受到起义军的袭扰，损失了大量兵力兵器，最后才于 11 月 13 日占领贾拉拉巴德。在库希斯坦，游击队攻占了恰里卡尔哨所，英国政治专员朴鼎查身负重伤，侥幸逃脱。在中部，游击队袭击了加兹尼附近的谢卡巴德哨所，全歼哨所内的殖民军。

2. 喀布尔人民起义，殖民军全军覆没

英军占领喀布尔后，俨然以主人自居，在阿富汗首都为所欲为。不少殖民军军官和士兵把妻室接到喀布尔，过着花天酒地、穷奢极欲的生活。喀布尔人民对这帮侵略者早就深恶痛绝，一场大规模的起义已经酝酿成熟。

1841 年 9 月，20 多个部落领袖在喀布尔附近集会，讨论具体的行动计划。会上通过了阿米杜拉·汗·罗加里提出的行动方案。具体内容是：首先向市内麦克诺顿的助手白恩士的官邸进攻，夺占喀布尔，随后出城消灭麦克诺顿及英国殖民军。此次会议表明抗英斗争开始从分散的游击战走向联合的反攻。

11 月 2 日凌晨，怒不可遏的喀布尔市民，手执各种各样的原始武器，向事先约定的目标白恩士官邸冲击。起义军势不可挡，迅即攻占官邸，当场击毙白恩士。舒加·沙闻讯后，急调 1 个团的雇佣兵前往解围。但这个团刚一出动，就被起义军包围起来，团长康释尔被打死，兵力损失大半。只是在英军的掩护下，才得以突围。当晚，起义军占领喀布尔全城。

11 月 3 日起，起义军开始向城外英军据点进攻。首先攻占了军火库和英军行政中心，喀布尔周围的游击队，纷纷同喀布尔起义军联合行动。英国殖民军总司令埃尔菲尔顿将军（1840 年秋任职）惊呼：“阿富汗全国居民都拿起武器来反对我们了。”至 9 月，起义军攻占了喀布尔城至巴拉·喜萨尔要塞之间的所有英军据点，英军大本营巴拉·喜萨尔要塞也陷入起义军的包围之中。

正当喀布尔起义取得胜利之际，阿克巴·汗率领一支抗英武装力量冲破英军的封锁，从北部开来。他的到来受到喀布尔起义者的热烈欢迎，并被一致推举为抗英武装力量领袖。

阿克巴·汗是多斯特·穆罕默德的儿子。他从一开始就坚决主张抗战，并指挥部队多次抗击英军入侵。他足智多谋，英勇善战，眼光远大，被阿富汗史学家誉为“阿富汗的幸福与光荣之星。”多斯特·穆罕默德投降后，他断然率部退入山区，坚持战斗。

麦克诺顿企图用金钱和高官来收买这位年轻的抗英领袖。阿克巴·汗决定将计就计，拟定了智擒麦克诺顿的行动方案。1841 年 12 月 23 日，麦克诺顿带少数随从来到起义军营地，商谈起义军“投降”的条件。会上，阿克巴·汗当众揭穿了麦克诺顿的阴谋。麦克诺顿企图反抗，结果被当场击毙。代替其职务的朴鼎查见收买计划破产，被迫在起义者提出的五条要求上签字，同意从喀布尔撤军。

1842 年 1 月 6 日，占领喀布尔达两年零四个月的英国侵略军在阿富汗人民的打击下，被迫向 130 英里外的贾拉拉巴德撤退。这支军队及其随行人员共 1.65 万人，其中战斗人员 4500 人（包括 690 名欧洲兵，2840 名印度雇佣兵和 970 名骑兵），随营人员和家属共 1.2 万人。他们士气低落，军心涣散，毫无斗志。口粮、运输工具和刍秣又极为缺乏。他们在英军总司令埃尔菲尔顿指挥下缓慢地撤退。

从喀布尔到贾拉拉巴德，山峦起伏，山峰陡峭，巍峨的群山和险峻的关隘令人望而生畏。时值严冬，天气奇寒，白雪皑皑，寒风刺骨。恶劣的气候和复杂的地形使急于逃命的侵略者如惊弓之鸟。但对阿富汗军民来说，却提供了设伏歼敌的良机。侵略军撤至胡尔德·喀布尔山口时，已经在严寒中风餐露宿两天两夜的游击队中很多人的手脚冻伤。在这里，侵略军遭到游击队的伏击，死亡 3000 余人。接着在扎格达拉克山口再遭伏击，伤亡惨重。最后又在甘达马克和伏切巴德要塞遭到毁灭性打击。在庞大的英国占领军中，只有身受重伤的布莱顿军医一个人死里逃生，逃回贾拉拉巴德，报告英军全军覆没的消息。

此后，其他各地殖民军也受到抗英武装力量的围攻，处处陷入被动。抗英武装包围了贾拉拉巴德和坎大哈。他们还收复了加兹尼，消灭了帕麦团长指挥的英国占领军。在喀布尔，傀儡政权迅即垮台，舒加·沙被杀，阿克巴·汗实际上已掌握了阿富汗的全国政权。

3. 阿富汗终获独立

英国殖民者不甘心自己的失败，增调援军，先解贾拉拉巴德和坎大哈之围，尔后从东、南两个方向大举进攻喀布尔。1842 年 8 月，以凶残闻名的英国将领波洛克指挥英军从贾拉拉巴德出发，向喀布尔推进。阿克巴·汗指挥阿富汗军队进行了英勇的抵抗。9 月，在德辛山谷同侵略军展开血战，终因力量相差悬殊，主动撤出战斗。

1842 年 9 月 15 日，英军重占喀布尔。英国将军诺特率领的另一支侵略军从坎大哈出发，在果爱因地区受到阿富汗军队的包围和袭击，损失惨重。英军卷土重来后，进行了疯狂的报复。

殖民军把舒加·沙的儿子法什·贾思扶上王位，并在喀布尔城内大肆抢掠，枪杀数千名阿富汗爱国者。但阿富汗人民并没有屈服，相反抗英斗争更加广泛和高涨。在南部，乌尔岗德山区的游击队活动十分频繁。阿克巴·汗的部队集结于库希斯坦地区，随时准备出击。从喀布尔到贾拉拉巴德的广大山区，吉尔吉依部落的游击队也极为活跃。

波洛克、诺特等英国将领对麦克诺顿等人的下场记忆犹新，他们在解救了英国人质之后，慌忙于 10 月 12 日撤回印度。英军还吸取上次撤军的教训，部队行动迅速。尽管如此，其后卫部队还是遭到了游击队的沉重打击。傀儡法什·贾思及其家属也跟随英军逃跑了。

最后，英印政府被迫答应阿富汗人民的要求，释放了软禁中的多斯特·穆罕默德。

历时三年半的阿富汗抗英战争使英国殖民者损失 3 万余人，耗资 1.5 亿英镑，其结果以阿富汗人民的胜利而告终。在阿富汗人民抗英斗争的有力打击下，英国殖民者在此后数十年内没有再向阿富汗发动武装侵略。

第二次战争

第一次英阿战争结束后，阿富汗边境相对平静了30多年。英国殖民军转而把矛头指向印度最后一个独立国家旁遮普国。1846年出兵侵占克什米尔，1849年最终打败剽悍的锡克人，吞并旁遮普国。1859年英国扩张到阿富汗南部接壤地区，1876年占领阿富汗东南边陲重镇昆塔。这样，阿富汗从东部到西南部的整个地区都同英印帝国直接接壤。英国殖民者对阿富汗形成一个新月形的包围圈。

在阿富汗北面，沙俄加快了在中亚的侵略步伐。19世纪60—70年代，它先后侵占了塔什干、布哈拉、撒马尔罕和浩罕汗国，一直将其边境推进到阿富汗边界，对阿富汗构成新的威胁。

英、俄对阿富汗的争夺更加激烈。这反映了世界资本主义从自由资本主义向垄断资本主义过渡的新特点。双方首先在外交上展开了争取阿富汗国王希尔·阿里·汗的活动。1869年3月，英国同阿富汗签订了《翁巴拉条约》。英国殖民者企图以金钱和武器援助换取希尔·阿里·汗的信任。但不久，希尔·阿里·汗认识到英国殖民者不过是企图以此控制阿富汗，而并不是真心实意地支持他，尤其是看到英国占

阿富汗人将大炮拉到高地以便于炮轰英国军营

领昆塔后，对阿富汗构成了直接威胁，于是决心断绝与英国的结盟关系。

1878年，希尔·阿里·汗转而接受了沙俄使团团长斯托莱伊托夫提出的包括出兵援助阿富汗在内的十条条约草案。与此同时，他拒绝了英国派来的以尼维尔·张伯伦为代表的英国使团。英国政府不能容忍阿富汗与俄国结盟，下决心以使团遭拒为借口，出兵阿富汗。

1. 殖民军三路入侵，喀布尔人民再次起义

1878年11月，英国殖民军（3.5万人）兵分三路侵入阿富汗，挑起战端。英军计划以南（克维塔地区）、中（塔尔地区）和北（开伯尔山口）三路大军经库腊姆河谷和哈伊巴尔大道进军，一举攻占坎大哈和喀布尔，推翻亲俄政权，扶植傀儡政府。希尔·阿里·汗一心指望俄国援助，采取了不抵抗政策。他有意将5万人的军队分散在全国各地，企图让英军深入国境，迫使沙俄出兵援助，实践它帮助阿富汗的承诺。由于实行这一指导思想，使得一些战略要地的防守力量十分薄弱。例如，在开伯尔山口的阿克·马什吉德要塞只有5个营的兵力，而入侵英军的兵力则超过其5倍，而另一重要关口巴兰山口，则处于无人防守状态。

唐纳德斯图华特爵士率领的南路英军从印度河向坎大哈方向推进，一路没有遇到抵抗，于1879年1月8日轻取坎大哈。弗雷德里克·罗伯兹爵士指挥的中路英军在庇瓦尔受到占据有利地形的阿军的阻击。1878年12月2日，英军采用迂回战术，以一部从山间小路迂回到阿军侧后，威胁其退路，迫使阿军撤退。然后，英军沿喀布尔大道向要塞城市阿里·基尔进发。萨姆·布朗尼指挥的北路军（1.6万人）向

开伯尔山口推进，但在阿克·马什吉德要塞受到阿军炮火的猛烈轰击而受阻，但当夜阿军奉命撤退，英军因而未受到抵抗顺利地推进到贾拉拉巴德，不过，其运输队受到了阿富汗各部族人民的袭击。

阿富汗因执行不抵抗政策而招致大片国土沦陷。虽然有些部队拒绝执行不抵抗的命令，与英国侵略

阿富汗古城堡

军进行了英勇的战斗，但这些部队处于孤立无援的境地，难以阻止优势英军的推进。希尔·阿里·汗被迫逃往毗邻俄国的北部小镇巴尔赫，请求俄国出兵支援。但沙俄的战略重点在欧洲，不愿在阿富汗与英国摊牌，因而拒绝出兵。希尔·阿里·汗被搞得众叛亲离，又被沙俄出卖，最后忧愤成疾，在孤独和痛苦中死去。

希尔·阿里·汗出逃后，他的儿子亚库布·汗执掌大权。此时英军已推进至甘达马克。亚库布·汗不是领导人民起来进行抗英斗争，而是宁愿向侵略者投降。

1879年5月26日，他与英国代表路易·卡瓦纳格里签订了丧权辱国的《甘达马克条约》。条约规定，阿富汗不得同其他国家直接交往，并把库腊姆、比辛和西北等地区交由英国管理；英国保留对开伯尔山口和米契尼山口的控制权，支付阿富汗国王及其继承人的补助金，并以金钱、武器和军队援助阿富汗。英国在喀布尔将派驻一个由卫队保护的使团，以监督条约的执行。

7月24日，卡瓦纳格里以英国使节的身份率领一支卫队进入喀布尔。他就像当年的麦克诺顿一样，驻在喀布尔的巴拉·普萨尔宫，俨然阿富汗的太上皇，控制着阿富汗的内政和外交。以卡瓦纳格里为首的殖民者任意克扣军饷，扣发公职人员的薪金，横行霸道，激起喀布尔人民的义愤。一些爱国僧侣不断在军队和群众中进行反英宣传，武装反英斗争的条件逐渐成熟。

9月3日，几个月都没有领到薪饷的喀布尔卫戍部队的士兵们，愤怒地向巴拉·普萨尔宫冲去。沿途不断有市民加入。他们包围了殖民者的官邸，要求立即发给军饷。但卡瓦纳格里拒绝了士兵们的要求，而且带头向士兵代表开枪。

广大士兵和群众的忍耐已达到极限，他们立即用石头、砖块回击侵略者，最后放火烧毁了官邸。卡瓦纳格里及其随从全部葬身火海。

这次起义缺乏组织和领导，是群众自发的行动。起义者胜利后，就自动解散了，没有能够建立抗英政权。但是，喀布尔的人民起义点燃了全国的抗英烈火，一场全国范围的抗英战争迅即爆发了。

2. 两军激战喀布尔

《甘达马克条约》签订后，英军主力撤回印度。喀布尔起义点燃的抗英烈火，在全国各地熊熊燃烧。许多部族组织了抗英游击队。当时只有坎大哈一个城市处于英军控制之下。罗伯兹率领的7500名援军正在驰援途中。整个形势对阿富汗抗英斗争十分有利。但亚库布·汗甘愿当奴才，于1879年9月底逃到了英国军营，喀布尔的

王公显贵竞相效尤，纷纷投入殖民者的怀抱，从而削弱了抗英力量，助长了侵略者的嚣张气焰。

但是，英勇的喀布尔人民立即组织抗英军，奋起抵抗侵略者。在喀布尔郊区恰拉西布村和切赫苏顿村的战斗中，喀布尔人民，包括不少农村妇女，都拿起铁锨、斧头、马刀、长剑等原始武器与侵略者激战，迫使侵略者每前进一步都付出惨重代价。经激战，抗英军主力主动后撤，英军进占喀布尔城北的要塞施尔浦尔。

1879 年 10 月 12 日，罗伯兹率领英军占领喀布尔。殖民者对喀布尔市民课以巨额罚款，逮捕和屠杀爱国者，并因亚库布·汗镇压起义者不力而废除其王位。

喀布尔爱国者为了回击英国殖民者的迫害，烧毁了当地英军的两个军火库，严惩了卖国贼。由喀布尔战斗中撤退的抗英军主力，最初向加兹尼撤退，在撤退途中突然转向返回，向驻扎在舒图卡尔丹保护喀布尔与印度之间交通线的英军发起突袭，给其以重创，并切断了英军交通线。直至 10 月底，英军才重新打通这条交通线。

阿富汗中部的抗英武装以加兹尼为基地，联合周围地区的抗英游击队，形成对喀布尔的包围态势。他们转战于喀布尔周围地区，到处灵活机动地打击敌人，使其疲于应付。

罗伯兹决定主动进攻，派部将马希和马克费尔斯各率领一支部队进攻加兹尼。12 月 1 日，前阿富汗炮兵军官穆罕默德·詹指挥的抗英军向马希部发起两次攻击，一举攻占了英军炮兵阵地，并包围了马希的部队。马克费尔斯企图为马希解围，率部从侧后攻击抗英军，结果一无所获。抗英军乘胜发展攻势，包围了马克费尔斯的部队，切断了其与喀布尔的联系。两支英军陷入重围，最后被全歼。罗伯兹鉴于形势不利，被迫放弃喀布尔和巴拉·普萨尔宫，将部队集结于施尔浦尔要塞。

此次战斗，加兹尼抗英军在周围游击队的配合和支援下，歼灭英军千余人，并将罗伯兹指挥的 5000 英军包围在施尔浦尔要塞中。抗英军积极备战，准备强攻要塞，歼灭该敌。但英国殖民者用金钱收买了抗英军领导人帕恰·汗和穆罕默德·沙·汗·索哈布，严重削弱了抗英力量。

12 月 23 日拂晓，抗英军战士在举行了隆重的宗教仪式后，以密集队形向施尔浦尔要塞发起总攻。但两个叛变的抗英军领导人故意将部队暴露于英军火力射击之下，使抗英军遭受重大损失。罗伯兹指挥英军乘势反扑，英援军从抗英军侧后发起攻击。抗英军腹背受敌，被迫撤出喀布尔。

1880 年 4 月，斯图华特率领英军（7000—8000 人）从坎大哈向加兹尼推进，沿途不断遭到游击队的袭扰。英军进至阿赫美德·基耳时，突然遭到主要由吉尔吉依人和杜兰尼人组成的游击队（共 1.5 万人）的袭击。游击队凭借有利地形，向英军左翼和后方发起猛烈攻击。他们手持原始武器，冒着敌人大炮和步枪的密集火力，勇猛冲杀，一度使英军陷入绝境。只是由于英援军及时赶赴战场，以重炮轰击游击队阵地，才使斯图华特的部队得以幸存。罗伯兹派兵前来迎接斯图华特，使该部英军于 5 月 2 日顺利抵达喀布尔。

3. 英军被迫撤出阿富汗

当抗英军主力正在喀布尔和加兹尼地域同英军展开激烈的争夺战之际，抗英游击队在库希斯坦、落哈尔河流域、扎依木特卡以及其他地区展开了积极活动。英国占领军实际上仅占据了从白沙瓦到喀布尔公路的一条狭长地带，处境十分被动。英军司令罗伯兹决定采取"以阿治阿"的手段，拉拢喀布尔的阿卜杜尔·拉赫曼·汗（多斯特·穆罕默德的孙子、阿弗扎尔·汗的儿子），来对付赫拉特的阿尤布·汗（亚库布·汗的兄弟），以此达到控制阿富汗的目的。

在英国殖民者分化瓦解和挑拨离间下，到 1880 年 6—7 月，阿富汗实际上分裂为 3 大部分：阿卜杜尔·拉赫曼·汗统治下的喀布尔、阿尤布·汗控制的赫拉特和英国殖民者掌握的坎大哈。阿卜杜尔·拉赫曼·汗为了夺取王位和领取 180 万卢比的年俸，同意由英国控制阿富汗的外交，占领坎大哈及在喀布尔驻军。7 月 22 日，英国正式承认阿卜杜尔·拉赫曼·汗为阿富汗埃米尔。

阿尤布·汗在赫拉特组织起一支强大的武装力量，积极备战，决心进攻坎大哈。他的部队进至喀布尔附近，得到当地抗英游击队的支持。7 月 27 日，阿尤布·汗统率的抗英军主力在迈万德与英将布尔洛斯指挥的殖民军相遇，打响了著名的迈万德会战。

从参战双方的兵力兵器来看，阿方占有绝对优势，阿尤布·汗的正规部队有 9 个团，共 4000 人；骑兵约为 3000 人，有 4 个野战炮队和 1 个马驮炮队，共 30 门火炮，其中有 6 门系阿姆斯特朗来复线滑膛炮，射程和火力均优于英军。抗英军还得到附近游击队的支援，总兵力达到 2.5 万人。他们士气高昂，决心与英军血战到底。英军只有 1 个旅的兵力，共 2000 人，火炮 12 门，其中 6 门是由仅受过初步训练的炮手操作的 6 磅滑膛炮，而且弹药供应不足。

抗英军选择有利地形布置了一个半圆形阵地。前沿阵地是离主阵地约 600 码距离的一道深达 15—20 英尺的干渠，由步兵防守；主阵地由精锐的正规部队扼守，两翼配置了骑兵和炮兵。

双方首先以炮战开始。英军步兵和骑兵在炮火支援下发起冲击。抗英军的火炮立即反击，集中轰击英军两翼的炮兵和骑兵，压制了敌方火力。抗英军步兵在干渠的掩护下不断向英军步兵射击，击退了英军的进攻，骑兵乘机出击，攻击英军两翼，迫其后撤。

抗英军利用炮火优势，把火炮推进至距英军阵地 500 码内，实施近距离射击，给英军以重大杀伤。隐蔽在干渠里的步兵乘势冲杀出来，配合正规军和两翼骑兵对英军实施三面包围。英军因失去炮火支援，溃不成军。布尔洛斯下令骑兵实施反冲击，但部队已乱成一团，争相逃命。溃散的英军分成两支分别向吉格和马赫穆德阿巴德撤退。逃到吉格的英军第六十六团仅剩下百余人，在一个筑有围墙的果园里负隅顽强，最后仅 11 人冲出果园，随后又被抗英军包围，11 人全部战死，逃到马赫穆穗阿巴德的英军经布尔洛斯的整顿，得到英国援军的增援，免遭全歼。

此役，阿富汗抗英军歼灭英军大半，沉重打击了殖民者的嚣张气焰，鼓舞了全国各地的抗英斗争。

阿尤布·汗率抗英军主力乘胜向坎大哈进军。8 月 5 日，其前锋部队抵达坎大哈城下，主力在该城西南旧城占领了阵地。守城英军共 3000 人，企图依托坚固的厚泥城墙和有棱堡掩护的城门固守，以待增援。8月15日，英军主动出击，出城向底黑，科贾村发起进攻，结果损失惨重，布鲁克准将被击毙。但抗英军没有乘胜实施强攻，坐失了攻占坎大哈的良机。

由于阿卜杜尔·拉赫曼·汗同英军达成妥协，支持英军进攻抗英军，使英军得以腾出手来向坎大哈增援。8月8日，罗伯兹率领一支强大部队从喀布尔南下向坎大哈进发。8月24日，抗英军获悉英国援军即将到来，遂撤至巴巴·瓦里·科塔尔部署阵地，准备迎击罗伯兹指挥的英援军。

8月31日，罗伯兹指挥优势的英军（英国人3800人、印度人1.2万人、火炮36门）向抗英军发起强大进攻。英军以一部佯攻抗英军右翼和中央，牵制抗英军主力，然后以主力向抗英军的左翼皮尔·帕马尔村发起猛攻，取得重大进展。抗英军终因力量相差悬殊，伤亡千余人，被迫撤退。尽管如此，抗英军还是凭借英勇气概和顽强精神进行了坚决抵抗，同4倍于己的敌人血战数小时，歼敌近300人。

英军虽然打败了阿尤布·汗统率的抗英军主力，但迫于阿富汗人民前仆后继、英勇不屈的反抗斗争，最终还是于1881年4月全部撤出阿富汗。阿富汗人民的英勇抗战粉碎了英国殖民者控制或分裂阿富汗的企图。尽管阿卜杜尔·拉赫曼·汗承认由英国控制其外交，但他在内政上基本上保持了独立性。

第三次战争

第二次英阿战争结束后，阿富汗赢得了一段比较安定的时期。国家统一，经济复苏，国内贸易迅速增长，农业生产专业化的扩大和城市手工业的发展，使阿富汗国内市场初步形成，民族商业资本主义开始萌芽。1905年，进步的知识分子、商人和官吏组织了青年阿富汗党，其代表人物是哈比卜拉专科学校的教师阿卜杜尔，甘尼博士和著名的翻译家马赫穆德·贝格·塔尔齐。他们主张对外争取独立，对内实行改革，并在全国广泛开展宣传运动，对上层统治者产生了一定的影响。

第一次世界大战后，国际国内形势对阿富汗摆脱英国外交控制，争取彻底独立十分有利。印度形成了民族解放运动的高潮，同阿富汗毗邻的西北部斗争尤为激烈，有力地牵制了英军的力量。北方的沙俄被推翻，建立了无产阶级专政的苏俄，这方面的威胁已不复存在。1919年2月，亲英的国王哈比卜拉被刺杀，他的儿子，改革派代表人物之一的阿马努拉控制了政权。他任用青年阿富汗党人组阁，实施了一系列进步的改革，赢得了全国人民的支持。

阿马努拉对外政策的主要目标是摆脱英国控制，他在加冕公告中郑重宣布，"从现在起，阿富汗是一个自由独立的国家，它不承认任何外国的特权。"为此，他采取了联合苏俄对抗英国的政策。英国殖民者拒不放弃它在阿富汗享有的特权，并在边境地区集结军队，准备发动新的侵略战争。

1919年4月，印度西北边省的普什图族人民爆发了反英起义，促使阿富汗决心出兵抗战。同年5月3日，英军袭击阿富汗开伯尔山口的边防军，终于挑起战端。

1. 殖民军大兵压境与阿富汗三路迎击

战前，英军除在边境地带的奇特拉尔、麦拉干德和托齐河谷派驻非正规部队外，其主力部队（正规军）部署在从白沙瓦到基达的狭长地带，主要集中在四个地区。从北到南，分别为白沙瓦—拉瓦尔品第、科哈特—库腊姆、伐济里斯坦和基达—奏布地区。

英军在白沙瓦—拉瓦尔品第地区部署有 26 个步兵营，6 个骑兵团，116 挺机枪，80 门火炮，9 辆装甲车，另有大量的工兵、民兵等辅助部队。该地区英军的任务是经开伯尔山口进攻贾拉拉巴德，切断阿富汗军队与普什图部族起义人民的联系，伺机向喀布尔进攻。

在科哈特—库腊姆地区，英军有 4 个步兵营，1 个骑兵团驻守，另有若干民兵和工兵支援，配有马驮炮 6 门，装甲车 3 辆。在伐济里斯坦地区，英军部署有 7 个步兵营，2 个骑兵团，12 门火炮，9 辆装甲车，并有大量民兵部队支援。这两地构成英军防线的中央地区，力量比较薄弱，基本上持守势。

英军在基达—奏布地区部署有 12 个步兵营，4 个半骑兵团，24 门火炮，34 挺机枪，另有工兵部队支援。该地英军的任务是在战争打响后，立即强攻阿富汗边境的斯平—巴尔达克要塞，并向防守薄弱的坎大哈进军。

总之，战争爆发时，印度河以西、以北的英印军队总兵力多达 34 万人。部队训练有素，装备先进，除了装备大量的机枪、装甲车外，还有少量作战飞机。虽然英军作战飞机不多，但其实战和心理打击力却很大。

阿富汗为抗击英军，决定以主力部队兵分三路迎击。第一路（14 个步兵营，1 个工兵营，1 个半骑兵团，火炮 44 门，旧炮 4 门）部署在宁格拉哈尔地区，由总司令赛里·穆罕默德指挥，开赴达卡，抵抗来自白沙瓦方面的英军。第二路（16 个步兵营，2 个工兵营，4 个骑兵团，火炮 60 门，旧炮 6 门）部署在和斯特的加兹尼地域，由纳第尔·汗指挥，进攻力量薄弱的英军中央地区。第三路（13 个步兵营，3 个骑兵团，火炮 60 门，旧炮 62 门）驻防坎大哈，由阿布杜勒·库达斯指挥，迎击来自基达方向的英军。

阿富汗的总预备队（11 个步兵营，5 个半骑兵团，火炮 40 门，旧炮 6 门）留守喀布尔，随时准备支援主力部队的抗战，此外，在东北部的库纳尔地区部署少量兵力（6 个步兵营，火炮 8 门，旧炮 12 门），用以对付驻防奇特拉尔的英军（1 个步兵营，若干侦察兵和工兵，马驮炮 2 门）。

阿富汗军队的总兵力计有步兵 3.8 万人，骑兵 8000 人和炮兵 4000 人。他们训练很差，装备落后，刀、剑是主要武器，为数不多的枪炮都极为陈旧，而且弹药供应不足。喀布尔附近仅有的一家兵工厂，提供的装备和弹药少得可怜。尽管如此，但阿富汗军民为正义事业而战，作战勇敢，士气高昂，而且得到印、阿边境地区少数民族起义军的大力支援，所以攻势迅猛，战况激烈。

2. 从开伯尔交锋到塔尔城决胜

双方首先在开伯尔山口接战。4 月底，阿富汗正规军开抵达卡。5 月 6 日，以 3 个步兵营在 2 门火炮的支援下攻占了巴格要塞和朗迪·科塔尔要塞北面的制高点。另一支约 350 人的步兵分队扼守郎迪·科塔尔以北大约 5 英里的两座山。与此同时，周围的辛瓦里人和谟赫曼德人已行动起来，与阿富汗正规军会合。

当时，朗迪·科塔尔要塞的驻军仅有 2 个印度步兵营和 500 名"开伯尔来福枪兵"，形势对阿军十分有利。但阿军司令赛里·穆罕默德没有下令强攻要塞，坐失良机。5 月 7 日，英国援军乘卡车赶到，次日第一步兵旅赶到要塞，拯救了朗迪·科塔尔要塞。5 月 9 日，英军准将克罗克尔下令进攻阿什·基耳山脊，夺取了水源和一个阵地。

英军大批援军赶到后，于 5 月 11 日向巴格要塞实施强攻，并以空军对阿军扫射，攻占该要塞。第二天，皇家空军猛烈轰炸达卡的阿军营地，地面部队乘势发起进攻。阿军经顽强抵抗后，主动撤出达卡。5 月 16 日，阿军实施反击，迫使从达卡出发的英军退回原出发地。

5 月 17 日拂晓，克罗克尔率部向库尔德哈伊巴尔关隘发起进攻，但遭到阿军顽强抵抗，被迫暂停攻击。1 小时后，由英国将军安德鲁·史克思爵士率领的大批援兵赶赴战场，突然从阿军右翼发起进攻，迫使阿军撤退。此战，阿军虽损失了 5 门火炮，但给英军以重大杀伤，主力强队损失甚微。

随后，英军集中轰炸了贾拉拉巴德。虽然飞机质量低劣，但还是炸毁了大多军事设施，而且在阿富汗军民中引起了恐惶和混乱。阿军军官带头逃跑，使部队陷入群龙无首的状态。5 月 24 日，英军又轰炸了喀布尔，尤其是轰炸了埃米尔的王宫和喀布尔工厂，在喀布尔市民中引起混乱。但当英军正准备向贾拉拉巴德推进时，得悉中央地区局势严峻，被迫分兵增援。

在英军防线的中央地区，阿富汗第二路大军进展神速。5 月 19 日，纳第尔·汗率部抵达和斯特的中心城市马敦，处于极其有利的地位。他在这里既可以向塔尔或托齐河谷进攻，又可以切断英军从科哈特到帕拉钦纳尔的交通线，使敌军不明其进攻方向。5 月 23 日，据守斯平瓦姆之敌闻风而逃，阿军轻易占领该要塞。

与此同时，英军因担心马苏德人和伐济尔人的进攻，决定撤出托齐河谷和瓦纳要塞。部队在罗希少校指挥下，以急行军撤回奏布河，但在途中不断遭到边境部族人民的袭击，逃队者日益增多。英军中的卡卡尔人、曼多，基尔人和谢伦尼人都开了小差。罗希率部撤至散德曼要塞时，人员损失大半，该要塞旋即又被蜂拥而至的边境部族人民包围。后来，英国大批援军赶到后，才解散德曼之围，并对边境部族人民进行了报复性打击。

纳第尔·汗选择一条只能靠大家和骡子驮着大炮通过的山间小路行军，于 5 月 26 日突然出现在塔尔城下，给英军以极大的震动。阿军主力（3000 人，火炮 7 门）在周围部族武装的支援下迅速包围要塞，并打开了通往印度河谷的道路，直接威胁设在科哈特的英军大本营。

阿军以猛烈的炮火轰击塔尔城，5 月 28 日摧毁了要塞的汽油库、粮库、弹药库和无线电台。但由于阿军步兵和炮兵协调不够，未能一举攻占要塞。英军出动两架飞机猛轰阿军炮兵阵地，使要塞守军获得喘息之机。6 月 1 日，由杜叶准将指挥的援军抵达塔尔，立即向阿军实施强大反攻，夺取了要塞南面的阿军阵地。次日，英军正准备向要塞西北面的阿军主阵地进攻时，纳第尔·汗已经巧妙地指挥部队撤退，从而保存了实力。

此战，纳第尔·汗主动出击，出其不意地打击敌人，虽然没有攻占塔尔城，但却打乱了英军的进攻计划，迫使英军分兵增援，阻止了英军向贾拉拉巴德的推进。

在南方战线，阿军采取守势。5 月 29 日，英军中将华卜谢尔以优势兵力包围了斯平－巴尔达克要塞，并以猛烈的炮火炸毁要塞外墙。阿军守城部队进行了英勇的抵抗，并与英军展开白刃战。最后，守军几乎全部阵亡或被俘，要塞陷落，但他们给英军以重大杀伤，迫使其停止推进。

3. 阿富汗抗英战争的最后胜利

阿富汗军民的英勇抗战给侵略者以沉重打击，但也暴露了自身的弱点。阿军兵力分散，缺乏统一有力的指挥。部队战备不足，武器装备落后，士兵纪律松弛，步炮协同不力。各部族抗英武装自行其是，与正规军缺乏配合。阿马努拉认识到战争继续下去与己不利，因而主动提议媾和。

英印政府也乐于接受和谈建议。阿富汗军民的英勇抵抗，边境部族人民如火如荼的起义，印度风起云涌的民族独立运动以及苏俄对阿富汗的声援等等，都使英印政府无力继续扩大战争。而且，英国国内反战运动不断高涨，驻印英军普遍厌战，士气低落，也促使英国接受和谈。

1919 年 6 月 3 日起，双方停止军事行动，随后在谈判桌上展开了激烈的外交斗争。双方先后在拉瓦尔品第、穆苏里和喀布尔举行 3 次谈判。1919 年 8 月 8 日，两国草签和约。和约规定，自签字之日起，双方恢复和平；阿富汗同印度边界维持现状。1921 年 11 月 22 日，双方正式签订和约。英国承认阿富汗完全独立，两国建立正常的外交关系和贸易关系。至此，阿富汗抗英战争终于取得最后的胜利。

马克思主义诞生

在 20 世纪快要结束的时候，英国《泰晤士报》举行了一个测验，目的是看看到底在几千年的人类历史中，哪些人影响了世界历史的发展。测验的结果，作为无产阶级革命导师的马克思以绝对多数排在首位。

马克思的早期活动

卡尔·马克思，1815 年 5 月 5 日出生于德国一个风景如画的小城特利尔城。他的父亲是犹太人，一个非常有名的律师，这对于马克思丰富的思维、严密的逻辑和雄辩的演说才能影响很大。在马克思的家里，有较为富裕的条件和充满文化气氛的环境。他的母亲是荷兰人，贤淑善良，善于持家，对马克思父亲的工作帮助很大。

1835 年夏天，马克思即将中学毕业，他的一篇作文引起了老师的注意，这篇文章的题目是"青年在选择职业时的考虑"。文中有几段这样写道："如果人只是为了自己而劳动，他也许能成为有名的学者、绝顶聪明的人、出色的诗人，但他决不能成为真正的完人和伟人。""如

卡尔·马克思像

果我们选择了最能为人类福利而劳动的职业，我们就不会为它的重负所压倒，因为这是为全人类所做的牺牲，那时，我们感到的将不是一点点自私而可怜的欢乐，我们的幸福将属于千万人，我们的事业并不会显赫一时，但将永远存在。"文章中深刻的思想内容为教师们所惊叹，给他们留下了深刻的印象。

1836 年，马克思转入柏林大学学习。马克思在柏林大学学习过程中，加入了"青年黑格尔派"，积极参与他们的活动，这使他更多地吸收了该派的民主思想成分，加强了对世界的认识，增强了改造世界的信心，为他以后的思想发展、理论建树奠定了基础。

1841 年，马克思大学毕业之际，认真完成了一篇哲学论文，他试图以哲学来改造世界，论文系统完整地反映了马克思此时的哲学观点、理论建树和思想内涵。在论文中，他引用了希腊神话中普罗米修斯为了人类而宁愿牺牲自己的话语，表现了自己决心为改造人类世界而进行坚持不懈的斗争。大学毕业后，马克思被聘用为《莱茵报》主编。他借助《莱茵报》来宣传革命思想，所以这份报纸成了马克思毕业后进行革命工作的第一步。

马克思一生都在坚持不断地学习和实践

1843 年深秋，马克思离开了德国，来到了法国巴黎。为了更好地宣传自己的理论，马克思不断地加强与工人的联系，以便了解工人阶级的愿望，把自己的理论思想与工人阶级的实际思想结合起来。因此，他不断到工人家去了解工人生活、思想、要求，还经常参加工人组织的秘密会议。

由于认真地、长时间地参与工人的活动，马克思越来越清晰地看到，要使工人阶级翻身解放，成为社会的主人，就必须消灭私有制，全面提高全人类的思想觉悟和文化水平，进而建立一种更完善、更理想、人人平等、没有剥削、没有压迫的新型社会——共产主义社会。只有在这个社会里，才能够实现人类大同。

同时他又认识到，要实现共产主义社会，光靠抽象的理论是不行的，还必须付诸实际的行动。这个行动，就是打碎旧的国家机器，推翻资产阶级专政。要做到这一点，还必须依靠广大的工人、农民等无产者联合起来，共同奋斗。

第一国际的《成立宣言》和《临时章程》

圣马丁堂大会后，中央委员会面临的迫切任务是尽快确定新组织的名称、性质、形式，制定其纲领原则。

1864 年 10 月 5 日，中央委员会在伦敦苏荷区格里克街 18 号举行第一次会议。奥哲尔和克里默当选为中央委员会的主席与书记。会议选举 9 人组成一个专门起草纲领原则的小委员会。成员有：韦斯顿、惠特洛克、马克思、吕贝、沃尔弗、霍尔托普、皮琴、奥哲尔和克里默。韦斯顿表示准备把他起草的"原则宣言"的初稿提交小委员会讨论。沃尔弗向小委员会极力推荐马志尼起草的意大利工人团体章程。

马克思出席了这次会议，但在推选小委员会之前离开了会场，因而不知道自己入选。后又因病或没有及时接到通知，未能参加小委员会 10 月 8 日和 15 日的两次会议及中央委员会 10 月 11 日的会议。

10 月 8 日，小委员会开会，首先讨论了韦斯顿起草的内容混乱、文字冗长的"原则宣言"，决定："请韦斯顿先生精简和修改他的草案，而后由小委员会将它提交中央委员会作为协会的纲领。"接着讨论由沃尔弗译成英文的意大利工人团体章程。意大利资产阶级民主革命家马志尼及其追随者从六十年代开始在工人中进行宣传，他们在促进意大利工人运动摆脱资产阶级温和派的影响，积极参加民族统一运动方面起过进步作用。但是马志尼主义者宣扬通过劳资合作，通过建立合作社，使工人受教育的途径达到劳动群众的社会解放。这种改良主义倾向阻碍了意大利工人运动的健康发展。沃尔弗是马志尼的秘书。章程引言部分把工人运动的目的归结为争取工人在道德、智力和经济三个方面的进步；把实现这些目的的途径归结为"通过合法的手段告诉自己的政府关于自己的生存条件、希望和要求"。章程条例部分"是本着中央集权的密谋即赋予中央机关以独断权力的精神起草的"。这个章程受到会议的"高度赞赏"，小委员会决定把它"推荐给中央委员会采用"。

马克思纪念章

中央委员会于 10 月 11 日召开会议，讨论了新组织的名称问题。威勒尔和利诺提出把工人国际组织与受资产阶级控制的国际性工人慈善文化团体——"世界劳动阶级福利同盟"合并。惠特洛克和埃卡留斯反对这一主张，建议把新组织定名为"国际工人协会"（以下简称国际）。这个建议以 16∶14 票被通过。这一名称鲜明地表达了第一国际的性质和特点，表明它成立伊始就与资产阶级民主派划清了界限。这次会议还讨论了韦斯顿的"原则宣言"和沃尔弗提出的章程，决定将它们"还给小委员会再行修改"。

10 月 8 日的小委员会会议和 10 月 11 日中央委员会会议表明，在刚刚成立的国际工人组织中，资产阶级思想和改良主义的影响很严重。10 月 12 日，埃卡留斯写信向马克思汇报了这些情况，恳切要求马克思参与制定纲领文件。他写道："你无疑应该在欧洲工人组织新生婴儿身上打上内容丰富、言简意赅的印记。"他告诉马克思，10 月 11 日会议后，"克里默在一次私人谈话中说，不能再让韦斯顿参与此事，拟制文件的工作应该交给一个不超过 3 人的小组，他们能够使用和酌情处理已有的材料。"他还转述了克里默、奥哲尔等人的意见："此项工作最合适的人选无疑是马克思博士。"

10 月 11 日会后，沃尔弗前往那不勒斯参加意大利工人协会代表大会，韦斯顿实际已经不再参加这项工作。克里默说的 3 人小组也没有建立。"修订"工作一时落到吕贝身上。他抛开了韦斯顿的草案，参考了成立大会上的 3 个文件，以沃尔弗提出的章程草案为基础，起草了"原则宣言"和章程。经小委员会 10 月 15 日会议讨论后，提交中央委员会会议讨论。

10 月 18 日，马克思出席了中央委员会会议。当吕贝宣读他修改的草案后，马克思意识到它根本不合时宜。他后来在致恩格斯的信中追述道："当我听到好心的勒

·吕贝宣读妄想当做原则宣言的一个空话连篇、写得很坏而且极不成熟的引言时，我的确吃了一惊，引言到处都带有马志尼的色彩，而且披着法国社会主义的轮廓不清的破烂外衣。"但出于团结的愿望和策略的考虑，他对其只是"温和地加以反对。"经过长时间的讨论，会议通过决议："大体采纳这个纲领"，"委托小委员会对引言和章程定稿。"

英国工人在大生产化工厂里劳动

10月20日，小委员会在马克思家里开会。除马克思外，出席会议的还有克里默、吕贝和方塔纳（暂替沃尔弗的意大利代表）。关于这次会议的情况，马克思后来写道："我手头一直没有这两个文件（沃尔弗和勒·吕贝的），所以无法预先做准备……为了赢得时间，我提议我们在'修订'引言之前，先'讨论'一下章程。结果照这样做了。四十条章程的第一条通过时已经到了夜里一点钟。克里默说（这正是我所要争取的）：'我们向原订于10月25日开会的委员会提不出什么东西。我们必须把会议延期到11月1日举行。而小委员会可以在10月27日开会，并且争取获得肯定的结果。'这个建议被采纳了，'文件'就'留下来'给我看。"

由此，马克思取得了制定国际纲领性文件的主动权。他认为："成立国际是为了用真正的工人阶级的战斗组织来代替那些社会主义的或半社会主义的宗派。"但考虑到由于各国历史条件的差别和各国工人运动发展水平的参差不齐，为了向广大工人群众敞开大门，马克思采取了"实质上坚决，形式上温和"的策略，把科学社会主义原则用当时工人运动所能接受的形式表述出来，制定一个各流派都能承认的广泛的纲领。他成功地做到了这一点，在一周内彻底修改了章程，在重新起草的《协会临时章程》的引言中，精炼地表达了国际工人协会的基本纲领性原则，并把章程的条目从40条缩减为10条。他还起草了一个新的文件——《国际工人协会成立宣言》。

《成立宣言》指出，在1848到1864年间，资本主义工业的发展和贸易的增长都是"史无前例的"，然而，工人群众的贫困并没有减轻，资本主义社会的阶级对抗日益加剧。它评述了自1848年以来，欧洲工人阶级所取得的两大成就：第一，英国工人阶级争得了10小时工作日法案的通过，对工人阶级来说，"不仅是一个重大的实际的成功，而且是一个原则的胜利"。用立法手段限制工时，表明"资产阶级政治经济学第一次在工人阶级政治经济学面前公开投降了"。第二，工人合作社运动普遍展开。当时建立生产合作社和消费合作社的思想在英、法、德等国工人中相当普遍。马克思强调，合作社运动的主要意义在于，"工人们不是在口头上，而是用事实证明：大规模的生产，并且是按照现代科学要求进行的生产，在没有利用雇佣工人阶级劳动的雇主阶级参加的条件下是能够进行的"；从这个意义上讲，合作运动是"劳动的政治经济学对财产的政治经济学"的"一个更大的胜利"。同时马克思认为，不应该过高估计合作劳动的意义。1848年以来的经验证明，"要解放劳动群众，合作劳动必须在全国范围内发展"，所以"夺取政权已成为工人阶级的伟大使命"。

《成立宣言》还指出："工人们已经具备了作为成功因素之一的人数；但是只有当群众组织起来并为知识所指导时，人数才能起决定胜负的作用。"这里包含了无产阶级要完成夺取政权的使命，必须组织自己的政党的思想。《成立宣言》还强调了无产阶级国际主义的伟大意义，并以"全世界无产者，联合起来！"的号召作为结语。

《临时章程》指出，"工人阶级的解放应该由工人阶级自己去争取"，而这个任务只有在消灭现存社会的经济基础，即实现工人阶级在经济上的解放才能完成，因此，"工人阶级的经济解放是一切政治运动都应该作为手段服从于它的伟大目标"。《临时章程》强调工人解放的国际性质和实现无产阶级国际主义原则的重要性，它指出："劳动的解放既不是一个地方的问题，也不是一个民族的问题，而是涉及存在有现代社会的一切国家的社会问题，它的解决有赖于最先进各国在实践上和理论上的合作"。《临时章程》宣布，"本协会设立的目的，是要成为追求共同目标即追求工人阶级的保护、发展和彻底解放的各国工人团体进行联络和合作的中心。"

《临时章程》初步规定了包含有民主集中制思想的组织原则：全协会的代表大会每年举行一次，它有决定国际的章程、指导国际的活动、选举中央委员会的权力。中央委员会设有主席、总书记、财务书记、各国通讯书记，会址设在伦敦；其任务是负责调查研究各国工人运动的状况，筹备代表大会并向大会报告工作；它有权加聘新委员，在必要时有权提前召开代表大会。国际的地方组织是各国的工人团体，它们加入国际后仍可以保持原有的组织；任何独立的工人团体不受限制，可以与中央委员会发生直接联系。

《成立宣言》和《临时章程》于1864年10月27日为小委员会通过，11月1日被中央委员会批准，11月5日发表在工联的机关报《蜂房报》上，11月底被印成小册子出版。在1866年日内瓦大会上，以《临时章程》为基础，正式制定了《国际工人协会共同章程》，并通过一个组织条例作为其补充文件。

第一国际纲领的问世，是马克思主义的一次重大胜利，表明国际已拥有一条正确的政治路线和组织路线，"从此以后马克思就稳固地取得了对国际的领导"。

随后，中央委员会积极进行宣传国际工人协会的思想和组织各国支部的工作。《成立宣言》和《临时章程》被译成法、德、意等国文字，散发到各国工人中去。仅1865年在德意志各邦中就散发了5万份。各国工人组织的报刊也刊登了宣言和章程。

反对资本主义斗争

中央委员会通过派遣各种代表团访问英国的工人团体、参加各国工人代表大会等形式争取会员。1865年3月，由克里默、埃卡留斯组成的代表团参加了拥有5000名会员的英国全国鞋匠工会的代表会议，该会当场表示加入第一国际。国际的第一批支部也很快建立了起来。1864年10月，日内瓦支部成立，随后又成立了汝拉山区支部；12月，巴黎支部成立，1865年发展到500人；1865年3月里昂支部成立。不久，法国的鲁昂、南特、埃耳伯夫、卡昂等地也建立支部。1865年9月，德国佐林根支部成立，1866年1月柏林支部成立。同年马格德堡、科伦、亚琛、科布伦次、特里尔等地也建立了支部。1865 年 2 月，拥有 4000 名工人的英国泥水工人联合协会第一个正式加入国际。砌砖工人联合会、鞋匠联合会也先后集体参加国际。到 1865 年底，英国已有 1.9 万名国际会员了。

国际通过各国支部和会员积极领导各国工人展开反对资本主义的斗争。60 年代中期，国际总委员会积极参加了英国工人群众和资产阶级激进阶层进行的选举法民主改革运动，在组织改革同盟（其常设执行委员会的 12 名委员中有 5 名国际总委员会委员），争取广大工人群众的支持，促进工联与改革同盟的合作，反对资产阶级改良主义者的妥协政策等方面都起了重要作用，坚决捍卫了工人阶级普选权的要求，最终迫使托利党政府作出让步。1867 年英国工人开展了争取工联完全合法化的运动，以反抗政府对工联的迫害。国际总委员会公开支持工联合法化的要求，并抵制了工联领袖的改良主义倾向。1869 年 3 月，政府不得不公开承认工联有合法存在的权利。国际的法国会员积极参加了本国的工人合作运动。巴黎支部负责人瓦尔兰等人在开办消费合作社和合作工场等方面进行了大量的组织工作。

国际特别重视各国工人的罢工斗争。从 1865 年起，它通过发表宣言、呼吁书、檄文、组织募捐和阻挠雇主进口廉价劳力等措施，卓有成效地支持了 1865 年 3 月莱比锡印刷工人的罢工、1866 年春伦敦和爱丁堡缝纫工人的罢工、伦敦制篩工人的罢工、1867 年 2—3 月巴黎铜器工人、成衣工人和比利时马尔希矿工的罢工、1868 年 3 月日内瓦建筑工人的罢工等许多次罢工。由于国际的援助，大多数罢工都取得了胜利，著名的巴黎铜器工人罢工最终迫使 120 家企业主屈服，工人的工资提高了 25％。

在国际的带动下，欧洲掀起了反对资本主义剥削的声势浩大的罢工浪潮，极大地打击了各国资产阶级的反动气焰。它促进了各国工人之间的联系和团结，使广大工人群众通过阶级斗争的实践，冲破了反对无产阶级革命和罢工运动的蒲鲁东主义、拉萨尔主义的羁绊。1866 年 4 月，伦敦缝纫工人罢工胜利后，保护缝纫工人协会集体加入了国际。对政治运动淡漠的英国工联在选举改革运动和罢工运动后，于 1866 年 7 月的设菲尔德代表会议上公开号召工人参加国际。1866 年 9 月，英国工联已有 2.5 万名工人加入国际。

到 1866 年 9 月的日内瓦代表大会召开时，第一国际已拥有独立的纲领、章程和完整的组织机构以及自己的机关报，具有一定的组织规模，基本上完成了自身的创建过程。

《共产党宣言》的出版——马克思主义的诞生

随着工业革命的深入，资本主义迅速发展，资本主义制度的各种弊端也日益暴露。一方面，自 1825 年英国爆发第一次资本主义经济危机以后，差不多每隔 10 年左右，资本主义国家就发生一次经济危机，使经济遭到严重破坏。这是生产社会化和生产资料私人占有之间的矛盾造成的结果，资本主义制度无法克服这一矛盾。另一方面，广大工人对恶劣的劳动条件和生活状况越来越不满，为了改善自身的处境，同资本家展开了各种形式的斗争，工人运动逐渐兴起，并日趋成熟。

19 世纪 30—40 年代，欧洲爆发了三次大规模的工人运动。1831 年和 1834 年的法国里昂工人起义、1836 年开始的英国宪章运动和 1844 年的德意志西里西亚织工起义。这三次工人运动虽然最后都失败了，但是，它们表明，无产阶级已经觉醒，并作为一支独立的力量登上了政治舞台。工人运动的实践使越来越多的人感到无产阶级革命迫切需要科学理论的指导，同时也为科学理论的创立提供了必要的条件。

恩格斯像

在长期的革命实践和理论研究中，马克思、恩格斯一方面深入工人群众，揭露并分析资本主义制度；另一方面广泛汲取人类优秀文化成果，特别是对当时出现的德意志古典哲学、英国古典政治经济学和英法的空想社会主义学说加以批判继承，创立了马克思主义理论。

德意志古典哲学的主要代表是黑格尔和费尔巴哈。黑格尔的主要贡献是辩证法，他认为，世界处于不断运动、变化和发展之中，矛盾是发展的内在根源。但是，在黑格尔看来，辩证运动的主体不是客观存在的物质，而是"绝对精神"，从而陷入了唯心主义。费尔巴哈发展了唯物主义，但他的唯物主义很机械，而且仅仅局限于解释自然现象，在说明社会历史问题时，他又成为唯心论者。马克思、恩格斯批判地吸收了黑格尔的辩证法思想和费尔巴哈唯物主义思想的合理部分，建立了辩证唯物主义和历史唯物主义。

马克思像

英国古典政治经济学的代表人物有亚当·斯密和大卫·李嘉图等，他们的主要贡献是奠定了劳动价值论的基础。马克思、恩格斯在继承其劳动创造财富思想的基础上，批判了他们关于资本家和工人共同创造财富的观点，提出了剩余价值学说，确立了马克思主义的政治经济学。同时，马克思和恩格斯还借鉴了圣西门、傅立叶、欧文等空想社会主义者对资本主义社会的批判和对社会发展方面的一些天才设想，创立了科学社会主义。

1847 年 11 月底至 12 月初，共产主义者同盟在伦敦召开第二次代表大会。马克思和恩格斯都出席了会议。这次大会的主要任务，是通过新的《章程》和制订纲领。大会共开了 10 天。早在两个月前，同盟中央委员会曾用一种问答的形式写成了纲领草案：《共产主义信条的象征》，同盟把它分发给全体成员讨论。因为这份纲领还具有不少空想成分，如把共产主义看成是思想家的发现。为此，恩格斯又草拟了一份纲领，也是用问答体，名为《共产主义原理》。新章程的讨论比较顺利，但在讨论纲领时，第二次代表大会产生了激烈的争论。于是，马克思和恩格斯耐心地做了宣传和解释工作。渐渐地使代表们的意见趋向一致。最后，大会同意了马克思和恩格斯的观点，并且决定委托马克思和恩格斯起草一个宣言，作为共产主义同盟的行动纲领。同时，也作为同盟的重要文件，向全世界公开发表。

他们吸收了《共产主义原理》中的基本观点，在大会结束以后，马克思和恩格斯积极投入新宣言的写作。不久，《共产党宣言》顺利完成，并于 1848 年 2 月在伦敦正式出版发行。《共产党宣言》是科学社会主义的第一个纲领性文件，它系统地阐述了共产主义理论，成为全世界无产阶级斗争的总纲领。它着重阐明了资产阶级的灭亡和无产阶级的胜利都是不可避免的这一客观规律，明确规定了无产阶级革命的任务和目的，提出了无产阶级革命的策略思想。

《共产党宣言》的结尾，马克思、恩格斯豪迈地宣称：让统治阶级在共产主义革命面前发抖吧！无产者在这个革命中失去的只是锁链，他们获得的将是整个世界！最后，以"全世界无产者，联合起来！"作为《宣言》庄严的结语。

《共产党宣言》的发表，是世界历史上划时代的大事，它标志着马克思主义的诞生，标志着人类思想史上一次伟大的革命。无产阶级革命者从此可以用崭新的世界观来观察世界和改造世界。

无产阶级的圣经——《资本论》

1848 年欧洲大革命失败以后，马克思和恩格斯到了巴黎，他们认真地总结了革命失败的经验教训，认识到，要建立无产阶级政权，必须打碎旧的国家机器，建立无产阶级领导的工农联盟。这对于指导今后的工人运动具有重要意义。

由于受到驱逐，马克思只好前往英国。这年的 12 月，马克思领到了一张英国博物馆的阅览证，从此，阅览室成了他的半个家。马克思在这里写成了揭露资本主义罪恶的皇皇巨著《资本论》。他每天所摘录的大量资料，都是在为写作《资本论》做准备的。其实，早在 1843 年，马克思就开始研究政治经济学了，只不过到这时，他把主要精力集中运用到了这部书上。据有人统计，在世界一流的伦敦博物馆所藏图书中，马克思阅读过的书籍有 1500 多种，他所摘的内容和整理的笔记有 100 余本！

1867 年，《资本论》第一卷出版了。马克思怀着无比兴奋的心情紧紧地捧住了这部刚刚出版的著作。《资本论》的出版，是国际共产主义运动史上的一件重要大事，它迎来了无产阶级的新的斗争历程。

在这部书中，马克思通过大量事实，详细而深刻地分析了资本主义的发展历史，揭穿了资本主义迅速发展的"秘密"，暴露了资本主义残酷剥削工人阶级的丑恶本质，也指出了工人阶级之所以极其贫困的原因。

书中一个重要的理论，就是"剩余价值"学说，马克思指出，干活付钱，这是错误的认识，就是说工人干活，资本家付给他钱，看来这并没有什么不对，但是实际上，这不是"等价交换"，工人为资本家劳动所创造的财富远远大于自己所得的报酬，如一个工人一天劳动所得为 8 元钱，而他在一天之内为资本家所创造的利润远远不止 8 元，可能是 16 元，也可能是 24 元，还可能更高。这怎么能是"等价交换"呢？那么这多余的部分，即这个工人工资之外的 8 元、16 元或更高的数额，就是"剩余价值"，被资本家无偿地剥削走了。马克思把这个"账"算清以后，资本家剥削工人的本质、手段、诀窍就给暴露出来了，这使广大工人阶级更认清了资本家的剥削方法，从而为自己争取更高的待遇准备了充足条件。

马克思在《资本论》中断然指出，资本主义必然灭亡和无产阶级的必然胜利都是不可改变的，是历史发展的必然趋势，这就为无产阶级的革命斗争提供了理论武器，增强了无产阶级革命斗争的决心和信心。

马克思无疑是世界历史上最伟大的革命理论家和思想家，正如达尔文发现生物界的发展规律一样，马克思发现了人类历史的发展规律，而且不止于此，马克思还发现了现代资本主义生产方式，以及由它所产生的资产阶级社会的特殊运动规律。可以说，马克思、恩格斯完成了社会主义学说的第一次飞跃。马克思创立的科学社会主义学说，成为全世界无产阶级革命的圣经，马克思去世以后，一场无与伦比的无产阶级革命运动就揭开了序幕。

马克思恩格斯与科学社会主义

科学社会主义，从广义上理解，就是作为完整的无产阶级世界观的马克思主义。从狭义上理解，是指马克思主义哲学、政治经济学并列的马克思主义的三个组成部分之一。本文涉及的是前者。

科学社会主义诞生于 19 世纪 40 年代。正像任何一种社会思想或理论的产生必须具备一定的社会条件一样，科学社会主义是资本主义的物质生产、阶级斗争和科学文化发展到一定水平的产物。它的创始人是无产阶级的革命导师马克思和恩格斯。

卡尔·马克思 1818 年诞生在普鲁士莱茵省特里尔城，父亲是个自由主义的开明律师。两年以后，弗里德利希·恩格斯在莱茵省巴门市（即现今伍佩尔塔尔市）诞生，父亲是个保守的工厂主，莱茵区是当时德国经济最发达、政治生活最活跃的地区。1835 年，马克思中学毕业后，进入波恩中学，一年后转入柏林大学，在柏林期间，他加入了激进的青年黑格尔派行列。1838 年，恩格斯中学还未毕业，就被父亲送到不来梅一家商号去当办事员，1841 到柏林服兵役时也成为青年黑格尔派分子。他们从黑格尔哲学辩证思维的宝库中吸取营养，以德国古典哲学发展的高峰为起点，为自己的前进开辟道路。这时，在哲学上他们基本上是唯心主义者，在政治上是革命民主主义者。

马克思大学毕业后，立即投入了反对封建专制和争取民主的政治斗争。1842 年10 月—1843 年春，担任自由主义反对派创办的《莱茵报》的主编，这使他有机会接触到下层人民的贫苦生活，切身体验到普鲁士国家制度和法律的虚伪性。他在报上发表了许多论文，例如，《关于林木盗窃法的辩论》、《摩塞尔记者的辩护》等，维护劳动人民的利益，无情地揭露普鲁士封建专制制度的反动本质。尽管这时马克思还没有摆脱唯心主义的影响，但他通过研究政治、经济和社会问题，已经开始认识到靠纯理论的批判不能消除资本主义社会的弊端，他对黑格尔关于法律、历史以及国家与市民社会之间关系的唯心主义观点产生了怀疑，而对费尔巴哈的唯物主义及其对黑格尔哲学的批判表示赞同。

正当马克思以《莱茵报》为阵地向普鲁士专制制度展开斗争的时候，1842 年 10月，恩格斯服役期满，来到当时资本主义大工业和工人运动最发达的英国，并立即投身到工人斗争的洪流中去，他"抛弃了社交活动和宴会，抛弃了资产阶级的葡萄牙红葡萄酒和香槟酒，把自己的空闲时间几乎都用来和普通的工人交往，并同宪章运动领导人和其他工人组织建立了联系。

随着马克思、恩格斯转向实际生活，他们同青年黑格尔派之间的分歧越来越大。青年黑格尔派反对哲学同社会实际相结合，马克思、恩格斯却主张哲学应当从纯思辨的天国里走向广阔的社会舞台。正是经过实际生活的检验，他们认识了黑格尔唯心主义社会观和国家观的缺陷。他们同青年黑格尔派分道扬镳已经不可避免了。

1843 年 3 月，马克思退出《莱茵报》编辑部，从社会舞台重新回到书房。当时马克思正处在从唯心主义转向唯物主义，从革命民主主义转向共产主义的过程中，黑格尔哲学不能回答社会现实提出的问题，费尔巴哈"过多地强调自然而过少的强调政治"，他的唯物主义与现实也是完全脱离的。为了探求"此岸世界的真理"，马克思在深入钻研哲学的同时，大量阅读经济学、历史学和空想社会主义者的著作。他集中精力批判黑格尔关于国家和法的唯心主义理论，写了《黑格尔法哲学批判》，得出了不是国家决定市民社会，而是市民社会决定国家的唯物主义结论。同年 10 月，马克思为筹办《德法年鉴》迁居到政治生活沸腾的巴黎。在那里，他一面积极参加工人运动，与法国工人运动领袖和正义者同盟领导人建立联系，结识流亡在法国的各国革命者，一面继续为创立科学的理论而辛勤探索。

1844 年 2 月，《德法年鉴》刊登了马克思的《论犹太人问题》和《〈黑格尔法哲学批判〉导言》两篇文章。文章指出，"政治解放本身还不是人类解放"；实现人类解放的"头脑"是哲学，"它的心脏是无产阶级"，"哲学把无产阶级当做自己的物质武器，同样地，无产阶级也把哲学当做自己的精神武器"。"批判的武器当然不能代替武器的批判，物质力量只能用物质力量来摧毁；但是理论一经掌握群众，也会变成物质力量。"这些精辟的论断不仅把科学理论对人类解放的极端重要性阐述得一清二楚，而且提出了无产阶级伟大历史使命和无产阶级必须与科学理论相结合的思想，标志着马克思转向唯物主义和共产主义。

为了创立科学理论，马克思从 1843 年底至 1844 年 3 月集中全力研究英、法等国历史，特别是法国大革命的历史。法国复辟时期历史学家基佐、梯叶里、米涅、梯也尔等人著作中关于阶级斗争的观点，以及阶级关系与财产关系相联系的观点给他很大启发。通过对不同国家历史发展的对比，有助于马克思从历史发展的一般规律中探寻国家和社会的本质，以及二者之间的关系。但是，这还不能揭示决定历史发展的最终根源。经济学的丰富知识使马克思意识到，"对市民社会的解剖应该到政治经济学中去寻求"。于是从 1844 年 4 月起，他又集中力量钻研政治经济学著作。

英国古典经济学家从财富的分配角度对阶级的产生进行了分析，提出劳动是财富的源泉的观点。马克思认为，"这样一来，在政治经济学中，历史斗争和历史发展过程的根源被抓住了，并且被揭示出来了。"但是古典经济学家不了解生产劳动过程所体现的人与人之间的社会关系。马克思吸取了古典政治经济学的积极成果，深入研究生产劳动背后的人与人的关系。他的研究成果集中反映在《1844 年经济学哲学手稿》中。他不仅通过对资本主义社会财富分配的三种主要形式——工资、利润、地租——的研究，揭示了工人、资本家、土地所有者对立的经济根源，更重要的是，他通过分析资本主义的生产、分配、交换、消费各个环节，得出了如下结论："私有财产的运动——生产和消费——是以往全部生产的运动的感性表现，也就是说，是人的实现或现实。宗教、家庭、国家、法、道德、科学、艺术等等，都不过是生产的一些特殊的方式，并且受生产的普遍规律的支配。"马克思认识到私有制是生产运动一定阶段的产物，物质生产是整个社会的基础。当马克思获得了这个唯物主义历史观的基本观点之后，继续深入地开辟理论发展的道路。他纯熟地应用辩证法研究生产运动的过程，得出了"对于世俗基础本身首先应当从它的矛盾中去理解"的结论。经过艰苦的劳动，马克思吸取了整个欧洲哲学、经济学和历史学的最高成果，终于迈出了通向唯物主义历史观的决定性一步，他宣布："按照我们的观点，一切历史冲突都根源于生产力和交往形式之间的矛盾。"

如果说马克思是从对黑格尔哲学的批判入手转向唯物主义和共产主义，那么恩格斯则是从研究英国社会状况和对资产阶级政治经济学的批判完成这一转变的。恩格斯来到英国的曼彻斯特后，在深入工人运动的同时，钻研了英国古典政治经济学家和英、法空想社会主义者的著作，为宪章运动的机关报《北极星报》和马克思主编的《莱茵报》撰稿。"在数不胜数的准社会主义思潮和派别当中，恩格斯终于给自己打开了一条通向无产阶级社会主义的道路"。1844 年 3 月，他在《德法年鉴》上发表的《政治经济学批判大纲》中，从社会主义观点出发，批判了资产阶级政治经济学的基本范畴，剖析了资本主义经济制度的矛盾，论证了消灭私有制的必要性。在《英国状况：评托马斯，卡莱尔的"过去和现在"》一文中，恩格斯批判了英国唯心主义历史学家卡莱尔鼓吹的"英雄崇拜"、"天才崇拜"的唯心主义历史观。这些著作表明，恩格斯已经转向了唯物主义和共产主义。

1844 年 8 月，马克思和恩格斯在巴黎会见，他们倾心交谈了各自的政治理论观点，取得了完全一致的见解，从此开始了他们创立科学的世界观的伟大合作。同年，合著了《神圣家族》。这部著作批判了黑格尔唯心主义，第一次提出"历史活动是群众的事业"这个唯物主义历史观的重要原理，论证了无产阶级解放人类的历史使命。

1845 年，恩格斯发表了《英国工人阶级状况》。这部著作根据大量调查材料，论证无产阶级所处的经济地位将不可遏制地推动它为推翻资本主义而斗争，并提出了工人运动必须同社会主义相结合的原理。

随着马克思、恩格斯唯物主义历史观的逐渐形成，清算费尔巴哈的人本主义影响就成为唯物主义历史观进一步完善的必然要求，费尔巴哈把人作为他的哲学的核心，脱离实践，脱离社会，把人的自然属性看作是人的本质，用这种观点解释社会现象只能得出唯心主义的结论，不能正确认识社会生活的本质。1845 年春，马克思写了《关于费尔巴哈的提纲》，着重阐明了实践在社会生活和人的认识中的作用，指出全部社会生活在本质上是实践的，实践是检验人的思维的真理性的标准。恩格斯说，这个提纲是"包含着新世界观的天才萌芽的第一个文件"。

1846 年，马克思和恩格斯合著了《德意志意识形态》。这部著作第一次系统地阐述了唯物主义历史观的基本原理。"这种历史观就在于：从直接生活的物质生产出发来考察现实的生产过程，并把与该生产方式相联系的、它所产生的交往形式，即各个不同阶段上的市民社会，理解为整个历史的基础；然后必须在国家生活的范围内描述市民社会的活动，同时从市民社会出发来阐明各种不同的理论产物和意识形态，如宗教、哲学、道德等等，并在这个基础上追溯它们产生的过程。"至此，决定人类历史发展最终根源的千古之谜终于被揭破了。

唯物主义历史观的发现并未使马克思、恩格斯的理论探索就此止步。他们又从历史发展的一般再深入到历史发展的个别，具体剖析资本主义的经济制度，探索资本主义剥削的秘密，产生了剩余价值学说的萌芽。

在 1844 年，当马克思钻研古典政治经济学时，对古典学派的劳动价值论还没有深刻理解，而是用流行于哲学界的"异化"理论来分析工人和资本家之间的矛盾。他指出，在资本主义社会中，劳动产品作为一种物化劳动脱离了劳动者，成了劳动者的异己的敌对力量。劳动者生产得越多，他本人所能消费的越少；他创造的价值越多，他自己的价值就越被贬低。这种异化不仅反映在生产结果与劳动者的关系上，而且还反映在生产活动中，其明显表现就是，劳动像是一种自我牺牲，自我折磨，如果没有强制，"人们就会像逃避鼠疫那样逃避劳动"。劳动者同劳动产品的异化，正是他同生产活动相异化的结果。而占据劳动者的成果，支配他们劳动的正是资本家。这就清楚地表明，劳动及劳动产品的异化，实质上是无产阶级与资产阶级对立的产物，其根源在于资本主义私有制。马克思运用异化理论分析资本主义的社会生产，成为通向科学的剩余价值学说的起点。

如前所述，马克思、恩格斯对政治经济学的研究促进了唯物主义历史观的形成；而 40 年代中期，他们在唯物主义历史观方面取得的成就又为他们在政治经济学领域的革命奠定了世界观和方法论的基础。1847 年马克思写的《哲学的贫困》和《雇佣劳动与资本》，已不再用"异化"理论来分析资本主义经济关系，而是把古典经济学家的劳动价值论作为剖析资本主义经济制度的理论出发点。他指出，工人以自己的劳动换取生活资料，资本家则用属于他所有的生产资料换取工人的劳动。这种劳动不仅补偿了工人所消耗的部分，而且还使积累起来的劳动具有比以前更大的价值。在这里，马克思虽然还没有明确提出"剩余价值"的概念，但他已十分明确，在工人劳动所创造的价值同他由于劳动而从资本家手中取得的价值之间存在一个差额，这个差额成为资本家财富的来源。

同时，马克思运用唯物主义历史观揭示出资本主义经济的内在的基本联系，指出资本主义生产关系是人类社会一定历史阶段的产物。资本、利润等经济范畴不过是资本主义生产关系的抽象。古典经济学家所说的"积累起来的劳动"，只是在资本主义生产关系下才成为资本，工人的劳动也只是在资本主义制度下才成为商品，整个资本主义社会就是建立在"劳动商品"的基础之上的。由此可见，尽管这时马克思的经济思想还不像他的哲学思想那样得到完整而系统的阐述，还没有明确区分"劳动"和"劳动力"这两个对于确立剩余价值学说具有关键意义的基本概念，还没有最终形成他的剩余价值理论，但某些具有决定意义的观点已经提了出来，马克思主义政治经济学的科学基础已被奠定。

无产阶级的伟大导师

19 世纪 50 年代，大英博物馆阅览室 D 行第二号书桌上，每天都堆放着很多书。

一次，图书管理员好奇地对那座位上的中年读者问道：

"博士先生一次可以研究好五十种科学吗？我们的教授通常只能攻读一种专业！"

对于这意外的问题，博士先生风趣地说："亲爱的朋友，所以也有很多教授戴着遮眼罩呀。人们如果要认识世界和改造世界，就不能只在一块草原上赏花啊！"

管理员听了很佩服，这位博士先生就是当年流亡伦敦的革命领袖卡尔·马克思。

1818年5月5日，马克思出生于普鲁士莱茵省的特利尔城，父亲是著名的犹太律师，学识渊博，略带自由主义色彩。马克思从小接受父亲的启蒙教育，这样的家庭条件，被学校认为是"得天独厚"，并希望他获得应有的美好前程。马克思在中学毕业时写的一篇题为《青年在选择职业时的考虑》一文中写道："如果我们选择了最能为人类服务的职业，我们就不会被任何沉重负担所压倒，因为这是为全人类作出的牺牲；那时我们得到的将不是一点点可怜的自私的欢乐。我们的幸福将属于亿万人，我们的事业虽然并不显赫一时，但将永远存在。当我们离开人世之后，高尚的人们将在我们的骨灰上洒下热泪。"

这篇气度非凡的作文，被校长赞为"相当好。此文以思想丰富和结构严谨而引人注目。"

1835年秋天，马克思遵从父命，考入波恩大学法律系。在校期间，教授们对他的评语大都是"勤勉"和"用心"，但在1836年8月签发的学业证书上，校方在"附注"中写道："据告发，该生曾将查禁的武器携至科伦。"事实真相如

《伟大的无产阶级领袖们》宣传画

何，至今仍不清楚。马克思的父亲早在一个月以前就曾向校方写了一份申请书，表示同意儿子转到柏林大学读书。

柏林大学是黑格尔哲学的研究中心，马克思入学不久便参加了青年黑格尔派的活动，成了他们组织的"博士俱乐部"的后起之秀。一年以后，他在家信中写道："没有哲学就不能前进。"父亲当时重病在身，半年以后就与世长辞了。渐渐地，法学已经被列为他研究哲学的辅助学科。1841年春，马克思完成了他的博士论文——《德谟克利特的自然哲学与伊壁鸠鲁的自然哲学的差别》，表现出他"反对一切天上和地下的神灵"的倾向，开始摆脱黑格尔主义的影响。论文本身获得的评语是"不但思想丰富，很有洞察力，而且兼备渊博的知识。"1841年4月，马克思取得了哲学博士的学位。

大学毕业后，马克思便回乡看望已经订婚五年的未婚妻燕妮。他把自己的《博士论文》献给"敬爱的父亲般的朋友"威斯特华伦男爵，也就是他未来的岳父大人。

1842年10月，马克思被聘为《莱茵报》主编。他以战斗的精神，无懈可击的逻辑，撰文抨击普鲁士封建专制制度。一度因鼓励市民拿起武器反抗政府的税收而被捕，由于他据理反驳，终于无罪获释。

1843年3月，《莱茵报》被查封。半年以后，马克思偕同新婚的妻子迁居巴黎。

1844 年初，与卢格（1802—1880 年）合办《德法年鉴》，发表了《〈黑格尔法哲学批判〉导言》等文章，第一次指出了无产阶级的历史使命，表明他的世界观已经从唯心主义转向唯物主义，从革命民主主义转向共产主义。不久，马克思便被法国政府驱逐到比利时的布鲁塞尔；1848 年被比利时政府驱逐回国；1849 年 6 月又被普鲁士反动当局驱逐到巴黎；同年 8 月又被驱逐到伦敦。近四十年间，燕妮陪伴马克思过着颠沛流离的生活。"紧密相连，互相支持"，他们的小女儿爱琳娜写道："我毫不夸大地说，如果没有燕妮·冯·威斯特华伦，卡尔·马克思永远不会成为当代的马克思。"

由于贫困的折磨，马克思夫妇在昏暗的异国他乡，悲痛地埋下了四个孩子。当妻子积劳成疾，马克思为了照顾家务不得不暂时停笔，因而影响《资本论》的写作进度时，他曾说过"最大的愚蠢莫过于结婚"。但是，在他们家中，烦恼总是暂时的，每当他和燕妮的目光彼此相遇时，往往忍不住会立即大笑起来。在爱琳娜的记忆中，她的双亲"总是快乐的一对。"

燕妮五十岁时，马克思回乡看望母亲，他在给妻子的信中写道："每天我都去瞻仰威斯特华伦家的旧居（在罗马人大街），它比所有的罗马古迹都更吸引我，因为它使我回忆起最幸福的青年时代，它曾收藏过我最珍爱的瑰宝。此外，每天总有人向我问起从前'特利尔最美丽的姑娘'和'舞会上的皇后'。当丈夫的知道他的妻子在全城人的心目中仍然是个'迷人的公主'时，真有说不出的惬意。"燕妮病逝时，马克思伤心地说："如果不承认我的思想大部分沉浸在对我的妻子——她同我生命中最美好的一切是分不开的——的怀念之中，那是骗人的。"

马克思认为"在这个尘世上，友谊是私人生活中唯一具有重要意义的东西。"在被利己主义的冰水浸透的资本主义社会里，马克思特别珍视他和恩格斯在并肩战斗中结下的深厚友谊。在流亡伦敦的岁月里，他们几乎每天都有信件往来。有一次，恩格斯隔了几天没写信来，马克思便在信中风趣地说："亲爱的恩格斯：你是在哭泣还是在欢笑？你睡着了还是醒着？"马克思一生都非常感激恩格斯的无私援助，不到万不得已，决不把自己的困难告诉恩格斯。有一次天气非常寒冷，由于缺煤，大白天一家人不得不呆在床上，燕妮噙着泪水央求说："还是写封信给恩格斯吧！"马克思在给恩格斯的信中说："我与其写这封信给你，还不如砍掉自己的大拇指。半辈子依靠别人，每当想起这一点，简直使人感到绝望。这时唯一能使我挺起身来的，就是我意识到我们两人从事着一项合伙的事业……。"

在伦敦街头，孩子们称呼他"马克思老伯"，为了逗引孩子们，马克思休息时常爱在水盆里玩海战游戏，直到把纸船舰队全部烧毁为止。马克思还和孩子们玩过一种叫"自白"的问答游戏。在问到他的特点是什么时，马克思的答案是"目标始终如一"。马克思终生信守"为人类工作"的道德准则而鄙薄私利，特别是确立了共产主义世界观以后，更是历尽艰辛，把自己的一切献给革命，最后病逝在工作台前，年仅六十五岁。

共产主义者同盟的诞生

共产主义者同盟是世界上第一个无产阶级政党。它是马克思和恩格斯根据无产阶级的革命需要，在对"正义者同盟"进行革命改造的基础上建立的，是科学社会主义与工人运动相结合的产物。

19世纪30至40年代，英、法等西欧国家，在完成资产阶级革命之后，实现了或正在实现着工业革命。工业革命的直接结果，不仅促进了资本主义经济的迅猛发展，而且引起了社会关系方面的深刻变化，形成了现代资产阶级和现代无产阶级。无产阶级从产生的时候起，就开始进行反

在共产国际的成立大会上，列宁、斯大林与大会代表在一起

对资产阶级的斗争。随着斗争的逐步深入，无产阶级认识水平的提高，终于爆发了著名的西欧早期三大工人运动：1831和1834年法国里昂工人两次起义，三、四十年代英国宪章运动和1844年德国西里西亚织工武装暴动。当时，先进的工人虽然建立了一些组织，但由于缺乏革命理论的指导，不可能领导无产阶级去夺取胜利。因此，建立一个以革命理论为指导的无产阶级政党，领导无产阶级进行革命斗争，就成了国际工人运动的迫切需要。

伟大的无产阶级革命导师马克思和恩格斯，适应时代斗争的需要，在创立科学社会主义理论的时候，努力使自己的理论同工人运动结合起来，为创建这样的党进行了大量的工作。马克思、恩格斯1845和1846年在布鲁塞尔曾先后建立共产主义小组和共产主义通讯委员会。与此同时，在改造正义者同盟的基础上，于1847年正式成立了共产主义者同盟。

正义者同盟的前身是"德国流亡者同盟"。19世纪30年代初，德国的经济还很落后，但也开始从手工工场向机器大工业过渡，从而造成了手工业的瓦解和手工工匠的过剩。严重的封建割据状态和容克地主的残暴统治，使得为争取民主自由而斗争的革命者，受到残酷的迫害。这样，约有50万名失业的手工业者和革命者迁居或流亡到法国、英国、瑞士和美国。

侨居在法国巴黎的德国流亡者，由于受到当时流行的革命民主主义和各种社会主义思想的影响，产生了建立革命组织的要求。1833年，他们组织了"德国人民同盟"，成员百人左右，宗旨是在流亡者中间宣传谋求德国统一的思想。1834年，以此为基础建立起流亡者同盟，成员数百人，斗争目标是推翻德意志各国的君主制度，建立统一的德意志共和国。同盟内部是以对上级盟员绝对服从为原则组织起来的，基层组织的盟员只知道自己的直接领导人，所有盟员不能享受同样的权利。因此，大多数盟员很不满意这种等级森严的制度和密谋的组织结构。1836年，同盟内部发生分裂，一部分革命分子组成了新的革命团体——正义者同盟。

正义者同盟较之以前的组织民主多了。它由5至10人组成基层支部，几个支部联合为区部，整个同盟由人民委员会领导。但它仍然深受神秘主义和密谋活动的严重影响，具有半宣传、半密谋的性质。它的宗旨是要求财产公有制，口号是"人人皆兄弟"，组织上同布朗基领导的"四季社"有密切联系。1839年，同盟参加了四季社发动的5月12日巴黎起义。起义失败后，同盟遭到破坏，其领导人卡尔·沙佩

尔、亨利希·鲍威尔被驱逐。他们到达伦敦又把同盟恢复起来，并在巴黎、瑞士和德国建立支部。这样，同盟的活动中心就由巴黎移到伦敦。

同盟的领导人从巴黎起义的失败教训中，对密谋性策略感到失望，并在群众性的英国宪章运动的影响下，开始抛弃手工业者的狭隘性，广泛吸收各国革命者参加同盟。由德国人的组织逐渐变成有法、英、波兰和瑞士等国工人参加的国际性组织，这是比当时其他任何工人组织都优越的地方。但是，同盟的指导思想还是相当混乱的，各种非科学的社会主义流派对它的影响已十分严重，有的甚至还占统治地位。因此，要把正义者同盟改造成为真正的无产阶级政党，不仅有一个组织建设问题，更重要的是要进行思想建设。

马克思、恩格斯与同盟的领导人早有接触，但在很长时间内，没有加入他们的组织。1843 年，恩格斯在伦敦初次会晤同盟领导人，沙佩尔曾邀请恩格斯入盟。1845 年 7 至 8 月，马克思和恩格斯在英国考察期间，在伦敦又一次会晤了同盟领导人，并出席了同盟的有关集会。马克思、恩格斯认为，在同盟接受科学社会主义理论之前，还不能参加这个组织。否则，不仅不能改变他们的指导思想，还要承受同盟组织上的约束。马克思、恩格斯与同盟的领导人保持良好的关系，目的在于尽可能地影响其思想的转变。

为了肃清各种非科学社会主义流派对工人运动的影响，马克思和恩格斯除了亲自向包括同盟的领导人在内的革命者进行理论教育，讲授关于雇佣劳动及波兰等问题外，还通过布鲁塞尔的共产主义小组和共产主义通讯委员会，同各国社会主义团体和个人建立联系。马克思和恩格斯本想借助共产主义通讯委员会，把真正的革命者团结起来，使它成为联合各地分散的共产主义者的纽带，以便在此基础上建立统一的共产主义政党。但是，当时各地共产主义组织，在事实上还没有建立起来，布鲁塞尔共产主义通讯委员会最终未能导致成立一个世界范围的共产主义政党。然而，马克思和恩格斯通过这个组织，开展对于当时影响最大的三个社会主义流派，即魏特林的空想共产主义，克利盖、格律恩的"真正的社会主义"以及蒲鲁东主义的批判，取得了重大的胜利。这对提高同盟成员的思想认识，彻底改造同盟，促进科学社会主义同工人运动的结合，起了决定性的作用。

威廉，魏特林是德国人，出身贫苦，职业裁缝。1837 年，他在法国加入正义者同盟。魏特林在他的《和谐与自由的保证》等著作中，无情地揭露了资本主义制度，主张一切人一律平等，建立"共有共享的社会制度"，对启发工人觉悟起过进步作用。但他忽视无产阶级的力量和建立无产阶级政党的必要性，企图依靠小手工业者和流氓无产者的暴动以及小型实验来建立新社会。马克思本想帮助他成为一名真正的共产主义者，但魏特林拒不接受批评和帮助，坚持自己的错误观点。马克思不得不在 1846 年同他决裂。魏特林就此脱离了工人运动，他对同盟的思想影响也逐步消失。

海·克利盖原来是威斯特伐利亚的大学生，后当记者，1845 年秋在纽约创办《人民论坛报》，宣传"真正的社会主义"的观点。他抹杀阶级矛盾和阶级斗争，鼓吹不分阶级的爱，反对政治斗争和暴力革命，企图依靠各个阶层，特别是依靠上层统治者的资助，在不触动资本主义制度的情况下来消除贫困，保存小生产者的地位。1846年5月，共产主义通讯委员会召开了特别会议，讨论并通过了马克思和恩格斯起草的《反克利盖的通告》，痛京了克利盖的论点，揭露了它的性质，指出了它的危害，使克利盖在同盟和工人运动中的影响很快就消失了。

"真正的社会主义"另一代表、德国小资产阶级政治家卡尔·格律恩钻入正义者同盟巴黎支部。格律恩反对暴力革命，鼓吹"为人类谋幸福"的博爱思想，宣扬蒲鲁东主义的经济改良。为了肃清格律恩在法国的影响，1846年8月，恩格斯亲自去巴黎参加同盟的活动，与格律恩的信徒展开了激烈的辩论。在辩论中，恩格斯不仅揭露了"真正的社会主义"的实质，指出其危害，而且阐明了科学共产主义的基本原则，即维护无产阶级的利益、消灭私有制、通过暴力革命来建立新社会。最后，参加会的15人中有13人同意恩格斯的观点。

比埃尔·约瑟夫·蒲鲁东是法国人，出身于农民兼手工业者家庭，曾当过雇工和印刷工人。1840年发表了《什么是财产》一书，用小资产阶级的观点抨击了资本主义私有制，提出了"财产就是盗窃"的观点。1846年，他又发表《贫困的哲学》一书，系统地阐述了他的改良主义的理论。蒲鲁东宣扬唯心论先验论和英雄史观；维护小私有制，主张建立以个人所有为基础的互助制社会；反对任何国家和权威，鼓吹无政府主义；反对无产阶级革命，宣扬阶级调和，把建立"交换银行"看作是无产阶级解放的根本途径。这些思想给国际工人运动造成了极大的危害。为了彻底清算蒲鲁东主义，1847年，马克思撰写了《哲学的贫困》一书，全面批判了蒲鲁东主义，进一步阐述了马克思主义三个组成部分的基本内容。这对提高同盟领导人和先进工人的认识起了积极作用。

通过马克思和恩格斯的宣传和斗争，同盟中越来越多的成员和领导者开始接受马克思和恩格斯的理论。这样，同盟经过多年的摸索，终于找到了马克思主义真理，而马克思和恩格斯则经过耐心而大量的工作，促进了无产阶级革命理论和工人运动的结合。

1847年1月20日，同盟的伦敦总部委派约瑟夫·莫尔先到布鲁塞尔会见马克思，然后去巴黎会见恩格斯，并邀请他们参加正义者同盟，表示确信马克思和恩格斯的观点正确，接受马克思和恩格斯关于改组同盟的意见。在这种情况下，马克思、恩格斯接受邀请参加同盟。接着，同盟中央发出了"应该实行全面改组"的通告，宣布即将召开同盟的改组大会。马克思和恩格斯为此做了大量的准备工作。

1847年6月2日至8日（或9日），正义者同盟在伦敦秘密召开了第一次代表大会。马克思因经济困难未能出席，恩格斯作为巴黎支部的代表参加大会。大会由沙佩尔任主席，威·沃尔弗任秘书。根据马克思和恩格斯的提议，大会决定把正义者同盟改名为共产主义者同盟。因此，这次大会实际上也是共产主义者同盟的第一次代表大会。

大会的中心议题是讨论通过由恩格斯和沃尔弗起草的新章程草案。这个章程改变了同盟的名称和口号，用"共产主义者同盟"的新名称代替了"正义者同盟"的旧名称，用"全世界无产者，联合起来！"的新口号代替了"人人皆兄弟"的旧口号。这一改变，不仅在概念上更加合乎科学要求，而且还表明了改组后的同盟已作为新的共产主义政党出现了。章程规定的同盟目的是：通过传播财产公有的理论并尽快地求其实现，使为人类得到解放。章程还规定同盟的各级组织应由选举产生和有一定的任期，并可随时撤换。这体现了民主集中制的组织原则，堵塞了任何要求独裁的密谋狂的道路。

大会还讨论了由恩格斯草拟的《共产主义信条草案》，作为有待进一步讨论和修改的文件。最后，大会选出了以沙佩尔为主席的中央委员会，选定伦敦作为中央委员会所在地，决定创办中央机关刊物《共产主义杂志》，委任沃尔弗为主编。大会还作出了开除魏特林分子出盟的决定。上述情况表明，经过马克思和恩格斯的艰苦努力，同盟已由原来带密谋性的工人组织，开始改组成为以科学社会主义为指导的、按民主集中制原则组织起来的无产阶级革命政党。

为了使刚刚建立的共产主义者同盟得到巩固，马克思恩格斯主张积极发展同盟组织。8月5日，根据马克思提议，共产主义者同盟在布鲁塞尔成立了第一批支部和区部。马克思当选为支部主席和区部委员会委员。在马克思领导下，布鲁塞尔支部和区部，在开展工人运动和民主主义运动，建立德意志工人协会和国际布鲁塞尔民主协会等方面，取得了显著的成就，在广大盟员和先进工人中赢得崇高的威望。

当时在同盟的不少支部中，特别是在瑞士和德国，宗派主义分子还很活跃，他们反对同盟中央的纲领。所以，同盟中央把巩固和发展第一次代表大会所取得的成果的工作，寄希望于布鲁塞尔区部。10月18日，同盟中央为了开好第二次代表大会，专函给布鲁塞尔区部，迫切希望他们派遣代表，尤其是希望马克思能够参加，认为这是战胜各种错误思潮，从思想上和组织上彻底完成改组同盟的重要保证。

1847年11月29日至12月8日，共产主义者同盟第二次代表大会如期召开。马克思和恩格斯准时出席。沙佩尔选为大会主席，恩格斯任大会秘书。

大会的主要任务是通过新章程和制定新纲领。大会经过热烈的讨论，批准了同盟的章程。这个章程对草案中的有关条文作了重大修改。主要是把同盟的目的修改为推翻资产阶级政权，建立无产阶级统治，消灭旧的以阶级对抗为基础的资产阶级社会和建立没有阶级、没有私有制的新社会。讨论纲领时，代表们经过长时间激烈的争论，进一步接受了马克思和恩格斯的观点，并委托他们起草一个宣言，即"起草一个准备公布的周详的理论和实践的党纲"。这就表明，共产主义者同盟的创建工作最终完成，从此共产主义者同盟作为第一个无产阶级革命政党登上历史舞台，率领无产阶级和人民群众为推翻旧世界而英勇奋斗。

美国废奴运动

美国的商品奴隶制经济几乎和英属北美殖民地同步形成。早在美国独立初期，富有远见的美国政治家就曾主张废除奴隶制，但由于南部种植园奴隶主的激烈反对，未能实现。随着世界市场对棉花需求的猛增，奴隶主大肆扩张奴隶制，与广大人民群众及北部工业资本主义的发展产生严重冲突。围绕奴隶制的扩张与反扩张、限制与反限制、维护与消灭的斗争，构成 19 世纪上半叶美国历史的主要内容。

从 19 世纪 30 年代起，废奴运动在北方兴起，渐渐形成声势浩大的群众运动。奴隶主不甘心退出历史舞台，负隅顽抗，使南北斗争白热化。1859 年 10 月，弗吉尼亚州西部发生了一次反奴隶制起义，这就是美国历史上著名的约翰·布朗起义。布朗是当时美国白人废奴派英雄，他在美国历史上第一次组织了黑人与白人的联合战斗，试图以武装斗争方式解决黑人奴隶制问题，为后来美国内战的顺利进行作出了榜样。

美国废奴运动领袖约翰·布朗像

19 世纪初，随着美国向外扩张，边界不断向西推进，奴隶主的胃口越来越大，力图把新扩张来的土地都变成自己的地盘。这就同北部广大的工人、农民和从欧洲来的新移民发生了尖锐的矛盾。后者渴望着开发西部的自由土地以争取自身的生存。北部新兴的工业资产阶级也愿意将西部土地廉价售予或分给小农，以便形成更广阔的国内市场，有利于资本主义的发展。围绕着西部土地成为自由土地还是奴隶主领地的问题，南北方之间产生了严重的冲突。

奴隶主贪得无厌的扩张企图。引起北方人民的愤慨。国际上反对奴隶制的呼声也越来越高。早在 1793 年，法国宣布废除其领土上的奴隶制。1790—1803 年，海地革命胜利后，奴隶完全得到解放。1833 年，英国宣布要解放英属西印度群岛上的黑人奴隶。所有这一切，都给美国废奴运动以很大的推动。尤其是美国南方奴隶不断进行反抗斗争，加深了北方人民对奴隶制的憎恨。1822 年 7 月，黑人丹马克·维西在南卡罗来纳州查尔斯顿组织 1 万名奴隶起义。1831 年 8 月，弗吉尼亚州又发生黑人纳特·特纳组织的奴隶起义。这些起义虽然都被镇压了，却深深震动了北方人民的心。那些有幸逃到北方来的黑奴，带来了奴隶要求解放的迫切愿望，他们的现身说法，使北方人了解到黑奴的苦难，大大激发了北方人民起来反对奴隶制。从 19 世纪 30 年代起，北方社会上废奴运动逐渐高涨起来。

1832 年 1 月，要求"立即解放奴隶"的"新英格兰反奴隶制协会"成立。1833 年 12 月，成立了全国性的废奴组织"美国反奴隶制协会"（又称"废奴社"），标志着美国历史上轰轰烈烈的反奴隶制群众运动的开始。此后，北部各州相继成立了它的分会和其他反奴隶制组织。到 1837 年，纽约州已有 270 个反奴隶制协会，马萨诸塞州有 145 个，俄亥俄州有 213 个，整个北方共有废奴组织约 2000 个。到 1840 年，北方参加反奴隶制协会的人数约有 15 万到 25 万人。

以加里森为首的美国反奴隶制协会的纲领，比过去曾有过的废奴派的主张大大前进了一步。以前有人主张逐步、有偿地解放奴隶，反奴隶制协会则主张立即解放奴隶，不给奴隶主以"赔偿"。协会还反对"遣送奴隶回非洲"的主张，认为这是"骗人的、残酷的和不现实的"。由于反奴隶制协会坚持"立即解放，不补偿、不遣送"的方针，得到了广大北方人民的拥护，也得到了广大黑人的拥护。

各地废奴组织运用各种有效的宣传工具，开展大规模的废奴宣传活动。各种废奴报刊如雨后春笋般出现，不下百余种。其中著名的有威廉·劳埃德·加里森创办的《解放者》周刊、美国把奴隶制协会的机关报《全国废奴旗帜报》、《释奴者》以及著名黑人领袖弗雷德里克·道格拉斯主办的《北斗星》等。还有无数宣传小册子，其中有许多是逃到北方的黑奴用他们亲身经历写出来的"黑人故事"，影响极大。

在揭露奴隶制的残忍和罪恶方面，哈里特·比彻·斯托夫人（1811—1896年）的小说《黑奴吁天录》（又名《汤姆叔叔的小屋》）是当时轰动英美的醒世之作。它以生动活泼的笔触，淋漓尽致地展现了黑奴地狱般的生活，有强烈的感染力。在它的感召下，英国有50万妇女在声讨美国奴隶制宣言上签名。林肯在内战中曾对斯托夫人说，是这本小说促使了美国内战的爆发。可见其影响之大。

在废奴宣传中，来自蓄奴州的逃奴表现很突出。其中有著名的黑人领袖道格拉斯。他于1817年诞生在马里兰州一个种植园里，自幼饱尝了当奴隶的一切苦难，对奴隶制怀有深仇大恨。1838年逃到北方后，投入了废奴运动。他是一位卓越的演说家，曾一针见血地指出黑奴的解放是当时美国社会的重大问题。他还以通俗的语言将白人优越论驳得体无完肤。此外，著名的黑人宣传员还有亨利·海兰·加尼特、西奥多·赖特、威廉·琼斯等人，他们大多用自己的亲身遭遇揭露奴隶制的黑暗，控诉它的罪恶。逃奴们的血泪控诉增强了废奴派的宣传效果。

废奴派还采取实际行动协助奴隶逃亡。由于奴隶主完全掌握了南部的军政大权，有一整套严密防范黑奴起义的统治手段。他们在各地组织了武装"民兵"，从17世纪起，就建立了"巡逻制"，每个县分为几个巡逻区，每区有3名白人巡逻员值班巡逻，定期轮换。其任务是缉捕逃奴，搜索黑人武器，侦察和镇压黑人聚会。每个种植园还雇有武装家丁，养有猎犬。奴隶主和监工随身佩带武器，准备随时用来对付奴隶。所以有人称整个南方是座"军营"。在这种情况下，黑奴要密谋起义是十分困难的。侥幸组织起来的，规模不可能很大，而且迅即被镇压。个别逃亡倒是有可能成功。

早在18世纪就有人协助奴隶逃亡。到19世纪，有组织地帮助黑奴逃亡形成声势浩大的群众运动。这就是美国历史上的"地下铁道"运动。它有两条主要的干线，一条在中西部，从南方亚拉巴马、肯塔基等州通过俄亥俄到加拿大；另一条则沿着东海岸从南方到北方。有人估计，北方废奴派参加这个崇高事业的人有3.2万人以上。协助奴隶逃亡是一件艰苦和危险的工作，有些人为此而坐牢，甚至牺牲生命。被人称为地下铁道主席的利维·科芬，自1826—1860年帮助3.3万名黑奴获得了自由。著名的黑奴女英雄哈丽特·塔布曼曾只身潜入南方19次，救出黑奴300名。据密西西比州州长魁特曼估计，从1810到1850年，黑奴逃亡总人数达到10万名左右，南方奴隶主损失财产在3000万美元以上。因此，种植园奴隶主恨透了北方的废奴派及其运动，尤其仇恨地下铁道运动，不惜一切手段，包括用"血与火"来对付他们。

废奴运动的内部分歧

19世纪30年代，美国参加废奴运动的虽然有工人、农民、黑人和妇女，但是它的大多数知名领袖人物都是资产阶级和小资产阶级知识分子、中小资本家，因而指导废奴运动的是形形色色的资产阶级思想。

美国反奴隶制协会的主要领导人威廉·劳埃德·加里森的理论和主张对30年代的废奴运动有广泛的影响。他虽然主张立即废除奴隶制，而且态度是坚决的，但是他信奉的是非暴力主义，反对奴隶通过暴力获得自由。他主张通过道德说教的办法劝说奴隶主放弃奴隶。他的主张反映在由他发起的该协会的纲领中，它号召人们以道德感化达到废奴的目的。它还宣告说："本协会决不暗中怂恿被压迫者以暴力来恢复他们的权力。"因而被称为"道德说教派"。

南方种植园奴隶主并不接受道德说教，他们使用了一切可能使用的方法来对付北方废奴派及其运动。

首先，他们运用把持的政权力量，在制定有利于奴隶制扩展的法案的同时，竭力制定压制废奴运动的法案。美国建国后一直是资产阶级和奴隶主分享政权。可是从1829年杰克逊任总统起，奴隶主的政党民主党牢固地掌握着国家政权。在此后的32年中，民主党占据总统职位24年，控制最高法院26年，左右众议院22年。在这期间，奴隶主在扩展奴隶制地盘的斗争中咄咄逼人，迫使国会通过有利于他们的法案，1820年密苏里加入联邦时，南北方曾达成妥协：以北纬36度30分为界，新领地要加入联邦，此线以北为自由州，以南为蓄奴州。当1854年堪萨斯和内布拉斯加申请加入联邦时，按密苏里妥协案规定的地理界线，它们都应是自由州，但奴隶主操纵国会通过"堪萨斯—内布拉斯加法案"，打着"居民主权原则"的旗号力图把它们变成蓄奴州。奴隶主组织了大批暴徒进入堪萨斯，破坏当地选举，对自由移民滥施暴力，强占土地，由此引起激烈的冲突，这就是历时四年的"堪萨斯内战"。

1857年，奴隶主操纵的最高法院借德雷德·斯科特案企图使奴隶制在全美国合法化。

奴隶主还专门制定了对付废奴运动的法案。1836年，为了压制废奴派对国会的请愿活动，奴隶主操纵国会通过决议一概"不宣读、不讨论"这些请愿书，将其"永远搁置不议"。群众称之为"钳口法"。

为了对付日益活跃的地下铁道运动和规模越来越大的奴隶逃亡。1850年制定了《逃亡奴隶法》。规定奴隶不论逃到北方何处，北方各州司法机关都必须协助缉捕，并且可以得到"奖赏"；北方人民如有拯救和窝藏逃奴者，要罚款1000美元、被监禁半年，另外还要赔偿奴隶身价1千美元。这样，不仅逃奴可以随时被缉捕，连长期生活在北方的自由黑人也要遭殃。联邦政府不顾北方人民的反对，顽固执行该法。一时间，阴森恐怖气氛笼罩着北方，引起北方社会的极度不安。马萨诸塞州各地曾发生数起群众自发"抢救"逃亡奴隶的事件。

奴隶主还使用残酷的暴力手段压制废奴运动。他们不惜重金收买北方的地痞流氓，甚至派出暴徒对北方废奴派大打出手，肆意迫害。加里林、菲利普斯、道格拉斯等废奴领袖经常遭到暴徒袭击，不是被暴徒剥光了衣服，就是被打得遍体鳞伤。道格拉斯有一次几乎被暴徒打死。斯蒂芬·福斯特曾24次遭袭击，两次被暴徒从二楼仍下来，几乎丧了性命。

1834—1838年间，暴徒迫害废奴派的活动更加疯狂。他们经常袭击纽约市、费城、波士顿等地的废奴大会，焚烧了费城宾夕法尼亚大厅，劫掠了波士顿的马尔巴娄教堂。他们肆意捣毁废奴报社、袭击废奴派的家。他们还公然悬赏捉拿废奴派领袖，派出暗杀凶手。1837年，暴徒一再袭击伊利诺斯州废奴主义者、废奴报刊发行人伊莱贾·诺夫乔伊，捣毁他的报社和印刷机，最后，竟残酷地将他杀害了。

奴隶主的暴行使北方废奴派中的许多人猛醒，开始对单纯的道德说教产生怀疑。在美国反奴隶制协会中，以阿瑟·塔潘和伯尼·塔潘兄弟为代表的一派人转而主张采取一切手段，包括政治行动来达到释奴的目的。他们主张组织废奴政党，参加竞选，希望选出一个废奴派的总统来，运用联邦政府的权力来解决奴隶制问题。人们称之为"政治行动派"。

加里森坚决反对政治行动，终于在1840年5月使废奴运动发生分裂。以塔潘兄弟为首的一派退出美国反奴隶制协会，另组成"美国及外国反奴隶制协会"。同年，他们创立了废奴派政党——自由党，迅即投入竞选活动。由于加入的人不多，力量单薄，在以后的选举中无大建树，也就逐渐消失了。

1848年又出现了自由土地党。它的基本群众是北部的工人、农民和西部争取自由土地的小农，比自由党具有更为广泛的群众基础。它的目标是反对奴隶制扩展到西部；要求实行"宅地法"，把西部土地无偿分给移民。它的口号是："自由土地，自由言论，自由劳动和自由的人。"

1854年7月，种植园奴隶主与北部资产阶级的矛盾达到不可调和的地步，北部工业资产阶级终于组织了共和党。共和党接过自由土地党的口号，希望联合北部的工人、农民、黑人和西部小农，他们的政治目标则仅仅是反对奴隶主势力的继续扩展。

就在北部一些人考虑采用政治行动来对付奴隶主日益猖狂的进攻时，废奴派内部还有一些人已经转向考虑使用武力的问题了。1837年，在奴隶主疯狂迫害废奴派时，"马萨诸塞反奴隶制协会"的年会上，就有人提出"以暴抗暴"的问题。黑人约翰逊曾指出，甚至一个昆虫当它被人践踏时，也会想咬人一口的。1839年，纽约废奴派贝兹·哈孟德曾向格里特·史密斯表示，他相信废奴派使用暴力是正义行为，他还建议在加拿大和墨西哥办训练黑人青年的军事学校。格里姆克主张废奴派到南方去，用武力帮助奴隶获得自由。在德雷德·斯科特案发生后不久，在废奴派中不仅使用暴力的思想开始传播，甚至还有人（莱桑德·斯普纳）拟定了具体的行动计划并打印出来到处散发。

彻底的废奴主义者：约翰·布朗

1859年发生的约翰，布朗起义，是美国人民群众试图用武装斗争消灭黑人奴隶制的一次英勇尝试。

约翰·布朗起义究竟是为什么发生的呢？

原来，美国在独立战争后新建立起来的国家是一个大资产阶级和大种植园奴隶主联合专政的国家。独立后，美国并存着两种对立的社会制度：北方各州是工商业资本主义的雇佣劳动制，南方各州是大种植园的黑人奴隶制。南方的大种植园奴隶主在政治上占有优势。1861年以前，美国的十五个总统中，就有十一个是南方种植园奴隶主捧上台的。

19世纪以后，在南方各州的种植园中，开始大量种植棉花。到1860年，这些种植园生产的棉花相当于当时世界总产量的四分之三，占美国出口总额的百分之七十五，欧洲棉织业几乎都靠美国供应棉花。在南方的奴隶主们看来，有了棉花就有了一切。因此他们肆无忌惮地扩充奴隶制。到南北战争前夕，美国黑人奴隶已从建国初期的60万人增加到400万人。

奴隶们过着牛马不如的生活，他们在监工的皮鞭下，每天劳动十八、九小时。残酷的压榨和非人的待遇，使得一个奴隶通常在种植园里劳动八至十年就被折磨而死。北方各州虽然已废除了奴隶制度，但种族歧视也十分严重，南方的种植园奴隶主可以任意在北方自由州搜捕逃亡奴隶。

黑奴们怀着深仇大恨，开展了反奴役的斗争。他们怠工、逃离、焚毁种植园，杀死监工和奴隶主，以至用武装起义打击万恶的奴隶制度。在美国黑人奴隶起义中，最著名的有1822年南卡罗来纳州查尔斯顿黑人丹马克·维赛领导的近万人的奴隶大起义，和1831年弗吉尼亚州南安普顿黑人奴隶奈蒂·特那领导的奴隶起义。

在奴隶起义的推动下，北方各州也掀起了轰轰烈烈的废奴运动。广大工人、农民、黑人和城市小资产阶级纷纷投入这一运动。他们到处演讲，印行报刊和书籍，对反动的奴隶制进行揭露和抨击。1852年出版的斯托夫人所著《汤姆叔叔的小屋》（旧译《黑奴吁天录》），对美国南部黑人奴隶的悲惨生活和种植园奴隶主的残酷和虚伪作了淋漓尽致的描述。这本书出版后销售一空，接连再版，印数达几百万册。后来，又把它改编成剧上演，轰动一时。

废奴主义者还通过"地下铁路"组织这一斗争形式来反对黑人奴隶制度。废奴主义者象乘坐"火车"一样，把黑人奴隶从南方的蓄奴州分段地护送到北方的自由州或转送到加拿大。为了逃避缉捕者，逃亡的奴隶往往化妆而行。他们经常是昼伏夜行，并尽可能涉水泅渡以避开警犬的追踪。"地下铁路"在协助奴隶逃亡上发挥了很大作用。从19世纪30年代到60年代，通过这种组织逃出南方种植园主的魔掌而获得自由的黑人奴隶达4万人之多。

19世纪中期以后，随着美国资本主义的发展，北方的雇佣劳动制和南方的种植园奴隶制的矛盾异常尖锐，废除奴隶制，发展资本主义已成为一股不可抗拒的历史潮流。1859年震撼美国的约翰·布朗起义正是在这个背景下爆发的。

约翰·布朗1800年生于美国康涅狄格州托林顿镇一个贫苦白人的农民家庭。他的父亲是一个坚决的废奴主义者，他家就是"地下铁路"的一个转运站。因此，他从小就受到废奴主义的教育。由于家庭贫苦没有机会上学，所以他的童年是在美国北部的山林中度过的。长大后，他当过皮革匠、土地测量员和邮务员，他还当过牧羊人和农民。他耳闻目睹黑人奴隶的悲惨遭遇，激起他对黑人奴隶制度的无比憎恨，决心为反对奴隶制度而战。他细心研究黑人运动的历史，积极参加"地下铁路"的工作，了解黑人分布情况，绘制奴隶逃亡的路线图。1849年，他远涉重洋到欧洲进行考察，参观了所有的筑垒工事，准备将来使用到美国的一场山地战争中去。回国后，1850 年在斯普林菲尔德建立了一个黑人武装组织——基列人同盟，为走向黑人武装斗争作了组织上的准备。

1854 年，在南方种植园奴隶主的操纵下，国会通过了反动的《堪萨斯—内布拉斯加法案》，规定让堪萨斯和内布拉斯加两地区的居民自行决定他们自己所居住的地区应为蓄奴州还是自由州。这个法案实际上使北纬三十六度半以北的广大地区都可以变为蓄奴州。法案通过后，南方种植园奴隶主组织了大批武装匪徒，用武力在堪萨斯和内布拉斯加推行黑人奴隶制。广大人民群众强烈反对这个反动法案，大批工人、农民和其他劳动人民携带武器进入堪萨斯，决心把这个州变为自由州。堪萨斯已变成两种制度斗争的焦点。

在这场斗争中，约翰·布朗虽已年过半百，仍然像年轻人一样投入战斗。1854年，约翰·布朗同他的四个儿子和一个女婿，先后来到堪萨斯，并立即组织力量，投入到反对奴隶制的斗争中去。

1856 年 5 月 24 日夜晚，约翰·布朗带着他的儿子、女婿和另外两个人向蓄奴派发动袭击，当场抓捕和处决了 5 个践踏自由州移民的歹徒。接着，约翰·布朗同他的战友在保卫堪萨斯边境城市奥萨瓦汤米的战役中，又重创了敌人。从此，"奥萨瓦汤米的老布朗"便名扬全国。

1858—1859 年，约翰·布朗又重新来到弗吉尼亚州，并选定弗吉尼亚西部的哈泼斯渡口作为他举行起义的地点。这里位于马里兰州同弗吉尼亚州的交界处，又是波托马克河和申南多亚河的汇合处，地势十分险要，是通往黑人大路的主要门户。那里并设有一个联邦政府的军火库，一旦夺取到手便可把奴隶们武装起来。约翰·布朗的计划是：夺取哈泼斯渡口的军火库，然后进入山区开展游击战争，在各蓄奴州开展更广泛的奴隶起义，最后在全国范围内推翻种植园奴隶主的统治。

1859 年 10 月 16 日晚八时，约翰·布朗向他周围的人下令说："弟兄们！拿起武器，我们马上向哈泼斯渡口进军"。这是一个又黑又冷的深秋夜晚。约翰·布朗虽然年老多病，当晚却精神抖擞，他长须飘拂，一马当先，率领队伍向既定目标前进。

起义者的枪声打响了。他们以迅雷不及掩耳之势占领了波多马克大桥、军火库，很快地控制了整个城镇。起义者逮捕了反动驻军头目和附近的奴隶主，并开始解放奴隶。反动当局闻讯后，立即派兵镇压。第二天中午时分，奴隶主的代表罗伯特·李上校（即南北战争期间南方统帅李将军）率领一支由百名海军陆战队组成的反动武装来镇压。尽管约翰·布朗的队伍只有 22 个人，力量比较薄弱，但是，他们为了黑人奴隶解放的事业，不畏强暴，英勇抗击。经过两天一夜的激烈战斗，最后因为众寡悬殊，约翰·布朗的队伍大部分，其中包括他的 4 个儿子，在战斗中英勇牺牲，约翰·布朗本人同其他 6 个战友因受伤被俘。后被关进查理士敦监狱。

当约翰·布朗受了伤、流着血、还躺在地上的时候，一场严酷的审讯就开始了。弗吉尼亚的州长怀斯厉声责问约翰·布朗："谁派你来这儿的？"

"谁也没有派我。是我自己的主见和上帝的旨意驱使我到这儿来的。"

"你的目的何在？"

"我是来解放黑人奴隶的。我认为干涉你们，解放被你们专横暴戾虐待的人们是完全正义的行为。"

"你相信《圣经》吗?"

"当然相信。"

"难道你不知道你是一个煽动者、一个叛国犯吗?"

"我争取解放黑人奴隶。"

"你是疯子、狂热分子。"

"我认为你们南方人才是疯子、狂热分子。认为这样一种制度能维持下去难道是神志清醒吗?凡是神所要毁灭的人,神先使他们发疯,你们已经疯了。"

最后,弗吉尼亚法庭以"杀人、叛国、煽动黑人奴隶叛乱"等罪名,叛处约翰·布朗死刑。

12月2日,约翰·布朗在临赴绞刑架之前,挥笔写下了最后的遗言:"我,约翰·布朗,现在坚信只有用鲜血才能清洗这个有罪的国土的罪恶。过去我自以为不需要流很多血就可以做到这一点,现在我认为这种想法是不现实的。"

约翰·布朗为了黑人的解放事业献出了他的宝贵生命,在他英勇就义的时刻,北方各州统统下半旗,高大建筑物上饰以黑色装置,教堂鸣钟致哀。

约翰·布朗起义虽然被镇压下去了,然而他毕生为之奋斗的黑人奴隶解放的事业是不朽的。从此,约翰·布朗的名字成为反对黑人奴隶制斗争的光辉旗帜。

布朗在美国反奴隶制运动史上具有不可磨灭的功绩。这首先在于布朗是美国废奴运动中最先认识奴隶制是阻碍美国历史发展的赘瘤,他称它为"万恶的渊薮",必须以革命的手段斩除。他曾对人说:"推翻这个制度(奴隶制)是我们首要的任务。如果美国人民不拿出勇气来赶快把它消灭,在这个合众国里就根本谈不到人类的自由和共和国的解放。"早在1847年,他就对弗·道格拉斯说,靠劝说奴隶主回心转意是绝对不行的,除非让他们感到大棍子快打到头上。

布朗起义是在美国社会中两种制度的矛盾几达白热化的阶段进行的。为了维护和扩展奴隶制,奴隶主已施尽了一切手段,包括用反革命的暴力残害废奴派,废奴运动不但未能压制下去,反而越来越兴旺了。1859年,奴隶主已感到自己坐在火山上而在悄悄地积蓄军火物资,准备孤注一掷,作垂死挣扎。南北方之间一场凶猛的搏斗快要开始了。北方终将被迫以武力来解决这场冲突,这是不可抗拒的历史潮流。布朗起义只比内战早一年半,成了内战的前奏曲。布朗不愧为美国黑人解放运动史上走在历史潮流前面的人。

布朗起义是白人和黑人联合斗争,并肩战斗的光辉榜样。表明布朗彻底摆脱了白人优越论的种族偏见,在当时的美国真可谓凤毛麟角。

布朗起义以武装黑人,发动黑奴参加反对奴隶制、争取自身解放的伟大斗争,为日后内战的顺利进行作出了表率。他的坚忍不拔,不怕牺牲,宁死不屈的伟大精神,在内战中成为激发北方人民和士兵的巨大动力。著名的《约翰·布朗之歌》是北方最激励人心的军歌:

"约翰·布朗的躯体在坟墓中腐烂了,

他的精神在引导我们前进……"

北方军队就是高唱着这首歌直捣奴隶制的心脏里士满的。

美国—墨西哥战争

1846 年—1848 年美国对墨西哥的战争是世界近代史上一次臭名昭著的掠夺性战争。通过这次战争，美国夺取了墨西哥一半以上的领土。前美国共产党领袖威廉·福斯特称其为"美国和整个西半球历史上最蛮横的非正义战争"。

战争的直接起因是美国吞并得克萨斯。得克萨斯原是墨西哥的一个省份，面积20 万平方公里，超过美国东北部 9 个自由州的面积总和。这里土地肥沃，矿藏丰富。南部奴隶主贪婪的目光一直注视着这片土地。19 世纪 20 年代初，第一批美国移民约 300 人到得克萨斯定居，并带来了黑奴。20 年代末，美国总统亚当斯·杰克逊提出"购买"得克萨斯地区，遭拒绝。美国加紧向这里移民。到 1836 年，美国移民达到 3 万人，其中约有 5000 黑奴。移民人数大大超过墨西哥居民。

在杰克逊的怂恿下，1835 年 6 月，南部奴隶主积极策划美国移民举行武装暴乱。不到半年时间，叛乱者几乎控制了得克萨斯全境。1836 年 3 月 2 日，在美国的一手策划下，得克萨斯宣布"独立"，建立了傀儡国家"孤星共和国"。杰克逊的好友、田纳西籍的将军萨姆·豪斯顿"当选"为首任"总统"。3 月 9 日，遵照杰克逊的密令，美国军队越过边界，进入得克萨斯。

墨西哥政府拒绝承认得克萨斯"独立"。当时的总统圣塔安那率领 6000 兵力去平息美国移民的叛乱。1836 年 4 月 21 日，墨西哥军队在哈辛托河口与美军遭遇，被歼，圣塔安那本人被俘。他与叛乱者签订了投降协定，承认所谓的孤星共和国，并以布拉沃河（美国称格兰德河）为国界。

但是，墨西哥国会在 1836 年 5 月 20 日和 7 月 29 日通过决议，宣布圣塔安那被俘期间缔结的一切协议均无效，并召回了墨西哥驻美大使，指出，"美国政府的行动威胁到墨西哥共和国的主权和独立"。美国政府不顾墨西哥政府的反对，于 1837 年3 月 3 日正式承认得克萨斯"共和国"成立。

在建立了这个傀儡"国家"以后，美国南部的奴隶主为了扩大自己在参议院的席位，主张迅速合并得克萨斯，将这大片土地分成几个蓄奴州加入联邦。北部的资本家为了遏制南部的势力，反对合并。1844 年美国总统选举时，民主党候选人詹姆斯·波尔克以合并得克萨斯为竞选政纲，并获得了胜利。波尔克执政以后，将注意力主要放在对外扩张方面，把掠夺墨西哥的领土作为整个对外扩张政策的一个重要组成部分。1845 年初，美国参众两院通过联合决议，合并得克萨斯。1845 年 7 月，美国正式吞并了得克萨斯，宣布它为联邦第 28 州。

美国统治集团的扩张主义政策激起了墨西哥人民的强烈反抗。在人民群众的压力下，墨西哥政府多次对美国提出抗议。1845 年 3 月，墨西哥与美国断绝了外交关系，声称美国合并得克萨斯将被视为对墨西哥宣战。两国的关系到了剑拔弩张的地步。

然而，美国南部奴隶主并不以合并得克萨斯为满足。其目标是要占据墨西哥北部的全部领土，包括加利福尼亚、新墨西哥、奇瓦瓦等州。他们蓄意挑起一场战争，以达到其扩张主义的目的。代表南部奴隶主利益的波尔克政府一面调兵遣将，准备战争；一面派路易斯安那州的国会议员约翰·斯莱德耳为特使前往墨西哥谈判，企图迫使墨西哥承认美国合得克萨斯，并将加利福尼亚和新墨西哥州卖给美国。当这一企图未能得逞时，波尔克政府决意出兵，以武力征服墨西哥。

1845 年夏天，由泰洛将军指挥的美国正规部队进驻得克萨斯，在两国的实际边界线努埃西斯河附近不断挑起军事冲突，制造战争借口。1845 年 10 月，美国正规军的一半包括 5 个步兵团、4 个炮兵团和 1 个龙骑兵团，将近 4000 兵力集结在努埃西斯河口的科珀斯克里斯提，随时准备进入墨西哥国境。同时，康内尔海军准将和斯劳特海军准将指挥的美国舰队封锁了墨西哥湾和太平洋东西海岸。

1846 年 3 月 8 日，美国军队不宜而战，从科珀斯克里斯提越过努埃西斯河，并迅速占领大片土地。4 月底，墨西哥一支小分队渡过布拉沃河袭击了美军。边境冲突日益扩大。

5 月 8 日，在布拉沃河北岸的巴洛阿尔托地区，由阿里斯塔指挥的墨西哥部队和泰洛的军队第一次正式交战。美军利用其炮兵优势使墨军失利。次日在雷萨卡地区再次激战。在这次战役中墨西哥损失 522 人，美国伤亡 177 人。墨军被迫退到布拉沃河以南。

这时，波尔克总统认为宣战的时机已经成熟，1846 年 5 月 11 日，他在致国会的咨文中，颠倒黑白地说什么，"墨西哥越过了美国的边界，侵犯了我们的领土，并且在美国的土地上流洒着美国人的鲜血。"美国国会众议院以 174 票赞成，14 票反对，参议院以 42 票赞成，2 票反对，3 票弃权通过法案，宣布："由于墨西哥共和国的行动，该政府与美国政府之间进入战争状态。"决定拨款 1000 万美元作为军费，征召 5 万志愿兵。5 月 13 日，美国正式对墨西哥宣战。

当时，墨西哥国内政局依旧动荡不定。圣塔安那的独裁统治引起了广大人民的强烈不满。1844 年秋天，首都爆发起义，圣塔安那被推翻，并驱逐出国，流亡古巴，联邦派中温和派的代表何塞·华金·埃雷拉于 1845 年当选总统。

埃雷拉政府面对美国的侵略采取妥协退让的政策。保守派代表帕雷德斯利用人民对政府的不满，于 1846 年 1 月夺取了政权。他把主要精力放在巩固自己的统治上面，对战争根本未作必要的安排。直到 7 月 7 日，美国宣战后将近两个月，墨西哥国会才正式宣战。国会决议的第一条说明了战争的防御性质："美国已经开始并正在对墨西哥共和国进行侵略，侵入并攻占了我国的几个省份，政府将对这种侵略进行反击，行使保卫国家的天职。"

战争开始时，美国拥有的正规军人数不多，1845 年底共有步兵 7883 人。美国政府主要依靠征召志愿兵来扩充兵力，整个美墨战争期间，美国招募的志愿兵有 67905 人，总兵力超过 10 万人。

墨西哥军队的人数，在战争开始时约为 2.3 万多人，以后又陆续补充了一些新兵。墨西哥士兵的装备很差，使用的大多是 17 世纪的旧式火炮和步枪，瞄准率很差；许多士兵单靠大刀、长矛、甚至套索与敌人拼搏。许多人光着脚行军。但是他们为了保卫祖国，驱逐侵略者，作战十分勇敢。

　　宣战以后，美国侵略军在几条战线同时发动攻势，以便达到两个目的：第一，占领墨西哥北部省份，包括上加利福尼亚、新墨西哥、奇瓦瓦；第二，迫使墨西哥承认这些占领。为了达到第一个目的，三支部队在加利福尼亚、新墨西哥和奇瓦瓦同时发动进攻。为了达到第二个目的，美国从布拉沃河地区出发，经萨尔提略向首都墨西哥城进逼。同时，海军准备在韦腊克鲁斯港登陆，从东南面直抵墨西哥城。

　　占领墨西哥北部省份的战斗由 1846 年 7 月一直延续到 1848 年 3 月。1846 年 6 月，美国在加利福尼亚的移民仿照侵占得克萨斯的伎俩，发动武装暴动，建立了所谓"独立"的加利福尼亚共和国。几乎是同时，由海军准将斯劳特和斯托克顿指挥的美国舰队在太平洋沿岸马萨特兰登陆，于 1846 年 7 月 9 日占领了旧金山，8 月初进入圣彼得罗，8 月 13 日在加利福尼亚首府洛杉矶登陆。8 月 17 日，斯托克顿宣布加利福尼亚加入美国联邦。

　　这时，在新墨西哥，由基尔尼将军率领的占领军也发动攻势。1846 年 7 月，基尔尼的部队在密苏里河岸的利文伏特要塞组成了拥有 3000 士兵和 16 门大炮的西路军向新墨西哥州进发。当时墨西哥在该州约有 2000 兵力，但是州长阿尔米霍不积极组织抵抗，仓皇逃遁。8 月 18 日，新墨西哥首府圣菲失陷，占领者随即宣布新墨西哥归美国所有。1846 年 9 月 25 日，基尔尼率领大军向加利福尼亚进军，准备打开一条从陆路通向太平洋的通道。

　　为了向奇瓦瓦地区进军，占领通往瓜马斯港的通道，波尔克政府在得克萨斯将4000 名志愿兵组成了中路军，由伍尔将军率领，准备占领奇瓦瓦，后因情况变化，折向东面，占领了科阿韦拉州的首府蒙古洛瓦。12 月，为与泰洛部队在萨尔提略汇合，放弃了征服奇瓦瓦的计划。

　　由泰洛率领的美国主力部队集中在东北部战场，准备从得克萨斯出发经过蒙特雷、萨尔提略向首都进军，以便迫使墨西哥接受美国提出的一切条件。泰洛在巴济阿尔托战役之后，于 5 月 18 日渡过布拉沃河，占领了重要城市马塔莫罗斯；6 月初，向北部重镇蒙特雷进军。蒙特雷是新莱昂州的首府，有居民 1.5 万人，是通往首都的战略要地。守卫蒙特雷的安普迪亚将军有 7 千步兵，但装备极差。当时泰洛部队已拥有 6670 人的兵力，19 门大炮。战斗于 9 月 20 日打响。墨西哥士兵进行了顽强的抵抗，23—24 日进入巷战，几乎每一条街道，每一幢楼房都进行了激烈的争夺。经过 3 天激战，虽然市中心区仍在墨西哥军队手中，但是安普迪亚的部队已经弹尽粮绝，陷入重围，不得不投降。泰洛部队也伤亡惨重，仅仅 9 月 21 日一天就死伤 400 多人，包括 1 名将军，33 名军官，他同意墨西哥军队带走一切武器装备，有组织地撤退，并休战 8 个星期。11 月 16 日，美军未遇任何抵抗，占领了战略要地萨尔提略。

　　经过 8 个月的战事，墨西哥 1/3 的领土被美国侵略军占领。占领军所到之处进行了野蛮的抢劫和屠杀。

墨西哥游击战的兴起

　　墨西哥军队的战败和大片领土的丧失使人民对保守派政府极端不满。帕雷德斯政府在国家生死存亡的关头，不去组织力量抵抗美国的侵略，而是准备在墨西哥建立帝制，认为墨西哥唯一的生路是让西班牙亲王路易斯·费尔南多当皇帝，以便得到欧洲列强的支持。

保守派政府的倒行逆施引起了各阶层人民的反对。在激进派领袖法里亚斯的领导下，瓜达拉哈拉、韦腊克鲁斯、普韦布拉等城市发生了武装起义，起义者高呼"共和国万岁"，"消灭侵略者"的口号。法里亚斯等为了尽快推翻保守派政府，与圣塔安那的支持者结成联盟，决定将流亡在古巴的圣塔安那召回，由他来指挥军队。他凭着在历次战争中的经历，仍被许多人看作是墨西哥将军中唯一能领兵打仗的人。

圣塔安那立即声明支持激进派上台执政，表示回国后自己仅仅负责国防。当时墨西哥的港口已被美国海军封锁，无法通过。圣塔安那私下与波尔克总统做了一桩肮脏的交易，许诺只要美国让他通过封锁线回国，将来美国可以用3000万美元的代价获得所希望得到的土地。1846年8月，这个臭名昭著的"考迪罗"又回到了墨西哥，重新登上政治舞台。

1846年8月4日，墨西哥城爆发了声势浩大的起义，帕雷德斯政府被推翻。全国人民寄希望于激进派，国内出现了爱国主义的热潮。同年12月，国会选举圣塔安那为共和国总统，法里亚斯为副总统，政权主要掌握在法里亚斯等激进派手中。

法里亚斯政府积极采取措施，加强国防力量，组织国民卫队，吸收爱国青年参加保卫祖国的战斗。为了筹措资金，继续进行战争，1847年1月，法里亚斯政府决定征用教会价值1500万比索的贵重物品充当军费。反动僧侣和保守派不顾国难当头，企图发动内战推翻法里亚斯政权。国内的政治斗争进一步激化。

圣塔安那出任总司令之后，表面上在组织抗战，实际上在为美国效劳。1846年10月，他下令放弃墨西哥湾重要港口——坦皮科。9月，圣塔安那来到圣路易斯波托西，建立大本营，招募新兵，准备抗击泰洛的部队，但是几个月过去了，没有采取任何军事行动。直到1847年1月，圣塔安那才率领墨西哥21500人的部队从圣路易斯波托西开拔北上，迎击驻扎在萨尔提略的泰洛部队。

2月22日—23日，在离萨尔提略不远的布埃纳维斯塔山口发生了激战。这是北部战场上最后一次，也是最残酷的一次战役。泰洛投入的兵力有6000人，圣塔安那自称有18133人，实际上参战人数要少得多，因为长途行军中非战斗减员1000多人。泰洛部队凭借有利的地形和密集的炮火打退了墨军一次又一次进攻。但是，墨西哥军队依靠士兵的勇猛和人多势众顶住了敌人的压力，并使泰洛部队遭到重大损失。23日，泰洛部队的左翼几乎完全被击溃。通往美军后方的道路已打开。

泰洛处境十分危险，准备向华盛顿告急。这时，圣塔安那因得悉首都发生了事变，随即命令自己的军队撤退，返回圣路易斯波托西，并无条件释放400名俘虏。泰洛部队立即转入反攻，墨西哥部队在一片混乱中向南撤退。由于饥饿、寒冷和疾病，倒在沙漠里的墨西哥士兵不计其数。整个战役中，墨军伤亡1500人，美军伤亡723人。

圣塔安那到达道都后，站在教权派叛乱者一边，推翻了法里亚斯政权，将其驱逐出国，自己独揽了军政大权。

内乱外患使墨西哥到了民族危亡的紧急关头。人民群众不愿当亡国奴，自动拿起武器，开展了广泛的游击战。敌占区游击战争的展开牵制了敌人的兵力，使其不能迅速前进。

1846年9月，1000多名武装起来的印第安农民在加利福尼亚的重要据点萨吉尔起义。9月23日，洛杉矶的居民在弗洛雷斯上尉的领导下，袭击了美国驻防军，迫使敌人投降。到1846年11月底，整个加利福尼亚几乎都被墨西哥爱国者占领。据统计，加利福尼亚游击队的人数达到6000—8000人。直到1847年1月12日，基尔尼部队经过激战才又重新占领洛杉矶。

在新墨西哥，印第安农民在托马斯·奥尔蒂斯、迭戈·阿尔丘莱塔等爱国者的领导下，举行了武装起义。1月20日，起义的主力部队袭击了首府圣菲。游击队人数达1500人。在蒙特雷、马塔莫罗斯等东北部地区，游击队切断了敌人的交通，袭击了敌人的辎重。

从太平洋沿岸到墨西哥湾，到处都燃烧着墨西哥爱国者抗美救国的烽火。敌后游击队的战斗打乱了敌人的部署，牵制了敌人大量兵力，使美国侵略军在北部战场不得不从进攻转入防御。

韦腊克鲁斯港登陆和墨西哥首都失陷

美墨经过将近一年的激战，美国侵略军占领了墨西哥北部大片领土，但是战争的第二个目的——迫使墨西哥承认这种占领——未能达到。战争变得旷日持久。

南部奴隶主发动的这场战争在美国国内已越来越不得人心。许多辉格党人，废奴主义者公开谴责这次战争，废奴主义的领袖弗雷德里克·道格拉斯将其称为"一场残酷的屠杀"，"是我们的蓄奴总统干的好事"。

波尔克害怕战争拖延会动摇自己的政治地位，所以也希望尽快结束战争。游击战争的扩大使美军越来越感到兵力不足，战线太长。从北部进攻墨西哥城要通过大片沙漠地带，存在许多困难。波尔克政府决定放弃原定计划，改变主攻方向，从海上登陆，直抵墨西哥城，迫使墨西哥投降。

1847年春，波尔克总统任命斯科特将军为总司令，准备从韦腊克鲁斯港登陆。斯科特部队拥有162艘军舰和登陆艇，装备有40—50门大炮，10万发炮弹，由三个师组成的兵力总人数达1.3万多人。

从韦腊克鲁斯港登陆到墨西哥城陷落历时半年多，进行了五次大的战役：

1. 3月22日—29日韦腊克鲁斯保卫战。3月9日，斯科特的部队在韦腊克鲁斯港附近登陆，在围城半个月之后发起攻击。由于反动的教权派在首都叛乱，法里亚斯政府被推翻，韦腊克鲁斯港处于孤立无援的状态，仅靠以莫拉雷斯将军为首的有限的城防力量进行抵抗。3月22日起，72艘美国军舰进行了历时4昼夜的野蛮炮轰，倾泻的炮弹足有数千发。由码头工人、建筑工人和渔民组成的4千多城防军进行了英勇抵抗，终因孤军奋战，寡不敌众而失败。3月29日，韦腊克鲁斯港被攻陷。

2. 4月17—18日塞罗戈尔多战役。美国占领军攻占韦腊克鲁斯以后，径直向西取道当年西班牙殖民者的路线向墨西哥城进军。圣塔安那率领 1 万 2 千名新兵组成的队伍在离韦腊克鲁斯港 160 英里的塞罗戈尔多峡谷迎击敌人。这是通往墨西哥城的战略要地。圣塔安那的主要阵地设在塞罗戈尔多山冈上，周围是难以通行的密林，打算借助天险，阻击敌人。

斯科特部队从小道绕过了密林地带，从后方袭击墨军。圣塔安那惊慌失措，临阵脱逃，墨军遭受重大损失。两天之内，墨军伤亡约 1000—1200 人，3000 人被俘。美军伤亡 431 人。塞罗戈尔多要塞的失守意味着通往首都的道路已被打开。5 月 15 日，美军未经战斗进入第三大城市普韦布拉。

3. 8 月 19—20 日丘鲁布斯科战役。斯科特部队经过了休整和增补，于 8 月初重新向墨西哥城进逼。8 月 19 日，在离首都 4 英里的丘鲁布斯科河岸展开血战。墨西哥爱国者进行了顽强的抵抗。由爱尔兰人、波兰人、英国人和正义的美国人组成的"圣巴特里西奥营"的国际战士与墨西哥人并肩战斗，给了敌人以沉重打击。斯科特部队一天之内损失兵力 1056 人，其中有 76 名军官。

4. 9 月 8 日莫利诺德雷伊战役。美国侵略军听说墨西哥人在莫利诺德雷伊铸造大炮，对这一据点发动了强攻。守卫这一据点的是来自附近负责各州防卫的国民卫队，总兵力达 4000 人。美军投入的兵力为 3447 人。战斗进行得十分激烈，一天之内美军伤亡 787 人。由于圣塔安那不派后备军增援，由民兵组成的骑兵部队也未投入战斗，墨军再次遭到失败。

5. 9 月 13 日查普尔特佩克战役。这是通往墨西哥城的最后一个据点。9 月 13 日，斯科特借助猛烈的炮火，发动了强大的攻势，将 4 个师，7000 多兵力全部投入了强攻。

驻守在查普尔特佩克山冈周围的墨西哥军队共有 5000 人，但投入战斗的只有步兵和军事学校学员组成的 832 名驻防军，由独立战争中的老将军尼科拉斯·布拉沃指挥。墨西哥士兵浴血奋战，几乎全部殉国。有 6 名年幼（最小的只有十三岁）的军事学校的学员与敌人进行了顽强的搏斗，"少年六英雄"的事迹至今仍为人们所传颂。斯科特占领军一天之内死伤 862 人。

查普尔特佩克的失守打开了通向墨西哥城的西大门。当时，斯科特的部队伤亡惨重，减员将近 1/3，加上增援部队仅有 6000 人。圣塔安那手中尚有 5000 名士兵，4000 名骑兵，可是他对首都未作任何设防。9 月 14 日，圣塔安那率领部队撤离了墨西哥城。

古巴三十年解放战争

1868—1898 年，古巴人民进行了一场持续三十年的反抗西班牙殖民统治、争取民族独立的战争。其全过程可分为三个阶段：1868—1878 年，第一次独立战争，史称"十年战争"；1878—1895 年，大规模武装斗争的间歇，革命力量的重组和集结；1895—1898 年，第二次独立战争。

16 世纪初，古巴岛沦为西班牙的殖民地。该岛是安的列斯群岛中最大的一个岛屿，地处大西洋、加勒比海通向墨西哥湾的咽喉要道，战略意义十分重要。它成了西班牙向美洲大陆扩张的基地，西班牙殖民帝国海上交通的枢纽和贸易往来的中转站。由于这些原因，它也成了法、荷、英等其他欧洲列强蓄意谋取的对象。因此，整个 16、17 乃至 18 世纪期间，古巴在西班牙殖民帝国里是个军事前哨，是个与其他欧洲列强争霸的前沿阵地，军事价值远远大于经济价值，其经济发展一直未受到宗主国的重视。到 18 世纪末，古巴经济才进入迅猛发展的时期。1790 年海地革命爆发，黑奴起义节节胜利，包括种植园主和黑奴在内的 3 万余人从海地移居古巴。他们带来了资本、劳力和技术。这又促进了古巴经济的繁荣。咖啡和甘蔗种植业大发展。1774 年只有 2 家咖啡种植园，1827 年达到了 2067 家。1792 年，出口咖啡 7101 阿罗巴（1 阿罗巴等于 25 磅），1833 年为 256.6359 万阿罗巴。甘蔗种植园的面积逐年递增：18 世纪末每年增加 688 公顷，19 世纪初每年增加 1416 公顷，40 年代每年增加 5261 公顷；1862 年，总共达 100 万公顷。蔗糖出口量：1790 年为 1.5423 万吨，1868 年增至 72.025 万吨。甘蔗园、制糖厂的发展，带动了铁路、公路和港口的修筑，以及制糖技术的革新，蒸汽技术得到普遍应用，机械化程度大大提高。与此同时，养牛业和烟草种植业也得到了发展，牧场从 1827 年的 70 万公顷增至 1862 年的 330 万公顷；1780 年出口烟草 340 万磅，1850 年达 800 万磅。

为满足种植业发展的需要，古巴引进大批劳动力。1790—1815 年，有约 14.2 万黑奴进入古巴。1861 年，古巴已有 37 万余黑奴，占总人口的 26.5％。从 1847 年开始，古巴又从中国引进"契约劳工"，从墨西哥引进印第安人劳工。到 70 年代，已有 12.5 万中国劳工在古巴的甘蔗种植园、制糖厂、铁路修筑工地和家庭中干活。同时，古巴还从欧洲招募了大批移民。1774 年古巴只有 17 万人，其中白人 9600 人，自由黑人和混血种人约 3.2 万人，黑奴 4.4 万人；到 1849 年，人口增至 94.5 万，其中白人占了约 45.7 万，自由黑人 16.4 万，黑奴约 32.4 万，另有数百名华工。劳动力的增加和种植业的发展促进了古巴对外贸易的发展，加强了与国际市场、特别是同美国市场的直接联系。1826—1830 年，古巴同美国的贸易总值达 372 万比索，1856—1860 年增加到了 1837 万比索；而同宗主国西班牙的贸易总值却降到了第 2 位：1826—1830 年为 280 万比索，1856—1860 年亦仅为 531 万比索，古巴的经济已进入美国市场的运行轨道。

1790 年海地革命的爆发不仅影响了古巴社会与经济的发展，也影响了古巴政治的发展。19 世纪初，古巴人民在海地革命和拉美其他地区独立斗争的影响下，开展了推翻西班牙殖民统治、争取独立的斗争。1809 年，共济会会员、律师霍金·英方特和拉蒙·德·拉·卢斯在首府哈瓦那密谋独立，并草拟了宪法。他们遭到殖民当局的镇压，卢斯被捕，英方特逃往委内瑞拉。1811 年初，自由黑人何塞·安东尼奥·阿庞特以哈瓦那为中心，在全岛组织武装起义。他宣布解放奴隶，废除奴隶制，结束奴隶主的反动统治。白人、自由黑人同黑奴一道参加了战斗。他们烧毁甘蔗种植园，捣毁制糖厂，处死作恶多端的工头。1812 年初，起义惨遭殖民当局镇压，阿庞特被捕罹难。1821 年，革命组织"玻利瓦尔的追随者们"成立，提出"不独立毋宁死"的战斗口号，主张解放黑奴，成立共和国，计划 1823 年 8 月起义；但秘密泄漏，领导成员被捕。1825—1843 年，马坦萨斯省黑奴几度起义，反抗殖民统治，要求获得解放，废除奴隶制；但起义均告失败。殖民当局指控马坦萨斯黑人起义是个长时期的阴谋，进行了大搜捕，数月内逮捕了 4000 余人。这对独立运动是个沉重打击。

古巴人民的独立运动、特别是黑奴的起义，不但遭到了殖民当局的残酷镇压，也引起了克里奥约地主、资产阶级（即古巴当地出生的新兴地主、资产阶级）的极度恐慌。但是，这些人大多同时又是奴隶主，他们随着自身经济实力的不断增强和同国际市场联系的日益紧密，与宗主国西班牙殖民统治的矛盾渐趋加剧。同时，他们又慑于海地黑奴起义在古巴重演，遂对独立运动采取了消极乃至反对的立场。为了维护自身的利益。他们走上了改良的道路。1862 年，《世纪报》在哈瓦那问世，传播改良主张，要求殖民当局减免苛捐杂税，争取贸易更大的自由，并要求派代表参加西班牙议会。1865 年，"改良党"成立。它提出古巴人与半岛人（即西班牙人）权利平等，要求限制殖民都督的权力，主张更大的政治自由和贸易自由，主张逐步废除奴隶制。西班牙政府为摆脱自身的政治、经济困境，提出与古巴代表对话，商讨改良事宜。古巴组成了由 16 人组成的"陈情委员会"。1866 年底至 1867 年初，"陈情委员会"在马德里开会，向西班牙政府提出一系列变革要求，诸如古巴派代表参加西班牙议会、担任行政职务机会均等、不得随意逮捕和搜查、不得非法没收财产、改革税收和关税制度、逐步解放黑奴，等等。然而，西班牙政府充耳不闻，并下令解散"陈情委员会"，继而任命反动军官弗朗西斯科·莱松迪为古巴都督。莱松迪到古巴后，立即下令《世纪报》停刊，解散"改良党"，禁止公共集会。与此同时，西班牙政府下令在古巴征收 6% 的财产税，增收进口税。殖民当局的倒行逆施使克里奥约地主、资产阶级认识到，宗主国西班牙是不会允许任何重大变革的，自由的命运要由自己掌握。他们中的激进派开始了争取脱离西班牙而独立的斗争。

十年苦斗

1867 年 8 月 14 日，70 余名主张独立的克里奥约地主、资产阶级分子在古巴东方省巴亚莫市秘密集会，成立"三人委员会"，由弗朗西斯科·维森特·阿基莱拉任主席，弗朗西斯科·马塞奥·奥索里奥和佩德罗·菲盖雷多为委员；并委托"三人委员会"负责组织武装起义的准备工作。"三人委员会"立即行动，决定分头前往圣地亚哥、卡马圭、奥尔金、拉斯维加斯和哈瓦那等中心城市联络同志，共商独立解放大计，并决定 1868 年 12 月 24 日起事。然而，他们的活动引起了殖民当局的注意，起义计划有遭破坏之虞。以巴亚莫律师卡洛斯·马努埃尔·德·塞斯佩德斯为首的一批爱国者决定提前行动。1868 年 10 月 10 日清晨，塞斯佩德斯会同 37 名同志在东方省亚拉小镇附近的"德马哈瓜"甘蔗种植园起事，以"古巴岛革命委员会"的名义发表《宣言》，号召全岛人民拿起武器，推翻西班牙殖民统治。

塞斯佩德斯立即解放了自家种植园的黑奴，让他们参加起义队伍。10 日当天，起义队伍就集结了 200 人。"古巴岛革命委员会"计划首先攻打并占领市镇。11 日黎明时分，起义队伍向亚拉镇进发，途中与一小股殖民军遭遇，被打散。数小时后，他们在附近一庄园重新集合。12 日，起义队伍扩充到了 300 余人。战争火种点燃，立呈燎原之势。从 13 日开始，战斗在东方省的巴亚莫、曼萨尼略、圣地亚哥、图纳斯、奥尔金和库巴等地区打响，起义队伍攻占了数十座大小市镇。黑奴、自由黑人、华人劳工和白人劳工纷纷参战，起义队伍很快从数百人增加到了数千人。18 日，塞斯佩德斯指挥 300 余人攻打重镇巴亚莫城；20 日敌指挥官率 120 余名守军投降。巴亚莫的攻克，大大鼓舞了起义军的斗志。"古巴岛革命委员会"宣布组成临时政府，推选塞斯佩德斯为临时政府主席、起义军总司令，并指定巴亚莫市为自由古巴首都。

　　殖民都督莱松迪获悉东方省起义后，立即任命其副手瓦尔马塞达伯爵为前线总指挥，派他到东方省组织、指挥殖民军镇压起义军。瓦尔马塞达计划先收复东方省港口重镇曼萨尼略，再攻打起义军总部巴亚莫市，然后镇压其他地区。

　　瓦尔马塞达原定 11 月初开始行动，然而 10 月底，卡马圭省的爱国者响应塞斯佩德斯的号召，一举攻占了瓜伊马罗镇。11 月 4—11 日，起义军在萨尔瓦多·西斯内罗斯·贝当古和伊格纳西奥·阿格拉蒙特的指挥下又接连攻克港口重镇努埃维塔斯和巴加镇。同时，拉斯维加斯、哈瓦那和比纳尔德尔里奥的爱国者也在积极准备起事。解放战争有从东向西扩展之势。瓦尔马塞达立即改变计划，决定首先镇压卡马圭的起义军，以孤立东方省，遏制战争火势向西蔓延。11 月下旬，殖民军夺取努埃维塔斯及其他市镇，起义军撤至农村地区。同时，殖民当局在西部诸省大肆搜捕爱国者，数千人被流放岛外。1869 年 1 月初，瓦尔马塞达率领千余人马进入东方省，15 日占领巴亚莫市。在敌军的强大攻势面前，起义军被迫放弃中心市镇，转移到农村地区作战。

　　瓦尔马塞达转战至东方省后，卡马圭省的起义军重新活跃起来。未几，除努埃维塔斯等几处港口城市和中心市镇外，起义军即控制了全省。1869 年 2 月，拉斯维加斯省的爱国者在卡马圭省起义军的影响和支持下，亦拿起武器，攻打殖民军，收复了邻近卡马圭省的东部地区。

　　为了彻底消灭起义军，殖民当局宣布进行"绝灭战"。瓦尔马塞达下令：1. 15 岁以上的人，凡无正当理由离家在外者，一律处死；2. 所有房舍均需悬挂白旗，以示其主人愿意和平。凡无白旗的房舍一律烧毁；3. 凡未生活在自己家里或父母家里的妇女一律集中到市镇。他企图以此割断起义军与人民群众的联系。与此同时，他下令建议军事据点，遍挖战壕，控制交通线，切断起义军的联络，企图将起义军分割开来，逐一消灭。为了防范起义军向西部运动，他下令在卡马圭省设置了一道封锁线，该封锁线南起胡卡罗，北至莫隆，全长 40 余公里。

　　1869 年 4 月，为完善起义军的政治、军事建设，制定新的战斗计划，临时政府在瓜伊马罗镇召开制宪会议。来自各省的代表通过了古巴第一部宪法，宣布成立共和国，选举塞斯佩德斯为总统。塞斯佩德斯任命马努埃尔·盖萨达为起义军总司令。针对敌人的作战计划和部署，共和国军政当局制定了新的战略：1. 分散战斗，扩大活动范围，迫使敌人分散兵力；2. 开展游击战，在运动中打击敌人；3. 尽力将战争向西扩展。

　　东方省起义军根据新的战略方针，分散活动，游击小组各自为战，骚扰、打击敌人。奥尔金地区的游击队最活跃。那儿的军事指挥官是马克西莫·戈麦斯将军。他是多米尼加人，极富作战经验，指挥1800人的队伍，分散与敌军周旋。在他的影响下，东方省的起义军尽量避免同殖民军发生正面冲突，打了就跑，让敌人追不着，打不到，最大限度地分散了敌人的兵力。殖民军控制着各个据点，起义军在广大农村和山区活动。东方省战事进入胶着状态。

1869年底，卡马圭省战事进入一个新阶段。是年6月，殖民都督换马，安东尼奥·卡巴列埃罗·德·罗达斯接任。他策划将战斗重点移至卡马圭省，任命普埃略将军为前线总指挥。12月25日，普埃略率领步兵1200人、骑兵100人、工兵1个连，携带4门山炮，向共和国政府所在地瓜伊马罗进发。1870年1月1日，在米纳德胡安罗德里格斯与起义军遭遇。阿格拉蒙特指挥500人，凭借有利地形，与敌军交战，歼敌400余人。普埃略被迫率队撤至努埃维塔斯。殖民总督遂指令戈叶内切将军从拉斯维加斯的桑克蒂斯皮里图斯出发增援普埃略。1月13日，戈叶内切率领两个旅的兵力在普林西佩港登陆，与普埃略配合，分兵两路，向起义军活动的中心地区东南部进击；2月中旬，又转向西南和东北地区追剿起义军。殖民军这次不是打赢了就走，而是拿下一个地方就占领一个地方，建立据点，控制战略要地，形成了一个据点网。面对这种情况，起义军转入丛林、山区，分散活动。

1870年12月，瓦尔马塞达接任殖民都督。这时，殖民军已达10.5万人。瓦尔马塞达上台后，一方面加紧镇压行动，一方面收买起义军将领。对他收买活动的回答是起义军的反攻。他离开东方省后，戈麦斯指挥部队围攻奥尔金市；其他地区的起义军亦趁势攻打敌军据点，严重打乱了殖民当局的战略部署。1871年1月中、下旬，阿格拉蒙特亦指挥起义军在卡马圭和拉斯维加斯两省各地骚扰、打击敌人。瓦尔马塞达决定先平息拉斯维加斯的战事。2月间，他两度亲自出马，到拉斯维加斯指挥战斗。起义军在东方省和卡马圭省的支援下，开展游击活动，到处反击敌军。他于是决定转赴卡马圭省指挥作战，企图割断拉斯维加斯的起义军与东方省的联系。然而，在卡马圭省起义军的游击战面前，他同样束手无策。他的无能引起了西班牙政府的不满。1872年5月30日，他向西班牙政府提出辞呈。7月11日，弗朗西斯科·塞巴略斯将军接任古巴都督。

在3年多的战斗中，起义军中成长起了一批作战骁勇、指挥有方、深受士兵爱戴的军事将领，戈麦斯、卡利克斯托·加西亚、安东尼奥·马塞奥、阿格拉蒙特是其中杰出的代表。瓦尔马塞达辞职后，卡·加西亚在东方省组织、指挥起义军攻打市镇，争夺据点，消灭敌人有生力量。阿格拉蒙特则在卡马圭省指挥起义军向西运动，力图攻入拉斯维加斯省。1873年5月11日，他指挥500名战士在希马瓜尤与敌军700人作战，不幸中弹身亡。戈麦斯受命继任卡马圭省起义军总司令，赴前线指挥作战。

一个时期来，共和国议会对塞斯佩德斯的专权甚为不满，1873年10月28日解除了他的职务，选举西斯内罗斯为总统。翌年2月27日，塞斯佩德斯在圣洛仑索与敌军作战时牺牲。

新总统上任后，根据作战需要，将共和国划分为3大战区：东方省战区，卡·

加西亚任战区司令；考托特别战区，维森特·加西亚任战区司令；西部战区（包括卡马圭省和拉斯维加斯省），戈麦斯任战区司令。东方省战区又分为2个分区：关塔那摩—巴拉科阿分区，马塞奥任司令；考托—奥尔金分区，马努埃尔·卡尔瓦尔任司令。考托特别战区也分为两个分区：希瓜尼—巴亚莫分区，弗朗西斯科·哈维尔·德·塞斯佩德斯任司令；曼萨尼略—图纳斯分区，维·加西亚兼任司令。解放战争进入了一个新阶段。各战区继续主动出击，消灭敌人。1873年11月7日，维·加西亚指挥起义军在拉桑哈战役中击溃1500敌军，缴获20万发子弹。12月2日，戈麦斯指挥起义军在帕洛塞科战役中全歼了1个纵队的殖民军，击毙包括敌军司令在内的300人，俘虏70人，缴获208支步枪、1.2万发子弹，57匹战马。起义军只伤17人、亡3人。12月初，卡·加西亚指挥起义军在曼萨尼略和巴亚莫地区攻打敌军据点和中心市镇，然而，由于缺少重型武器，伤亡惨重，战绩不佳。1874年8月底，他同卫队40余人在巴亚莫附近的圣安东尼奥德巴哈与敌军遭遇，受伤被俘。共和国总统任命维·加西亚为东方省战区总司令，指挥起义军继续战斗。

在此期间，戈麦斯在卡马圭省指挥作战的同时，不断与共和国政府策划"西征"战略。他从东方省和卡马圭省的起义军中抽调包括马塞奥在内的一批精兵强将，组成了500人的西征军。1875年1月初，他挥师西进，冲破敌军封锁线，突入拉斯维加斯省，与当地起义军会合，指挥1400余将士向敌人进攻，连获胜利。他一边作战，一边等待增援部队，以期大力向西推进。然而，4月初东方省起义军骚乱，要求西斯内罗斯总统辞职。28日，议会解除西斯内罗斯的职务，由议长胡安·鲍蒂斯塔·斯波托诺任临时总统。而东方省总司令卡·加西亚刚愎自用，也引起了军内的普遍不满。共和国一时陷入了政治和军事危机。1876年3月29日，议会选举托马斯·埃斯特拉达·帕尔马为总统。他立即通知在起义军中深孚众望的戈麦斯返回控制局势。戈麦斯12月初回到政府所在地洛斯伊斯莱尼奥斯，受命任作战部部长。他着手整顿军事秩序，下令卡·加西亚离开东方省西征。

1876年11月初，西班牙指派阿塞尼奥·马丁内斯·坎波斯将军到古巴指挥战斗，并陆续增派了5.7万远征军。坎波斯制定了新的作战计划：扼制住起义军的西征势头，力保西部；然后从西向东打，先扫荡活动在马坦萨斯和拉斯维加斯省的起义军，步步为营，仔细搜索，不放过一个山洞、一个墙角。解放战争进入退却阶段。

卡马圭省的起义军指责帕尔马无能，要求撤换总统。东方省起义军将领各自为战，缺乏统一指挥。1877年4月初，坎波斯调集数万人马，兵分4路，趁起义军内乱之机，向卡马圭省进犯。他亲自率领一路人马由海路到普林西佩港登陆，切断卡马圭省和东方省的联系。另3路由拉斯维加斯向东推进。坎波斯下令采用"密集扫荡"战术，部队分成小股，按划定的小区活动，相互配合，务求全歼起义军。殖民军初步控制了卡马圭省的局势后，坎波斯即率领援军进入东方省作战。

东方省的起义军在马塞奥的指挥下，针锋相对，开展游击战，抑制住了敌军扫荡的疯狂势头。然而，卡马圭省的起义军损失惨重，共和国政府和议会被敌人追赶，东奔西突。10月31日帕尔马总统被俘，形势进一步恶化。12月中旬，议会决定与殖民当局和谈。坎波斯闻讯后，于21日赶至卡马圭省的圣克鲁斯德尔苏尔与共和国议会代表会晤，宣布在卡马圭省停火。1878年2月8日议会解散，成立"中央委员会"。10日，"中央委员会"派代表到桑洪与坎波斯会谈，签订《桑洪条约》。条约的主要内容是：起义军放下武器；殖民当局改革行政制度，大赦政治犯，给予参加起义军的黑奴和华工以自由，允许自由离境。

大多数起义军将领同意放下武器，停止战斗。但以马塞奥为首的一批东方省将领拒绝接受和约。3月15日，他与坎波斯在巴拉瓜镇会晤，宣布不承认《桑洪条约》，继续战斗，古巴不独立，决不放下武器。此后，坎波斯调集重兵围歼起义军；5月3日马塞奥被迫离开古巴。"十年战争"至此结束。

革命力量的重新积聚

"十年战争"停息后，古巴人民的解放斗争并未休止。战斗的中心移到了古巴境外，根据地在美国。《桑洪条约》签订后，一批坚决不妥协的起义军将士流亡异域，大批不满殖民统治的资产阶级、小资产阶级和劳动群众亦移居海外。有数万人分布在美国、牙买加、多米尼加、墨西哥、中美洲和欧洲等地。他们都抱有一个共同的崇高理想：争取古巴独立。他们坚持同一种斗争手段：武装斗争。"流亡者革命俱乐部"、"爱国委员会"在美国、欧洲和拉丁美洲一些国家纷纷成立，这些组织四处集资、联络同志，准备为祖国解放大业服务。

一些"十年战争"中战功卓著、意志坚定、德高望重的将领成了侨民组织的核心和领导。1879年初，流亡到美国的卡·加西亚在纽约组织"古巴革命委员会"，指导筹集资金，购买武器弹药，号召岛内爱国者拿起武器，继续战斗。马塞奥从牙买加赶到纽约，与卡·加西亚一道进行准备工作。8月下旬，一批留在岛内的"十年战争"宿将和老战士响应卡·加西亚和马塞奥的号召，在东方省和拉斯维加斯省的一些地方重新拿起武器，投入反抗西班牙殖民统治的斗争。以何塞·马蒂为代表的哈瓦那爱国志士成立了"秘密革命委员会"，募集资金，支援起义军的战斗。9月17日，马蒂等人被捕，被放逐到西班牙。1880年1月，马蒂离开西班牙到美国纽约，立即参加"古巴革命委员会"的工作，与卡·加西亚共同筹备打回老家，支援岛上的武装斗争。4月17日，卡·加西亚亲自率领27名解放斗士，携带大量武器弹药，从美国偷渡回国，于5月7日登陆。然而，由于外援未能及时赶到，国内起义军在殖民军的清剿下伤亡惨重，战斗力已大为削弱，许多人放下了武器。卡·加西亚被迫向殖民当局投降。历时近一年的武装起义失败。这次起义史称"小战争"。

卡·加西亚离开美国期间，马蒂担任"古巴革命委员会"代理主席。"小战争"失败后，马蒂及时总结了失败的原因，认为最主要是缺乏准备和内部不团结。他指出：准备不足，战斗难以持久，难以获得最后胜利。他十分强调：光有愿望不行，必须要有计划，要有组织，不能搞"唐·吉诃德式的军事冒险"。据此，他立即着手在纽约古巴侨民中积极活动，宣传自己的思想，广泛团结同志。1882年7月，他派人前往多米尼加、哥斯达黎加等地，与戈麦斯、马塞奥等人联系，商讨联合行动计划。1884年，他在纽约成立"古巴救济协会"，动员侨胞支持古巴岛内反西班牙殖民统治的斗争；同时，着手统一分散活动的爱国小团体，并开始重视黑人同胞的工作。1980年，他在纽约协助侨居美国的古巴黑人成立爱国组织"同盟会"，并亲自给他们上课，宣讲爱国主义，号召他们投身祖国解放运动。90年代初，马蒂穿梭于美国的纽约、坦帕、卡约韦索和费城，往返于多米尼加、海地、牙买加、哥斯达黎加、巴拿马、墨西哥等国，广泛进行革命宣传鼓动工作，募集资金，指导古巴侨民建立统一组织。1891年11月下旬，他在坦帕的一次讲演中指出，发动古巴解放战争的"时刻到了"，但是，必须要有一个团结一致的、坚强的革命组织；还必须正确对待黑人同胞。他号召同胞们"跨上战马，为国而战，捐躯在棕榈树下。"他的讲演极大地鼓舞了同胞们的爱国热情，纷纷表示愿同他一道为古巴解放而战。1892年4月10日，马蒂在纽约主持召开古巴侨民各爱国团体代表大会，正式成立统一的组织"古巴革命党"。党纲第一条载明："古巴革命党的建立，是为了团结所有怀着善良愿望的人们的力量，以赢得古巴岛的完全独立，并促进和帮助波多黎各争取独立。"大会一致推选马蒂为"党代表"，负责协调、指导工作。为了宣传党的主张，团结一切爱国力量，马蒂创办了党报《祖国》。

"古巴革命党"的成立使解放战争有了统一的政治领导和组织保证。古巴解放战争进入了一个新阶段。马蒂指导全党着手组织军事力量，购买武器弹药。他亲自到多米尼加会晤戈麦斯，以"古巴革命党"的名义请他出任解放军总司令；并与活动在哥斯达黎加的马塞奥联系，让他立即组织力量，准备行动。同时，马蒂又派人到牙买加、洪都拉斯、墨西哥等地，在古巴侨民中宣传党的主张，招募人员、筹集资金。此外，他吸取"小战争"失败的历史教训，特派专人潜回古巴，与岛内各爱国团体联络，发展党组织，贯彻党的主张，发动群众，组织力量，以期战争爆发时里应外合，确保胜利。

1894年底，古巴岛内外各爱国力量的组织、协调工作大体就绪，马蒂征集到两艘游艇和一艘轮船，准备满载武器弹药和人员从美国的佛罗里达渡海回国发动起义。但由于叛徒向美国当局告发了这一军事行动，美国海军于1895年1月12日扣留了船只，没收了武器弹药。这时，国内武装起义条件已经成熟。为了不让敌人有准备的时间，必须抓紧时机立即行动。马蒂代表"古巴革命党"于1月28日向国内党组织下达全岛总起义的命令，时间定于2月下旬的某1天。命令下达后，全党总动员，岛内爱国志士热烈响应，整装待发。1月31日，马蒂及其数名同伴前往多米尼加，与戈麦斯会合；同时通知马塞奥做好准备，届时直接率领爱国志士回国参战。

决战的胜利和美国的介入

国内各地党组织会商后，决定2月24日起事。这天是星期日，又适逢狂欢节，是行动的大好时机。2月26日，马蒂和戈麦斯接到国内来电："东部、西部，起义开始。"西部哈瓦那省和马坦萨斯省以及拉斯维加斯和卡马圭省的起义很快被殖民军镇压了下去。但东方省的起义却发展迅速，省府圣地亚哥和重要市镇巴亚莫、关塔那摩、希瓜尼、考托等地的起义军在包括黑人、华人在内的广大工农群众的大力支援下，击退了殖民军的征剿，控制住了局势。

3月25日，为了争取一切可以争取的力量，最大限度地孤立敌人，马蒂和戈麦斯在多米尼加的蒙特克里斯蒂镇发表《蒙特克里斯蒂宣言》，声明这次战争是1868年爆发的独立革命战争的继续；宣布决不伤害和平的西班牙人，尊重不与革命为敌的古巴人的财产权；号召全体古巴人不分种族、肤色，紧密团结，战斗到底。当天，马塞奥率领22名爱国志士从哥斯达黎加出发，途经牙买加、巴哈马群岛，4月1日在东方省北部巴拉科阿镇附近登陆，与起义军汇合。为了直接指挥战斗，就在马塞奥等人登陆的当天，马蒂和戈麦斯从多米尼加出发，渡海回国，11日在东方省南部的普拉伊塔斯登陆，与起义军会合。马蒂、戈麦斯和马塞奥的到来，极大地鼓舞了起义将士的斗志，同时也引起了殖民当局的极度恐慌。西班牙政府任命"十年战争"末期任殖民军总司令的坎波斯为古巴都督。他率领万余人马于4月16日到达古巴，增援殖民军。这时在古巴的殖民军已达20万。坎波斯调兵遣将，布防控制西部诸省和拉斯维加斯省及卡马圭省；而后亲自率领5万重兵由海路到东方省的关塔那摩登陆，抢占了圣地亚哥、奥尔金、图纳斯等中心市镇。

5月5日，马蒂、戈麦斯、马塞奥及其他起义军将领在圣路易斯附近的梅霍拉纳糖厂聚会，商讨破敌计策。会议决定成立临时政府，选举马蒂为管理行政和外交事务的最高负责人、戈麦斯为解放军总司令、马塞奥为东方省解放军司令。会议通过了西征计划，以打破敌人对东方省的封锁。

会后，马塞奥在东方省发动群众，扩充队伍。成千上万的农民（大多是黑人和混血种人，还有一些华人）投军或参加支前服务，老人、小孩、妇女都行动了起来。他们照顾伤病员和马匹，送信、传递消息。在广大农民的支援下，解放军在霍比托、佩拉莱萨、萨奥德尔印迪奥等地连战皆捷，逼使敌军龟缩在中心市镇，不敢妄动。这一时期解放战争遭受的一大损失是马蒂的牺牲。5月19日，解放军总部在双河口与敌军遭遇，马蒂冲锋陷阵，不幸中弹身亡。

马蒂牺牲后，戈麦斯前往卡马圭省，发动、组织农民群众，开展游击战，指挥偷袭敌人据点、袭击敌人的运输线。解放军很快在卡马圭省打开了局面。7月间，拉斯维加斯省的爱国武装在塞拉芬·桑切斯等人的领导下也打响了，并得到了工人和农民群众的广泛支持。

为了推动解放战争的深入发展。9月中旬临时政府在卡马圭省的希马瓜镇召开制宪会议。会议宣告古巴独立，成立共和国，并通过了为期一年的古巴共和国临时宪法。根据宪法，组成古巴共和国政府。西斯内罗斯当选为总统，戈麦斯和马塞奥受命出任解放军正、副总司令。

戈麦斯和马塞奥立即同政府协商，决定实施"西征"战略，将解放战争推向全国。戈麦斯和马塞奥分头行动。戈麦斯前往拉斯维加斯指挥战斗，牵制敌人，配合马塞奥行动。马塞奥回东方省选调精兵强将1500人，10月22日率部进入卡马圭省，突破敌军封锁线，进入拉斯维加斯省，与戈麦斯会合，组成了一支3600人的队伍。解放军弹药奇缺，人均才有2颗子弹；而敌军在拉斯维加斯省结集了3万装备精良的部队。戈麦斯和马塞奥一方面指挥部队进行运动战，灵活机动地打击敌人；另一方面进行"经济战"，组织力量破坏制糖厂、烧毁甘蔗园。12月中旬，解放军在马尔蒂恩波与1000敌军交战，靠砍刀与对手拼杀15分钟，杀死敌人200余人，自己伤亡 44 人。马塞奥乘胜挥师西进，所向披靡，于 1896 年 1 月 10 日进入殖民统治的中心地带哈瓦那省，22 日进抵古巴岛最西端的曼图亚镇。至此，马塞奥率领不足 4000 人的解放军，历时 3 个月，征程 2360 余公里，胜利完成了"西征"任务，达到了动员群众、打击敌人的预期目的。解放战争的烈火蔓延到了全岛各地，解放军从 30 个团扩充到了 86 个团，控制了广大农村地区。殖民军龟缩到了少数中心市镇。

西班牙政府为挽救战争颓势，召回主和派坎波斯，任命主战派瓦莱西亚诺·魏勒为殖民都督兼殖民军总司令。他于 2 月 10 日赶到古巴。他将带来的 5 万远征军布防在首府周围，接着在各大中心市镇搜捕爱国政党领袖，将其驱逐出境，同时镇压一切反对殖民统治、要求自治或独立的活动。他在稳定了中心城市后，于 10 月 8 日颁布《集中令》，迫使所有乡村居民 8 日内离开家园，集中居住到驻有殖民军的中心市镇，否则一律处死。其目的在于制造恐怖气氛，割断解放军与农民的联系。然而，这一反动措施更激起了广大农民的反抗，大批人参加了解放军。1896 年底，解放军人数增加到了 5 万人。魏勒下令清乡，滥杀无辜。

戈麦斯和马塞奥下令反清剿，指导部队改变战略战术，分散活动，开展游击战，打夜战，打伏击，奇袭敌据点，能打则打，打不过则走。1896 年 12 月 7 日傍晚，马塞奥率领一支人马在哈瓦那省圣彼德罗镇附近与敌人遭遇，中弹身亡。戈麦斯向全军将士发出号召："以誓死保卫祖国的爱国主义行动为马塞奥报仇！"1897 年上半年，戈麦斯在拉斯维加斯省指挥游击战，机动灵活，使 5 万敌军陷于被动挨打的境地。在东方省战斗的解放军则解放了除省会圣地亚哥和少数大城市外的大片国土。卡马圭省广大农村亦在解放军的控制之下。

魏勒的反动政策非但没有遏制住解放军的反击势头，在军事上没有取得成功，反而在政治上遭到了古巴岛内外舆论的指责。他在"集中令"下达后，数十万农民被集中在据点里。他们生活无着，疾病流行，死亡人数日益增多。1897 年 8 月，西班牙政府在舆论的压力下撤换殖民都督，委派主和派布兰科接替魏勒。新都督向古巴解放军伸出橄榄枝，谋求和谈，政治解决问题。11 月，西班牙政府宣布古巴"自治"，在岛上实行西班牙宪法，主权归西班牙。解放军拒绝实行"自治"，戈麦斯下令继续战斗，推翻西班牙殖民统治，建立独立自主的新古巴。1898 年 1 月，古巴解放军已收复 2/3 以上的国土，控制了广大乡村地区和中、小市镇，殖民军龟缩进了省会城市和几个沿海重镇。从不预言战争发展前景的戈麦斯充满自信地宣告："战争要不了一年就可结束了。"

就在古巴人民胜利在即的时刻，1 月 12 日美国借口保护其侨民的生命、财产安全，派遣包括"缅因号"战舰在内的 4 艘军舰驶近古巴。2 月 15 日，停泊在哈瓦那港的"缅因号"发生爆炸沉没，美军死亡 266 人。4 月 28 日，美国政府以此为借口向西班牙宣战。一场轰轰烈烈的古巴解放战争变成了美国征服殖民地的战争。

英布战争

从 1899 年到 1902 年，在南非爆发了一场激烈的战争。这是英帝国主义和布尔殖民主义争夺南非的帝国主义战争，也是帝国主义重新瓜分非洲的第一次战争。

1806年英国取代荷兰建立对南非开普殖民地的统治。英国殖民者从一开始就以征服和杀戮黑人、掠占黑人土地财富为其目的。19世纪，英国在南非断断续续进行了长达六十八年的"卡弗尔战争"（1811—1879年），先后侵占了纳塔尔、祖鲁兰、贝专纳兰，还确立了对巴苏陀兰（今莱索托）的"保护权"。

1867年，在南非奥兰治发现钻石矿。1886年，又在德兰士瓦发现当时世界上最大的金矿。因此，英国资本大量流入南非。1885年英国在南非的投资为3400万英镑，19世纪末增至2亿英镑。英国垄断资本在南非掠取了惊人的利润。

南非对英国殖民帝国来说，占有极其重要的战略地位：它控制着欧洲和亚洲之间的国际航线；它是通往英国在亚洲的殖民地（印度、新加坡等）的大门；它也是英国计划修建的开普——开罗铁路的关键地区。

英国在南非争夺霸权，遇到布尔殖民者的竞争。布尔，荷兰语，原为"农民"之意，布尔人是荷兰殖民者的后裔，实际上是农牧场主。1877年，英国曾侵占布尔人的德兰士瓦共和国。但1880—1881年布尔人用战争手段恢复对德兰士瓦的统治。1881年双方签订《比勒陀利亚协定》，规定在"英国主权"下，德兰士瓦"完全自治"。德兰士瓦总统克鲁格力图摆脱这种束缚。1884年英布再签订《伦敦协定》，德兰士瓦恢复南非共和国名称，不提"英国主权"一词，但仍受限制：德兰士瓦不得向东、西方向扩大边界；未经英国同意，不得同奥兰治自由邦以外的任何国家签订条约。

十九世纪中叶，德国开始在非洲殖民扩张。1884年德国占领西南非后，深入腹地，迅速接近德兰士瓦边境。德国资本和商品猛烈地渗入布尔人的共和国。德帝国主义公然鼓吹要建立"新的南非大德意志"。在英、布斗争中，德国为布尔殖民者撑腰。德帝国主义在南非的出现，使争夺南非霸权的斗争复杂化和激烈化。

英—德、布之间的争霸，导致1895年的"詹姆森袭击"。1895年12月，英国金融大王、殖民头目罗得斯派遣詹姆森率领武装警察突然袭击德兰士瓦，企图推翻布尔共和国。但这次袭击被布尔人击败了。德皇威廉二世借机挑衅性地向克鲁格致电祝贺。

英、德在南非的争夺只是世界范围内英、德争夺的一个方面。英、德不断进行交易，调整各自的战略。1898年，英国向德国建议，由英、德共同瓜分葡萄牙在安哥拉和莫桑比克的殖民地，而以德国政府停止支持布尔共和国为交换条件，1899年3月，英国殖民头目罗得斯亲赴柏林举行谈判，支持德国在近东修建巴格达铁路等扩张政策，德国同意不干涉英国在南非的扩张。这时英、德在南非的争夺出现暂时的"减缓"。英国迫不及待地抓住这个时机，向布尔人百般挑衅，其目的是要挑起战争。

布尔人和英国人一样，是征服、杀戮南非黑人、掠夺黑人土地财富的殖民强盗。由于同英国人有矛盾，1836—1854年间，布尔人越过奥兰治河大规模向北迁徙。19世纪50年代，布尔人建立了奥兰治自由邦和德兰士瓦共和国。布尔人和英国人为争夺对南非黑人的统治权和掠夺权展开了激烈的斗争。

钻石矿和金矿发现后，布尔殖民者对英国垄断资本家获得巨额利润，分外眼红。他们利用手中掌握的国家政权，同英国激烈竞争。他们征收高额关税，控制铁路交通，优先使用通向洛伦索马贵斯（今马普托）的铁路，提高开普殖民地各港口通往约翰内斯保之间各铁路线在德兰士瓦境内的运费率，垄断炸药的生产和销售，后来又对采矿业征收百分之五的利润税。总之，布尔殖民者力图从英国垄断资本家手里分沾垄断利润，这是英布战争最重要的原因。布尔殖民主义虽然小而弱，但同样具有侵略扩张的本性，他们叫嚷要在南非建立"世界上伟大的帝国之一"。

布尔殖民者为了夺取战机，1899 年 11 月 11 日首先向英国正式宣战。

英布战争大致可以分为三个阶段。

第一阶段：1899 年 11 月至 12 月。战争一开始，布尔军队依靠熟悉的地理环境、比较充分的后勤供应和对英军人数上二比一的暂时优势，分三路主动进攻英军。第一路布军向东南方向进攻纳塔尔，包围累迪史密斯，击退了英军的多次反扑。第二路侵入开普殖民地。第三路向西进军，切断开普到罗得西亚的铁路交通，包围金伯利和马弗京的英国驻军。但到年底，各路布军停滞不前，特别是在纳塔尔，布军只松散地围困累迪史密斯，没有直取德班港，使英军稳住立脚点和不断得到增援。

第二阶段：1900 年 1 月至 12 月。英军兵力迅速增加到 25 万，为布军的三倍，战局发生有利于英国的变化。累迪史密斯、金伯利和马弗京解围之后，英军立即向布军发动强大攻势，迅速占领了布隆方丹、约翰内斯堡和比勒陀利亚，控制了全部铁路网，迫使德兰士瓦总统克鲁格流亡国外。1900 年 12 月，英国宣布吞并德兰士瓦和奥兰治。

第三阶段：1901 年至 1902 年 5 月。英国虽然宣布吞并德兰士瓦和奥兰治，但布军没有停止战斗。布军主要采取游击战术，不时拦截英军供应，破坏铁路线，消灭小股英军，进行骚扰活动。英军采取各种措施来对付布尔人的游击战：把被俘的布尔人流放到圣赫勒拿、百慕大、锡兰（今斯里兰卡）和印度的俘虏营；实行焦土政策，焚毁布尔人的农牧场和住宅，杀尽牲畜家禽；把布尔老人、妇女、儿童（共约十一万人）赶进"集中营"，以孤立布尔游击队；在铁路沿线和内地遍设哨所（"木房"），严密限制布尔游击队的活动。长达三年之久的战争，使英布双方都精疲力竭，人力、物力和财力蒙受巨大损失，加上黑人问题日益尖锐，最后迫使双方结束战争。1902 年 5 月 31 日，英布签订了《韦雷尼京和约》，两个布尔共和国变成了英国的殖民地，英国付给布尔人 300 万英镑作为"补偿"。

英布战争是帝国主义战争，对双方来说，都是非正义的。英布战争在南非产生了极其深远的后果。在政治上，1910 年德兰士瓦、奥兰治与开普、纳塔尔联合组成"南非联邦"。从此英布白人殖民者对南非黑人实行极其残暴的种族主义统治。在经济上，战后英国资本大量流入，建立起全部殖民帝国主义经济。

第一次英布战争和詹姆森事件

19 世纪 70 年代以前，英布的矛盾和冲突尽管很激烈，但都能以某些"和平"的方式——"迁徙"、谈判、签约而得到暂时的解决。而十九世纪最后三十年，随着南部非洲钻、金矿业的出现和迅速发展，资本主义垄断组织的产生和帝国主义的形成，英布之间暂时缓和下来的矛盾日趋走向白热化。"最无耻"的英帝国主义分子罗德斯为了实现"开普—开罗计划"，决心夺取赞比西河和林波波河之间的地区，打开南北通道，把开普殖民地扩大到赞比西河，占领整个南部非洲。1876 年 8 月 3 日，南部非洲各国在唐宁街举行的联合会议上商讨建立南非联邦的计划告吹之后，英国政府决心通过武力来完成这一任务。1876—1877 年，德兰士瓦东部巴苏陀族的一支叫巴佩的人发动起义，反对布尔人的统治。英国人利用这个有利时机，一枪不发，就占领了首都比勒陀利亚，吞并了德兰士瓦。布尔人对英国统治极为不满，伺机反抗。

英国人描绘的坎普尔屠杀的场面

祖鲁战争为德兰士瓦摆脱英国的统治创造了极为有利的条件。1880 年 12 月 8 日，德兰士瓦各地的布尔人云集在比勒陀利亚附近的一个叫帕尔德克拉尔的村庄里。他们经过五天的激烈辩论，决定以武力反抗英国，恢复布尔人对德兰士瓦的统治，重建南非共和国。克鲁格、茹贝尔和比勒陀利乌斯三人被推为临时政府的首脑。12 月 14 日，布尔人出其不意地袭击了英军。当两连英军士兵正沿着乡间小道行进时，布尔人的指挥官突然露面，要求英军投降。同时，埋伏在道路两旁的布尔人瞄准了几乎每一个英军官兵。英军刚一拒绝投降，布尔人立刻进行猛烈射击。英军惊慌失措，一片混乱。200 余名英军阵亡 86 人，受伤 83 人，剩下的人全部被俘。布尔人仅死亡 1 人。胜利大大鼓舞了布尔人的士气。他们的组织性虽差，但能骑善射，熟悉地形和自然条件，实战能力还是远远超过英军。布尔人持续进攻，屡战屡胜，把比勒陀利亚等几个英军驻防的城市包围起来。1881 年 2 月 27 日，英布双方在马尤巴山进行决战。纳塔尔总督科利将军率领部队前来支援，受到布尔兵团的袭击。1000 多名英军被打得丢盔弃甲，一败涂地，死亡达 900 余人，科利将军也被击毙。

马尤巴山的惨败迫使英国政府进行谈判。3 月 23 日，英布两国签订停战协定。8 月 3 日，两国又签订了比勒陀利亚协定，英国政府被迫承认德兰士瓦的布尔人独立，克鲁格任总统。但英国在协定中施加了一些限制，即德兰士瓦不准向大陆腹地扩张领土，未得到英国同意不得同除奥兰治以外的任何其他国家订约。这就是历史上所称的第一次英布战争。

在德兰士瓦重新建国后的最初几年，布尔人加紧与英国人争夺地盘，在贝专纳地区进行土地吞并活动。他们残酷地镇压了当地居民的武装反抗，于 1882 年和 1883 年分别建立了两上傀儡共和国——斯太拉南共和国和果兴共和国。贝专纳地区虽然是人烟稀少的荒坡地，却是到达赞比西河流域最方便的通道，罗德斯把它称为"通往北方之路"、进入大陆腹地的"通道之钥"和"瓶颈"。1883 年，英国以拯救贝专纳"灭亡的命运"为借口，派遣沃伦将军率领一支四千人的远征军去驱逐布尔人。1884 年 12 月，英军刚抵达南部非洲，布尔人慑于英军的威力，未作任何反抗就撤走了。次年初，沃伦部队占领了贝专纳全境。同年九月，英国内阁宣布这一地区的南部为英国的殖民地——"英属贝专纳"（后划归开普殖民地），而它的北部和西部则变为"贝专纳保护国"。这样，英国就能更顺利地进行吞并河间地区的阴谋活动了。到19世纪90年代，英国南非特许公司占领了非洲广大的内陆地区——今天的津巴布韦（罗得西亚）、赞比亚和马拉维的全部领土。至此，罗德斯便完成了北进的突破任务，并切断了布尔人的出海通道，使两个布尔共和国处于英国占领区的弧形大包围之中，实现了最后征服布尔人的重大部署。

德国在南部非洲的掠夺和阴谋活动，加速了第二次英布战争的爆发。德国利用布尔人和英国人激烈争夺南非，无力他顾的机会，于1884年乘机占领了西南非洲，把它作为深入非洲腹地的跳板。此后，德国便迅速向南非腹地深入，垄断资本大量地渗入布尔人统治的国家，在1886年—1896年短短的十年时间里，德国对德兰士瓦的商品输出从每年30万英镑剧增到1600万英镑。布尔政府为了联德拒英，利用德国的力量打破英国从南、北、西三面包围自己的不利处境，便把铁路建筑和制造炸药的特许权给了德国，这就严重地损害了英国的利益。德国在德兰士瓦积极进行经济渗透的同时，在舆论上也大力支持布尔人。

1895年末，罗德斯认为占领德兰士瓦的时机已经成熟，决定通过里反外应的阴谋手段，一举解决它与两个布尔共和国以及德国的冲突。长期以来，约翰内斯堡的政治局势一直很紧张，不满布尔人统治的各垄断公司对克鲁格政府的公开反抗一触即发。他们憎恨布尔政府依靠他们交纳的税款过日子，却不给他们以选举权。他们提出了一连串的抗议和决议，其口号是：没有代表权就不纳税。在罗德斯的指使下，采矿资本家在约翰内斯堡成立了一个旨在推翻布尔政府的秘密的"改革委员会"。罗德斯的政变计划规定，由改革委员策划暴动，并建立一个临时政府。同时，英国的"特许团"将应新政府的"请求"从外部开进德兰士瓦。政变部署全部安排就绪：改革委员会由罗德斯的哥哥佛朗克领导，入侵的"特许团"由英国南非公司的雇佣军组成，由詹姆森博士指挥，行动的信号是"特许团从罗得西亚开进德兰士瓦"。暴动预定于1895年12月27日举行。可是事态的发展并不顺利。事到临头，约翰内斯堡改革委员会的委员们感到恐惧而把"暴动"的时间推迟到1896的1月6日。狂妄的詹姆森迫不及待了。他认为不能丧失"唯一难得的机会"便决定单独行动。1895年12月29日，詹姆森带领六百名"特许团"士兵，从贝专纳出发，进军德兰士瓦。他们攻占的主要目标是约翰内斯堡和比勒陀利亚。詹姆森的秘密军事行动很快就为布尔政府获悉，克鲁格派格罗尼将军率领部队应战。1896年1月2日，当英军到达约翰内斯堡城附近的山峦地带时，埋伏在这里的布尔人立即把英军团团包围。经过短时间的激烈战斗，英军全部被歼灭。134人被击毙，其余的人被迫投降，詹姆森也当了俘虏，被押解到比勒陀利亚。此后，约翰内斯堡改革委员会也被迫放弃了暴动的计划。于1月6日放下武器。

这次未遂的政变影响深远。罗德斯的政治生涯从此走下坡路，不像以前那样活跃了。詹姆森被克鲁格引渡给英国政府，在伦敦被判处十五个月的徒刑。但是，这位英帝国主义的殖民强盗，八年之后又当上了开普殖民地的总理。

詹姆森事件使英布双方的积怨像山爆发似的迸发出来。彼此都认识到大战迫在眉睫，无可避免，便开始积极备战。布尔人认为自己是南非白人的核心，企图实现"布尔非洲"的计划，建立从林波波河延伸到开普地区的南部非洲的地区霸权。布尔人从政治、经济、军事等方面进行了全面的准备。为了进一步打击英国势力，布尔政府对矿业公司加紧实施重税政策，阻止移民入境，并对已入境的外地新移民的政治权力加以严格限制。另外，布尔政府还大肆捕人，在约翰内斯堡逮捕的64名改革委员会的委员中，48名是英国人。布尔政府先将他们判处死刑，后改判为巨额罚款。布尔政府把增加的财政收入都用作军费开支，暗中购买大批军火：与德国克虏伯公司成交大炮订货，与柏林列维公司成交毛瑟式步枪订货。1894年，德兰士瓦从德国购买步枪1.3万支，1895年又购买1万支。詹姆森事件后，军事预算直线上升，1895年为74.16万英镑，1896年猛增为200.73万英镑。1895—1898年，进口的步枪有4万支，加上原有的枪支，总数达八万支以上。

英国方面在"詹姆森袭击"失败之后，用战争粉碎布尔共和国的决心更加坚定。但是，当时的国际国内形势对英国统治者极为不利：在国内，工人阶级的反战运动，爱尔兰的独立运动和开普殖民地欧洲移民的反英风潮，弄得英国统治集团焦头烂额，狼狈不堪。国际上，英法在尼罗河上游剑拔弩张，委内瑞拉边界纠纷使英美关系异常紧张，印度西北部诸省的反英斗争如火如荼，远东的英俄冲突也是很尖锐；尤其是1881年马尤巴山的败北，英国仍记忆犹新。这些棘手的问题都迫使英国把征服布尔人的战争推迟了几年。可是，英国仍在进行着战争的准备。为了排除德国这个严重的障碍，英国进行了一系列纵横捭阖的外交活动。英国把太平洋萨摩亚群岛中的两个岛屿让给了德国，并于1889年同德国就可能瓜分葡属非洲殖民地问题签订秘密协定，促使德国严守中立。1899年，英国又与葡萄牙缔结密约。英国承担了保护葡萄牙及其殖民地的安全义务。葡萄牙则允诺不让军火经过葡属马普托湾运往德兰士瓦。此外，葡萄牙还同意当英国处于战争状态时，葡不宣布中立，以便英国海军能够利用葡属莫桑比克的港口。这样就堵塞了德兰士瓦唯一的出海口，从而加强了英国在南部非洲的地位。英国经过一系列的外交活动，调整和缓和了与其他列强——德国、俄国和法国的关系。在波谲云诡的外交斗争中，布尔人怎能对付得了老奸巨猾的英国。至1899年，英国已创造了有利于自己的国际环境，彻底"解决"南非问题的"时机"已经成熟。

布隆方丹会谈和英布战争的爆发

战争前夕，伦敦的《每日邮报》、《泰晤士报》、《每日新闻》和好望角的《海角时报》，同时发动了大规模的反对布尔共和国的宣传，指责布尔政府征收高额采矿税为非法，大肆宣传布尔政府腐朽无能，专制横暴。1899年4月，英国驻南非最高专员米尔纳策动移民把一封有2万多人签名的请愿书送给维多利亚女王，要求女王对德兰士瓦政府施加压力，给移民以选举权。事实上，这只是发动战争的借口。按照米尔纳自己的说法，仅有百分之一的移民要求选举权，因为移民并不愿意放弃自己原来的国籍和公民权利。

战争的火药味越来越浓。布尔人自知处于不利的地位：首先由于英国人的包围，德兰士瓦与外界已完全隔绝，其次德兰士瓦的外交代表经过在欧洲争取援助的试探，发现已不可能得到欧洲国家的实际支援，因为就连曾经把布尔人称为盟友和亲兄弟和德国，这时也居然劝告德兰士瓦对英国让步；再就是布尔人也面临着祖鲁人的反抗。为了争取时间完成军事部署，奥兰治自由邦总统斯泰因向英国提出谈判要求，想以谈判来拖延时间。英国殖民大臣张伯伦、米尔纳和罗德斯都认为在武力的威胁下，两个布尔共和国可能屈服，于是就同意了和布尔人进行谈判。

1899 年 5 月 30 日至 6 月 5 日，谈判在奥兰治自由邦的首府布隆方丹举行。会议首先讨论移民的选举权问题。克鲁格提出德兰士瓦政府准备对居住满七年的移民授予公民资格，但要求必须把双方的一切争执交由第三国仲裁。英国代表米尔纳坚持移民居住五年，应即授予选举权，并声明这一问题未获得解决前，拒绝谈判其他任何问题。米尔纳在会议上极力挑逗布尔人，嬉笑怒骂，步步紧逼。克鲁格清楚地知道，如果答应米尔纳的条件，他还会提出更多的要求。谈判中断了，后来米尔纳自己也承认，会谈是他破坏的。

布隆方丹会谈破裂后，局势急剧恶化，战争一触即发。英国首相索尔兹伯里口头上表示"不相信会发生战争"，实际上却给张伯伦、米尔纳等发动战争的充分自由。只是由于英国统治集团向来低估布尔人的武装力量，军事上并无作充分准备，同时又惧怕布尔人乘英国在南非兵力不足之际展开军事行动，所以张伯伦又故作姿态，摆出"和解"的架势。

8 月初，在比勒陀利亚双方恢复谈判。克鲁格看风使舵，会议刚开始就宣布接受米尔纳在布隆方丹提出的方案，但要求英国此后不再干涉德兰士瓦的内政。英国代表得寸进尺，要求对布尔国家享有宗主权，并声称英国还准备提出其他条件，布尔政府也必须全部答应。与此同时，英国派兵万余人，开往南非，作为外交谈判的后盾，向布尔人施加军事压力。8 月 12 日，年仅三十岁的布尔代表史末资和英国代表康尼翰·格林举行非正式谈判。会上双方唇枪舌剑展开了尖锐的争论。史末资宣布移民居住五年可获得选举权的规定，两周后可能成为布尔国家的法律；英国不得干涉内政，不应再坚持宗主权的要求；选举法一旦生效仲裁应即得到承认。对史末资的宣布，英国代表蛮横无理地全部驳回。13 日清晨，克鲁格和政府的其他重要官员与奥兰治自由邦的政府官员在布隆方丹交换情报和意见。布尔官员警告说，英国军队在边境不断加强。在这生死存亡的紧急关头，两个布尔政府决定"不再等待了"，决心背水一战，与英国人决一雌雄。8 月 19 日，克鲁格政府公开发表声明，提出三点强硬"建议"，要求英国政府"不干涉南非共和国的内部事务，不再坚持宗主权的要求，同意仲裁"。8 月 21 日布尔政府再次声明，保留三点建议是继续谈判的基础。英国政府把布尔人的三点建议看作是"挑战"和"最后通牒"。

两个布尔共和国关系的改善和加强，也促使克鲁格决心一战。在"詹姆森袭击"之前，德兰士瓦企图称霸南非，曾引起奥兰治自由邦的反感和敌视。之后，由于英国对德兰士瓦的咄咄进逼，奥兰治自由邦颇有兔死狐悲之感，便奉行与德兰士瓦紧密合作的政策。为了共同对付英国的军事入侵，早在 1897 年两个布尔共和国就签订了军事同盟条约。此后，它们在与英国的斗争中休戚相关，生死与共。英国也曾施展外交手段，企图破坏它们的同盟关系，向奥兰治自由邦表示愿维护其独立，妄图各个击破。奥兰治识破了英国的阴谋，拒绝了英国的建议。

1899 年 9 月，南非大陆战争的阴云密布。英国军队正向德兰士瓦和奥兰治自由邦的西部边境移动，还有不少英军从海上向南非进发。英国内阁会议通过了秘密动员的决议案。接着约翰内斯堡的外侨成群撤离，厂矿关闭，报纸停刊。在这危急的时刻，面对英国人虎视眈眈的挑战，布尔人一如既往，不甘示弱，早已摩拳擦掌，准备反击。他们在全国各地登记入伍，对前线各阵地的守军进行战前动员，突击队也纷纷开往纳塔尔边境，不惜一切代价准备与英国人决一雌雄。

布尔政府认为，既然与英国人一战已在所难免，现在英国军事准备还未最后完成，正是发动进攻的良好时机；同时，布尔人也坚信战争爆发后，好望角和纳塔尔的布尔居民必然会起而反英。此外，欧洲各国政府的声援还是有指望的。所以，当德兰士瓦得到奥兰治的充分支持后，为了先发制人，出奇制胜，而不惜孤注一掷。9 月 26 日，克鲁格拟就了对英国的最后通牒，要求英国政府在四十八小时内做出如下保证：一、英军立即撤离德兰士瓦边境；二、6 月 13 日以来增援的英军撤离南非；三、正在途中的英军不在南非任何港口登陆。否则，德兰士瓦共和国不得不深为遗憾地认为英国政府的行动就是"正式宣战"。9 月 27 日，德兰士瓦下达总动员令，四天后，布尔全军开赴国境线。由于集中在边境的布尔军队缺乏粮食、帐篷、医药、交通工具等等，加上奥兰治自由邦的动员很缓慢，不能迅速与德兰士瓦作军事上的配合，因而不能立即投入战斗，所以 26 日拟好的最后通牒只好推迟到 10 月 9 日才正式发出。英军收到通牒后立即予以驳回，声称"不值得讨论"。10 月 11 日，布尔军队进攻纳塔尔，英布战争爆发。这就是一般人所称的英布战争，即第二次英布战争。

布尔人的初期胜利

英布战争从 1899 年 10 月 11 日开始到 1902 年 5 月 31 日双方签订和约结束，长达两年零八个月。这次战争明显地分为三个阶段。在战争的第一个阶段，英国统治集团由于在战前错误地估计了形势，低估了布尔人的反击力量，宣传英军对布尔人的作战不能算是军事行动而是一次"愉快的旅行"，可以轻而易举地取得胜利，于是掉以轻心，没有做好充分的战前军事准备，所以战争打起来后，英军节节失利，一败涂地。张伯伦曾绝望地写道："我简直不相信自己，我不能不认为现在的陆军部毫无用处。如果幸运的话，上帝将拯救我们。"

战争初期，布尔人在南非明显地占据着优势地位，英国人处于劣势。布尔人在长期镇压非洲当地居民的过程中，建立了全民皆兵的民军制度。按照选区建立兵营，十八——三十四岁的男性布尔人都得服兵役。军官由士兵选举的产生，作战计划由各级军官组成的军事会议讨论决定，比较民主，善于协作。布尔人勇敢善战，善于防御和突袭。布尔军队几乎全是骑兵，行动迅速，有很大的机动性和灵活性。詹姆森事件后，布尔人进行了充分军事准备。他们有优秀的炮队，全是由德制大炮武装起来的；他们还进口了许多德制的卡宾步枪，贮存有大量的弹药。战前，布尔政府又在全国进行总动员，下令十六——六十岁的布尔男性公民都得上前线，拒绝服役的课以罚金或监禁。仅德兰士瓦和奥兰治就劝员了六七万骑兵，开普殖民地也有一万多名布尔人志愿参加布尔军队，另外还有一支两万五千人的欧洲志愿军，总计十万余人。这是一支武器装备精良的军队。

布尔人非常熟悉南非辽阔的草原地形，习惯南非炎热的气候。战前，他们的军事部署已经基本就绪，有六七万骑兵在靠近纳塔尔和开普殖民地区的东西两侧安营扎寨，只待进攻的命令。英国政府虽然早已下定决心武装解决南非问题，但缺乏实际的军事准备，直到战争爆发的前夕，南非的英军还只有一万五千人，而且兵力分散，缺乏野火。因此，只能据守阵地，等待援军。不习惯南非的炎热气候，不熟悉复杂的地形等，也给英军作战带来了很多困难。

10月10日是克鲁格总统的生日，在比勒陀利亚举行了声势浩大的游行和阅兵式。11日黄昏，布尔军队首先向英军发动进攻。从战争爆发到1900年2月是英布战争的第一个阶段。这一阶段是以布尔军队的胜利进军和英军的失利为其战争特征。布尔军队从四个主要方向向英军展开攻势。在东线战场，总司令茹贝尔将军率领1.7万名布尔人的军队首先越过德拉肯斯堡山脉，突入纳塔尔。10月12日第一次交锋就打败了英军，在战争的最初几天，他们就占领了边疆城市纽卡斯尔和丹基。在几次攻坚战中，布尔军使用的克虏伯工厂的大炮大显威力，"炮火把土地都变成了泥浆"。英军企图阻止布尔军的进攻，但无济于事。10月30日，在尼科逊山峡一役，1000多名英军被迫投降。这一天被英国人称为"悲哀的星期一"。接着，纳塔尔的英军总司令霍特率领的近万名军队被包围在纳塔尔的最大城市累迪史密斯城里，纳塔尔同德班港的联系被切断了。在以后的两次战役中，英军在斯托姆山和科伦索连遭失败，被俘近两千人。布尔军乘胜强渡图盖拉河。在不到三个星期的时间里，布尔军在东线战场上就取得了如此重大的胜利。

在西线战场上，克罗里埃将军率领8000名布尔骑兵进入贝专纳境内。不久就把以贝登堡为首的英军包围在马佛京，从而切断了好望角和罗得西亚的联系。在稍稍往南的地区，德·拉·雷伊指挥下的布尔军向金刚石工业中心金伯利城进攻，包围了这座城市。英布战争的罪魁之一罗德斯也被包围在城内。与此同时，布尔人的另一支强大的机动部队强渡奥兰治河，向南挺进，占领了开普殖民地的东北地区，并发动当地的布尔居民起来同英国当局作斗争。在不到一个月的时间内，布尔军队就获得了辉煌的战果。但是布尔人未能乘胜前进扩大战果，而是把主要兵力固定在围城打援上。由于他们不善于打攻坚战，攻取城池的战术又过于简单，因此布尔军虽然包围了英军的三个重要据点——累迪史密斯、马佛京和金伯利，但始终未能攻克它们，以取得战略上的决定性胜利。旷日持久的攻坚战反给了英军以喘息之机。这时，布尔的统治者被胜利冲昏了头脑，建立"布尔非洲"的愿望又浮现了。他们企图把德兰士瓦和奥兰治以外的开普殖民地、纳塔尔、贝专纳、罗得西亚和其他地区联结起来，一统于比勒陀利亚之下，与英国抗衡。

1899年11月上旬，新任命的南非英军总司令布勒将军率领三万英军来到南非。

在罗德斯的强烈要求下，他不顾一切地派遣大批英军增援并不具有重大战略意义的金伯利城，去拯救罗德斯和他的矿业公司。由于布尔军的顽强阻击，八千多名英军花费了三个星期，才向前推进了二十四公里。英军源源不断地向南非开来。到12月，英军已增至15万人，在数量上已超过布尔军队的一倍。英军企图扭转战局，发起反攻战，从12月9日至15日一周内就发生了英布战争中三次著名的战役：英军第三师在奥兰治自由邦边境的风暴山战役中，全军覆没；增援金伯利的英军遭到布尔人的突然袭击，伤亡、失踪多达900人，司令官乔华普将军也被击毙；英军总司令布勒率领的具有第一流精良武器装备的2万名英军，企图强渡图盖拉河，以解累迪史密斯之围，也毫无成效。在主要战场纳塔尔，战斗十分激烈，尽管英军肆意违犯国际公法，使用了达姆弹，也没有"把战线推进一公尺"。在短短的一个星期内，三次大战役，英军损失惨重，反攻计划化为泡影。在英军战争史上称之为"黑暗的一周"。

面对严重的失败局面，布勒完全绝望了。他在给英国政府的报告中说，要解累迪史密斯之围是不可能的。布勒不愿再听到败北的战报，竟电告累迪史密斯的守军司令霍特："烧掉你的电报密码本吧！"12月18日，布勒被撤职，降为纳塔尔的英军司令。英国新派罗伯茨勋爵任南非英军总司令，基切纳为总参谋长。1900年的1月，英布双方没有采取较大的军事行动，战局外于相持状态。

突破图盖拉防线

1900年2月至8月，战争跨入第二个阶段，英军的战略反攻取得了巨大的胜利。

1900的1月底，罗伯茨和基切纳来到南非。他俩都是双手沾满了殖民地人民鲜血的刽子手。罗伯茨在印度"征战"四十一年，具有丰富的殖民战争经验，因对阿富汗进行殖民战争的"功绩"而臭名远扬。基切纳在征服埃及和苏丹时也获得"功勋"。从1899年12月到1900年1月底，英国从印度、加拿大、澳大利亚和新西兰等地调动大批援军。陆续开到南非各港口，总兵力增加到25万人，远远超过布尔人的兵力。在集结了大量兵力后，罗伯茨和基切纳就重新部署兵力，调整了军事将领，加强了骑兵部队，装备了新式武器，整顿了运输组织。1900年2月，英军大规模的军事行动开始了。

首先，英军开始解金伯利城之围。随着英军部队源源不断地到来，布勒派兵增援金伯利，企图解金伯利之围。但增援的英军遭到布尔军的阻击，这样便形成了包围之包围的战争态势。布勒无法解围，布尔军也无力攻下城池。

布尔军围困金伯利城达一百二十四天之久，给金伯利造成了严重的经济危机。城内食物严重不足，实行卡片定量供应，到处是排队买食品的人群，市场供应十分紧张。饥饿的人们，肚子肿得很大，躺在铁丝

行进中的英军

网下，等待着死神的降临。各种疾病也到处蔓延，白种人的婴儿死亡率达百分之五十，混血孩子的死亡率竟高达百分之九十三点五，对黑人无疑更是一场大灾难。矿上的孩子多死于坏血病。

2月英军开始反攻。英军总司令罗伯茨利用优势兵力和有利地形，发动钳形攻势，从东西两侧同时向布尔军发动进攻，把战斗的重心从纳塔尔转向奥兰治河流域易于攻击的地区。2月15日，英军将领弗伦奇率5000骑兵，从后面迂回绕过克罗里埃的坚固阵地，"像大海里的鱼雷一样横扫大草原"。经过残酷的战斗，最后终于进入了被围困三个月之久的金伯利城。金伯利的解围，是英军的一大胜利，但英军也付出了重大的代价，弗伦奇精锐的骑兵损失惨重，只剩下1500余骑了。克罗里埃的布尔军队遭受挫折后，只得向北撤退，但因行动迟缓，通往奥兰治自由邦的退路已被英军截断。两个星期后，克罗里埃被迫率军向英军投降。

另外，英军加紧突破图盖拉防线。图盖拉河和累迪史密斯是纳塔尔的战略要地，是布尔共和国的门户，它有德拉肯斯堡山脉作屏障，又有布尔人的精锐部队守卫着。四个月来，博塔又在图盖拉河沿岸建筑了坚固的防御工事，易守难攻。起初布勒想用1.5万人的兵力来突破有1.2万布尔军防守的图盖拉防线，但事实证明这是根本不可能的。罗伯茨来到南非后，调兵遣将，

英军入侵马赫迪国家

重新部署兵力，加强了纳塔尔战场的力量，但在金伯利解围前，罗伯茨给布勒的任务只是"严格执行防御"，保住重要的前沿阵地。所以，2月12日以前，布勒连续发动了三次进攻也未突破布尔军的防御工事，进展是极其缓慢的。

在实战中布勒逐渐认识到南非战争是一场现代化的战争，要解累迪史密斯之围应用一把新的"钥匙"，采取一套新的进攻体制，即步兵加炮兵的联合作战体制。大炮不再仅仅是"三幕戏"的第一幕，而是要为先头部队挺进提供一道开路的火力保护网。2月12日，布勒发动第四次进攻，便采用了新的战术。英军用五十门重炮和野战炮对付布尔军的八门大炮，从胡萨高地到金果罗，从金果罗到芒泰·克里斯托，再到赫朗瓦尼，步步为营，一个山头一个山头地向前推进，逐段摧毁了布尔军的防线。金伯利解围的消息传来，又大大鼓舞了英军士兵的士气。19日，赫朗瓦尼被英军占领，打开了通向科伦索的道路，剩下的问题就是如何攻占图盖拉河和累迪史密斯之间的地区了。当天早晨，布勒的两个步兵连不费一枪一弹就开进了科伦索。第二天布尔军逃过了图盖拉河。这样图盖拉河南岸的弧形地带便被英军完全占领了。2月下旬，布勒的大炮每天都在向布尔军的阵地猛烈炮击，英军继续向前推进。21日，布勒的部队渡过科伦索东面的浮桥，打通了沿着介于博塔防线和图盖拉河之间的铁路走廊向东北方向前进的道路。22日前半夜，英军拔除了建立在绿色山头的两个坚固阵地——马蹄山和温山。23日英军攻占了哈特山，这是一场残酷的争夺战，英军以伤亡五百余人，阵亡两名校级军官的代价才夺取了阵地。这场战斗尽管使英

军遭到惨重的损失，但对夺取整个战争的胜利却具有重要意义。从走廊最后的哈特山到累迪史密斯大平原形成双方对垒的阵势，形势变得逐渐有处于英军了：位于幽深峡谷中的掩蔽部可以使英军安全推进到走廊的尽头，而不会受到布尔军阵地的威胁。

英国军队镇压苏丹马赫迪起义军

2月27日，图盖拉河防线的最终突破，这是英布战争的重要转折点。布勒令英军从左右两侧夹击布尔军，左侧是利特尔顿战区，他们用炮火控制走廊下部布尔军的阵地，把博塔的主要兵力阻挡在战壕里；右侧沃伦的三个旅在巴顿指挥下，像三把钢刀插进走廊上部布尔军的阵地，这样便从东侧包围了布尔军的防线。由于山路崎岖难行，布勒的部队被阻挡在铁道山。这时，基切纳的部队从皮特斯山脉边上展开攻势。他们从山坡上端蜿蜒前进，很快就越过铁路线。接着，双方对铁道山和哈特山之间的咽喉地带进行了激烈的争夺，展开了肉搏战。结果布尔军遭到惨败，博塔苦心经营了四个月的图盖拉防线全线崩溃。布尔军队一部分撤退，一部分投降，包围累迪史密斯的布尔军队也被迫后撤，被围困了一百一十八天的累迪史密斯终于解围。

累迪史密斯的解围，为英军打开了通往布尔共和国的大门。英军乘胜追击，3月13日又占领了奥兰治自由邦的首府布隆方丹，插入布尔国家的心脏，使纳塔尔战场形势发生了重大变化。占领开普殖民地北部地区的布尔军，同自己基地的联系被切断，不得不经过英军占领的奥兰治冲往德兰士瓦。布尔军损兵折将，仅在一个月内，就连失两名大将：克罗里埃被迫投降，茹贝尔落马摔伤致死。战争形势的发展对布尔军极为不利，战场转移到布尔共和国境内，英军掌握了战争的主动权。

英军占领了布隆方丹之后，军中伤寒病突然蔓延开来；铁路运输线过长，物资供不应求；博塔接任总司令后，布尔军战术比较灵活，坚决阻止英军前进。以上种种原因，迫使英军不得不暂时中断反攻，布尔军暂时住了几个防御阵地。七个星期后，直到四月底，罗伯茨重新发动总攻。英军倚仗数量上的绝对优势，以两翼包抄相威胁，迫使布尔军从许多坚固的防御阵地撤退。英军节节胜利，布尔军步步后退。5月12日，英军大举进攻克隆斯塔特。5月17日，被包围了二百一十七天的马佛京解围。5月31日，英军直指约翰内斯堡，布尔军被迫放弃城池。6月5日，英军攻入德兰士瓦的首府比勒陀利亚。到夏末，两个布尔共和国的一些最重要的中心城市都被英军占领。布尔共和国享有高龄的克鲁格总统启程前往欧洲，指望说服各大国政府出面支持"布尔事业"。罗伯茨宣布吞并两个布尔共和国，然后把事务交给基切纳便返回英国。因征战有功，罗伯茨被晋升为英军总指挥。至此英布战争的第二阶段告终。

漫长的游击战

当英军在军事上取得巨大胜利的时候，不管在南非或世界其他地区，许多人都以为英布战争已经结束了。罗德斯在南非同盟的集会上发表讲演说："战争已经成为过去。"为了欢庆胜利，英军最高统帅罗伯茨在比勒陀利亚举行了规模盛大的阅兵式。英国政府也于 9 月 10 日正式宣布战争结束，吞并德兰士瓦共和国和奥兰治自由邦。保守党利用战争的胜利，乘机提前举行大选，通过所谓的"咔叽选举"，继续执政。英国矿业资本家、军火大王、将军们、政客们以及整个统治集团的人们，皆大欢喜。但是，他们高兴得太早了。英国的所谓胜利不过是暂时的，战争结束也只是错觉而已。布尔人尽管遭到严重的挫折，丢失了一大片土地、城市和交通要道，但他们并没有被消灭，广大的乡村、草原、高原和山脉仍然被布尔人控制着。布尔政府还在，军队还在。他们化整为零，神出鬼没地破坏交通、袭击英军、夺取武器、捕捉俘虏。实际上，漫长而残酷的游击战争开始了。

茹贝尔落马致死后，博塔将军继任布尔军总司令，他以善于灵活运用游击战术而著名。布尔军队的民团突击体制也很适应于游击战争。他们对每一条沟壑，每一座山头，每一条道路，每一个村庄都了如指掌并且得到绝大多数白人居民的支持。分布很广的农场就是他们巩固的根据地。在博塔的领导下，德·威特将军率领的一支游击队活跃在德兰士瓦的东部，威胁着纳塔尔；史末资将军和德·拉·雷伊将军统率的游击队活跃在德兰士瓦的西部。布尔游击队也经常深入到东起伊丽莎白港，西至纳巴特湾，南达好望角的广大区域内活动。布尔人往往用夺来的武器装备把自己武装起来，使英军往往分不清敌我。他们利用熟悉的地形，经常出其不意地打击敌人，使英军坐卧不安，疲于奔命，惶惶不可终日。1902 年 3 月，梅图安师长率领的一支英军，被德·拉·雷伊的部队包围，无计可施，被迫投降。这个消息使英军十分震惊，吓瘫了基切纳勋爵，使他卧床不起达三十六个小时。

发动战争之初，英国政府错误地估计了形势，认为 1000 万英镑的军费和一个师的兵力就可以解决南非问题。然而战争进行到 1901 年 1 月时，消耗的军费已达8000 万英镑，派出的远征军已超过 24 万人，离结束战争还遥遥无期。1901 年 9 月，基切纳在给罗伯茨的信中写道："我希望那些说战争可以迅速结束的人能来南非，请他告诉我们怎么办！"布尔人的游击战已使英国将军黔驴技穷，一筹莫展了。就连维多利亚女王也坐卧不安。焦急万分。1901 年她临死时的最后一句话是："基切纳勋爵那里有什么消息？"有人认为维多利亚女王的死亡可能是南非战争影响的，因为"她是为战争而劳瘁的"。由此可见，英国统治集团因战争的不利局面已焦急到何种程度。两个小小的布尔国家，居然能使称霸全球的大英帝国碰得焦头烂额，这真是历史的讽刺。但是，英国索尔兹伯里的保守党政府不顾英国人民的反对，也不顾世界舆论和英国部分自由党人的谴责，决心不惜一切代价，把战争进行到底。英国军队在南非采取了最残酷的虐杀手段，如任意屠杀俘虏，建立集中营制度，进行大规模扫荡等。这些残酷的手段都为后来的法西斯所承袭。

从 1900 年 9 月起，英军就在布隆方丹和比勒陀利亚建立集中营，后来又陆续扩大到开普殖民地和纳塔尔地区。仅在德兰士瓦和奥兰治两个布尔共和国境内就建立了八十个集中营。英军到处搜捕，把一个个村庄里的妇女、儿童都关进集中营。1901年10月，被囚禁在集中营里的布尔人已达11.8万人，黑人有4.2万人，基切纳在向英国政府的报告中说："我们现在拘捕了占总数一半以上的布尔人。"集中营里没有房屋，人们大都是风餐露宿；缺乏燃料，人们很难得到熟食；饮水不足，人们只能以污水代替。因此，在集中营里传染病到处流行，因患流行病而死亡的人遍布集中营，特别是在华氏115°高温的夏季，死亡率高的骇人听闻，竟高达百分之四十三。根据官方大大缩小了的统计数字，1901年10月，南非集中营死去3156人，其中儿童占2633人；11月，死去2807人，其中儿童占2271人。1901年9月至11月，死亡总数达8374人。英国报刊对集中营里迫害妇女儿童的残暴行为讳莫如深。1901年1月，英国著名的慈善家霍布豪斯女士对布隆方丹等地的集中营进行了实地调查，揭露了集中营的惨状，引起了世界舆论的普遍愤慨。她在给英国国防部的报告中写道："我认为这个集中营制度极端残暴，它永远不能从人们的记忆中勾销。维护这个集中营就意味着明目张胆地屠杀儿童。英军首创的这种灭绝大量无辜居民的集中营，在第二次世界大战时为德国希特勒法西斯所仿效。

英军进行了大规模的"扫荡"。起初英军只是焚毁铁路沿线十公里以内所有的农庄和房舍，后来这种暴行蹂躏的范围一天天扩大，程度一天天加深，实际上扩大到整个南非地区。英军集结兵力对布尔游击进行全面"分区扫荡"。最大的一次是在德兰士瓦，英军排成50公里宽的密集队形，扫荡可能遇到的所有布尔人。基切纳曾命令英军：不但要包围敌人，而且要系统地、彻底地断绝布尔游击队的供应来源，要把马匹、牛群、谷物、运输工具、男女老少和当地土著居民，一律送往铁路沿线，不能利用的物资立即焚毁，磨房和面包都应毁坏，布尔军人的家属均押解到军中服劳役。

为了彻底摧毁布尔人的游击战，切断布尔军民的"鱼水关系"，从1901年1月起，英军开始设立军事堡垒防线。他们沿铁路和各条战线，三步一岗，五步一哨，每半公里或一公里建筑一座堡垒。堡垒的直径为十二英尺，高六英尺。它的顶部和墙都是用铁制的。堡垒的四周筑起围墙，堡垒之间用有刺的铁丝网连接起来。一般的堡垒驻兵六至十人，重要的堡垒驻兵二十至三十人。英军一共修筑了8000多个堡垒，防线长达4000多公里。

英军的残暴行径给一般布尔和平居民带来了深重的灾难。就连英国自由党首脑坎伯尔·班纳曼在议会的演讲中也揭露了不列颠的野蛮行径，他说：在两个布尔族的国家里，除矿业城市外，所有的地方都成了一片恐怖的荒漠：田舍化为灰烬，乡村变为废墟，大小牲畜一群群被消灭，或被赶走，工厂被破坏，农业机器被捣毁。

尽管英军采用了抢、捕、围、烧、杀等极其残酷的手段，仍然不能阻止布尔人的顽强抵抗。他们的每一个暴行都激起了布尔人的更大的仇恨。活跃在南非草原上的布尔游击队，作战机动灵活，无比英勇，他们神出鬼没，经常出击小股英军，偷袭仓库，阻击列车，夺取英军武器武装自己，使反英战争逐渐成了燎原的烈火，四处蔓延。

残酷而漫长的游击战到 1902 年 5 月已延续了将近两年，英布双方都已精疲力竭。

印度民族大起义

1857 年 5 月，在印度爆发了轰轰烈烈的民族大起义。这是印度历史上第一次由下层人民和部分爱国封建主进行的全国性的反英武装起义。西方习惯称之为"雇佣军兵变"或"土兵起义"。卷入起义的地区占全印面积的 1/6，人口占 1/10。起义持续了两年多，严重震撼了英国殖民统治的根基。

印度民族大起义是英国入侵印度后民族矛盾的总爆发，它的原因可以归结为政治的、经济与社会的、宗教的及军事的 4 个方面。

在印度，英国密切关注英国在印度领土上的利益和印度统治者的行动

英国统治时期的印度，是一个殖民地半封建社会。它是英国用刺刀强加给印度的一种社会形态。按通常的说法，1757 年 6 月普拉西战后，英国占领了孟加拉，这是印度沦为英国殖民地的开端；到 1849 年英国殖民者吞并旁遮普，整个印度都沦为英国的殖民地了。

1600 年成立的"东印度公司"是英国殖民者侵略和掠夺印度的主要工具。在商业资本时期，东印度公司通过贸易、直接掠夺、在孟加拉实行"固定柴明达尔制"，破坏印度的社会经济。但从总的看，这种破坏只是触动了印度社会的表面，而没有破坏印度社会的基础。

19 世纪上半期，由于英国工业资本主义的发展，英国对印度的殖民剥削方式也有所改变。1813 年，英国取消了东印度公司对印度的贸易垄断权，把印度变成倾销英国商品的市场和原料产地，并在

英印军队中的印籍下级军官

农村普遍确立土地私有制，实行农业的商品化生产。英国殖民主义对印度社会的发展，同时起了相反相成的两种不同的作用。一方面，殖民主义的入侵给予印度村社制度以决定性打击，使村社制度彻底解体以至消灭，英国人充当了历史不自觉的工具。另一方面，殖民主义的入侵却给印度社会带来了无穷无尽的灾难，使印度各阶层同英国殖民者的矛盾极其尖锐。

农民和手工业者是社会的下层，受压迫最重，苦难最深，反抗意识最坚决。1813 年，英国取消了公司对印度的贸易垄断权。自此以后，英国工业品像洪水一般涌入印度，对印度的经济发生了毁灭性的打击。例如，1824 年英国输往印度的棉布为 100 万码（1 码等于 3 英尺），1837 年猛增到 6400 万码。印度的纺车和织机迅速

为英国蒸汽机所摧毁，手工业工场纷纷倒闭。纺织业的著名城市达卡，过去有 15 万居民，1840 年减少到 2—3 万，城内长满荆棘，疟疾流行，由一个繁华的城市变成了一个贫穷的小镇。英国的印度总督本丁克勋爵在 1834 年的报告中说："悲惨的境况在商业史上是无与伦比的。棉织工人的白骨使印度平原都白成一片了。"广大手工业者和农民，深受国破家亡之苦，他们很自然地成为反英起义的主力军。

兵营中正在进行锻炼的印籍士兵

征收高额土地税是英国殖民者增加收入的主要来源。英国殖民者在印度的一些地区实行了几种征收土地税的办法。1793 年，在孟加拉、比哈尔和奥里萨实行"固定柴明达尔制"，即英国没收了这些地区的封建主和公社的土地以后，把土地交给包税人柴明达尔。包税人向东印度公司交纳相当于1790 年实际税额 9/10 的定额土地税。在孟买和马德拉斯的大部地区，土地私有制根深蒂固，英国于 1820 年实行"莱脱瓦尔制"，即农民租佃制。该制度虽然承认公社农民对于耕地的所有权，但农民必须向公司缴纳相当于全年收成的 1/3 到 1/2 的土地税，农民实际上成了公司的佃农。1822 年又在中部地区实行"不固定柴明达尔制"，规定柴明达尔负责向农民征收租税，税额不固定，每 25 年至 30 年重定一次。英国在印度实行的土地税制，虽然形式多种多样，但本质则在于最大限度地压榨农民。马克思在论到这些制度的实质时说："这两种制度都是贻害无穷的，都包含着极大的内在矛盾，都不是为了耕种土地的人民群众的利益，也不是为了占有土地的掌管人的利益，而是为了从土地上征税的政府的利益。"新的土地税制把农民压得喘不过气来，致使农业衰退，土地荒芜，饥荒不断。据统计，到 1830 年，马德拉斯省有1/4 的土地荒芜。19 世纪上半叶，印度先后发生 7 次饥荒，饿死 150 万人。其中1837 年西北省的饥荒最为严重，饿死 80 万人。马克思指出："无论是在孟加拉的柴明达尔制度下，或者是在马德拉斯和孟买的莱特瓦尔制度下，占印度居民 11/12 的莱特农民都遭到了可怕的赤贫化。"印度农民的悲惨处境，使他们对英国殖民者充满了深仇大恨。

英国的殖民统治也损害了部分印度封建王公的利益。印度各邦的封建王公原是英国殖民统治的支柱，但殖民当局为扩大直接统治区的地盘，以开辟更广阔的市场和更多的原料产地，采取兼并部分封建王公领地的政策。1848 年戴贺胥任总督后，按照殖民者的所谓"丧失权利说"，规定王公死后若无直系后嗣，其土地和年金即由东印度公司收回。通过这种手段，殖民者先后兼并了萨塔拉、那格浦尔、詹西等 10多个封建土邦，剥夺了印度土邦王公的世袭特权。1856 年，殖民当局竟宣布奥德王公不善治理，强行吞并其领地。另外，还剥夺了马拉特王公那那·萨希伯领取年金的继承权，没收了印度教和伊斯兰教寺院大量的土地。英国殖民者的这些政策，损害了土邦王公的利益，把封建王公中的一部分人也推向起义者一边。

英印军队中的印度土著雇佣兵是当时印度唯一有组织的力量。这种给英国人当兵的印度人被称为"土兵"。大起义前夕，英印军队总数超过 28 万人，其中英籍官兵只有 4.55 万人。英印军队分 393 部分，即孟加拉军、孟买军和马德拉斯军。孟买军人数超过 17 万，其中印籍士兵约 14 万。他们都是破产的农民和手工业者，为生活所迫而受雇于公司。在征服印度的长期战争中，殖民者曾施以小恩小惠，对他们进行笼络和收买，如薪饷较高、纳税较轻等。当英国利用土兵征服整个印度以后，对土兵也改变了政策：干涉他们的信仰，触犯他们的种姓；削减他们的薪饷，因而激起了他们的反抗情绪。有些印度土

乘坐各种交通工具赶向德里的英军士兵

德里激战的场面

兵团，因为政府未能满足其发给远征津贴的要求，在 1857 年起义前的 13 年中已发动过 4 次叛变。印度土兵成为印度人民过去从未有过的第 1 支核心的反抗力量。

英国殖民者大大强化殖民统治，使印度人民"所遭受的灾难具有了一种特殊的悲惨的色彩"。这样，反抗英国殖民统治的民族起义在全国酝酿起来。

这次民族大起义不再像以往封建主领导的起义那样，只谋求恢复个别土邦的独立，而是以恢复全印度的独立为目标。革命士兵和下层群众向往恢复独立，但决不希望再出现诸侯割据、战乱不已的局面。至于封建主，许多人也看到统一是大势所趋；此外，以往斗争失败的教训也使他们认识到，只有提出全局的反英目标才能动员全国的力量共同进行斗争。这次起义所以显示了以往任何起义所不能比拟的威力，首先就是因为有了这个全局性的共同目标。

1857—1859 年印度民族起义可分为四个阶段：

起义的酝酿和开始（1857 年初—5 月中旬）

19 世纪中期，印度到处弥漫着对英国殖民者的不满情绪，社会各阶层都在秘密酝酿起义。早在 1856 年，印度教徒和伊斯兰教徒就在广大城乡进行各种形式的反英宣传。一些大城市出现了号召人民赶走外国侵略者，进行"圣战"的文告。民间到处是用人民喜闻乐见的艺术形式进行广泛宣传。在神殿和广场树阴下常常聚集着人群，往往可以听到苍劲悲壮的歌声。揭露英殖民者的戏剧《暗蓝色的镜子》在德里、阿格拉、勒克瑙等地巡回演出。马德拉斯的小封建主莫尔维·阿赫马德·沙从南到北，在各地号召举行反英起义。后因建立武装组织被捕。1857 年初，马尔瓦和西北

各省农村中，传递着神秘的烤薄饼。2月，这种被看作起义的信号传到了德里城下。在雇佣兵中传递着同样象征的荷花，而且产生了秘密组织五人会——潘查雅特。

涂油子弹问题成为民族起义的导火线。1857年初，殖民当局发下的子弹涂有牛油和猪油，士兵使用时必须用牙咬破包装纸。印度两个最大的宗教是印度教和伊斯兰教。印度教徒视母牛为神圣，而伊斯兰教则忌讳猪肉。这样就伤了两个最大宗教信徒的感情。因此，土兵对于殖民者这样的恶毒用心极为愤恨。从2月到4月，军队哗变事件不断发生。3月29日，第34步兵团土兵曼加尔·潘迪，怀着对殖民者的满腔怒火，开枪打死3个英国军官，被处绞刑。这次事件加速了民族起义的爆发。

5月10日，驻在德里附近的米鲁特的土兵首先发难，点燃了印度民族大起义的烈火。起义的印度土兵和以后的起义者鉴于大敌当前，放弃了宗教偏见，用他们曾经拒绝使用的涂油子弹来回击英国殖民者。他们趁英国军官在教堂做祈祷，包围了教堂，杀死英国军官，焚烧兵营和殖民官署，打开监狱，释放囚犯。起义者还封锁了铁路。就这样，米鲁特起义当天就取得了胜利。

寺院坐落于拥挤不堪的恒河岸边

高 潮（1857年5月—9月）

5月10日晚，米鲁特的起义军乘胜向德里进发。11日上午抵德里。城内军民纷纷响应，严惩英国军官，烧毁殖民者的住宅，打开城门迎接起义军。起义者很快就占领了古都德里。

德里的占领，是起义者的第一个重大胜利。它沉重地打击了殖民主义者的统治，极大地鼓舞了人们的斗争信心。从此，那些对英国统治者心怀不满的贵族、僧侣也纷纷参加到起义队伍中来，初步形成了一个包括各阶级、各种力量的反英战线。起义军拥立莫卧儿王朝末代皇帝巴哈杜尔·沙为印度皇帝，成立了由6名军官和4名文官组成的起义领导机构行政院。行政院发表文告，号召人民不分宗教信仰，团结对敌。行政院还颁布命令，废除"柴明达尔制"，取消贫民捐税，对地主、富商和高利贷者征收特别税。

德里起义政权的建立具有重大的政治影响，它意味着起义者取得了全印的政治中心，德里起义的胜利有力地推动了其他各地的反英斗争。奥德省的勒克瑙、坎普尔和中部的詹西成为起义的重要中心。

到这时，英国侵略者才慌了手脚。总督坎宁勋爵下令从各处调兵：从缅甸、马德拉斯等地调兵，把参加波斯战争的军队调回印度，又请求额尔金勋爵把准备派往中国去镇压中国人民的军队转派到印度。同时，采取各种手段，拉拢印度土邦王公和大地主，来分化印度方面的团结。6月8日英军首先围攻德里。德里4万起义军英勇战斗，不断出击。英军屡遭挫败，不能前进一步。7 月 4 日，英国驻奥德的行政长官亨利·劳伦斯爵士身负重伤，一命呜呼。

在图盖拉山谷的英军骑兵部队

勒克瑙和奥德全境起义的胜利，使英国人从印度东南方向德里进攻的计划成为泡影；零散在恒河一线的英军不时地受到奥德起义军民的威胁。

继勒克瑙起义之后，西南的坎普尔，东南的贝拿勒斯、阿拉哈巴德于 6 月初也相继起义。对战局有重要影响的是坎普尔。坎普尔地处恒河南岸，是英国人在印度东北部的军事重镇，也是这次民族起义前秘密组织活动最早的发源地之一。那那·萨希伯是那里的组织者和领导者，他的家臣坦提亚·多比参加了起义，后来成为著名的起义将领。

中印度的起义中心在詹西。5 月 10 日米鲁特起义以后，詹西女王拉克希米·巴伊就积极准备起义。6 月 4 日，她在詹西举起义旗。詹西女王身着武装，亲临前线巡视和指挥。英国殖民主义者及其爪牙据守市区的碉堡进行顽抗。7 日，女王命令骑兵团长卡拉·汗和税务官穆罕默德·胡西恩率兵攻打。堡垒里面的印籍士兵起义响应。8 日，英国殖民者竖起白旗投降。起义军民举行示威游行，欢庆胜利，英国殖民主义者被斩首示众。詹西女王再度登上王位。起义军向全邦发出通告：“世界属上帝，印度属德里莫卧儿皇帝，詹西属拉克希米·巴伊”。

民族起义的烽火不仅遍及北部印度和中印度各地，而且还进一步深入印度的南方。海德拉巴和孟买是南印度发动起义的两个重要的地方。但在南印度没有形成起义的中心。

相　持（1857 年 9 月—1858 年 6 月）

在起义广泛发展的过程中，逐渐形成了以德里、勒克瑙、詹西等几座大城市为中心的起义据点。而德里尤为引人注目，因而成了英国进攻的主要目标。

英国人经过了一阵慌乱之后，逐渐由被动转为主动。他们以旁遮普为基地，6 月 8 日向德里进攻。德里起义者在战略上采取守势，没有乘胜出击，拔除城外敌人据点。混进起义队伍的封建王公，阴谋叛变；地主、富商囤积粮食，抬高物价，窝藏军火，甚至私通英军，盗卖情报，炸毁军火库。他们的叛卖活动，严重地削弱了起义队伍的力量。英军利用起义队伍的弱点，组织反攻。9 月 14 日，英军向德里发动总攻，在炮兵的支持下，闯进了城里。起义军同英军进行了激烈的巷战。在 6 天的保卫战中，起义者打死敌军 5000 余人，击毙两个英军司令官。英军对起义军民进行了野蛮的报复。在德里开始了血腥的大屠杀。以巴哈杜尔·沙为首的王公贵族屈膝投降，起义军被迫退出德里。

9 月 19 日德里陷落后，奥德首府勒克瑙成为起义军的中心。英军以坎普尔为基地，4 次派援军来解围勒克瑙巡抚官邸的英军，接着向勒克瑙进攻。1857 年秋，起义军达 5 万人以上。1858 年初，集中在勒克瑙的起义军接近 20 万人，其中 3.5 万以上是孟加拉军团的印度雇佣兵。然而，他们大部分人的武器是马刀。奥德封建贵族集团反对莫尔维·阿赫马德·沙对军队的领导，并把他投入监狱。在起义军士兵要求下，封建贵族集团释放了他，但为时已晚。

印度北部城市勒克瑙遍布印度兵遗骸的废墟

1858 年 3 月初，英军集中 9 万名武装精良的军队和 180 多门大炮，开始向勒克瑙进攻。面对强大的敌人，起义者展开了英勇顽强的斗争，战斗持续两个多星期，3 月 21 日，起义军主力开始撤离，勒克瑙陷落。

德里、勒克瑙相继沦陷以后，詹西成了最重要的起义中心，中印度的英军总指挥休·罗斯爵士率其主力，于 1858 年 1 月 6 日，从因陀尔附近的姆霍出发，向詹西进军。3 月 20 日，罗斯的军队抵达詹西南郊。25 日，双方展开激烈的炮战，詹西女王亲临前线指挥。一个目击者说，拉克希米·巴伊"一直在繁忙地指挥战斗。她亲自察看每件事物，不断传下重要的命令，哪段城墙危险，她立刻命人去抢修。"在女王的率领下，詹西军民多次打哑敌人的大炮，致使敌军一时难于攻入城内。4 月 1 日，坦提亚·多比率领援军 2.2 万人从卡尔皮赶至詹西，从背后打击敌人，但因麻痹轻敌，当英军调头反攻时，他的军队被击溃，损失惨重，不得不向卡尔皮撤退。詹西的处境越来越困难，女王毫不气馁，仍顽强地坚持斗争。3 日，敌人向詹西正门（北门）发起进攻，女王同往常一样，亲临前线，不仅在精神上鼓励战士英勇杀敌，而且对那些打得特别出色的战士赠与金银财宝或其他实物。战士们冲杀勇敢，一度迫使敌人退却。由于内奸的叛卖，敌人从南门进入市区，并逐渐逼近王宫。4 日，战斗集中在王宫附近。女王登上堡垒，环视詹西全城，亲眼看到市民被屠杀，房屋被烧毁，财产被劫掠的情景，怒火万丈。她拿起佩刀，率领 1000 名战士向敌人冲击。双方展开白刃战。正在这时，有使者前来向女王报告：北门的守门官库阿尔·库达·巴克什和炮兵军官古兰·戈斯·汗阵亡，北门已向敌人敞开。女王见大势已去，不禁大声痛哭。她对那位使者说："我决定亲手点燃军火库，和它同归于尽。"后经那位使者劝说，决定连夜突围，支援外地的独立战争。当天夜里，詹西女王从北门突围而出。5 日，詹西城沦陷。

游击战（1858 年 6 月—1859 年）

德里、勒克瑙、詹西等起义中心相继陷落后，各地分散的起义军转入游击战。当时，活跃在各地的起义军至少还有 15—20 万人。

游击战主要在 3 个地区进行：奥德和罗希尔坎德地区，起义军领袖为奥德皇后、那那·萨希伯及其弟巴拉·劳·阿赫马德，沙。东南奥德和西比哈尔地区，起义军领袖为库马尔·辛格和其弟阿马尔·辛格、朱斑·辛格。朱木纳河和纳尔巴达河之间的广大中印度地区，起义军领袖为詹西女王、坦提亚·多比和拉奥·萨希伯。

而中印度的游击战争，无论就活动范围或持续的时间，都远远超过前两个地区。

中印度的起义军自詹西沦陷后即向卡尔皮集中，詹西女王、坦提亚·多比等起义军领袖决定据守这一战略要地。但受到北印度和南印度敌军的两面夹攻，不得不于1858年5月22日撤离卡尔皮，向西边的瓜廖尔进军。6月1日，起义军解放瓜廖尔，建立了临时性的政权机构，由拉奥·萨希伯为首相。6月3日，在瓜廖尔城内举行盛大典礼。首相任命了以拉姆·拉奥·戈文德为首的一批大臣，任命坦提亚·多比为起义军总司令。

英国人对此十分恐慌，从各方面调兵遣将。6月17日，中印度英军总指挥罗斯率军进攻瓜廖尔。坦蒂亚·多比负责指挥城防的战斗，詹西女王负责指挥城郊的战斗。东南郊一带的战斗最为激烈，詹西女王一直和起义士兵们一起奋战。一位目击者描写了女王在战场上英勇杀敌的情景："美丽的女王立即奔向战场，坚定地反击休·罗斯爵士的军队。她率领她的军队对罗斯的军队进行多次猛烈

印度的马达拉斯港，印度人将英国殖民者及其妻子抬上岸

的攻击。虽然她的军队被敌人的炮火打乱，伤亡愈来愈大，但女王仍旧出现在最前线，聚结她的散乱的军队，表现了她那非凡的勇气。不过，所有这一切都无济于事。休·罗斯亲自率领骆驼兵向前冲击，冲断了女王最后的阵线。尽管如此，不屈不挠，英勇无畏的女王仍坚守在她的阵地。"正当女王以"这种世所罕见的英雄气概"抵抗罗斯爵士的时候，其余的英军从背后袭来，女王腹背受敌，壮烈牺牲。坦提亚·多比为了保全实力，决定放弃瓜廖尔。6月20日起义军撤离瓜廖尔。

坦提亚·多比退出瓜廖尔后，与英军反复周旋，转战各地，使英军疲于奔命，一筹莫展。但这些优势并未充分发挥。由于内部争执，无法协同作战；英国殖民者实行收买政策，许多封建主叛变。1859年1月，巴克德·汗、那那·萨希伯退走尼泊尔。4月18日，坦提亚·多比遇难。年底，零星的游击战最后停止。

明治维新

我们以复杂的心情看着日本崛起的历史。日本明治维新之前，德川幕府多次颁布海禁和严禁基督教的法令，并严格限制对外通商。在各个方面，都是中国的翻版。但是从明治维新开始，日本励精图治，迅速崛起，并且多次发动对外战争，成为世界一流强国，对东亚甚至世界格局产生了重要影响。

倒幕运动

日本在明治维新前是一个闭关自守、封建落后的国家。这个国家号称"神国"，是所谓"诸神保护的国家"。天皇就是神的化身，他对自己的臣民拥有至高无上的权力。"忠君报国"、"效忠天皇"的思想一直是日本封建社会的最高道德准则。

到了 17 世纪初，国家权力落到了由德川家康创立的被称作"武家政权"的德川幕府手中。德川家康，原是一个地方诸侯，在多年的群雄争霸战争中势力逐步扩大，并于 1600 年关原之战中击败了与之对立的大名，奠定了日后总揽天下的基础。1603年，德川家康从日本天皇那里取得"征夷大将军"的称号，并在江户城创设了封建军事专政政权。此后，德川一家世袭相承，经十五代将军，在日本维持了长达二百六十余年的幕府统治。

在德川幕府统治下，日本名义上的首脑是天皇，但实权已落在德川家族的手中。当时幕府将军把持着全国最高土地所有权，直辖约占全国耕地总面积的四分之一，是最大的封建领主。并且，还掌握着全国的商业城市和矿山，垄断着对外贸易，控制着国家经济命脉。在政治上，德川幕府名义上是"大将军"，实际上自称"大君"，对外代表国家，对内主持政府，大权独揽。最典型的是，幕府并不设在首都，而在江户办公，处理国家大事，往往自作主张，根本不把天皇放在眼里。

为了加强自己的统治，德川幕府在日本全国实行了"幕藩体制"，这是一种金字塔般的制度，德川幕府将军端据于其顶，下面由各诸侯支持。为了获得大名的拥护，德川家族把掠夺来的土地分封给 260 家大名，各地大名则必须宣誓效忠将军，遵守幕府法规，听从调遣。大名的领地和统治机构叫做"藩"，意即幕府的屏障。并按亲疏关系，把 200 多个藩分为亲藩、内藩和外藩，将军依靠亲藩、内藩，对边远的外藩大名严加防范。大名又把自己的领地分割成更小的单位分赐给自己的家臣，他们属于将军和大名之下，被称做武士。这些武士一般是职业军人，拥有佩刀的特权，杀死平民可以不受惩罚，是幕府将军统治人民的主要力量。

为了更加巩固自己的统治，幕府一方面拼命鼓吹迂腐的儒家思想，尤其把宋朝理学家朱熹的学说定为国学，禁锢人民的思想，压制他们的反抗情绪；另一方面，推行闭关自守的"锁国"政策，不同其他国家建立任何关系，把整个日本严密地封闭起来。

18 世后期，随着商品经济的发展，出现了新兴的地主阶级和商业资本家，他们为了争得政治上的地位，摆脱封建统治，对幕府制度产生强烈的不满。而广大的人民群众不堪忍受苦难的生活，反抗的情绪也日趋高涨，接连爆发无数次农民起义和市民暴动。这些反抗斗争，严重地动摇了幕府的统治。

19 世纪中叶，一向奉行"锁国政策"的日本，遭到美、英、法、俄等国的侵略。1853 年和 1854 年，美国海军将领柏利率领舰队两次闯进江户湾，迫使日本开港通商。幕府屈服于列强的炮火，连续与列强签订了很多不平等条约和关税协定，出卖国家主权和民族利益。日本面临着严重的民族危机。日本人民仇视外国侵略者，更痛恨和侵略者相勾结的幕府。农民和市民纷纷起义，开展"倒幕"运动；中下层武士、商人、资本家和新兴地主中的改革势力也投入了"倒幕"斗争。

1863 年 12 月，长州藩讨幕派高杉晋作率领以农民为主体的"奇兵队"击败保守派，夺取了藩政权。随后，萨摩藩讨幕派西乡隆盛、大久保利通等人也控制了藩权。不久，这两股力量结成讨幕联盟，成为全国讨幕运动的核心。他们一方面实行政治、经济改革，以调动农民、商人和中下级武士的积极性；另一方面，在军事上武装自己，购置大量的西方先进武器，与幕府军队抗衡。

面对这个情况，德川幕府自不会善罢甘休。1866 年 5 月，幕府借口长州藩蓄谋叛乱，派遣大军讨伐。以为胜券稳操的幕府军对于他们对手的详情是所知不多的，只晓得高杉晋作的部队唤作奇兵队，是用各种稀奇古怪的洋玩意装备起来的，但是等到了战斗打响时，幕府军终于发现他们的敌手是可怕的。那是支由贫穷武士、浪人、农民所组成的军队，所有官兵都作战勇敢，所有服装、武器和训练方式都取法于欧洲。几番冲杀和突击，幕府军终于撑不住，败下阵来。这时，幕府的后院又开始起火，各地不约而同地爆发了 40 多起暴动。7 月间，将军家茂在大阪于绝望中病死。

1866 年的 12 月，德川庆喜继任将军。不久，压制讨幕派的孝明天皇去世，不满十五岁的明治天皇即位。这时，宫廷形势开始向有利于讨幕派方面发展。1867 年 10 月，萨摩、长州、安艺三藩讨幕派在京都召开秘密会议，决定利用年幼的明治天皇的名义武装倒幕。他们一方面扩充兵力，另一方面秘密同天皇取得联系，准备发动宫廷政变，把德川将军赶下台去。

1867 年 12 月 9 日，西南各诸侯率兵包围皇宫，解除德川幕府驻后宫警卫队的武装。他们簇拥着年少的明治天皇，召开御前会议，宣布"王政复古"，大权全归天皇掌握。明治天皇随即颁布诏书，决定建立由他领导的新的中央政府，并委派西乡隆盛和大久保利通这些改革派主管政事。

1868 年 1 月底，倒幕军在京都附近击败幕府军队，德川庆喜逃往江户。政府军不给对方以喘息之机，跟踪幕府残军，迅即包围江户。2 月，天皇组织了讨幕军，由于广大农民和城市贫民积极配合，倒幕军终于打败了比自己数量大三倍的幕府军，德川庆喜被迫投降，统治日本长达 200 多年之久的德川幕府垮台。倒幕派取得了胜利，建立起以明治天皇为首的日本新政府。明治天皇废藩置县，将全国划为三府七十二县，消灭了国内的封建割据势力，建立起一个统一的中央集权的国家，为发展资本主义扫除了障碍。

明治维新是日本挤进资本主义列强的转折点。新兴的资产阶级与保留下来的封建贵族相勾结形成军事封建帝国主义，极力对外扩张，成为第二次世界大战的策源地。给世界带来了巨大的灾难和痛苦。

明治维新

19 世纪后半期，继英国、法国等欧洲国家和美国等美洲国家的资产阶级革命胜利之后，日本也出现了一次在政治、经济、思想文化等领域的全面革新运动。这场以推行资本主义新政为目的的资产阶级革新运动，开始于明治年间，所以史称"明治维新"。

在 19 世纪之前，日本是一个闭关自守、封建落后的国家。在这个自称为"神国"的国家里，天皇被认为是神的化身，对自己的臣民拥有至高无上的权力。1603 年，德川家康消灭了当时日本各地的割据势力，在江户设置了幕府，开始了德川幕府的统治时期。

在德川统治时期，天皇只是名义上的最高统治者，国家的实际权力则落到了世袭的幕府将军手中。幕府并不在首都而在江户办公，在处理国家大事时，往往自作主张，根本不把天皇放在眼里。除皇族外，日本存在着严格的四个封建等级，即"士、农、工、商"。

士和皇族是国家的统治阶级。士中的将军具有最高的地位，拥有全国土地的支配权，其领地占了整个日本的1/4。并且，还掌握着全国的商业城市和矿山，垄断着对外贸易，控制了国家的经济命脉。在政治上，德川幕府名义上是"大将军"，实际上自称"大君"，对外代表国家，对内主持政府，大权独揽。

其余的土地分给了260多个"藩"，即大名。大名从属于将军，向将军担负军事和其他方面的义务。为了更好的进行统治，德川幕府按照亲疏关系，把这些藩分为亲藩、内藩和外藩，将军依靠亲藩、内藩，对边远的外藩大名严加防范。武士是将军和大名的臣属亲兵。实际上，德川幕府主要就靠武士来维持自己的统治。

明治维新之前的四个等级

农、工、商分别是当时日本的农民、手工业者和商人，是被统治阶级。此外，当时日本还有"秽多"、"非人"等贱民，这些人的社会地位就更加低下了。广大群众不堪忍受苦难的生活，反抗的情绪日趋高涨，接连爆发农民起义和市民暴动。这些反抗斗争，严重地动摇了幕府的统治。

在18世纪中叶后，商业资本开始进入日本农村，导致农民进一步丧失了原本就很微薄的土地。这些新兴地主在控制土地的同时，还控制了农民的家庭手工业，开设了纺织业手工场。此后，棉纺织品、采矿以及一些海产加工工业的资本主义手工场开始在日本出现。很快，日本出现了江户、京都等商业中心，并且出现了三井、鸿池等拥有巨额财产的商业富豪。这些地主阶级和商业资本家为了争得政治地位，对幕府制度产生了强烈不满。

明治维新前的日本社会

近代资本主义的发展，动摇了原本非常坚实的封建主义制度。本来作为统治阶级的士，对工商业是持鄙视态度的。但是随着商品货币经济的渗入，这些士和商人、高利贷者形成了相互依赖的关系。他们有的和商人共同出资以经营工商业，有的则向高利贷者大举借债。工商业的崛起和传统统治阶层财政上的分化，使得靠将军、士等发放的俸禄为生的武士的生活也颇为艰难。

正当日本国内统治开始动摇时，西方殖民主义开始大举入侵日本。早在16世纪中叶，葡萄牙、西班牙以及荷兰、英国等欧洲国家就开始在日本传教通商。幕府为了巩固封建统治，抵制资本主义对日本的影响，曾先后 5 次发布"锁国令"，规定日本只能和中国、朝鲜、荷兰进行少量的贸易，与其他国家的贸易一律禁止。这种闭关锁国的局面持续了 200 多年。

美国、俄国、英法等国家曾多次提出日本开设通商港口，但是遭到了日本政府的拒绝。1853 年，美国海军将领柏利率领海军舰队两次闯入江户湾，以炮轰江户相威胁，迫使日本开港通商。次年，日本和美国签订了《日美和好条约》。不久，幕府连续与英国、俄国、荷兰等签订了不平等条约和关税协定。1863 年，英法联军借口日本个别武士排外，炮轰鹿尔岛，并最终索取了大量赔款。1864 年，英、法、美、俄四国组成联军，炮轰下关，要去下关海峡自由通航，并再次勒索了大量赔款。

这些不平等条约的签订，使日本国内面临更加严重的统治危机。大批农民和手工业者因为外国商品的进入而纷纷破产。民族矛盾和阶级矛盾迅速激化，最终爆发了推翻封建幕府、争取民族独立的斗争。

1859 年，当幕府要求天皇批准《安政条约》时，以长州藩和萨摩藩为首的下级武士聚集京都，联络部分王宫贵族，策划推翻幕府统治。幕府大老片伊直弼为了恢复幕府统治的力量和威信，随之制造了"安政大狱"，杀害了大量改革派人员；并于 1863 年，在京都策划了一次政变，把改革派贵族和长州藩武士都驱逐出了京都，然后发动了两次征讨长州藩的军事行动。

但是幕府军队在征讨长州藩的过程中不仅没有成功，反而使自己原本就虚弱的统治力量变得更加虚弱。1866 年，长州藩和萨摩藩秘密结成反幕府的军事同盟。军事同盟一方面实行政治、经济改革，以调动农民、商人和下级武士的积极性；同时购置了大量西方先进武器，以与幕府军队抗衡。

同年 12 月，倾向于保留幕府统治的孝明天皇去世，不满十五岁的明治天皇即位。次年 10 月，天皇给军事同盟密诏，要求他们讨伐幕府。在讨幕派大军压境的情况下，德川庆喜采取了以退为进的策略，宣布"奉还大政"，主动请求辞去将军的职位，把政权交还给天皇。这一举动使得讨幕派"师出无名"，同时德川庆喜可以利用这段时间组织军队进行反扑。

讨幕派识破了幕府的阴谋，于 1868 年 1 月 3 日率兵包围皇宫，解除德川幕府驻后宫警卫队的武装。明治天皇当即召开御前会议，天皇发布《王政复古大号令》，废除幕府，令德川庆喜"辞官纳地"，并且随即颁布诏书，决定建立由他领导的、名为"太政官"的新中央政府，并委派西乡隆盛和大久保利通这些改革派主管政事。8 日及 10 日，德川庆喜在大阪宣布"王政复古大号令"为非法。

德川庆喜连夜逃出京都而退居大阪，准备集中全部兵力做最后一番挣扎。他们打着"解救天皇，清除奸臣"的旗号，兵分两路，准备夹击京都。随之，幕府军队和天皇军队在京都附近的鸟羽、伏见一带进行决战。士气旺盛的新政府军以 5000 兵力一举击败了 3 倍于自己的幕府军。1869 年春，天皇军出征北海道，于 6 月 27 日攻下幕府残余势力盘踞的最后据点五畯廓，戊辰战争结束。4 月，在天皇军队大军迫近江户的时候，德川庆喜献城投降。统治日本长达 260 多年的德川幕府至此宣告覆灭。

德川幕府倒台后，天皇成立的政府成为全国唯一合法的政府，天皇则成为全国最高统治者。新政府内的高级官员都由天皇直接任命，并对天皇负责。同时，新政府在财政上受到了三井、小野等财团的支持。7月，天皇宣布迁都江户，并将之改名为东京。

在经济上，明治天皇于 1868 年—1873 年逐步废除了封建领主的地方割据，以加强天皇的中央集权统治。同时，在经济、政治、文化、社会等方面开始了自上而下的、史称"明治维新"的资产阶级改革。

1868 年 3—4 月间，明治政府先后颁布了《五条誓文》和《政体书》，从而提出推行资本主义新政的两个纲领性文件，开展了大刀阔斧的维新运动。

《五条誓文》的内容是：一、广兴会议，决万机于公论；二、上下一心，盛行经论；三、官武一体，以至庶民，各遂其志，勿使人心倦怠；四、破除旧来之陋习，一本天地之公道；五、应求知识于世界，大振皇基。在《政体书》上，提出要在日本实行"三权分立"制度，反映了资产阶级的政治要求。

根据这些纲领性文件，明治天皇在以下几个方面进行了改革。

在政治方面，首先逐步削弱了封建割据的势力，建立中央集权的统一国家。1869 年 1 月，萨摩、长州等几个藩奏请奉还版籍，归还土地和人口与中央。同年 7 月 25 日，天皇下诏接受各藩奉还土地和人口，任命藩主为藩知事。1871 年 8 月 29 日，天皇宣布废藩置县，解除旧藩主的藩知事职务，建立近代府具体制，此后日本建立了府、县、道地方体制，原有的封建领主制被废除。

此外，天皇废除了封建等级制度，实行"四民平等"。首先，将大名、公卿等统一改名为"华族"，一般武士为"士族"；随之，正式确立皇族、华族、士族和平民的份制，农、工、商及贱民一律归为平民，并且取消了武士特权。这一措施，使得原有的武士阶层彻底瓦解，中上层武士后来成为资本家，下层武士则成为劳动者。然后，取消过去根据身份不同而规定的职业、通婚、生活规则等限制，允许不同阶层的人通婚、自由选择职业、自由选择居住地，实现形式上的平等。

在军事上，1871 年，日本建立了专门保护天皇的部队，称"亲兵"；同时，对原有各藩拥有的军队进行改编，使之成为政府军队的主力。1872 年，天皇仿效西方资本主义国家，颁布了《征兵令》，取消了武士独占军人身份的特权，实行征兵制，建立了近代常备军。这支富于武士道精神、绝对效忠天皇的新式军队，成为日本后来对外侵略扩张的主要工具。此外，日本在全国建立了中央集权的"国家警察"制度。

在经济方面，明治天皇采取各种措施，大力发展资本主义经济。1868 年，政府下令解除各藩设立的税卡；1869 年，废除大商人对对外贸易的垄断权，并且鼓励发展对外贸易；1873 年 7 月，日本天皇发布《地税改革法》，允许土地私有和自由买卖，废除禁止土地买卖的法令，正式从法律上保障新兴地主的土地所有权；把年贡制（即由农业生产者按收获量向领主交纳实物或代金）改为地税制，由国家向土地所有者按法定地价征收固定货币地税。

政府对纺织、水泥等轻工业部门极为重视，投入大量资金，引进西方先进技术，并且聘请国外的技术工人，扶持私人企业。针对日本资本主义经济相对薄弱的情况，政府以国家力量投资举办一些私人无法开办的近代工业，如铁路、钢铁冶炼、机器制造、邮电等，当然，同时鼓励有能力的私人发展这些行业。在起到示范作用后，政府把这些国营企业贱价甚至无偿转让给和政府有联系的私人资本家，例如，三井财团得到了煤矿、纺织厂和制丝厂等，而三菱财团则得到了造船厂、金矿和银矿等。

在教育方面，政府推行"文明开化"政策。1871年设立文部省，统一管理全国的教育事业，改革旧有教育制度。1872年，文部省发布了《学制布告》、《学制》等文件，提出任何人都享有平等的受教育权利，同时在日本实行小学义务教育制度；为了尽快移植和利用西方最新技术，在教育课程中设立大量科技课程，规定每个学生学习科技课程的时间要占到全部时间的一半；同时，政府非常强调大学教育，并且选派优秀人才去西方大学留学，这批人后来成为资本主义经济发展的重要建设人才。

同时，著名思想家、"近代日本哲学之父"西周等人倡导学习西方思想，而福则谕吉等人则提倡"实学"，以儒家吸收西学，接受西方自然技术思想，以"天"接受天赋人权思想。从这一点来看，日本明治维新比中国有些思想家的"以儒学排斥西学"要进步得多。

应该说，日本的明治维新在短时间内就取得了巨大成功。四五年后，日本棉纱的出口量就达到了全世界总出口量的1/4。三十年后，日本已经从落后的封建农业国进入新兴工业国的行列。这些有利于资本主义经济发展的改革措施，使日本迅速走上了资本主义发展的道路。此后，日本逐步摆脱美国、俄国等势力的控制，逐步废除了不平等条约，收回国家主权，摆脱了民族危机，成了独立发展的资本主义强国，并且以自己的军事、经济优势进攻朝鲜、中国大清王朝。

明治维新后，日本迅速崛起，成为亚洲近代唯一走上独立发展道路的国家，并且逐步步入了先进的资本主义国家的行列。此后，新兴的日本资产阶级和残余下来的封建主义一起形成了军国主义，发动日俄战争，成为第二次世界大战的策源地。所有这些，都离不开明治维新。明治维新后，随着经济军事实力的增长，日本竭力推行军国主义，开始对亚洲邻国进行侵略扩张，成为新兴的帝国主义国家。因此，明治维新成为日本历史发展的转折点。

维新措施

1868年1月，倒幕派利用人民的力量，通过国内战争（鸟羽、伏见战役）推翻了德川幕府的统治后，成立了由明治天皇（睦仁，1852—1921年）亲政的新中央政府。明治政府是地主资产阶级的联合专政。它成立后实行一系列资产阶级改革，史称"明治维新"。

1869年3月，明治政府颁布了内政、外交基本纲领——五条誓文。它规定：（一）广兴会议，决万机于公论（实际上国家事务由列侯会议讨论决策）。（二）上下一心，盛行经纶（即政府和民众共同过问国事）。（三）官武一途以至庶民，各遂其志，人心不倦（即上自宫廷贵族、封建武士，下至平民百姓，各守本分，履行职责）。（四）破旧有之陋习，基于天地之公道（即破除封建的旧制度，实行改革，务求公道）。（五）求知识于世界，大振皇基（即向西方先进资本主义国家学习，输入近代资本主义文化知识，促进天皇统治下的日本民族国家的繁荣富强）。

为了实现上述基本纲领，明治政府实行了一系列资产阶级改革，其中比较重要的有以下几个方面：

一、废藩置县，消除封建割据，加强以天皇为中心的统一的中央集权国家。

1869 年，各地藩主被迫先后奉还版籍，即把领地和户籍（人民）奉还给天皇。旧藩主成为新中央政府任命的藩知事，藩政基本方针必须服从中央。接着，1871 年政府强行废藩置县。所有藩知事被解除职务，移居东京，领受俸禄，取消藩国，将全国划分为三府七十二县，由中央委派知事直接管辖。这个措施大大地加强了国家的统一和中央集权。

同时，新政府作为地主资产阶级的国家机器，发挥了镇压人民的作用。它宣布永远禁止农民结党聚众、强行控诉和相率逃亡。当农民要求把反封建斗争进行到底，在许多地方发动起义时，新政府悍然镇压这些起义。

二、改革封建等级制度，以适应资本主义经济的发展。

新政府在废除纯粹的封建土地所有制的基础上，改革了封建等级制度，废除武士等级的部分特权。大名公卿改称华族，一般武士改称士族，农、工、商和贱民皆称平民。1873 年后，政府以公债代替各种俸禄。领受公债者达 31.3 万人，发放的公债达 1 亿 7500 余万元。华族用公债购买土地，成为地主；或投资于工商业，成为资本家。这种赎买政策实际上使封建私有财产制变成为资本主义私有财产制。

政府取消对农、工、商的限制，承认土地私有权，允许自由买卖土地和种植作物，允许一切人自由选择职业和迁居。这些措施意味着农民摆脱了对封建主的人身依附关系，为日本资本家提供大量的自由劳动力，从而为资本主义的发展提供有利的条件。

三、地税改革，保证政府的财政收入。

土地税占新政府收入的百分之八十。为了固定和保证这项收入，1873 年政府颁布了地税改革条例。条例规定：只对土地所有者征税；地税为法定地价（按五年内平均产量折合米价，作为法定地价）的百分之三，不管丰歉如何，地税不变；地税一律以货币缴纳。

地税改革丝毫没有减轻农民的负担。政府始终站在地主方面，保护地主对佃农的剥削。好容易取得土地的自耕农，大部分由于交纳不起地税，纷纷丧失土地，沦为佃农。地税改革是促使封建经济转化为资本主义而强制推行原始积累的重要手段。这个改革使政府的财政收入得到保证，使政府有足够的财力供养军队和补贴近代军事工业（财阀）。同时，地税改革使作为天皇制政府重要社会支柱的半封建地主制，迅速地确定下来。

四、实行征兵制，建立近代常备军。

明治政府成立初期，提出了"富国强兵"的口号，努力建立一支强大的近代常备军。其目的是为了镇压士族叛乱和人民起义，也是为了对外侵略扩张。政府首先建立由亲政府的士族组成的近卫军，各县在整顿旧藩兵的基础上建立士族军队。1872 年 11 月，开始实行征兵制，向全国人民征兵，建立近代常备军。

天皇制政府从一开始就具有浓厚的军国主义色彩。日本地主资产阶级羽毛尚未丰满，就依靠这支常备军，开始对中国的台湾（1874 年）和朝鲜（1875 年）进行侵略。

五、扶植资本主义工商业，积极引进外国先进技术。

为了扩大国内市场和促进资本主义的发展，新政府采取了许多经济措施，例如：废除各藩设立的关卡；统一全国币制和邮政；建立示范企业，传授技术；向资本家发放无息贷款，扶植和补助私人企业；聘请外国技师，积极引进外国先进技术，等等。政府为了军事上的需要，特别重视和大力发展军事工业。政府把一些厂矿企业廉价转让给三井、三菱、安田、住友等财阀，促使日本垄断资本急剧形成。

天皇制政府、军阀和财阀紧密勾结，是明治维新后一个十分突出的现象。因此，从一开始，日本资本主义的发展就带有鲜明的军事特征和军国主义的倾向。日本资本主义迅速过渡为军事封建帝国主义。

六、与列强交涉，收回国权。

新政府成立后，努力与列强交涉，力争修改不平等条约，收回国权。1871 年政府派出以岩仓具视为团长的代表团到美欧各国，进行关于修改不平等条约的谈判。但遭到欧美各国的蛮横拒绝。尽管如此，在 70 年代新政府先后收回了租借地及铁路修筑权、采矿权、驻军权、租借地警察权等。直到 90 年代末，日本才成功地修改了不平等条约，获得与欧美各国基本上平等的地位（只有关税自主权等未收回）。

明治维新是日本历史上一个转折点。它标志着日本从封建主义社会过渡到资本主义社会，从封建割据国家变成统一的国家，从半殖民地国家逐渐变成独立的资本主义强国。明治维新之所以能够取得这些成就，绝非偶然。倒幕派利用人民的力量，建立了广泛的反幕阵线，通过国内战争推翻了与外国殖民势力相勾结的反动幕府封建统治，建立了地主资产阶级联合专政的新政权。这是实行上述资产阶级改革的首要前提。当时，美国忙于国内的南北战争，英、法等国忙于侵略和争夺比日本资源丰富、市场广大的中国，无暇顾及日本，从而使日本得以乘隙自强。西方资本主义国家各怀鬼胎，对日政策各异，对日未能采取统一行动或进行联合武装干涉。当时中国等亚洲人民反封建反殖民主义的斗争方兴未艾，也牵制了西方殖民势力，使它们不能抽调大量兵力进一步干涉日本。这些就是明治维新能够成功的内外条件。但是，明治维新是一次极不彻底的资产阶级革命，它没有完成资产阶级革命的任务。从上层建筑到经济基础，保留了许多封建残余。天皇制和半封建寄生地主制就是封建残余的突出表现。尽管如此，明治维新在历史上所起的进步作用是不容抹杀的。它改造了日本社会，使日本走上资本主义道路，资本主义生产力飞速发展。它促进了日本近代民族的形成。日本通过明治维新第一个摆脱了半殖民地的束缚。明治维新的道路，鼓舞了近代亚洲各国被压迫民族，特别是亚洲各国民族资产阶级，争取民族独立和重建祖国的信念。

明治维新的启蒙者：福泽谕吉

福泽谕吉（1835—1901）是日本明治时期著名的资产阶级启蒙思想家和教育家，被称为"日本的伏尔泰"。他一生从事教育和著述，宣传西方资产阶级思想和文化，抨击封建统治意识，对日本明治时期社会思想的变革起了巨大的推动作用。

1. 多次出洋考察

福泽谕吉出身于一个下层武士家庭，早年丧父。他少年时一面从事家务劳动，一面学习汉文，并阅读父亲留下的许多文学书籍。

1853年，美国海军将领培里率领四艘军舰到江户的浦贺港外，用武力迫使日本打开门户。在外国侵略面前，福泽谕吉深感日本要强盛必须向西方学习。他怀着振兴日本的抱负，先后去长崎、大阪、江户学习荷兰语和英语，学习理论、解剖等西方科学文化知识，后来又在江户开办一所荷兰语学塾。

福泽谕吉渴望能到国外参观访问，了解西方社会情况。1860年，作为日本第一个使节团的成员，赴美交换"日美友好通商条约"批准书。1861年，他作为译员陪同幕府使团历访英、法、荷、普、俄等国。1867年，他再度赴美。

多次出国访问使福泽开阔了眼界，对西方资本主义社会有了进一步的了解，看到日本和欧美各国存在着很大差距，期望把西方文明开化之风带回国内。他路过新加坡等地时，目击殖民地人民的苦难，感慨多端。

福泽谕吉访问欧美期间，用节省下来的外汇，购置大批外文书籍，包括各种辞典、史地、法律及经济著作。回国后组织学生翻译，其中许多书籍被广泛采用作教科书。

日本被迫开港后，社会上盛行"攘欧论"，福泽倡导学习西方文明，处处受到传统势力的猛烈攻击。在这样的社会矛盾中，福泽以极大的胆略和追求真理的勇气，为文明开化事业做出贡献。

2. 鼓吹社会改革

从1862年起，福泽连续发表了60多种著作，尤以《西洋事务》、《劝学篇》和《文明论概略》最为著名，对当时日本改革起了推动作用。

《西洋事务》一书是福泽根据访问笔记写成的，它详细介绍西方资本主义制度以及社会、政治、经济、风俗等情况。当时日本朝野凡谈西方文明、主张开国的，案头都有这部著作。

这一时期福泽的著作多是宽观的介绍，很少有自己的理论和主张，可以说这是他的思想准备时期。

1872年，福泽发表了被称为"明治的圣经"的重要著作《劝学篇》，吹响了向近代文明社会进军的号角。

在这部著作中，福泽用通俗语句指出，"天不生人上之人，也不生人下之人。""人人生而平等，无上下贵贱之分。"他充分肯定人的知识只能通过后天学习才能得到，贤愚之别是由于学与不学造成的。他敦促国人要多读书，多接触事物，钻研对社会真正有用的学问。他认为一国文明事业的成功、国家的独立，取决于每个人，他要求日本人立志学问，充实力量。他主张放开眼界，将东西方事物进行比较，信其可信，疑其可疑，取其可取，舍其可舍，取得真理。

《劝学篇》力排传统思想，宣传功利主义和进取精神，对日本以后积极引进国外先进的科学技术、资产阶级社会政治学说和制度起了有益的作用。这本书一出版，人们争相购阅，销售量多达 70 万册，对当时日本社会思想影响极大。

3. 重视德智教育

福泽在《文明论概略》一书中，全面提出学习西方文明的主张。指出文明的内容极为广泛，人类社会一切事物都包括在这一概念中。文明可分狭义和广义两个方面，即物质文明和精神文明。他认为人生不能仅以物质为目的，否则就和蚂蚁、蜜蜂没有什么不同。一国文明高低，可以从人民的德智水准来衡量，因此要促进文明，必先提高人民的道德与智慧，即精神文明。

他指出，西方文明只不过是历史发展到一定阶段的产物。西方的富强虽然值得羡慕，但人民贫富不均，盗窃和杀人案件层出不穷。因此学习西方应有分析和取舍，应结合国情，学习其主流。福泽认为东西方人民风俗不同，思想各异，外在的文明（物质文明）易取，内在的文明（精神文明）难求，学习时不能强搬硬套，应先求西方文明可取的精神所在，然后吸取西方的物质文明。不能为了吸取西方物质文明而甘当西方物质文明的犬羊，不能因吸取西方精神文明而抛弃本国传统的文化和精神。如果全国人民没有真正的独立思想，这种文明对日本不会起作用，也不能说是日本的文明。这一时期是福泽谕吉作为启蒙思想家最活跃的时期，也是其思想对社会影响最大的时期。

4. 创办庆应义塾

福泽是日本近代教育史上私人大学的创始人。1868 年他创办了"庆应义塾"，后来又加以扩大，建成日本第一所西方式学校，建立了宣传文明开化的基地，为日本的维新改革事业培养了多方面的人才，被誉为"日本近代教育之父"。

他试图通过办教育以打开日本闭关自守的局面，使日本逐渐走向文明社会。因此，他把推进日本社会文明进步作为办学宗旨。他主张在学校讲授西方先进的科学知识，学习自然科学基础理论，并传播西方资产阶级社会的政治学说。

福泽的许多思想对日本资产阶级政治运动有着直接影响。日本能迅速发展成一个资本主义强国，与福泽谕吉的名字是联系在一起的。

福泽积极鼓动明治政府对外执行侵略扩张政策。1882 年他发表《帝室论》，1885 年又抛出"脱亚论"，配合日本侵略朝鲜和中国的活动，公然宣扬"日本肩负文明教师的责任，……应把朝鲜带进文明世界"；甲午战争中国战败后，他鼓吹要将中、朝"包括到我（日本）文明圈之中"，这实际上是在为日本侵略扩张政策制造理论根据。这是福泽的思想理论中最反动的一面，应予揭露和批判。

俄国废除农奴制

事件概况

在 19 世纪上半叶，当英国、法国等国家连续发生资产阶级革命，并产生工业革命的时候，俄国还存在着野蛮落后的农奴制。直到19世纪中期，俄国还是一个以农奴制为基础的封建君主专制的国家。

在农奴制的禁锢下，俄国还是在19世纪30年代开始了工业革命，资本主义工厂逐步替代了手工工场，在工业生产中也开始用机器替代手工劳动。到19世纪中叶，俄国的纺织行业在采用了国外进口的机器设备后，其产量居世界第五位。其他诸如冶金、采矿和造船业也开始使用机器，并普遍采用蒸汽机作为动力。

从1815年到1858年，俄国资本主义工厂的数量增加了三倍，具有资本主义性质的工厂占工厂总数量的62％。但是农奴制的存在严重制约了资本主义在俄国的发展。大量农奴被束缚在土地上而没有人身自由；在地主的压榨下，农奴生活极度贫困，导致大量农奴死亡和逃跑；劳动技能的低下阻碍了生产技术的改进；极度贫困的农奴又导致俄国国内的购买力极低，造成资本原始积累速度缓慢；工厂主为了雇佣隶属于农奴主的农奴，必须付给农奴主一定的利润，从而减少了工业资本的积累。

总的来说，俄国发展资本主义所需要的自由雇佣劳动力、国内市场购买力和工业原料都由于农奴制的存在而严重缺乏。

除了农奴要求解放自身之外，那些已经资产阶级化的贵族地主，也希望能够改变农奴制度。他们甚至上书沙皇，制定改革方案，阐明自己的政治观点。农奴通过暴动和起义，也告诉沙皇，必须废除农奴制度。从1826年—1854年，俄国共发生了709次农民起义，平均每年24次以上；从1855年到1860年，俄国总共发生了472次农民骚动和起义事件，平均每年94次以上。俄国第三厅报告沙皇说："人民情绪整个趋向一个目标——解放。"

在19世纪50年代的克里木战争中，俄国惨败于英国和法国，农奴制给俄国带来的落后和虚弱暴露无遗。沙皇俄国在军事上、经济上和政治上都落后于英国、法国等资本主义国家。在战争开始后，俄军司令部竟然找不到一张有关克里木地区的军用地图。由于军官的贪污腐化，前线作战的士兵缺少必要的军需物品，很多士兵经常饿着肚子去打仗。在武器设备上，英法早就使用以蒸汽机为动力的舰船了，而俄国仍然还使用旧式帆船；英法士兵已经使用新式来复枪，而俄国仍然使用落后的滑膛枪。

因此，克里木战争不但没有加强沙皇俄国的欧洲霸权地位，也没有挽救农奴危机，反而激化了国内革命者的革命情绪。由于战争给俄国带来了经济上的破坏，使得国内的经济更加恶化，税收不断增加，加上连年的自然灾害，使得人民生活愈加恶化。

沙皇亚历山大二世此时也不得不承认农奴制的落后，并扬言迟早要废除。他说："与其等农民自下而上来解放自己，不如自上而下来解放农奴。"1856年3月30日，沙皇在接见莫斯科贵族代表时，说明了农奴改革的必要性，并且正式宣布要改革农奴制度。次年1月，沙皇政府成立了由高级官吏组成的"农民事务秘密委员会"，亚历山大二世自己任主席，其中的委员大部分是大贵族地主。

大贵族地主占贵族阶层的10％，却拥有30％的农奴，他们享有高官厚禄和各种特权，因此事实上他们是农奴制度的坚决拥护者。由于这些贵族代表并不热衷于农奴改革，因此这个委员会事实上并没有解决任何问题。"秘密委员会"代理执行主席奥尔洛甫公爵支持大贵族，不赞成和土地一起解放农奴，甚至说："如果要我签字连同土地一起解放农奴，我宁愿把自己的手指砍掉。"经过一段时间的争吵后，委员会决定"缓慢而谨慎地改善农民生活状况"，在"不要经过巨大和激烈变革的前提下，制定逐步解放农奴的计划"。

11月20日，亚历山大二世准许在立陶宛等三个省份首先成立贵族代表委员会，拟定解放农奴的方案。方案的设定必须按照以下原则进行调整：保留地主全部土地的所有权；地主享有世袭领地治安权；保证妥善地、全部地缴纳国税、地方税和货币税。事实上，这些决定就是政府的初步改革纲领。

1858年2月，"秘密委员会"改为"总委员会"，由它的下设机构邀请地方贵族代表讨论各省的改革方案。到该年年底，除部分省之外，俄国大部分省都已经建立了贵族委员会。不过，各省贵族委员会的成立和诏书的公开使得农奴制问题的讨论公开化，并因此在社会各阶层中引起了强烈的反响。

由于触及自己的利益，这些大贵族在制定改革方案的时候，采取了尽量拖延的方法。对制定出的方案，也代表着自身的利益，尽量采用比较保守的做法。俄国小资产阶级和农奴对政府和委员会的做法深感不满。大俄罗斯农民发生暴动，反对地主和贵族，反对保护地主的官吏。

农奴运动的高涨和革命民主主义者对改革的不满和揭露，给统治阶级很大恐慌，迫于形势压力，亚历山大二世不得不正式宣布废除农奴制。1858年10月，亚历山大二世命令农民事务总委员会通过新的纲领。这个纲领的主要内容包括：农民取得人身自由，列入农村自由等级；农民组成村社，村社的管理机构由村社选举产生；地主同村社联系，而不是和农民个人联系；除保证农民长期使用的份地外，应使之能够购买该领地为私有财产，政府可以采用组织信贷方法帮助农民。

从1861年1月28日到2月17日，国务会议就废除农奴制的各种方案进行了讨论和审批，亚历山大二世在会上对大贵族代表况："今后的任何拖延都将不利于国家，请你们相信，为了保护地主的利益，凡是能够做到的一切，都做到了。"在会议的最后一天，代表们通过了其中一个法令。

俄历1861年2月19日（公历3月3日），亚历山大二世签署了宣布改革的诏书，正式签署了系列废除农奴制度的特别宣言。这些法令包括17个文件，包括《关于农民脱离农奴依附关系的一般法令》和《关于省、县处理农民事务的机构的法令》等地方法令。

《关于农民脱离农奴依附关系的一般法令》是这一系列法令中最为根本的法令。它主要涉及农奴生活的两个方面：人身权利和财产权利。法令规定，脱离了农奴依附关系的农民享有其他自由的农村居民同等的权利，农奴在法律上获得人身自由，地主不能任意买卖、典押或者交换农奴，不能禁止农奴结婚或者干涉家庭生活；农奴可以遵照自由农村居民的有关法规，获得不动产和动产，担任工职，从事工商活动的权利；农民在获得解放的同时，可以从地主手中获得一块份地和宅边园地。

在获取宅边园地时，农民可以依法向地主缴纳69卢布的赎金。地主在保留耕地以及其他土地（牧场、森林等）的土地所有权的情况下，作为份地分给农民使用。不过这些份地基本上是农民改革前耕种土地的 4/5 或者 2/3。而且，农民在获得份地之前，必须承担一定的义务，交纳货币代役租和工役租。农民和地主签订赎地契约时，规定一次性交完赎金总额的 20％ 到 50％，其他由国家垫付。只有在征得地主同意之后，农民才能将这些份地转为私产，同时才能终止原来所承担的义务。所以，实际上农民在获得自由和份地的同时，遭到沙皇和地主的联合掠夺。

此外，为了加强对农民的统治，政府规定必须在农村设立村社，将农民编制在村社里，不经过村社的批准，农民不得外出谋生。在农村设立基层组织，设村长、乡长以及其他公职人员，贵族地主拥有地方治安权。

从这些政策可以看出，实际上农民虽然得到了人身自由，但是在经济上不得不依赖于地主。改革后的俄国农村，还处于地方贵族地主的统治之下。

农奴制废除之后，沙皇政府还对政治方面进行了一些改革。在县和州设立"地方自治局"，管理修路、医院和学校的事务，一些自由派地主和资产阶级获得了参政的权利；同时实行司法制度改革，采用公开审判制度和陪审团制度；1870 年，俄国还成立了由有产者组成的市杜马，以市长为首的城市行政处，市杜马的活动也受省县监督；接着，俄国实行了普遍义务兵役制，规定年满二十一岁的青年都要服兵役，六年期满后转入后备军。

在 2 月 19 日法令颁布之后，大俄罗斯、乌克兰和白俄罗斯等地区获得解放的农奴超过 1000 万。从 1863 年和 1866 年，又解放了 100 多万采邑农民和 900 多万国家农民。

但是由于解放农奴的条件过于苛刻，引起了农民和革命民主主义者的极大不满。在法令发布后，农民纷纷举行暴动。1861 年上半年，农民暴动席卷了实行法令的 43 个省中的 42 个，共发生暴动 647 次。在 1861 年一年中，全国总共发生暴动 2034 次。

2 月 19 日改革虽然保留了浓厚的封建制度色彩，始终被认为是一次不彻底的改革。改革后，大土地占有制仍然存在，沙皇政权也基本上原封不动。但是总的来讲，它还是一个资产阶级改革的纲领性文件，对俄国资本主义的发展起到了很大的作用。这次废除农奴的改革，给资本主义发展提供了必要的劳动力、国内市场和资金。

改革后，俄国资本主义比过去有了长足发展。1861 年到 1881 年间，布匹的生产量增加了两倍；1860 年到 1890 年间，生铁的产量由 2050 万普特增加到了 5600 万普特；钢铁产量由 1800 万普特增加到 36700 万普特。在 1866 年的时候，俄国的工厂总数还不到 3000 个，但是到 1903 年的时候已经近 9000 个了。到 19 世纪 80 年代，俄国已经基本完成了工业革命。

废除农奴制，是"封建君主制向资产阶级君主制度转变道路上的一步"，加速了俄国资本主义经济的发展，因此这场具有资产阶级性质的改革，是俄国历史上重大的转折点。列宁这样评论这次改革："如果总的看一看 1861 年俄国国家全部结构的改变，那么就必然会承认，这种改变是封建君主制向资产阶级君主制转变的道路上的一步。这不仅从经济观点来看是正确的，而且从政治观点来看也是正确的。只要回忆一下法院方面、管理方面、地方自治方面的改革的性质以及1861年农民改革后发生的各种类似的改革的性质，就一定会相信这种论断是正确的。"

废奴改革

俄国封建社会实行的是农奴制。农民租种地主的土地，要向地主缴地租服劳役。俄国的农奴是不自由的。他们的一切，包括人身、子女、财产都属于地主所有。地主可以随意打骂农奴，而农奴却连控告主人的权利也没有。地主可以自由买卖农奴。农奴却不能随意离开地主，逃跑要被追捕。隐藏逃跑的农奴要受法律制裁。

到了19世纪上半叶，俄国农奴制度陷入危机。随着商品生产的发展，市场上对粮食和原料的需求大量增加。可是，封建地主无法满足这种需求。他们只想从农奴身上压榨出更多东西来，根本不关心生产技术的改进。多数地主不愿使用机器，他们说：买机器要花钱，还要养马来带动机器，而让农奴干活却用不着花钱，为什么要使用机器呢？当然也有少数地主购买了机器，但是，农奴也不愿使用机器，因为生产出来的东西再多，也都要被地主拿走。总之，农奴制度使俄国农业长期处于停滞落后状态。歉收、荒年频繁出现。

农奴制也严重地阻碍了资本主义工业的发展。俄国工业大部分建立在农奴劳动的基础上。农奴出来作工必须向地主缴代役租，到了农忙季节，他们还随时可能被叫回农村。这样，俄国工厂主不仅要多付工资，而且很难维持工厂的正常生产。俄国工业由于缺乏自由的雇佣劳动力。它的发展速度远远落后于西欧。18世纪末，俄国生铁的产量和英国相等。但是，五十年后，俄国的产量只有资本主义英国的十分之一。很明显，农奴制已然成为俄国经济发展的绊脚石。

1856年，曾经不可一世的沙俄在克里木战争中被资本主义的英法打败了。战争的失败进一步暴露了农奴制的腐朽落后。

人们再也不能容忍了。农民不断举行暴动，仅1858—1860年的三年期间就发生了280次。废除农奴制已势在必行。

在西欧，领导废除农奴制斗争的是资产阶级。可是，俄国资产阶级却没有能力完成这项历史使命。它诞生较晚，力量薄弱，对沙皇政府有很大的依赖性。它只是恳求政府作些改革，希望用改良来促进资本主义的发展，搞自上而下的变革以保持国内的平静。

革命民主主义者赫尔岑、车尔尼雪夫斯基等人主张用革命的办法废除农奴制。他们号召人民举行武装起义推翻沙皇政府，使农民获得自由和分得土地。但是，他们的力量比较薄弱，这条道路没能成为现实。

结果，农奴制的废除是在农奴主总代表——沙皇亚历山大二世的主持下，通过自上而下的方式实现的。亚历山大当皇太子时，曾主张保存农奴制。1855年继位后，他看到农奴制已无法再保持下去，被迫改变原来的观点。他说："与其等农民自下而上起来解放自己，不如自上而下来解放农民"。在形势的逼迫下，亚历山大二世于1857年主持召开农民事务机密委员会会议，讨论拟定解放农民的方案。经过激烈争论，方案最后得到国务会议的批准。1861年3月3日（俄历2月19日），亚历山大二世正式签署了《关于农民脱离农奴依附地位的法令》和特别诏书。

《二月十九日法令》的基本内容有以下几个方面：

一、关于农奴的人身解放。自法令颁布时起，农奴获得人身自由。农民有权用自己的名字订契约、做买卖、任公职、打官司和拥有各种动产、不动产。地主再不能买卖、交换、抵押和赠送农奴，也无权干涉农民的家庭生活。

二、关于宅旁园地和份地。农奴在获得人身自由时，可以得到农舍、宅旁园地和份地（划归农民耕种的地段叫份地）。份地的分配由地方法令规定。法令一般把本地区划为黑土、非黑土和草原三个地带，并规定每个地带的份地最高额和最低额，一般在二点七五俄亩到十二俄亩之间。

农民得到的份地数额不仅要在故意压低的标准之内，而且要同地主协商决定。这就使地主可以利用规定，尽可能多地割走农民的耕地。这种被地主强占的份地，叫做"割地"，它占改革前农民份地的百分之十八。在土地特别值钱的黑土地带，割地竟达到百分之二十至四十。

改革后，俄国的每一个地主农民平均得到三点三俄亩的份地。最好的土地以及改革前归地主和农民所公有的水塘、牧场、森林都被地主霸占去。同时，地主故意把自己的土地插入农民的份地之中，把农民的土地分割成许多碎块。改革后，农民仍不得不租种地主的土地，继续受地主的奴役剥削。

三、对宅旁园地和份地的赎买。农民的宅旁园地可以依法赎买，只要缴纳 60 卢布的法定赎金，六个月后就取得农舍和宅旁园地的所有权。

赎买份地则要预先取得地主的同意。赎金的数额以每年代役租作为百分之六的年利率加以资本化得出。或者说，把赎金存入银行，年利率为百分之六，其利息应等同代役租。如果每年的代役租是六卢布，那么赎金就是 100 卢布。农民同地主签订赎地契约时，必须立刻付出赎金的百分之二十至二十五，其余的百分之七十五至八十由政府垫出付给地主。此后，农民必须每年向国家缴付赎地费，分 49 年还清这笔债款的本利。

农民付出的赎金大大高出了当时的地价。1854—1858 年的份地价格是 5 亿 5400万卢布，而赎金的总数却高达 8 亿 6700 万卢布。可见，农民赎买的不仅是土地，而且也包括了本人的人身自由。

四、关于改革后农民的管理组织。为了便于统治和剥削农民，政府保留了原有的村社组织，要村社负责监督农民按时完成各种义务。

1861 年法令解放了 1000 多万隶属于地主的农民。1863 年和 1866 年又先后解放了 100 多万隶属于皇室的采邑农民和 950 万隶属于国家的国有农民。总共解放了 2100 多万男性农民。女性农民也同时获得解放，她们不必付赎金，但也得不到土地。

60 年代废除农奴制度的改革是一场资产阶级性质的改革。它是俄国历史上从封建生产方式过渡到资本主义生产方式的转折点。列宁说："这是俄国在向资产阶级君主制转变的道路上前进的一步"。（列宁：《"农民改革"和无产阶级农民革命》，《列宁全集》第 17 卷，第 103 页）

这个改革具有进步意义。它使农奴获得人身自由，为资本主义工厂提供了自由劳动力；它向农民勒索了大量赎金，为大机器生产提供了资金。改革为俄国资本主义经济的发展创造了有利条件。

但是，这次改革是由农奴主自上而下实行的。改革极不彻底，它保留了浓厚的封建残余。经济上，地主土地所有制没有触动，大部分土地仍掌握在地主手里。政治上，沙皇专制制度也保留下来了。广大劳动农民仍然处于无权地位，继续遭受地主阶级的残酷剥削和压迫。因此，彻底消灭封建农奴制残余，仍然是摆在俄国人民面前的首要任务。

南北战争

事件概况

早在英属北美殖民地形成的时候，美国的商品奴隶制经济就开始形成了。当时，大量的黑人奴隶从非洲被运送到北美大陆。在1661年的时候，弗吉尼亚州制定了一部奴隶法典，确定黑人为终生奴隶。其后，全美各地相继出现了这样的法典，黑人奴隶制在美国正式确立。但是随着经济的发展，奴隶制种植园经济显然阻碍了资本主义的发展。在美国独立战争之前，一些殖民地政治家就曾主张废除奴隶制，但是遭到南方种植园奴隶主的强烈反对。

在美国独立后，美国南方和北方沿着两条不同的道路发展。在北方，资本主义经济发展迅速，从19世纪20年代起到50年代，北部和中部各州相继完成了工业革命。到1860年的时候，整个美国北方的工业生产总值已经跃居世界第四位。但是在南方，奴隶制种植园经济还在延续，当时整个南方的黑人奴隶达到了400万人。

由于英国等国相继完成了工业革命，这些国家棉纺织业的发展，促使了棉花需求量的增加。因此，南方奴隶主极需要扩大和更换土地，以种植棉花。旧有领地被占领以后，南方种植园主大批越过密西西比河，侵入得克萨斯等地。这就同北部广大的工人、农民和欧洲来的新移民发生了尖锐的矛盾。总之，北方要求在西部地区发展资本主义，限制甚至禁止奴隶制度的扩大；南方却要求在西部甚至全国推广奴隶制度。

因此，南方奴隶主的做法引起了北方群众和南方奴隶的愤慨。1793年法国废除其领地上的奴隶制和1833年英国宣布解放英属西印度群岛的奴隶的做法，给美国废奴运动以很大的推动。到19世纪30年代，美国废奴运动逐渐高涨起来。

1832年，北方成立了"新英格兰反奴隶制协会"，次年全国性的废奴组织"美国反奴隶制协会"成立。而在南方，则出现了大量逃奴事件和奴隶起义运动。著名的地下铁道主席利维·科芬和黑奴女英雄哈立特·塔布曼等人，就帮助几万名南方的奴隶逃到了北方。此外，以约翰·布朗为首的反奴隶制起义，给南方奴隶制以沉重打击，并激发了北方对解放南方奴隶制的情绪。

约翰·布朗早在1850年就建立了一个黑人武装组织——基列人同盟。四年以后，在南方奴隶主的操纵下，国会通过了反动的《堪萨斯——内布拉斯加法案》，规定让堪萨斯和内布拉斯加两地区的居民自行决定他们自己居住的地区应为蓄奴州还是自由州。南方奴隶主为了在这两个州建立奴隶制，组织了大批武装匪徒，企图用武力控制选举。而北方的废奴主义者则决心把这里变为自由州，但是遭到了南方武装的打击。布朗带领自己的人马，处死了杀害废奴主义者的凶手。最后，经过废奴派的斗争，堪萨斯终于成为自由州。

1859年，布朗来到弗吉尼亚州，决定在这里举行武装起义。经过一番策划，起义军决定首先进攻第一个目标——弗吉尼亚西部的哈泼斯渡口。但是由于力量相差悬殊，这次起义最终是失败了，并且大部分起义者被杀害，布朗自己也受伤被捕。最后，布朗被弗吉尼亚的州长以"杀人叛国，煽动黑奴叛乱罪"而判处死刑。

1860年，美国第十六届总统选举开始。共和党人此时提出"不再让给奴隶制度一寸新的领地，在国外的掠夺政策必须终止"，这些口号得到了北方民众的拥护和支持。总统选举结果出来后，共和党人总统候选人、曾竭力要求废除奴隶制度的律师亚伯拉罕·林肯得以当选。此事成为南北战争爆发的导火索。

黑奴交易

林肯于1809年2月12日出生在一个农民家庭。由于家境贫寒，林肯没有获得上学的机会，但是他最终凭借勤奋好学的精神而自学成才。林肯无论干什么都始终没忘记学习，他抓紧一切空闲时间刻苦自学，攻读历史、文学、哲学、法学等著作，获得了丰富的知识。这些从书本上获得的知识，使得林肯对政治产生了很大的兴趣并积极从事政治活动。在他25岁时，林肯当选为伊利诺斯州议员，开始了他的政治生涯。此后，他又当上了律师。

在他青年时当水手时，林肯曾多次运货到南方，亲眼目睹了奴隶主的野蛮残暴和黑奴遭到的残酷折磨。他当了议员之后，经常发表演讲，抨击蓄奴制，在群众中很有影响。1854年美国共和党成立，两年后林肯在第一次全国代表大会上被提名为副总统候选人。他在竞选演说小说："我们为争取自由和废除奴隶制度而斗争，直到我国的宪法保证言论自由，直到整个辽阔的国土在阳光和雨露下劳动的只是自由的工人。"

1860年，林肯当选为美国总统。

林肯的当选，南方种植园主觉得"废除奴隶制是迟早的事情"，感到自己的利益受到了严重威胁，他们不愿意看到一个主张废除奴隶制的人当总统。

林肯当选的消息一经传开，南方奴隶主们立即酝酿脱离美国联邦。当年12月，南卡罗来纳州首先宣布脱离联邦而独立，接着密西西比、佛罗里达等蓄奴州也相继脱离联邦。此后，又有七个州宣布退出联邦。1861年2月，南方建立了一个新"国家"——"美利坚诸州联盟"，定都里士满，并且着手组织军队，拟定宪法。4月12日，南方联盟的军队炮击并于14日占领了联邦军的萨姆特要塞。

4月15日，林肯下令在北方征召志愿军以镇压叛乱。于是，一场历时四年之久的美国内战正式爆发。

由于南方军队准备充分而北军仓促应战，加上北方军队刚开始过于轻敌，导致南方军队势如破竹。在第一次马那萨斯会战中，北打军队大败。此后，南军于24日进入弗吉尼亚，7月21日，北军被击溃而逃回华盛顿。此后，南方军队很快占领了海军基地诺福克，5月6日占领铁路枢纽马纳萨斯，进逼华盛顿。此时，北方军队才意识到南方军队的"厉害"，抛弃了原先的轻敌思想，并且紧急动员50万志愿军。

1862年1月，林肯发布第一号总作战命令，规定2月22日为"联邦陆海军部队出击叛军的总行动日"，下令50万大军发起总攻击。北军在西线节节胜利，几乎打通了南北大动脉密西西比河。海军也攻克了南方最大港口新奥尔良。但在东战场，北军又连遭惨败。

华盛顿军区司令兼陆军总司令麦克米伦是个幻想家，缺乏判断力，所以他自高自大又谨小慎微，迟迟不肯发兵进军南方，结果坐失良机，白白浪费了几个月的时间。在林肯免去了他陆军总司令的时候，他才愿意行动起来。但是此时，他不愿进攻原定的目标，而是发动了"半岛战役"，目标是攻占南方联盟的首都里士满。但是当麦克米伦率领军队抵达里士满时，南部军队早已经做了准备，并且派兵威胁哈普斯渡口，导致麦克米伦不得不撤兵保卫华盛顿。

在联邦军队在东部战场频频失利的情况下，密西西比河流域的西部战场却连奏凯歌。1861年，格兰特将军率领的北军将南军驱逐出了密苏里。1862年，格兰特指挥军队在炮艇的配合下，先后攻克了田纳西河上的亨利堡和坎伯兰河上的唐纳尔森堡。4月初，南部军队发动了夏洛战役，但是北军在顽强的抵抗下打败了南军。5月，联军攻克科林斯和孟菲斯，解放了肯塔基和田纳西。

北军在东北战场的惨败引起了北方群众的强烈不满，并且要求政府采取有力的措施扭转战局。此时，林肯也意识到，要想取得战争的胜利，必须首先下决心解决黑人和奴隶制这一问题。

1862年5月2日，林肯毅然颁布了《宅地法》，规定从1863年1月1日起，任何没有参加叛乱的美国公民，只要交15美分的等级费，就有权利从西部国有土地中获得160英亩的土地，在耕种五年后，就获得土地的所有权。9月22日，林肯发表了《解放黑奴宣言》，宣布从1863年1月1日起，叛乱诸州内的黑奴不必向他们的主人交付赎金就可以获得永远的自由，解放后的黑奴要忠实地为合理的工资而劳动，并且允许黑人参加北方军队。这一《宣言》，使美国400万黑人奴隶获得了解放。

同时，林肯还实行了一系列革命政策，如武装黑人；实行征兵制；改组军事指挥机构，撤换了同情奴隶主、作战消极的麦克米伦，任命格兰特为总司令，向富人征累进所得税，镇压"铜头蛇"反革命分子等等。应该说，这些措施的发布，是美国南北战争的一个重要转折点。南方50万黑奴从种植园主那里逃跑，并从根本上瓦解了南部军队的战斗力。此外，这些措施极大地调动了北方人民的积极性，有近百万人踊跃参军，其中有23万黑人士兵。

1863年6月，南方军队总指挥罗伯特·李再次北进，与驻守在葛底斯堡的北方军队相遇，并且展开决战。7月1日，南方军队向北方联军防守的高地发起猛攻，并突破北军防线，导致北军死伤惨重。由于罗伯特·李在原先与北军的作战中屡屡得意，这时看到北军暂时失利，马上得意起来，令部队停下来休息，等待后续部队上来，从而给北军以喘息之机。

3日，南军孤注一掷，发起总攻。但是北军炮兵以猛烈火力吞噬了向前冲锋的南军士兵。这时北军全线反攻，终将南军全歼。在这一战役中，南军两个旅长和十五个团长全都阵亡，死伤2.8万人。这次大战是内战中最激烈的一次，应该说，这一仗扭转了东线战局，从此北方完全掌握了主动权。

同时，格兰特在西线包围了南军防守密西西比河的要塞维克斯堡。维克斯堡是控制密西西比河和西部铁路网的战略要地，南军在此严密设防，号称"南方的直布罗陀"。北军在此之前的几次进攻都失利了。5月22日，格兰特率领北军发动总攻，并在此后的四十七天里进行了连续的炮击，迫使南军7月4日举白旗投降。在这一战之后，北方控制了密西西比河，将南方领土一分为二。

从1864年开始，北方发动全面反攻。北军向南方发起三路攻势。在东部战场，格兰特采用消耗战略，经荒野战役、冷港会战，虽然每次罗伯特·李的部队都能取胜，但北军的援军不断到达，终于使南方军团主力消耗殆尽。6月15日，北军进攻彼得斯堡，双方相持不下，拖住了南军主力达九个月。

在西部战场，另一北方将领谢尔曼长途奔袭敌后方，他指挥10万大军插入南方腹地。5月谢尔曼在西线发起进攻，并于9月攻占了南方最大的工业城市亚特兰大。

第三路攻势是谢里登领导的军队。7月，南方军队再次奔袭华盛顿，期望能够挽回即将失败的趋势，但是被北军谢里登部击退。此后，谢里登发起了名为"向海洋进军"的战役，一个多月大军长驱300多英里。谢里登在进军途中实施焦土战略破坏了一切南方可资利用的资源：烧毁种植园、城镇和村庄，摧毁工厂企业，连铁轨都拆下来弄弯。12月21日，谢尔曼攻占萨凡纳，将南方邦联东部分割成南北两半。1865年1月，谢尔曼北上相继攻克了哥伦比亚和查尔斯顿，并在此和格兰特的军队会师，完成了对南部同盟的战略包围。

4月3日，北方军队攻占了彼得斯堡，并在此地接受了罗伯特·李率残部的投降。不久，其他南部同盟军的将领也先后放下了武器。历时四年之久的美国南北战争以北方军队的胜利而结束。

南北战争摧毁了奴隶制，为美国资本主义经济的发展扫清了道路。从此，美国完全确定了资本主义制度的统治地位。由于扫除了奴隶制度的障碍，美国经济以前所未有的速度发展起来，以至于在接下来的三十年内，美国工业总产值从1860年的世界第四位跃居到世界第一位，成为世界上经济力量最为强大的国家。恩格斯曾预见了南北战争对美国经济发展的影响，他说："美国的政治和社会发展的最大障碍——奴隶制一经粉碎，这一国就会繁荣起来，在最短的时间内它就会在世界历史上占据完全不同的地位。"

林肯的废除奴隶制运动

1860年，林肯当选为美国总统。林肯的当选，使得美国南方实行奴隶制的诸州非常惶恐，因为众所周知，林肯是一个废奴主义者。当林肯走向白宫的时候，南北双方的矛盾已经非常激化，大有拔刀相向之势。林肯的前任对他说："现在我可以轻松地度假了，你现在坐在火山口上面了。"这时，后来成为世界超级大国的美国，却面对着分裂的局面，美国将来的命运随时都会改变，就在这个时候，林肯成为美国这艘巨轮的舵手。美国是走向分裂，还是走向统一；是走向工业化，还是走向奴隶制；是走向民主，还是走向压迫；完全不同的两条道路，摆在了美国和林肯的面前。这一切将决定着美国的命运，如果美国从此走向一条光明的道路，在不远的将来，美国将和俄国一个用犁、一个用剑来取代长期以来英国和欧洲主宰世界的局面，进而影响到世界的面貌。

1. 林肯其人

1809 年 2 月 12 日，林肯出生在肯塔基州哈丁县一个农民家庭。当时，正处在西进运动时期，他们家不断向西搬迁，1830 年，迁到伊利诺斯州的梅肯县。小时候，林肯家里很穷，他没机会上学，每天跟着父亲在西部荒原上开垦劳动。他自己说："我一生中进学校的时间，加在一起总共不到一年。"

长大后，林肯离开家乡独自一人外出谋生。他什么活都干，打过短工，当过水手、店员、乡村邮递员、土地测量员，还干过伐木、劈木头的大力气活。不管干什么，他都非常认真负责，诚恳待人。据说，他当乡村店员时，有一次，一个顾客多付了几分钱，他为了退还这几分钱竟追赶了十几里路。

平时，无论劳动多么紧张，林肯都要挤出时间读些书。1832 年，他参加伊利诺伊州议员的竞选，尽管演说很成功，但还是落选了。1834 年，25 岁的林肯当选为伊利诺伊州议员，开始了他的政治生涯。1836 年，他自学取得律师执照；次年，与人合作办律师事务所，成了一名青年律师，并获得了正直和廉洁的好名声。林肯一度加入辉格党，1847 年，作为辉格党的代表，他进入国会。林肯青年时期就痛恨奴隶制度，因为他当水手时，多次运货到南方，亲眼目睹了奴隶主的野蛮残暴和黑奴遭到的残酷折磨。因此在国会期间，他曾提出了一个在哥伦比亚特区逐渐地、有补偿地解放奴隶的方案，但没有成功。1850 年，美国的奴隶主势力大增，林肯很少参加政治活动，拒绝当国会议员，继续当律师。1854 年，南部奴隶主派人进入新并入美国的堪萨斯，用武力强制推行奴隶制，引起了堪萨斯内战，南北的矛盾进一步激化。这一年，共和党成立，因为该党主张废除奴隶制，林肯就参加了，两年后他在第一次全国代表大会上被提名为副总统候选人。他在竞选演说中说："我们为争取自由和废除奴隶制度而斗争，直到我国的宪法保证言论自由，直到整个辽阔的国土在阳光和雨露下劳动的只是自由的工人。"但这次竞选没有成功。

1858 年 6 月 16 日，林肯在同道格拉斯竞选总统时发表了题为《家庭纠纷》的著名演说，他把南北两种制度并存的局面比喻为"一幢裂开了的房子"。他说："一幢裂开了的房子是站不住的，我相信这个政府不能永远保持半奴隶、半自由的状态。"林肯的演说语言生动、深入浅出，表达了北方资产阶级的要求，也反映了全国人民群众的愿望，因而为他赢得了很大的声誉。这次竞选最后虽然没有成功，但却扩大了林肯的影响。1860 年，林肯成为共和党的总统候选人，11 月，选举揭晓，他获得 200 万张选票当选为美国第 16 任总统，但在南部十个州，他没有得到一张选票。

　　林肯的当选，对南方种植园主的利益构成严重威胁，他们当然不愿意一个主张废除奴隶制的人当总统。为了重新夺回他们长期控制的国家领导权，他们在林肯就职之前就发动了叛乱。1860 年 12 月，南方的南卡罗来纳州首先宣布脱离联邦而独立，接着密西西比、佛罗里达等蓄奴州也相继脱离联邦。1861 年 2 月，他们宣布成立一个"美利坚邦联"，推举大种植园主杰弗逊·戴维斯为总统，还制定了"宪法"，宣布黑人奴隶制是南方联盟的立国基础："黑人不能和白人平等，黑人奴隶劳动是自然的、正常的状态。"

　　2.《解放黑奴宣言》

　　1861 年 4 月 12 日，南方军队炮击并于 14 日占领了联邦军的萨姆特要塞，挑起了内战（又称"南北战争"）。林肯不得不宣布对南方作战。林肯本人并不主张用过激的方式废除奴隶制，他认为可以用和平的方式，先限制奴隶制，然后逐步加以废除，而关键是维护联邦的统一。在这种思想的支配下，北方政府根本没有进行战争的准备，只是仓促应战，而南方则是蓄谋已久，有优良的装备和训练有素的军队，所以，尽管北方在多方面都占有优势，还是被南方打得节节败退，连首都华盛顿也险些被叛军攻破。

林肯像

　　北方在战场上的失利引起了广大人民的强烈不满，许多城市爆发了示威游行，要求政府采取措施扭转战局。这时林肯才意识到，要想打赢这场战争，就必须调动农民的积极性，废除农奴制、解放黑奴。

　　1862 年 5 月，林肯签署了《宅地法》，规定每个美国公民只要交纳 10 美元登记费，便能在西部得到 160 英亩土地，连续耕种五年之后就成为这块土地的合法主人。这一措施从根本上消除了南方奴隶主夺取西部土地的可能性，同时也满足了广大农民的迫切要求，大大激发了农民奋勇参战的积极性。

　　1862 年 9 月 24 日，林肯召开内阁会议，公布预告性《解放宣言》。宣布：如果在 1863 年 1 月 1 日以前南方叛乱者不放下武器，叛乱诸州的奴隶将从那一天起获得自由并受保障。1863 年元旦，林肯以总统身份，依据宪法所授予的合众国陆海军总司令的职权颁布了《解放宣言》。正式宣布：仍在反叛联邦的各州及若干区域内，"所有被据为奴隶的人们立即获得自由，并且以后将永保自由，合众国政府和陆海军当局并将承认和维护他们的自由"；"获得自由的人们，除必要的自卫外，应避免使用任何暴力"，并在可能的情况下"忠诚地工作"；合乎条件的人"将被容纳于联邦的武装部队"，为联邦服务。但《解放宣言》不适用于没有参加叛乱的蓄奴州，对这些州的奴隶解放仍按

开赴前线的南方军向李将军敬礼

1862 年 4 月国会决议，采取自愿的、逐步的、有偿的方式实行。而且《解放宣言》是作为军事措施颁布的，没有以宪法的形式固定下来。1865 和 1868 年，国会分别通过了宪法第 13、14 条修正案，才正式废除奴隶制。《解放宣言》是联邦成立以来美国历史上最重要的文件之一，宣言得到国内外进步人士和广大劳动群众的坚决支持和拥护。根据宣言，有 400 万黑奴获得自由。被解放的黑奴成为联邦军队得力的同盟军，此举使大批黑人奴隶参加了联邦军队，战争后期达到 18 万人，扭转了南北战争的战局，并保证了联邦政府夺得最后胜利。

这两个法令的颁布是南北战争的转折点，战场上的形势变得对北方越来越有利了。

3. 北方军转败为胜

1863 年 7 月 1 日到 3 日，南北双方在华盛顿以北的葛底斯堡展开了内战以来规模最大的一次战斗。双方激战了三天三夜，北军重创南军主力罗伯特·李军团，南军两个旅长和十五个团长全都阵亡，死伤 2.8 万人。北军伤亡也达 2.3 万人。李率军后撤。这次大战是内战中最激烈的一次，战场上有棵树竟身中 250 弹。这一仗扭转了东线战局，从此北方完全掌握了主动权。

葛底斯堡战役的详细情景

1864 年，北军向南方发起三路攻势。在东战场，格兰特采用消耗战略，经荒野战役、冷港会战，使李军团主力消耗殆尽，损失 3.2 万人，再无力进攻。在西线，谢尔曼指挥 10 万大军插入南方腹地，长途奔袭敌后方，于 9 月攻占南方最大工业城市亚特兰大。从 11 月 15 日起，又挑选 6.2 万精兵，发起"向海洋进军"，一个多月内大军长驱 300 多英里，所到之处，实行"三光"政策，烧毁种植园、城镇和村庄，摧毁工厂企业，连铁轨都拆下来弄弯。南方到处火光冲天，一片废墟。12 月 21 日大军攻占了萨凡纳，完成了摧毁南方后方的任务。与此同时，北方海军也对南方实行"窒息式封锁"，完全切断了南方的对外联系。

1865 年，南方已山穷水尽，濒临崩溃的边缘。北军从陆海两个方向发起最后攻势，北军攻克重镇彼得斯堡和南方首都里士满，李军还剩不到 3 万残兵败将，4 月 9 日被迫向格兰特投降。不久，南方残军 17 万人全部放下武器。北方取得彻底胜利。

此时，林肯在美国人民中的声望已愈来愈高，1864 年，林肯再度当选为总统。但不幸的是，1865 年 4 月 14

彼得斯堡战役

日晚，他在华盛顿福特剧院观剧时突然遭到枪击，次日清晨与世长辞，享年 56 岁。

林肯遇刺身亡

内战以后，美国开始走向一个彻底现代化、彻底工业化的时代。南北战争实际上就是北方工业文明对南方奴隶制大庄园经济的胜利，北方的获胜，使得美国废除了南方的奴隶制，确定了发展资本主义工业的国家目标。同时奴隶制的废除，使工业企业获得了足够的廉价劳动力、丰富的工业原料，加上美国天然的优良条件，使美国在短短的半个世纪以后，在资本主义经济体系中稳坐第一把交椅。经济上的雄厚基础，是美国走向世界超级大国的重要保障。

经过南北战争，美国走向了一个更加民主的社会，影响了世界其他的国家和民族。林肯废除奴隶制，是美国历史上的一件重大事件，它解放了占美国人口很大比重的黑人，激发了黑人的尊严，成为以后黑人人权运动的先驱，以后的黑人运动，都将林肯作为解放者来纪念。林肯在葛底

联邦将军格兰特取得了联邦军迫切需要的胜利

斯堡的演讲，阐述了民主政府的标准，被后人无数次地引用：民治、民享、民有。

战争进程

1861—1865 年，美国发生内战。交战双方分别代表南部奴隶主和北部资产阶级的利益，因而历史上又称为"南北战争"。

1860 年 12 月 20 日，南卡罗来纳州的奴隶主召开代表大会，宣布"南卡罗来纳与其他各州之间现存的以'美利坚合众国'为名的联邦从此解散"。1861 年 2 月 4 日，南卡罗来纳、密西西比、亚拉巴马、佛罗里达、佐治亚、路易斯安那、得克萨斯等 7 个已脱离联邦的州，派代表在亚拉巴马州的蒙哥马利城开会，于 2 月 8 日成立了"美利坚联众国"，即通常所说的"南部同盟"，选举戴维斯和斯蒂文斯为正副总统，并着手组织军队，拟订宪法。统一的美国已经分裂。

面对南卡罗来纳等州的分离活动，即将卸任的总统布坎南采取了听之任之的态度，既没有在道义上予以谴责，也没有用行动进行阻止，表现怯懦，甚至纵容，致使大量金钱和军事物资流入南部，大批军事人员脱离联邦军队去为南部同盟服务。林肯政府为了用和平的方式使已脱离的各州回到联邦中来，不惜做出尊重各州的奴隶制和执行《逃亡奴隶法》的保证，也没能使南部同盟改弦易辙。它给林肯的答复是：战争。

1861 年 4 月 12 日，联邦军驻守的萨姆特堡垒，遭到南部同盟军炮火的猛烈攻

击。该堡垒位于南卡罗来纳州查尔斯顿城外海湾内的一个小岛之上，驻军司令安德森少校在林肯就职的第二天曾发出要求运送给养的紧急报告。林肯政府第一次内阁会议便讨论了萨姆特堡垒的形势，并派出海军部副部长福克斯去实地调查。根据福克斯的汇报，林肯决定以粮食增援该堡垒。在此期间，南部同盟曾派代表对安德森进行劝降。安德森表示：一旦粮食告罄而未收到联邦政府的命令，他即率部投降。为了迫使萨姆特堡垒投降，南部同盟决定炮击萨姆特堡垒，挑起战争。

1859 年，美国华盛顿国会大厦

4 月 14 日，萨姆特堡垒陷落。第二天，林肯发布征召令，征召 7.5 万名志愿军入伍，服役期限 3 个月。5 月 3 日，林肯再次下令征召 4.2 万名服役期限为三年的志愿军。北部工人、农民和欧洲移民积极报名应征，到 7 月 1 日，应征人数达到 31 万，远远超过了政府所要求的 11.7 万人。

内战爆发不久，弗吉尼亚、阿肯色、田纳西和北卡罗来纳等四个蓄奴州也相继脱离联邦，加入了南部同盟，而另外四个蓄奴州特拉华、马里兰、肯塔基和密苏里则仍然留在联邦之内。

整个欧洲非常关注美国发生的战争。无产阶级"本能地感觉到他们阶级的命运是同星条旗连在一起的"，而统治阶级很自然地站到了南部同盟一边。尤其是英国的统治阶级，早就希望卷土重来，把共和国再次变为它的殖民地。1861 年 5 月 13 日，英国政府发表了保持"严格的和不偏不倚的中立"的声明，但其偏袒南部同盟的倾向是尽人皆知的。1861 年 11 月 8 日，美国军舰拦截了英国邮船"特伦特号"，逮捕了乘坐该船的南部同盟代表梅森和斯利德尔，使英国和美国政府之间的冲突公开化。由于美国政府处置得当，释放了被捕的南部同盟代表，英国第一次打算承认南部同盟，武装干涉美国内战的企图才未得逞。

经过 3 个多月的准备，7 月 21 日，双方在华盛顿以南布尔伦河畔的马纳萨斯进行第一次会战。联邦军 3 万人，在麦克道尔将军指挥下，向博雷加德将军指挥的 2.2 万名南部同盟军发动攻击。联邦军正与凭险据守的南部同盟军厮杀之际，约翰斯顿率领 9000 南部同盟军前来增援，而负责率领 1.5 万名联邦军牵制约翰斯顿的将领帕特逊未予截击，致使南部同盟军实力陡增。在双方展开混战的紧要关头，麦克道尔下令撤退，南部同盟军趁势反攻，联邦军的退却变成溃逃。这次会战，联邦军死伤 1584 人，失踪 1312 人；南部同盟军损失共计 1982 人。

布尔伦河会战的失败，使北部人民清醒起来，抛弃了最初的轻敌思想，开始认真准备进行一场残酷的持久战争。

7 月 21 日，林肯任命麦克累伦为华盛顿军区司令，负责指挥波托马克军团。11 月，麦克累伦升任联邦陆军总司令，兼华盛顿军区司令。妄自尊大、目空一切的麦克累伦制订了一个名为"大蛇"的作战计划，企图用海陆联合封锁的方法迫使南部同盟投降。然而，当时的南部同盟在地理上连成一片，构成一个内部巩固的整体，联邦陆军虽然在数量上占优势，却还无力构成严密的封锁网。北部的军事物资在内战开始后仍不停地运往南部，便是联邦陆军兵力不足的见证。海军方面情况更差。内战初，联邦海军只有舰艇42艘，水兵7600名；到1861年年底，舰艇才增至204艘，而从华盛顿至墨西哥的马塔莫罗斯港（与美国交界处）的大西洋海岸线，长度为3550英里。以如此微小的舰队去封锁如此漫长的海岸线，谈何容易！

此外，麦克累伦自己是个民主党人，他同情奴隶主，怀有个人野心。在战争过程中，他总是借口兵力不足，拒绝向南部同盟军发起攻击，因而受到舆论的谴责。1862年1月27日，林肯发布第一号总作战命令，规定2月22日为"联邦陆海军部队出击叛军的总行动日"；四天以后，林肯向波托马克军团下达特别命令，命令该军团务于2月22日攻占马纳萨斯。其他战场纷纷行动，惟有麦克累伦按兵不动。3月11日，林肯免去麦克累伦的联邦陆军总司令职务，麦克累伦才表示愿意动作起来。然而，并不是去攻占马纳萨斯，而是要进攻南部同盟的首都里士满。4月，麦克累伦开始了他那"雄心勃勃"的计划，发动了"半岛战役"。

半岛战役，按照麦克累伦的设想，是由他亲自统兵11万，借助海军的支援，在约克半岛登陆，再在海军配合下，水陆并进，从背后进攻里士满。同时，由麦克道尔统兵4万南下弗雷德里克斯堡，与麦克累伦呼应，造成对里士满夹击之势。但麦克累伦所辖部队携带过多的辎重，又采取步步为营的战术，仅攻占设防很差的约克顿，就费去一个多月的时间，然后才以每天5—7公里的速度向里士满缓缓推进。联邦海军被南部同盟的铁角撞甲舰"弗吉尼亚号"阻挡在詹姆士河口之外，不能溯河而上与陆军配合。5月14日，当麦克累伦率军抵达里士满外围时，南部同盟军早已筑起道道防线，并派出杰克逊去攻击谢南多亚河谷的上方。哈普斯渡口的安全受到威胁，麦克道尔被迫撤兵去保卫华盛顿。麦克累伦的计划已被打乱。

接替约翰斯顿担任南部同盟军司令的是罗伯特·李将军。他抓住麦克累伦孤军深入的机会，于6月26日发动了"七日战役"。27日，5.7万名南部同盟军轮番向处于防守状态的3.4万名联邦军发动进攻，并于第二天黄昏冲破了联邦军的防线。7月1日，联邦军经过殊死战斗，造成南部同盟军1/10的重大伤亡，罗伯特·李才被迫撤回里士满。然而，麦克累伦没有乘胜追击，反而下令联邦军撤至詹姆士河畔的哈里森斯兰丁，处于联邦海军保护之下，从而失去一次取胜的良好机会。七日战役中，联邦军投入兵力91169人，损失15849人；南部同盟军投入兵力为95481人，损失20614人。

半岛战役后，麦克累伦被解除了对波托马克军团的指挥权。

8月29日至9月1日，南部同盟军发动了第二次布尔伦河会战。杰克逊与罗伯特·李配合默契，使由弗吉尼亚军团司令波普统帅的联邦军处于腹背受敌的地步。林肯紧急起用麦克累伦，让他指挥华盛顿城防及保卫首都的部队并要他"集中现有一切兵力打通与波普的联系"。但麦克累伦置林肯命令于不顾，坐视波普的联邦军在敌人的攻击下遭受重大损失。

9月5日，南部同盟军在华盛顿以北渡过波托马克河，进入马里兰州境内。这时，联邦政府处境非常险恶：首都华盛顿被包围；西部战场上，南部同盟军在威胁辛辛那提，并与联邦军争夺路易斯维尔。如果南部同盟军获胜，不仅肯塔基州会处于它控制之下，俄亥俄州也将受到侵犯，而一旦南部同盟军进入俄亥俄，其国便可能赞同法国承认南部独立的主张。在此情况下，林肯再次授权麦克累伦指挥波托马克军团，命他率军迅速迎击敌军。

南部同盟军此次北上，目标是夺取宾夕法尼亚境内哈里斯堡附近的一座铁路桥。这座桥位于萨斯奎哈那河上，是连接西部铁路的枢纽，控制了它，既可随时对华盛顿、费城、巴尔的摩等重要城市发动攻击，它可沿铁路西进，切断联邦政府同西部的联系。这一计划如果得逞，不仅会导致英法等国对南部同盟的承认，而且很可能会使联邦政府垮台。因此，无论对联邦政府还是南部同盟来说，这次行动都至关重要。

事情的发展往往出乎人们的意料，一向小心谨慎的罗伯特·李，根据以往的经验，认为麦克累伦不会很快赶来，因上派杰克逊率领一部分军队去夺取哈普斯渡口，分散了兵力。9 月 13 日，麦克累伦截获南部同盟军一份重要情报，第二天联邦军便抢占了有利地形。9 月 16 日，杰克逊抢渡波托马克河，与罗伯特·李会师。17 日，两军展开激战。9 万名联邦军把南部同盟军的 4.5 万人围困在波托马克河与安提塔姆河之间的狭小阵地上。南部同盟军的多次反攻均被击退。双方在各损失 1.2 万人后，罗伯特·李于第二天借助夜幕掩护，率军撤过了波托马克河。这便是南北战争中有名的安提塔姆会战，因交战地点位于沙普斯堡附近，故又称沙普斯堡战役。

安提塔姆会战的胜利，粉碎了南部同盟的战略进攻，再次成功地防止了英法等国对南部同盟的承认。联邦政府的地位得到巩固，北部人民受到鼓舞，林肯借此机会发布了预告性的《解放黑人奴隶的宣言》。从此，南北战争进入相持阶段。

当联邦军还在东部战场频频失利之际，密西西比河流域的西部战场却连奏凯歌。1861 年 4 月，格兰特上校率领的联邦军把南部同盟军逐出密苏里。1862 年 2 月，晋升为准将的格兰特，由联邦内河炮艇配合，先后攻占了田纳西河上的亨利要塞和坎伯兰河上的唐纳尔逊，逼近纳什维尔，迫使南部同盟军退守孟菲斯—查塔努加铁路线。4 月 6—7 日，南部同盟军发动夏伊洛会战。最初联邦军处境非常不利，但由于格兰特的坚定沉着和士兵的奋勇作战，联邦军反败为胜，迫使南部同盟军退守科林斯。这次会战联邦军投入兵力为 6.3 万人，损失 1.3 万人；南部同盟的相应数字分别为 4 万人和 1.1 万人。因为损失惨重，舆论大哗，格兰特一度被剥夺了指挥权。5 月 30 日，联邦军占领科林斯，6 月 5 日和 6 日，又占领皮洛要塞和孟菲斯。

联邦海军虽然薄弱，但很活跃。它除收复了沿海一些要塞，对南部的主要港口进行封锁外，还与巴特勒将军率领的陆军配合，于 1862 年 4 月 26 日攻克了南部最大的商业港口新奥尔良。随后又溯密西西比河而上，闯过防卫森严的维克斯堡，与联邦炮艇队会合，从而使"众水之父"密西西比河，除维克斯堡和哈得逊港以外，尽处于联邦军队控制之下。

1862 年 10 月 6 日，林肯命令麦克累伦渡过波托马克河并与敌人交战，或者把敌人赶回南部。麦克累伦拒绝执行命令，并大吵大闹。1862 年 11 月 7 日，林肯再次将麦克累伦免职，由伯恩赛德接掌了波托马克军团的指挥权。12 月 13 日，伯恩赛德在弗雷德里克斯堡与罗伯特·李率领的南部同盟军进行会战，联邦军损失

12700 人，高出敌人 1 倍以上。伯恩赛德引咎辞职，军团司令一职落入胡克手中。

胡克以作战勇猛闻名。他把军队加以整顿后，于 5 月 1 日率军渡过拉帕汉诺克河，在钱瑟勒斯维尔向南部同盟军发动进攻。联邦军有 13 万人，并占据着有利地势，然而罗伯特·李采取灵活战术，派杰克逊去包抄联邦军的右翼，自己则率其余部队集中攻击联邦军的薄弱环节。这样，在总体上处于劣势的南部同盟军，由于相对地集中优势兵力，把只知墨守成规不懂随机应变的胡克弄得手足无措，只得在 5 月 5 日撤回拉帕汉诺克河以北，从而使钱瑟勒斯维尔会战以南部同盟获胜告终。

钱瑟勒斯维尔会战失败，造成北部人心浮动，英法等国承认南部同盟的可能性又一次出现。罗伯特·李抓住这一大好时机，于 6 月 3 日开始向谢南多亚河谷进犯。6 月 29 日，罗伯特·李所统率的南部同盟军全部进入宾夕法尼亚，更使北部人心惶惶，北部暗藏的敌人也乘机大肆活动。6 月 30 日，一部分南部同盟军闯入葛底斯堡，与驻守在那里的联邦军遭遇。

葛底斯堡的南面，两座小山夹着一片开阔地。东面的小山叫公墓岭，有联邦军构筑的阵地；西面的叫学堂岭，由南部同盟军据守。7 月 2 日，南部同盟军发起攻击，联邦军右翼阵地几为所陷。翌日清晨，南部同盟军转攻左翼，无功而返，引起内部意见分歧，联邦军乘机加固了阵地。下午，一阵激烈炮战之后，南部同盟军 1.5 万人发起冲锋，结果在联邦军猛烈炮火和白刃格斗的打击下，损失惨重。第三天，联邦军进行反击。7 月 4 日，罗伯特·李把军队撤至沙普斯堡附近，准备渡过波托马克河，因河水暴涨，退路被截断。自 6 月 28 日接替胡克任波托马克军团司令的米德，没有听从林肯不要召开军事会议的劝告，结果丧失了全歼罗伯特·李所部的良机，使南部同盟军安全渡河南遁。这次会战中，联邦军损失 2.3 万人，南部同盟军损失 3.6 万人。

在葛底斯堡会战取得胜利的同时，西部战场也传来维克斯堡投降的消息。维克斯堡矗立在密西西比河东岸，居高临下，扼守着密西西比河航道，易守难攻，战略地位十分重要。格兰特率部 7.3 万人，先用猛攻，继以围困的办法，使据守该堡的南部同盟军弹尽粮绝，守将彭伯顿被迫率众 2.9 万人投降。7 月 9 日，哈得逊港的南部同盟军也放下武器。至此，密西西比河完全置于联邦军控制之下，南部同盟被分割成互不连接的两个部分。

联邦军在葛底斯堡和维克斯堡的胜利，是南北战争的转折点。从此南部同盟军被迫转入战略防御，英法等国政治上承认南部同盟的可能性不复存在。

1863 年 11 月，格兰特会同谢尔曼、胡克和托马斯，发动了查塔努加战役，收复了这座曾由联邦军在 9 月间丢失的城市，打开了通往亚拉巴马和佐治亚的门户。

1864 年 3 月 9 日，格兰特被任命为联邦陆军总司令，其西部战场最高指挥员的遗缺由谢尔曼填补。谢尔曼积极贯彻格兰特制定的切断敌人交通线，断绝其内部联系；以优势兵力不断压迫敌人，使其不能得到喘息和休整，从而在运动中加以削弱和消灭；破坏一切可以资敌的设施的方针，率领 10 万大军与南部同盟军的约翰斯顿周旋。约翰斯顿采用坚壁清野和边打边走的策略，企图把谢尔曼饿死和拖垮；谢尔曼则轻装前进，跟踪追击，紧紧缠住约翰斯顿不放。自 5 月 7 日至 7 月 17 日，经过两个多月兜来转去，终于翻过阿巴拉契亚山脉，来到亚特兰大城下。这时联邦军孤军深入，交通运输线成了薄弱环节，但接替约翰斯顿指挥南部同盟军的胡德却没有抓住联邦军的弱点加以攻击，反而同联邦军展开对垒战，打硬仗，结果被迫于9月2日放弃亚特兰大城。

亚特兰大位于南部同盟腹地，是佐治亚州首府。交通中心和粮食供应基地。南部同盟最大的兵工厂便设在这里。它的被占领，不仅在政治、经济和军事方面使南部同盟遭到深重打击，而且在心理方面也造成了强烈的影响。从此，南部同盟笼罩上失败的阴霾，林肯政府在北部人民中的声望进一步提高。

经过一番整顿，谢尔曼开始了以萨凡纳为目标的"向海洋进军"。为了对付胡德的袭扰，他分兵6万，由托马斯指挥，去保卫联邦军漫长的交通线。11月15日，谢尔曼亲率6.2万名大军，兵分4路，不带给养，开始了对南部同盟腹地的扫荡。经过32天跋涉，来到萨凡纳城下时，身后留下的是一条长300英里、宽60英里的焦土地带。12月21日，在联邦海军配合下，谢尔曼攻占了萨凡纳，使密西西比河以东的南部同盟占领区被分成南北两半，心脏地区与下腹部的联系被切断。

1865年2月1日，谢尔曼挥师北上，3月21日在戈尔兹伯里与格兰特会师，完成了对南部同盟的战略包围。

还在谢尔曼向亚特兰大进军之际，格兰特指挥10万2千名联邦军，与罗伯特·李进行角逐。1864年5月上旬，双方在拉皮丹河以南、弗雷德里克斯堡以西的"荒野"地区会战，8—12日又在斯波特西尔法尼亚，6月1日至3日在冷港进行会战。这几次会战中，联邦军的炮兵不能发挥优势，而南部同盟军的骑兵在这荆棘丛生、遍地泥沼的地区却运动灵活，因而联邦军伤亡远远超过敌方，达五、六万人。格兰特因此受到舆论指责，但他全然不顾，仍紧紧咬住罗伯特·李不放。6月15日—18日，联邦军强攻彼得斯堡不克，又损失8千人。此后，格兰特才改变战术，利用优势兵力把彼得斯堡围困起来。格兰特在这段时间虽无建树，但以不断地进攻吸引了南部同盟的注意力，从而牵制了敌人，起到了支援谢尔曼的作用。

罗伯特·李为了摆脱被围困的处境，1864年7月初，派部将厄尔利孤军北上，占领位于华盛顿西北的温切斯特，并于7月11日到达距华盛顿5英里的地方。格兰特抽调两个师的兵力紧急回防首都，击退厄尔利的进袭，旋即在温切斯特和渔父山两次战斗中获胜，把南部同盟军逐出谢南多亚河谷，华盛顿才转危为安。罗伯特·李在彼得斯堡被围困9个月，兵力下降至5万4千人，而格兰特却有11.4万人。罗伯特·李曾尝试突围。他攻击联邦军左翼，遭受重大伤亡，而自己的右翼被联邦军的谢里登击败，中段防线也为格兰特突破。4月3日，联邦军进驻里士满。罗伯特·李企图南逃，因为谢里登先行一步占据铁路，被迫折而向西，打算同约翰斯顿会合，结果道路又为谢里登所截断，复陷入7万多名联邦军的包围之中。在走投无路的情况下，4月9日在阿波马托克斯，罗伯特·李树起白旗，率所剩3万余人向格兰特投降。不久，其他南部同盟军将领也先后放下武器，历时四年之久的南北战争宣告结束。

这次战争，就其规模和残酷程度而言，均为美国历史上前所未有。据统计，联邦政府先后征集 220 万人入伍，有 360222 人死亡，635397 人受伤；南部同盟征集人数为 80 万，死亡人数为 25.8 万，受伤为 38.3 万人。战争结束之际，宣布投降放下武器的为 174223 人，战争耗费了大量资财，双方总数加起来估计在 200 亿美元以上，为 1789—1865 年联邦政府全部开支的 5 倍。

经过四年苦战，北部终于在林肯为首的联邦政府领导下，打败了南部同盟，结束了资产阶级和奴隶主联合掌权的局面。资产阶级单独控制了美国政权。

资产阶级之所以能够获胜，是与美国广大人民，尤其是工人、农民和黑人的支持分不开的。美国人民要求在美国彻底废除奴隶制度，他们也希望能廉价或无偿得到西部的国有土地。战争初期，以林肯为首的联邦政府一方面号召人民拿起武器反对南部奴隶主，另一方面回避奴隶制的存废问题，只谈保卫联邦，维护宪法，甚至忠实执行《逃亡奴隶法》，对人民群众的迫切要求则置之不理，因而引起人民不满，造成军事上连连失利。

南北战争期间，曾经几度出现外国武装干涉的危险。这些干涉最后没有成为现实，除了美国政府的策略正确，军事上取得了关键性的胜利等原因之外，一个不可忽视的重要因素便是欧洲无产阶级的同情和声援。欧洲无产阶级坚定地站在以联邦政府为代表的北部一边，为反对南部奴隶主，不惜忍受失业痛苦和饥饿的煎熬。为了反对本国政府干涉美国内战和承认南部同盟的阴谋，英国兰开夏等地的纺织工人多次举行抗议集会和示威游行。设菲尔德的工人甚至声称，如果英国政府干涉美国事务，便要进行革命。法国工人则以在选举中投票支持政府反对派的方式，来迫使政府做出让步。

南北战争以奴隶制度的消灭告终，从此，美国完全确立了资本主义制度的统治地位。南北战争所完成的是独立战争未能完成的使命，从这个意义上讲，南北战争是美国历史上的"第二次革命"。由于扫除了奴隶制度的障碍，美国资本主义经济以前所未有的速度发展起来，以致在三十多年的时间里，美国工业生产总值便由 1860 年的世界第四位一跃而为世界之冠，成为世界上经济力量最强大的国家。

意大利的统一

概况

意大利西临第勒尼安海，东临亚得里亚海，南临爱奥尼亚海，北面则有著名的阿尔卑斯山脉，意大利也因此和欧洲大陆其他国家隔离开。在历史上，意大利是古代罗马帝国的本土，文艺复兴的发源地。但是自从罗马帝国灭亡，这个曾经一度盛极一时的国家处于四分五裂的状态。

14 世纪开始的文艺复兴，曾经振奋了整个意大利的民族精神，很多思想家、革命家曾经费尽心思重新统一意大利但是自 16 世纪起开始，西班牙等国家先后入侵意大利，使得意大利的统一问题一拖再拖。1521 年到 1713 年间，西班牙侵入意大利而占领了其大部分领土，并且将意大利分为 4 个由西班牙统治的国家：那不勒斯王国、西西里王国、撒丁王国和米兰公国。

　　1796 年拿破仑带领法国军队侵入意大利，占领意大利达二十多年之久。在拿破仑帝国垮台后，维也纳会议将意大利分为八个封建小王国，并且由奥地利、西班牙、法国等分别占领，只有撒丁王国是独立的。

　　法国大革命和拿破仑入侵，也给意大利带来了资产阶级革命的思想，促进了意大利民众的觉醒。随着意大利资本主义经济的发展，意大利要求民族独立和国家统一的呼声越来越强烈。封建势力对国家的分裂，对资本主义在意大利的发展起到了

意大利统一战争中的蒙特贝洛之战

很大的阻碍作用。各个小王国的法律、货币和度量都互不相同，而且关卡林立，税收繁重。

　　1848 年，意大利和欧洲其他国家一样，也发生了由资产阶级领导的民族独立革命，1 月，西西里岛首先爆发革命，揭开了意大利革命的序幕；3 月，米兰人民也开始革命，并且解放了米兰，威尼斯宣布起义，并建立了威尼斯共和国。为了控制革命在其他小王国的兴起，其他王国的统治者们都先后准许进行民族独立和民主改革。

　　但是在 4 月底，在罗马教皇的建议下，意大利各个王国从前线撤回了反奥军队，随即反过来镇压国内民众起义。到 5 月的时候，西西里起义被镇压，7 月奥军占领了米兰并转而围攻威尼斯城。8 月，撒丁王国国王被迫将伦巴底、威尼西亚等地割让给了奥地利。1848 年意大利革命最终在国内外势力的共同镇压下失败了，意大利重新回到了四分五裂的封建统治下。

加里波第像

　　在意大利民族统一运动中，存在两个持有不同意见的派别，他们各自提出了两种不同的主张和道路，他们一是以中小资产阶级为代表的资产阶级民主派，主张"自下而上"的民族革命战争，驱逐外国在意大利的势力，最终建立一个统一的资产阶级民主共和国；二是以大资产阶级和资产阶级化的贵族联盟为基础的资产阶级贵族自由派，主张"自上而下"的统一道路，以撒丁王朝作为统一意大利的力量，把意大利统一在萨伏伊王朝为主的统治之下。

　　民主派的代表人物是朱泽佩·马志尼，他是意大利统一过程中的主要人物之一，也是一个意志坚强的思想家、政治家。马志尼出生在热那亚一个医生家庭，后来进入热那亚大学攻读法学，毕业后成为律师。早在 19 世纪 20 年代末，马志尼就在热那亚创办报纸，撰写各种政论文章。1830 年，马志尼因为叛徒出卖而被捕入狱，并随之被驱逐出境。次年 4 月，马志尼在法国联络了一批爱国侨民，建立了著名的"青年意大利党"，同时创办了同名刊物。青年意大利党将推翻异族统治，建立统一

的民主共和国作为其政治纲领。

继马志尼之后，民主派的另一位主要人物——加里波第，成功地实现了意大利的统一。加里波第，1807年出生于尼斯一个水手家庭，早年当过海员。1833年，加里波第加入青年意大利党，开始从事民族解放斗争。次年，他参加热那亚共和国起义失败后，被迫逃亡南美长达十四年，并在那里参加了巴西南部共和主义者的起义和维护乌拉圭独立的战争。1848年革命爆发后，他回到意大利参加革命，1849年，他为建立与保卫罗马共和国，进行了英勇战斗。失败后，他再度流亡，在纽约住了几年，先是在一家蜡烛厂当工人，后来当一艘商船船长。

"千人红衫军"远征西西里岛

加里波第对后来意大利的最终统一起到了很大的作用，通过一系列军事实践活动，多次打败兵力上占优势的敌军，取得辉煌战绩。同时，加里波第善于发扬军队的政治优势，深入敌后开展游击战，为意大利统一做出了巨大的贡献，被后人称为"现代游击战之父"。

自由派以卡米洛·加富尔为代表认物。加富尔出生在都灵一个贵族家庭，青年时代曾为撒丁国王效力而参加了撒丁军队。结束军旅生涯后，加富尔游历法国、英国等国家，对资产阶级思想有了一定了解，并且非常崇拜英国的君主立宪制。他曾在自己的领地上应用新式农具和耕种方法，并且开设化肥厂，主张自由贸易和发展近代工业。后来，加富尔创办了《复兴报》，公开宣扬英国宪法利政治制度，呼吁意大利各小王国进行改革，"自上而下"实现意大利的统一和资产阶级革命。他竭力主张由萨伏伊王朝来统一意大利。从1852年开始到其逝世，加富尔一直是撒丁王国的首相。

在意大利真正统一之前，这两个派别一直就如何实现意大利统一而进行各种争论和错综复杂的斗争。

1852年，加富尔出任撒丁王国的首相，并推行一套意在富国强兵的改革，例如大力发展工业、实现自由贸易政策、大力加强国防建设、增加军费开支等。1857年，欧洲经济危机开始波及意大利，发生了严重饥荒，意大利民众对奥地利的统治非常不满，经常与之发生冲突。

加富尔深知，仅以撒丁王国的单薄力量，是不可能将奥地利驱逐出意大利的。因此，他采取了联合法国共同打击奥地利的策略。1858年7月，加富尔利用法奥的矛盾，在法国一个避暑圣地秘密会见拿破仑三世，共同组成反奥军事同盟，并约定：法国出兵协助撒丁王国驱逐奥地利在伦巴得和威尼斯的军队；作为报酬，撒丁王朝允诺把萨伏伊和尼斯割让给法国。

1859年4月，意法联盟对奥地利的战争爆发。5月底，双方进行首次交战，联军获胜。加里波第于1854年春天回到意大利，并受加富尔的邀请而加盟联军。战争爆发后，加里波第率志愿军深入敌后，连战连胜，解放大片地区，广大群众揭竿而起，纷纷加入志愿军，加里波第力量不断壮大。6月，奥军在联军的攻击下损失惨重，不得不撤出伦巴得而退守威尼斯。

1860年4月，西西里首府巴勒莫爆发起义，遭到西西里王国军队的镇压。加里波第招募了1400多名志愿军，5月，乘两艘船离开了热那亚海岸，远征西西里。这些志愿军身穿红衫，又称红衫军。红衫军在西西里登陆后，得到人民的支持，攻城掠地，只用了二十天就占领了巴勒莫；不久，又攻占了西西里王国首府那不勒斯，使整个意大利南部顺利并入撒丁王国，为意大利的统一事业建立了不朽的功勋。

意法对奥战争的胜利，有力推动了意大利人民的革命运动，中部各个小邦的人民持续进行起义，推翻封建政权，建立了资产阶级政权。1860年，这些已经建立资产阶级政权的小邦在加富尔的游说下进行了全民投票，正式宣布和撒丁王国合并。战至1861年3月，意大利王国宣布成立，定都佛罗伦萨。撒丁王国国王成为意大利王国的国王，加富尔为首相。加里波第在将政权交给撒丁国王后，并且解散了红衫军。

但是撒丁王朝的合并活动受到了法国的阻挠。拿破仑三世之所以同意出兵奥地利，并不真的是为了意大利的统一，而是为了争霸。一心想控制意大利的拿破仑三世在见到意大利王国成立后，急忙和奥地利国王签订了停战协议。协议规定：奥地利放弃伦巴得，由法国转交给撒丁王国，但是奥地利继续保持对威尼斯的控制权。

法奥协议签订后，加富尔迫于拿破仑三世的压力而不得不将意大利领土萨伏伊和尼斯割让给了法国。加里波第闻讯后大怒，强烈谴责"这种拿民族来做交易的事情，朝野上下无不感到深恶痛绝"。一气之下，加里波第辞掉了撒丁王国议员和将军的职务。

意大利王国成立后，全国领土基本上得到了统一。但是意大利统一事业还没有最后完成，根据法奥停战协议，威尼斯还在奥地利的统治之下，而罗马教皇还依靠驻守在罗马的法国军队而维持自己的统治。意大利王国成立后，企图通过战争，从奥地利手中夺取威尼斯。1866年，普鲁士和奥地利为争夺德意志统一的领导权而发生矛盾。利用这一机会，意大利王国和普鲁士结成反奥军事同盟。

该年6月，普奥战争爆发后，意大利也向奥地利宣战。加里波第接受了自由派的邀请而参与了此战争，并取得了多次胜利。6月24日，意军在库斯托扎大会战中遭到重创，被迫撤至明乔河。同时，奥军主力撤回本土，意军免遭打击。加里波第协助政府军作战，深入敌后，连战皆捷。在萨多瓦决战中，奥地利军队被普鲁士军队打败。根据1866年制定的维也纳和约，威尼斯回归意大利。

威尼斯回归意大利后，只剩下罗马还被教皇占领着。为了彻底完成意大利统一，加里波第曾经三次远征罗马。

1862年7月，加里波第前往巴勒莫，很快组织了3000名志愿军，并于8月渡过西西里海峡，北进罗马。占据罗马的法军十分恐慌，在派兵加强罗马防务的同时，给意大利王国的国王压力，要求意大利政府军阻截志愿军。为了避免自相残杀，加里波第命令自己的部队不要对前来镇压的政府军开枪。但是政府军却朝志愿军开枪射击，加里波第也在此战役中受伤被捕。

1864 年，加里波第为了远征罗马而前往英国筹集经费，但是被英国驱逐出境。在意奥战争爆发后，加里波第再次组织志愿军远征罗马，但是再次遭到政府逮捕。此后，加里波第被关押在卡普里岛，并受到 6 艘军舰的看守。但是加里波第还是在战友们的帮助下逃出了小岛，并马上率领志愿军前往罗马。

但是意大利国王和拿破仑三世沆瀣一气，共同派兵镇压加里波第的远征行动。加里波第在一次战役中，再次被意大利政府军逮捕。1870 年普法战争爆发后，驻守在罗马的法国军队受命撤回法国参战。加里波第乘机再次组织志愿军进军罗马，并于 1870 年 9 月解放了罗马。该年年底，意大利王国首都从佛罗伦萨迁往罗马，意大利最终实现了全国统一。

罗马城非一日可造，意大利的统一也非一蹴而就。意大利的独立统一战争是在马志尼、加富尔和加里波第的共同领导下获得的。独立战争的最终胜利，使意大利摆脱了长期受外族压迫和分裂割据的局面，为资本主义发展扫除了障碍，大大推动了历史的进步。正是有了这次统一的基础，才使得后来意大利成为欧洲战争策源地之一。

1848—1849 年意大利革命

1814—1815 年的维也纳会议后，欧洲封建复辟势力恢复了各国被推翻的封建秩序，残酷镇压各国的革命和民族独立运动，阶级、民族矛盾进一步加剧。1845—1846 年，欧洲发生农业灾荒；1847 年，又爆发了经济危机，给人民带来沉重的灾难，城乡居民生活恶化，群众革命情绪高涨。1848 年，欧洲大陆上掀起了一场大规模的资产阶级民主革命。意大利革命是欧洲革命的重要组成部分。意大利革命的任务是要推翻奥地利的民族压迫和本国的封建统治，实现意大利的独立与统一。意大利人民广泛地投入了革命，资产阶级民主派和自由派为争夺革命领导权展开了激烈斗争。1848—1849 年革命推动了意大利统一运动的发展，成为意大利统一史上的一个重要阶段。

还在 1847 年，意大利已呈现一幅悲惨景象：农村瘟疫流行，饿殍遍野；城市企业倒闭，工人失业，粮价飞涨。反动统治者不顾人民的死活，苛捐杂税有增无减。陷于困境的城乡居民，奋起反抗，不断举行暴动。资产阶级自由派利用这个形势，胁迫各邦君主进行一些改革，自由派自己则参与其事；同时，自由派又欺骗群众，竭力避免发生革命。各邦君主为维护其统治，准备接受自由派的主张。刚上台不久的教皇庇护九世首先把自己打扮成为"改革者"，利用自由派的头面人物进行所谓政治改革：赦免政治犯，设立罗马参政会，实行出版自由，允许资产阶级修筑铁路，组织国民自卫军，等等。撒丁王国、托斯坎纳公国的统治者也作出了"改革"的姿态，成立有自由派代表参加的内阁。但是，愤怒的人民群众不理睬这些所谓改革，而是发动了革命。

1848 年 1 月，西西里岛巴勒摩城人民首先发动了起义。他们赶走两西西里王国的军队，建立自己的政权，揭开了意大利和欧洲革命的序幕。巴勒摩人民起义的胜利，极大地鼓舞了意大利人民。继法国二月革命后，奥地利首都维也纳也在 3 月 13

日发生了革命，这对意大利革命的发展起了很大的推动作用。3月18—22日，手无寸铁的米兰人民经过五天激战，击败了15000名装备优良的奥地利军队，解放了米兰城。恩格斯称赞米兰是"在1848年革命中完成了最光荣的革命的英雄城市"。3月22日，威尼斯人民也取得了起义胜利，并宣布建立威尼斯共和国。奥地利直接统治下的米兰、威尼斯人民起义的胜利，推动了意大利反对奥地利的斗争。"奥地利人滚出意大利"的怒吼声，响彻意大利。都灵人民包围了王宫，要求撒丁国王查理·阿尔伯特立即向奥地利宣战。查理·阿尔伯特在人民群众的压力下，被迫于3月23日对奥宣战；3月26日，又亲率撒丁军队进入伦巴底，教皇庇护九世、托斯坎纳大公、两西西里王国国王害怕压制人民的反奥运动会危及自己的统治，也都先后派出军队到伦巴底对奥作战。

当撒丁王国军队进入伦巴底时，奥地利军队正向北部边境溃退，但是，查理·阿尔伯特没有抓紧战机追击奥军，而是用各种手段先后将伦巴底——威尼斯、帕尔马、莫德纳并入撒丁王国。1848年6月，加里波第和马志尼相继回到国内。加里波第为了参加对奥战争，卖掉了身上仅有的一件衬衣，带领63名战士从遥远的南美赶到撒丁王国军队的大本营。然而，迎接这位爱国志士的却是无情的冷落！查理·阿尔伯特和陆军部长不但拒绝了加里波第组织志愿军的要求，而且还严密防范加里波第及其部下的行动。马志尼也同样受到了排挤，无法在撒丁王国立足。这表明，查理·阿尔伯特发动反奥战争是为了把反奥的旗帜抓在自己手中，乘机扩大撒丁王国的版图，以防止资产阶级民主派夺取战争的领导权，查理·阿尔伯特害怕民主派在赶走奥地利后，将革命引向深入，危及他的统治。

资产阶级自由派利用三月革命形势，掌握各地政权以后，就破坏革命。伦巴底临时政府不仅没有改善人民的生活，反而集中力量镇压起义农民。自由派控制的那不勒斯国民自卫军，还开枪射击罢工的印刷工人。要求工作和面包的罗马失业者也遭到了枪杀。自由派的上述行动，助长了封建统治者的反动气焰。1848年4月29日，对奥作战还不到一个月，罗马教皇就呼吁停止反奥战争，并从前线召回了教皇国的军队。5月15日，两西西里王国国王斐迪南二世在那不勒斯发动反革命政变，血洗起义的群众。

6月，奥地利军队经过休整并得到增援后转入反攻，重新占领了威尼斯地区。接着在7月库斯托查战役中击溃了撒丁王国军队。8月，查理·阿尔伯特同奥军将领拉德茨基签订了停战协定，米兰城及整个伦巴底地区又落入奥军之手。加里波第冲破重重障碍才组织起来的志愿军也陷入奥军包围之中。

反奥战争失败，三月革命成果的丧失，标志着意大利革命第一阶段（1848年1月—8月）结束。

这时，资产阶级自由派已脱离革命阵营，有的公然投入封建统治者的怀抱，资产阶级民主派因此才得以掌握革命领导权。意大利革命的第二阶段（1848年8月—1849年8月）也从此时开始。

还在查理·阿尔伯特与拉德茨基签订停战协定时，资产阶级民主派的领袖马志尼就号召发动人民革命战争。马志尼说："国王的战争结束了，民族的或人民的战争开始了。"加里波第也斥责查理·阿尔伯特是民族的叛徒，并宣布不承认停战协定，要把反奥战争继续下去。加里波第指出，只有进行游击战，才能使整个民族投入战争，使没有革命正规军的意大利取得胜利。加里波第率领志愿军转移到阿尔卑斯山与奥军周旋，给奥军以有力打击。但是，由于志愿军力量薄弱，未能挡住奥军占领北部地区。加里波第只得率志愿军向南撤退，并在撤退中扩大队伍，积蓄力量，以寻找新的战机。马志尼和另外一些民主派成员，也与加里波第的部队汇合到一起。

在民主派的号召下，人民群众掀起新的革命高潮。威尼斯城虽已陷入奥军重围，但威尼斯人民仍在坚持斗争，共和国的旗帜依然飘扬在城头，奥军久攻不克。托斯坎纳的群众也发动起义，推翻了利奥波德二世大公的统治，并成立了共和国。1849年初，罗马人民举行起义，推翻了教皇政权，宣布建立罗马共和国。罗马起义成功并建立了共和国，在意大利有重大的意义。马志尼和加里波第也率军赶往罗马，支援罗马人民的斗争。

1849年3月，罗马制宪议会选出以马志尼为首的共和国三执政，并指令政府实施民主改革：没收教会财产，取消僧侣特权；废除宗教裁判所，设立世俗法庭；免除农民的磨粉税，减轻小手工业者和小商人的赋税负担。共和国政府改善了罗马人民的生活，人民则把罗马共和国看作是争取独立和统一的革命圣地，是他们解放和自由的希望所在。

但是，形势却对罗马共和国越来越不利。这时，欧洲革命已处于低潮，巴黎工人六月起义被镇压，奥地利境内的革命也遭到失败，法国和奥地利统治者又可以集中力量来镇压意大利革命了。

3月20日，撒丁王国与奥地利停战协定期限已满，查理·阿尔伯特鉴于意大利的革命形势威胁着他的统治，不敢贸然放弃对奥地利的战争。他与欧洲列强磋商之后，决定继续对奥作战。他认为，如果能侥幸击败奥军，他本人及撒丁王国的威望将会大大提高，这样就能遏止革命，保住萨伏伊王朝的统治；如果撒丁王国战败了，有欧洲列强的斡旋，萨伏伊王朝也不至于垮台，还能把奥军引来镇压革命。就这样，查理·阿尔伯特心怀鬼胎与奥地利开战。他既不认真准备，又不让群众武装起来参战。3月23日一战，撒丁王国军队溃不成军。为了避免人民群众追究战败的责任，查理·阿尔伯特将王位传给其子维克多·埃曼努依尔二世之后，便逃出意大利。新上台的国王赶忙与奥地利签订割地赔款的和约，才保住了王位。反奥战争就这样结束了。

奥地利与撒丁王国签订和约以后，奥军长驱直入，很快就镇压了托斯坎纳的革命。接着，又加紧围攻威尼斯共和国，同时，向罗马共和国逼近。

教皇庇护九世在其政权被推翻后，即逃到那不勒斯的加埃塔，并向欧洲天主教国家求救。紧接着，法国、奥地利、西班牙以及两西西里王国的代表聚集这个沿海小城，商议制订干涉罗马共和国的计划。这时，奥军正向罗马推进。由乌迪诺将军指挥的十四艘法国军舰载着一万名法军也从契维塔韦基亚港直达罗马城下。敌军大兵压境，罗马城被敌军团团围住。罗马共和国在危急中！

罗马共和国政府虽然推行了一些改革，但是没有解决农民的土地问题，没有把革命扩展到农村。这是资产阶级民主派的阶级局限所决定的。因此罗马必定陷入孤军作战，并预示着罗马共和国必然要失败。

加里波第曾经几次提议：不要困守孤城，应当把军队开到罗马城外，进行积极主动的防卫战。同时，发动人民群众，打击敌军。加里波第还提出：为了应付紧急局面，共和国必须实行革命专政，并加强军队的作战力量。但是，这些正确的主张，都被马志尼否决了。不仅如此，马志尼还认为加里波第刚愎自用，排挤加里波第，使加里波第未能掌握共和国军的指挥权。然而，这位伟大的民族英雄却以大局为重，服从命令，多次率本部士兵浴血奋战，立下了不朽的战功。4月29日夜到30日晚，发生一场恶战。加里波第指挥人数不多的志愿军主动出击，打得乌迪诺指挥的一万法军大败而逃，击毙、俘获了法军1300余人。接着，加里波第又率领2500名士兵，迎击斐迪南二世亲自指挥的两西西里王国的两万大军。加里波第在人民群众的支持下，只用了十几天时间，就把两西西里王国军队赶回那不勒斯。

乌迪诺指挥的法军，经过一个月的休整并得到增援之后，又以四万之众于6月2日包围了罗马。法军用重炮猛烈轰击罗马城。6月3日，罗马城外的制高点在两军之间几次易手，战斗十分激烈。加里波第和他的战士冒着弹雨冲杀，最后用长枪和马刀与敌人展开肉搏战，付出了重大牺牲，才挡住法军的攻势。直到这个时候，加里波第才被任命为共和国军总司令。他再次建议三执政：批准突围出城，把战场转移到广阔地区；劝说三执政"唤醒外省和全意大利"，以便挽回败局。可是马志尼等人仍然没有采纳加里波第的建议。加里波第在物资匮乏、居民忍饥挨饿、部队伤亡惨重的情况下，仍然克制着内心的痛苦，身先士卒、出生入死地战斗，又一次顶住了6月23日法军发动的总攻击。一周之后，共和国军队已疲惫不堪，几乎失去继续作战的能力。7月1日，罗马制宪议会开会商讨大计，并派特使从城外召回加里波第，听取他的意见。当加里波第走进议会大厅时，只见他浑身是血，衣服已被烧破，他的剑由于砍杀敌人过多已弯曲，只有半截能插进剑鞘，全体议员起立向加里波第欢呼。加里波第在会上批评了共和国领导人的错误，指出"大错已经铸成"，局面难以挽回，只有率军离开罗马，到外地坚持斗争。议会同意加里波第的意见，发布了结束罗马保卫战的命令。

7月2日，加里波第在梵蒂冈广场向部队发表演讲。他说："他打算带你们开辟一个新的战场。愿意跟我走的，所到之处，必将受到人民的热烈欢迎，这是可以断定的。我对你们没有别的要求，只要求你们有真挚的爱国之心。我不能给你们薪饷、也不能给你们休假。至于吃的东西，找得到就吃、找不到就要挨饿。能够忍受这种艰难困苦的，才是我的战友和兄弟。如果做不到这一点，就请留下不要跟我走。"许多战士当即表示响应加里波第的号召，跟他去开辟新的战场——支援威尼斯人民的斗争。当晚，加里波第率部队突围出城，踏上去威尼斯的征途。马志尼等共和国领导人跟着加里波第撤出了罗马。

7月3日，法军进入罗马。

加里波第突围出城后，甩掉法军的追击，冲破奥军的堵截，击败托斯坎纳反动军队的围攻，一个月内穿过意大利中部地区，抵达圣马力诺境内。他出色的军事才能，连敌人也深表钦佩。由于长途跋涉，不断作战，许多战士已筋疲力尽。加里波第遣送一部分战士回乡后，率领留下来的200名老战士，继续向亚得里亚海岸进发。当地渔民冒着生命危险，为加里波第部队提供了13艘渔船。在渡海时，有九艘渔被奥地利舰队击沉，其余的四艘渔船靠岸以后，战士们只得分散隐蔽起来，因而又有一些战士被奥军抓住、枪杀。这时，加里波第身边只剩几个人了。行军途中，加里波第的妻子、他生死与共的战友阿尼塔不幸病故。为了摆脱奥军的追踪，加里波第未能埋葬好妻子，就从东到西横穿意大利半岛，回到撒丁王国境内。不料，撒丁王国政府把他逮捕、监禁了起来。在群众强烈抗议下，撒丁政府才被迫释放了他，但又宣布把他驱逐出意大利。

8月22日，威尼斯共和国陷入奥军之手，标志着意大利1848—1849年革命的结束。

意大利革命失败了。奥地利在意大利北部和中部横行无忌，各地封建势力又重新抬头。加里波第难于在国内立足，就离开了意大利，以等待机会回国战斗。

1848—1849年的意大利革命，由于撒丁国王查理·阿尔伯特的叛卖、资产阶级自由派的破坏和奥地利与法国的武装镇压而失败了。但是，这次革命还是取得了一些积极成果：人民群众在革命中经受了锻炼和考验，看到了自己的力量，增强了信心，为未来的民族革命打下了基础。在革命高涨时期，国内外反动势力受到了沉重打击，为资本主义的发展扫除了障碍。随着资本主义的发展，民族独立、国家统一问题必将再次提到历史日程上来，这就为民族解放运动重新高涨准备了前提。意大利的独立、统一已为时不远了。

1859—1860年的意大利战争与革命

1848—1849年意大利革命失败后，奥地利不但恢复了伦巴底——威尼斯地区的统治，而且在中部各邦驻有军队，加强了对北部和中部地区的控制。西班牙波旁王室重新统治了两西西里王国。法军占领罗马后，也赖着不走。封建统治者采用残暴手段，对人民进行报复，数万革命者被投入监狱，或被流放、服苦役，或被判处死刑。革命团体被取缔，进步报刊被查封。除撒丁王国外，其他各邦国革命时期颁布的宪法都被废除，议会也被解散。

资产阶级民主派在革命中流血牺牲，这时又备受打击、摧残，因而力量大为削弱。流亡伦敦的马志尼没有很好总结革命失败的原因，却陷入幻想和盲动之中。他不顾民主派的困难处境，也不考虑意大利和欧洲的形势，仍然相信只要靠少数人的突然发动革命就可以成功，50年代初，马志尼先后建立的"意大利民族委员会"、"行动党"等密谋组织，接连在国内发动暴动，并想暗杀各邦统治者。这些举动，除了白白消耗革命力量外，一无所获。民主派经受一连串的失败后，分化、瓦解了。有些人已投入自由派的营垒，例如革命时期曾任威尼斯共和国总统、民主派的著名活动家曼宁成了君主立宪制的鼓吹者，并站在加富尔的一边；具有空想社会主义色彩、激进的民主派拉法里纳也成了自由派的骨干，并得到加富尔的信任与重用。有些人虽然还效忠于马志尼，但已放弃共和制的主张，例如西西里岛民主派的领袖克里斯皮，决定与萨伏伊王朝合作。这样，资产阶级民主派的影响越来越小，自由派的力量则不断地壮大，威望也越来越高。

北方资产阶级为了弥补 1848—1849 年革命期间遭受的损失，积极发展资本主义工商业。他们建工厂，办农场，修筑了铁路，扩大了贸易。意大利的资本主义在 50 年代有了较大发展。资本主义的发展，尤其是铁路的修筑，消除了各地的闭塞状态，形成了国内的统一市场，同时，也为国家统一创造了条件。意大利史学家在评述资本主义发展的意义时，特别谈到了铁路是缝好意大利靴子的"丝线"。从资本主义的发展中首先得到好处的是自由派。因为他们有优越的社会地位，有较多的资金，又控制着经济命脉。他们的经济实力大大地增强了。随着经济实力的增强，他们的政治地位也大大提高了。这在撒丁王国表现得最明显。

撒丁王国的自由派，早在革命期间就与封建统治者结成紧密的同盟。革命失败以后，撒丁王国仍然执行照顾自由派利益的 1848 年 3 月的宪法。不仅如此，自由派的代表人物还掌握了政府权力。加富尔于 1848 年当选为议员，1850 年当了农商大臣，1852 又当了财政大臣，同年，出任王国首相。加富尔掌握政权之后，对撒丁王国的经济、财政、军事和行政进行了一系列改革，发展资本主义，扩充军备。推行富国强兵政策。加富尔的改革取得了较大成果，增强了撒丁王国的国力，也提高了自由派的威望。撒丁王国成了意大利地主资产阶级向往的"理想王国"。民主派在北方活动的场所被自由派挤掉了。这就为资产阶级自由派以撒丁王国为中心统一意大利奠定了基础。

加富尔为首的自由派有了巩固的基地以后，就抛弃过去建立联邦制国家的设想，进而主张完全统一意大利。但是，撒丁王国是一个不大的邦国，靠它自身力量，是难以实现目标的。为了避免革命，也为了防止马志尼为首的民主派争夺领导权，加富尔就利用欧洲列强的矛盾，依靠法国来与奥地利抗衡。拿破仑三世早在法军占领罗马后，就有取代奥地利控制意大利的野心，所以，他们一拍即合。1858 年夏，加富尔与拿破仑三世秘密签订反奥军事同盟条约，约定：法国协助撒丁王国将奥地利逐出伦巴底——威尼斯地区，并将这一地区并入撒丁王国；撒丁王国则将萨伏伊和尼斯割让法国作为报偿。这个盟约暴露了拿破仑三世的扩张野心，也说明加富尔的统一道路必然会损害意大利的民族利益。

欧洲自 1857 年开始又爆发了一次经济危机。危机也袭击了意大利，各邦国都遭受沉重的打击。群众的生活恶化了。1858 年，意大利又出现了类似 1847 年的革命形势。为了避免革命、把人民群众纳入撒丁王国领导的对奥战争的轨道，同时，也为了解决王国军队的补充问题，加富尔于 1859 年 2 月把加里波第请到都灵，要加里波第招募志愿军参加反奥战争。但是，加富尔隐瞒了自己与拿破仑三世的秘密交易。加里波第考虑到民主派的分化、瓦解，为了国家的统一，同意与萨伏伊王朝合作。所以，加里波第答应了加富尔的请求。加里波第说："我已经惯于使自己的一切政治信念都服从于意大利统一的目的，不论这个统一将要怎样实现"。这以后，他一直坚持这样的立场。加里波第在都灵发出了组织志愿军的号召，很快就组成一支 3000 人的队伍。壮大了撒丁王国军队的力量。但是撒丁王国陆军部对加里波第总是疑云难消，经常给以牵制和刁难。加里波第虽然得到了"将军"的头衔，却无权指挥他的全部队伍。他的部队有"阿尔卑斯山猎兵"的番号，却领不到枪支弹药、大炮、马匹和给养。然而，加里波第为了对奥战争的胜利，仍率领他的士兵英勇地投入了战争，并建立了功勋。

1859年4月，奥地利首先发动了战争。拿破仑三世亲率法军进入皮蒙特与撒丁军队汇合，迎击奥军。战争虽然开始了，但大规模的战斗却迟迟未见展开。双方集结兵力，互相试探，谁也不肯轻易把主力部队投入战斗。前线的撒丁王国正规军按兵不动，只派加里波第率少数部队进入敌后作战。恩格斯曾一针见血地揭露了撒丁王国政府和拿破仑三世的险恶用心，"是想借此把他（指加里波第。引者注）和他的志愿军消灭掉，因为看来他们是这次王朝战争中过于革命的因素。"但是，撒丁王国政府的阴谋没有得逞。当加里波第率志愿军进入伦巴底以后，群众以大规模的反奥行动支援了加里波第。人民群众揭竿而起，参加志愿军，投入反奥战争。在群众的支持下，加里波第的志愿军每战必胜，解放了一座又一座的城市。加里波第取得了辉煌战果，使撒丁王国政府和拿破仑三世十分难堪，至此他们才开始认真作战。6月，撒丁王国与法国的联军取得两次大的胜利，并占领了伦巴底首府米兰。

对奥战争的胜利，促进了意大利各地革命运动的高涨。4月至6月，托斯坎纳、莫德纳、帕尔马、教皇国相继爆发人民起义。起义者推翻了封建政权，建立了自由派掌权的新政府。两西西里王国也出现了革命形势。这些情况是拿破仑三世所没有料到的，也打破了他取代奥地利控制意大利的梦想。于是拿破仑三世背信弃义，抛开撒丁王国单独与奥地利媾和，停止战争，并于7月11日签订了和约。根据这个和约，奥地利继续占有威尼斯，但须将伦巴底交由法国"转让"给撒丁王国；法国则保证恢复托斯坎纳、莫德纳、帕尔马、教皇国的反动政权。

拿破仑三世的背叛，激起了意大利人民的愤怒。马志尼、加里波第来到托斯坎纳首府佛罗伦萨，支援群众的斗争。他们号召人民群众拒绝承认这个出卖意大利民族利益的和约，继续坚持反奥战争。意大利中部各邦国的人民，积极响应马志尼和加里波第的号召，纷纷加入志愿军，反对复辟旧政权，准备掀起反奥战争的新高潮。但是，已掌握政权的自由派害怕人民革命，竭尽全力阻挠马志尼和加里波第组织志愿军、进行反奥战争，同时与撒丁王国政府秘密勾结，把中部各邦国并入撒丁王国。撒丁王国就这样利用对奥战争，兼并了伦巴底和中部地区，扩大了地盘。为了换取法国承认中部各邦国的合并，1860年3月，加富尔又与法国签订条约，将萨伏伊和尼斯割让给法国。

加里波第对加富尔的行径非常愤慨，他辞去撒丁王国议员和将军的职位，以示抗议。加里波第在一封公开信中声明："为我自己、为我的同胞，我保留在民族权利不再是空话的那天，收复我们在那里出生的故土的权利。"加里波第等待着新的战斗。

意大利北部、中部地区的革命运动虽遭受了挫折，但南部地区革命形势却在高涨。4月下旬，农民起义已遍及整个西西里岛。马志尼等民主派领袖为支援西西里岛的革命运动，在热那亚成立了"西西里委员会"，并准备组织远征军与起义者汇合，计划占领西西里岛后进军那不勒斯，以推翻两西西里王国。加里波第应召也赶到了热那亚，负责组织远征军的工作。他从自愿参加远征军的人员中挑选出 1200 名战士组成了著名的"千人军"，其中许多人是参加过"阿尔卑斯山猎兵"的老战士。为了解决武器装备，"西西里委员会"以加里波第的名义发起了"捐献百万支枪"的运动。很快他们就搞到了 5000 支枪。加里波第的战友毕克西奥还设法找到两艘轮船，解决了渡海的问题。1860 年 5 月 5 日夜间，加里波第率"千人军"乘船离开热那亚，开始了历史上有名的"千人军"远征。

早在出发前，加里波第就派出 60 多人潜入罗马，四处扬言加里波第将率军进攻教皇国，用这种办法来转移敌人的注意力。运载"千人军"的两艘轮船也没有直接开往西西里岛，而先驶往非洲海岸，以迷惑两西西里王国的海军。后来，加里波第的两艘轮船突然改变方向，快速驶往西西里岛。这时，敌舰已被甩在后面。等敌舰追近时，"千人军"已安然登陆，并于 5 月 11 日一举攻占了海港城市马尔萨拉。

加里波第进入马尔萨拉后，立即散发了《告西西里人民书》，向人民群众发出动人心弦的号召：

"西西里的居民们！我为你们带来了历经伦巴底各次战役的一些勇士。我们早已听到西西里英勇的召唤——现在就来到你们这里。我们唯一的希望是解放祖国。只要我们万众一心地团结起来，困难是会克服的。拿起武器吧！不拿起武器的人，不是胆小鬼，就是叛徒！缺少武器不应成为任何人的借口；在勇士的手里任何武器都是利器……拿起武器来！让西西里再一次向世界表明：它的勇敢的人民将怎样从暴君的统治下解放出来。"

西西里岛人民热烈响应加里波第的号召，用长缨枪、马刀、短剑、木棒等武装起来，成群结队加入加里波第的队伍。

5 月底，加里波第使用调虎离山计，引诱敌军出城，然后迅速攻占了巴勒摩。受骗的敌军以 2 万兵力围城。加里波第率部队拼死作战，扫清城内残敌，击溃了围城敌军，取得了具有历史意义的解放巴勒摩的胜利。攻占巴勒摩后，西西里岛上的敌军士气低落。加里波第乘胜追击，于 7 月初解放了全岛，并建立了新政权。这时，来自意大利北方的志愿军源源不断地进入西西里岛，加里波第的部队增加到 2.3 万余人。于是，加里波第准备进军那不勒斯。

当加里波第进军西西里岛时，以加富尔为首的自由派采取了既不支持也不反对的态度。自由派认为，如果加里波第进军失败，民主派的声望会更加下降；如果进军成功，可以利用加里波第愿意与撒丁王国政府合作的态度，把西西里岛并入撒丁王国。这时，加里波第已解放了全岛。加富尔赶忙派拉法里纳等人来到岛上，名义上是帮助加里波第建立政府，实际上是来夺权；同时，阴谋破坏加里波第进军那不勒斯的计划。加富尔担心加里波第的进军会引起意大利革命的高涨，如果革命蔓延到北方，势必危及萨伏伊王朝的统治。事实上，加里波第并不反对西西里岛与撒丁王国合并，只是不愿意合并得过早。因为合并以后，加里波第要受撒丁王国政府的牵制，妨碍他解放南方进而完成统一的计划。因此，加里波第赶走了拉法里纳，挫败了加富尔兼并西西里、破坏北进的阴谋。加里波第抓紧时间，整编、训练军队，很快作好了进军那不勒斯的准备工作。这时，那不勒斯地区的农民也掀起了夺取土地的运动；一些城市爆发了手工业者和工人的起义。进军那不勒斯的时机成熟了。

8月初，加里波第开始进军那不勒斯。他先派出一支较大的部队来到西西里岛北部海岸米拉措和法罗岬之间的地方，让敌人误以为他们将从这里起航在卡拉布里亚西岸帕耳米一带登陆。然后，加里波第又派米索里少校带一支约300人的小部队，渡过墨西拿海峡，进入卡拉布里亚山区。米索里登陆后，按照加里波第的指示，发动当地人民举行起义。加里波第迷惑了两西西里王国的海军，搞得他们晕头转向。8月19日拂晓，加里波第率领大部队在卡拉布里亚南端登陆。第二天，加里波第发动攻打勒佐的战斗。勒佐是两西西里王国在卡拉布里亚的军事重镇，有四万名正规军驻守。由于勒佐的守军久闻加里波第的英名，早已丧失了斗志。加里波第部队攻占了前沿阵地后，城内守军就开城投降。勒佐一战，奠定了加里波第胜利的结局。两西西里王国军队士气瓦解，士兵们一看到加里波第的部队，不是逃跑，就是缴械投降。加里波第从勒佐进军那不勒斯的途中，几乎是兵不血刃，一路高奏凯歌。各地居民也在加里波第部队到达前发动起义、夺取了城市，然后夹道欢迎他们进城。

加里波第部队迫近那不勒斯，两西西里王国统治集团惊慌失措。弗郎西斯二世一天之内就打了三个电报请求教皇为他祝福，但是，上帝却帮不了他的忙。国王见大势已去，留下两万军队守卫那不勒斯，自己仓皇出逃。9月7日，加里波第带着几名随从人员，乘坐敞篷马车进入万众欢腾的那不勒斯城。弗郎西斯二世的两万守军放下武器，加入了欢迎加里波第的行列。

那不勒斯居民为庆祝胜利，举行了一周的庆祝活动，张灯结彩，燃放焰火，集会游行。

加里波第在那不勒斯建立了新政权。他成了西西里和那不勒斯的执政者。这时，马志尼等人建议加里波第宣布在南方成立共和国，并进行民主改革。但是，加里波第拒绝了上述建议。加里波第认为，意大利人应当首先建造一座归自己所有的房子，把不速之客赶出去，而后才能考虑如何安排房子里面的秩序。他对马志尼等人说，只要与奥地利和罗马教皇的斗争还在进行，民主派就应当"使自己的共和主义的良心沉默"，至于统治的形式，待统一以后再说。

逃到加埃塔的弗郎西斯二世并不甘心失败，他在沃尔土诺河一带纠集五万军队，准备与加里波第进行最后一战。10月1日，加里波第率部队投入战争，沃尔土诺河战斗开始了。这次战斗，加里波第是与两倍于己的敌军交锋。加里波第付出了重大代价，才击败了敌军。敌军龟缩阵地死守。这时，撒丁国王维克多·埃曼努依尔二世率两万大军前来，协助加里波第粉碎了弗郎西斯二世的反扑。两西西里王国被推翻了，整个南方解放了！加里波第在人民群众的支持下，仅仅用了五个月时间就解放了半个意大利，把1859—1860年的革命推向了高峰，写下意大利统一史上最光辉的篇章！

撒丁国王率两万大军进入南方，其真实目的是要阻挡加里波第在解放那不勒斯后继续北进。加里波第的部队经过沃尔土诺河战斗，已元气大伤。这时，加富尔为首的自由派又乘机煽动南方的地主、资产阶级掀起"归附撒丁"的运动。加里波第经过认真考虑，感到继续北进已不可能；如果北进，很可能会引起内战，因为撒丁王国已作好了内战准备。为顾全大局，避免内战，加里波第决定放弃北进，并交出政权和自己的军队。

1860年11月6日，维克多·埃曼努依尔二世率撒丁军队进入那不勒斯。撒丁王国政府解散了加里波第的军队，通过"公民投票"，把南方并入撒丁王国。11月8日，加里波第带着从朋友手中借来的旅费和一袋蔬菜和种子，回到卡普列岛住地。加里波第以统一大局为重，不贪恋权位的高尚情操确实令人敬佩。

1859—1860年的战争与革命，是意大利统一运动的高潮。由于资产阶级自由派势力的强大，最终资产阶级与封建势力妥协，在萨伏伊王朝的旗帜下基本上实现了意大利的统一。

意大利的统一

50年代以后，意大利的统一运动又逐步趋向高涨。这时，"自上而下"和"自下而上"两条统一道路的斗争仍在继续。在1848年意大利革命中，以马志尼和加里波第为代表的民主派曾企图实现"自下而上"的统一。由于意大利资产阶级民主派的软弱，这条道路没有走通。50年代初，马志尼在伦敦建立"意大利民族委员会"、"行动党"等组织，发动了几次起义（1852年在曼图亚、1853年在米兰和都灵），但都失败了。马志尼派转而采取个人恐怖手段。于1854年刺死帕尔马大公，1856年刺伤那不勒斯国王斐迪南二世。这些行动更加暴露了马志尼派的软弱、他们策略的错误和脱离群众。马志尼派许多人对民主革命的前途失去信心，他们纷纷背弃了共和主义的理想，投入自由派的怀抱。马志尼本人也在1853年8月前往佛罗伦萨，拜倒在自由派的膝下，声称为了联合一切争取意大利统一的力量，准备取消共和口号。共和派放弃了统一运动的领导权，以加富尔为代表的资产阶级自由派则充当了这个运动的主角。

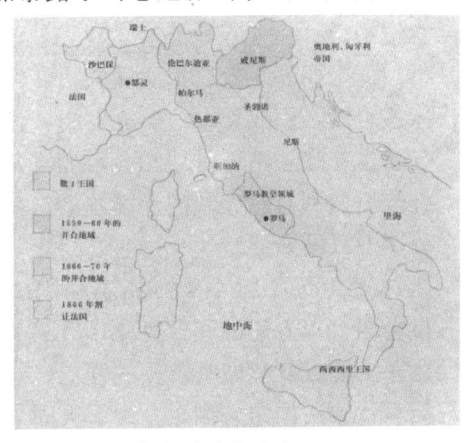

意大利的全面统一

1848年革命失败后，意大利各个小邦都恢复了封建君主制度，只有撒丁王国继续保留革命时期所颁布的宪法，实行君主立宪制度。这个宪法限制国王权力，建立议会制（包括贵族院与众议院），宣布人人在法律面前平等，赋予人民言论、出版、集会的自由，保护私有财产，议会监督税收等等。通过这种君主立宪体制，萨伏依王朝与资产阶级自由派结成了同盟。国王维克多·伊曼纽尔企图依靠自由派的支持来扩张王朝的领土。自由派则指望这个王朝维护他们的利益。于是，撒丁王国在意大利各邦中了政治开明的声誉。

自由派以撒丁王国为基地，利用1848年革命失败后民主派的消沉，准备把意大利各个小邦合并于撒丁王国，自上而下地把意大利统一起来。1852年，加富尔出任撒丁王国首相，开始推行一系列富国强兵的改革。这些改革措施有：一，大力发展工业，如兴修铁路，鼓励私人兴办企业，扩建热那亚港，建立商船队等等。二，实行自由贸易政策，先后与英国、法国、比利时、瑞士等国签订通商条约，并降低关税率。从1851至1858年，撒丁王国的对外贸易额增加了一倍之多，其中机器、矿石、生铁和煤的进口量增加特别快。三，大力加强国防建设，建造堡垒，改编旧军，逐年增加军队，改善军事装备。四，限制教会和寺院的权力，将教会部分财产收归国有，剥夺教会的各种特权。这些改革推行以后，增强了撒丁王国的国力，提高了王国在意大利人民中间的威望，从而为建立统一的意大利王国打下了基础。

1856年间，加富尔建立"民族协会"，它大力鼓吹"在皮埃蒙特君主制的保护下来实现意大利的独立和统一"。民主派许多人对这个口号表示支持。这期间，从意大利各地聚集到撒丁王国的爱国者达3万人之多。加里波第也参加了民族协会，积极发动人民捐款购买10万支枪，支持撒丁王国扩大军队。加里波第的行动，博得了自由派的好感，被授予撒丁王国的军衔和军职，开始为国王效劳。在1860年率领红衫军向西西里进军时，加里波第已明确地提出了"意大利万岁"和"伊曼纽尔万岁"的口号，在一定程度上反映了他的忠君意识。

加富尔深知，以撒丁王国单薄的力量，不可能驱逐外国侵略势力，实现意大利的统一。因此，他在外交上采取与法国结盟以打击奥地利的方针。他认定同法国结盟是可行的。因为，法国与奥地利存在矛盾，有嫌隙可以利用；拿破仑三世的祖先是科西嘉人，科西嘉原属意大利，就连拿破仑三世本人也曾参加过烧炭党，自然有亲意情绪。

加富尔在外交上靠拢法国的第一个步骤是在1854年参加克里木战争，站在英、法一边对俄国作战。在这次战争中，撒丁王国派出军队1.7万人，为打败俄国尽了一份力量。战后举行巴黎和会，加富尔代表撒丁王国出席，跻身强国之列。他在会上痛陈奥地利对意大利的专横统治，博得欧洲舆论的同情。此后，撒丁王国与法国在外交上日益亲近。

1858年6月21日，加富尔利用法奥矛盾，在法国避暑胜地普隆比埃与拿破仑三世会晤，双方达成联合对奥作战的秘密协定。拿破仑三世答应参加对奥作战，帮助撒丁王国收复奥地利占领的领土，建立北意大利王国，加富尔则答应把萨伏依和尼斯割让给法国作为酬谢。为了巩固与法国的结盟，加富尔还撮合两个王朝进行联姻。伊曼纽尔把女儿玛丽·克洛蒂尔德嫁给比她大二十岁的法国王子热罗姆·波拿巴。法、撒结盟以后，1859年1月1日拿破仑三世接见外交使团时，突然对奥地利的大使说："我很惋惜，我们同贵国政府的关系已经不像从前那么友好了。"这是法国对奥地利战争的信号。

1859年4月29日，奥军渡过蒂奇河首先开始军事行动。战争开始后，加里波第应加富尔之请，立即组织红衫军参加抗奥战争。这支军队在伦巴底一带连战皆捷，给奥军以沉重打击。革命战争的胜利促进了意大利中部各小邦人民的斗争。托斯卡纳、莫登纳、帕尔马和罗曼那的人民起来推翻封建政权，成立资产阶级政权。这时加富尔抓住了有利时机，用几个月时间突击地访问了中部这几个小邦，游说他们合并于撒丁王国。加富尔的活动受到各小邦资产阶级自由派的支持。1860年3月，这些小邦在自由派控制下举行全民投票，正式宣布与撒丁王国合并。

撒丁王国合并各邦的活动受到法国拿破仑三世的阻挠。拿破仑三世之所以联合撒丁王国对奥作战，其真正目的是为了争霸，而并非同情意大利的统一事业。因此，当意大利人民革命运动胜利发展，意大利出现了实现统一的前景时，一心想控制意大利的拿破仑三世感到震惊，连忙于1859年7月8日至11日同奥地利皇帝在维拉弗朗科会晤，签订停战协定。根据这个协定，奥地利答应将伦巴底交由法国转让给撒丁王国，而法国则赞同奥地利继续占领威尼斯。同时拿破仑三世还保证重建帕尔马、莫登纳的托斯卡纳等邦的封建政权。

法奥协定签订后，加富尔屈从拿破仑三世的政治压力，于1860年3月与法国政府缔结密约，将意大利的领土萨伏依和尼斯割让给法国，以换取拿破仑三世承认伦巴底归还意大利，以及中部各小邦合并于撒丁王国。加里波第闻讯后怒不可遏。他在议会强烈谴责"这种拿民族来做交易的事情，朝野上下无不感到深恶痛绝"。他一气之下，辞去了撒丁王国议员和将军的职务，以示抗议。

当时，意大利的革命运动方兴未艾，高潮迭起。北方的运动虽因自由派的妥协而受到抑制，但是南方的运动又起来了。加里波第和民主派的革命志士继续为争取意大利的统一而斗争。1860年初，加里波第在都灵建立了一个爱国军人团体"国民军协会"，并发表了《致意大利人民书》，号召建立人民武装，开展革命运动。他说："意大利武装起来之日，就是它获得解放之时。"

4月，民主派在西西里组织起义。加里波第闻讯，立即组织"千人团"向西西里挺进。当加里波第的部队在西西里登陆时，当地人民箪食壶浆，热烈欢迎。在当地起义军的配合下，千人团所向披靡，6月解放整个西西里岛。9月轻取那不勒斯。至此，意大利南部除罗马外，已全部获得解放，加里波第受到了广大人民的拥戴，担任了那不勒斯的执政官。他随即实行一系列民主改革，释放政治犯，废除苛捐杂税，向贫民分配廉价食品，将波旁王室的土地分给无地贫民，给受伤和残废军人发放抚恤金，成立孤儿院和各种慈善团体。这些措施对于改善人民的生活起了重大作用。随后，加里波第又着手准备进军罗马，解放在教皇统治下的意大利人民。

自由派这时又施展手段来夺取民主派艰苦斗争所得到的胜利果实。加富尔早就派出他的亲信帕拉维西诺打入加里波第的队伍，担任了那不勒斯副执政官。帕拉维西诺利用职权，扶植自由派势力，为那不勒斯合并于撒丁王国作组织上和舆论上的准备。在加里波第决定进军罗马的时候，撒丁国王维克多·伊曼纽尔二世又调动两万大军来到那不勒斯进行拦阻。他公然发表文告，号召人民向君主制度妥协，宣布"革命时代已经结束"。帕拉维西诺在那不勒斯把保皇党人和自由派的势力联合起来，组织了一次大规模示威游行，要求把那不勒斯并入撒丁王国。在自由派的压力下，加里波第被迫同意举行自由派所控制的所谓民意投票。根据1860年10月21日投票的结果，伊曼纽尔二世从民主派手里夺取了政权。

1861年3月19日，意大利王国宣告成立。撒丁国王伊曼纽尔二世成了意大利国王，加富尔当了首相。意大利除了威尼斯和罗马两个地区之外，已基本上实现了统一。

1866 年 6 月 16 日，普奥战争爆发。6 月 20 日，意大利乘机向奥地利宣战。加里波第组织志愿军参战。在这次战争中，意大利政府军的将领无能透顶，连遭败绩，而加里波第的志愿军则捷报频传。奥地利战败求和。10 月 3 日签订意奥条约，威尼斯回归意大利。

为了彻底完成统一祖国的大业，加里波第先后 3 次组织志愿军远征罗马。1862 年 7 月，加里波第前往巴勒莫，号召人民武装起来进军罗马。他提出"不解放罗马毋宁死"的战斗口号，很快便组织了 3000 名志愿军，于 8 月间渡过西西里海峡在卡拉布里亚登陆，北进罗马。拿破仑三世十分恐慌，连忙派兵加强罗马防务，同时要求伊曼纽尔二世阻截志愿军。伊曼纽尔称这次远征是一场叛乱，派出王室军队在阿斯普罗山区袭击志愿军。加里波第一心避免自相残杀，下令志愿军不要还击。一向纪律严明的志愿军遵令未发一弹，但政府军却开枪射击，打中加里波第足踝，他不支倒地，被政府军逮捕，这次进攻失败了。

1864 年春，加里波第为了远征罗马而前往英国募捐经费，被英国政府驱逐出境。1866 年意奥战争后，加里波第在次年再次组织志愿军远征罗马，但都灵和巴黎的暗探到处跟踪他，监视他。9 月 24 日再次将他逮捕。由于人民群众的抗议，伊曼纽尔下令把加里波第解回卡普里岛，并派了 6 艘军舰包围这个小岛以防止他出逃。10 月间，加里波第在战友帮助下逃出小岛前往佛罗伦萨，并率志愿军进军罗马。伊曼纽尔与拿破仑三世沆瀣一气，法、意军队共同夹击志愿军，加里波第在指挥志愿军撤退时被本国政府军逮捕，再度被囚禁于卡普里岛。伊曼纽尔二世由于害怕加里波第解放罗马会激起人民的革命情绪，引起动乱而损害自由派地主资产阶级的利益，更害怕自己会因此丧失威望而丢掉王冠。因此，他极力阻挠和破坏加里波第的进军，企图通过同法国谈判占领罗马，但始终未获成功。

1870 年普、法战争爆发，罗马的法国驻军奉调回国参战。加里波第趁机再次组织志愿军向罗马进军。于 9 月 20 日解放了这个故都。1870 年年底，意大利王国的首都从佛罗伦萨迁往罗马，意大利的全国统一终于大功告成。

加里波第的贡献

朱泽培·加里波第（1807—1882 年）是一位资产阶级革命家，杰出的军事家，意大利的民族英雄。他把他的一生都献给意大利的民族独立和统一事业，作出了巨大的、值得纪念的贡献。

加里波第 1807 年 7 月 4 日生于尼茨。尼茨是在 1815 年脱离法国并入北意大利的撒丁王国的。

意大利从 1815 年起分为八个封建小邦。国家的分裂同外族压迫交织在一起，奥地利统治着伦巴底——威尼西亚，控制着意大利中部各邦；教皇领地罗马地区驻扎着法国军队；南部的两西西里王国（西西里和那不勒斯）则被西班牙波旁王朝所控制；只有撒丁王国保持着独立。国家的分裂和外族的统治严重地阻碍了意大利资本主义的发展，因此，意大利的革命任务是实现国家的统一和民族解放。这样一场革命具有反封建的资产阶级革命和民族独立运动的性质。

在这场民族统一运动中，主要存在两大派别，一派是资产阶级——贵族自由派，主张通过资产阶级同贵族地主妥协的道路，"自上而下"建立统一的意大利王国。这一派的政治代表是撒丁王国的首相卡米洛·本佐·卡富尔伯爵（1810—1861年）。撒丁王国是唯一未受外国控制而资本主义最为发达的邦。另一派是资产阶级民主派，力求通过推翻各邦封建王朝，驱逐外国势力，"自下而上"建立统一的资产阶级共和国。这一派的领导者是朱泽培·马志尼（1805—1872年）和加里波第。

青年时代的加里波第，当过商船的水手和撒丁王国的海军，曾参加马志尼组织的"青年意大利党"。1834年该党起义失败后，加里波第逃亡南美，参加巴西南部共和主义者的起义和维护乌拉圭独立的战争。1848年回意大利参加革命，领导保卫罗马共和国的战斗，罗马共和国是1849年在罗马教皇领地上建立的资产阶级共和国。1848—1849年的意大利革命最终被外国统治者所镇压。

50年代后期，意大利的民族运动再度高涨，北部诸邦反奥斗争激烈。加里波第率领一支志愿队，在1859年6月4日的马金塔会战和24日的索尔非利诺战役中，大败奥军，战功卓著。这次胜利推动了全意大利人民的革命运动。中部各邦推翻了封建专制政权，建立了临时政府。卡富尔则使这些邦并入撒丁王国。撒丁的统治阶级利用人民革命斗争，完成意大利的局部统一。

加里波第对卡富尔的行为（包括卡富尔把尼斯和萨伏依两地割让给法国，以换取拿破仑三世支持一事）极为愤慨。他和马志尼力图独立行动，使民主派成为统一运动的真正领导者。

1860年春，南部西西里首府巴勒摩爆发起义，接着，波澜壮阔的农民起义席卷南意。王国政府派出大批军队进行镇压。消息传到北意大利，人民立即向加里波第呼吁，要他率远征军去南意支援人民起义。加里波第组成了"千人团"（又称"红衫军"），5月5日从热那亚城启程，渡海前往西西里。"千人团"是一支志愿军队伍，主要由工人、手工业者和渔民组成，也有一些知识分子。5月11日，加里波第在西西里小港口马尔萨拉登陆，当地群众箪食壶浆，热烈欢迎。加里波第队伍的解放斗争同广泛的人民运动融汇在一起了。5月15日，加里波第志愿队在卡拉塔非米同王国政府军相遇，志愿队战士冒着猛烈炮火，强攻梯形山顶的政府军防御工事。他们克服巨大困难，攀上悬崖峭壁，击溃两倍于自己的政府军。加里波第的志愿队很快发展到五、六千人。5月27日，在农民军的配合下，加里波第部队发动夜袭，一举攻克巴勒摩。到7月初，整个西西里解放了。加里波第接受西西里"专政者"的称号。

全意大利的眼睛都注视着加里波第"千人团"的远征。卡富尔也只能坐视加里波第创造惊人的功绩。西西里解放后，卡富尔力图使西西里归并于撒丁王国，加里波第没有同意。8月初，加里波第决定渡过海峡，解放那不勒斯。8月18日，加里波第率领的1.6万名志愿队渡过海峡。手持猎枪、鱼叉、长矛和斧头的农民队伍从四面八方赶来迎接加里波第的队伍。许多王国政府的团队在同志愿队接触时，就高呼"加里波第！"转到人民革命方面来。9月7日，加里波第志愿队在胜利进军中进入两西西里王国首都那不勒斯，波旁王朝被推翻，南部意大利解放基本完成。加里波第被推为那不勒斯临时政府的"专政者"。

南部意大利是经由人民革命的途径取得胜利和解放的。加里波第与起义群众保持密切的联系，是他的部队取得胜利的原因。加里波第本可依靠广大人民力量，建立民主共和国，"自下而上"地统一意大利。马志尼也向加里波第提出这样的建议。在这个关键时刻，政治上的不成熟性和不彻底性在加里波第身上暴露出来。卡富尔派出 4 万撒丁军，假道教皇辖地，匆匆赶到那不勒斯，卡富尔向加里波第提出让南意人民实行"人民表决"，根据"民意"决定南意的归属。加里波第没有发动人民起来反对撒丁王国的君主政体，在所谓"民意"的考虑下居然同意"人民表决"1860 年 10 月 21 日，在撒丁政府的一手摆布下，投票"结果"把南意并入撒丁王国，加里波第放弃"专政者"的大权，把政权交给撒丁国王。加里波第事实上被解甲归田，放逐到卡普雷拉岛他的岩石重叠的家乡去。1861 年 3 月，宣布成立在撒丁王国领导下的意大利王国。没有统一的意大利领土还留下威尼西亚（奥占）和罗马教皇辖地（法国控制）。法国皇帝拿破仑三世威胁说，谁向罗马走去，路上将碰到法兰西！

1862 年，加里波第又突然出现在巴勒摩，率领 2000 名志愿队奔赴罗马。但是这支队伍在向罗马的进军途中却遭到意大利王国政府军的截击。国王艾曼努尔不敢同法国冲突，又不愿让民主派势力壮大。在双方的互射中，加里波第负伤，向罗马的进军失败了。1867 年，加里波第志愿队再次进攻罗马，在曼塔纳附近的战役中，被教皇军和法国联军所击败。1870 年，加里波第志愿队和意大利王国政府军，趁普法战争之际，进军教皇领地，9 月 20 日占领罗马，意大利的统一最后完成。1871 年 1 月，意大利王国首都迁到罗马。

意大利最后虽然统一于撒丁王国，但可以看到，意大利的统一是人民长期艰苦斗争的结果，在历史上是一个进步的事件。加里波第为意大利的统一立下了汗马功劳，在重要的关头起了判定性的作用。这位具有古代雄风的勇士，受到意大利人民的崇敬和怀念。

加里波第支持第一国际和巴黎公社的事业，曾热烈祝贺巴黎公社的成立。他被缺席当选为巴黎国民自卫军中央委员会委员。加里波第 1882 年 6 月 2 日死于卡普雷拉岛。马克思和恩格斯肯定并赞扬了加里波第在意大利统一中所起的进步作用。

德意志帝国的诞生

概况

1848 年，德国也曾发生了旨在统一德国的革命行动，但是那次革命最终还是失败了。1848 革命失败后，整个德意志依然在政治上和经济上处于分裂状态，封建制度仍然统治着德意志各个城邦，有些城邦甚至更加封建、反动。例如，奥地利于1851 年正式废除了 1848 年的帝国宪法，恢复封建君主的专制统治；普鲁士于 1850

年颁布"钦定宪法",加强君主统治。

进入 19 世纪 50、60 年代后,德国的资本主义经济有了很大程度的发展。从 1850 年到 1870 年,德国的工业总产值增长了 1 倍,重工业部门的生产产量每 10 年翻 1 倍;1846 年,整个德国的机器制造厂只有 131 家,到了 1861 年年底的时候,这个数字已经变成 300 多家;钢铁产量从 1850 年到 1860 年增长了两倍多;轻工业的发展也很迅速,1849 年有纺织机器 5018 台,这个数字到 1861 年就变成 15258 台了。到 19 世纪 60 年代,整个德国的工业发展已经超过了法国,居世界第三位。

德国资本主义的发展,和各城邦分裂割据的格局产生了尖锐的矛盾。各城邦的分裂,造成德国政治政策、经济政策的不相同,货币、度量等都不同;各个城邦之间婚姻和居住制度的约束,使得工人和资本家不能自由流通,资本家因此不能自由支配工人;分裂的德国,使得德国资产阶级在国际市场上的竞争能力受到限制。因此,建立统一的德意志帝国,成为资本主义进一步发展的前提。

但是在采用何种方式来达到统一的目的的时候,资产阶级内部却产生了不同的声音。普鲁士和德意志北部各城邦的资产阶级主张把奥地利排除在统一德国的外面,由普鲁士领导德国统一,鼓吹"小德意志方案";而奥地利和西南一些资产阶级则认为把德意志联邦改组成以奥地利为首的瑞士式联邦共和国,在奥地利的霸权下,建立一个"中欧大国",这就是"大德意志方案"。

威廉一世加冕为德意志帝国的皇帝

奥地利当时是德意志联邦议会的主席,因此在德国具有比较大的政治影响。但是它的经济发展比较落后,导致其境内的矛盾比较多。因此,奥地利本身并不希望能有一个统一的德国,然而希望赢得各个城邦的支持来维护目前城邦分裂的状态。

普鲁士是德意志各个城邦中领土面积最大,资本主义经济最发达的地区,拥有莱茵、西里西亚、柏林等德国先进的工业区。经济的发展,使得普鲁士和奥地利相比有比较优厚的物质优势,也使它具有更为强烈的统一要求。1834 年,在普鲁士带领几个城邦建立了德意志关税同盟,以发展资本主义经济。到 19 世纪 60 年代,在小德意志地区已经形成了一个"一体化"的经济区。

普鲁士和奥地利都认为应该由自己来领导统一德意志,因此双方自 1850 年开始展开了争夺德意志霸权的斗争,1850 年春,奥地利主动向普鲁士发起军事进攻。5 月,奥地利在法兰克福召开会议,决定恢复全德议会,并由奥、普轮流担任主席。但是,普鲁士对此决议予以断然拒绝。

60 年代后,普鲁士为了和奥地利争夺领导权,准备大力扩军备战,进行积极的军事改革。1860 年，普鲁士威廉一世政府向议会提交军队改革方案，要求扩大军费支出。但是以资产阶级为代表的议员们害怕更加强大的军队，将有可能进一步加强普鲁士王朝的专制统治，不利于资产阶级分享政权，因此否决了国王的要求。威廉一世一怒之下解散了议会。次年，普鲁士议会重新改选，但是资产阶级建立的"自由党"在选举中获得多数票，再次否决了国王的军事改革方案。

威廉一世无法在议会中贯彻自己的意志，又不能违反议会的意志而强行进行军事改革。恼怒之极的威廉一世此时甚至拟定要退位，放弃王位。这时，陆军大臣请威廉一世起用普鲁士驻法大使奥托·冯·俾斯麦。1862 年 9 月，威廉一世任命俾斯麦为宰相兼外交大臣。

奥托·冯·俾斯麦，1815 年出生于普鲁士雪恩豪森一家大容克贵族家庭，他的童年是在他父亲的庄园里度过的。贵族的家庭，养成了他强暴蛮横、凶悍粗野的性格，据说在大学期间，曾与同学做过 27 次决斗。1835 年，俾斯麦从柏林大学毕业，然后回到老家管理自己的两处世袭领地。作为贵族，俾斯麦再次以粗野的个性、对待农民的残忍、追求目标的毅力和不择手段以及现实主义的态度而闻名当地。

在 19 世纪 40 年代，俾斯麦政治上属于顽固的保守派，热烈拥护普鲁士王权和贵族的特权。1848 年革命时，俾斯麦在自己领地上组织军队，准备前往柏林武力镇压革命。面对法兰克福全德国民议会中资产阶级代表们的清谈阔论，俾斯麦非常反感，并且主张用武力把它驱散。此后，1851—1858 年期间，俾斯麦被任命为驻德意志联邦代表会的普鲁士邦代表；1859 年，任驻俄公使；1861 年，改任驻法公使。

19 世纪 50 年代后，俾斯麦的政治立场发生了变化。在他的任职期间，俾斯麦受到资产阶级思想的影响，逐渐成为资产阶级化的容克。俾斯麦认为，德国的统一是无法阻止的，而且应该由普鲁士领导这场统一运动，只有这样才能挽救普鲁士君主政体和容克利益。同时，俾斯麦清楚地认识到，法国和俄国等欧洲列强都会阻止德国的统一，在德国内部，普鲁士的霸权也会遇到奥地利的坚决反抗。因此，俾斯麦认为要统一德国，必须用武力和战争作为后盾。

在俾斯麦被任命为宰相后，他于 9 月在普鲁士议会上发表了他的首次演说。他大声宣称："德国所注意的不是普鲁士的自由主义，而是权力……普鲁士必须积聚自己的力量以待有利时机，这样的时机我们已经错过了好几次……当代的重大问题不是通过演说与多数人的决议所能解决的——这正是 1848 年和 1849 年的错误——而是要用铁和血。"由此，他获得了"铁血宰相"的称呼，其采取的政策也被认为是"铁血政策"。

上任伊始，俾斯麦就开始了和议会之间长达四年的"宪法纠纷"。俾斯麦认为，议会里的那些资产阶级议员只会吵吵嚷嚷，他们懦弱无能，根本没有实力和政府对抗。因此，他干脆一脚踢开议会，根本不害怕议会指控政府"违背宪法"，照旧进行军事改革，扩大军队，并解散了众议院，并且下令关闭自由派的报纸。

1864 年，俾斯麦挑起对丹麦的战争，迈出了统一德国的第一步，战争的导火索是什列思维希——霍尔斯坦问题。什列思维希、霍尔斯坦是位于波罗的海和北海之间的两个公国，是德意志联邦的成员，同时也是丹麦国王的个人领地，但并没有和丹麦合并，成为德国和丹麦事实上的边界。什列思维希的大多数居民是丹麦人，而霍尔斯坦则多以德意志人居多。1863 年 3 月，丹麦国王颁布了一部适用于全国各州的宪法，把什列思维希纳入了丹麦。同年 11 月，丹麦政府向德意志联邦议会提交了这份宪法，此举意味着丹麦对什列思维希事实上的兼并。不久，丹麦新任国王正式签署了"十一月宪章"，目的在于直接兼并这两个公国。

德国国内对丹麦国王的举动感到异常愤怒，纷纷声援两公国的独立行动。俾斯麦抓住这一机会，在取得俄国和法国不干涉德国事务的保证下，和奥地利结成反丹麦联盟，并在"为德意志民族利益"的口号下开始对丹麦宣战。1864 年 2 月，普奥联军在普鲁士陆军元帅的指挥下，进军什列思维希，并于 18 日发起总攻击。战争进行的非常顺利。到 10 月 30 日，普奥联军和丹麦在维也纳正式签订"维也纳和约"。和约规定：什列思维希——霍尔斯坦以及另外一个小公国劳恩堡脱离丹麦，交给普鲁士和奥地利共同管理。德国和丹麦的战争结束。

此后，普奥双方开始瓜分战利品。后来达成的协议是：什列思维希归普鲁士管辖，霍尔斯坦归奥地利管辖，普鲁士向奥地利支付 250 万塔勒得到了小公国劳恩堡。但是这个和约造成的政治、行政管理的混乱状态，成为后来俾斯麦挑起普奥战争埋下了伏笔。

在完成对丹麦的战争后，俾斯麦将枪炮对准了奥地利，准备发动对奥地利的战争。1866 年 6 月 1 日，奥地利驻法兰克福代表宣布，两公国的前途应该由联邦议会决定。俾斯麦据此攻击奥地利单方面讨论这一地区未来归属问题而破坏了普奥原来签订的协议，派兵进入霍尔斯坦。10 日，普鲁士公布了《联邦改革纲要》，要求把奥地利开除出德意志联邦；奥地利则呼吁其他各邦行动起来反对普鲁士。

14 日，联邦议会以多数票数通过了反对普鲁士的方案。俾斯麦见此后发表声明：联邦议会无权以这种方式对待它的成员，联邦宪法已遭到破坏，并要求解散联邦议会。17 日，奥地利发布宣战书，普鲁士也马上对奥地利宣战。普奥战争爆发。

战争开始后，普军很快攻入汉诺威、黑森加塞尔以及萨克森，迫使他们投降。7 月 3 日，普鲁士军队和奥地利、萨克森联军集结于萨多瓦村附近展开决战。应该说，欧洲历史上从来没有见过如此阵容庞大的战役：奥萨联军的数量达到了 24 万，普军则有 29 万。俾斯麦下决心在此战役中击溃奥军主力，据说当时他随身带了毒药，准备一旦失败就服毒自杀。

结果，奥地利军队大败。普军乘胜追击，于 7 月 14 日逼近奥地利首府维也纳。奥地利皇帝此时急忙要求拿破仑三世进行调停。考虑到如果战争继续进行下去，将导致法国的强行干涉，甚至可能导致奥地利国内产生革命，俾斯麦说服了普鲁士国王，和奥地利国王签订了《布拉格和约》。《布拉格和约》规定，奥地利宣布退出德意志联邦，并将法兰克福等 4 个邦国和 1 个自由市让归普鲁士，双方不干涉巴伐利亚等南方诸邦的独立自治。

普奥战争的胜利，普鲁士基本上统一了德意志。1867 年，德国成立了以普鲁士为中心的北德意志联邦，包括了 21 个邦和 3 个自由市。同时，国内对俾斯麦另眼看待，资产阶级热烈拥护俾斯麦的政策，并且追认军事开支预算，长达四年的"宪法纠纷"也宣告结束。但是由于拿破仑三世的阻挠，南方四邦还保持着独立地位，并没有加入北德意志联邦。

为了实现德国的最后统一，俾斯麦不得不准备和法国作战，这是他实现德国统一的第三步。1866年后，普奥战争结束后，法国和普鲁士都加紧军事备战。1870年7月，普法战争爆发。在战争爆发后，拿破仑三世曾吹嘘说："这只是一次到柏林的军事散步。"但是由于法国对德国事务的不断干涉而激起德国民族运动的高涨，同时欧洲列强因同法国有矛盾而宣告"中立"，装备精良的普军很快就攻入了法国境内。经过色当决战，法军宣布投降，拿破仑三世也成了普军的俘虏。

法国战败后，南方各邦相继于1870年年底宣布加入北德意志联邦。12月9日，经过联邦国会同意，北德意志联邦改名为德意志帝国。1871年1月18日，俾斯麦在法国的凡尔赛宫正式宣告统一的德意志帝国成立。威廉一世为德意志帝国皇帝，俾斯麦就任帝国宰相。同年4月，德意志帝国议会批准了德意志帝国的宪法。

俾斯麦领导的德国统一，使德国历史向前跨越了一大步。它结束了德国各邦在政治上长期分裂的局面，给资本主义经济的发展提供了良好的前提。由于统一后的德国还保留了君主专制制度和大量封建残余，导致军国主义在德国迅速发展起来，并最终走上了发动第一次世界大战和第二次世界大战的道路。列宁指出："俾斯麦按照自己的方式，依照容克的方式完成了历史上进步的事业。"

俾斯麦的铁血政策

拿破仑帝国覆灭后，英、俄、奥、普等欧洲国家在维也纳召开国际会议，决定建立一个"德意志邦联"，由德意志的34个邦国和4个自由市组成。邦联各国在政治上、外交上都有独立性。因此，它不是一个统一的国家。1848年革命失败，德国统一的任务没有完成，继续保持分裂的局面。随着工业革命的深化和资本主义经济的发展，各地之间的联系日益密切；但是，由于缺乏统一的国内市场，资本主义经济受到很大的阻碍；资产阶级越来越感到，要加强在国际市场上的竞争，必须有强大的国家作后盾。于是，德意志的统一变得日益紧迫。

1. 普鲁士和奥地利

在德意志的众多邦国中，奥地利历来居于领导地位。1848年5月，德意志联邦的各邦代表，在美因河畔的法兰克福召开预备会议。最后，虽然选出了奥地利的约翰大公担任临时的帝国首脑，但他并没有任何实权，各邦的王公根本不听他的调遣，所以这个首脑形同虚设。德意志仍然无法统一。相反，彼此间的矛盾日益发展，两个大邦国即奥地利和普鲁士争夺统治权的斗争，变得更加尖锐和公开。于是，王朝战争成为德国统一的唯一之路。

当时，有可能完成德意志统一大业的只有奥地利和普鲁士。奥地利在德意志各邦中占有首席地位，是一个多民族的国家，除了日耳曼人以外，还包括很多其他民族，因此奥地利的统一是希望把普鲁士与别的小国都包括在内。而普鲁士则不同，它是一个纯粹由日耳曼人组成的国家，所以他们计划要统一的国家中，排除了奥地利。就这样，双方展开了斗争。

19世纪50年代，普鲁士的重工业生产已占全德意志的一半以上，它的鲁尔、萨尔和西里西亚等地是德意志最发达的工业地区。同时普鲁士有当时欧洲最强大的陆军。1834年，以普鲁士为主，共有18个主要邦国参加的德意志关税同盟成立。它实行统一的对外关税，免除内部各邦之间的关税。这就为统一创造了条件。

俾斯麦与新皇威廉二世相晤于弗里德里希斯卢

1850年春，奥地利主动发起攻势。5月，奥地利在法兰克福召集全德代表会议，会议决定恢复全德议会，并由奥、普轮流担任主席。但普鲁士予以断然拒绝。结果，双方不欢而散。

19世纪50年代末，普鲁士开始反攻。它首先与许多德意志小国发展了经济联系，并利用1859年法、意与奥地利打仗的机会，企图迫使全德议会交出领导权。

2. 铁血宰相

1861年1月，普王威廉一世登上宝座。他为了实现兼并全德的目的，立即扩充军备，计划建立一支拥有37万常备军和13万后备部队的军队，并在全国储备16万人的国民预备兵。这在当时的欧洲，可以说是无与伦比的。同时，他任命具有新思想的人物罗恩为军政部长，毛奇为总参谋长，着手进行军事改革。1862年，威廉一世又任命俾斯麦为首相兼外交大臣。这一任命，标志着普鲁士快步走上用王朝战争统一德国之路。

俾斯麦一生叱咤风云，充满传奇色彩。但是读中学时，就连他的母亲都对他充满失望，以至于只期待他能够"比我这样的女人有更高的思想境界"。在哥廷根大学，俾斯麦曾与同学作过27次决斗，21岁刚到亚琛任职，就为追求一位英国小姐开了三个月小差。尽管他声称自己的抱负是指挥别人而不是被人指挥，可并没有什么迹象让人相信他会前程远大，平步青云。

"铁血宰相"俾斯麦

然而正是这位昔日人们眼里的疯子和野人，在他享尽天年时，却被前去吊唁的威廉二世赞美成上帝为实现德国统一和伟大而创造的工具。

1848年，德国爆发革命，俾斯麦在自己的领地上组织起军队，准备武力镇压革命。1851年—1859年，他担任普鲁士邦驻德意志联邦代表大会的代表，1859年又出任驻俄大使，1861年改任驻法大使，1862年他出任普鲁士宰相兼外交大臣。由以上介绍可以看出，俾斯麦是一个主张使用武力的顽固分子，而且很了解俄、法统治者的内心想法，这就使他当上宰相后深知该如何使用武力去对付敌人。

俾斯麦当上宰相的第一周，就在邦议会上发表了他的首次演说，他非常激动地说道："当代的重大政治问题不是通过演说和多数派决议所能决定的，而必须用铁和血来解决。德国所指望的不是普鲁士的自由主义，而是它的武力！"这就是"铁血宰相"的由来。俾斯麦深知，议会里的资产阶级议员只会吵吵嚷嚷，他们懦弱无能，根本没有实力对抗政府，所以，为了更有效地实行"铁血政策"，他干脆一脚踢开议会，在议会指控政府"违背宪法"的情况下，他不但不害怕，反而公开扬言："冲突在所难免，在冲突中最有力量的方面，一定获胜！"一副挑战者的姿态。同时，他还知道，一旦自己的"铁血政策"得到最后胜利，取得了全德的统一，那么，这些叽叽喳喳的资产阶级议员就会立刻拜倒在他的面前。

对普鲁士统一德国的讽刺漫画："德国的未来"

俾斯麦竭力推行"铁血政策"。对此，俾斯麦花了巨大精力。首先，积极开展外交活动，争取同盟者或中立者支持战争。其次，积极进行财力准备，以筹备足够的军费。再次，大力加强军事工作，积极改善武器装备，改组军队并加强训练，始终不懈地进行战争准备。俾斯麦大声疾呼："让我们把德国扶上马！它一定会策马奔腾。"

3. 统一德国

俾斯麦"铁血政策"的第一步，就是向丹麦进攻。1863 年末，丹麦合并了属于德意志邦联的施勒斯维格小公国。次年初，俾斯麦联合奥地利对丹麦作战。俾斯麦之所以要联奥抗丹，原因是既解除了后顾之忧，又能共同对外。奥地利马上同意了普鲁士的要求，普奥联合向丹麦发出最后通牒，随即开始战争。丹麦以 4 万士兵对 6 万敌人，结果战败。普鲁士得到了施勒斯维格。奥地利也得到了另一小公国何尔斯泰因。"铁血政策"的第二步，就是挑起对奥地利的战争。打败丹麦后，俾斯麦调转枪口，对准了奥地利。但打败奥地利并不像打败丹麦那样容易。于是俾斯麦先联合意大利，意大利因威尼斯地区一直受奥地利欺凌，所以马上答应了普鲁士的请求，双方结成反奥联盟。然后，俾斯麦三次亲往法国，假意许诺拿破仑三世，打败奥地利后，让法国得到一份领土报酬。这样，稳住了法国。

普鲁士经过全面战争准备，到 1866 年上半年，可以说是万事俱备，只欠东风，即寻找战争借口。6 月 14 日，德意志联邦议会以 9 比 6 的票数通过了反对普鲁士的方案。俾斯麦立即授权普鲁士公使声明：联邦议会无权以这种方式对待它的成员，并坚决要求解散联邦议会。同时，向萨克森国王、汉诺威国王提出最后通牒，要求他们接受普鲁士提出的《联邦改革纲要》，并且允许普军自由通过他们的国土。这当然都遭到上述国王的拒绝。于是，任何外交谈判都已无济于事。6 月 17 日，奥地利首先发表宣战书；18 日，普鲁士接着对奥宣战。20 日，意大利按照意普盟约对奥宣战。普奥战争终于在俾斯麦的策划之中揭开了序幕。

这场战争的爆发，对于双方来说都不意外，而且阵线早已分明。站在普鲁士方面的，有意大利王国以及北德的一些中小邦国；站在奥地利方面的，有萨克森、汉诺威、巴伐利亚等一些德意志邦国。1866 年 7 月 3 日，28 万奥军与 25 万普军在萨多瓦村附近展开决战，俾斯麦下决心一举击溃奥军，并自带毒药，准备一旦失败就服毒自杀！

结果，普军大获全胜。十天后，俾斯麦逼近奥地利都城维也纳。在有人提议一举占领奥地利全境时，狡猾的俾斯麦没有听从，他估计到法国会出面干预，另外，他觉得可能还会利用到奥地利。

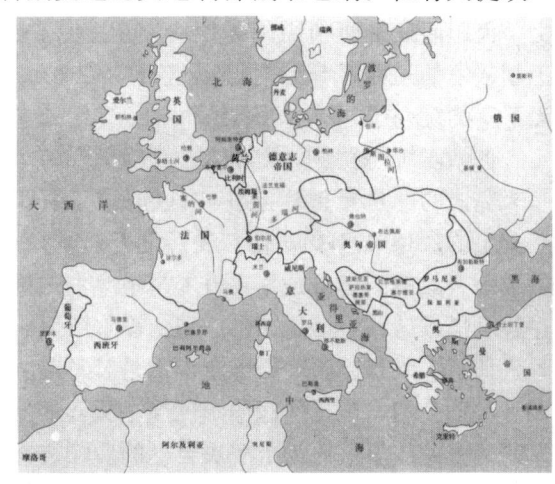

柏林会议会后的欧洲

果然，拿破仑三世出面进行了调停。7 月 20 日，普奥双方代表在尼科尔斯堡进行谈判，8 月 23 日，双方正式签订《布拉格和约》，战争至此结束。和约规定：德意志邦联议会解散，奥地利完全退出旧的德意志联邦，并将四个邦国和一个自由市让归普鲁士。

这样，普鲁士就统一了德国整个北部和中部地区，建立起了一个北德意志联邦。这时只有德意志南部紧邻法国的四个小邦国仍旧保持着独立。俾斯麦想兼并这四个小国，但他知道，法国也有同样想法，而法国是这样的强大，不打败他，德国的统一将不可能实现。同时，俾斯麦对法国境内矿藏富裕的阿尔萨斯和洛林也早已垂涎三尺。所以，俾斯麦"铁血政策"的第三步，就是进行普法战争，打败法国。

威廉一世

经过充分准备，俾斯麦于 1870 年发动普法战争，当年大获全胜。普鲁士军队开进巴黎附近的凡尔赛，并在凡尔赛宫宣布以普鲁士为首的德意志帝国成立。普鲁士国王威廉一世为德意志帝国皇帝，俾斯麦为首相。德意志的统一完全实现。

德意志帝国的建立

北德意志联邦的建立为全德国的统一奠定了基础。但是，由于拿破仑三世的阻挠，南德四邦依然置身于联邦之外。为了实现德国的统一，俾斯麦的最后一步，必然要与法国决一雌雄。

法国战败后，1870 年底，南德各邦声明加入北德意志联邦。11 月 15 日起，德意志各邦的联盟定名为德意志联邦。12 月 9 日，根据联邦国会的决定，改名为德意志帝国。1871 年 1 月 18 日，在凡尔赛镜宫宣告德意志帝国正式建立。普王威廉一世成了德意志帝国的皇帝。俾斯麦任帝国宰相。1871 年 4 月 16 日，帝国国会通过帝国宪法，5 月 4 日，正式公布。根据宪法，德意志帝国由 22 个自由的君主国、3 个自由市和 1 个帝国直辖市（阿尔萨斯—洛林）组成。德意志帝国的建立，标志德意志的统一最后完成。

19 世纪 60 年代，德国统一的条件日益成熟，俾斯麦凭借自己手中的武装和暴力，大胆而狡猾地利用国际纠纷，走上了王朝战争的道路，开始对德国进行"自上而下"的统一了。

1878 年，柏林会议现场

俾斯麦统一德国，是通过三次对外战争来完成的，是真正建立在"铁和血"的基础上的。1864 年初，他首先挑起对丹麦的战争。战争的借口是，在丹麦与易北河之间，有丹麦国王领有的两个公国，一个是施勒斯维希，一个是霍尔斯坦。霍尔斯坦居民，基本上是日耳曼人，1815 年曾经加入德意志联邦。施勒斯维希南部是日耳曼人，北部是丹麦人。丹麦民族主义者企图吞并两公国，于是引起德国民族主义者的抗议。俾斯麦借助这个事端，开始发动了对丹麦的战争。他为了解决自己的后顾之忧，也把奥地利拉进了战争漩涡，结果，普、奥联军迅速打败丹麦主力。10 月，交战双方签订了《维也纳和约》，丹麦被迫放弃两公国，由普鲁士占领施勒斯维希，霍尔斯坦为奥地利所攫取。俾斯麦在统一德国的道路上，迈出了胜利的第一步。

俾斯麦统一德国的第二步，是发动对奥地利的战争。这次普、奥之战，也叫"七星期战争"，是普、奥两国为争夺德意志领导权而进行的一场武装冲突。对丹麦战争结束以后，普奥两国之间的矛盾迅速激化。俾斯麦认为，"如果奥国不在战场上遭受失败，它不会允许普鲁士成为统一德意志的主宰"。为了准备对奥战争，俾斯麦首先拉拢意大利，与之签订同盟条约，而后又用甜言蜜语和诡诈伎俩稳住俄国租法国，取得他们不干涉德意志内部事务的保证。当他完成了这一切准备之后，开始对奥一再挑衅，要求奥国吐出霍尔斯坦，交给普鲁士管辖。1866 年 6 月，普鲁士悍然出兵霍尔斯坦，普奥战争爆发。7 月，在现在捷克斯洛伐克境内的萨多瓦村附近，两军决战，奥军惨败，普军逼近维也纳，奥方被迫请求法国调解。8 月，双方签订《布拉格和约》，规定奥地利退出德意志联邦，承认普鲁士在莱茵河以北建立北德联邦，霍尔斯坦等地划归普鲁士管辖。奥地利从德意志联邦中终于被排挤出来了。俾斯麦在统一的道路上又前进了一步。

俾斯麦统一德国的第三步，是普法战争，北德联邦建立以后，南德的巴伐利亚、符腾堡、巴登和黑森四邦，还留在联邦之外，法国皇帝拿破仑三世把自己打扮成南德诸邦的保护人。他这样做，倒不是因为要主持什么正义，而是出自对法国利益的考虑。他想通过胜利的战争，来转移国内人们的视线，以保住自己摇摇欲坠的皇位。在俾斯麦的挑动下，1870 年 9 月，法国向普鲁士宣战，普法战争爆发了。拿破仑三世狂妄地吹牛皮说：这场战争不过是一次"到柏林的军事散步"！9 月 2 日，色当一仗，拿破仑三世被俘，德军直捣巴黎。反法战争的胜利，扫除了统一南德的障碍，德国统一事业的完成指日可待了。1871 年 1 月 18 日，在法国凡尔赛宫成立了德意志帝国，宣告了德国的统一。

德意志的统一，是历史上的一个进步。它结束了德国长期分裂的局面，推动了资本主义经济的发展。俾斯麦统一德国的历史活动，虽然顺应了历史要求，应予肯定，但是他在这些活动中，充其量也只是一个不自觉地历史遗嘱的执行人。

巴黎公社

位于法国巴黎市东区的拉雪兹神甫公墓地区，耸立着一堵墙。墙上的花岗石浮雕再现了巴黎公社战士浴血奋战的悲壮情景：1871 年 5 月 27 日，公社战士在墓地上同凡尔赛匪徒进行殊死搏斗之后，最后在这堵墙垣下，迎着敌人的子弹，一个个刚毅不屈，视死如归，全部壮烈牺牲。这座墙就是震惊世界的公社社员墙。这是一座用公社烈士的血肉砌成的人类历史上第一个无产阶级政权——巴黎公社的纪念碑。从 1880 年起，每年 5 月最后一周，革命人民在此处集会纪念巴黎公社。

巴黎公社是怎样建立起来的呢？普法战争爆发后，法国所面临的民族矛盾和阶级矛盾更加尖锐。普鲁士军队长驱直入，侵占了法国三分之一以上的领土，野蛮屠杀法国人民，并从 9 月 19 日起，以二十万之众包围了巴黎。法国工人阶级坚决担当起抗击德国侵略，挽救民族危亡的任务。早在 9 月 4 日革命中，巴黎工人阶级在二十个区选出了区警备委员会，并由每个区选出四名代表组成二十区中央委员会。这是工人群众自己组织起来的政治组织，以监督政府抗战。当普鲁士军队逼近并包围巴黎时，巴黎人民纷纷起来，要求普遍武装人民，打退外来侵略者，保卫法兰西。在不到一个月的时间里，工人们组成了一百九十四个营的国民自卫军，共三十万人。1871 年 2 月中旬，工人武装又选出了自己的领导机关——国民自卫军中央委员会。

国民自卫军中央委员会的成立是一项具有决定意义的组织措施，因为"无产阶级专政的首要条件就是无产阶级的军队"。（马克思：《纪念国际成立七周年》，《马克思恩格斯全集》第 17 卷，第 468 页）2 月 24 日，通过了国民自卫军联合组织的章程，明确宣布国民自卫军今后应代替所有的常备军。3 月 15 日，国民自卫军中央委员会正式成立，瓦尔兰、阿西等第一国际的委员也当选为中央委员会委员。国民自卫军中央委员会实际上成为巴黎革命的政治领导者，"正是它在 3 月 18 日掀起了本世纪最伟大的革命。"（马克思《法兰西内战》，《马克思恩格斯选集》第 2 卷，第 408 页）巴黎工人在中央委员会的领导下，将可能落入敌人手中的大炮运集到工人住宅区，这些大炮是工人自己出钱铸造，为政府军队所弃散。蒙马特尔高地是他们的主要停炮场，那里停放着一百七十一门大炮。

与巴黎工人阶级英勇抗敌形成鲜明对照，"国防政府"却加紧了它的投降叛国活动。法国资产阶级害怕日益觉悟的工人阶级甚至害怕普鲁士强盗，因此，"国防政府在民族义务和资产阶级利益二者发生矛盾的时候，没有片刻的犹豫便把自己变成了卖国政府。"（马克思：《法兰西内战》，《马克思恩格斯选集》第 2 卷，第 354 页）政府首脑特罗胥口头上叫嚷"永不投降！"外交部长法夫尔也发誓"决不会让出一寸领土！"他们背地里却同俾斯麦密商投降条件。普遍武装起来的巴黎无产阶级同资产阶级反动政府之间的对立日益尖锐地暴露出来。巴黎公社革命前，在不到半年的时间里，巴黎人民就举行过两次武装起义。第一次是10月31日的起义。10月27日，被包围在麦茨要塞的法国巴赞元帅带领十七万大军不战而降。消息传来，群情激愤。10月31日，巴黎爆发推翻"国防"政府的起义。工人们占领了市政厅，逮捕部分政府成员，并曾试图建立公社。但起义遭到反动政府的镇压。1871年1月22日巴黎工人再次举行起义，"国防"政府竟开枪屠杀国民自卫军和革命群众几十人。这两次起义虽然都失败了，但它是无产阶级革命武装与资产阶级反革命武装间的公开对抗，是无产阶级变对外战争为国内革命战争的初次尝试。

1871年1月28日，"国防"政府向德军公开投降，签订停战协定。正规军被解除了武装，但国民自卫军牢牢地保持着自己的枪械和大炮。接着，资产阶级的反动政客、工人阶级和社会主义的死敌梯也尔，被捧上了政府首脑的职位。这是一个背信弃义、卖身变节的老手，私人生活和社会生涯同样卑鄙龌龊。马克思说："他的社会活动编年史就是一部法国灾难史。"（马克思：《法兰西内战》，《马克思恩格斯选集》第2卷，第357页）梯也尔上台后加快了卖国投降的步伐，很快同德国订立了屈辱的和约草案（割让阿尔萨斯全省、洛林省一部分，赔款五十亿法郎），以便腾出手来对付他所面临的革命风暴。

武装的巴黎工人是梯也尔政府实现其卖国投降和反革命阴谋的唯一严重障碍。因此，梯也尔上台后的第一件事，就是千方百计阴谋解除工人武装。可是，梯也尔清楚知道，单凭他手下不到3万人的反动军警，要去解除30万人的工人武装并非容易，因而他们采取了偷袭的手段，而且把从工人手中夺取大炮作为其实现反革命阴谋的第一步。

1871年3月18日凌晨三时，梯也尔的反动军队鬼鬼祟祟地向巴黎工人居住区出动。巴黎卫戍司令维努亚亲自率领一大队市警和几个常备军团，向国民自卫军的战略要地蒙马特尔高地进发。将近五时，这队人马到达蒙马特尔，杀害了守卫在那里的几名国民自卫军战士。当他们正从高地上往下拖曳大炮时，被警觉的蒙马特尔妇女发现了，她们敲起警钟，工人和居民立即涌向街头。拖曳大炮的敌军受到国民自卫军的阻截。妇女包围了梯也尔的士兵，勒住了马缰，小孩抓住大炮的车轮，不让敌人将大炮拖走。他们一起谴责反动军官，向士兵愤怒质问："是不是想把大炮送到柏林去？是不是要向你们的弟兄、我们的丈夫、孩子开枪？"士兵们被问得无话可说，抬不起头来，最后终于将枪口朝下，拒绝射击。反动军官勒康特一连四次下令士兵开枪，觉悟过来的士兵非但不执行命令，而且把他逮捕起来。最后，勒康特和另一名血债累累的反动军官托马被自己的士兵所枪决。敌军瓦解了，大炮被放回原来的位置，梯也尔的阴谋破产了。

既然梯也尔用夜袭蒙马特尔发动了内战，巴黎工人阶级便决定以武装起义来回击。一场无产阶级和资产阶级之间的生死搏斗开始了。上午十一点钟，根据国民自卫军中央委员会的命令，瓦尔兰率领部队开入蒙马特尔。在许多区，国民自卫军的营队迅速占领了区公所、兵营和政府机关，并着手建筑街垒。

人民武装很快向市中心推进。下午二时半，国民自卫军中央委员会举行临时会议，决定领导已开始的巷战，并立即下令占领陆军部、市政厅和其他政府大厦。反动军队被打得人仰马翻，溃不成军。那些资产阶级官老爷眼看自己快要完蛋了，争先恐后地逃往法国的旧王宫——凡尔赛（距巴黎二十三公里）。卫戍司令维努亚和他的参谋部丢下三个步兵团、六个炮兵连以及大批枪弹、辎重，狼狈逃跑。外交部长法夫尔在"我们被大家抛弃了，谁也不支持我们！"的哀叹声中逃之夭夭。梯也尔如同丧家之犬，连自己家里都没来得及告诉，就从市政厅侧面的楼梯溜出去，跳上一辆马车，向凡尔赛急驰而去。一路上他不时地把头伸出车窗外，生怕国民自卫军追来抓他，用他那沙哑的嗓子喊道："快点跑！快点！快点！"昔日作威作福的达官权贵、巨亨富商，个个丧魂落魄，夹着尾巴溜出巴黎城。

晚上八点钟，国民自卫军占领了市政厅，一面鲜艳的红旗从市政厅的屋顶上冉冉升起。顿时，起义工人和人民群众的欢呼声响彻云天，震撼整个巴黎城。巴黎工人的武装起义胜利了。实际上成为临时革命政府的国民自卫军中央委员会，在起义的当天发出宣言，庄严宣告："巴黎的无产者，目睹统治阶级的失职和叛变行为，已经了解到，由他们自己亲手掌握公共事务的领导以挽救时局的时刻已经到来……他们已经了解到：夺取政府权力以掌握自己的命运是他们必须立即履行的职责和绝对的权利。"并宣布即将通过选举成立公社，在选出公社后，把政权移交给它。

3月26日，举行了巴黎公社的选举。巴黎劳动人民第一次行使自己的神圣权利，选举产生一个真正代表人民利益的无产阶级政权。男女公民象庆祝节日一样涌向自己的选区，踊跃参加投票。公社是由巴黎各区普选产生的城市代表组成的。共选出八十六名公社委员。资产阶级选区选出的二十一名资产阶级分子不久即退出。缺席当选的老革命家布朗基，在3月18日革命前就在外省被梯也尔反动政府逮捕，关在凡尔赛狱中。公社委员最初只有六十四人。其中有工人二十七人，如装订工瓦尔兰，翻砂工杜瓦尔，首饰工弗兰克尔都是公社著名的领导人，此外，有职员八人，新闻记者、医生等自由职业者二十九人。革命诗人、后来的《国际歌》歌词的作者欧仁·鲍狄埃也是公社委员。从政治派别看，在全部公社委员中，以布朗基派人数最多，其次是蒲鲁东派，还有一些小资产阶级民主派。布朗基派和小资产阶级民主派合起来被称为是"多数派"，蒲鲁东派被称为是"少数派"。公社委员会是由工人和被公认为可以代表工人的人组成的。马克思指出："公社的真正秘密就在于：它实质上是工人阶级的政府。"（马克思：《法兰西内战》，《马克思恩格斯选集》第2卷，第378页）

3月28日，隆重举行了巴黎公社的成立大会。市政厅大楼前面搭起了一个很大的主席台，几十万巴黎人民从四面八方聚集到广场上，欢呼这次革命的伟大胜利。国民自卫军荷枪实弹，刀光闪闪，在雄壮的乐曲声中高举红旗列队进入会场。男子把帽子扔向天空，妇女挥舞头巾，巴黎人民从来没有这样兴奋过。下午四时，当主席台上宣布当选的公社委员名单，宣告公社正式成立时，"公社万岁！"的呼声响彻云霄，礼炮齐鸣，欢声雷动。人类历史上第一个无产阶级的政权就这样诞生了！

概况

1870 年，普鲁士和法同正式宣战，普法战争爆发。双方发动战争的原因是：俾斯麦从 1860 年开始已经统一了大部分德意志领土，但是只有罗马还处于法国驻军的保卫之下，因此它企图通过战争来建立一个由普鲁士领导的统一德意志帝同，最终称霸欧洲；而法国则不希望看到一个统一强大的欧洲大国，因此当时的拿破仑三世希望通过战争阻止德意志的统一，扩大法国在欧洲大陆的势力范围。另外，由于拿破仑三世上台后国内阶级矛盾激化，为了摆脱困境，他企图发动对普鲁士的战争，以转移人民的视线，缓解国内的矛盾。

巴黎公社墙成为历史永远的叹息

普法战争的导火线，是西班牙王位继承问题。1868 年，西班牙革命推翻了女王的统治，王位虚悬，西班牙议会决定让普鲁士国王威廉一世的堂兄利奥波德继承王位。俾斯麦对此建议非常赞同，只要控制了西班牙，就可以置法国于背腹受敌的境地。拿破仑三世对俾斯麦和西班牙的做法感到极为惊恐，并邀请普鲁士国王进行谈判。普王基本上都拒绝了拿破仑三世提出的几个要求，并将谈判的结果以平和的语气传给了俾斯麦。

俾斯麦决定要和法国交战，但是又不能主动发起战争。因此，他对普王传来的文件进行了修改，使其含有侮辱法国之意，然后在报纸上发表。法国见报纸后，觉得法国受到了侮辱，就于 1870 年 7 月 19 日向普鲁士宣战。普法战争正式爆发。

普法战争爆发后，马克思为国际总委员会起卓的《关十普法战争的第一篇宣言》指出：拿破仑三世企图通过战争来延长他的统治，这场战争对法国而言是侵略性的，对普鲁士而言则是防御性的。同时，马克思号召法国工人起来反对这场侵略战争，并且预言俾斯麦将把防御性转变为掠夺性战争。因此，《宣言》号召法国和德国无产阶级加强团结，根绝一切战争。

战争开始后，法军屡次败北，主力被分割为两部分：一部分法军被围困在麦次要塞；拿破仑三世指挥的另一部分部队逃到色当要塞。9 月 1 日，20 万普军包围了色当，并且发动色当战役，法军惨败。次日，拿破仑三世率领 86000 名法国官兵投降，自己也成了普军的俘虏。

色当战役的结果激怒了法国人民。9 月 4 日，巴黎工人、市民和国民自卫军包围了政府大厦，宣布推翻帝制，恢复共和，成立了法兰西第三共和国。当天，前立法院议员中的几个保皇分子和共和派组成临时政府，并且自称为"国防政府"。但是实际上，"国防政府"，正准备向普鲁士投降。

普法战争色当惨败后，法军全面崩溃。由于"国防政府"的不抵抗政策，普军长驱直入，不久便侵占了法国 1/3 以上的领土，不久就包围了法国首都巴黎。对于普鲁士的入侵，法国人民纷纷拿起武器，并于 9 月底成立了 194 个新营国民自卫军，其中主要是工人、手工业者和城市贫民，成为当时捍卫巴黎的主要力量。"国防政府"虽然口头上叫嚷坚决抵抗，并且高喊"永不投降"、发誓"决不让出一寸土地"，但是政府首脑却从背后暗通俾斯麦，商量投降条件。

激愤的巴黎公社社员把拿破仑·波拿巴的塑像推翻在地

10 月 27 日，法国 10 万军队向普军投降。巴黎无产阶级坚决反对法军的投降行为，并于 10 月 31 日和次年 1 月 22 日发动了两次起义，但最终都被临时政府镇压。为了借助普鲁士军队来镇压国内起义，"国防政府"同普鲁士政府签订了丧权辱国的临时停战协议，条件是：法国解除正规军武装，交付 2 亿法郎赔款，并限期召开国民议会，批准普鲁士提出的"和约草案"。

次年 2 月 21 日，法国国民会议在波尔多召开，宣布组成以梯也尔为首的政府。梯也尔上台后，为了镇压巴黎的群众运动，加快了和普鲁士谈判的速度，26 日同普鲁士签订了和约，规定：法国赔款 50 亿法郎，割让法国阿尔萨斯全省和大部分洛林地区给普鲁士。这个条约的签订，使法国人民感到受到了莫大的侮辱。因此，巴黎无产阶级推翻资产阶级政权，实现无产阶级革命的任务，被提上了日程。

1871 年 2 月中旬，工人武装选出了"国民自卫军中央委员会"来领导法国的工人运动。梯也尔上台后，首先必须解除国民自卫军拥有的武装。3 月 17 日夜，梯也尔举行秘密军事会议，计划先夺取国民自卫军的大炮弹药，然后逮捕中央委员会首脑。会议结束后，政府军队就开始了占领国民自卫军的停炮场、工人居住区和交通要道的行动。

巴黎公社在麦罗特港设置的军事障碍，遭凡尔赛反动军破坏

1871 年 3 月 18 日凌晨，梯也尔派了 3 万多军队去偷袭国民自卫军的主要战略要地蒙马特尔高地，那里停放着自卫军的大部分大炮。当反动军打死国民自卫军的巡逻队，要拖走大炮时，被一群妇女发现，并且拦住政府军，严厉谴责反动军官和士兵："你们投降卖国，交出你们自己的武器弹药还不够，还要偷我们大炮送给德国鬼子，你们还有良心没有？还知道不知道什么是耻辱？你们是不是还要向自己的弟兄、孩子们开枪？"

士兵们被问得无言以对，虽然军官多次下令枪毙这些妇女，但是士兵们拒绝执行命令，并且还逮住了带队的军官，然后加入了国民自卫队。

蒙马特尔事件使巴黎工人惊醒了过来，他们明白只能通过武力来推翻反动政府。

上午 10 点左右，国民自卫军的八九名中央委员集合到一所小学里，发出命令，指挥起义。然后，国民自卫队官兵迅速占领了区公所、兵营及政府机关，向市政厅进发，并开始修筑工事。到下午的时候，自卫队占领了陆军部、市政厅和其他政府机构。经过奋力作战，国民自卫军占领了警察局、政府军参谋部、巴黎圣母院等。梯也尔的军队根本抵挡不住国民自卫军的进攻。下午 3 点左右，梯也尔匆忙带着一队骑兵逃往凡尔赛。

在占领了市政厅之后，国民自卫军中央委员会当即向世界宣告："巴黎的无产者，目睹统治阶级的失职和叛变行为，已经了解到了由他们亲手掌握公共事务的领导以挽救时局的时刻已经到来。他们了解到，夺取政府权力以掌握自己的命运是他们必须立即履行的职责和绝对的权利。"

3 月 26 日，巴黎举行公社选举。巴黎人民第一次真正享受到了民主权利。28 日，20 多万巴黎民众聚集在巴黎市政厅前的广场上，欢呼巴黎公社正式成立。成千上万的人们欢呼着，庆祝自己的伟大胜利。

巴黎公社成立之后，公社从无产阶级和劳动人民的根本利益出发，实施了大量政治、军事、经济和文教方面的革命措施。包括：

废除资产阶级议会制度，建立了公社委员会，下面设置相当于政府各部的 9 个委员会——军事、政治、粮食、司法、财政、对外关系、社会服务、教育以及劳动与交换委员会等。此外，还设置了执行委员会，以监督各委员会所颁布的法令的实施。

废除资产阶级官僚制度，实行民主集中制，采取民主选举制度。公社的选举体现了真正的民主原则：选举不受任何限制，是名副其实的普选制；选举程序简便；实行无记名投票，不许任何人干预选举。不但公社的最高权力机关是通过民主选举选出的，而且公社所属单位——工厂企业的负责人、国民军各级领导人、司法部门的工作人员也都是通过选举产生的。

取消原来的官员高薪制，规定最高薪金限额，并提高低工资。在拿破仑三世时，高级官员的薪金收入与一般职员、工人的收入相比，相差非常大。拿破仑三世本人每年领取 2500 万法郎的皇帝赡养费。一个外交部长的年薪为 13 万法郎。梯也尔的年薪高达 300 万法郎。但是，一个铁路粗工年工资只有 540 法郎，普通工人和低级职员的年工资也只有 800 法郎到 1400 法郎。公社成立后，公布了最高薪金额的法令：各市政机关职员所得的最高薪金每年为 600 法郎。

在社会经济方面，公社没收逃亡资本家的工厂，并转交工人合作社；把逃亡资本家的住宅分给无住房的工人；颁布"禁止任何机构收取罚金或者任意克扣工人工资"的法令；取消面包工人夜班制；禁止当铺拍卖过期的典当物品，凡在 20 法郎以下的物品，一律无条件地退还原主；成立救济贫民的专门机构，设立劳动就业登记处。

在文化教育方面，公社也采取了一些革命性的措施：实行"学校和教会分离，并且开办世俗学校"，把教士和修女一律驱出学校；实行全民教育、职业教育和免费教育，兴办职业学校，实行男女教师同工同酬；成立俱乐部，开放图书馆。

这些措施，都体现了无产阶级政权的基本特征，也是巴黎公社的伟大创举。虽然这些措施在战争年代没有全面实行，但是还是在短时间内改变了巴黎的面貌，"第二帝国那个荒淫无度的巴黎已经消失的无影无踪了"。

巴黎公社成立后，资产阶级惊慌失措，他们纷纷逃离巴黎，奔向不远的凡尔赛。同时，这个世界上第一个无产阶级政权也遭到了其他国家的反对，沙皇亚历山大、俾斯麦、美国大使等，自公社诞生第一天起，就打算将它扼杀在摇篮里。

由于缺乏兵力，梯也尔派亲信到德国阵地面见了俾斯麦，要求放回被德军俘虏的十几万法军，这个要求得到了俾斯麦的同意。而且，俾斯麦还允许反动军经过德军防线，从北面进攻巴黎。

梯也尔纠集了大量军队后，巴黎公社就陷入了敌人的包围之中，东面和北面普军15万大军压境，西面和南面则有梯也尔军队伺机反扑，形势对公社极为不利。但是公社却对此局势估计不足，疏于防范。4月2日清晨，凡尔赛军开始炮轰巴黎，从巴黎西面发动进攻。公社2000名战士和5倍于自己的敌军激战数小时后，放弃了讷伊桥等阵地。

起义军对巴黎外围的防御力量非常薄弱，由于战线过长，兵力分散，所有伤亡都难以得到有效的兵源补充，因此公社方面损失惨重。即使这样，由于起义军战士的顽强抵抗，梯也尔军队因不知虚实也不敢贸然入城。直到5月21日中午时分，敌军才在一个奸细的指点下潜入防范不严的圣克鲁门攻进城内。从此，巴黎开始了可歌可泣的浴血战斗。

为了保卫公社，巴黎工人和广大群众拿起武器，并且筑起了几百个街垒。在塞纳河左岸，公社战士与敌军进行白刃战，直到被敌包围，才撤过塞纳河。在市中心，妇女、儿童与公社战士并肩作战，抗击敌人的轮番进攻。但由于众寡不敌，5月22日，梯也尔军队的12个师约10万人进占了巴黎大部分市区，全城1/4地区落入敌人手中。23日，凡尔赛一部分军队通过德军驻地，由北部和东北部侵入巴黎市内，蒙马特尔高地的公社军将领不幸壮烈牺牲。24日，公社领导机关的所在地市政府失守，战斗转移到东部工人住宅区。

27日，敌军开始围攻最后两个工人区，在拉雪兹神甫墓地200名公社战士与5000名凡尔赛士兵展开肉搏，战至傍晚，大部分公社战士壮烈牺牲或者被俘。不久，敌军又从远处押来一批批公社战士，准备在这里把他们全部屠杀。随着"公社万岁"的呼喊，敌人的枪响了，战士们一排排倒了下去。战士全部被枪杀在墓地的一堵墙前。这堵墙后来被称为"公社社员墙"。

从5月21日到28日，巴黎公社的社员战士和巴黎工人们，为了捍卫公社的胜利果实，与敌人进行了一周的激战，这就是世界历史上有名的"五月流血周"。

梯也尔重新占领巴黎后，对工人和革命者进行了极为残酷的大屠杀：凡是右肩上有枪带痕迹的杀，凡是穿着国民自卫军制服标志的杀，国民自卫军的伤员和医生杀，有嫌疑的妇女和儿童杀，在教堂避难的人、俘虏杀。凡尔赛军先后在巴黎杀死了3万人，逮捕了5万人，巴黎居民减少了10万。

巴黎公社是无产阶级推翻资产阶级统治、建立无产阶级专政的第一次尝试，国际共产主义运动因巴黎公社而揭开了新篇章。此后，无产阶级在巴黎公社的感召下，举行了一次又一次的起义，开创了世界历史的新纪元。公社的选举、监督、罢免和民主集中制度，是无产阶级政权的最初特征，为后来社会主义制度的建立提供了参考。马克思说："工人阶级反对资本家阶级及其国家的斗争，由于巴黎人的斗争而进入一个新阶段。不管这件事情的直接结果怎样，具有世界历史意义的新起点毕竟是已经取得了。"

第一次建立无产阶级政权的尝试

巴黎公社是 1871 年法国无产阶级建立的工人革命政府，也是世界历史上第一个无产阶级专政的政权。巴黎公社起义是 1871 年 3 月 18 日至 5 月 28 日，巴黎工人阶级在广大民众的支持下，为推翻资产阶级的统治，建立无产阶级国家政权而进行的一次武装斗争。它以无产阶级推翻资本主义制度的具有世界意义的第一次演习，载入了史册。

1. 法国战败和巴黎起义

导致巴黎公社起义的直接原因是法国在普法战争中的惨败。1870 年 9 月 2 日，被围困在色当的法王路易·波拿巴下令投降，帝国也就随着皇帝的投降而崩溃。9 月 4 日，巴黎爆发革命，宣布成立第三共和国。由资产阶级共和派和奥尔良派分子组成的新政府，自称为"国防政府"。普鲁士并不满足于色当的胜利，继续大举进攻法国。9 月 19 日，普军包围巴黎。为了保卫巴黎，巴黎工人阶级建立了 194 个营的国民自卫军，人数达 30 万人，由工人自己选举产生的国民自卫军中央委员会领导。这是一支与"国防政府"对立的政治力量。国防政府的首脑梯也尔就是 1848 年镇压巴黎六月起义的同谋，而当年起义的幸存者大多又参加了巴黎的工人武装。

这时，普军继续向法国内地推进，但"国防政府"不顾国家民族利益，与敌人屈辱求和，妄图把巴黎交给敌人，利用敌人之手镇压人民革命。于是普军得以长驱直入，包围巴黎，占领了法国三分之一以上的国土。10 月 27 日，17 万法军向普鲁士投降。

1871 年 1 月 28 日，"国防政府"同普鲁士签订了割地赔款的停战和约。2 月 17 日，奥尔良党人首领梯也尔上台。由于与普鲁士达成妥协消除了后顾之忧，法国资产阶级便集中全力来对付国内无产阶级特别是巴黎的工人武装，以图巩固自己的统治地位。1871 年 3 月 18 日凌晨，资产阶级政府派军队偷袭蒙马特尔高地，企图一举夺取困民自卫军集中在那里的大炮，逮捕中央委员会成员。

当时，巴黎的国民自卫军有 417 门大炮，分别集中在蒙马特尔高地和梭蒙高地等地。3 月 18 日凌晨 5 时，政府军一个团占领了蒙马特尔停炮场。枪声惊醒了附近居民，大炮被抢的消息迅速传开。该区的国民自卫军战士立即集合起来，包括许多妇女、儿童和老人在内的人民群众也随同一起拥上蒙马特尔高地。政府军士兵发生哗变，与人民群众联合行动，逮捕了反动军官、警察和宪兵。偷袭梭蒙高地的政府军也未能迅速把大炮拖走，很快就被赶到的国民自卫军击溃。

巴黎各地特别是工人区爆发的武装起义迅速展开。国民自卫军和人民群众自动拿起武器，建筑街垒，布置岗哨，派出巡逻队，集中分散的大炮。中央委员会采取紧急措施领导武装起义，占领了部分地区、中午以后，国民自卫军开始越出本区，向巴黎市中心挺进，起义由防御转入进攻。22时许，国民自卫军进入市政厅，升起红旗。至此，中央委员会掌握了巴黎全城，武装起义推翻了梯也尔政权，取得了伟大成功。梯也尔反动政府匆忙逃往巴黎城郊的旧王宫——凡尔赛宫。

2. 建立第一个无产阶级政权

3月26日，巴黎公社进行了普选，一大批工人、社会主义者和国际主义者参加了巴黎公社领导机构，一个崭新的无产阶级国家政权诞生了。

巴黎公社一开始就认识到，工人阶级一旦取得政权，就不能继续运用旧的国家机器来进行管理。他们一方面铲除全部旧的、一直被用来反对工人阶级的压迫机器；另一方面为了防范社会公仆变为社会主人，采取了两个可靠的办法。第一，公社把行政、司法和教育方面的一切职位交给由普选选出的人担任，而且规定选举者可以毫无例外地随时撤换被选举者。第二，公社对所有公务员，不论职位高低，都只付给跟其他工人同样的工资。

巴黎公社成立大会

巴黎公社虽然存在的时间很短，但确实做到了"人民作了主，公仆都姓公"。公社委员会对人民负责，受人民监督；它制定法律，又负责执行法律；它既是代表人民利益的权力机关，又是效率极高的工作机关。在公社委员会内部实行民主集中制，一切重大决策和法令都由集体讨论决定，在充分展开讨论和争论的基础上，按照少数服从多数的原则形成决议。公社委员和各区工作人员以身作则，废寝忘食地为人民服务。他们在最困难、最复杂的情况下，公开地、朴实地、光明正大地进行工作，不自以为是，不埋头在文牍主义的办公室里，不以承认错误为耻而勇于改正。

巴黎公社成立后的两个月里施行了许多具有深远影响的重大措施：宣布公社委员会是取代旧政府的唯一政权，新建10个委员会以取代过去政府的各部；取消征兵制和常备军，宣布以工人为主体的国民自卫军是唯一的武装力量；实行民主选举与群众监督相结合的民主制度；废除高薪，实行兼职不兼薪的制度。公社还颁布了一系列保护劳工的法令。这些措施为无产阶级政权建设提供了宝贵经验，丰富和发展了科学社会主义理论。

3. 巴黎公社的失败

这时，逃往凡尔赛的梯也尔政府并没有足够的实力来对付巴黎公社。但公社却没有乘胜追击，直捣反革命巢穴。为了夺回巴黎，梯也尔不惜与民族仇敌勾结，与普鲁士签订了《法兰克福和约》。普鲁士答应放回十万名法国战俘，并同意凡尔赛军可通过普军阵地去进攻巴黎。梯也尔将军队整编为2个军，加上普军后来释放的战俘，约11万人，与东面和北面的普军对巴黎形成了包围。

公社方面仅有 1.6 万作战部队和 4.5 万预备部队。虽然拥有 1200 门大炮，但由于组织不善，能够配置使用的只有 200 门，且缺少熟练炮手。但为了保卫革命成果，公社战士与敌人浴血奋战。4 月 7 日，凡尔赛军队依仗优势炮火攻占了讷伊桥和附近据点。巴黎城防司令东布罗夫斯基率领西线 5000 名装备很差的部队，同 9 倍于己的敌人激战。17 日，250 名公社战士在贝康城堡抗击 5000 名敌军进攻达 6 个小时。21 日，在讷伊方向坚守的公社战士日夜作战，与敌人展开肉搏，击退了强渡塞纳河之敌。在南线，凡尔赛军为夺取伊西和旺夫炮台，不惜用数百门重炮轰击炮台，公社战士为守卫炮台顽强战斗。

到 4 月底，公社守住了巴黎西线和南线，给凡尔赛军以大量消耗。5 月初，公社调整了巴黎防御部署，东布罗夫斯基指挥第一军在西线抗击敌 6 个步兵师和 1 个骑兵队的猛攻，公社战士充分利用 5 辆装甲车和塞纳河上的 10 艘炮艇与敌厮杀，不仅以少量兵力顶住了敌军主力的进攻，而且支援了南线作战。5 月 3 日夜，防守木兰—萨克多面堡的第五十五营军官叛变，敌军突然占领了南线这个主要据点，数百名公社战士阵亡或被俘。接着凡尔赛军发起全线总攻，8 日伊西炮台失守。公社虽在此时加强了军事指挥，但大局已难挽回。13 日旺夫炮台被攻克。在西线，8000 名连续作战、疲惫不堪的公社战士与 8 万名装备精良的敌人作战，有时还主动出击。但从 5 月 17 日起，凡尔赛军集中重炮开始猛轰巴黎，并集中了 13 万人准备进攻巴黎。

5 月 21 日下午，凡尔赛军从圣·克卢门进入巴黎，一场震撼世界的流血大巷战开始了。为保卫公社政权，巴黎无产阶级和广大人民群众奋起抗敌，他们在街道和广场筑起街垒，不论男女老少，人人拿起武器同敌人进行殊死的战斗。22 日拂晓，敌军 12 个师约 10 万人进占了巴黎大部分市区。25 日，公社战士同敌人展开了激烈战斗。在塞纳河左岸，公社战士与敌人进行白刃战，直到被敌包围，才撤过塞纳河。27 日，敌军开始围攻最后两个工人区，在拉雪兹神甫墓地 200 名公社战士与 5000 名凡尔赛士兵展开肉搏，战至傍晚，大部分公社战士壮烈牺牲，被俘战士全部被枪杀在墓地的一堵墙前。这堵墙就是永为世界无产阶级纪念的"公社社员墙"。28 日 16 时，公社战士坚守的最后一个街垒被攻克。

梯也尔政府对公社社员进行了血腥镇压，大屠杀整整持续了一个多月，二万人未经审讯就被枪杀，加上在战斗中牺牲的，总计死难了三万多人，逮捕、监禁、流放、驱逐的人达十万以上。巴黎公社虽然只存在了两个多月的时间，但它是无产阶级推翻资产阶级统治、建立无产阶级专政的一次伟大尝试。

巴黎公社起义是一个划时代的伟大革命，是无产阶级推翻资产阶级统治，建立无产阶级国家政权的第一次总演习，为无产阶级国际共产主义运动提供了丰富而宝贵的经验。公社战士高昂的革命斗志永远激励着世界无产阶级起来进行斗争。它的经验教训更是世界无产阶级革命的宝贵财富。

鲍狄埃和他的《国际歌》

"起来，饥寒交迫的奴隶

起来，全世界受苦的人

满腔的热血已经沸腾，

要为真理而斗争！

……"

　　每当我们听到这气势磅礴，庄严雄伟的《国际歌》时，很自然地会联想起这首歌词的作者——法国著名的无产阶级诗人和战士欧仁·鲍狄埃。

　　1816 年 10 月 4 日，欧仁·鲍狄埃生于法国首都巴黎。鲍狄埃出身于贫穷的工人家庭。他的父亲是包装工人，母亲是劳动妇女。鲍狄埃的整个一生是在贫穷中度过的，他从十三岁起就跟父亲到包装厂劳动，后来当绘图工，靠绘制印花布图样维持生活。

　　鲍狄埃生活在无产者的环境中，他熟悉、了解和同情这些深受阶级压迫和剥削的无产者，立志献身于无产阶级的解放事业。他以顽强的毅力自学，抓紧一切工余时间，阅读他所喜欢的书籍。法国大诗人贝朗瑞（1780—1857 年）和著名的空想社会主义者傅立叶（1772—1837 年）的作品，是他在青少年时代最喜爱的读物。

　　鲍狄埃的诞生地巴黎，是一个不断受到革命暴风雨洗礼的历史名城。在这里，鲍狄埃经历了或亲自参加了声势浩大的革命运动：1830 年的"七月革命"，1848 年的"六月起义"，1871 年的"巴黎公社革命"。鲍狄埃是在革命环境中成长的，阶级斗争的暴风骤雨深刻地影响了这个渴望追求真理的年轻无产者，使他在政治上日益成熟，终于把他锻炼成为坚定的无产阶级的先锋战士。

　　1815 年 6 月，拿破仑·波拿巴的法兰西第一帝国垮台了，波旁王朝在法国复辟。在长达十五年的复辟时期，以波旁王朝为核心的封建贵族势力，不仅残酷压迫剥削劳动人民，而且竭力剥夺资产阶级的政治权力，终于导致 1830 年"七月革命"的爆发。在这场革命中，法国大资产阶级利用劳动人民的力量，推翻了波旁的封建复辟王朝。

　　当七月革命爆发时，鲍狄埃虽然只有十四岁，但已经是一个勇敢的反封建小战士，他高喊"打倒波旁，自由万岁！"的口号，再三要求参加起义队伍，因为岁数小才被阻止。鲍狄埃于是转而用笔杆参加战斗，他写了一首题为《自由万岁！》的诗歌，去鼓舞人民的斗志。他的处女作受到人们的欢迎和赞扬。第二年，他的一本诗集《年轻的诗神》出版了。鲍狄埃的诗歌创作从写政治诗开始，同人民的革命斗争紧密结合始终成为他的诗歌的主要特色。

　　七月革命后，法国大资产阶级篡夺了革命的胜利果实，建立了七月王朝。法国大资产阶级统治地位的确立，以及七月王朝时期法国工业革命所取得的显著成就，使法国资本主义生产力空前提高，同时也使资产阶级和无产阶级之间的矛盾激化，上升成为法国社会的主要矛盾。残酷的剥削，悲惨的生活，迫使无产阶级走上反抗的道路。从三十年代起，法国各地工人起义和罢工斗争，此伏彼起。1831 年和 1834 年的两次里昂工人起义，标志着法国工人阶级已经以战斗的姿态登上历史舞台。

　　在这个时期，法国的工人运动深受傅立叶的空想社会主义和巴贝夫的平均共产主义的强烈影响。鲍狄埃也受到这些思潮的极大影响。特别是巴贝夫关于用革命手段实现平均的共产主义社会的思想，像磁铁一般吸引了鲍狄埃。1840 年，鲍狄埃发表了《是人各一份的时候了》，这首诗实际上是用诗歌的形式表述了巴贝夫的平均共产主义思想。它是鲍狄埃从一个共和主义者转变成为社会主义者的转折点。从此，鲍狄埃"就用自己的战斗歌曲对法国生活中所发生的一切巨大事件作出反应，唤醒落后的人们的觉悟，号召工人团结一致，鞭笞法国的资产阶级和资产阶级政府。"（列宁：《欧仁·鲍狄埃》，《列宁选集》第 2 卷，第 435 页）

1848 年 6 月，巴黎爆发了震撼欧洲的六月起义。六月起义是无产阶级反对资产阶级的第一次大搏斗。鲍狄埃满怀革命激情，奋不顾身地参加这场战斗，险些牺牲在敌人的枪弹之下。由于敌我力量悬殊，这次起义被资产阶级残酷镇压了。在六月起义失败后的第五天，鲍狄埃写了《一八四八年六月》，愤怒地控诉资产阶级对无产阶级的惨无人道的血腥镇压。但是，这时鲍狄埃毕竟还不是一个马克思主义者，因此他的这首诗悲愤多于抗争，缺乏鼓舞力量，更未能向刚刚遭到沉重打击的工人群众指出革命的前景。

1871 年 3 月 18 日，巴黎无产阶级发动了伟大的革命，成立了巴黎公社，第一次掌握了政权。在巴黎公社时期，鲍狄埃被选为公社委员。在三千六百零一张选票中，有三千三百五十二张票是选他的。鲍狄埃以充沛的革命热情，带病忘我地工作。作为公社委员，鲍狄埃担任了多种社会工作：参与公社的决策；具体负责第二区的领导工作；防备敌人的阴谋破坏；争取社会各阶层对公社革命的支持和同情；领导工人协会联合会和艺术家协会联合会等等。总之，他对第一个无产阶级政权作出了卓越的贡献。

公社在凡尔赛反动军队的镇压下，只存在了七十二天。公社失败后，白色恐怖笼罩了整个巴黎，巴黎变成了凡尔赛军队屠杀革命者的大屠场。从杀人场流出的鲜血，流进塞纳河，把大片河水染红了。鲍狄埃被迫转入地下，逃避敌人的搜捕。这时，残酷的阶级斗争已经把鲍狄埃锻炼成为成熟老练和刚毅坚强革命战士。新生的无产阶级革命政权的暂时失败，敌人野兽般的反攻倒算，许多战友相继倒在血泊里，使他怒火中烧，热血沸腾。鲍狄埃满怀深沉的阶级仇恨，写了一首诗，表达了无产阶级永不屈服，一定要最后消灭世界上一切剥削阶级的气壮山河的誓言。

"一切归劳动者所有，
哪能容得寄生虫！
最可恨那些毒蛇猛兽，
吃尽了我们的血肉。
一旦把它们消灭干净，
鲜红的太阳照遍全球！

这是最后的斗争，
团结起来，到明天，
英特纳雄耐尔

就一定要实现。"

1888 年 6 月 16—18 日，法国工人作曲家狄盖特（1848—1932 年）怀着满腔的无产阶级激情，为欧仁·鲍狄埃的《国际歌》谱写了歌曲。《国际歌》曲谱完成后，迅即在法国工人群众中唱开了，并且付印出版。《国际歌》像长了翅膀，从法国越过千山万水，唱遍了全世界，成为全世界无产者争取解放的嘹亮战歌。它使一切剥削阶级闻风丧胆，并预感到自己末日的到来。

《国际歌》是伟大的巴黎公社的产儿，是巴黎公社历史经验的艺术总结，是巴黎公社思想的传播者。

《国际歌》标志着鲍狄埃具备了科学社会主义的世界观，标志着他的艺术创作达到了前所未有的新高度。

1871 年 6 月以后，鲍狄埃先后流亡英国和美国，直到 1880 年法国资产阶级政府被迫宣布大赦公社流亡者，鲍狄埃才重返巴黎。在流亡期间，以及重返祖国以后，鲍狄埃虽然体弱多病，仍继续用笔进行战斗，写了大量诗歌。在鲍狄埃晚期的诗歌创作中，"巴黎公社万岁！"成为他的诗歌的主题。他永不衰歇地、始终充满激情地歌颂巴黎公社，宣传公社思想，鼓舞无产阶级为实现公社的理想而奋斗。著名的长诗《美国工人致法国工人》（1876 年），以及《巴黎公社》、《巴黎公社走过这条路》、《巴黎公社社员纪念碑》、《它还没有死》、《起义者》、《纪念一八七一年三月十八日》等等，都倾注了鲍狄埃对巴黎公社事业的无限热爱、希望和信心。

1887 年 11 月 6 日，鲍狄埃在巴黎逝世，享年七十一岁。巴黎劳动人民为自己的歌手举行了隆重的葬礼，把他的骨灰送到拉雪兹神甫墓地，与壮烈牺牲的公社战士的遗体埋葬在一起。在葬礼进行过程中，警察企图夺取红旗，与人民群众发生了一场冲突。人民群众在高呼"鲍狄埃万岁"的口号声中，最后送别了这位不朽的无产阶级革命诗人。

列宁高度评价工人诗人欧仁·鲍狄埃的战斗的一生："他是一位最伟大的用歌作为工具的宣传家"，"他在自己的身后留下了一个非人工所能建造的真正的纪念碑。"

普奥战争

普鲁士王国的兴起

普奥战争是近代战争史上发生在中欧地区的一场著名战争。参战的一方是普鲁士王国和意大利王国，以及北德的一些中小邦国；另一方为奥地利帝国和巴伐利亚、汉诺威、萨克森等一些德意志邦国。双方参战的总兵力：普方为 63 万人；奥方为58.5 万人。这场形式上的联盟战争，实际上只不过是德意志联邦中两个最大的邦国，即普鲁士和奥地利，为争夺对德意志的领导权而进行的王朝战争。因此，史家也称之为德意志战争。由于战争只延续了 7 个星期，故又称七周战争。

古老的神圣罗马帝国，曾在欧洲存在 800 多年。它是德意志民族的一个松散联合体，也是德意志各邦王公贵族不断争夺德意志领导权的政治舞台。这个舞台上的两大主角，历来都是奥地利和普鲁士。尽管大帝国已于1806年在法国皇帝拿破仑一世的威逼下宣告解体，但在解体后的半个多世纪中，其内部斗争仍很激烈，直到1866年普奥战争结束为止。普鲁士取得对奥战争的胜利，为最后解决德国的统一问题创造了条件。

公元12—13世纪，在中欧易北河中游到奥得河中游的整个地区，出现了一个名为"勃兰登堡"的新国家。这里原是比较荒芜的沙地平原，是德意志封建领主防御斯拉夫人部落的前哨，是他们向东方扩张的军事殖民地，而神圣罗马帝国在易北河以东的领土，正是通过对斯拉夫人的长期侵略扩张而获得的。15世纪初，霍亨索伦家族从德意志民族神圣罗马帝国的皇帝手里，领得了勃兰登堡这块封土，随后，不断兼并原来被条顿骑士团所占领的普鲁士，从而形成为勃兰登堡—普鲁士公国。进入17世纪以后，霍亨索伦王朝利用德意志皇帝和德意志各邦国在三十年战争中的衰落，不断扩充领地，增强实力，终于在1701年由腓特烈一世宣布建立普鲁士王国，逐步成为德意志和欧洲政治生活中一个举足轻重的大邦。

18世纪上半叶，普鲁士的第二代君主腓特烈·威廉一世（1713—1740年在位）进行了粗暴的统治，使王国发展成为中央集权制的专制主义国家。他用棍棒和体罚"教育"臣民，"治理"国家，力图把普鲁士提高到欧洲强国的地位。为此，他在国内加征赋税，压缩民用开支；禁止外国商品输入，以防资金外流；打破容克贵族垄断各省政治、经济的独立性，加强中央集权。腓特烈·威廉一世颇知富国与强兵的关系，因而在采取上述措施的同时，不断扩充军队。他不惜把国库收入的6/7用于军费，养兵竟达8.5万人，使一个当时在欧洲国土面积居第10位、人口数量居第13位的中等国家，兵力总数竟跃居欧洲的第4位，以致全国兵营林立。他不仅使每一个青壮年都要接受强制性的军事训练，而且规定士兵的服役年限竟长达25年。这样，普鲁士终于迅速振兴起来了。腓特烈·威廉一世为他的继承人准备了一支庞大的军队和一个年收入达700万塔勒的国库，从而也为普鲁士奠定了到那时为止尚不为人所知的强国的基础。

1740年，普鲁士王国的第3代君主即位。这位后来被容克贵族尊称为"腓特烈大帝"的腓特烈二世（亦译弗里德里希1740—1786年在位），是一位雄才大略而又手段暴虐的国王。他继承乃父衣钵，进一步强化容克贵族的军事官僚机构，扩充军事实力，把军队增加到了20万人，号称欧洲第一。他在统治期间，利用这支庞大的军队和充实的国库，连年征战，岁岁用兵，大肆扩充疆土。他在即位之初，即利用奥地利哈布斯堡王朝在王位继承战争中的困难，加入了法国所组织的反奥同盟，参与瓜分奥地利皇室的遗产，以求夺取人多地广、物产富庶的西里西亚。腓特烈二世主动出击，在1740—1742年和1744—1745年，先后两次发动了西里西亚战争，打败了奥地利。可是，到1748年，普鲁士却抛弃了它的同盟者，单独同自己德意志民族神圣罗马帝国中唯一的大邦奥地利签订了《亚琛和约》，摘取了"奥地利王冠上的明珠"——西里西亚，从而获得了面积约3.5万平方公里的领地，使普鲁士的国土一下子扩大了1/3。当然，腓特烈二世攫取西里西亚以后，普奥两国的矛盾便进一步加深了。双方的斗争日益发展。奥地利不甘心于自己领地的丧失，不断联合其他强国反对普鲁士。而腓特烈二世及其继承者，则企图进一步侵占波希米亚，彻底打败奥地利，控制整个德意志。虽然，在尔后的历史进程中，普奥两国由于共同的利益，曾于1772年、1793年和1795年暂时结盟，共同瓜分了波兰，但是，两国之间争夺对德意志领导权的斗争，则始终没有停止而不断深化。在此期间，普鲁士更加强大起来了，到该世纪末，其国土面积已由1740年的11.8万平方公里扩充到30.5万余平方公里，人口从224万增加到868万，从而成为德意志境内重大的邦国。普鲁士王国的崛起，随之也就带来了争霸的战争。

1．"德意志联邦"中的两强争霸

在神圣罗马帝国的众多邦国之中，奥地利历来居于领导地位。神圣罗马帝国的历届皇帝，绝大多数都是由奥地利国王兼任的。大帝国皇帝作为德意志民族各邦国的共主，尽管直接统治各邦的权力有限，但他毕竟是民族领袖的象征，在漫长的历史进程中发挥过重要作用。后来，由于各邦实力的增长，特别是普鲁士王国、巴伐利亚王国和萨克森王国等大邦的崛起，自17—18世纪以来，德意志便一直处于封建割据的局面，由维也纳发出的帝国号令，往往不能制约其他邦国。19世纪初，在震撼整个欧洲的拿破仑战争期间，拿破仑一世先后打败奥地利和普鲁士，并把德意志西部和西南部的21个邦国组成"莱茵联邦"，使之成为法兰西帝国的附庸。这样，便迫使神圣罗马帝国不得不在名存实亡的形势下宣布解体。

1814年，拿破仑一世被反法联军打败，法兰西第一帝国随之灭亡。于是，以奥地利帝国为首，又把德意志境内的各邦国重新联合起来，宣布成立"德意志联邦"。联邦包括了德意志境内仍然存在的34个邦国和4个自由市。它们在民族利益的前提下结合起来，设立了由各邦代表组成的"联邦议会"，以便共同对付外敌，即当时的法、英、俄等欧洲强国。但是，各邦在内政、外交和军事上照旧各自为政，所采用的经济政策包括币制、度量衡等也各不相同。实际上，德意志联邦仍旧保持着封建割据的局面。这种局面并不能适应历史潮流的发展，而是严重地阻碍着资本主义的增长，使整个德意志地区难以实现民族国家的统一。

当时，奥地利和普鲁士是德意志联邦中两个最大的邦国。它们为了实现政治和经济上的统一，彼此的争斗更加激烈起来。早在17—18世纪，奥地利也和普鲁士一样，不断对外用兵，扩张疆土。19世纪初，在打败拿破仑帝国以后，奥地利依靠其精明能干的首相梅特涅，以及国际上的反法工具"神圣同盟"，使其扩张势头有了新的发展。它的版图除奥地利本土外，还包括了匈牙利、罗马尼亚，以及意大利、捷克、斯洛伐克、波兰和塞尔维亚等部分地区和民族。其发展趋势，似乎要比普鲁士更胜一筹。

1848年，欧洲大陆爆发了大规模的革命运动。这股属于资产阶级民主革命的潮流，冲击着大陆所有封建王国和封建专制主义，给欧洲的社会进步带来了一线生机。在德意志联邦中，各邦的革命也像暴风雨一样席卷了全境。废除封建统治，实现德国统一，成了联邦中各邦各族人民的一致要求。当时，几乎所有德意志邦国的资产阶级自由派都参加了政权，为德意志的统一创造了良好的条件。但是，自由资产阶级却不敢依靠人民群众的力量来彻底摧毁封建专制制度，以实现德国的统一。他们主张由各邦选出代表组成全德国民议会，制订统一的《帝国宪法》，并沿袭神圣罗马帝国时代的做法，推举一个邦的国王来做全德意志的皇帝，从而实现德国的统一。

当年3月底，德意志联邦的各邦代表，在美因河畔的法兰克福召开预备会议。5月18日，全德国民议会正式开幕，到会者大多是拥护君主立宪制的资产阶级和贵族代表。会上，对以谁为核心组成统一的德国的问题，出现了两种意见：多数代表主张，应由奥地利领导，建立统一的德意志帝国，称"大德意志派"，少数代表认为，应把奥地利排除在外，建立一个由普鲁士领导的统一的德意志帝国，称"小德意志派"。此外，也有若干小资产阶级民主派的代表主张，在德意志境内建立一个联邦制的共和国。各派都固执己见，不肯妥协，以致争论不休。最后，虽然选出了奥地利的约翰大公担任临时的帝国首脑，但他并没有任何实权，各邦的王公根本不听他的调遣，所以这个首脑有名无实，形同虚设。德意志仍同原来一样，无法统一；相反，彼此间的矛盾日益发展，两个大邦即奥地利和普鲁士争夺统治权的斗争，则变得更加尖锐和公开化。

2. 王朝战争成为德国统一之路

由于德意志境内资本主义工商业的迅速发展，以及容克贵族和农业经济的日益繁荣，德意志各邦的封建君主制已经不能像从前那样继续统治下去了。无论从政治上来说，还是从各自的经济利益出发，各邦都要求建立统一的国家。那么，统一之途何在？从当时的情况来看，本来是有两条道路：一条是通过革命，由无产阶级领导人民起来进行革命，推翻封建邦国，建立一个统一的民主共和国；另一条是通过王朝战争，各邦之间互相残杀兼并，大并小，强吞弱，最后造成威服统一的局面。前一条道路，在1848年的革命中有人尝试了，当时是行不通的。剩下的另一条道路，是历史发展的逻辑，在当时是各个阶级都能接受的。

于是，历史把奥地利和普鲁士推向了争夺德国统一运动领导权的大舞台。它们各自不遗余力地采取了措施和行动。1848年6月，奥地利派兵开进捷克，扼杀了当地的民族起义运动；8月，重新占领意大利北部地区；9月，进军匈牙利；10月，镇压了维也纳起义；次年7月，在沙皇俄国军队的支持下，扼杀了匈牙利的独立运动。经过一系列的武力镇压和侵略战争，奥地利又恢复了它昔日威震中欧的雄风。这样，到1851年，奥地利便正式废除了1849年3月的帝国宪法，恢复了君主专制。它凭借武力扩张和统一德国的势头，一时大有发展。但是，在德意志联邦中，奥地利毕竟是最反动的国家。它比其他国家更违反时代潮流。因此，德意志在奥地利保护下的统一，终归是一种浪漫的幻想。

普鲁士统一德意志各邦的企图，自1848年全德国民议会以后，也在不断付诸实践。它虽然没有像奥地利那样公然废除帝国宪法，但实际上也恢复了国王的专制统治，并积极地与奥地利进行夺权斗争。1849年5月，普鲁士公然提出：要把德意志的行政、外交和管理军事的权力，授给以普鲁士国王为首的各邦国王的联盟；其他事务则由各大邦君主联席会议管理。这个方案曾得到各邦资产阶级的支持，并由1850年3月的议会予以通过。但是，当时德意志联邦议会的主席是奥地利；奥地利及其追随者的各邦君主，都竭力反对普鲁士方案。5月，奥地利皇帝弗兰茨·约瑟夫一世亲自出面，在法兰克福召开了由奥地利领导的全德各邦国王会议，否决了普鲁士的方案，并恢复了旧的联邦议会。

普鲁士的初次尝试虽然失败，但它并没有就此罢休，只是因为当时的欧洲形势对它不利而暂时有所收敛而已。1861年1月，普王威廉一世登上宝座。他为了实现兼并全德的目的，立即扩充军备，计划建立一支拥有37万常备军和13万后备部队的大型军队，并在全国储备16万人的国民预备兵。这在当时的欧洲，可以说是无与伦比的。同时，他任命具有新思想的人物罗恩为军政大臣，毛奇为总参谋长，着手进行军事改革。1862年，又任命俾斯麦为首相兼外交大臣。

俾斯麦的任用，标志着普鲁士加快走上用王朝战争统一德国之路。这位出身于容克贵族的政治家，历任普鲁士驻法兰克福联邦议会公使、普鲁士驻俄公使、驻法大使，有着丰富的政治和外交斗争经验。他眼界宽阔，逐渐抛弃了传统的旧观念，懂得从欧洲的角度来考虑德国的问题，认识到德国的统一是势不可挡的，而普鲁士要领导各邦统一德国，必然要遭到欧洲大国特别是奥地利的拼死反对，非以武力解决不可。因此，他宣称："德意志的未来不在于普鲁士的自由主义，而在于强权。"并明确指出："当前的种种重大问题不是演说词与多数决议所能解决的"，"要解决它只有用铁和血"。这就是曾经嚣张一时的所谓"铁血政策"，用当时普鲁士进步党领袖福尔肯贝尔的话来说："这意味着不要预算进行统治，对内是军刀制度，对外是战争。"

由于俾斯麦等容克贵族上台后得到国王的信任与支持，掌握了德国统一运动的领导权，普鲁士加快了军事改革和扩军备战的步伐，并以其日益强大的经济力量用于军事目的，贯彻施行"铁血政策"，以求在战争中取胜来实现德意志的统一。这样一来，德意志境内的战争也就势不可免了。

普奥战争

1866年的普奥战争是关系到建立德国民族资本主义国家的霸权究应属于普奥这两个资产阶级君主国中哪一个的问题，是俾斯麦统一德国的关键性一步。从1864年10月至1866年6月，俾斯麦政府从各个方面做了大量准备工作，以解决普鲁士在德意志的霸权问题。

1865年底至1866年初，俾斯麦同拿破仑三世举行谈判。他一方面竭力使拿破仑三世感到普奥战争将是持久的，将会使普鲁士蒙受极大消耗；另一方面又迎合拿破仑三世建立新版莱茵同盟和在莱茵河左岸吞并德国领土的扩张野心，含混地暗示法国可以获得比利时、卢森堡以及普鲁士在莱茵河地区的某些领土作为"补偿"，希望法国在未来的普奥战争中保持中立。

与此同时，俾斯麦在柏林还同意

普、奥两军骑兵交战的情景

大利果沃内将军就共同进行反奥战争一事谈判。
1866 年 4 月 8 日，双方签署了秘密条约，规定：
如果普鲁士在缔约后 3 个月内对奥地利采取军
事行动，意大利有义务反对奥地利；一旦战胜
奥地利，就把威尼斯交给意大利。意大利还从
普鲁士手中得到 1 亿 2 千万法郎的援助。俾斯
麦的这一步骤，使奥地利在未来的战争中腹背
受敌。

普鲁士政府官员的妻子们正在为前线
战士缝制绷带

　　俾斯麦竭力利用哈布斯堡王朝内部的困难。
他同匈牙利的政治流亡者进行谈判，在匈牙利点燃民族革命烈火。他还考虑煽动捷
克人、罗马尼亚人、马扎尔人和塞尔维亚人起义，甚至考虑让加里波第率领一支匈
牙利和南斯拉夫人的联军到奥地利占领的达尔马提亚沿海地区作战，以便从内部把
奥地利"炸得粉身碎骨"。尽管这些意图难以实现，但确实使奥地利的统治者惊恐
不安。

　　在财政方面，俾斯麦得到了埃森的克虏伯和萨尔的施士姆等大工业家的支持。
1864 年，克虏伯表示，如果普鲁士下院拒绝预算案，他将提供 100—200 万塔勒武
器的长期贷款。1866 年春，俾斯麦越过议会，转让给
科伦——明登铁路公司 1300 万塔勒的股票，俾斯麦由
此而得到一笔巨款，解决了财政的困难。此外，俾斯麦
未经议会批准，发行了 4 千万塔勒的钞票，作为保证战
争的资金。

　　在军事方面，以毛奇为首的参谋本部和陆军大臣罗
恩为首的军事部门积极制订作战计划，主张军队应作好
对奥地利作战的准备。

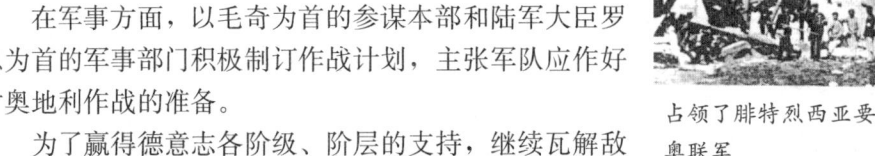

占领了腓特烈西亚要塞的普
奥联军

　　为了赢得德意志各阶级、阶层的支持，继续瓦解敌
对阵线，俾斯麦政府于 1866 年 4 月 9 日向德意志联邦
议会提出一项联邦改革的提案。提案要求：在普遍、直接选举的基础上，召开全德
议会，对德意志联邦进行改革。改革的内容包括：建立铁道，邮政、电报、电话事
业的全德管理机关；迁徙自由，营业自由，统一货币与度量衡；在国外保护德国贸
易和德国领事；合并全德各邦的军队等等。俾斯麦政府企图以此在王朝和民族之间，
资产阶级和无产阶级之间两面讨好，把自己装扮成为全德意志民族利益的保护者，
以便先发制人，制止反对普鲁士强权的人民运动；进一步挫败奥地利的力图恢复皇
帝尊严的联邦改革计划，赢得人民对他准备的反奥战争的支持。但是，德意志联邦
议会对这个提案没有作出任何答复。

　　寻找战争的借口是没有困难的。早在 1865 年的最后两个月，普鲁士政府就一直
想在什列斯维希——霍尔施坦问题上激怒奥地利首先行动。1866 年 1 月 23 日，奥
地利驻霍尔施坦总督路德维希·冯·加布伦茨将军批准在霍尔施坦的中心阿尔托纳
举行一次支持奥古斯滕堡大公的群众集会。3 天后，俾斯麦向维也纳提出抗议。奥

地利首相孟斯多夫的回答是：只有奥地利才有管辖霍尔施坦的权利。

　　2月28日，普王威廉在柏林召开御前会议，攻击奥地利的政策，表示吞并两公国是整个普鲁士的愿望。由于普奥在两公国问题上不能达成一致意见，6月1日，奥地利驻法兰克福代表宣布，两公国的前途应由联邦议会决定。俾斯麦攻击奥地利破坏了1864年1月普奥缔结的共同行动计划。6月7日，俾斯麦令曼托伊费尔将军从什列斯维希越过艾德河向霍尔施坦进军。加布伦茨将军不战而退。

　　6月10日，普鲁士公布《联邦改革纲要》，要求把奥地利开除出德意志联邦。次日，奥地利公使呼吁德意志各邦实行动员，反对普鲁士。6月14日，联邦议会以9比6票通过反对普鲁士的方案。俾斯麦立即授权普鲁士公使声明：联邦议会无权以这种方式对待它的成员，并坚决要求解散联邦议会。次日，普鲁士向萨克森、汉诺威国王以及黑森——加塞尔选帝侯提出最后通牒，要求接受普鲁士提出的《联邦改革纲要》，并且允许普军自由通过他们的国土。3个君主拒绝。6月17日，奥地利发布宣战书。6月18日，普鲁士对奥宣战。普奥战争爆发。

　　站在奥地利一边的有：萨克森、汉诺威、巴伐利亚、巴登、符腾堡、黑森——加塞尔选帝侯国、黑森——达姆施塔德以及德意志联邦的其他成员国。站在普鲁士一边的有：梅克伦堡、奥尔登堡和其他北德意志各邦。另外还有3个自由市：汉堡、不来梅、吕贝克。

　　普奥战争有3个战场。奥地利被分割成南北两线作战。

　　南线意大利战场。战事一开始就对奥地利有利。6月24日，意大利国王维克多——厄曼努尔统率的人数众多、装备精良的意军在库斯托查同阿尔布雷希特率领的奥地利军队发生一场会战。意军四处逃散，俾斯麦对自己的盟军如此缺乏战斗力，十分恼火，它使俾斯麦想把奥军分割成南北两线作战的计划化为泡影。但是，奥军由于北战场进展不利，被迫放弃威尼斯，大部分兵力向多瑙河开拔。

　　德意志战场是普鲁士军队对奥地利集团成员国作战。6月16日，普军攻入汉诺威，黑森——加塞尔及萨克森。萨克森军队被迫撤到摩拉维亚，与奥地利军队会合。6月27日，冯·法尔肯施泰因将军率领的5万普军在朗根萨尔察打败汉诺威军队，围困汉诺威王奥格尔格。6月29日，汉诺威投降。7月，当法尔肯施泰因军队准备占领法兰克福，进攻巴登、符腾堡时，波希米亚战场告急。

　　北战场，即波希米亚战场，是普奥战争的主战场。战线长达260英里。毛奇计划在外线作战，军队在战地集结。他的原则是"分兵推进，联合打击"。为了迅速集结部队，毛奇通过5条铁路线调动军队，并由柏林大本营用电报统一指挥。6月22—23日，由弗里德里希——卡尔亲王率领的第一军团和赫尔瓦特·冯·毕腾菲尔德将军率领的易北河军团由埃尔兹山和黑森山的隘口开入波希米亚。王太子弗里德里希——威廉率领的第二军团从西里西亚翻山越岭进入波希米亚谷地。开头几天的战斗，普军旗开得胜。只有在6月28日这一天，普军略为失利。卡尔亲王的部队在占领吉钦后，被奥地利埃德尔斯海姆将军的骑兵队赶出。王太子军团的第一军被加布伦茨将军的部队阻止在特劳特瑙附近。次日，卡尔亲王的军队夺回吉钦；王太子军团则彻底击溃奥地利的3个军。奥地利北战区总司令贝奈德克将军因遭重创，建议弗兰茨·约瑟夫皇帝言和。奥皇则期待一次决战。

　　1866 年 7 月 3 日，以奥地利和萨克森的军队为一方，以普鲁士军队为另一方，在离捷克的柯尼希格莱茨附近的萨多瓦村进行决战。奥军 23.8 万人，普军 29.1 万人，这是欧洲历史上前所未有的大决战。上午 8 时，卡尔亲王率领的第一军团向奥地利阵地发起攻击。奥军顶住了卡尔亲王第一军团的进攻。中午，王太子率领的第二军团赶来增援，从侧翼包抄，经过激战。奥军大败。死伤计 2.4 万多人，被俘 1.3 万人。由于奥骑兵队奋勇作战，以及卡尔亲王的部队错过时机，使奥军得以渡过易北河，向奥尔缪茨退却。渡河时，奥军淹死甚众，损失惨重。最后才艰难地把部队转移到多瑙河一线。

　　尽管在南方意大利战场上得胜的奥军赶来增援，但萨多瓦战役的败局已定。战争表明，经过改革以后的普军在军事上取得明显的优势。普军使用的是后膛枪，即撞针发射枪，3/5 的陆战炮兵都装备有来复线的大炮。而奥军使用的却仍然是老式的前膛枪、前膛炮。普军经过改革以后，清除了军队中年长的或不称职的指挥官，代之以年轻、能干的指挥员。赫尔穆特·毛奇参谋总长指挥英勇、果敢，起了很大作用。普军士气高涨，他们认为，这是为德意志的统一而战。此外，普军通过铁路快速调动，用电报统一指挥，都保证了军事上的胜利。

　　7 月 5 日，拿破仑三世经奥地利皇帝弗兰茨·约瑟夫的请求，提议调停。此时，为胜利冲昏头脑的普王威廉及其将领们要求继续作战，彻底击溃奥地利，占领维也纳。俾斯麦担心拖延战争将会导致法国的干涉，以及在被击溃的奥地利境内发生革命，从而使普鲁士统一德国的计划毁于一旦。他认为不应该过分伤害奥地利的民族感情，以便在未来的对法战争中争得奥地利的中立，因此，他力排众议，主张立即缔约，甚至以辞职相要挟。最后普王威廉一世让步。7 月 23 日，普奥双方代表在尼科尔斯堡谈判。26 日，签订《尼科尔斯堡预备和约》。8 月 23 日，正式签订《布拉格和约》，规定：德意志联邦议会解散，普鲁士有权建立以它为首的北德意志联邦；奥地利把威尼斯割给意大利；奥地利偿付一笔不大的赔款；奥地利把它对什列斯维希——霍尔施坦的管理权让给普鲁士。

　　9 月 20 日，普鲁士吞并了汉诺威王国、黑森——加塞尔选帝侯国、拿骚大公国、法兰克福自由市、什列斯维希——霍尔施坦两公国以及巴伐利亚、黑森——达姆施塔德的部分领土，东西普鲁士连成一片。1867 年，成立以普鲁士为首的北德意志联邦，由美因河以北的 19 个德意志邦和 3 个自由市组成。同年 4 月 17 日，由北德意志联邦制宪议会通过北德意志联邦宪法。7 月 1 日，正式生效。宪法规定：普王威廉一世为北德意志联邦元首、武装力量最高统帅。俾斯麦任联邦首相。联邦设两院制议会。下院由普遍、直接、秘密的选举选出；联邦议会由各邦任命的代表组成，共有 43 名代表，其中普鲁士的代表占 17 人。下院立法权受到限制，法律要经联邦议会通过、国王批准才能生效。南德各邦——巴伐利亚、巴登、符腾堡、墨森——达姆施塔德与德意志联邦缔结关税、贸易协定，武装力量由普鲁士参谋本部监督。

　　由于北德意联邦的建立，联邦内部货币、度量衡得到统一，对外政策和对外贸易由联邦政府统一确定，先前的交通限制和阻塞商品流通的障碍一扫而光。这时，在经济上得到明显好处的德国资产阶级径直拜倒在给它带来良辰美景的"铁血宰相"脚下。进步党内部分裂，其中一部分人另组成民族自由党，支持俾斯麦的外交政策和统一德国的方针。"宪法纠纷"烟消云散。1867年，奥地利统治者与匈牙利自由主义贵族联盟建立了奥匈二元帝国。

普奥战争阶段和战场

普奥战争是在有利于普鲁士的国际形势下展开的。当时，1853—1856年的克里木战争结束不久，敌对的英法与俄国之间，关系仍然紧张；奥地利与俄国之间的关系，也因为战争的影响而逐渐恶化。1859年法、意对奥地利进行战争以后，法奥矛盾正在不断加深。普鲁士则因俾斯麦成功的外交手腕，加强了俄普之间的"友好"关系。英国由于害怕拿破仑三世日益强大，有意支持普鲁士去抑制法国。因此，欧洲出现了英、法、俄不能联合行动，而奥地利则陷于孤立境地的格局。尽管如此，普奥战争的爆发和展开，仍然是一个精心策划和大胆实施的有预谋的军事行动。其中，尤以普奥两国的联合攻丹富有戏剧特色。

1. 从普奥联合攻丹到彼此开战

1864年的德丹战争，是普鲁士完成德国统一的第一个步骤。这次战争给俾斯麦提供了初试军威和清理后院的绝好机会。战争起因于普鲁士与丹麦对边境地区石勒苏益格与荷尔斯泰因两个公国的争夺。这两个公国位于波罗的海与北海之间，构成易北河下游地区与丹麦同日德兰半岛之间的边境，荷尔斯泰因的居民大多数是德意志人，石勒苏益格的居民则多是丹麦人；但是两公国历来永不分离。历史上，荷尔斯泰因曾是德意志民族神圣罗马帝国的属国，1815年重新分割欧洲势力范围的维也纳会议，把这两个公国及其近旁的劳恩堡小公国一并划归丹麦王国管辖，但是明确规定，丹麦对于两国的传统利益不得侵犯。然而，丹麦并不以此为满足。1863年3月，丹麦国王颁布一个新宪法，竟把石勒苏益格公然并入丹麦，同时又对荷尔斯泰因和劳恩堡的权利加以限制。当年11月，新国王克里斯蒂安九世继位。他立即签署"11月宪章"，进而直接兼并了两个公国，并把军队开进那里。

对于丹麦国王的作为，德意志民族当然是决不能同意的。两个公国的官员，拒绝向新国王宣誓效忠，士兵拒绝服役，他们极力向普鲁士求援，并请求德意志联邦议会予以援助，要求摆脱丹麦的统治。这正是俾斯麦实现德国统一的最好借口和机会。普鲁士立即决定进行干预。然而，卓有远见的俾斯麦，考虑到当时的中欧形势，想了一个一箭三雕的奇招。他积极拉拢普鲁士的头号对手奥地利，建议结成联盟，打着德意志联邦联合行动的旗号，共同对丹麦作战。这样做的结果是：一方面，可以利用奥地利的军事力量参战，形成绝对的优势；另一方面，可以避免丹麦与奥地利实行联盟，从而解除了后顾之忧；再一方面，可以顺利地取得德意志联邦议会的支持，从而麻痹欧洲列强，不致因此引起反对普鲁士的单独扩张。而且，奥丹结仇以后，对普鲁士下一步将要采取的对奥军事行动，也会是极为有利的。

当时，奥地利当局只考虑到要维护欧洲格局的现状，并希望防止普鲁士在率先反对丹麦的斗争中加强在德意志联邦中的影响，同时也抱着与普鲁士共同宰割石勒苏益格与荷尔斯泰因的念头，因而很快便同意与普鲁士联合行动。于是，两国在1864年1月拟订了共同行动的计划。

1864年2月，普奥两国组建一支拥有6万人的联军，由担任最高司令官的普鲁士陆军元帅弗兰格尔统率，越过艾德河边界，进军石勒苏益格。丹麦军队不是对手，早已撤出荷尔斯泰因，此时正沿着石勒苏益格南部边界的古老防线构筑防御工事，随着普奥联军的逼近，又继续后撤，退到了日德兰半岛东岸一个名叫迪博尔的小村镇，并在那里遭到普奥联军的围攻和炮击。4月18日，迪博尔陷落，战争的第一阶段结束。随后，英国出面进行调停，但是毫无结果。5月9日战争再起，丹麦难以坚持下去，于12日被迫签署停战协定。可是谈判仍然破裂。6月26日，普奥联军渡过阿尔斯海峡，完全控制了日德兰和阿尔逊岛。此后，丹麦再也无力抵抗。8月1日，普奥和丹麦在维也纳签署预备和约，后于10月30日正式签字。《维也纳和约》规定：石勒苏益格—荷尔斯泰因两个公国和劳恩堡小公国完全脱离丹麦，交由普鲁士和奥地利共管。德丹战争至此结束。

历史的发展有其自身的逻辑：旧的战争刚刚结束，新的战争已开始萌芽了。1864年8月14—21日，普奥两国就执行维也纳和约问题进行谈判，并签订了《加斯泰因专约》。专约规定：石勒苏益格与荷尔斯泰因两公国从总体上仍归普奥共管，但石勒苏益格归普鲁士管辖，荷尔斯泰因归奥地利管辖；奥地利以得到250万塔勒的补偿，将劳恩堡让给普鲁士；普鲁士获得在荷尔斯泰因开凿基尔运河、建筑铁路及敷设电缆的权利；基尔的防务由普军担任；奥尔登堡成为普奥联防要塞。这个使普鲁士得到了明显好处的专约，同时也蕴藏着决定性破裂的机缘。由它所造成的政治管辖与行政管理上的混乱状态，为俾斯麦挑起普奥战争埋下了伏线。正如俾斯麦所说："只要欧洲的政治形势许可，我们可以把在这里所遇到的问题，随时用来作为发动的借口。"正因为如此，普鲁士政府创造争霸战争的机器便积极地开动起来了。

2. 普奥战争爆发

进行对奥战争，是普鲁士领导德国统一的关键性一步。俾斯麦对此花费了巨大精力。从1864年10月即对丹麦的和约签字开始，俾斯麦就领导普鲁士政府积极投入战争准备工作，决心使用军事力量来解决普鲁士在德意志的霸权问题。

首先，积极展开外交活动，争取同盟者或中立者。1865年底至1866年初，俾斯麦同法国皇帝拿破仑三世进行谈判。他竭力施展外交才华，一方面迎合拿破仑建立新版莱茵同盟和在莱茵河左岸吞并某些德国领土的扩张野心，含混地给以暗示，法国只要在未来的普奥战争中保持中立，它就可以获得比利时、卢森堡以及普鲁士在莱茵河地区的某些领土作为"补偿"；另一方面，又使拿破仑似乎感到，普奥战争可能不是短时间内可以结束的。普鲁士将要遭受极大消耗，因而法国有着坐收渔人之利的可能。

在此期间，俾斯麦也就共同进行反奥战争一事，在柏林同意大利的果沃内将军举行谈判。1866年4月8日，普意签署一项秘密条约，规定：如果在缔约后的3个月内普鲁士在奥地利采取军事行动，意大利有义务反对奥地利；一旦战胜奥地利，意大利有权获得威尼斯。随着密约的执行，意大利将从普鲁士方面得到1.2亿法郎的援助。这一结盟成功，将使奥地利在未来战争中处于腹背受敌的境地。

此外，普鲁士政府的代表多次同匈牙利的政治流亡者进行谈判，在匈牙利点燃民族革命烈火。俾斯麦还考虑到，要煽动并组织捷克人、罗马尼亚人、马札尔人和塞尔维亚人举行起义，甚至设计了让加里波第率领一支匈牙利和南斯拉夫人的联军，到奥地利占领的达尔马提亚沿海地区去作战，以便从内部把奥地利炸得粉身碎骨。

其次，积极进行财力准备，以筹备足够的军费。俾斯麦经过不断的斡旋与允诺，取得了许多银行家和大工商业家的支持，特别是埃森的克虏伯和萨尔的施士姆等的赞同。1864年，克虏伯表示，如果普鲁士下院拒绝批准预算案，他保证提供100—200万塔勒的长期贷款，以供武器采购费用。1866年春，俾斯麦越过议会，向科伦—登铁路公司转让1300万塔勒的股票，使政府由此获得一笔巨款，解决了政府财政上的困难。同时，俾斯麦还未经议会批准便发行了4000万塔勒的钞票，作为保证战争需要的资金。

再次，大力加强军事工作。普军积极改善武器装备，改组军队并加强训练，始终不懈地进行着战争准备。在对丹麦的战争中，普奥双方都暴露出了一些缺点，普军领导者也摸清了奥军的底细。据此，普军的改组和训练工作，一直是在很有针对性的情况下实施的，因而很快取得成效。与此同时，以毛奇为首的总参谋部则精心制订了周密的作战计划。根据毛奇的设想，普军将力求先发制人，必须趁奥地利军队通过萨克森西进之机，切断奥地利与其盟邦的联系，计划派出4个军团迅速侵入敌方内地，继而在决战中彻底击败敌军。由于普鲁士缺乏天然的防御阵地，在本土作战不利，毛奇制订的计划以实施外线作战为主导思想，力求打一场速决战。为此，计划规定，大力发挥铁路在战略上的作用，在内线集结部队，用铁路快速运送部队，以争取时间，改善普鲁士的战略地位，达到迅速突然地向外线出击的目的。

经过全面准备，到了1866年上半年，可以说是万事俱备，只等东风，即最后寻找战争借口。寻找战争的借口是没有什么困难的。早在1865年的后2个月，普鲁士政府已在有意挑衅，想要在石勒苏益格—荷尔斯泰因问题上激怒奥地利，让对方首先发难。1866年1月23日，奥地利驻荷尔斯泰因总督加布伦茨将军，批准在荷尔斯泰因的中心阿尔托纳举行群众大会，以支持奥古斯滕堡大公。对此，俾斯麦随即向维也纳提出抗议。奥地利首相孟斯多夫针锋相对地予以回答，说是奥地利拥有全权管辖荷尔斯泰因的事务。于是，双方的外交战开始了。

2月28日，普鲁士国王威廉一世召开御前会议，攻击奥地利的政策，表示吞并荷尔斯泰因等两公国已是整个普鲁士的愿望。4月9日，普鲁士政府向德意志联邦议会提出一项联邦改革提案，要求对德意志联邦进行全面改革，特别主张合并全德各邦的军队。由于普奥双方在两公国问题上根本不能达成一致意见，奥地利驻联邦议会的代表于6月1日宣布，两公国的前途应由联邦议会讨论决定；至于联邦的改革，必须征询联邦大多数成员的意见才能讨论。对此，俾斯麦发表声明，攻击奥地利破坏了1864年1月普奥签署的共同行动计划。6月7日，俾斯麦下令给曼托伊费尔将军，命他率领普军驻石勒苏益格的部队越过艾德河，向荷尔斯泰因进军。奥军加布伦茨将军不战而退。6月10日，普鲁士公布《联邦改革纲要》，公开要求把奥地利开除出德意志联邦。次日，驻联邦议会的奥地利公使发出呼吁，要求德意志各邦实行动员，反对普鲁士的霸道行径。于是，联邦内部的形势急剧变化了。

1866年6月14日，德意志联邦议会召开会议，会上以9∶6的票数通过了反对普鲁士的方案。俾斯麦立即授权普鲁士公使声明：联邦议会无权以这种方式对待它的成员，并坚决要求解散联邦议会。次日，普鲁士向萨克森国王、汉诺威国王和黑森—加塞尔选帝侯提出最后通牒，要求他们接受普鲁士提出的《联邦改革纲要》，并且允许普军自由通过他们的国土。3个君主都予以拒绝。至此，任何外交谈判都已无济于事。6月17日，奥地利首先发表宣战书；18日，普鲁士接着对奥宣战。20日，意大利按照意普军事盟约对奥宣战。普奥战争终于在俾斯麦的策划之下揭开了序幕。

3. 三个战场

这场战争的爆发，对于双方来说都不意外，而且阵线早已分明。站在普鲁士方面的，有梅伦堡、奥尔登堡和北德意志的其他各邦，以及汉堡、不来梅和吕贝克3个自由市。站在奥地利方面的，有萨克森、汉诺威、巴伐利亚、巴登、符腾堡、黑森—加塞尔、黑森—达姆施塔德和德意志联邦的其他成员国。从大邦国的数量和人口、面积来说，奥地利方面占有优势。但是，从军事实力来说，普鲁士则显然强于对方。当时，普鲁士方面的总兵力已多达63万人，而奥地利方面的实力，总共只有约58万余人。不过，奥地利处于内线阵地，且其骑兵和炮兵都在数量上占有优势，并便于机动作战。因此，奥军当局准备以消极防御等待对方进攻。他们以为，这样可以延缓战争的进程，在此期间，加速扩充兵力，积蓄力量，然后施行反击，再以优势兵力一举击败进犯的普军。由于被迫实施两线作战，奥军将其兵力分为2个军团：以8万人编成南方军团，对付意大利军队；以其余军力编成北方军团，对付普军；该军团获得萨克森军增援后，兵力达26.1万人，由贝奈德克将军统一指挥，并迅速地在奥地利北部的摩拉维亚境内集结，抵御普军从西里西亚南下进攻。

普鲁士方面，战争的实际指挥者为总参谋长毛奇将军。他根据自己领导制订的作战计划，利用先进的铁路运输线实施战略输送，使用先进的电报手段进行统一指挥，从而克服了远距离机动和外线作战所带来的困难，并且在很短的时间内，就将25万余人的兵力和800门火炮集结到了萨克森和奥地利的边境地区，使之在宽度约420公里的正面上完成了集结和展开。根据作战部署，普军在这个预期的主战场上分成为3个军团：易北河军团，由赫尔瓦特·毕腾菲尔德将军指挥，约4.6万人，在莱比锡东西一线展开；第一军团；由腓特烈—卡尔亲王指挥，约9.3万人，在易北河以东至格尔利次一线展开；第二军团，由王太子腓特烈—威廉指挥，约11.5万人，在格尔利次以东至奥得河一带集结。

随着普军战略展开的完成，双方开始交火，战争进程发展迅速。但是，整个战争是在3个战场上差不多同时展开的，其决定性的作战行动发生在波希米亚战场上，它决定了战争的命运。

在南线，即意大利战场，由奥意军队交锋。战事一开始，形势就对奥地利有利。

本来，意大利拥有一支人数颇多、装备精良的军队。它由国王维克多—厄曼纽尔二世亲自统率，主动地向阿尔布特将军率领的奥地利军队出击。可是，6月24日，两军在库斯托查发生的第一场会战中，意军竟被打得惨败，官兵四处散逃，以致达到无力再战的程度。俾斯麦对自己的盟军如此缺乏战斗力感到非常恼火，但却无可奈何。意军的惨败使普军迫敌两线作战的战略计划不能实现。奥军在意大利获胜以后，并没有继续发展攻势，而是放弃了威尼斯，只留少量兵力驻防，而将大部分兵力迅速调回多瑙河沿线，以支援形势紧迫的北战场作战。

在西线，即德意志战场，是由普鲁士军队对奥地利阵营中一些成员国的进攻。宣战后，普军迅速开进了奥地利的盟邦汉诺威、黑森—加塞尔和萨克森等毗邻国家。这些国家的军队，在普军的强大威势之下节节后退。萨克森军队被迫撤退到摩拉维亚地区，并在那里与奥地利的军队会合，并入了贝奈德克将军指挥的北方军团。6月27日，冯·法尔肯施泰因将军率领普军5万余人，挺进到朗根萨尔察附近，在那里大败汉诺威军队，进而围困了汉诺威城。6月29日，汉诺威王奥格尔格宣布投降。尔后，在7月初，法尔肯施泰因挥军南下，准备先占领法兰克福，随后向巴登和符腾堡进军。

在北线，即波希米亚战场，由普军发起主要突击。起初，毛奇命令3个军团向东移动：第一军团向尼斯河以东挺进，第二军团进至格尔利次以东地区，易北河军团则沿易北河南移，向第一军团右翼靠拢。6月22日，易北河军团占领了德累斯顿，随后即与第一军团汇合。这时，毛奇得知奥军正由摩拉维亚向西北方向的边境开进，于是当机立断，命令第二军团翻越苏台德山脉，回师向西南突进；第一军团和易北河军团则沿厄尔士山脉的隘路行进，向山南进军。这样，普军构成钳形攻势，分进合击，首先消灭贝奈德克统率的奥军主力，然后直取维也纳。

6月25日，普军按命令向前开进。两路大军都因为并不知道奥军的具体位置而摸索前进，指挥又无法协调，因而在翻山越岭通过山隘时，行动颇为缓慢。此时，正在朝西北方向开进的奥军，如能利用普军行军困难之机，扼守山南各个隘口，本来是有把握将普军各个击破的。遗憾的是，贝奈德克将军不是高明的战略家，他白白地坐失了良机，致使普军顺利地通过了山地，进入到山南地区。6月26日，进到山南的普军易北河军团和第一军团，在伊塞尔河西侧与奥军阿尔贝耳特将军率领的2个军相遇。阿尔贝耳特不敢固守伊塞尔河，未经严重战斗即撤出该地区，主动朝东南方向退却。易北河军团抓住良机，乘胜追击。此时，普军第二军团还在翻山越岭，艰苦推进。

同一天，即6月26日，贝奈德克率领的奥军主力，共6个军28万余人，已经到达易北河上游亚罗默希以西地带。他在那里观望等待，企图在普鲁士的两路大军之间选择一路，准备集中力量予以打击。次日，奥军主力一部与普军的第二军团相遇，结果被行军疲乏的普军打败。贝奈德克得知警戒部队遭到打击的消息，命令部队向西撤退，打算在波希米亚境内集中其全部兵力，然后选择二者之一进行打击。可是，撤退的后果只能是军心浮动，体力损耗。其西面此时正好也陷入困境。阿尔贝耳特在伊塞尔河失利后，追击的普军步步逼进；东线的普军第二军团在打败奥军警戒部队后，也步步跟进，咄咄逼人。这样，奥军顿时丧失了主动权，处在普军两路部队的夹击之中。6月30日，贝奈德克率奥军主力向东南退却，以逃避普军的钳形攻势；7月1日夜间，奥军到达易北河的上游河畔，位于凯尼格列茨与萨多瓦之间的高地上。贝奈德克眼见形势危急，决心在7月3日向南渡过易北河，经由帕尔杜比策向南方撤退，尔后再希图抵御之策。然而，他还没有来得及南撤，决定性的萨多瓦会战便打响了。

4. 萨多瓦决战

普鲁士的两路大军在击退奥军之后，各按计划继续前进。6月30日，两路大军的骑兵部队相互会师。毛奇及时掌握了奥军的撤退方向和位置，立即命令第二军团停止前进，在亚罗默希以北、易北河两岸待命，但令其右翼部队稍稍西移，直到与第一军团的左翼部队连接起来；同时，命令第一军团继续向东南方向前进，在萨多瓦（今捷克的赫拉德茨—克拉洛佛）的西北方向展开，易北河军团则以一部在第一军团以南展开，另一部迂回到萨多瓦南面，前出到奥军的左侧。这样，就从北、西、南三面形成了对奥军的包围态势。但是，当时在第二军团的前方和第一军团东侧部队当面，都没有发现奥军，因而他们对毛奇将军的判断产生了怀疑。不过，老谋深算的总参谋长没有犹豫。他为了应付奥军所在位置发生新的变化，防止奥军向南撤退，进而命令易北河军团再向东南推进，第一军团也紧跟易北河军团之后向南转移，进至萨多瓦的西南；同时，又命令第二军团在易北河以东向南推进，如果发现奥军准备在易北河以南高地交战，则该军团应再向南迂回，切断奥军与维也纳的联系。照此部署，便可以从东、西、南三面形成对奥军的包围态势。同时，毛奇还就奥军可能的行动作出设想：如果奥军集结强大兵力，在亚罗默希至凯尼格列茨之间组织反击，那么，就由第一军团承担正面突击任务，以优势兵力在两侧实施进攻。毛奇将军作出这种部署，堪称大胆、严谨而又十分周密。

7月2日，普军除派出侦察部队探查奥军的具体位置及其兵力配置外，其余部队就地休整1天。通过侦察得知，奥军的强大兵力正集结在易北河以西的萨多瓦一线，正好与普军第一军团成平行态势。于是，毛奇迅速给第一军团下达命令，决定于7月3日发起进攻；同时，命令第二军团和易北军团对敌开进，在预定方向形成对奥军的包围。

就在7月2日这一天，奥军也仍然留驻原地，似乎等待敌军来攻。本来，贝奈德克计划于7月2日南渡易北河，准备经由帕尔杜比策向南撤退。由于7月3日非常平静，未见普军采取行动，贝奈德克突然改变了主意，决定放弃撤退，留在原地准备应战。他这样做，似乎是考虑到，萨多瓦南北一线有着非常有利的地形可作依托，如果普军发起进攻，奥军既可凭险固守，又可依托有利地形实施反击。据说，奥军统帅贝奈德克将军此前曾给弗兰茨·约瑟夫提出建议，希望皇帝同意与普鲁士谈和，但是，皇帝却期待着进行一次决战。这样，双方都有作战考虑，一场决战就呼之即出了。

1866年7月3日，普奥两军终于相会在柯尼希格莱茨附近的萨多瓦村，进行了一场欧洲近代历史上前所未有的大会战。当地集结的奥军和萨克森军兵力有23.8万人，赶到前线的普军兵力为 29.1 万人。

上午 8 时，普军第一军团自西向东对奥军发起正面攻击。由于拥有天然的有利阵地作屏障，又有强大的炮兵火力作支援，奥军很快就挡住了普军的进路，并且展开了反击。第一军团随之陷入危急状态，卡尔亲王极为恐慌，曾要求派预备队支援第一军团战斗，还建议第二军团立即投入战斗。然而，毛奇对于自己的部署却信心十足。他拒绝改变原来的作战计划。事实上，毛奇的决策是正确的。他之所以用第一军团去作正面攻击，是要以此吸引和牵制奥军的主要兵力与火力，而以易北河军团和第二军团攻击敌军的两侧和后方，实行夹击。他在 7 月 1 日命令易北河军团南移再南移，其用心就在于此。现在，只要是奥军在第一军团正面投入的兵力越多，战斗的时间越长，普军的两面夹击就越容易成功，胜利的把握就越大。

时间已到中午，普军的易北河军团和第二军团正在迅速实施迂回，趁着奥军集中主力不断向普军第一军团进行反击之机，前锋到了预定地段。易北河军团首先从奥军的南翼发起猛攻，使得战场形势立即发生了急剧变化。正在向西攻击的奥军，突然遭到敌军来自南侧的冲击，其左翼 2 个军顿时混乱起来，随后便被迫向东撤退。可是，易北河军团的后续部队，特别是它的 1 个骑兵师，因距离过远而未能及时赶到前线，以致没有力量进行追击，失去了乘胜粉碎奥军的机会，待到下午 2 时他们全部赶来之时，已经晚了一步。正好就在下午 2 时，北面开来的第二军团也已赶到作战位置，开始同奥军交火。该军团在此之前一直未曾遇到敌人，一上场便奋勇进击，很快突入奥军右翼的防御阵地，并在 1 个小时之内把敌人的北面阵地冲垮了。

在普军实行南北对进、两翼夹击的形势下，奥军的整个正面动摇了，被迫纷纷后撤。贝奈德克眼看局势严峻，立即将预备队全部投入战斗，实施反突击。他本想借此挽回败局，随即获悉南翼已经全线溃败，整个阵线面临崩溃危机，于是改以预备队的反突击作掩护，保证其他部队安全撤退。奥军凭借其尚有一定优势的骑兵和炮兵进行阻击，在其预备队投入战斗后，曾暂时抵挡了普军的进攻，因而其主力得以急匆匆地向凯尼格列茨方向退走。

在当时的战况发展中，普军也显得相当混乱。各军团分别进击，缺少协同配合，有的已经失去统一指挥，一时竟摸不清奥军撤退的方向。他们大都以为奥军必定向南撤退，经由帕尔杜比策回守维也纳。而实际上，奥军因为南翼被堵，只有向东开进。由于普军统帅部未能及时掌握情况，普军官兵因连续行军作战而疲惫不堪，加上第一、第二两个军团以及奥军一些部队互相混杂在一起，统帅部也就一时无法进行指挥和调整，以致未能组织有效的战术追击，使奥军避免了全军覆灭的厄运。

萨多瓦决战以普军的大胜而结束了。奥军的伤亡和被俘人员虽然达 4.5 万余人，但总司令贝奈德克仍率主力约 15 万余人安全地撤退了。普军在作战中的伤亡，总共约达 1 万人。但是，经此一役，战争中的命运也就最后决定了，奥地利已经无力再战。

日俄战争

1904 年到 1905 年，在东亚爆发了一场激烈的帝国主义战争——日俄战争。日本和俄国都是军事封建帝国主义国家，都具有对外侵略扩张的本性，都想侵占中国东北和朝鲜，并进而称霸亚洲和太平洋地区。日俄战争是日、俄帝国主义侵略扩张政策的必然结果。

日本经过明治维新后，资本主义迅速发展。尤其是甲午战争（1894 年）以后，日本从中国勒索了大量赔款，取得了中国广大市场，资本主义发展的速度更加迅猛，很快就成为帝国主义国家。日本帝国主义的特点是：封建残余浓厚，军国主义倾向显著，国内市场狭窄，原料缺乏。因而日本帝国主义在形成过程中，就已迫不及待地走上对外侵略扩张的道路，参加帝国主义列强重新瓜分世界的斗争。在甲午战争中，日本打败了中国，侵占了我国辽东半岛、台湾和澎湖列岛，并把朝鲜变成了它的半殖民地。后来由于俄国勾结德国和法国，进行干涉，日本被迫归还辽东半岛。日本对此怀恨在心，伺机报复。日本帝国主义进一步制定了所谓"大陆政策"，企图吞并朝鲜、灭亡中国和独霸亚洲。

俄国帝国主义的特点是：资本帝国主义比较薄弱，它被浓厚的封建农奴制残余的层层密网缠绕着，同沙皇专制制度溶合在一起，因此它特别富于侵略性，力图用军事侵略和对外扩张来弥补先天的不足。

中国成为沙俄对外扩张的重要目标。19 世纪后半期，沙俄先后侵占了我国 150 多万平方公里的领土。沙俄还妄图进一步直接占领我国东北、蒙古、新疆地区，把俄国的疆界推进到长城脚下。1900 年，沙俄乘八国联军镇压义和团运动之机，悍然侵占整个中国东北，并赖着不走。同时，它还提出所谓《黄色俄罗斯计划》，妄图吞并东北，进一步肢解中国。沙俄对朝鲜也觊觎良久，想把它占为己有。

俄国在中国东北的侵略活动，不仅对日本造成威胁，而且触犯了其他帝国主义国家在中国的利益。英国惟恐俄国在远东势力强大起来，因而采取联日抗俄政策。德国为了把俄国牵制在亚洲，以便放手对付法国，鼓动俄国与日本开战。法国支持沙俄，反对日英同盟。美国则怂恿日俄厮杀，使日俄两败俱伤，以便坐收渔人之利。在国际帝国主义勾心斗角、互相角逐的背景下，日俄双方加紧扩军备战。两国矛盾愈演愈烈，终于发展成为火并。

1900 年后，日俄两国都发生严重的经济危机，国内阶级矛盾激化，两国统治阶级都企图用发动战争来转移本国人民的视线。特别是在沙皇专制主义统治下的俄国，阶级矛盾和民族矛盾错综复杂，极其尖锐，革命形势日益成熟。俄国内政大臣普列维叫嚣说："为了避免俄国的革命，我们需要一次小小的、但是胜利的战争"。

日俄战争前夕，两国一方面疯狂备战，剑拔弩张；另一方面，为了争取时间，迷惑对方，双方都放出了"缓和"的烟幕。从 1903 年 6 月起，日俄两国举行"和平"谈判。但随着双方备战工作接近完成，两国的外交谈判越谈越僵。到 1904 年 2 月，谈判终于破裂。

日俄战争的主要战场在我国东北。日本首先必须夺取制海权，然后才有可能把陆军运送到中国东北，同俄军作战。

1904 年 2 月 8 日晚上，停泊在旅顺口的俄国太平洋舰队，舰上灯火通明，挂满了节日的舷灯，军官们都上岸到海军俱乐部参加为庆祝俄国太平洋舰队司令斯达尔克将军夫人的命名日而举行的舞会去了。在充满着节日气氛的夜晚，旅顺口的俄国舰队戒备极为松弛，舰上只有几个值班人员，水兵们都在舱里睡觉。午夜时分，日本驱逐舰悄悄地开到旅顺口，突然偷袭和炸坏在那里停泊的俄国军舰多艘。正在岸上翩翩起舞、狂欢作乐的军官们，听到炮声还以为那是向舰队司令夫人祝贺的礼炮，万万没有想到日本已经向沙俄不宣而战。次日，日舰又来袭击，沙俄舰队不仅没有出击，反而把港外的舰队全部开进了旅顺港内。这样，日本便夺得了制海权。

　　日军第一军抓紧时机，首先在朝鲜登陆，然后跨过鸭绿江，侵入中国东北，占领了九连城、凤凰城等地，迫使俄军退守辽沈地区。接着，日军第二、三军先后在辽东半岛登陆，切断了旅顺和辽沈之间俄军的陆上联系。从1904年8月下旬起，日军和俄军在辽阳进行大会战。在这次战役中，日军伤亡24000人，约占参战兵力的五分之一；俄军虽然有巩固的防御工事，兵力占优势，而且伤亡不到十分之一，即只损失16000人，但由于指挥错误，却吃了败仗。9月4日，日军占领了辽阳。

　　旅顺要塞争夺战是日俄战争中最激烈的战役，战斗从1904年8月19日一直打到1905年1月1日。在这次争夺战之前，日军从潜伏在旅顺的间谍那里事先得知俄国舰队企图突围的计划，在黄海海战中日本舰队击溃了俄国太平洋舰队，使它失去了战斗能力。指挥进攻旅顺的日军司令是乃木希典。俄军凭借坚固的防御工事，顽强抵抗。乃木用猛烈炮轰、人海战术、挖掘坑道堑壕、组织敢死队等多种战术，付出了重大代价（参战的13万官兵中，死伤近二分之一），最后才迫使俄军开城投降。在这次战役中，俄军约死3万余人，2.2万人被俘。

　　1905年3月，日军占领沈阳和铁岭。两军在昌图和四平之间对峙。在陆上战斗中，日俄双方损失惨重，都打得筋疲力尽。日军占领沈阳后，陆上战斗实际上已近尾声。

　　但沙俄不甘心失败，它还寄希望于1904年10月从欧洲起航到远东的第二太平洋舰队会挽回败局。但是，日本舰队以逸待劳，1905年5月在对马海峡消灭了俄国第二太平洋舰队。至此，俄国在军事上的败局已定。

　　这时，沙俄在军事上惨败，无力继续进行战争，同时战争引起国内革命运动高涨，沙皇想腾出手来对付国内革命运动，因而急切地求和，以免彻底崩溃。日本军事目的已经达到，它虽然取胜，但同样也到了兵竭财枯的地步，因此也极想和谈。而英美等国担心日本过于强大对己不利，更害怕沙皇俄国

罗斯福促使日俄和解

毁于革命和俄国革命蔓延开来，于是急忙出面调解停战。1905年9月，日俄在美国朴茨茅斯签订和约。沙俄承认朝鲜为日本的"保护国"。沙俄无视中国的主权，把从中国攫取的辽东半岛以及它所霸占的南满铁路及附属权益转让给日本。

　　日俄战争是瓜分掠夺中国东北和朝鲜的帝国主义战争。《朴茨茅斯和约》是典型的帝国主义强盗分赃条约。日俄战争是世界帝国主义形成的标志之一。日俄战争揭

开了沙俄专制主义的一切痼疾，暴露了它的全部腐败，加速了俄国1905年革命的爆发。日俄战争和俄国1905年革命是促进亚洲各国民族觉醒的外部因素。

日俄辽阳会战

5月下旬，日第二军攻克金州后，留下一个师驻守，其余主力北上，向辽阳方向进军，一路同俄军战斗不断，先后占领了南关岭、得利寺、大石桥、营口、海城等地，直趋辽阳。与此同时，日军独立第十师攻占了岫岩和析木城后，也扑向辽阳。6月初，日第一军、第二军和独立第十师均已到达辽阳，在大山岩元帅主持的满洲军总司令部的统一指挥下，准备同俄陆军在辽阳展开决战。

日陆军主力在积极准备辽阳会战时，第三军正在旅顺向俄军发动强攻。原拟攻陷旅顺后抽调第三军参加辽阳会战，但在旅顺争夺战中，日军伤亡巨大而要塞却久攻不下，被迫改变速战速决计划，而对旅顺实行长围久困，伺机再攻。然而，战场上形势的发展又不允许辽阳战役再继续拖延下去，因为俄国援军正从国内源源不断地向中国东北地区开来。6月下旬，日军独立第十师和第二军的第五师已合并成第四军，日军决定以第一、第二、第四军的13.5万兵力同俄军决战。

俄国陆军的主力驻守在辽阳，计有7个军，13个师，约22.5万人，由库罗帕特金指挥。俄军在这里修筑了坚固的工事，无论在人力上和兵力上都占优势。库罗帕特金曾扬言，"宁死不从辽阳后退"。

日俄战争在中国东北爆发

俄军在辽阳设有三道自认坚不可摧的防线。第一道防线系前沿阵地，位于辽阳以南和东南方向30公里，全长75公里。第二道防线距辽阳约8公里，全长22公里。第三道防线则紧接辽阳城，全长15公里。但是，俄满洲陆军总司令库罗帕特金在指挥上的失误却使俄军的优势无法发挥。他不仅在战略上对辽阳会战犹豫不决，举棋不定，而且在具体战术上也往往朝令夕改，使属下无所适从，前线指挥官往往是在不了解他的意图的情况下带兵作战。当日军已经完成了对辽阳的合围，战斗即将开始之时，俄军的作战计划仍在变动之中，直至日军发起攻势的前一天，库罗帕特金才作出依托俄军的前沿防线抗击日军，以逸待劳，然后转入反击。然而，这是一个灾难性的计划，俄军虽占有优势，却把主动权拱手让给了日军，而自己消极防御。俄军只有一半左右的兵力投入前线战斗，其余则作为预备队，日军虽在兵力总数上少于俄军，但却全部投入战斗，在前线相对地占有优势。

早在6月底，辽阳会战的外围战斗即已开始。俄军的第一道防线纵深小，且翼侧暴露在外，整个阵地没有按原订计划完成，所以这道防线很容易被日军突破。摩天岭、石门岭一带落入日本第一军手中，辽阳东南的第一道防线被日军突破，无疑加大了对辽阳的威胁。7月17日，库罗帕特金令两个师的俄军对摩天岭一线进行反扑。但未能成功。8月1日，日军经过周密准备，向样子岭发起攻势，俄军奋力阻击，虽付出死伤2000余官兵、第三军军长卡尔莱尔阵亡的沉重代价，但仍没能打退日军的进攻。样子岭失陷使俄第二道防线开始暴露在日军面前，对固守辽阳的俄主力部队又是一个沉重打击。

8月23日，俄军进入阵地准备抵抗日军新的进攻。俄军右翼是3个军组成的南部集团军，左翼为2个军组成的东部集团军。除辽阳以东、辽阳和奉天（今沈阳）都分别驻有俄军外，已经进入阵地的各个军，又分别以50%左右的兵力作为预备队，直接投入第一线的兵力被大大削减了，而日军则集中优势兵力攻打俄军两翼，没有留任何预备队。日军围歼俄军的具体计划是，由第四军从正面发起进攻，吸引俄军主力，然后由第一、第二两军分别从东西两个方向迂回攻击俄军左右两翼，其中以右翼为主。

8月24日，日俄战争中最重要的战役之一——辽阳会战开始了。战斗打响后，日第一军首先对俄军的左翼实施重点进攻，给俄军一种错觉，似乎日军的主攻方向是守卫在左翼的东部集团军，诱使库罗帕特金把预备队调到左翼，从而造成右翼的防卫力量削弱，为日本第二、四军在右翼同俄军展开决战创造有利条件。

俄军左翼的战斗进行得异常激烈。日第一军按着原订计划，对东部集团军实行迂回作战，同时由日第一军的一个近卫师在俄军防线中突入，迅速出现在俄军面前。这时，库罗帕特金命令预备队投入。俄马尔丁诺夫上校奉命率领一个团前去支援。行军途中，他获悉日近卫师的行踪后，决定改变既定的行军路线，在高粱地的隐蔽下秘密接近日近卫师右翼，对日军发起突然袭击，马尔丁诺夫指挥俄军与日军展开白刃战，日军溃败而逃，出现了对俄军有利的形势。但是，东部集团军比尔德林格中将却不敢利用这一形势主动出击，扩大战果，仍是消极防御。俄官兵浴血奋战换来的有利于歼灭日军的大好时机，被上层指挥官轻易地断送了。

8月26日，日第四、第二军向俄军右翼发起进攻，占领了弓长岭。库罗帕特金下令俄军全部撤回第二道防线。俄军在第二道防线仍采取消极防御的战略，继续把一半以上的兵力留作预备队，日军全线突破俄军的第一道防线后，继续采取围歼的战术打击俄军，同时，加强日军务部向俄军发动进攻的统一性，使俄军主力同时挨打，彼此不能支援。

8月30日，日第一军从辽阳的东面，第二军向小高地馒头山，第四军从东南向时官屯方向发起全线进攻。日军派出敢死队轮番向俄阵地发起冲锋，但俄军在构筑坚固的工事中用火炮和机枪有效地顶住了日军的进攻，使日军进展缓慢，人员伤亡惨重。日军见强攻受阻。久战不克，便改变了正面进攻的战术，于30日夜派1.8万日军偷渡太子河，31日拂晓到达右岸，从俄军左翼迂回，同时对俄军右翼继续进行强攻，从而使俄军腹背受敌。但是，俄军的顽强反击使日军受到巨大伤亡，再次出现了可趁势反击，围歼日军的好机会。但是，库罗帕特金此时想的却是如何保全自己，使俄军不被包围，而不是如何主动打击日军，所以他命令俄军在31日晚，利用夜色掩护，撤退到紧接辽阳的最后一道防线。

俄军在占优势的情况下撤军，使伤亡不断增加、给养和弹药匮乏的日军得到喘息时机。9月1日俄在日第一军左翼集结了3个军，企图将日军逼迫到太子河歼灭。俄军的反击战定于9月2日开始，但在1日夜，日军向俄军左翼的东部集团军发起进攻，占领了时官屯及其北面的馒头山小高地等重要的战略要点，打乱了俄军的计划，库罗帕特金命令俄军夺回馒头山。为此，临时抽出了7个兵步团，154门炮前去作战。但由于临时拼凑而成，各步兵团之间缺乏统一的指挥和配合，所以并不能充分发挥其战斗力。9月2日晚7时，争夺馒头山高地的战斗打响。俄军同日军在黑暗中展开激烈战斗。伊斯托明率领的步兵团作为俄军的主力冲锋在前。俄军曾一度收复馒头山，但很快又在日军的攻击下退出。日军的猛烈炮火，使俄军陷入一片混乱之中，最终没能收复馒头山。

日军仍然固守着馒头山等战略要地，但却付出了极大的代价，日军所投入的兵力已达到最大极限，没有能力不经休整继续进行大规模的作战，特别是日第一军损失严重，处在无论是兵力上还是在火力上都占优势的俄军的威胁之下，拟在9月3日从太子河右岸撤回到左岸。正当日军陷入困境处于危机之时，库罗帕特金却又帮了他们的忙。他在收复馒头山战斗失利之后，放弃了原拟的反击日第一军，将其消灭在太子河的计划，同时过高估计了日军的实力，担心日军会切断他同后方的联系，于是在日军准备撤回太子河右岸前两小时，库罗帕特金下令放弃辽阳退守奉天。日军喜从天降，但因自顾不暇，所以对撤退的俄军也就没有再去追击。9月4日，俄军全部撤出后，日军轻松地进入了辽阳。在辽阳会战中，日军参加战斗总人数的1/5，约2.4万人伤亡，俄军伤亡人数不到参战人数的1/10，约1.7万人。日军投入大炮484门，使用炮弹12.4万余发，枪弹857万发，俄军投入大炮592门。库罗帕特金指挥上的错误，使处处占优势的俄军打了败仗，丢了辽阳城，1.7万俄军白白送了性命。

辽阳会战开始时，日军大肆宣扬他们定将获胜，英国驻日军司令部的代表扬·汉弥尔顿也公开表示，他希望能亲自经历"满洲战争伟大的最后一幕"。日军取胜后，汉弥尔顿问大山岩元帅，"是否满意日军行动的结果"时，大山岩却不以为然说，"不过尔尔，俄军撤退得太熟练了"。俄军从精心构筑的坚固的阵地撤退时，确实是有条不紊，不曾出现大的混乱，但是，辽阳失守对俄国无论在军事上还是在政治上，都是大失败。俄国不仅失去了企图用陆军支援、保卫旅顺的可能，而且辽阳会战的结果对整个战局都产生了深远的影响，当时一些国家的武官都认为，俄军在辽阳的失败已经表明它将在这场战斗中彻底失败。

因此，沙皇政府对辽阳会战的结局极为不满。尼古拉二世对库罗帕特金严加训斥，命令他将失去的阵地重新夺回，希望借此解救被日军重重包围的旅顺，改变俄军面临的彻底失败的命运；平息国内日益增长的不满情绪，提高因俄军屡战屡败而威信扫地的沙皇政府的声誉。然而辽阳一役已使俄陆军大伤元气，想再把辽阳夺回又谈何容易？

日俄沙河会战

日军虽在辽阳战役中取胜，但付出代价极大。兵员严重损耗，使日陆军在力量对比上更加劣于俄军。日在国内进行动员，大力补充兵员，但收效不大。所以日军不忙于展开新的攻势，而是在沙河地区与俄军对峙。日军在此地区约有12万人，488门炮。日军在辽阳战役后进行休整的同时，等待日陆军第三军尽快在旅顺结束战斗，北上辽阳，支援在沙河地区的日军。

俄军虽然放弃了辽阳，却在兵力仍占有优势。在辽阳会战中，俄军预备队大部分始终没有加入战斗，保存完整。但库罗帕特金却不想冒险向日军发起反攻，仍是凭借着坚固的工事等候日军进攻，再做反击。无奈沙皇尼古拉二世再三催促向日军发起进攻。9月27日，沙皇在给库罗帕特金的电报中命令，今后不得再向北退一步，应抓紧时机向日军发起进攻，驱逐日军，以救旅顺之急。库罗帕特金不得不执行命令。

库罗帕特金的反攻计划是在浑河和太子河之间同日军作战，把日军赶过太子河。从而收复辽阳。为此，俄军编制为左右两个集团军。左翼集团军由施塔克尔堡中将指挥，该集团军由3个军组成，主要任务是从本溪湖方向向日军发动主攻。右翼集团军由比尔德林格中将指挥，由2个军组成，主要任务是配合左翼集团军作战，分散主攻方向的日军兵力。此外还有3个军留作预备队，随时支援左右两集团军。但是，这一计划多是纸上谈兵，俄军缺乏周密的布置和准备，甚至连必要的作战地图都没有。左翼集团军主要是在山地作战，却非常缺少山炮。

俄国从中国烟台港口掠夺大量的牛和煤炭，供给驻扎在旅顺港的俄海军使用

10月2日，库罗帕特金向俄军官兵发表长篇讲话，进行战前动员，他说：俄军兵力充足，装备精良，足以战胜日军。辽阳失守后，全军上下都渴望向日军主动出击，歼灭敌人，现在同日军会战的时机已经成熟了，使日本人屈从于俄国人意志的时机既然已经到来，俄军应该勇猛对敌。他要求俄军官兵不怕流血牺牲，通过这次战斗不仅解救旅顺口之危急，同时恢复俄国在整个东北地区的统治。

日军统帅大山岩事先获悉了俄军的作战意图和具体计划，这要归功于在俄军后方活动频繁的日本间谍。日军于是针对俄军的部署确定了自己的作战计划：即以逸待劳，尽最大可能消耗俄军，通过有效的防御使俄军疲惫不堪，然后再以精锐部队转入反攻，所以对俄军的多次挑战均拒战。

10月5日，俄军开始大规模进攻。俄左翼集团军轻松地进入到本溪湖地区，从此地可以有力地打击日军的侧翼。10月9日，俄军分四路向南推进，日军本溪湖支队一度被围。两军交火后战斗十分激烈，正当俄军进展顺利时，库罗帕特金却命令俄军暂停进攻，准备查明情况后修改作战计划。日军得此喘息机会开始向俄军反攻。

10 日，日军本溪湖支队在浓雾的掩护下，夺取了本溪湖东部山丘，同日，日军还占领了孤家子、双台子至二台子一线和大东山堡等地。

11 日，俄军炮兵向日军阵地猛轰，陆军多次发起冲锋，都被日军击退。在孤家子一带，战斗十分激烈。俄军精锐部队死守三块石山，战斗直至 11 日夜 12 日晨才被日军攻下。俄军官兵百余人被俘。同日，日军还攻占了杨家湾和板桥堡柳塘沟一带。俄军的处境日趋危急。

日俄两军在本溪湖、十里河、三家子、花岭堡子、沙河堡等地展开激战。战斗不分白天黑夜进行，由于交战双方相距很近，而且又是大部队以密集队形投入，所以炮兵已无用武之地，而多是以白刃战结束战斗。夜间作战时，俄军在胳膊上缠上白布作为标记。14 日，日本陆军中将闲院载仁亲自率军在土门子、平台子等地同俄军激战，当天俄军退至沙河以北。15 日，日军向沙河堡及附近的拉木屯发动进攻。俄军投入重兵死守，日军伤亡惨重，日军占领了拉木屯后，调兵遣将急欲攻下沙河堡，但在俄军拼命抵抗下却未能如愿。当天夜里，日军奇袭沙河堡地区的制高点万宝山成功，对俄军构成严重威胁。

库罗帕特金命令俄军不惜一切代价夺回这一战略高地，16 日至 17 日，俄军集中优势兵力连连向日军发起进攻，战斗进行得异常激烈，俄军最后以伤亡 3000 余人的代价夺回高地，日军伤亡 1500 余人，丢失大量包括重炮在内的武器装备。连日战斗使交战双方都损失惨重，疲惫不堪。俄军投入兵力 22.16 万人，死亡 4.14 万人，日军兵力约 13 万人，死亡 2 万多人。自 20 日开始，双方基本停止进攻，加紧修复工事，两军对峙的形势一直持续到 1905 年初。俄军在此期间按兵不动，等候从国内大批增兵到来，因为西伯利亚大铁路贝加尔湖支线此时已基本修成，将大大加快向中国东北地区运送兵力和军备的速度。日军则趁机养精蓄锐，等待围攻旅顺口的日军攻占旅顺后，抽出主力支援。日俄两国军队都在积极准备一场新的战役。

库罗帕特金在沙河会战中没有实现收复辽阳，解救旅顺的目的。而日军顶住了俄军的攻势，基本达到了战前的既定目标，因而受到了天皇的嘉奖。天皇在嘉奖令中说：我满洲军，对敌军得新锐增援大举来攻，扼制机先以逆击之，激战数日，使彼损害多大，遂溃走沙河以北，挫折其规图。朕深嘉尔将卒忠勇，克堪连日劳苦，以奏伟大功绩。

旅顺口失陷

沙河会战后，日本陆军面临着两种选择：要么是尽快攻下旅顺，将长期陷在旅顺的日陆军第三军解脱出来，同其他各军汇合后早日同俄军在地面展开决战；要么是拖下去，使日第三军继续陷在旅顺地区，坐等俄援军大批到来，使原本已严重减员的陆军更加捉襟见肘，这当然是俄军所希望见到的。日本满洲军司令部不会让俄军的如意打算得逞，自然选择了前者。

事实上，日陆军自 8 月 19 日第一次强攻旅顺失利后，就一直做新的强攻准备。大山岩等日军统帅很清楚，如果不占领旅顺，彻底摧毁旅顺港内的太平洋舰队，日本就不可能在这场战争中取胜。尽管开战后取得不少战果，但随时都会由于太平洋舰队与远道而来的波罗的海舰队（太平洋第二舰队）汇合后，重新夺取制海权，而使这些战果丧失殆尽。

第一次强攻时，乃木希典标榜"肉弹"战术，从正面攻击。受挫后，日军各师团开始在旅顺外围构建新的炮兵阵地，同时运来11英寸大口径攻城炮，自9月初开始步步紧逼俄军的防御工事。辽阳会战以日军获胜结束后，围守旅顺的日第三军大受鼓舞。第三军免去了后顾之忧，加快了准备新的强攻的步伐。

日军用重炮轰击旅顺港内的俄国军舰，俄军败退

9月19日，日军各师团奉第三军司令部的命令，开始了第二次强攻。强攻的主目标仍是位于旅顺城西北的203高地。日军采取开凿地道的办法接近俄军阵地，然后实行爆破，最近处只距俄军阵地不过50多米。俄军对此早有察觉，或开炮或抛掷炸药包阻挡日军，同时也效法日军，同样用开凿地道的办法接近日军阵地，破坏日军的工事。俄军将太平洋舰队主力舰上大口径火炮拆下安放到陆军阵地上，一些水兵也配合陆军作战，奋力抵抗日军的强攻。日军在向高地推进的同时，还炮轰旅顺港内的俄舰队及市区内的军事和非军事设施。自9月19日起激战数日，日军只占领了前沿若干无关紧要的地段，但却付出了极大的代价。日军在高地前有6000余人毙命，但仍没能把高地夺到手。

9月下旬，日军大本营送来28厘米口径的榴弹炮，装备日第三军炮兵。不久又新派一个师团和三个工兵连，加强第三军的战斗力。但是，自10月10日开始的沙河会战迫使日第三军发起新的强攻推迟。在此期间小的战斗却从不曾停止。10月30日，日军在重炮的支援之下，向位于旅顺城东南的第二号炮台和城东北的第三号炮台发起进攻。日军猛烈的炮火使俄军阵地多处被摧毁，但第二、三号炮台仍牢牢掌握在俄军手中。

日本不宣而战，用鱼雷偷袭了停泊在旅顺港湾的俄国舰队

日军炮兵对俄军前沿阵地，港湾内的舰队及市区连续不断的炮轰，使俄军的处境越来越加困难。不仅一些工事需重新构筑，一些舰船被日炮弹击中或沉入海底或燃起大火完全报废，更严重的是俄军兵员锐减，有战斗力的兵员只有1.8万余人。

10月15日，由海军少将罗日捷斯特文斯基率领的波罗的海舰队（太子洋第二舰队）从里巴夫军港（今利耶帕亚港）起航经非洲前往远东，支援太平洋舰队。11月上旬，俄军陆续向旅顺地区增兵，企图扭转俄军兵力明显弱于日军的局势，在此情况下，日军不能再拖延时间了，11月9日，日军统帅部召开了陆海军参谋部联席会议，作出彻底消灭旅顺港内俄舰队的决定。乃木希典奉日本最高统帅部的命令，决定11月26日发起第三次强攻，企图一举攻占旅顺，彻底摧毁太平洋舰队，使其在同波罗的海舰队会合之前被消灭，从而完成日本天皇在诏书中提出的任务，通过占领旅顺，给日本海军以行动自由。

乃木希典指挥日军精锐部队第三军两次强攻旅顺失利后，在日本国内引起强烈反响。军界对近2万名官兵死于旅顺极其不满，他们将此归咎为乃木希典的无能。不少人要求撤换他，任命新的将领统率第三军，还有人指责他这是在残杀士兵，让他剖腹自杀，向国民谢罪。乃木希典的住宅也不时遭到袭击，玻璃窗和屋顶上的瓦被石块砸碎，约2400封信件寄给他，质问他居心何在，要求他尽快辞职或自杀。

由于俄太平洋第二舰队已从波罗的海驶向远东，该舰队同海参崴分舰队会合将明显强于日本联合舰队，很可能将其击溃而重新夺回制海权，从而使日陆军已获取的战果也化成泡影。因此，此时能否攻克旅顺已成为日俄战争中日本能否取胜的关键。东乡平八郎频频向大本营告急，认为到11月底旅顺战况仍无明显变化，日海军对海上的封锁将会减弱，他还以个人的名义写信给乃木希典，要求他尽快攻克旅顺，扭转对日军越来越加不妙的形势。

11月19日，日军参谋总长兼兵站总监山县有朋元帅致电给乃木希典说：顷接司令官报告，称你军将近日发起进攻，以图占领望台一带高地。当即进宫，奏明天皇。此战需大胆谨慎，不能使俄军有丝毫反复抵抗的余地。此役若再不成功，以后弹药、兵员及有关补给将再难有机会，也将失去与北满战场之平衡，鉴于波罗的海舰队日趋东进，到12月上旬，即我舰队大部分返回检修完毕前，俄军将再次恢复海上交通，运输粮食弹药，并将危及第三军补给基地大连湾的防务。因此，当今攻克旅顺实为只争朝夕之机，成败与否，关系到陆海作战全局和国家的安危，山县有朋最后表示，希望乃木希典能深知他的苦心，打好这一仗。

日俄战争爆发后，日陆军部队陆续开赴前线，唯一留在国内的现役师团是由屯田军改编的第七师。日军统帅部得到波罗的海舰队起航的情报后，决定将第七师立即派往东北，参加攻占旅顺的战斗，这样日本国内只有后备役的老兵了。明治天皇做诗感慨道："男儿意志刚，纷纷踊跃上战场，国事应共当。留下庭院寂无声，可怜孤老耕作忙。"

11月22日，日本天皇向第三军发布敕命，鼓励日军官兵为其卖命，大山岩元帅也致电勉励第三军，不惜一切代价攻占旅顺，保证战场全局按着有利于日军形势发展。发动第三次总攻前，乃木希典向全军表示，如有必要，他将亲自率领预备队冲锋陷阵。

第三次强攻开始后，日军决定通过逐个夺取俄军的每一个堡垒，最终夺取203高地，乃木希典还组织了一支由3000余人组成的敢死队，因每人都斜挎有两条白色布带，被称为"白襻队"，担负攻坚任务。敢死队上战场前，乃木希典亲自为他们送行，鼓励他们为天皇捐躯。26日，在松树山、二龙山和东鸡冠山等地展开了殊死战斗。27日夜，日军集中主力攻打203高地。当时战斗进行得异常激烈，腥风血雨，在俄军炮台前日军伏尸累累。在俄军的顽强抵抗下，乃木希典命令日炮兵连续不断地炮击，不惜一切也要攻下203高地。

203高地上筑有一个巨型堡垒和两个核堡，堡垒四周布满带有利刺的铁丝网，该高地与附近山丘的空隙中也精心构筑有几道工事。203 高地附近的山丘上也筑有坚固的堡垒群和防御日军进攻的堑壕线。在 203 高地地区约有俄军 2200 人驻守，由季泰科夫上校指挥，俄军凭借着有力的地形和坚固的工事打退日军一次又一次的进攻，当时亲临了这场恶战的某人曾写道："这不是人与人之间的战斗，而是人类与钢铁、燃烧着的石油、炸药、和尸臭等的斗争。"

经过九天的殊死战斗，12 月 5 日下午 1 时 30 分左右，日军的一个连登上了 203 高地的俄军堡垒。这时，他们发现只有一个俄国人还是活着的。下午 5 时左右，日军占领了 203 高地。《旅顺》一书的作者 A·巴尔特里特是这样描述此时的 203 高地的："自从法军攻击波罗底诺大要塞之后，还可能不曾再看见过这样多的死尸，堆在这样一个狭小的空间之内。日本人的死尸十分难看，因为他们的皮肤变成了绿色，显出一种极不自然的样子。没有一具死尸是完整的，在炮弹碎片，破碎枪刀的堆积中，到处夹着零碎的肢体和头髅。"日军以付出 1.1 万名官兵的代价最终才把 203 高地夺到手。乃木希典在得意之余也做诗感叹道："愧我何颜看父老，凯歌今日几人还。"乃木希典的两个儿子在攻打旅顺的战斗中丧生。他将 203 高地改名为"尔灵山"，尔灵与 203 谐音，借此来祭奠战死在战场上的亡魂。

日军在争夺 203 高地的战斗中获胜，决定了日军在争夺旅顺的战斗中已稳操胜券。站在 203 高地的顶端，可将旅顺港一览无余，太平洋舰队的大小舰船完全暴露在日军的炮口下。日军迅速在高地建立观察哨，精确地校正炮兵射击的准确度。自 12 月 6 日起，日军用 28 厘米口径榴弹炮向旅顺市区及港口猛烈轰击。到 12 月 9 日，太平洋舰队除 1 艘战列舰、1 艘炮艇和 7 艘小舰外，其余全部被击毁，战列舰塞瓦斯托波尔号仅仅是暂时逃脱了被日军重炮击毁的厄运，旅顺日后陷落时，该舰奉命自沉。

日军凭借着掌握着制高点的有利地形，改变了派军队正面强攻俄军堡垒的做法，而是用远射程大炮直接轰击俄军阵地，同时加强坑道作业，用连续爆炸的办法步步逼近俄军其他重要阵地。

12 月 12 日，俄军高级将领在旅顺要塞司令斯捷塞尔主持下，召开军事会议，研究 203 高地失守和俄太平洋舰队被摧毁后的军事形势。会议决定继续同日军作战，重点加强坑道工事的修筑和紧急埋雷工作。12 月 15 日，一发重型炮弹射入要塞，俄军陆上城防司令康德拉琴科少将被击毙。他被俄军称为防御旅顺的"灵魂"，俄军士气因他的阵亡大受影响，同时斯捷塞尔此后独揽大权，把主要心思多用在如何向日军投降，而不是如何同日军作战。

12 月 18 日，日军集中优势兵力向俄军凭借旅顺天险修筑的堡垒和炮台发起进攻。18 日当天，日军占领了东鸡冠山北堡，这样，俄军耗费巨资和大量人力修筑的 53 个堡垒，全部被日军摧毁。到 12 月底，俄军第二、三号炮台也失守。炮台内储存的上千颗手榴弹中弹爆炸，使守卫炮台的俄军全被炸死。七光炮台附近幸存的俄军官兵被迫退到望台附近，但望台附近的高地很快又被日军占领，俄军四处逃窜。

日军攻占望台后，已取得了旅顺攻防战的决定性胜利，这时口口声声表示要抵抗到底的斯捷塞尔擅作主张，在日军即将大举攻入旅顺前，于 1905 年 1 月 1 日下午

4 时 30 分左右，派使者马尔申克中尉举着白旗递信给乃木希典，请求投降。斯捷塞尔准备开城投降日军的理由是弹药殆尽，俄军官兵严重减员，在军队中疾病流行，仅存的 1 万余人也多患病，除了投降之外已无路可走。而事实并非如此，当时俄军官兵仍有 3.24 万名，除伤病员外，有战斗力的约 1.5 万人；除一般武器外，还有火炮 610 门，炮弹 20.3 万发。此外，还有大批粮食。

乃木希典同意接受俄军投降。约定 1905 年 1 月 2 日中午双方会谈投降事宜。晚 9 时 45 分，签订了投降条约。条约规定：旅顺要塞及港内的俄国陆海军官兵及其他一切文职官员，均成为俘虏；旅顺地区的所有堡垒、炮台、舰船炮艇、兵器、弹药、马匹及其他一切军用品，以及营房等均得维持现状，交付日军；俄军将旅顺要塞的配置图，地雷、水雷等危险物的布设位置图，旅顺口陆海军的配置表，陆海军军官的名单、文职官员的名单，海军舰船炮艇的清单和一般人员的名单等，均需交付日本军。条约还特别强调：如果俄国陆海军破坏上述协定或以种种办法变更现状，"则日本军当停废协议，采取自由行动"。1 月 4 日，仍在俄军手中的堡垒和阵地，全部交与日军。5 日到 7 日，俄军官兵从营地集中在日军指定的地点，向日军投降。据日文文献记载，被俘的俄将校级军官有 1456 人，士兵 40185 人，计 41641 人。俄文及英文文献记载则是被俘军官 878 名，士兵 23481 名，共计 24359 人。

在乃木希典的指挥下，日军以伤亡、失踪近 6 万人的代价取得了旅顺攻防战的胜利。天皇来电对乃木希典等攻下水陆重镇旅顺进行嘉奖。要求他们在"夺取铁垒，歼灭坚舰，使敌至遂开城乞降"的基础上，担负其夺取日俄战争最后胜利的重任，"奏伟大功绩"。斯捷塞尔在关键时刻苟且偷生，开城投降，使旅顺失陷，在欧洲和俄国都引起强烈反响。斯捷塞尔虽找出许多理由为自己辩护，但仍被沙皇法庭判处死刑（后改为有期徒刑 10 年）。旅顺口失陷直接导致了俄国国内革命运动的发展。正如列宁所指出的那样，"旅顺口的陷落给沙皇制度的罪行作了一次最伟大的历史总结"，"专制制度所遭到的军事破产具有更为重大的意义，它是我国整个政治制度崩溃的标志"，"军事上的破产不可能不成为深刻的政治危机的开端"（《列宁全集》第 8 卷，第 32、34 页），旅顺口陷落后一周。在俄国爆发了第一次资产阶级革命，它被称为"革命的前奏"，从根本上动摇了沙皇专制制度。

日俄奉天（沈阳）会战

旅顺口失陷和太平洋舰队覆灭，是日俄战争的转折点。俄军在陆战和海战的惨败已决定了战争的最后结局，俄国已失去了取胜的可能。尽管如此，俄军仍在进行垂死抗争，奉天（沈阳）会战即是在这种形势下进行的最大的一次陆地战斗。

旅顺口失陷后，俄军极力挽回败局。这时，远东总督阿列克赛耶夫在辽阳会战失利后不久奉召回国，实际上已被撤职。根据沙皇尼古拉二世的命令，俄国满洲军总司令库罗帕特金积极准备在奉天同日军展开战略决战。日军占领旅顺后，在军事上处于更加主动的地位，企图利用已掌握有制海权这一优势，集中大军围歼俄军于奉天地区，尽快取得战争的最后胜利。日军统帅部将攻打旅顺口的日军中抽出一部分组成"鸭绿江军"，负责辽南的防守任务，日军的主力部队第三军则迅速开往奉天地区。

在沙皇政府的催促下，库罗帕特金在 1 月 19 日开始了对日军的新的攻势。当日，他命令俄军驱逐太子河左岸的日军。俄军出动了近 10 个师的兵力，其中包括 1 个骑兵师，预定在 25 日夜进攻在奉天西南方向的战略要地黑沟台。日军在 23 日提前得到了这个消息，匆忙调集部队准备抵抗俄军突袭。当日，俄军渡过浑河进攻黑沟台时，遭到已有准备的日军的顽强抵抗。黑沟台原有小股日军驻守，在占绝对优势的俄军猛攻下，当天夜里退守古城子。日本满洲军总司令部及时派出一个师和一个旅前去支援。

日俄两国军队在黑沟台一带进行了 3 昼夜的激战，29 日夜战斗尤其激烈。日军向黑沟台发起数次冲锋都被俄军打退。俄军的机关枪在战斗中发挥了重要作用，数以千计的日军横尸遍野，血流成河。日军在凛冽的寒风中，踏着积雪继续冲锋，俄军渐渐抵挡不住，开始撤出阵地。日军冲入黑沟台后继续追击经烟台子、土台子占领黄蜡砣，俄军向西方台、年鱼泡方向撤退后，最终被日军追赶到浑河右岸。在黑沟台战斗中，日军伤亡 7000 余人，俄军伤亡近万人。

2 月 1 日，俄军又派兵进攻柳条口，在日军的反击下，撤向长滩。次日晨，俄军炮兵又炮轰沈旦堡和鸭子泡等地，在长滩东南的王家窝棚同日军激战，后在日军的反击下撤退。俄军在旅顺失守后频繁出击日军，日军打退俄军的进攻后并不主动追击，而是按着自己的既定计划，加紧准备即将开始的最终决定战争胜负的陆地决战。日军总司令部决定这场决战必须在解冻之前进行，所组建的鸭绿江军也将同时参战。

奉天会战开始前，大山岩已在 100 余公里的战线上部署有 5 个军，27 万人，1082 门大炮，200 挺机关枪，此时俄军的总兵力有 33 万人，大炮 1266 门，机关枪 560 挺。无论在兵力上还是在火力上，俄军都占有优势。

日军在战前进行了周密的部署。大山岩元帅决定投入 5 个军的兵力同俄军决战，其中新增援来的第三军和鸭绿江军分别迂回进攻俄军两翼，第一军、第二军、第四军则从正面进攻，在沙河地区牵制俄军，从而保证第三军和鸭绿江军的军事行动顺利进行。大山岩决定由乃木希典任军长的第三军担任主攻，希望他在刚刚结束的旅顺攻防战中获胜后，再立新的战功。

俄军在库罗帕特金的指挥下，也进行了积极的准备，他提出了一个所谓"坚决进攻计划"，命令俄军只许前进，决不许后退。俄军投入战斗的 11 个军组成了 3 个独立的野战兵团。左翼为第一集团军，由李涅维奇指挥；中央为第三集团军，由比尔德林格指挥；右翼为第二集团军，由考尔巴斯指挥，左、中、右翼的正面分别是 45 公里、20 公里、25 公里。暴露的翼侧则由独立部队进行掩护。

库罗帕特金虽然大肆鼓吹他的作战计划是进攻性的，但实际上却没有改变他一贯所主张的消极防御的作战方针，而为了防御，则处处布兵，分散兵力，使原有的优势变成劣势。根据他的命令，由 10 万余人组成的第二集团军（右翼）担任主攻，其任务是在会战开始后，首先突击到奉天西南约 40 公里的沈旦堡，占领日军的关键阵地，而第一、第三集团军则负责佯攻，在负责主攻的第二集团军中，他只派出约 1/4 的兵力首先投入战斗，其余则按兵不动。与此同时，他还留出近 5 万人作为俄军统帅部的预备队，没有直接投入前线，同时还留出 1.5 万人保卫后方。日统帅部在派其精锐部队开赴奉天地区时，故意散布谣言，说日本第三军正向海参崴方向进发，以迷惑俄军，库罗帕特金果然上当，派出一些部队开赴南乌苏里边区。这样，俄军被调动的七零八散，原有的优势丧失殆尽，而日军原有的劣势却变成了局部的优势。日军准备主动向俄军发起进攻，先发制人，企图在会战一开始就掌握战争的主动权。

2月20日，日军先声夺人，首先发起攻击，从东南方向对奉天实行包围迂回，进攻抚顺，当日占领了千合岭及榛子岭、小高力营、蛤蟆岭等地。22日，日俄两军在湾柳河边展开激战，日军攻占金斗峪后，开始调集主力部队准备攻打通向奉天的俄军重要据点清河城。清河城位于抚顺东南，俄军在城围依据天险筑有坚固堡垒。23日，大雪纷飞，天气异常寒冷，日鸭绿江军向清河城发起攻击。午后，雪越下越大，咫尺之间已辨不清人，日军继续猛攻，但直至天黑也未能攻下。24日，日军经过充分准备后，再次向清河城发起进攻，俄军奋力抵抗，由于伤亡惨重，在晚6时左右被迫弃城逃往马群丹。日军打死俄军150余人，获得小炮200余门，机关枪3挺，子弹约10万发，乘胜追击，由于天黑地险，未能再获新的战果。

鸭绿江军攻占清河城后，使俄军的左翼受到严重威胁。这时，库罗帕特金对其制订的作战计划开始发生动摇，做出了错误的战略判断，这为俄军在奉天会战的最后失利和俄国在日俄战争中最后失败埋下致命的祸根。库罗帕特金认为鸭绿江军的行动是日军的主攻方向，错误地认为该军是日军的主力，而把日军真正的主力第三军丢到了一边，同时也不再认为日军的主攻方向是指向俄军右翼。这样，库罗帕特金便下令俄第二集团军停止向奉天西南沈旦堡出击，轻易地改变了原订的计划，同时慌忙地将右翼预备队24个营向东调动，加强左翼，而这恰恰中了日军统帅部的计策。这样，日军便可按原订计划轻松地攻打俄军的右翼。

日军占领清河城后，第一、四、二军配合鸭绿江军或在中央或在左翼继续向俄军发起攻击，重炮轰击俄军阵地，而担任主攻的第三军则在隐蔽中迂回北上，向奉天西北方向进军。2月27日，日军开始以第二、第三两个军的兵力攻击俄军的右翼。而此时的俄军右翼只有第二集团军和一个师的预备队，且分布在绵延约100公里的战线上。俄军右翼在日军的攻击下，很快就陷入被动。27日，在王富岭和小堡等地，日俄两军展开炮战。入夜，俄军从四方台及温盛堡等地集中重炮，轰击日军铁路桥和前沿哨所。一部分俄军在夜色掩护下突入日军散兵壕内同日军展开肉搏。乃木希典从日本间谍的报告中得知，俄军在辽河沿岸防守稀疏，易于突破，于是便率第三军迂回前进，迅速突破辽河，又在辽阳西北渡过浑河，矛头直指奉天。

28日晚10时30分，日本满洲军总司令部向参战全体日军发出对奉天发起总攻击的命令，总攻击的时间为3月1日。日军自2月20日发动进攻起，始终是采取声东击西的战术，进攻俄军左翼的真正意图是掩盖日军主力包抄俄军的右翼，实现中间突破。当俄军遭到一连串挫折，担任主攻的第二集团军被迫在日军的强大攻势下收缩后，库罗帕特金又匆忙命令预备队从左翼再调回右翼，数以万计的俄军疲于奔命，虽不情愿，但也没有办法，只能在无能的库罗帕特金的指挥下跑来跑去。

3月1日，日军发起总攻。日军总攻的具体部署是：第一军继续加强对俄军左翼的攻击，扩大包围圈，支援已攻占了清河城的鸭绿江军，进一步威胁俄军的左翼。

第二军攻击二台子、长滩之间的俄军，第四军攻打万宝山的俄军。日军主力第三军则在上述各军直接或间接的支持下，攻打四方台附近的俄军。不难看出，日军明显加强了对俄军右翼的打击。

总攻开始后，日军遭到俄军的顽强抵抗。俄军依托多层坚固的防线与日军苦战。日军在头道沟、东勾山、王家窝棚和李家窝棚等地受阻，但第三军却进展迅速，当日下午占领了俄军重要据点四方台，然后又乘胜北进，占领了大民屯和新民。新民位于辽河以西，奉天西北，是奉天俄军通往辽西的重要交通要冲，俄军在新民和奉天之间擅自筑有军用铁路线，其军需给养均需通过新民，新民失陷，使俄军的一条重要交通要道被扼断，使库罗帕特金十分恐慌。3月3日，俄军组织反击，库罗帕特金为此特意成立了一支特混部队，交由考尔巴斯统一指挥。反击预定在3月4日开始。

3月4日，日军自凌晨开始即对俄军务阵地发起攻击，频频取胜后，很快接近通往奉天的铁路线。特别是一支日军先后占领了苏胡堡、崔家堡、鱼鳞堡后，逼近沙坨子至旧铁路桥的俄军。俄军大股部队被迫从官林堡经边城向奉天附近的苏家屯车站退却，情况十分危急。这时，原准备在3月4日对日军发起反击的考尔巴斯却按兵不动。他以部队没有完成集中为借口，将反击时间推迟到3月5日，丧失了给日军以措手不及打击的大好时机。3月5日至7日，考尔巴斯指挥俄军反击作战，虽然战斗进行得异常激烈，但始终没有达到预定的目的，被迫停止反击行动。日第三军多次打退俄军的进攻，有力地牵制住俄军的同时，继续北上向奉天逼进，奉天的形势更加危急。就在考尔巴斯停止反击行动的同一天，库罗帕特金命令俄第一、第三集团军放弃沙河阵地，迅速撤到浑河以北，以加强俄军右翼的力量，防止日军占领奉天以北的铁路线，阻止日军迅速逼近奉天市区。

匆忙放弃沙河阵地的俄第一、第三军，还没来得及在浑河岸边构筑新的防御工事，便遭到日军强有力的打击。9日，俄第一集团军的防线便被日军突破，日军开始从左翼迂回奉天；同日，日本第三军也出现在俄第二集团军的后方。深夜，奉天东部最重要的战略要地抚顺被日军占领，奉天危在旦夕。此时，俄军已陷入日军的包围之中。库罗帕特金急忙命令俄军向北部铁岭撤退。俄军纷纷逃命，使俄军阵地一片混乱。没有参战的哥萨克骑兵部队先于炮兵和步兵撤退，笨重的辎重堵塞了道路，进一步加剧了混乱，俄军丢弃的枪炮等武器装备和粮食不计其数。俄军撤退时，日军在后面追击使俄军雪上加霜，不少人陷入日军包围之中。9日的战况使日军统帅部极为兴奋。日军不仅占领了抚顺，而且一些先头部队已开至距奉天西北约2里的小集屯和距奉天以北约4里的三台子。奉天已是伸手即可夺取。

3月10日，俄军在奉天失守前进行最后抵抗。此时因天气渐暖，浑河水开始解冻，没有桥梁，给日军渡河造成不少困难，日军的突击时时受阻。日军集中兵力攻打抚顺北部的俄军阵地，在距抚顺北2里的会元堡处缴获轻便铁路货运车数百辆，并基本扫清了抚顺四周地区的俄军。日军加紧对奉天包围，并在鱼鳞堡东北至二台子一线及距奉天西约10里的马头西塔太平庄后塔一线布置重兵，追击堵截俄军，断其后路，使其不能逃窜。上午10时许，日军主力部队攻入奉天城，奉天会战又以俄军的惨败告终。

奉天失守后，俄军争先恐后逃跑，一时拥挤在距奉天约3里的三洼。数以万计的俄军集中在奉天公路及铁路线上，疲惫不堪，溃不成军。日军乘机集中火炮左右夹击。炮弹在人群中爆炸，血肉横飞，惨不忍睹。俄军官兵四处逃窜，相互践踏，进一步加重了俄军的伤亡。在日军的步步紧逼和围攻下，大部分俄军被俘虏。11日至12日，日军继续追击溃逃的俄军，在距奉天以北10余里处，又歼灭一部分俄军。自高力屯到距奉天约6里的黑沟子存有大批俄军的军火及各类军需品，也都落入日军手中。俄军主力部队虽最后冲出重围，经铁岭、开原等地逃至四平，但却付出了极大的代价。尽管如此，库罗帕特金却仍向沙皇谎报军情，说由于被日军包围，故需从奉天退却，但极为困难。日军向预定阵地进发时，秩序井然。但因沿奉天铁路行进会遭日军炮击，铁岭至奉天间道路险恶，所以后进时不如人意，特别是辎重庞大，需依次行进，更使部队行动缓慢等等。他把奉天失守的责任归结为中国东北地区距日本本土近，日本有海路运输之便，使兵员和武器装备能及时得到补充，同时情报工作出色，而从不提及他在指挥上一次又一次的失误。

奉天会战是日俄战争中陆上最大的一次会战，也是最后一次会战。俄军伤亡约12万人，日军伤亡7万人。沙皇一气之下撤掉了库罗帕特金的职务，将其降为满洲第一集团军司令，由李涅维奇代替他出任满洲陆军总司令。奉天会战结束后，俄军集结在四平等地待命。沙皇不甘心失败，继续加紧向东北地区派兵。沙皇更把希望寄托在正向远东驶来的太平洋第二舰队，希望这支舰队从波罗的海东来能消灭日本联合舰队，扭转日俄战争的形势。奉天会战虽以日军取胜结束，但日军在会战中也损失惨重，没有能力继续北进追击俄军。陆军在养精蓄锐的同时，日本海军在全力准备同远道而来的太平洋第二舰队决战。但是，连续不停的陆海军作战已使日军消耗过大，日军虽在战争中握有主动权，处于优势，但也感到再打下去，对日军不会有什么好处，在占领奉天后，日本满洲军总司令部开始向日军统帅部提出建议，认为在日军已占上风的情况下，军事行动可适可而止，现在应着手考虑如何通过外交途径来最终解决问题，在谈判桌上得到在战场上尚没得到的东西。

走向覆灭的航行

日俄战争爆发后不久，俄国即作出决定：从波罗的海舰队（后来又包括黑海舰队）中抽调舰船，组成太平洋第二舰队开赴远东，支援以旅顺和海参崴为基地的太平洋舰队。1904年6月2日，海军少将罗日捷斯特文斯基奉命开始组建这支舰队。该舰队由苏沃洛夫号旗舰等38艘主力舰和20余艘辅助舰船组成，下编3个大队，预订7月起航。

这支舰队是在极短的时间内匆忙拼凑而成的，各项准备工作十分繁杂，致使起航的时间一拖再拖。进入10月后，远东战场的形势已不允许再拖下去。太平洋第二舰队准备在10月中旬离港，但直至起航前，一些必要的准备工作仍没能完成，某些重要的设备只能在军舰启程后，在航行途中安装，一些官兵军事素质极差，也只能在漫长的航程中加紧培训。

10 月 15 日，太平洋第二舰队在罗日捷斯特文斯基的率领下开始了 1.8 万余埋的漫长航行，驶向远东。起航前，沙皇尼古拉二世亲自检阅了舰队。他在发表演讲时，号召舰队全体官兵在对日作战中为沙皇政府献出一切，他说：为了保卫我们俄国的和平，为了俄国海军的名誉，一定要夺取胜利，凯旋返回祖国。日军间谍及时掌握了太平洋第二舰队离港的情报，报告了大本营。

舰队司令罗日捷斯特文斯基出生在一个贵族的家庭，1903 年起任海军总部参谋长。在 1877—1878 年的俄土战争中曾荣立战功。在俄国众多的海军高级将领中，他同那些平庸之辈相比，属于有识之士之列，但他生性骄横暴躁，经常辱骂训斥海军官兵，其中包括颇有名望的高级军官和海军舰长，所以罗日捷斯特文斯基并不为大多数海军官兵所喜爱。一些人背地里给他起绰号，认为他是舰队中最讨厌的人。

太平洋第二舰队起航时，俄陆海军在远东前线已接二连三失利，消息不断传来，严重地影响了舰队官兵的士气。不少官兵认为这次出航凶多吉少，不知是否还能回到俄国，极其悲观。既然强大的太平洋舰队已成为日联合舰队的手下败将，那么这支新组建的舰队能否经过长途航行打败日舰队，实在令人怀疑，特别是一些新入伍的年轻水兵对战胜日本海军更无信心，俄军一次次战败的消息使他们患上了恐日症，还没同日舰队交火，就已失去了斗志。太平洋第二舰队中有一些原黑海舰队的水兵，他们曾参加过俄国的革命运动，受到革命思想的影响，积极反对帝国主义的日俄战争，在舰队中秘密宣传布尔什维克的主张，反战思想在舰队广大水兵中迅速蔓延。

太平洋第二舰队的航线预定是从波罗的海经非洲南端好望角，直至海参崴。在全程 1.8 万余涅的航行中，没有一个停靠的基地，因为按照国际法的规定，交战国的军舰不得在中立国港口停泊，这给舰队造成了很多困难，首先是加煤问题不好解决。每次加煤都需在公海解决，由于不能保证军舰在需要加煤的时候，加煤船都能及时赶到，所以每次加煤时，各舰都尽可能地多装煤，除了煤仓装满之外，在甲板上、轮机舱里，甚至在浴室和军官舱中，也都是煤袋子，使军舰严重超载。再加上漫长的航程使舰底挂满藻类和海草，致使船速变得越来越加缓慢。

由于受国际法的限制，舰队的后勤供应也受到严重影响，使原来生活条件就差的俄军水兵的生活更加恶化，如冷藏船电力系统出现故障后，不能及时得到修理，致使冷藏的 700 吨冻肉腐烂变质，舰船长距离航行不能中途停靠码头修整，使船内老鼠蟑螂大量繁殖，传播疾病，病号不断增加，医疗船空前繁忙，船上的病房人满为患。舰队水兵失望与不满的情绪与日俱增，士气更加低落。

俄海军官兵的恐日症使太平洋第二舰队离港后便风声鹤唳、草木皆兵，仿佛日本舰队像个影子似的跟在俄舰队后面，无论如何也摆脱不掉。过度的恐惧与紧张使俄舰队不仅操作失误，事故百出，而且无论遇到什么船，都误认为是日本舰队到来，闹出了不少世界海军史上罕见的笑话。离开里巴夫港后仅两天，俄舰队驱逐舰奥斯利亚比亚号即与僚舰相撞，舰首的鱼雷发射管被撞坏，战列舰伟大的西索伊号和一艘炮艇的吊杆断裂。不久，因发动出现故障行驶在舰队后面的修理舰堪察加号，突然向舰队发出 SOS 紧急求救信号，并向旗舰苏沃洛夫号报告遭到 8 艘日本鱼雷快艇的袭击，罗日捷斯特文斯基当即命令舰队准备迎击日舰，堪察加号匆忙之中向四面八方发射炮弹近 300 发，事后查明，根本没有什么日本鱼雷快艇，而是因过度紧张而产生的一种幻觉的结果。10 月 22 日夜，当舰队即将航行到多乌海尔班克附近时，俄舰队第一分队突然发现在海面前方燃起浓烟，罗日捷斯特文斯基虽然在浓重的夜幕中无法准确判断前方是什么船，却断然命令重炮猛轰，认为那里至少有 20 余艘日本驱逐舰。旗舰的探照灯指向那里，俄舰队的主炮、副炮、小口径炮就打向那里，经过一阵猛烈的激战后，才搞清楚前方原来是由海军少将恩克维斯特指挥的巡洋舰分舰队。罗日捷斯特文斯基急忙命令各舰停止炮轰，但处于极度紧张与恐惧之中的水兵仍速射了一阵子之后才停火。阿芙乐尔号巡洋舰多次被击中，船舷和烟囱被炸穿，人员也有伤亡。

太平洋第二舰队在驶往远东的途中，还曾把德国、瑞典、法国、挪威等国的商船误认为是前来截击的日本海军，匆忙开炮，但幸未击中。10 月 22 日夜俄国舰队互相炮击时，曾把英国渔船误认为是日本的鱼雷快艇，顿时数百门大炮齐轰，英国渔船克兰号、莫利米恩号、米纳号和斯奈普号当即被炸沉或重创。尽管英国渔民拼命呼救，一些被击中的渔船燃起熊熊大火正在下沉，但俄舰队却置若罔闻，从其附近迅速驶过而不肯搭救，俄军官担心在燃烧的渔船附近会隐藏着日本军舰，所以尽快脱离现场以保自己安全而不顾英国渔民的死活。

俄太平洋第二舰队炮轰英国渔民并见死不救的消息传到英国国内，使英国政府和各阶层英国人极为愤怒，引发了一场外交纠纷，英国政府甚至以武力相威胁。当俄舰航行至西班牙的大西洋海岸的维戈时，罗日捷斯特文斯基从俄国总领事那里了解到了炮轰英国渔船一事已造成了极为严重的后果，于是派遣克拉多上校等 3 人回国进行解释。英国由于同日本已结成同盟，所以对此事大张旗鼓地宣传，当时正值英国舰队 1805 年在特拉发加海战大败拿破仑的法国和西班牙舰队 99 周年，所以对此事件便进一步渲染，俄国海军将领最终被推上了设在巴黎的国际调查法庭。该法庭由包括 3 个中立国的 5 名海军将领组成，俄军杜巴索夫上将等到庭陈述了事件的经过，并对英国进行了赔偿。

然而，太平洋第二舰队并没因此而被英国谅解。英国舆论继续大骂俄舰队是海盗，要求严惩该舰队司令罗日捷斯特文斯基，同时派出自己的舰队监视俄舰队的动向，对其进行武力示威和军事挑衅。20 余艘装备精良的英国巡洋舰，有时跟在俄舰队的后面，有时横穿过俄舰队的航线，也有时与其并肩航行，或者对俄舰队形成半圆形的包围圈。俄舰队由于误击英国渔民，已欠下了一笔账，而且重任在身，要尽快赶到远东，所以只得忍下这口气，听任英国海军的挑衅，直至驶近非洲大陆的水域后，英舰队才返回。

俄舰队航行到非洲海岸的丹吉尔港后，停泊补充给养。丹吉尔建于公元前 2 世纪，因是在非洲西北角由大西洋进入直布罗陀海峡的入口，地势险要，所以近几百年来一直是欧洲大国争夺的地方，当时由法属殖民地摩洛哥管辖，因俄法结盟，所以俄舰队在这里受到了较好的接待。数日后，俄舰队补充好煤炭和食品离港时，舰队一分为二，分两路驶向远东。一路由罗日捷斯特文斯基率领，主要是设备和性能较好的舰船，绕行好望角前进，另一路由海军少将弗尔克萨姆率领，经由地中海和苏伊士运河前进，两路将在马达加斯加附近汇合。此外，单独行驶的几艘驱逐舰和辅助巡洋舰也将在马达加斯加附近汇齐。

俄两支舰队先后在达卡、法属刚果、德属西南非和比塞大、克里特岛的苏达湾、塞得港、吉布提、瓜达富伊角等地加煤，长时间的超体力劳动，加上热带航行气候燥热，使俄军官兵的身体状况进一步恶化，并直接影响士气，斗志低下，纪律涣散。1904 年 12 月 28 日、29 日，两支舰队历尽艰辛，终于到达了马达加斯加水域。

罗日捷斯特文斯基率舰队抵马达加斯加后，原拟停靠两周后，在 1905 年 1 月 14 日起航。在这之前，他已被沙皇政府晋升为海军中将，并授予陛下侍从长的称号。但他很快接到命令，首先他须同仍停泊在马达加斯加努西贝岛的弗尔克萨姆的舰队汇合，然后再等待由涅鲍加托夫海军少将指挥的太平洋第三舰队由波罗的海里巴夫军港赶来，待三方面的力量汇齐后，再向远东行驶。

罗日捷斯特文斯基收到命令后极为不满，这样一拖至少要有 8—10 周，他的自尊心也受到损害，似乎新组建的太平洋第三舰队不赶来参战，就不能战胜日本海军。罗日捷斯特文斯基大发雷霆之后，精神一蹶不振，甚至要向沙皇政府提出辞职。罗日捷斯特文斯基率舰队经圣诞岛，向努西贝岛驶去，但积愤攻心，他终于病倒了。罗日捷斯特文斯基患病后，俄舰队几乎无人指挥。这时，弗尔克萨姆的健康状况也明显恶化，同样放松了对俄海军官兵的管理。俄官兵可以轻易地离舰上岸，没有任何顾忌地出入酒吧、赌场甚至妓院，一些法国、德国、英国和荷兰的妓女纷纷赶到努西贝岛赚俄国人的钱。俄军官兵酗酒后行凶斗殴的事更是层出不穷，他们通过各种渠道千方百计把烈性的酒弄到舰上。水兵们不知道今后等待着他们的将是什么样的命运，所以大肆挥霍手里的金钱，钱花光了就去偷去抢，激起当地居民的严重不满。

罗日捷斯特文斯基病初愈后，向沙皇政府明确提出辞职，要求解除他的舰队司令职务，但被拒绝，于是他只得拖着病体，继续指挥舰队。他下令禁止官兵随意上岸，当地的商人及其他市民不得登舰，执勤时严禁饮酒，同时强行关闭了岛上主要是为俄海军官兵服务的赌场、酒馆和妓院。

俄太平洋第二舰队停泊在努西贝岛等候涅鲍加托夫率领的太平洋第三舰队到来时，连续传来俄军在远东前线接连失利的消息：203 高地被日军攻下，旅顺失陷，太平洋第一舰队覆灭，奉天会战俄军惨败，俄国国内爆发了矛头指向沙皇专制制度的资产阶级民主革命。此时，长期的停泊使俄军的给养发生危机，官兵们缺吃少穿，甚至衣不遮体，食不果腹，纳希莫夫海军上将号等舰船出现了哗变事件。

罗日捷斯特文斯基决定不再等待远道而来的太平洋第三舰队。3 月 14 日，他率舰队离开马达加斯加，而此时，太平洋第三舰队还在克里特岛。当由 45 艘舰船组成的庞大的舰队驶出时，两艘法国驱逐舰前来送行，桅杆上高悬着"祝一路顺风"的信号旗，罗日捷斯特文斯基则命令军乐队在旗舰苏沃洛夫号的甲板上演奏法国国歌，作为回礼。

太平洋第二舰队离开马达加斯加努西贝岛后，便"失踪"了，日本和不少国家都在猜测它的航线，但都得不到证实，以至有的报纸报道说，该舰队已奉召回国，现正在归国途中。实际上，俄舰队继续按既定目标航行，只不过是在 3 个多星期的航程中没有遇到过任何船只。4 月 5 日，苏门答腊海岸已出现在远方，4 月 8 日，舰队到达新加坡海域，新加坡市街的行人车马历历在目。

太平洋第二舰队在新加坡得到了俄陆军在奉天最终战败的消息，这样，改变俄国在这场战争中所处劣势的重任，就完全落到了海军身上。这时，罗日捷斯特文斯基从俄国驻新加坡领事处得知，太平洋第三舰队已离开法属索马里的吉布提。领事还向他转交了俄国政府的训令。训令是由海军部签署的，命令他将舰队开往法属印度支那海岸的金兰湾，在那里等待太平洋第三舰队，与其汇合后组成联合舰队，打败日本舰队，并驶向海参崴。到达海参崴后，将舰队的指挥权交给海军上将阿维兰，不得有违。阿维兰已被任命为舰队司令，正由陆路前往远东。

罗日捷斯特文斯基对沙皇政府由失望进而完全绝望了。他被迫将舰队开往距西贡以北约 200 浬的金兰湾。但他对因长途航行而沾满船底的水草和海藻不去清理，对各舰船也不去检修，而是消极等待。日本政府认为俄舰队停泊在金兰湾港是明目张胆地破坏国际法，开始向法国政府提出抗议。4 月 22 日，海军远东舰队副司令德·琼凯尔少将命令俄舰队离开，罗日捷斯特文斯基则将舰队开往距金兰湾港仅 40 浬的万丰湾，继续同法国周旋，直至 5 月 9 日太平洋第三舰队驶到，两支舰队会师，组成了一支由 50 艘舰船组成的庞大的舰队，新组建的联合舰队由罗日捷斯特文斯基任司令，弗尔克萨姆任副司令。5 月 1 日，俄舰队起航，罗日捷斯特文斯基要求俄海军官兵用血来洗刷以往的耻辱。

5 月 25 日，俄舰队最后加了一次足以够航行到海参崴的煤，加煤期间，长期患病的海军少将弗尔克萨姆死了。罗日捷斯特文斯基下令此事不得向任何人宣布，其继任者涅鲍加托夫也不例外。弗尔克萨姆的旗号仍像以往一样飘扬在第二战舰支队的旗舰奥斯拉比亚号上。由于煤加得过多，所以各舰的吃水都很深，缓慢地继续向海参崴方向驶去。

而且在机动性强的小型舰艇方面也强于俄舰队，火力上占据优势。日本舰队共装有 127 门重炮，舷炮发射量达 2.84 万磅，而俄舰队只装有 92 门重炮，舷炮的发射量虽稍强，但因其现代化程度劣于日舰队，所以发射缓慢，且命中率又低，所以并不占上风。日舰队每分钟可发射 360 发炮弹，总重量 21949 公斤，而俄舰队只能发射 134 发，重 8190 公斤。

俄舰队自波罗的海起航后，日军即密切注视其动向。2 月初，日本联合舰队的修整基本结束。2 月中旬，海军官兵奉命登舰，结束休假。2 月 21 日，东乡平八郎率第一、第二舰队驶入位于朝鲜南岸的镇海。镇海港是日海军的秘密基地，港口四周有天然屏障，港内水深且平静，极宜停泊大型舰队，且不易被发现。第三舰队则在出羽重远的率领下驶入对马的竹敷港，在通向海参崴的广阔水域上布设水雷，防止日后交战时俄舰队经此逃向海参崴，同时防止仍残存在海参崴的俄舰驶出海参崴助战。

经过检修和重新装备的日舰和充足休息的日海军官兵，做好准备迎战经过 1.8 万浬长途跋涉的俄舰队。日军抓紧战前的短暂时间进行实战训练。其中包括战略和战术演习，着重提高同俄舰队对抗的能力，提高鱼雷快艇攻击的效率。无论是白天还是夜晚，也无论是晴天还是风雨交加的恶劣天气，训练都不停止。东乡平八郎向部下说：取得海战胜利的秘诀，在于平时要积累和钻研战术，战时则要随机应变，因势利导，而要做到这一点，主要是靠实践，而不是靠书本知识。

日军利用其在距基地较近的海域作战的优势，有更多的时间进行备战。双方一旦交火，浓烟升腾，烈火燃烧，加上水雾弥漫，往往会将舰船隐没其间，在激烈的混战中看不清楚，无法准确分清敌我舰船。于是，日舰军官将俄舰队主力舰的舰形描摹下来，反复让水兵熟悉识别，同时想方设法让他们记住俄舰的船名。

日俄海军决战前，双方都紧张地开始了间谍战，日本尤甚，不惜投入大量人力和巨额资财。日俄战争爆发后，仅仅靠驻外使领馆的外交官搜集情报已不够了，于是派出谍报人员化装成旅行者和一般平民在远东和欧美、东南亚进行间谍活动，所获情报汇集到日军最高统帅部和满洲军总司令部进行分析使用，成为日本政府决策的重要依据之一。日本情报人员还用重金收买俄奸，千方百计刺探俄军舰的动向。日本相继派出香港号、日本号轮船和巡洋舰南下进行谍报活动时，大量派人四处散布谣言迷惑俄军。在一个代号为"水鸟"的行动中，日间谍在新加坡一带大肆散布日本主力舰和潜水艇频繁活动的假情报，俄国人果然上当，俄国驻新加坡领事鲁道诺夫斯基将此作为重要情报报告给罗日捷斯特文斯基率领的舰队，而且说这是确切的准确情报，并煞有介事地说：东乡平八郎指挥的 22 艘日海军主力舰，已在 3 月 5 日来到新加坡，位于婆罗洲的拉布安岛，巡洋舰队和驱逐舰队则隐蔽在纳土纳群岛。这个消息很快传遍俄舰队上下，官兵们人心惶惶，迅速进入临战状态，使原本已十分疲倦的俄军心神不定，草木皆兵，无论在体力上还是在精神上一刻也得不到安宁，尽管在新加坡附近水域，根本就没有一艘日本军舰。

俄舰队为完成既定计划，顺利抵达远东的海军基地海参崴，重新夺取制海权，想方设法躲避日舰队，而且还派出一些无关紧要的舰船离开主舰队，到日本海东岸游弋，转移日舰队的视线。俄舰队开赴海参崴有 3 条路线可走，其一是穿过朝鲜半岛与日本本土之间的对马海峡；其二是穿过日本本州岛和北海道之间的津轻海峡；其三是穿过北海道与库页岛之间的宗谷海峡。究竟走那条航线，罗日捷斯特文斯基长时期举棋不定，因为选择其中的任何一条航线都各有长短，日舰队高级将领在东乡平八郎的主持下，加紧分析来自各方面的情报，力争准确地判断出俄舰队的行踪，集中优势兵力将其在到达海参崴之前消灭，保证日本在这场战争中取得最后胜利。

走对马海峡路程最近，但极易被日舰队发现，风险最大，而走其他两条航线因是从太平洋迂回，所以航程长，但被日舰队发现的可能性小。一向专横跋扈的罗日捷斯特文斯基此时也没了主意，破天荒地召集军事会议，请各舰指挥官充分发表意见，决定驶向海参崴的具体航线。经过综合比较，权衡利弊，俄舰队最后决定走对马海峡，因为走津轻海峡同样要冒一定的风险，该海峡狭窄，也容易被日舰队监视网发现或被两岸炮火击中，同时海峡水流湍急，不适宜大舰队编队航行；而宗谷海峡在当时适逢多雾时期，一个月之中难得有几天能看清楚前方的航线，当浓雾笼罩住海面时，几米之外就什么也看不见。如此庞大的舰队若由此穿过，即使不被日舰击沉，也难免自相碰撞而险象环生，以至葬身于无情的大海之中。

罗日捷斯特文斯基作出通过对马海峡的决定后，开始积极准备，5月中旬，一艘被日本雇用的挪威商船从俄舰队附近驶过，被俄舰队扣留强行检查。这时，俄军官奉罗日捷斯特文斯基的命令，故意将俄舰队即将通过对马海峡一事透露给商船船长，希望该船长能将此消息报告给日本人，日方则认为这是故意欺骗，而将主力调到北方航线去，而放松对对马海峡水域的防御，从而使俄舰队能顺利地或以较小代价通过，安全抵达海参崴。

挪威商船船长果然将此情况报告了日方，并很快传到了东乡平八郎耳中。他在三笠号旗舰上同联合舰队的高级将领立即就此情报进行了研究。众将领其说不一，但最后，以东乡平八郎为代表的一种意见占了上风，即认为这是俄国人的计谋，他们企图让日舰队加强津轻、宗谷海峡的警戒，而出其不意地走对马海峡。东乡平八郎表示，决不能受俄国人的迷惑，立即加强同俄舰队在对马海峡作战的各项准备。

日舰队参谋部门将对马海峡及附近海域，制成较精密的地图，地图上标有准确的经、纬度，警戒对马海峡的日舰船均发有这种地图，一旦发现俄舰队驶来，监视船则可按着图上标出的准确位置立即报告，迅速作出反应。当时日军虽然已全歼旅顺港内的太平洋舰队，陆军在前线也接连获胜，先后占领辽阳、旅顺和奉天等战略要地，但却也付出了极大的代价，无力再长期坚持下去，希望能尽快以日本获胜结束战争。因此，即将开始的日俄海军大战成为决定日本能否在这场战争中获胜的最后决战。东乡平八郎像赌徒一样，把最大的赌注押在俄舰队一定要通过对马海峡上。东乡平八郎将主力集结在对马海峡，准备同俄舰队在对马决战的同时，在朝鲜镇海湾日本海军秘密基地以北约300海里处，又建立了一个海军基地，以防备一旦判断出现错误，俄舰队北上走津轻海峡或宗谷海峡时，能使日本联合舰队在此处集结，同俄舰队作战。

在日本联合舰队四处寻找俄舰队的踪迹时，俄舰队也在千方百计了解日本舰队的准确位置。罗日捷斯特文斯基认为日本在对马海峡只部署了少量舰船，而主力舰均在台湾澎湖列岛水域，凭借其庞大的舰队的实力，从对马海峡通过是不成问题的。5月下旬，俄舰队侦听到日舰的无线电报，说仍没有发现俄舰队，进一步增加了罗日捷斯特文斯基从对马海峡通过的决心。殊不知，日舰队已做好在对马海峡水域同俄舰队展开决战的准备。东乡平八郎将《孙子兵法》视若法宝，即使在激烈的日俄战争中也手不释卷。他大抵深知孙子所说"以近待远，以逸待劳，以饱待饥，此治力者也"这句话的含义，并以此来对付俄国舰队。对马海峡海战，即从拿破仑战争到第一次世界大战期间，世界海战史上规模最大的一次海战即将开始了。

对马海峡海战

5月20日，东乡平八郎命令联合舰队进入战位，准备在对马海峡迎战俄舰队。为此，联合舰队分成6个分舰队。5月25日，俄舰队从台湾出发，冒雨向北航行，上午9时，罗日捷斯特文斯基向舰队宣布了俄舰队将通过对马海峡的航线。为了减轻负担，他命令8艘辅助舰船开往上海，另外6艘开往西贡。

日本在远东的间谍立即捕捉到了这一珍贵的情报，并立即报告了联合舰队。东乡平八郎由此推断，既然俄舰队的辅助舰船开入上海，那么整个俄国舰队也一定距此不远。日舰队派出侦察船信浓号加紧搜寻俄舰队的准确位置。5月27日2时28分，信浓号在对马海峡西南方发现了俄舰队医疗船阿寥尔号的灯光。由于在4天前，即5月23日，佐渡号侦察船曾误将日本联合舰队第三分舰队的数艘军舰当成俄舰，报告发现敌情而虚惊一场，所以信浓号没有立即报告，而是在夜幕掩护下迅速接近闪烁着灯光的舰船，进一步侦察。两舰距离渐渐接近，天色也愈来愈亮了，日水兵突然发现在前方那艘船的右后方有无数道烟雾正在缓缓地升腾，原来是一支庞大的舰队正在列队行进。信浓号立即将发现敌舰的消息向联合舰队报告。随后，和泉号巡洋舰也将有关俄舰队的更详细的情报报告了联合舰队。值得奇怪的是，当和泉号巡洋舰追随在俄舰队进行侦察时，已被俄舰发现，并监听到该舰正用密码不时地发报。在长达1小时的时间内，又在近在5浬的距离，罗日捷斯特文斯基只命令苏沃洛夫号旗舰右舷的主炮和舰尾的炮塔炮瞄准和泉号，却始终不下令开炮，而且不允许俄舰对日舰的无线电通讯进行干扰。

东乡平八郎获悉俄舰队已出现，并正是按照他所估计的将从对马海峡穿过，非常激动。既然俄舰队不会从津轻海峡或宗谷海峡通过，堆在日舰甲板上的煤炭已成多余之物，东乡平八郎命令各舰迅速将煤炭抛向大海，并将所有的易燃品转移到有装甲防护或吃水线以下的地方；甲板经清洗后也均匀地撒上沙子防滑。在东乡平八郎的率领下，日第一、第二、第四分舰队，第一、第二、第五驱逐舰队，第九、第十四、第十九鱼雷快艇队，计40余艘，浩浩荡荡地从镇海海军基地驶向日本海。已在对马海峡的第三舰队则从竹敷港驶出，协同各舰队共同对俄舰作战。

罗日捷斯特文斯基知道同日海军决战已不可避免。当日上午11时30分左右，他命令俄舰队改变队形，准备迎战；第一、第二分队提高速度行驶到另一纵队前面，但却没有命令该纵队同时减速，结果众多的舰船相互拥挤，队形顿时大乱，直至日联合舰队距俄舰只有10浬时，俄舰队仍没有摆脱混乱局面，形成单列纵队的战斗队形。

下午1时40分许，日本舰队发现了俄舰队。此时，东乡平八郎已根据侦察船的电报，较准确地掌握了俄舰队的速度及火力配置，以及行动方向等。为了使日舰队能有更广阔的活动余地，他按照预定计划，决定让俄舰队通过对马海峡再实行攻击。

下午1时55分，东乡平八郎在旗舰三笠号上向舰队发出战斗信号："帝国兴亡在此一战，全体将士奋发努力！"2时零2分，两支舰队的距离为8500米，已进入12英寸重炮的有效射程，俄舰队开始炮轰，但日舰队仍不还击，东乡平八郎决定要同俄舰队展开近战，充分发挥大口径火炮的威力。2时零5分，东乡平八郎指挥日舰截断了俄舰队的航线，在距其不远的海域向左转弯，即日本史书所称著名的"敌前大回头"，准备绕一个"U"字形，抢占有利的攻击位置，使日舰队航行在俄舰队正前方，防止其逃跑。不过，这却要冒极大的风险，因为日舰队向左转航时，它们会被其他日舰挡住视线，俄舰却可集中炮火猛轰暂时处于盲区的日舰。但是，俄舰队当时因急于由行军队形变成作战队形，一时陷于混乱之中，自顾不暇，没有抓住这一可能重创日联合舰队的有利时机。2时11分，日旗舰三笠号率先完成大转向，开始猛轰俄主力舰，两支舰队在相距大约6000米处展开激战。

日舰队利用其速度上的绝对优势，采用"T字横头"的战术，集中火力攻击俄舰队旗舰苏沃洛夫号和奥斯利亚比亚号。所谓"T字横头"战术是20世纪初海战的一种典型战术，日舰队将原来的进攻纵队以约90度角从俄舰队队列前穿过，并以舷炮齐射的密集火力攻击俄舰队纵队前进的主力舰，以争取尽快歼灭其主力。此时，日舰与俄舰的距离已不到1浬，使日本水兵射击的命中率不断提高，他们所使用的烈性炸药炮弹远远优于俄军，对俄舰产生了极大的破坏力，烟囱、主桅和炮位迅速被摧毁，甲板被炸成碎片，人员伤亡数以百计。俄海军上校符拉季米尔·谢缅诺夫当时说："一枚日本炮弹充分爆炸时所造成的破坏，相当于我们12枚充分爆炸的炮弹，而我们的炮弹却又很少能充分爆炸。"在激烈的对马海战中，俄舰重炮一次又一次发射出哑弹，犹如火上浇油，助长了日舰队的攻势。

俄舰队旗舰苏沃洛夫号和奥斯利亚比亚号成为日舰队的众矢之的。罗日捷斯特文斯基所在的苏沃洛夫号旗舰在交火不久就伤痕累累，下午2时30分，该舰的船舵中弹，失去控制，被迫离开队列。日舰乘此机会更加狂轰猛打，该舰的主桅、烟囱、位于舰尾的12英寸重炮炮塔瞬时都被炸飞，全舰除1门重炮外，也都被打哑。罗日捷斯特文斯基被炸成重伤，不省人事，已无法继续指挥，约3时许，他离开了正熊熊燃烧着大火的旗舰，转移到另一艘驱逐舰上去，与此同时，挂出了"由涅鲍加托夫海军少将指挥"的信号旗。

奥斯利亚比亚号旗舰的命运并不比苏沃洛夫号好。它的主桅上虽依然挂着弗尔克萨姆海军少将的帅旗，但它已病死，舰上存放着装着其尸体的密封棺材。在日本战列舰富士号、敷岛号和数艘装甲巡洋舰的围攻下，该舰甲板变成了一片火海，不时有几枚炮弹落下，火光闪耀处升起一股股浓烟，俄海军官兵伤亡惨重，很快便无还手之力，各类型舰炮统统都被打哑，任凭日舰将其作为一个不会还击的目标穷追猛打。奥斯利亚比亚号船体头前部分的吃水线处被两枚12英寸重炮炮弹击中。舰头的钢甲被打落，露出了一个大洞，汹涌的海水立即灌入，船头迅速下沉，急剧向左侧倾斜，3时30分终于沉没，900余名官兵同时落水，只有330名被匆忙被赶来的4艘驱逐舰救起，其余都葬身大海。沉船的碎片随着巨浪起伏，向四处漂去，弗尔克萨姆的密封棺材也在其间随波逐浪，此时已没有任何人能顾得上他了。

俄舰队的两艘旗舰在开战后不久一艘被重创，一艘沉入海底，使俄海军官兵的士气严重受挫。战列舰亚历山大三世号、博罗季诺号和西索伊—维利基号成为日联合舰队新的集中攻击目标，结果这些主力舰很快又多被击中起火，炮塔和舰面等关键部位被击中，不得不退出战斗行列。

俄日两支舰队的巡洋舰，是在稍晚的时候投入战斗的。下午2时45分，日联合舰队第三、四分舰队与俄舰队的第一巡洋舰分舰队开始交火。日舰参战有16艘，而俄舰只有8艘，由于海面雾大浪急，主要作战的又都是轻型战舰，所以战斗不如日俄双方主力舰交火时打得那么激烈，但双方互有重创。日舰浪速号和高千穗号被击中要害，不得不退出战斗进行紧急抢修，笠置号在3时零8分被俄舰重炮击中要害，海水涌入船舱，不得不在千岁号护送下返回基地。俄海军少将恩克维斯特少将指挥的巡洋舰分舰队也有不少舰船被击中起火，失去战斗力。3时30分，属于巡洋舰分舰队的10余艘俄国驱逐舰向日联合舰队第四分舰队发起进攻，但很快被击退。

到下午4时，对马海峡海战进行两个多小时后，日俄双方进入了混战阶段，但此时种种迹象已表明，俄舰队在这场大海战中败局已定。除两艘旗舰外，俄主力舰也大多受损，俄舰队的首尾在日舰的攻击下，已失去联系，一支庞大的舰队完全被割裂开，战斗力急剧下降，更严重的是，俄舰队准备驶往海参崴的航路，已被日联合舰队有效地封锁，俄舰队若想冲出一条航路逃向海参崴已是难上加难。

这时，涅鲍加托夫海军少将率领的第三分舰队同第二巡洋舰分舰队，开始汇合在一起。涅鲍加托夫在旗舰尼古拉一世号指挥俄舰用舷炮攻击日舰，数艘日本巡洋舰中弹。4时45分，日本第五、六分舰队投入战斗，集中火力攻打俄国巡洋舰，第二巡洋舰分舰队的旗舰斯韦特拉娜号被击沉，其余各舰则四处逃命，向海参崴方向突围无望后，转而向南驶去。珍珠号、奥列格号、阿芙乐尔号巡洋舰和另外两艘驱逐舰及3艘军需船逃往菲律宾，被解除武装后扣留，直至战争结束。由于失去了有武装攻击能力的巡洋舰的保护，一些辅助舰船的命运就更加悲惨，只得听任日本舰队的宰割，俄罗斯人号、乌拉尔号、堪察加号和伊尔季什号拖船被击沉，两艘医疗船被俘。

下午5时许，两舰队的主力舰再次相遇，但此时的俄舰已无法同几小时之前相比，一艘艘千疮百孔，危在旦夕，亚历山大三世号的舰首被炸裂，海水不断涌入，最终在7时沉没，舰上官兵无一人幸存。10分钟后，已被重创的博罗季诺号前炮塔被富士号重炮射来的炮弹击中，发生猛烈爆炸，迅即下沉，全舰只有一人生还。7时20分，已经体无完肤的苏沃洛夫号在已完全失去战斗力的情况下，遭到日鱼雷艇毁灭性的攻击，随着一阵阵猛烈的爆炸声，苏沃洛夫号沉入海底，最初幸免一死的俄海军官兵全部落入水中。

经过5个小时的激战，日本联合舰队以极小的代价取得了决定性的胜利。俄舰队的12艘主力舰中仅有7艘幸存，但却完全丧失了作战能力。晚7时30分左右，东乡平八郎命令联合舰队的主力舰撤出战场，向北驶往松岛水域集结，他准备用驱逐舰和鱼雷快艇在夜间向残存的俄舰队发起新的攻击。

天黑之后，日联合舰队中的21艘驱逐舰和40艘鱼雷艇组成的夜袭部队，奉命出动，全力袭击俄舰队。这些舰艇白天大都没有参加作战，在港内养兵蓄锐，此刻正是大显身手之时。当晚日舰队的部署是从四个方向围歼俄舰队，其中第一驱逐舰分队从北面，第二驱逐舰分队和第九鱼雷艇队从东北面，第三驱逐舰分队从东面，第五驱逐舰分队从东南面，此外，第一、十、十五和十七、十八鱼雷艇队则从南面追击。日舰队严格实行灯火管制以利偷袭，在黑暗中，两艘日舰猛烈相撞，被迫退出战斗。

俄舰在白天的战斗中已大多受损，行动缓慢，有些重炮也受损坏，无法使用。俄水兵平日缺乏不开探照灯反击鱼雷艇的经验，所以打开探照灯后立即成为日鱼雷艇瞄准的目标，接二连三被射来的鱼雷击中。日舰队由于在白天的战斗中已占绝对优势，现在的对手又多是中弹累累犹如惊弓之鸟的伤舰，所以鱼雷艇多是在距俄舰400米时才发射，有助于提高命中率。在夜晚的鱼雷战中，战列舰西索伊—维利基号、装甲巡洋舰纳希莫夫海军上将号、纳瓦林号被击沉。其中纳瓦林号的622名船员全部丧生。莫诺马赫号装甲巡洋舰在白天的战斗中基本上没有受损，但在夜间却中鱼雷受重创，因船头被炸毁而失去控制，但其仍将向自己发射鱼雷近在咫尺的日鱼雷艇击沉后，才将无法继续航行的船自沉，由涅鲍加托夫率领的第三分舰队由于受过夜间反鱼雷快艇进攻的训练，所以在夜战中损失不大。在27日夜的鱼雷战中，日舰队进一步扩大了战果，而自己损失却不大，计有3艘鱼雷快艇被击沉，5艘受损，87人伤亡。

自5月28日凌晨起，对马海战进入了最后阶段。代替罗日捷斯特文斯基行使指挥权的涅鲍加托夫率幸存的俄舰继续向海参崴方向航行，但此时除涅鲍加托夫所在的旗舰尼古拉一世号以外，跟随其后的只有阿普拉克辛海军元帅号、谢尼亚文海军上将号、绿宝石号和鹰号4艘军舰。这一天天气特别好，万里无云，风平浪静，能见度极佳。约9时许，日本联合舰队发现了这5艘俄舰，并立即将其包围，在距俄舰约6500米时开始炮击。

涅鲍加托夫此时已完全丧失斗志，他所在的位置距海崴约有300海里，而且已被50余艘日舰包围，再同日舰对抗下去无异于以卵击石，所以他下令对日舰队的炮轰不再还击。他对其他的海军军官说：唯一能拯救2000余名官兵生命的道路只有一条，那就是投降。大家如能继续活下去，还有机会为国效劳，希望诸位能授权我挂起白旗。见没有人表示异议，一名参谋迅即将一块白台布挂到桅杆上。日舰虽见尼古拉一世号已升起白旗，但恐怕其中有诈，仍继续炮轰不止，直至挂起日本国旗才停止。下午1时左右，涅鲍加托夫在日本联合舰队的旗舰三笠号上签署了投降书。载有罗日捷斯特文斯基的俄舰大胆号在之前也投降了。该舰升起了白旗，参谋长库伦向日方表示，俄舰队司令因负重伤危在旦夕，为挽救长官的生命，我们停止一切军事行动，希望得到日军的帮助。罗日捷斯特文斯基投降后，被送回佐世保海军基地的日军医院。

日海军官兵以胜利者的身份踏上投降的俄舰，骄横狂妄，不可一世，激起一些俄国水兵的反抗。当一些日军登上鹰号舰时，几名俄国水兵企图将船底阀门打开，使该舰自沉，与日本人同归于尽，结果不慎被日军发现，当场均被枪杀。绿宝石号不肯服从涅鲍加托夫向日舰队投降的命令，加速冲出日舰的包围，向海参崴方向逃去，为躲避日军，该舰被迫绕道，航行中燃料用尽，在距海参崴以北约150海里处触礁搁浅，船员被迫将其炸沉。

俄国海军上将斯克里德洛夫在海参崴焦急地等待着太平洋第二、第三舰队的到来。直至5月29日，金刚石号巡洋舰缓缓驶来，向他报告了俄舰队全军覆没的消息，稍后，一艘驱逐舰和一艘运输舰也赶来。庞大的俄舰队经过1.8万浬的远征后，只有3艘小型舰船按既定计划抵达海参崴，对马海战以俄舰队的彻底失败而结束。在这场举世闻名的大海战中，除突围驶抵海参崴者3艘外，俄舰队被击沉22艘，被俘7艘，逃往中立国港口6艘。人员阵亡近5000人，被俘6142人。此外，逃往中立国被扣留

1862人。日联合舰队方面则仅损失了3艘鱼雷艇，阵亡117人，伤587人。

早在日俄战争爆发前，日本便想把库页岛夺到手。但一直未能得逞。对马海峡大海战以日本获得彻底胜利结束后，日统帅部为了在日后媾和中能得到库页岛，并加强日本在谈判中的地位，于1905年6月17日制订了"桦太（库页岛）远征作战计划"，准备派出精锐的独立第3师进军库页岛。6月8日，该师奉命在海军的掩护下，向库页岛进发，并于7月9日和24日，分两批在科尔萨科夫和亚历山大罗夫斯克及雷伊科夫先后登陆，并迫使俄守军在7月底投降。日军统帅部下令组建了"桦太守备军"守卫库页岛。对马海峡海战和日军占领库页岛后，日俄战争的军事行动基本结束了。

土耳其凯末尔革命

当土耳其面临空前严重的民族危机时，软弱、怯懦的苏丹政府不仅毫无振作之举，反而甘当傀儡，事事仰英国人鼻息。苏丹瓦希代丁除关心保持其帝位外，对其他国事一概不问，达马德·费里特里内阁则对"只要是能够保全苏丹以及他们个人生命的事"一概准备表示同意。瓦希代丁和费里特甚至加入"英国之友协会"这类卖国组织，准备将奥斯曼土耳其帝国领土寄予英国的保护之下。

手拿烟嘴的凯末尔

土耳其人对于这样一个政府已经不抱任何幻想，他们成立了"色雷斯和土耳其欧洲部分协会"、"东方各省护权协会"、"特拉布松和邻省区中心会"，以及伊兹密尔的"反对兼并协会"等爱国团体，谋求自救之路。当苏丹政府死心塌地执行英国人的命令，交出要塞和军舰，收缴枪械、遣散军队，要使自己的国家彻底丧失反抗能力的时候，土耳其人民则纷纷拿起武器保卫自己的家乡。1919年5月底，希腊人开始扩展占领区，他们从伊兹密尔出发，分别向马尼萨、艾瓦勒克和艾登、纳济利一带推进。在艾瓦勒克，入侵军受到了以阿里贝为司令的一支约600人的土耳其军队的狙击，虽然土耳其人未能阻止希军的前进，但这次交火却揭开了民族解放战争的序幕，此后，希腊人在进军的沿线到处受到

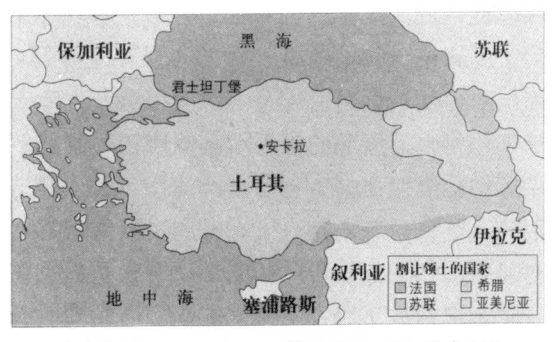

土耳其与英、法、德、日等国签订《洛桑条约》

民族自卫军的袭击。5月28日，民族自卫军突袭已经进入艾登的希军，并迫使敌人一度撤出该城。不过，这些自发性的武装力量人数不足，缺乏统一指挥，兵器亦极简陋，无法抵挡希腊正规军的进攻。希腊人不久就达到了他们的目的，其占领区北接海峡联军共管地带，南逾大门德雷斯河与意大利的占领区域相连，西临爱琴海，

东越艾登与马尼萨一带。达到上述目标后，希腊暂时停止了军事行动，转而谋求实现其政治目标，即企图通过国际公约的形式将其侵占的领土合法化。这样一来，土耳其国民自卫军在占领区周围地带的游击活动，便构成了一条从艾瓦勒克至纳济利、萨赖克伊的防线，双方在一个时期内处于一种军事对峙状态。

另一方面，占领安纳托利亚南部各省的英军，根据协议将乌尔法、安特普、马腊什等地移交给了法军，而法军又进一步占领了梅尔辛和阿达纳，同时纵容军中的亚美尼亚团对土耳其居民大肆屠杀。这一地区的人民忍无可忍，在西线义军的感召下纷纷成立民族自卫军，与占领军进行了顽强的斗争，其中，安特普城的保卫战表现得尤为壮烈。这座城市的军民在极其困难的环境下，与法军展开了殊死搏斗，法国人动用飞机和大炮，仍不能使之屈服。城里的人们坚持了 9 个多月，最后终于在饥饿与疲惫中垮下来，而法军则以阵亡 1200 人的高昂代价方才占领该城。土耳其人的英雄气概震惊了西方世界，也迫使法国不得不考虑停止军事进攻。法国东方军团司令戈普将军叹息道："为攻下安特普城，法军曾费去 9 个月的时间，然而在安纳托利亚有上千个安特普。" 1921 年 2 月，为了表彰和纪念安特普人民的业绩，土耳其大国民议会政府决定授予安特普以"加济安特普"，即"英雄的安特普城"的称号。安纳托利亚南方各省的抗法斗争，不仅削弱了法军深入土耳其内地给新生的民族政权带来的威胁，而且直接促成了法国政府与安卡拉政府的谈判，为日后法国退出协约国干涉行动，为土耳其对希腊战争的最后胜利创造了先决条件。

以各种爱国团体和各地武装斗争为主体的土耳其民族解放运动蓬勃兴起，但它现在还处于漫散状态，缺乏统一领导，不能对敌实行强有力的打击，且有被敌各个击破的危险。这时，以凯末尔为首的土耳其商业资产阶级毅然承担了领导这一运动的历史重任，穆斯塔法·凯末尔出生于萨洛尼卡的一个官吏家庭，曾受过从幼年军事学校到高级军事学院的系统教育，在意土战争和巴尔干战争中屡立战功。大战爆发后，他指挥了 1915 年的达达尼尔海峡战役，成功地保卫了首都。在以后的各次作战中，他又不断地为自己赢得了新的荣誉。摩德洛司协定签订以后，他看到苏丹政

凯末尔

府一味遵从占领军的旨意，解散军队、收缴武器，不禁忧心忡忡。为日后光复河山，凯末尔将自己所部的骨干军官悄悄转移到托罗斯山以北各地，将所余武器装备散发给安纳托利亚南部各省群众。1918 年底，凯末尔奉调回到伊斯坦布尔，他原想在政府内，联络一些爱国人士，掀起民族救亡运动。但他很快就意识到，在伊斯坦布尔很难有所作为，苏丹及其党羽反对一切民族主义意识形态，对首都所有反侵略活动一律采取镇压手段。于是，他决心回到安纳托利亚去。恰逢此时，瓦希代丁任命他为远驻安纳托利亚东部埃尔祖鲁姆的第三军团检阅使，负责镇压萨姆松一带希腊潘托斯党人的叛乱，并监督执行剩余奥斯曼军队解除武装和复员的工作。于是凯末尔得以摆脱苏丹内阁的控制，在一个自由的环境中，全身心地投入到领导土耳其民族解放的事业中去。

1919 年 5 月 19 日，即希腊人在伊兹密尔登陆后的第四天，凯末尔在萨姆松踏

上了安纳托利亚的土地。之后，他立即通电各省省长及驻军军长，号召他们组织群众集会，抗议希军的占领行动，并提议各省派代表在锡瓦斯召开大会，商讨解决国家危机的方案。通电中关于领土完整、民族独立的救国原则和召开国民议会的提诉，确立了未来《国民公约》的基础，也立即得到了各地驻军军、师长们的热烈拥护。凯末尔的活动引起了

1922 年 10 月，土耳其人围着国旗在庆祝胜利

苏丹政府的恐慌，他们开始用各种各样公开的或秘密的手段向其施加压力。但凯末尔并未屈服，为了避免发生公开背叛奥斯曼政府的行为，他干脆辞去军职。1919 年 7 月 23 日，他以一个在野政治家的身份，在埃尔祖鲁姆主持召开了"东部各省保卫主权大会"。会议选出以凯末尔为主席的代表委员会，通过了会议章程及《告全国人民书》。这两个文件的主要内容是，要求实现土耳其国家的统一和领土完整；要求民族自决及武装独立；反对外国的占领与干涉，不承认委任统治等等。并指出如果奥斯曼政府不能保持国家的独立，则应另外建立一个由全国代表大会推选出来的新政府。9 月 4 日，来自全国各地的代表又在锡瓦斯举行大会，凯末尔再度当选为代表委员会主席。委员会将"东安纳托利亚主权保卫会"扩大为"安纳托利亚和罗姆里主权保卫会"，使之具有全国保权总会的性质。大会否定了某些代表关于接受美国委托统治的提议，重申了埃尔祖鲁姆大会的各项原则。

　　苏丹发现自己已经失去子民众信任，便主动派其新任首相与已经迁往安卡拉的代表委员会建立联系，并提议在伊斯坦布尔召集国会，企图利用国会来巩固自己的地位，并削弱凯末尔党人的影响。然而，苏丹的计划还是失算了，来自安卡拉的一部分国会议员，将安纳托利亚的民众呼声带到了伊斯坦布尔，而奥斯曼帝国的国会议员则受到感染，反而于 1920 年 1 月 28 日通过了《国民公约》，它以土耳其独立宣言的形式，确认了埃尔祖鲁姆和锡瓦斯大会所宣布的各项原则。公约明确指出，由大多数土耳其人所居住的土耳其领土是一个不可分割的整体，而西色雷斯、安纳托利亚东部 3 省以及阿拉伯人所居住的地区，应由当地人民投票决定其命运；要保障伊斯坦布尔和马尔拉海的安全；邻国间民族权力平等；公约还进一步提出了取消治外法权，以保障土耳其拥有完全独立和自由的原则，《国民公约》是对战后帝国主义国家瓜分政策的公开挑战，引起了苏丹及英国人的不安，1920 年 3 月 16 日，英国陆战队登陆，占领了伊斯坦布尔及各政府机关，逮捕并流放了几十个倾向凯末尔的议员，国会被解散，费里特帕沙重新上台，凯末尔及其他民族派领导人经伊斯坦布尔军事法庭的缺席审判，被判为死刑。4 月 18 日，一支由苏丹政府军官指挥的"哈里发军"，由伊兹米特开往安纳托利亚内地"剿匪"。同时，苏丹政府还采取各种手段在安纳托利亚制造叛乱。伊斯坦布尔向安卡拉开战了。

　　当奥斯曼帝国国会被占领军强迫解散的消息传到安卡拉的时候，凯末尔立即召集了"大国民议会"。经过激烈辩论，大会通过了凯末尔提出的建立大国民议会政府

的建议。政府由委员会和议会两部分组成，议会负责制定法律和选举政府委员，委员会则是政府执行机关。1920年5月4日，由11位部长组成的委员会正式成立，凯末尔兼任议会议长及委员会主席。然而，民族政府成立之初，整个安纳托利亚仍处于动荡之中：东北部各省面

土耳其凯末尔到前线检阅部队

临着亚美尼亚人的威胁；东南部地区有库尔德人声势浩大的武装叛乱；南方诸省正与法国军队苦战；伊兹密尔地区的希腊人则在集结军队，准备新的进攻；而各地的叛匪活动更是猖獗一时。在巴勒克西尔、博卢、杜齐克、约兹加特、阿菲永和科尼亚等地，都发生了规模不同的武装反叛活动，它们大多受到苏丹政府和占领军的支持与资助，与哈里发军联合起来向安卡拉进攻。面对敌人的进攻，安卡拉政府毫不犹豫地予以反击。4月29日，大国民议会通过了《背叛祖国法》，并成立独立法庭，以审理叛乱案件。各地的民族自卫军及少数驻防部队与叛军进行了激烈的战斗，至6月间，安卡拉以西的各支叛匪均被击溃，哈里发军逃回伊斯坦布尔，中南部约兹加特、科尼亚一带的叛匪不久也被消灭，东南部地区的局势至8月也基本被平定。

当土耳其人正为保卫他们的民族政权与反叛分子激战时，协约国集团却在圣雷莫会议上着手确定瓜分土耳其的条约。条约内容极其苛刻，但苏丹政府不顾人民的强烈反对，于8月10日在法国的色佛尔城签了字。按照条约的规定，土耳其将失去以前在非洲和近东的所有阿拉伯属地，而且还要把基里基亚和叙利亚边境一带的大片土耳其本土割让给法国；摩苏尔要割让给英国，伊兹密尔及其领近地区将被希腊吞并；海峡地区将归国际共管，而且无论平时或战时，对协约国军舰、商船都一律开放；土耳其欧洲部分的领土也缩小到只有伊斯坦布尔及其邻近不大的一块地区，而协约国将来仍有权从土耳其手中夺取伊斯坦布尔。条约还拟定，将在小亚细亚东部建立一个独立的库尔德斯坦，而埃尔祖鲁姆、特拉布松、凡湖、比特利斯等省则将并入亚美尼亚。条约还规定安纳托利亚西南部为意大利的势力范围，东南部为法国的势力范围。条约还在其他一些政治条款中对土耳其军队的数量及武器装备作了严格的限制；治外法权被完全确认下来，而且行使范围有所扩大；协约国还将对土耳其实行财政监督。《色佛尔条约》是战后凡尔赛体系中最带奴役性的一个条约，它将使土耳其的领土面积丧失五分之四，国家主权被剥夺殆尽，因此，土耳其人民视《色佛尔条约》为死亡判决书，掀起了全国规模的抗议浪潮。而大国民议会政府早在条约签订之前，就郑重宣布了《国民公约》的各项原则，拒绝承认奥斯曼政府与协约国之间签订的任何条约。